亚洲文明史纲

文明互鉴的东方智慧

武斌 著

SPM
南方传媒

广东人民出版社
·广州·

图书在版编目（CIP）数据

亚洲文明史纲：文明互鉴的东方智慧 / 武斌著. —广州：广东人民出版社，2023.7
ISBN 978-7-218-15499-2

Ⅰ.①亚…　Ⅱ.①武…　Ⅲ.①文化史—亚洲　Ⅳ.①K300.3

中国版本图书馆CIP数据核字（2021）第257196号

YAZHOU WENMING SHIGANG: WENMING HUJIAN DE DONGFANG ZHIHUI

亚洲文明史纲：文明互鉴的东方智慧

武　斌　著

版权所有　翻印必究

出 版 人：肖风华

责任编辑：陈其伟　唐金英
封面设计：书窗设计
责任技编：周星奎

出版发行　广东人民出版社
地　　址：广州市越秀区大沙头四马路10号（邮政编码：510199）
电　　话：020-85716809（总编室）
传　　真：020-83289585
网　　址：http：//www.gdpph.com
印　　刷：广东鹏腾宇文化创新有限公司
开　　本：787mm×1092mm　1/16
印　　张：40　插　页：6　字　数：650千
版　　次：2023年7月第1版
印　　次：2023年7月第1次印刷
定　　价：98.00元

半坡遗址出土的刻划符号陶钵。中国西安半坡遗址博物馆藏。

美索不达米亚欧贝德文化黏土制作的公牛。法国巴黎卢浮宫藏。

红山文化女神像。中国沈阳辽宁省文物考古研究院藏。

良渚遗址出土的碳化稻米标本。中国杭州良渚博物院藏。

刻有楔形文字的泥版。英国伦敦大英博物馆藏。

苏美尔文化佩戴头饰妇女雕像。叙利亚大马士革国家博物馆藏。

美索不达米亚阿卡德王国时代人面牛身双翼神兽。法国巴黎卢浮宫藏。

印度哈拉巴文化的青铜和红铜工具。印度新德里印度国家博物馆藏。

手持《吠陀经》的创世之神"梵天"。英国伦敦印度事务部图书馆藏。

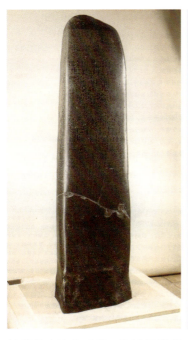

汉谟拉比法典石碑。法国巴黎卢浮宫藏。

殷墟出土商代晚期后母戊鼎。中国北京中国国家博物馆藏。

亚述帝国时代双翼神像。英国伦敦大英博物馆藏。

波斯波利斯宫廷遗址。图片来源：［美］米夏埃尔·比尔冈著，李铁匠译：《古代波斯诸帝国》，商务印书馆2015年版。

山东曲阜孔庙大成殿。图片来源：陈传平主编：《曲阜孔庙 孔林 孔府》，三秦出版社2004年版。

3世纪片岩浮雕《佛陀诞生》。巴基斯坦拉合尔博物馆藏。

新疆吐鲁番出土的唐代
伏羲女娲帛画。中国
乌鲁木齐新疆维吾尔
自治区博物馆藏。

宋徽宗《文会图》（局部）。中国台北故宫博物院藏。

建于11世纪的印度教神庙。图片来源：［意］马瑞里娅·阿巴尼斯著，刘青等译：《古印度——从起源至公元13世纪》，中国水利水电出版社2006年版。

赫拉特画派波斯细密画《胡美与胡马云花园相会》，约1425年。法国巴黎装饰艺术博物馆藏。

目录
Contents

第二编　喷薄而出即已光芒万丈

第三编　宏阔一宇，辉煌灿烂

绪　论

一　广袤的大地，多样的文明

亚洲是"亚细亚洲"的简称，拉丁语Asia，意思是"太阳升起的地方"。亚洲面积占地球陆地总面积的29.4%，人口约占世界总人口的60.5%，是面积最大、人口最多的一个洲。亚洲西部与欧洲相连，形成地球上最大的欧亚大陆。

亚洲历史与文化悠久。在这片古老的大陆上，世代栖居着不同的民族。他们从远古走来，开榛辟莽，筚路蓝缕，用勤劳的双手，托举起人类文明的太阳。正是在亚洲，人们开垦出第一片种植的土地，驯养了第一批家畜，建造了第一座城市，发明了最早的书写文字和字母文字，创造了人类最早的宗教信仰。亚洲是人类文明的发祥地，是人类文明的太阳升起的地方。

亚洲大陆拥有复杂的地貌环境和丰富的生物。生活在不同地区的人们，因应不同的居住环境，分别创造出各自的文化传统。北边的万顷草原，孕育了骑马驰骋的游牧民族；南面的无垠大海，培育了劈波斩浪的海上民族；中部的广阔平原和山地，造就了丰富多彩的农耕民族。不同的自然地理环境，形成了不同的生产、生活方式，形成了不同的民族文化品格、民族精神和艺术风格，形成了不同的看待生活和看待世界的眼光。亚洲文明是多元共生的文明，多样性和多元性是亚洲文明的基本特征。

人类文明与水相伴相生。大江大河孕育了人类文明。亚洲有许多大河，大都源于中部高山地带，呈放射状向四面奔流。定居在大河边的民族成为文化的源头。草原游牧民族不断迁徙的生活方式，实际上也是逐水而居。在远古时期，亚洲有不少大河之滨的冲积平原，古代农业率先在这些地方产生和发展起来。孕育于西亚幼发拉底河和底格里斯河流域的美索不达米亚文明，被认为是人类最早的文明。那里的人们创造了最早的城市和神庙，发明了最早的文字，甚至出现了最早的图书馆和学校。以美索不达米亚文明为基础形成了第一个文化圈——西亚文化圈，包括了西亚的广大地域，后来又出现了波斯文明和伊斯兰文明。南亚次大陆的印度河流域和恒河流域，培育出早期印度的哈拉巴文化和吠陀文化，奠定了印度文化以后大发展的基础。正是在印度次大陆，出现了佛教这样世界性的宗教，创造了先进的印度科学和丰富的印度文学，并将其文化影响扩展到东南亚的广大地区，形成了印度文化圈。东亚的长江和黄河，成为中华民族的摇篮，孕育了丰富多彩的中华文明。中华文明不仅哺育了世世代代的中华儿女，而且泽被四方，在东亚地区形成以中华文化为核心的东亚文化圈。

西亚文化圈、印度文化圈和东亚文化圈，构成了数千年来亚洲文明的基本格局。这三大文化圈都是在多样的原始文化的基础上发展起来的农耕文化，形成人类的第一代文明即原生性文明。它们的共同特点是，都是农业文明，都扩展到一个广大的地域，形成强大的帝国，创造了恢宏壮观的古典文化。它们创造了先进的科学和生产技术，创造了丰富的文学和艺术，创造了思辨的哲学和宗教信仰，创造了管理社会的体制和政治制度。在18世纪后期的欧洲工业革命以前，亚洲的经济和文化水平在世界上长期居于领先地位。

亚洲历史上不同类型的农业文化，可以分为农耕文化和游牧文化两大系统，形成并立的农耕文化区和游牧文化区。两大文化系统虽然在地区上分立对峙，在经济上却相互依存。游牧经济的单一性形成的对农耕经济的依赖性，有时以对外掠夺的方式表现出来，对定居农业生活构成威胁。亚洲历史上的战争和冲突，不少是游牧民族对农耕民族的入侵、劫掠和占领。战争造成了巨大的破坏，但加速了各地区各民族农业文化的交流和民族的融合，为正常的经济交往开辟道路。因而冲突和战争又成为两大农业文化区经济交往的特殊方式。一些北方游牧民族通过战争和掠夺征服了定居的农业民族，占领了农业民族的土地，成为新的统治者，他们及其后代也过上了定居的生活。在他们定居了几代以后，开始尊重定居地区的艺术、教化和守法习惯。他们交流了宗教思想，接受了土壤和气候所强加于他们的经验教训。他们变成了被他们征服的文明的一部分。[①]

这种情况在亚洲文明发展的历史中反复出现。从最初的美索不达米亚文明的变迁，到雅利安人南下进入伊朗高原和印度河流域，再到突厥人从中亚一路走到地中海边上，最后是蒙古人的大征服时代，这些来自北方草原的游牧民族，不仅是原住民族文化的破坏者，更是文明的继承者和保存者。正是他们给亚洲内陆带来了强劲的刺激，使以农耕文化为主体的亚洲文明保持了生生不息的强大生命力。亚洲文明史，在某种程度上也是农耕民族与游牧民族对抗、冲突乃至对话、交融的历史，是相互激荡、相互激发的历史。

二 亚洲文明的多元与共生

亚洲文明是多元共生的多样性文明。西亚、南亚次大陆和东亚，分别发展出美索不达米亚文明、印度的哈拉巴文明和吠陀文明、中国的商周文明这三大原生文明，并在此基础上分别形成了伊斯兰文化圈、印度文化圈和东亚文化圈这三大文化圈。这三大文明体系、三大文化圈，是各民族文化智慧的结晶。每个民族的文化都有自己的发展轨迹，各自锻造了属于自己的文化传统和文化精神。

原生文明发展到一定程度，面临着新的文化突破。德国哲学家雅斯贝尔斯（Karl Theodor Jaspers）提出了"轴心时代"（Axial Age）的概念，用以指称以公元前500年为中心、从公元前800年至公元前200年这一历史时期。这一时期，在中国、印度、波斯、巴勒斯坦和希腊几乎同时而又各自独立地奠定了人类的精神基础，而直到今天，人类仍依附在这种基础上。雅斯贝尔斯把这一时期称为"轴心时代"，因为这个时期产生了所有我们今天依然在思考的基本范畴，创造了人们今天仍然信仰的世界性宗教。也就是说，这个时期构造了全人类文明的文化基线，成为直到今天的几千年世界文化发展的基础。轴心期的精神运动表明了人类真正的觉醒。人们对以往的历史不约而同地进行理性的批

---

① 参见［英］赫·乔·韦尔斯著，吴文藻等译：《世界史纲》，人民出版社1982年版，第172页。

判和反思，正是这种精神觉醒给后世以永恒的启迪。[①]

在中国，"文化的突破"孕育于西周时期，其最高峰是先秦诸子的百家争鸣和孔子儒家文化地位的确立。此"文化的突破"意义在于摆脱了原始初民的图腾、神灵崇拜和神道设教，确立了宗法社会秩序的合法性，提出了理论化、系统化的宇宙观，并且建立了一整套伦理道德的思想体系。从此确立了我们现在称之为中华传统文化的基本框架和模式，决定了中华文化持续几千年的基调和走向。在印度，出现了释迦牟尼，他创造的佛教具有世界性影响，由佛教的新传统取代婆罗门教的老传统。在西亚，则是琐罗亚士德教的诞生，波斯文化日益引人注目。而在西亚边缘地带，希伯来文化正在兴起，产生了犹太教和基督教。

轴心时代之后，亚洲几大文明区都进入大帝国时代。在中国，先是秦汉帝国，疆域广大，中华文化的基本形式和格局已渐成熟，工艺、学术全面繁荣，出现了中华文化发展的第一个鼎盛时期，处处体现着宏阔包容的气度和开拓进取的精神，后来则是更为广大的唐帝国和继之而起宋帝国；在印度，先后有孔雀帝国、贵霜帝国和笈多帝国；在西亚，先是古波斯帝国以及帕提亚帝国和萨珊帝国，接着是更为广大的阿拉伯哈里发帝国以及稍晚的奥斯曼帝国。帝国文明的一大特点，是使一种占主导地位的文明形态推广到更广大的地域，更大范围地促进不同地区、不同民族之间的文化交融，为文化的发展提供更广阔的空间。英国学者约翰·霍布森（John Atkinson Hobson）指出：在这一时期，"一系列相互联系的世界性帝国的出现，它们能确保极其重要的和平环境，使陆上以及海路贸易繁荣起来。中国唐朝（618—907）、中东的倭马亚王朝和阿拔斯王朝（661—1258）、伊斯兰帝国以及北非的法蒂玛王朝（909—1171）的崛起，都对广泛的全球贸易网络的形成起到了至关重要的作用。……正如麦克尼尔指出的，阿拉伯世界和中国（以及南亚）的繁荣、商业化，就像一个巨大的风箱煽起了一种新兴的全球经济的火焰"[②]。

[①] 参见吕文郁：《春秋战国文化史》，东方出版中心2007年版，第4—5页。

[②] ［英］约翰·霍布森著，孙建党译：《西方文明的东方起源》，山东画报出版社2009年版，第33页。

但强调各区域文明、各文化体系的独立发展，也要注意到在彼此之间一直存在的交流与互动。独立地思考与劳作，积极地引进和吸收，是亚洲文明创造性互相刺激、互相补充的两个方面，因而才有了亚洲文明的源远流长、博大精深。在文化起源阶段，就是考古学上说的旧石器时代和新石器时代，东亚与中亚、西亚和南亚以及北方草原地带有着一定的文化联系。考古学家已经提出大量证据，说明这种文化联系可能很早就发生了。在那个遥远的年代，起源于中亚、西亚的物种、物产、生产生活用品以及艺术品，都已经在中国的中原地带有所传播，并对中华民族先民的文化创造有所影响和启发。起源于中国中原地带的物种、物产、技术与艺术，也已经在东亚、中亚乃至西亚有所传播和影响。到了原生文明时期乃至以后的大帝国时代，各民族、各文化区之间的交往和交流就更频繁，也更丰富了。

横贯亚洲大陆的丝绸之路，为各民族、各文化区之间的交往和交流提供了巨大的载体。丝绸之路并不是哪个民族独自开辟的，也不是单一的交通路线，而是一个贯穿欧亚大陆、延伸到非洲的连接各民族、各地区的巨大交通网络。正是有了这样的交通网络，才使得古代各民族、各地区能互通气息，实现了民族和地区间日益增长的文化交流。

13世纪，蒙古人横扫千军的三次西征，开辟了亚洲文明发展的新阶段。经过三次西征，蒙古人在广袤的欧亚大陆上建立起庞大的帝国。"成吉思汗帝国将周围诸文明社会整合进一个全新的世界秩序之中。"[1]在这片广袤的大陆上实现了前所未有的"和平"景象。所以，后来的西方学者把14世纪称为"蒙古强权下的和平世纪"。法国学者格鲁塞（René Grousset）指出："由于把所有突厥-蒙古民族统一于一个唯一的帝国之中，由于在从中国到里海的范围内强行贯彻铁的纪律，成吉思汗平息了无休止的内战，为商旅们提供了前所未有的安全。……在这方面，成吉思汗是野蛮人中的亚历山大，是打开通往文明之新路的开拓者。"[2]亚洲进入东西方文化大交流的时代。亚洲各地各民族在旅

---

[1] ［美］杰克·威泽弗德著，温海清、姚建根译：《成吉思汗与今日世界之形成》，重庆出版社2009年版，导言第7页。

[2] ［法］勒内·格鲁塞著，蓝琪译：《草原帝国》，商务印书馆1998年版，第322页。

行、贸易、交流和互动方面比以往任何一个时期都更为频繁和密切。亚洲文明的发展，进入更广阔的空间，进入以大交流、大融合为特点的新阶段。

三　全球史视野下的亚洲文明

蒙古人的征服，打破的不仅是亚洲各文化区域之间的藩篱，也打破了亚洲与欧洲之间的屏障，实现整个欧亚大陆的大交流。

古代欧洲文明发源于古希腊，古希腊文明与先于自己崛起的地中海东岸的西亚文明密切相关。到亚历山大（Alexander the Great）东征时，古代西亚各个民族的文化已经深深影响了希腊文化。甚至可以说，古希腊文化就是在美索不达米亚文明的基础上成长起来的。

亚历山大东征，是希腊文明向亚洲扩张的一次巨大的军事行动，其最初的动机是觊觎东方的巨大财富。亚历山大东征把希腊文化带到了亚洲大陆。同时，希腊人在东征中也深受亚洲文明的影响。所以，东方与西方，亚洲与欧洲，一直是你中有我，我中有你，处在文明的共享与共生之中。

长期以来，亚洲文明居于世界文化总体格局的领先地位。从公元前后至19世纪之前的将近2000年间，亚洲尤其是中国、印度的经济总量在世界经济总量中一直占有绝大部分，在经济和科学技术上一直是推动世界发展的重要力量。当欧洲还处在中世纪"黑暗时代"，中国已经创造了世界性的文化大都市长安，唐诗宋词独步天下；阿拉伯人拥有了世界性大都市巴格达，"智慧宫"里聚集了来自世界各地的学者。

亚洲文明保持其先进性，有两个基本条件：一是积极地吸收世界文化最先进、最新的文化成果；一是开阔的世界眼光和世界意识，了解世界文化发展的大趋势。而与欧洲的广泛文化交流，使得亚洲文明具有了世界眼光、世界意识和世界性的文化价值。亚洲文明不是局限于亚洲大陆的地域性文化，不是游离于世界文化发展大势之外，而是世界文化总体格局的重要的有机组成部分。

17世纪以后，世界文化总体格局发生了一次重大变化。一方面，南欧、西欧先后迈入近代社会的门槛，发展起先进的科学技术和工业文明，创造了巨大的社会生产力，并逐渐确立起资本主义的经济制度和政治制度。到18世纪中叶，首先在英国开始产业革命，手工制作转向机器生产，蒸汽机的动力形式代替了人力和畜力，从而极大地提高了劳动生产率，使整个社会生产方式乃至社会生活面貌发生了重大变化。曾在世界文化格局中居于领先地位的亚洲文化渐次落伍，世界文化交流的态势也发生了变化，由以前主要是西方向东方学习，变为主要是东方向西方学习。

另一方面，西方近代工业文明的兴起，伴随着殖民主义势力向世界各地的渗透和扩张。新大陆的发现和新航路的开通，把整个世界连成一片。任何民族的文化都不能游离于统一的世界文化体系，或如马克思和恩格斯所说的那样，文化成为世界的文化。

四　万古江河，生生不息

近代以来世界文化的发展，是统一的世界文化体系形成和发展的过程。这个时期的世界文化基本格局，不再是划分为几个并存的文化区或文化圈，而是纳入统一世界文化体系的各民族文化的相互渗透和融合，是一种"世界性"的文化、"全球性"的文化、"全人类性"的文化。这是一种全局性的变化。各民族的文化被纳入统一的世界文化体系，不论原来的发展水平如何，都在同一起点上获得了同时代性。

建立统一的世界文化体系，并不是否定文化的民族性和区域性。在统一的世界文化体系中，仍然要保持文化发展无限丰富的多样性。但这个时期的文化多样性不是相互隔绝的多样性，而是在世界性和普遍性之中的多样性。各民族的文化都是世界文化的组成部分，共同参与着世界文化的创造性发展。正是各民族文化的发展和繁荣，促进着世界文化的丰富发展和繁荣。

近代以来很长时间里，西方在工业革命基础上发展起来的科学技术成为引领世界发展潮流的先进文化。东方各民族的现代化面临着如何接受西方的挑战、如何学习西方的问题。也由于西方殖民主义势力在世界各地强行开展文化扩张，对亚洲传统文化造成巨大冲击，因而促进了亚洲传统文化的自我改造和自我更新，促进了亚洲传统文化向现代化方向的发展。

第二次世界大战以后，随着社会生产力和科学技术的进一步发展，随着人类文化整体水平的提高以及交流传播方式的丰富，随着西方殖民主义体系的瓦解和东方世界的复兴，世界文化格局中的各民族文化出现了共同发展繁荣的新态势。经过现代化运动洗礼和改造的亚洲文明，也以新的姿态、新的生命力在世界文化总体对话中塑造着自己的形象。具有悠久历史传统的亚洲文明正以全面开放的姿态，为人类文明作出新的贡献。

第一编

人类文明的曙光在亚洲初现

第一章
亚洲文明的起源

文化以人为核心，因为人而有"文化"，人类的起源就是文化的起源、文明的起源。

对于人类起源，全世界各地区、各民族曾提出大量内容迥异的神话传说和宗教故事。例如中华民族的盘古开天地、女娲造人的神话，西方《圣经》中的"上帝造人"说。直到1859年，英国生物学家达尔文（Charles Robert Darwin）发表《物种起源》，用进化论代替神创论，用自然选择取代"上帝的旨意"，来解释地球上存在不同物种这一事实，使关于人的起源问题的讨论建立在科学的基础上。1871年，他又在《人类起源及性的选择》中正式提出"人是从猿进化而来"的理论。1884年，恩格斯发表《劳动在从猿到人转变过程中的作用》，论证了猿之所以能变成人的根本机制。

"从猿到人"的进化是一个极为漫长的过程。考古学家将这个漫长的进化阶段称为"旧石器时代"，即以使用打制石器为标志的人类文化发展阶段，是石器文化的早期阶段。一般认为这一时期在距今约250万年至1万年前。在旧石器时代早期，原始人类已经学会了用火，能对自然物（如木、骨、石等）稍做加工，以充作某种用途的工具，而工具的制造和使用是由猿到人转变的关键，也是人类文化的起始。考古学家发现的旧石器时代遗址遍布世界各地，通过这些遗址的挖掘和考古调查，描绘出人类早期活动的地图。

亚洲大地是人类文明和世界文化的发祥地之一。在旧石器时代，世界上许多地方已经有了人类的活动，他们适应不同的自然地理条件，繁衍生息，创造出有共同点又各具特色的文化形式。他们经过蛮荒的漫漫长夜，筚路蓝缕，进行着极为艰难又极为雄壮的文化创造，以石器的研磨敲打，演出人类文化史诗的前奏，迎来初升的人类文化曙光，开辟了人类文化的历史源头。

一　石与火点燃文明的初曙

在旧石器文化时代，无论是东亚、西亚和欧洲，还是遥远的非洲，都已经有了从猿到人行走的足迹，有了最初的文明星火。

生活在旧石器早期的是"直立人"，他们是最早跨入人类门槛的，距今约20万年。在西亚的巴勒斯坦、以色列、黎巴嫩和叙利亚，都发现有旧石器时代早期的遗址。典型遗址有以色列的欧拜迪耶遗址、吉斯尔-巴纳特-雅各布遗址，黎巴嫩的姆西勒遗址和叙利亚的海拉莱遗址。古代美索不达米亚的旧石器时代，人们居住在山洞里，考古学家发现了许多属于这一时期的洞穴遗址。他们过着狩猎、采集和捕鱼的生活，但已经开始驯养一些动物。

中国旧石器文化年代最早的是山西芮城西侯度和云南元谋上那蚌。据科学检测，西侯度遗址距今180万年，上那蚌遗址距今170万年。河北北部的小长梁和东谷坨也是旧石器时代早期的遗址。距今100万年以上的旧石器文化还有山西芮城的匼河、陕西蓝田的公主岭和陈家窝。距今不到100万年的旧石器时代早期的遗址更多，北京周口店第一地点（即北京人遗址），辽宁营口金牛山下层和本溪庙后山，以及湖北郧县梅铺龙骨洞、大冶石龙头，贵州黔西观音洞等，都是旧石器时代早期的遗址。在人类远古文化和人类进化研究上，北京人遗址有重大的意义。旧石器时代最伟大的文化创造是火的使用，北京人已能熟练地使用和保存火。北京人文化延续的时间为距今70万至20万年左右。

生活在旧石器时代中期的是"早期智人"，距今约20万至4万年。此一阶段的重大进展之一，是人类扩大了居住范围。在西亚，旧石器时代中期比较重要的遗址有巴勒斯坦卡尔迈勒山的塔本和斯胡尔洞穴，以及伊拉克北部扎格罗斯山的沙尼达尔洞穴。塔本洞穴遗址出土了大量石制品和一些早期智人化石。斯胡尔洞穴遗址中找到了10具属典型尼人的早期智人骨骼化石，被称作"斯胡尔人"，包括5个成年男性、2个成年女性和3个儿童。沙尼达尔洞穴遗址北距土耳其边界不远，发现有7具早期智人的骨架，被称作"沙尼达尔人"，据测定为距今5万年。

从19世纪中期起，考古学家在印度次大陆陆续发现了一些史前人类使用的石器。发现有旧石器时代石斧类工具的地方分布比较广，最初发现于马德拉斯（今印度泰米尔纳德邦金奈市）附近的帕拉瓦兰，在孟加拉和奥里萨以及克什米尔、旁遮普、信德、古吉拉特、中央邦孟买、迈索尔等地均有发现。其中最著名、最具代表意义的遗址在次大陆的西北部索安河（印度河支流）流域（今巴基斯坦旁遮普省北端），因此被命名为"索安河文化"，时间被确定在距今40万至5万年之间。当时的人们居住在沿河地带的树林或洞穴中，主要以狩猎、采集和捕鱼为生。据推测，索安河文化后期，人们已经学会使用火，并会以树皮树叶及兽皮御寒。

中国属于旧石器时代中期的遗址主要有山西襄汾丁村、阳高许家窑，河南灵宝孟村，北京周口店第十五地点，辽宁喀左鸽子洞和海城仙人洞以及贵州桐梓岩灰洞等。山西的丁村人文化是旧石器时代中期的代表。丁村人使用的工具仍然是木器和石器，但他们所使用的石器种类显著增加，制作技术也有很大提高。此时出现了母系氏族公社。在氏族公社里，财产共有，男女平等，妇女受到尊重，儿女辈只知其母，不知其父，氏族的世系只能按母系计算，所以称为"母系氏族"。

生活在旧石器时代晚期的是"晚期智人"，他们是现代人的直系祖先，距今约4万至1万年。这一时期的遗址数量很多，文化遗物更加丰富，技术明显进步，文化类型更加多样。旧石器时代晚期的特点是石器主要用石叶制作，打制精巧，并且呈现出多样性，有端刮器、雕刻器和钝背刀等；骨角器很发达，出现了鱼叉、骨针、标枪、投矛器等新工具；还出现了装饰品和绘画、雕塑等艺术品。

旧石器时代晚期人类的足迹扩展到更多地方。在各地出现的旧石器时代晚期的遗址时代相近，但文化类型的技术传统不同。这一时期的遗存较重要的有卡尔迈勒山的沃德洞穴遗址、沙尼达尔洞穴的上部堆积以及黎巴嫩的库巴遗址等。西亚被认为是欧洲石叶文化的发祥地。沙尼达尔洞穴中最早出现的石叶，距今约3.5万至3.3万年，比欧洲的同类文化要早。石叶文化被认为是晚期智人"克罗马农人"的文化，而在这一地区又发现了大量的早期智人的化石，因而一些学者推测，晚期智人可能是在西亚演化形成的，他们曾与早期智人（尼人）杂居，后来取代了早期智人，并把自己的石叶文化带到了欧洲。

在中国华北，有继承前一个时期的小石器传统，其重要代表有萨拉乌苏遗址、峙峪文化、小南海遗址、山顶洞遗址等；有石叶文化类型，以宁夏灵武的水洞沟文化为代表，与西方同期文化有较多相似处；还有典型细石器工艺，如山西沁水的下川文化、河北阳原的虎头梁文化等。在中国东北，属于这一时期的重要遗址有辽宁海城小孤山遗址和黑龙江哈尔滨阎家岗遗址等。在中国南方，这一时期出现了几个区域性文化，如以四川汉源富林遗址命名的富林文化类型，以重庆铜梁张二塘遗址为代表的铜梁文化类型，以及最初在贵州兴义猫猫洞遗址发现的猫猫洞文化类型。另外，在西藏、新疆和青海地区也发现了一些属于这一时期或稍晚的旧石器文化地点。

在东南亚，包括位于中南半岛和马来群岛的许多国家和地区，也发现了许多旧石器时代文化遗址。说明从旧石器时代早期开始，人类就涉足这个广大区域。旧石器时代的石器分为非洲和欧洲的手斧传统与中国的砍砸器和刮削器传统两大传统。东南亚的旧石器属于中国型的，在文化上属于一个大的传统，考古学家一般称之为"砾石和石片工具传统"或"砍砍器传统"。在这个传统之下，又可分出若干地方类型。如缅甸伊洛瓦底江流域的安雅辛文化、巴拉望岛西南海岸的塔邦文化、印度尼西亚苏拉威西岛南部的扎本埃旧石器地点、马来西亚的尼阿旧石器地点。在这些地方发现的石器，在风格和类型上，与中国周口店北京人、山西丁村人和陕西蓝田人的石器，属于同一类型，但在时间上要晚，反映了两者在文化上的联系。

从民族起源上说，东南亚各民族的先民与大陆有一定的联系。生存在大陆上的早期人类，从旧石器时代早期起，趁更新世出现过的几次低海面期的机会，不止一次地通过"陆桥"扩散到原先的海岛上去。经过民族学家、人类学家和历史学家的研究，东南亚原始文化的创造者，可能既有爪哇直立人的后裔，也有从中国南方迁徙来的居民和族群。他们共同创造了东南亚的史前文化。而在其中，从中国南方迁徙到东南亚的族群起到了更大的作用。

考古学家还在旧石器时代晚期细分出一个中石器文化阶段。西亚的中石器时代约从公元前1.5万年开始，至公元前8000年结束，已发现的遗址数以百计，地区类型亦甚丰富。从世界范围来说，西亚自中石器时代起文化发展即居领先地位。西亚中石器时代文化可大致分为前、后两期：前期从公元前1.5万年至公元前1万年，为旧石器向中石器过渡的阶段，西亚考古学上专称为"残余旧石器"或"续旧石器"；后期从公元前1万年至公元前8000年，属典型的中石器阶段，西亚考古学上又称之为"原始新石器"。前期中石器文化分别源于西亚的两个旧石器时代文化传统：东部为巴拉多斯特文化，西部为黎凡特-奥瑞纳文化。从巴拉多斯特文化发展来的前期中石器文化主要为扎尔济文化，分布于伊朗、伊拉克的扎格罗斯山地及里海南岸的阿里塔佩山洞。从黎凡特-奥瑞纳文化发展来的，在叙利亚、黎巴嫩、巴勒斯坦一带为凯巴拉文化；在土耳其则为安塔利亚地区的贝尔巴舍文化。后期中石器文化，有甘吉达雷文化、纳吐夫文化、贝尔狄比文化等。中石器时代的人们仍然过着狩猎、采集和捕鱼的生活，但已经开始在地面上定居生活。同时，人工栽培作物也出现了，驯养动物的种类更多了，定居的农业开始出现。

南亚次大陆和东南亚的中石器时代遗存，表现出与西亚、东亚有一定联系的文化交融色彩。从遗址分布上看，西亚流行的典型几何细石器遍布于南亚次大陆，工艺传统比较一致，不过以细石叶为主的、盛行于东亚的非几何形细石器遗存，在印度恒河流域乔塔纳格普尔高原、西孟加拉邦一带也有较多发现，与中国黄河流域和华北、东北及蒙古高原的遗存基本一致。

这些远古的遗存向人们昭示，在那久远的年代，从西亚到东亚，从伊朗高原到南亚次大陆，在广大的区域内，同时活跃着亚洲各民族先民辛勤劳作的身影。

二 新石器文化如"满天星斗"

旧石器时代持续了二三百万年。最终，经历了一次前所未有的大变动，进入新石器时代。这个大变动在世界各地先后发生，变动的实质是，人们不再是"采集"食物，而是开始"生产"食物。旧石器时代向新石器时代的过渡，是从单纯的攫取天然产物的掠夺经济转变为以种植农业、饲养家畜为主的生产经济的过程。"生产"活动成为"文明"的开端。

新石器时代约开始于距今1万年前。新石器时代是人类社会一次质的飞跃，对人类社会的历史发展有深远的影响，被称作是一场"新石器革命"。跨过这一界线，人类事实上已进入早期文明社会。人类从此不再仅仅面对自然资源争取生存的机会，人类也必须面对自己所创造的环境与条件，学习怎样与同类相处。

新石器时代有三个基本特征：开始制造和使用磨制石器；发明了陶器；出现了农业和养畜业。

新石器时代的遗存在世界各地都有出现。西亚的新石器时代发展得比较早，农业起源最早，以后又最早出现金属器。黎凡特地区是西亚新石器时代文化发展最早、表现最充分的地区。其中重要的遗址耶利哥和穆赖拜特，都是农业发生初期的村落。耶利哥遗址位于约旦河谷的一片肥沃绿洲之中，其前期新石器时代文化的堆积非常丰富，发现了人工种植的小麦、大麦、扁豆及无花果，形成了有高大围墙的定居村落，墙外有约8米宽、2米多深的壕沟。稍晚的堆积中作物的品种增加了，小麦已有两个品种，还出现了豌豆和燕麦等，并开始饲养山羊，这是可以确定的人类最早的家畜之一。穆赖拜特遗址曾出土公元前7000多年的比较粗糙的5件陶器。在这一阶段，狩猎和采集经济始终居于主导地位。在幼发拉底河沿岸的叙利亚阿布胡赖拉遗址和土耳其恰约尼遗址，新石器时代晚期发现了小麦、大麦、豌豆、扁豆等栽培作物，还出现了绵羊、山羊和猪等家畜。

安纳托利亚地区的新石器时代文化遗址主要有哈吉拉尔、恰塔尔休于、基罗基蒂亚和梅尔辛等。其生产工具的特点是大量使用当地产的坚硬的黑曜石，苏伯德遗址中黑曜石的石器占全部石料的90%。这一带流行的圆形房屋建筑，直接影响到小亚细亚西部至希腊半岛。当时已出现农耕，并饲养猪、山羊、绵羊等。

公元前7000年至公元前6000年，在美索不达米亚出现了多处繁荣的文化。以村落为核心的真正的农业经济开始出现，已种植小麦、大麦、扁豆和豌豆等，狩猎和驯养动物全面转变成了畜牧业，开始饲养绵羊和山羊，有的遗址还发现有猪骨。许多遗址都发现了陶器，最早的陶器可称为"土器"，稍后有厚胎的素面灰褐陶，最后出现了彩陶。

美索不达米亚的新石器时代文化首先产生于北部的丘陵地带，如哈苏纳文化、萨迈拉文化和哈拉夫文化等。公元前7000年至公元前5000年，北部已出现原始农业和畜牧业，定居的氏族村落也已产生。

哈苏纳文化（Hassuna）是美索不达米亚新石器时代的代表性遗址之一，

时间约在公元前5800年至公元前5500年。哈苏纳时期的人们居住在窝棚或帐篷里，已经形成了农耕社会。考古学家从哈苏纳文化最底层出土了箭头、石器、骨器工具和简陋陶器，而从较浅地层则发现了食物储藏室、石磨、烤面包的简易炉灶、大量农具及牛、羊和驴的骨头，同时还发现了更为精细的萨迈拉陶器。

比哈苏纳文化稍晚的萨迈拉文化（Samarra）约在公元前5600年至公元前5000年，是繁荣于底格里斯河中游河谷的文化，坐落于底格里斯河左岸的一个村庄遗址。村庄的房屋很大，呈长方形，有很多房间和庭院，都是用雪茄形状的泥土砖建造。

哈拉夫文化（Halaf）约在公元前5500年至公元前4500年，首先被发现的是叙利亚哈布尔河畔的哈拉夫遗址，典型遗址还有底格里斯河东岸的阿尔帕契亚和耶里姆、高拉等。这一时期的村落面积不大，但房屋排列相当密集，长方形房子比较小，还有一种建筑在石基上的圆形住房。房屋是用压泥砖和泥土砖建成的。村内的街道铺有鹅卵石，还发现了带有神庙性质的建筑。哈拉夫文化的居民以种植小麦、大麦为主，兼营狩猎、采集和畜牧业，家畜有绵羊、山羊和猪。他们已熟练地掌握了切割石材的技术和钻孔技术，用黑曜石、燧石等制作镰、碾磨工具。这一时期的彩陶代表了美索不达米亚古代制陶业的最高水平。

哈拉夫文化于公元前4300年左右结束时，南部苏美尔地区生产力的发展逐渐超过了北部地区，北部丘陵地区的新石器时代居民逐渐移居这一地区，出现了欧贝德文化（Ubaid）。人们从幼发拉底河引水灌溉农田，居住在泥砖坯堆砌的小屋，使用陶质生活用具。当时因为灌溉农业的丰产，已经有了多余的农产品，可用于交换其他产品，由此产生了社会分工，这就意味着更多的人可以聚居，农村将变为城市，社会等级也会更加分明。考古学家发现欧贝德时期的埃里都有12座神庙叠建于同处，说明此时神庙已经成为城市的中心。这些发现表明在欧贝德文化后期，当地已经具备成熟城市所需的条件。在欧贝德文化的遗址中，发现了很多不属于美索不达米亚的物品，比如黑曜石以及印度特有的宝石等，说明欧贝德人已经有了远距离的贸易活动，与印度有了物质文化方面的交流。

美索不达米亚新石器时代文化在发展中对周围地区产生过明显影响，一是向北非尼罗河流域传播，一是向欧洲东南部扩展。

中亚大约在公元前6000年至公元前5000年进入新石器时代。其代表有哲通文化（Dzheytun Culture），分布于土库曼斯坦境内，石器大多继承当地中石器时代传统而多细石器，同时也新出现磨制石斧和磨谷器；已种植小麦和大麦，饲养山羊；陶器均为手制，胎中多掺草末，除素面外还有一些彩陶。北部的新石器文化年代较晚，其代表为克尔捷米纳尔文化（Kelteminar Culture），年代约为公元前4000年至公元前2000年，经济以渔猎和采集为主，陶器多饰刻划或戳印纹。

南亚次大陆的新石器文化分布的范围很大，西起俾路支，东达阿萨姆，北起克什米尔，南达迈索尔，年代跨度大约是公元前4000年至公元前1000年。其中，俾路支斯坦山谷的高地和阿富汗的东南部发现的遗址有的处于哈拉巴文化的下层，有的与哈拉巴文化重叠，年代约为公元前2700年至公元前2400年。在石器制作方面，刮削器数量大增，且多为长条形石片，打磨得光滑而锋利，制作成匕首、矛头、鱼镖、手斧等，不仅更适用，而且也精致美观了。渔猎仍为主要谋生手段，但农作物种植和动物饲养已经形成规模，种植小麦、大麦，饲养绵羊、山羊和牛，还开始使用金属工具和制作陶器。红铜器，如斧、锤、别针等在遗址均有发现。公元前4500年左右出现陶器，并且很快出现彩陶，到公元前3500年左右进入铜石并用时代。

中国的新石器时代文化遗存非常丰富，迄今已经发现7000多处，遍布全国各地，年代大约始于距今8000—4000年。河北武安的磁山文化和河南新郑的裴李岗文化，是目前所知的最早的新石器时代文化遗址，距今约8000—7700年。磁山文化等已有较发达的旱地农业，种植粟、黍，养猪，并有较发达的磨制石器和陶器。裴李岗文化在中原地区延续了近千年，绝对年代约为距今8000—7000年，代表了中原地区仰韶文化以前的文化特征。

仰韶文化是黄河流域新石器时代文化的主流，分布广袤，遍及河南、山西、陕西、河北、宁夏、内蒙古南部及湖北西北部，包括整个中原地区及关陕一带。迄今为止，已经发现的仰韶文化遗址有1000多处，距今7000—4900年，延续2000多年。仰韶文化以西安的半坡遗址为代表。半坡遗址是一座新石器时代的村落，全面反映了当时人居住方式、社会生活、生产活动的各个方面。

紧接着仰韶文化，在中原的晚期新石器时代文化是龙山文化，年代为公元前2500年至公元前2000年。其分布更广大，内容也更丰富。各地龙山文化有相当的地方性；中原的龙山文化，有河南龙山、陕西龙山与山东龙山之分，其中河南龙山文化为仰韶文化的直系后裔，分布在今日的河南及晋南、冀南地区，主要沿着黄河的中下游。龙山文化普遍出现小件铜器，有了中心聚落和最早的城址。房屋建筑中出现分间式大型建筑，开始用白灰和土坯抹地、筑墙。陶器普遍采用轮制，出现大量的精美玉器，石器中钺、镞等武器明显增加。墓葬出现两极分化，大墓往往有棺有椁，有丰富、精美的随葬品；小墓则既无葬具，多数也没有任何随葬物品。

内蒙古东部、辽宁西北部的红山文化是新石器时代文化的另一个重要区域。红山文化分布广泛，延续长达千年。它以祭坛、女神庙和积石冢为代表，极大地丰富了新石器文化的内容。

长江流域是与黄河流域同等重要的中华文明的发祥地。在长江流域的新石器文化遗址，有重庆巫山的大溪文化、湖北京山的屈家岭文化、浙江余姚的河姆渡文化、浙江嘉兴的马家浜文化等。河姆渡文化有极为丰富的稻谷遗存和骨耜等水田耕作农具，大溪文化中房屋建筑往往用稻壳掺泥抹墙，陶器胎壁内也掺有大量稻壳。良渚文化是长江流域新石器文化晚期的代表，距今5000年左右，广泛分布在江苏南部、浙江北部从太湖到钱塘江一带。良渚文化有自己独立的发展过程，是中国早期文化发展的另一个中心。

通过以上简单的叙述，我们可以得知，在广阔的亚洲大地上，分布着各种类型的新石器时代文化，它们位于不同的区域，有着不同的来源和发展关系，从而形成各具特色的灿烂文化。由于亚洲幅员广阔，各个地区的气候和生态环境的差异较大，因而人们生产活动的内容和生活习俗存在较大差别。这就导致了不同地区的人们所使用的生产工具、生活用具、住屋等遗存的不同，即物质文化的不同。这是形成不同文化各具不同区域特征的根本原因。

中国考古学家苏秉琦曾用"满天星斗"说来概括中国的新石器文化：中华大地文明火花，真如满天星斗，星星之火已成燎原之势。这个概括同样适用于分散在亚洲大地不同地区的新石器文化。历史的真实图景可能是，在广袤的亚洲大地上，新石器文化多元区域性地发展，都对亚洲文明的形成作出了贡献。

我们讲文明史，往往笼统地说原始社会或史前时代，但旧石器时代与新石器时代，对于今天的意义，是完全不同的。文明的兴起、文化的传承，还要从新石器时代开始说。亚洲各地新石器时代创造的文化，是亚洲文明的起点。

新石器时代离现在相当久远。但是，即便是在那个时候，亚洲大陆已非茫茫荒原、漫漫长夜，而是展露出东方文明的曙光。在那个久远的过去，上古初民们筚路蓝缕，以启山林，在顽强的生存斗争中，创造了绚丽壮观的原始文化，并逐渐凝结成最初的文化共同体。正是亚洲初民的文化创造，蕴涵了各民族历史文化的源泉，成为亚洲人智慧的起点。

三　农业文明的起源

1　两大农业起源中心区

农业的发生是人类历史上划时代的重大事件。从旧石器时代过渡到新石器时代的标志性实践，就是由采集食物转变为"生产"食物，亦即开始人工驯化培育作物和动物，亦即农业的产生。

英国考古学家柴尔德（Vere Gordon Childe）首先将农业的产生作为区分新石器时代与旧石器时代的标准，而不是传统的以磨制石器和陶器为主要标志，并将农业的诞生称之为"新石器革命"，认为其在人类历史上的重要性可以与近代的产业革命相媲美。美国历史学家威尔·杜兰（Will Durant）说："农耕是文化的第一个形式"，"人类的全部历史，可从两个革命来看：从狩猎到农业的新石器时代的过程，与由农业到工业的现代过程。没有其他的革命曾有如这两次革命的绝对真实或基本性"。[①]

大约1万年前，农业几乎同时在世界各地产生，这同气候转暖有关。人类在长期的采集、狩猎生活中积累了有关动植物的丰富知识，生产手段也有很大的进步，为驯化野生动植物奠定了基础。根据国内外考古资料及新近的研究成

---

① ［美］威尔·杜兰著，幼狮文化公司译：《世界文明史·卷一·东方的遗产》，东方出版社1999年版，第4、117页。

果显示，在许多距今1.5万—1万年之间的中石器时代遗址中，已经出现了农业萌芽，诸如块根作物的种植及谷物的采集和栽培。而这时正是地球处于冰期阶段，气候严寒，原有的许多大型动物转移了，许多丰富的采集对象灭绝了，人类的食物资源出现了严重的危机。这种情况在温带和亚热带的冬季表现得更为严重，有的学者称之为"季节性饥荒"。①这种情况迫使人们不得不寻觅新的食物来源。除了猎获一些中小动物外，过去不大吃的苦涩的坚果、野菜、地下块根和水中的螺蚌以及野生谷物通通都被用来果腹。人们在熟悉了它们的生长规律之后，尝试种植某些作物，先是块根块茎作物，然后才是谷类作物，作为采集经济的补充和后备。当冰期过去之后，气候转暖，那些种植过的作物生长得更加茂盛，产量增多，人们就扩大种植规模，逐渐将其驯化为栽培作物。农业就这样产生了。

以中国为例，距今2万—1.1万年前，正当大理冰期的峰期，气候严寒，在中国华南一带这一时期的遗址中发现了农业遗存。如在湖南的玉蟾岩、江西的仙人洞和广东的牛栏洞都发现了水稻遗存或植硅石。当冰期结束之后，在距今9000—8000年，先民们开始大力种植水稻，并且使其在长江流域得到迅速发展。

当时世界上出现了三大独立起源的农业文明中心区：两河流域西亚农业起源中心区、中国农业起源中心区、中南美洲农业起源中心区。这三大农业文明中心区有两个在亚洲。农业文明的起源对以后的文明发展有着极为重要的影响，世界上第一批原生文明，毫无例外都是建立在原始农业发展的基础之上，而且是建立在以谷物种植为中心的农业发展的基础之上。中南美洲后来产生了玛雅文明和安第斯文明。在西亚这一农业体系发展和传播的基础上，先后产生了美索不达米亚文明、尼罗河文明和印度河文明。在中国则产生了中华文明。原始农业不但为文明起源提供了物质基础，而且极大地影响以至规定着文明起源的途径和模式。农业文明与商业、游牧文明的区别首先就在于自然环境的不同。而在不同地区的农业文明中，也有自然环境的区别。这种区别不仅决定了最初驯化的农业作物和驯养动物种类不同，而且耕作的方式和农业技术也有区

---

① 卜风贤：《季节性饥荒条件下农业起源问题研究》，《中国农史》2005年第4期。

别。而这些驯养动植物和生产方式的不同，对此后形成和发展的社会组织、文化形态乃至人的精神面貌都有影响。

作为亚洲两大农业文明中心区之一的美索不达米亚，主要的贡献是小麦和大麦。小麦是重要粮食作物之一，被认为是"人类最古的粮食""神下凡的时候留给人间的粮食"。考古学研究表明，小麦是新石器时代人类对其祖先植物进行驯化的产物，栽培历史已有1万年以上。小麦起源于亚洲西部，中亚的广大地区曾在史前原始社会居民点上发掘出许多残留的小麦实物。其后，小麦从西亚、中东一带西向传入欧洲和非洲，东向传入印度、阿富汗、中国；6000多年前出现于欧洲，4000多年前到达东亚。

大麦栽培历史悠久，中东、埃及一带发现了新石器时代早期的大麦遗物。通常认为，大麦原产于西亚美索不达米亚一带，后传至东亚、北非和欧洲。公元前3000年，美索不达米亚和古埃及都有关于大麦的文字记载，中国殷代甲骨文中也有记载，说明大麦在这些地区已有广泛栽培。

在南亚次大陆也有小麦和大麦的栽培。1975年，法国的考古工作者与巴基斯坦考古局合作，在俾路支省中东部卡奇平原上的新石器时代的迈尔戈遗址发现了几个大麦和小麦的品种，并认为迈尔戈可能是人类最早栽培谷物的地区之一。

东亚栽培的作物与两河流域的作物迥然不同。作为亚洲两大农业起源地之一的中国又可以分为黄河流域和长江流域两个农业起源中心。由于气候、纬度等原因，中国以淮河为界，大致可分为南北两大农耕系统。淮河以北以粟作农业为主，淮河以南以稻作农业为主。

在黄河流域等北方地区，中国先民驯化栽培了粟、黍、菽和许多果树、蔬菜等，成为世界上重要的栽培植物起源中心之一。粟是欧亚大陆最古老的谷物之一，中国被公认为粟作起源中心。中国新石器时代遗址中出土有黍和粟的遗存，据现有报道，共49处。[①]河北磁山文化、内蒙古兴隆洼文化遗址出土粟作遗存尤为重要。根据最新研究结果，在距今8000年前后的兴隆洼文化时代，小米已经成为当地人日常食用的谷物。

---

① 游修龄主编：《中国农业通史》（原始社会卷），中国农业出版社2008年版，第163页。

中国长江流域下游是亚洲稻作农业的发祥地。20世纪70年代在浙江余姚河姆渡发现了距今近7000年的丰富的稻作遗存。1988年在湖南澧县彭头山出土了距今9000—7800年的栽培稻。与此同时，河南舞阳贾湖遗址也出土了距今9000—7000年的稻谷。1993年起，在湖南澧县八十垱、道县玉蟾岩陆续出土了炭化稻谷，后者年代可达1万年以上。[①]进入21世纪后，浙江相继发现了数量较多的新石器时代早、中期遗址，年代在距今11000—8000年，代表遗址有浦江上山遗址、嵊州小黄山遗址、萧山跨湖桥，这些新石器时代早、中期遗址中都发现稻作遗存。[②]2004年12月17日《科技日报》报道，湖南道县玉蟾岩出土了距今12000年的5粒炭化稻谷，它们被誉为世界上最古老的稻谷，将人类的稻作文明又往前推了3000年。

黄河流域的粟作文化、长江流域的稻作文化各有独立的源头，其农业的发生发展都具有自身的特点和相对的独立性。但不同区域间农业文化也相互传播和交流。典型的是长江流域的水稻是在仰韶、龙山时期陆续传向黄河流域的，粟也从北方向南方传播。

2　畜牧业的起源

畜牧业与农业同时发展起来。在新石器时代，世界不同地区有显著不同的种植作物和驯养动物组合作为食品生产的基础，驯养知识成为各地自早期发展阶段以来一脉相承的文化遗产的一部分。畜牧业的起源是人类历史上可以称之为革命的一件大事，是人类社会发展到一定阶段的必然产物。[③]世界各地驯化野生动物为家畜的时间和种类不尽相同，但大致都经历了驯育野生动物、繁殖家畜新种和人工选择三个阶段。家畜在人类的干预下，按照人类选择的方向，不断塑改体型和习惯。早期驯化的家畜有狗、猪、鸡、羊、牛、马等。

狗被认为是人类最早驯化的动物。有学者推断家狗源于大约15000年前的

①　湖南文物考古研究所：《湖南省考古工作五十年》，《新中国考古五十年》，文物出版社1999年版。
②　蒋乐平：《浙江浦江县上山新石器时代遗址——长江下游早期稻作文明的最新发现》，《中国社会科学院古代文明研究中心通讯》2005年第7期。
③　游修龄主编：《中国农业通史》（原始社会卷），第230、246—253页。

东亚。狗有丰富的遗传多样性，分布异常广泛，可能起源于不同的地方。在河北徐水南庄头遗址出土的距今1万年左右的狗骨，是迄今为止发现的中国最早的家畜。河北武安磁山，河南新郑裴李岗、舞阳贾湖，浙江余姚河姆渡，陕西西安半坡等新石器时代遗址中都出土过狗的骨骼或陶狗。西亚发现最早的狗骨距今9000年。

考古发现和历史记载均表明东亚诸民族具有养猪的传统。野猪广泛分布于欧亚大陆及其附近岛屿，遗传学研究表明欧洲和东亚家猪有明显的不同，分别起源于西亚和东亚，东亚家猪源于东亚野猪。在中国新石器时代主要文化遗址中，北起兴隆洼，南到甑皮岩，西自仰韶，东到龙山，均有猪骨出土。大约距今8000年的磁山文化遗址出土的猪骨可以确定是家猪。日本和朝鲜半岛亦有野猪分布，与家猪亲缘关系密切。生物学界公认，中国的猪种对中西亚乃至欧洲早期猪的进化具有相当重要的影响。[1]西亚发现最早的家猪骨骼距今8500年。

中国也是已知最早养鸡的国家。江西万年仙人洞和陕西半坡遗址中发现了原鸡的遗骨，说明原鸡在长江和黄河流域都有分布。河北武安磁山、河南新郑裴李岗、山东滕州北辛遗址等有鸡骨出土，可能是家鸡，是目前世界最早的记录。仰韶文化和龙山文化遗址中常有鸡骨或陶鸡出土，鸡可能是唯一家禽。《夏小正》有"鸡桴粥"（产卵）的记载，说明养鸡已经成为重要的副业。一般认为西亚或西方家鸡源于印度河流域哈拉帕文化，有可能是印度和中国不约而同地驯养鸡。

狗、猪、鸡是杂食动物，特别容易和人类建立亲密关系。有了这些畜禽，人类才逐渐放弃狩猎、采集，进入生产经济时代。

美索不达米亚人驯养和饲养动物的时间开始于新石器时代，与他们发现种植植物大体在同一时期。

西亚是羊的最早驯化地区。绵羊可能由盘羊驯化而成，其雄羊以角大而呈螺旋形为特征；山羊则由野山羊驯化而成，角为细长的三棱形、呈镰刀状

---

① 张波、樊志民主编：《中国农业通史》（战国秦汉卷），中国农业出版社2007年版，第383页。

弯曲。山羊和绵羊骨骼经常同时出现在西亚新石器时代遗址中。最早被驯化的绵羊和山羊在伊朗，时间为1万年前。位于伊拉克和伊朗之间的扎格罗斯山脉及其附近地区可能是山羊和绵羊的最早驯化地。1960年，在扎格罗斯山脉北端发现了距今1万年的萨威·克米（Zawi Chemi）野营地遗址，后来又在距此4000米处发现了旧石器时代晚期洞穴遗址沙尼达（Shanidar）。在这些遗址中发现了绵羊和山羊的骨骼，并鉴定为最早的驯养动物，碳14年代断定为公元前8935±300年。其后在扎格罗斯山脉南端霍来兰山谷（Holailan Valley）又发现了旧石器时代晚期和新石器时代早期的7处洞穴文化和8处野营地遗址，绵羊和山羊是仅有的两种家畜，碳14年代为公元前6460±200年。

家养的牛有水牛和黄牛两种。畜牧学界倾向于家养水牛起源于印度和东南亚。中国的家养水牛很可能是公元前1千纪从南亚引进的。但是，中国考古学界也有人认为中国的驯化水牛可能是在中国本土产生的。中国和印度、东南亚都是驯化水牛的起源地。①黄牛则被认为是距今11000年在西亚被驯化的。黄牛与绵羊、山羊生态习性相近，是西亚新石器时代的主要家畜。黄牛与山羊一样经历了大致相同的驯化和传播过程。

家马的野生祖先主要分布于欧亚草原的西端。现代学者研究认为马的驯化大约在5000年前。马最先出现于中亚，驯化马匹的历史源远流长，滥觞于自然野马的活动范围，如在北哈萨克草原及丘陵发现早期驯马文化的痕迹。位于哈萨克草原北部的波台（Botai）文化遗址是一处特殊的铜石并用时代遗址，出土动物骨骼30余万块，其中99.9%是马骨。这些马骨显示了马从野生到家养的驯化过程。马的驯化使游牧的原始印欧人拥有了对南方农业和商业民族的优势。②英国历史学家汤因比（Arnold Joseph Toynbee）在《人类与大地母亲》中有专章论述马的驯化。③

新石器革命中植物和动物分别被驯化，相应地产生了种植业和畜牧业。犁耕或牛耕是种植业与畜牧业互动与结合的关键。犁可能是最早的畜力机械，

---

①　游修龄主编：《中国农业通史》（原始社会卷），第259页。

②　蓝琪：《称雄中亚的古代游牧民族》，贵州人民出版社2004年版，第10页。

③　［英］阿诺德·汤因比著，徐波等译：《人类与大地母亲——一部叙事体世界历史》，上海人民出版社2001年版，第77—79页。

首先出现在西亚，不久就传播到了欧洲。5000年前西亚就普遍实行两牛抬扛式的牛耕了。与犁耕密切相关的是动物牵引的车辆或轮式运输。用牛或驴牵引的四轮车5000年前就出现在西亚，大约4000年前中亚出现了马拉的有辐双轮车和骑马术，提高了大宗物品远距离运输的能力。挤奶风俗和毛制技术逐渐普及，改善了衣食和居住条件。牵犁、拉车、挤奶、剪毛、骑乘等都是对家养动物的次级开发，不同于吃肉寝皮、敲骨吸髓的初级利用。有学者称之为"次级产品革命"。次级产品革命极大地提高了农业生产力和交通运输能力，形成了以犁耕农业为核心的定居生活方式和以奶为食、以毛为衣的畜牧生活方式，导致了城市的兴起和游牧民族的诞生。

四　新石器时代的技术发明

随着农业和畜牧业的发展，由制造生产工具发展起来的手工业劳动，在种类和规模上都出现了新局面，出现了制陶、制玉、编织、骨牙器和装饰品的生产，引发了历史上的第一次技术革命，出现了制陶、纺织、冶铜技术的发明。

1　制陶技术

在世界各地的新石器时代遗址中，发现了大量的陶器。陶器的发明和使用，是人类自掌握取火技术和饲养家畜、栽培植物之后或同时取得的又一划时代的进步，是新石器时代的重大发明之一。"它表明人们的智慧不限于自然物的加工，而能完全创造出新的东西来。有了陶器，人们可用以蒸煮食物，使人体更充分地吸收食物中的各种营养成分，又可用以储存液体，有助于农业的灌溉，从而促使人们定居生活日趋稳定。按照烧陶原理还可以制作纺织用的陶纺轮，狩猎用的弹丸，捕鱼用的网坠。烧土，也可以作为原始建筑的墙基。这一切，对于人类生产、生活的进步都具有很大的意义。"①陶器是人类定居生活稳定性的一种反映，在人类智力发展和文化进步的过程中具有重要的意义，一直被作为新石器时代的主要标志。

---

① 白至德编著：《远古时代》，中国友谊出版公司2010年版，第55—56页。

　　陶器的产生与农业的发生和发展有十分密切的联系。农业生产率先出现并发展较快的地区，成为陶器的起源地。早期制陶主要采用手制和模制的方法，陶器胎壁厚薄不匀且粗糙，火候也较低。迄今所知世界上最早的手制陶器发现于距今1万多年西亚的穆赖拜特遗址中。

　　在两河流域、叙利亚和巴勒斯坦一带，制陶业在公元前4000年之前已成为主要的手工业之一。这一地区生产的陶器有黄色、红色和褐色，大多带有单柄或双柄。美索不达米亚哈苏纳新石器时代遗址出土的陶器，一种被称为"古典型"，包括高高的、圆圆的或鸭梨形状的坛坛罐罐，由粗糙的黏土做成，没有任何装饰；另一种被称为"标准型"，主要包括有彩色装饰的碗和罐子。比哈苏纳文化稍晚的萨迈拉文化的陶器包括碗、盘子和壶等生活器具，其中盘子的形状比较大，壶则是中间鼓起圆肚子的形状。这些盘子、碗、壶的颜色比较丰富，有红色、暗褐色和紫色，几何形的图案设计在整齐的横条框中，图案有人物、鸟、鱼、蝎子、羚羊及其他动物。

　　在之后的哈拉夫文化遗址中发现了彩陶。这一时期的彩陶代表了美索不达米亚古代制陶业的最高水平，形状变化丰富，色彩非常鲜艳。在各种陶器上涂以奶油色或浅黄色泥釉，饰以黑色、白色、橘黄色、红色、紫褐色图案。图案大多为几何形，画满器身的大部分空间，也有一些图案表现鸟、人和其他动物，较多画着牛头。主要器形为平底钵、浅盘、碗、罐、壶。这里的陶器都是手工制作，器皿壁通常都很薄。哈拉夫的陶器生产已经形成批量规模，出现一些专业化的生产制作中心。

　　属于新石器时代晚期的欧贝德文化也以彩陶为主要标志。早期陶器为手制，主要为粗制的素面陶和彩陶，除了各种生活器皿外，还有陶制生产工具，如镰、锛斧、纺轮等，以及一些饰物和人像。许多容器表面用软刷画出黑绿色或深褐色的曲线图案，还有一些叶状纹和带有风格化的动物及鸟。晚期出现了轮制陶，出土了高脚杯、瓶、碗、椭圆形大盘等，还有壶嘴和环形把手。最具特色的是钟形碗、带有篮子提手的水壶、带有倾倒口的奶油色碗。欧贝德文化的制陶技术对周围地区有很大影响。同年代的陶器在乌尔和埃里都等地也有出土，因为风格和欧贝德文化相同，考古学家将其也归入欧贝德文化时期。根据陶器的风格为线索，可以发现当时欧贝德文化沿今天科威特的东海岸传至伊拉克北部，之后向西穿过叙利亚，直到地中海沿岸。

扎格罗斯山的阿里库什遗址和伊朗的雅亚遗址，也有陶制品发现。伊朗的巴昆遗址发现的陶窑，陶制品均采用轮制，分经淘洗的灰泥素面陶、彩陶和粗砂陶等，粗砂陶器表一般都被轻轻地研磨过。陶制品种类主要有尖底瓶、平底瓶、酒杯等。彩陶绘制主要是几何图案和动植物、人形、怪兽图案。此外还发现陶塑女神像和陶纺轮。

在俾路支和印度河平原地区，新石器第二期文化初次出现陶制品，并用轮制法制成，主要器形有篮网纹粗质陶器和红底黑彩纹陶器。布尔扎霍姆新石器时代文化，陶器早期为手制，颇为粗糙，偶尔磨光，胎呈灰色或黑色，器形有碗、侈口瓶，饰有刻划纹、席纹；晚期出现轮制，有磨光黑陶和精致的红陶制品。俾路支和印度河平原第三期文化，彩纹陶器非常发达。其中古利遗址日常容器是红色无纹陶器，平底壶和大水瓮最具特色，陶纹有用黑色或暗褐色绘制的动物纹、植物纹，如菩提树、水草、树木、大眼山羊、老虎等。巴纳斯文化的陶制品有手制和轮制两种，尤以施白衣的红彩黑缘陶器最富特色，另有施奶油色陶衣的黑彩陶、红衣陶、施划纹和附加堆纹的灰陶，主要器形有碗、盘、带流碗、高足盘、球形罐、珠、纺轮、陶牛等。马尔瓦文化的陶制品极为精良，有黑彩几何纹、菩提树、水草、树木等植物纹和大眼山羊、老虎等动物纹红陶器。俾路支和印度河平原的第四、五期文化也盛行彩纹陶制品，陶纹有动物纹、菩提树纹和花纹，还有陶塑女神像。印度早在公元前2000年左右的哈拉巴文化时期已普遍采用了陶轮，烧得很好的陶器上饰有优美的图案和动植物纹。

在中国，早在旧石器时代晚期，距今约1.8万—1.4万年，华南和华北就出现了陶器。中国出土的早期陶器表现出某些原始阶段的技术特征，比如火候低、壁厚、器型和技术简单等。到了新石器时代，制陶技术已达到很高水平，仰韶文化和屈家岭文化的彩陶，大汶口文化和龙山文化的黑陶，其造型、纹饰和色彩之精美，可视为当时陶器的代表。

彩陶是中国先民在新石器时代创造的闪烁着人类智慧的重要器物，它大量出现在黄河流域，最著名的是距今7000—5000年的河南渑池仰韶文化遗址出土的彩陶，线条流畅、图案绚丽。它是仰韶文化的主要特征，所以仰韶文化又享有"彩陶文化"之盛誉。

仰韶文化的制陶工艺相当成熟，器物规整精美，多为细泥红陶和夹砂红陶，其装饰以彩绘为主，于器物上绘精美彩色花纹，一般多装饰在器物的口沿和上腹部，也有全身布满了花纹的器物，还有用人面纹做装饰的。半坡类型的彩陶纹饰以各式各样的鱼纹最富特征，底沟类型的彩陶纹饰主要由圆点、勾叶、弧线、三角和曲线等组成的连续带状纹。另外还有磨光、拍印等装饰手法。仰韶文化的陶器种类较多，有杯、钵、碗、盆、罐、瓮、盂、瓶、甑、釜、灶、鼎、器盖和器座等，最为突出的是双耳尖底瓶，线条流畅、匀称，极具艺术美感。

在与仰韶文化大体同期的红山文化中，出土的陶器有泥制红陶、夹砂灰陶、泥制灰陶和泥制黑陶四类。彩陶以黑彩为主，有红彩和施白衣，纹饰有斜平行线纹、折线回字纹，有内彩。此外还有朱绘。器物为直筒罐类、钵盆和镂空豆类、壶类以及器座、盂、尊、双耳大口罐形器。晚期出现大平底盆，大敞口折腹浅盘细柄豆，并出现有彩绘陶。

龙山文化的陶器有灰、红、黑陶，其中最著名的是黑陶。黑陶在龙山文化陶器中制作最为精美，陶胎较薄，胎骨紧密，漆黑光亮。黑陶工艺主要利用陶轮轮制的方法，在烧制时采用了封窑烟熏的渗碳方法，器表呈现出深黑色光泽，朴素无华，纹饰仅有少数弦纹、划纹或镂孔。其中有一种薄胎黑陶，漆黑乌亮，薄如蛋壳，称为"蛋壳陶"，代表着这一类型陶器的杰出成就。黑陶的造型千姿百态，以复杂造型为主，端庄优美，质感细腻润泽，光泽沉着典雅，常见器形有碗、盆、罐、瓮、豆、单耳杯和鼎等。

制陶业始终是新石器时代的一种重要的手工业。在技术上，它先后经历贴塑、泥条盘筑及慢轮加工等阶段后，于公元前4000年前期后段，出现了快轮制陶技术。快轮制陶技术的产生，是史前工业技术革命步入重要阶段的一个标志。

2　纺织技术

在旧石器时代晚期，人们已懂得用针缝制衣服。但当时所用的原料可能是野生的植物或其纤维。人们后来又发明了利用植物纤维纺织成布。最初使用的织物原料是野生的麻纤维。大约在新石器时代早期，人类已经掌握了利用植物纤维制成纺织品的方法。人们可能先学会用葛、麻等具有韧性纤维的植物，像编筐篮那样织成布，后来有了纺轮，可纺出细软的纱线，人们便设法把一根根纱线依次系在一根木棍上，另一端也以同样的方法系在另一根木棍上，并把这两根木棍固定的纱线绷紧，这样就可像编席子一样有条不紊地编结了，通常人们把一根根的纵向纱称为"经纱"，依次横向织入的纱称"纬纱"，当经纱组成的经面被纬纱交织完毕，织物就编成了，这是较原始的织布方法。距今约9000—8000年位于土耳其西南部的哈吉拉尔遗址中发现了世界上较早的纺轮，与此同时的恰塔尔休遗址中还发现了纺织品，估计这时期的纺织品是采取上述较原始的织布方法织成。

在各民族文化发展的历史进程中，根据不同的自然环境和物质条件，逐渐发展出四大类用于纺织的纤维：（1）动物皮毛，尤其是羊毛；（2）植物韧皮纤维，最常见的是亚麻；（3）丝绸；（4）植物种子绒毛，如棉花。从纺织原料使用的角度看，古代世界可分为"四大纺织文化圈"：第一，东亚地区，以黄河流域为代表，虽然也使用葛、麻，但其特点是使用丝纤维；第二，南亚地区，以印度为代表，其特点是使用棉纤维，包括草棉和木棉两类；第三，地中海地区，主要的纺织纤维为亚麻和羊毛；第四，南美地区，使用羊毛和棉花作为纺织纤维，但其种类和欧亚大陆有所区别而自成体系。①

美索不达米亚于公元前6000年就出现纺织业。其原料主要是羊毛、棉花和亚麻，其中羊毛最为普遍。当时缝制衣服的主要工具为骨针、铜针，且可能已出现专门的衣服制作行业和裁缝。两河流域在古巴比伦王国时期就有了织布这一手工业。人们用亚麻和羊毛纺织，产品远销小亚细亚等地，用以换取他们缺乏的金属矿产和木材。在乌尔当时的权力中心南那神庙附近，发现了一个涉及国王经济的档案，其中记载了关于羊毛和纺织业的内容。从公元前3000年开始，布料特别是毛料成为美索不达米亚的主要出口产品之一。

古印度是棉花的最早种植者，棉纺织技术就发源在那里。在印度哈拉帕文化时期，棉纺织业已较发达，纺织业在手工业经济中具有突出的地位。不仅各遗址经常发现纺轮，而且摩亨佐-达罗城遗址中曾发现棉织品遗物。虽然织

---

① 赵丰主编：《中国丝绸通史》，苏州大学出版社2005年版，第31页。

物还很粗糙，但人们已经会给棉布染色。到了孔雀王朝时期，印度的棉纺织技术已达到相当高的水平，出现了一些以棉纺织品著称的地区和城市，它们的产品远销国外，成为当时出口的大宗货物。

中国的纺织技术具有悠久的历史和传统。在公元前4300年至公元前4000年的江苏苏州草鞋山遗址中出土了以野生葛为原料织成的葛布。公元前3300年至公元前2300年的浙江吴兴钱山漾遗址中出土了麻布。据研究，这两类布均是运用原始织机织成的。钱山漾遗址中还出土了土丝带、丝线等，经鉴定为家蚕丝织物，织物密度约为每厘米47根。仰韶文化时期，各地的遗址中经常发现布纹和为数甚多的骨针、骨锥、纺轮纺织与缝纫时使用的工具，表明原始纺织技术已为许多人所掌握。

桑蚕丝绸是中国的一项伟大发明，是中华文明的特征之一。中国是世界上最早饲养家蚕和缫丝制绢的国家，长期以来曾经是从事这种手工业的唯一国家。

中国人养蚕、缫丝和织绸，在新石器时代就已经开始。传说黄帝的后妃嫘祖发现桑树上蚕吐的丝柔软细长，可以用来编成织物遮体御寒。于是，她教导人民把蚕养起来，缫丝织绸，以制衣裳。这一传说将丝绸的起源追溯到和中华文明起源的诸要素一样遥远而古老。丝绸是中华文化发生期所创造的文化成果之一，具有与陶器、青铜器、玉器同等重要的意义，可被视为中国对于世界物质文化最大的一项贡献。

据现代考古发掘的结果，一般认为中国丝织物开始出现于公元前3000多年前的良渚文化时期。这时的中国先民已经成功地驯化了野生桑蚕，使其成为可以饲养的家蚕，并利用蚕所吐的丝作为原料，织造丝绸之物。公元前2700年，浙江吴兴钱山漾一带，已能生产丝绢。在山西夏县山阴村出土了半个人工割开的蚕茧，各地普遍出土石质和陶质的纺轮。

3　冶铜和铜器制作技术

人们最早认识的金属都是天然的纯金属，包括金、铜等。天然纯铜（红铜）在自然界里较易拣到，用锤击敲打的办法就可制成各种形状的器皿和装饰品。人们发现这种天然金属受热可以变软，加热到一定温度可以液化，注入特殊的容器中能铸成所需形状的器物，还可以重新熔铸，于是对这些金属进行加工并制成不同的物品。一般认为，最早用来制造工具或武器的金属是红铜。但纯铜硬度低，产量又少，不能完全取代石器作为主要的生产工具，所以在新石器时代后期有一个金（铜）石并用的时期。

铜的采掘、冶炼和铜器制作，是一个系列且相当复杂的技术体系。人类在石器时代单纯以岩石为原料制成工具去改造自然。冶金术是一连串发现的最后产物，是多种学科知识的综合利用。铜冶铸业的出现，表明人类能够从矿石中提取金属，再用它去制造工具，用于改造自然。从获取矿石，经过冶炼到铸造铜器的生产，是有组织的协作劳动，是十分复杂的工艺过程。这一工艺的出现，使手工业分工获得进一步发展，是一次具有时代性的工业革命。这是生产力发展到一个新阶段的标志，也是科学技术进步的一个主要标志。冶金术提高了人类物质生活的标准，对人类生活的物质条件和社会条件，以及人类与其栖身之地生物圈之间的相互作用产生了革命性的影响。[①]

小亚细亚的阿里喀什、查塔尔萤克、苏贝尔特等遗址零星发现属于公元前7000年至公元前5800年的铜珠和铜丝，是迄今世界上最早的自然铜制品。大约在公元前5000年，在伊朗诞生了最早的冶炼技术。不久，美索不达米亚南部地区也出现了金属器，还发现了距今约5800—5600年冶铜遗迹，是迄今所知世界上最早的冶铜遗迹。土耳其的恰塔尔休遗址发现的铅铜合金珠、管制品，伊拉克、叙利亚、土耳其的哈拉夫文化，小亚细亚和锡亚尔克、安瑙、叙利亚布拉克等遗址发现的铜针、锥和其他饰物等，是迄今所知世界上最早的冶铜制品。

在古代印度，红铜的开采和冶炼技术也发展起来。在典型遗址阿哈尔，发现了较多红铜器，有武器和生产工具斧、锛、短剑、双刃斧等，也有用红铜制作的碗、长流碗、镯、环。

在中国，铜也很早就出现了。在《史记·封禅书》中有"黄帝采首山之铜，铸鼎于荆山之下"的记载。其他文献中还有"蚩尤作冶""蚩尤以金作兵器"等记载。传说中国金属武器的发明者是公元前2700年的蚩尤。汉代的工艺品，蚩尤的造型常是头顶及四肢持拿五种兵器的人物。传说中蚩尤部族"铜头

---

① ［英］阿诺德·汤因比著，徐波等译：《人类与大地母亲——一部叙事体世界历史》，第35页。

铁额、吃砂石"。大概因为这个氏族以采矿和熔炼金属为业，蚩尤转化为神话人物。这些记载并不能作为中国铜产生的确切依据，但可以说明古人认为铜器的发明是很早的。至迟是到仰韶文化晚期，其居民已超越了以锻打天然铜制作器物的阶段，掌握了冶炼、浇铸铜器的技术。新石器时代晚期，中华先民逐步掌握了冶铜技术，并开始用铜来制作一些小型生产工具和生活器，器形包括斧、刀、凿、匕、锥、钻头、坠、环、泡、镜和铃等，进入考古学上所说的"金石并用"时代。

铜业的发展，促使百工的出现，带动各个行业一起兴盛起来。人类从原始社会跨入文明时代的历史性的飞跃，是与铜业的发展联系在一起的。

4　制玉技术和工艺

制陶技术、纺织技术与冶铜和铜器制作技术，是亚洲大陆上各民族共同拥有的技术成果，并且几乎同时出现。但在中国，还有一项独特的技术发明，就是制玉技术和工艺。玉器是中国独特的艺术品，可以作为中国文化的代表或象征之一。

在新石器时代，用玉石、骨、角、牙等材料制作的各种装饰品和祭祀用品，都十分精美，表现出当时的手工技艺水平和审美趣味。在新石器时代晚期，制玉工艺相当兴盛，甚至可能已成为独立的手工业部门。

中国玉石开采历史悠久，分布地域极广，蕴藏丰富多样，为玉雕艺术发展奠定了雄厚基础。除了玉石本身的颜色引发的天之联想以外，每一种史前玉器的形制都潜含着某种神话观念，最初出现的玉玦、玉璜是这样，随后出现的玉璧、玉琮、玉璋、玉琥等也是如此。

起源于北方西辽河流域的玉器生产以兴隆洼文化为开端。兴隆洼文化被确定为中国玉器的发祥地。兴隆洼文化玉器可以分为两大类：工具类和装饰类。前者如斧、锛，往往比传统的实用器形体要小，说明它们已不是原来意义上的实用器，同时孕育和分化出后世玉器的两大用途：兵器与礼器。中原地区形成斧钺工具兵器系统，后来向圭等尖状礼器集中；东方形成祭祀礼玉系统，后来向琮、璧等为代表的环状礼器集中。兴隆洼文化已经熟练掌握了线切割、管钻或实心钻、打磨与抛光技术。

以兴隆洼文化为代表的世界最早的玉器组合文化与工艺技术逐渐向东、向南传播。约公元前5000年，玉文化到达浙江沿海一带，代表性器物是余姚河姆渡文化出土的玉玦。目前发现玉器最多的是良渚文化，仅余杭反山一处墓地就有1100余件（组）。余杭瑶山、山海福泉山、江苏武进寺等处也有大量发现，至今发现玉器的良渚文化遗址已达20多处。①良渚玉器和玉文化向其他地区广为渗透和扩散，受其影响，史前玉文化的分布几乎到达中国东部大部分地区。

五 记忆、信仰、艺术与文化传承

1 最初的文化记忆形式

在新石器时代，人们已经发展出比较复杂的生产技术，农业生产已经普及，并创造了新的手工业门类，因此形成了相应的生产生活群体。人们共同生活，需要彼此交流；积累的生活知识，包括对自然的知识，以及一代代人积累的生产技术，都需要传承下去。因此人们创造了一系列文化传承的方法、技术和模式。前文讲到的农业的出现与发展，制陶、冶铜、纺织、制玉及其他生产技术，还有相应的知识体系，都是世世代代沿袭的。每一点新的发明和进步，都是在原来的文化积累基础上进行。

文化的积累和传承是通过语言、文字等记事、交流、仪式、艺术系统来进行。这些在新石器时代已经有了比较成熟的形式。

据语言学家研究，人类语言在旧石器时代就产生了。人们无论是在生活、生产中，还是交往中，都要进行思想交流，表达一定的意思。或者在生产中传授经验、协调动作，或者交流感情，或者与外人的交往中需要交涉事务、表明意图，或者在狩猎、战斗中需要奋勇搏杀、呐喊呼叫，等等，都需要有一定的音节来表达，于是就产生了语言。首先出现的是手势语言，然后出现口头语言。手势语言和口头语言都只能在一定距离范围之内使用，当人们彼此距离远到听不见和看不见的时候，就失去作用。于是人们又借助一些彼此约定的信号来传达信息。进入新石器时代以后，随着原始农业的发明和发展，这些手势

---

① 苏秉琦主编：《中国远古时代》，上海人民出版社2010年版，第203页。

语言、口头语言和信号更加完善和丰富。

语言和信号都是即时性的，先民们还发明了许多记事的方法，主要有结绳、刻木和刻划等，便于文化的记忆和传承。

结绳记事（计数）是被原始先民广泛使用的记录方式之一。新石器时代可能很长一段时间都用结绳记事。原始社会的人群活动范围不大，对记事符号的交际功能要求不高，突破语言的时间限制比突破空间限制更迫切。虽然绳结的可区别性很低，其记事的数量和明确度还非常有限，但它毕竟是人类在使用符号方面的一个成功尝试。[①]中国、日本、波斯、埃及以及太平洋的波利尼西亚及其附近各群岛，都曾经有过结绳记事的阶段。

在结绳记事基础上产生了刻划符号记事，即在陶器、竹片、石或骨器上刻划符号作为标记，也有刻在劳动工具或劳动产品上的。

在中国仰韶文化遗址中就有 7 处发现在彩陶盆上刻划有符号，其中西安半坡遗址有100多件、32种。在陕西临潼姜寨遗址中也发现100多件彩陶上绘有符号达40多种。[②]有些符号还趋向规范化，多次重复出现，有的与半坡遗址的符号相同，说明当时对某些符号的意思已有一定的共识。

用一些符号来记事，在新石器时代不是个别现象，而是具有一定普遍性。刻划记事方法时间上略晚于结绳，但功能却比结绳大。它主要用于契约和交换，在超越空间限制传递信息方面起到一定作用。

后来，这样的原始刻划向两方面发展：一方面成为图画艺术；另一方面成为文字，初期被称为图画文字。图画文字是介于图画和文字之间，比结绳记事前进一步的、表达思想的手段。图画文字是以图画和符号组成画面来表达一定意思，但不是一图一音，尚不具有真正文字性质。比如有些陶器上绘有单独的画面，具有图画记事的性质。河南出土的彩陶缸上的鹳鸟衔鱼石斧图，就是由鹳鸟、鱼和石斧组成的一个独立画面，显然是表达一定意思。半坡遗址彩陶上的人面鱼纹，似乎也可以这样看。

---

① 龚书铎总主编，廖名春主编：《中国文化发展史·先秦卷》，山东教育出版社2013年版，第168页。

② 王志俊：《关中地区仰韶文化刻划符号综述》，《考古与文物》1980年第 3 期。

图画记事逐渐向着越来越简化的方向发展，人们从完整描绘对象和环境过渡到只画被描绘对象的一部分或某些特征，它已经不是通常的图画，而是概括性的表象和概念的描绘，仅含有象征意义的因素，这就是象形文字。[①]

在山东大汶口文化晚期作为祭器的陶尊上有刻划而成的象形文字，主要是日、月、山、斧、锛等图形。斧、锛等为象形文字，有的则是日月与山组成的会意字，与商代甲骨文中的一些字已很接近，虽然不能就说它是甲骨文的前身，但至少可以表明在新石器时代晚期已经产生了表意的文字，为文明时期真正文字（汉字）的诞生奠定了基础，这是新石器文化中的一项具有划时代意义的成就。

语言、结绳记事、刻划符号以及图画记事，是新石器时代逐渐发展起来的文化记忆和文化传承的基本工具。正是通过这些形式，原始文化得以发展、流传下来，并为后代的文化发展奠定基础。而这些形式的发展和深化，为后世的文化传承提供了基本的载体。

2 原始宗教信仰

由于农业生产的发展，人类开始聚居，出现了村落的定居地，因此出现了一定的社会组织，甚至可能是比较复杂的社会组织。有的学者甚至认为，在新石器时代晚期，已经开始形成早期的国家。比如在红山文化遗址，有大型的祭坛、神庙、墓冢，显然已经具有国家形态了。

但祭坛、神庙等所反映的更主要是早期人类的宗教信仰。学界普遍认为，在旧石器时代晚期，已经出现了最初的宗教观念和形式，突出地表现在墓葬仪式、女性雕像、男女图案、绘制狩猎场面等。这些都是在一定观念信仰支配下的宗教文化行为。各地盛行以石器工具和装饰物为随葬品。如北京周口店的山顶洞人死后安葬在专有的墓地，周围撒赤铁矿粉末，随葬装饰品，说明当时已有灵魂不死的信仰。小雕像塑像，多数为女性，有的绘制在日常用品上，表明他们有了神像，开始为女性神，即母神；狩猎的绘画，特殊物品上的人形图案，猎人的舞蹈画等，说明当时应该有了巫术之类的活动。

---

① 岑家梧：《中国原始社会史稿》，民族出版社1984年版，第141页。

　　进入新石器时代以后，原始宗教得到很大发展，各地遗址出土了许多鬼神偶像、占卜工具、随葬器物，还发现了一些规模不小的祭坛、神庙的建筑遗迹，可以看出原始宗教发生、发展的明显轨迹。

　　在新石器时代，以血缘为纽带联系起来的氏族部落普遍有自己共同的墓地，在埋葬亡灵之前要举行隆重的仪式，亡者身躯有严格处理方式并有贵重的随葬品，之后还要按一定日期祭祀亡灵。这时他们肯定有天神界和地狱界的简单区分，众多的亡灵为地狱界之鬼，个别的首领人物为天神界之神，有人死后受地狱之神的惩罚，有人受到奖励又回到人间。这种宗教观念与宗教行为成了氏族部落的凝聚力。

　　在新石器遗址考古中，发现了多处神庙或祭坛的遗址。在西亚，欧贝德人从定居便开始修造神庙，且未间断。欧贝德文化遗址有神殿，平面为长方形，面积约4平方米，殿的一端有一突出部分，内设祭坛，殿堂中央另设一祭坛，门开在殿堂的另一端，神殿一角有圆形祭祀坑、献祭桌，其上有祭烧灰烬残迹。这座神殿是美索不达米亚南部发现的最早、最完整的宗教建筑。欧贝德文化时期的神庙用土砖筑成方形殿堂形状，建筑设计越来越复杂，与一般居民用芦苇筑成的棚屋相比，既美观又坚固。在布局上，神殿的主室为长方形，左、右设有小室，祭坛位于主室的一端，其上放置着陈放贡品的桌子。建筑物的四角正对东、南、西、北四方。这一神殿形式奠定了美索不达米亚地区神殿的基本格局，并为后世所继承。考古学家在底格里斯河中游迪亚拉地区的卡法伊发现了一种大型卵圆形庙，面积超过8000平方米。神庙有双重围墙，中央神坛前有一个2000多平方米的广场，专门供召集群众大会之用。

　　在中国辽宁喀左东南一道呈环拱状的黄土山梁上发掘的东山嘴祭坛，坐北朝南，南北长60米，东西宽40米，南端为空旷的场坪，中央为卵石铺砌的圆台，北侧为一方形的祭坛，分内、外两重，内置许多密排立置的长条列石，相聚成组，并发现大片红烧土面。这是一处由祭场、祭台、祭坛组成的大型露天式宗教礼仪活动场所。①在辽宁建平牛河梁红山文化遗址中也发现一组宗教礼

_____

① 郭大顺、张克举：《辽宁省喀左县东山嘴红山文化建筑群址发掘简报》，《文物》1984年第11期。

仪性建筑。祭天场所位于丘顶高处，为一平台状祭场，边缘砌土石垣。祭场上分布一处长13米、宽5米的红烧土块痕迹，显然是燔燎柴祭天遗迹，正是古籍上所说的"积土为坛，平地为场"的情形。①

祭祀神灵是新石器时代原始民族普遍采取的宗教形式。各地新石器时代遗址出土的陶器上经常有太阳纹和日月星辰的图案，这种器物可能与祭天活动有关。江苏连云港将军崖发现的3组岩画中，有两组是天文图像，刻有日月星辰连成的星云带和人面夹杂星象等图案，该处应该就是原始先民祭祀天神的场所。②

在考古发掘中也发现不少女性造型的文物，如辽西和燕山周围的红山文化和兴隆洼文化都出土许多立体式的裸体女性造像，辽宁喀左东山嘴祭坛出土两件小型孕妇陶塑像，还有大型孕妇陶坐像残块。③辽宁建平、凌源交界的牛河梁"女神庙"遗址出土大型的女性群体泥塑坐像，已发现的残块分属五六个个体。④20世纪80年代在河北滦平一遗址出土6种女性石雕，最大高36厘米，最小高6厘米，形态除双足皆相连之外，有盘腿坐状或蹲踞状，举手作蹲踞状，似进行蹲踞临产，孕妇临产形态鲜明。这些雕像距今约7000年，表明当时的神灵主要为女性，属于中国新石器时代早期。⑤这些雕塑女像的共同特征是裸体、肥臀、腹部隆鼓、躯干丰满，有的孕妇形象明显，除了含有生殖崇拜之外，由于当时的原始农业的发展已有相当水平，应该还含有祈求丰收富饶的意义。

这种史前裸体女像，在西到比利牛斯山、东到贝加尔湖的广大欧亚地区有不少发现，人们通常称之为"早期维纳斯像"。可以认为，女性裸体陶塑造型艺术和表现出来的生殖崇拜文化观念在广大地区互相传播和交流。西伯利亚安加拉盆地的马利塔（Malta）遗址及其附近的布莱特（Buret）遗址，大约距今1.5万年。这两处遗址都发现了一些用兽骨雕成的女性雕像，有裸体的，也

---

① 辽宁省文物考古研究所：《辽宁牛河梁红山文化"女神庙"与积石冢发掘简报》，《文物》1986年第8期。

② 李洪甫：《江苏连云港将军崖石刻与原始农业》，《农业考古》1983年第1期。

③ 郭大顺、张克举：《辽宁省喀左县东山嘴红山文化建筑群址发掘简报》。

④ 辽宁省文物考古研究所：《辽宁牛河梁红山文化"女神庙"与积石冢群发掘简报》。

⑤ 承德地区文物管理所等：《河北滦平县后台子遗址发掘简报》，《文物》1994年第3期。

有穿衣服的。在西亚发现的许多女性像，考古学家确定为"母神"。在两河流域北部地区幼发拉底河支流哈布尔河畔的特勒希拉夫村，发现了公元前4000年至公元前3000年文化遗址中的陶制妇女小塑像。这些用泥土捏成、经过烧制的塑像表现了对母性的崇尚。乌尔发现的一尊属于欧贝德文化晚期母神像，其头部有图像，可能是氏族的图腾。

考古发掘出来的神像周围还有当时人们使用的工具、装饰品，以及动物骨、人骨、植物等，在神龛、神坛、神像前面有容纳祭祀的广场。祭祀的供品除农作物、生产工具外，还有动物和人。农产品和工具可能是让神鬼享受人的生活；而动物祭可能是让神保佑他们狩猎丰收，不受动物精灵的侵害；以活人为祭品是新石器时代晚期发展起来的，开始是杀死战俘祭奠本氏族部落的保护神，后来是家庭中的奴隶及其他人。新石器时代普遍存在氏族复仇现象，每一氏族有自己的保护神，共同信奉保护神赐福于本氏族，通过杀死侵害本氏族的外族人的方式祭奠自己的神。

原始宗教的祭祀活动是最早、最简单的以祭天、敬神为主要内容的"礼"。这些祭祀活动在历史发展中逐步完善了相应的规范和制度，正式形成祭祀礼仪。随着人类对自然与社会各种关系认识的逐步深入，仅以祭祀天地鬼神祖先为礼，已经不能满足人类日益发展的精神需要，无法调节日益复杂的现实关系。于是，人们将事神致福活动中的一系列行为，从内容和形式扩展到了各种人际交往活动，从最初的祭祀之礼扩展到社会各个领域的各种各样的礼仪。内容包括：制定明确血缘关系的婚嫁礼仪、区别部族内部尊卑等级的礼制，为祭天敬神而确定一些祭典仪式；制定一些在人们的相互交往中表示礼节和恭敬的动作。

当时，氏族内部已经有了执行宗教仪式的人士，这些人士有专门的称呼，在祭祀中起着重要作用，但一般是氏族首领主持全氏族的祭祀。历史学家认为，新石器时代还没有专职的祭司。随着宗教信仰及宗教行为的日益复杂，先是为了祭祀等宗教活动临时推举出的"巫师"，后来，祭祀等宗教行为成了某些人的专门活动，乃至出现了专业巫师。这些巫师一般都是当时最有智慧的人，随着社会的发展，他们逐渐负起不断增加的管理社会的各种职责。伴随社会宗教活动的增加与繁多，巫在社会中的活动也日益专门化。他们主要从事占卜、医疗、祭祀方面的活动。

文化人类学的研究认为，人类社会普遍存在过一个巫术文化时代。巫实际上是人类最早独立的社会阶层，巫术则是人类最早的分工专业。这些职责对日益复杂化的社会来说，是必不可少的。巫是最早脱离物质生产的知识分子，他们成为掌管宗教、巫术、医药、天文历法和文字记录的专业人才。因此，他们也是最早从事文化保存和文化传承的专门人才。在早期文化的传承方面，巫起了很大的作用。

巫的职业在原始社会以世袭的方式存在，培养巫的职业教育以家庭教育的形式存在，成为一种非常重要的教育形式。在巫术教育中需要传授涉及自然与人极为广博的"知识"，而且要熟悉使用各种自然物与法器，还要熟悉各种巫术仪式与占卜，以及音乐、舞蹈等。

3 原始艺术形式

新石器时代不仅已具有一定程度的物质文明，而且在艺术文明方面也初现辉煌。

新石器时代的艺术创作往往与日常用品相结合，具有手工艺品的鲜明特点。在各地的新石器时代早期的遗址中发现了一些原始绘画作品。原始绘画的种类甚多，如按绘画对象分有陶画、木画、石画、壁画、地画、岩画等。

绘画主要表现在彩陶和彩绘陶上。仰韶文化时期绘在彩陶上的图案，其中又以几何纹图案最为丰富多彩，它们以横、竖、斜、弧、涡、曲、折形的色线，通过平行、交叉、重复、叠压、连续、间隔、粗细、疏密等变化组合的手法，构成对称图案，有的还在色线之间填上红、赭、黑、白颜色，使得图案色彩对比强烈而又和谐，画面线条流畅，构图严谨，技法成熟。这时的彩陶花纹，已经不是纯粹对实物的摹写，而是由写实到抽象的构图。彩陶上的这些图案，并不是单一地出现在器物上，经常是几种图案出现在器物的不同部位上，形成统一的和谐的艺术效果。除了几何纹外，还有一些图案是由植物纹或动物纹变形而来，可以看出与人们的生产生活的渊源。据学者研究，鱼纹、蛙纹、鹿纹、龟纹、人物等图案可能具有一定的宗教意义，有些可能是祭祀或巫师施巫的产物。

岩画是指在岩石上绘画。有用颜色在岩壁上绘画的，称为"岩壁画"；有用雕刻工具在岩石上凿刻的，称为"岩刻画"，统称为"岩画"。岩画遍布世界，大约从3万年前延续至今。目前世界上有120多个国家、800个地区、数千个地点发现了岩画，已经记录下来的图像约2000万个。岩画是人类"童年"的艺术，多侧面地记录了人类早期的生活。

印度岩画主要分布于中部文迪亚山脉的丘陵地带。最古的岩画可追溯到距今2万年的旧石器时代晚期。印度最初的岩画以描绘单独的野生动物为主，造型古朴写实，后来开始从色块中提炼出线条，用简略粗重的线条勾勒人和动物的轮廓，或者是剪影式的平涂与粗线条的浅描并用。动物比较写实，人物则是图案化、几何形的。之后线条趋向装饰化，往往在人和动物的外轮廓线中交织着直线、斜线、蛇形曲线，大量描绘狩猎、舞蹈、奔跑等各种剧烈运动。晚出的印度岩画多描绘骑马、骑象或步行的战士手持盾牌刀剑格斗的战争场面，以及草庐定居、歌舞、奏乐、礼拜、畜牧、耕耘、采蜜、植树等混合经济或农耕时代的部落生活情景。

中国是世界上岩画分布最丰富的国家之一，目前已有18个省区约80个县、旗发现了岩画，遗址数百个，记录下来的岩画不下几十万幅。题材内容丰富多彩，有人物、动物、日月星辰、房屋、武器、神灵、符号、人面像、手足印迹、兽蹄印迹、车辆、帐篷等，多方面反映了当时人们的狩猎、放牧、战争、舞蹈、祭祀、生殖崇拜等物质与精神生活。

在岩石上刻划各种形象，除有敬畏、崇拜、祈求目的以外，最直接的效果就是传授知识：或在深山幽谷转折处，或于放牧必经之地，刻划动物形象，以指示方向；或于猛兽经常出没之所，刻上虎、豹、狼等形象，以示警诫（或祈求）；或在山洪暴发、山崖崩裂给人畜造成重大伤亡之处，刻划山神水怪形象，以示敬畏（或祈求保佑）；或在两部落经常发生纠纷的地方，刻划各自的图腾标记，以示界限；或在本部落取得战争胜利之后，刻划押解俘虏凯旋的场面，以示纪念；或在祈求丰收之地，刻划神灵图像，以示崇拜；或在急流险滩陡峭崖壁上，刻划祭祀舞蹈场面，以求水神保佑；如此等等。

雕塑有雕刻和陶塑两类。雕刻是以坚硬的雕刻工具在各种材料上进行加工。陶塑是用陶土捏塑成各种造型，有时也会使用雕刻手法。

目前在中国发现的木雕最早的是辽宁沈阳新乐遗址出土的距今7300年的鸟形木雕。在浙江余姚河姆渡遗址也发现了木雕蝶形器等建筑构件，还出土了两件木雕鱼。陶雕是指在陶坯上阴刻图案花纹，在河姆渡文化、赵宝沟文化、大汶口文化、龙山文化和良渚文化诸遗址中都有出土，以河姆渡文化遗址出土的最多，主要在陶器上刻划猪纹、鸟纹、猪穗纹、五叶纹、芽叶纹、鱼藻水珠纹以及几何纹等，许多图案的形象都相当准确、生动，反映雕刻者的艺术功力。①另外，还有骨雕、牙雕、石雕和玉雕等不同材料的雕刻艺术品。

原始音乐歌舞充分展现先民们丰富的情感世界。古籍中关于乐器创制的记载和彩陶上集体舞蹈的图形，说明原始音乐、舞蹈已经成为先民生活的一部分。

在中国发现的有关舞蹈的考古材料都是新石器时代的文物，可以证明中国的舞蹈到了新石器时代已经有了相当的发展。很多古老的舞蹈是直接表现或模拟生产活动和劳动过程，在为了祈求丰收而举行的祭神巫术仪式时所跳的舞蹈，无论是动机或表现形式也多与生产活动有关。以后才逐渐增强其艺术性而成为以表现人们喜怒哀乐等思想感情的独立艺术门类。孔子曾提到韶舞，韶舞相传为舜时的乐舞，孔子赞为尽善尽美的音乐，认为这种乐舞所表彰和颂扬的品德是最完美的，对于人们思想情操的感化作用也十分深刻。

原始舞蹈最大的特征就是群众性、参与性，而非表演性。当时的舞蹈是宗教（巫术）性、欢庆性或者狂欢性的群众活动，没有专业的表演者，最多是在有人（如巫师）带领下的集体起舞。集体舞蹈还必须有一定的节拍和音乐伴奏，才能步伐一致，互相配合。最简单的伴奏是以踏步、击掌或装饰品摩擦发出的响声。这就是中华民族舞蹈的源头。

4　神话传说：民族文化的原始记忆

各民族都有关于创世和民族起源的神话。神话是在文字创制之前，保持

---

① 浙江省文管会等：《河姆渡遗址第一次发掘报告》，《考古学报》1978年第1期。浙江省文管会等：《河姆渡遗址第二次发掘的主要收获》，《文物》1980年第5期。吴玉贤：《河姆渡原始艺术》，《文物》1982年第7期。

民族文化记忆、实现文化传承的一种普遍的形式。将遥远的祖先们所进行的文化创造和文化成果，用神话的形式保存下来，并且传承下去，是神话的主要功能。神话是远古传来的歌唱，[①]是远古的祖先想要传给后人的某种信息。因此，要了解有文字记载以前的历史文化，除了依靠考古发掘，神话是一个重要的途径。

按照现代神话学的看法，神话并不是史前时代或原始时代的个人创造，也不是个人某种想象力的产物，而是一个种族或民族中经过世世代代长期流传和加工而成。虽然神话的许多内容在我们今天已被判定为不可能发生的事情，但在当时却是初民们对世界的原始理解和解释，并成为他们的"生活世界"的一部分。神话是人类意识发展的一个特定的阶段，它表示民族文化的初始选择，是民族精神的最初记录。或如瑞士心理学家荣格（Carl Gustav Jung）所说，神话是那种"原始意象"的最重要的表现方式。这种"原始意象"是"人类永远重复着的经验的沉积物"，它通过先天遗传的"种族记忆"，至今潜藏在我们个人的深层心理结构中，成为我们民族的"集体无意识"和文化"密码"。对神话和"原始意象"的追溯，将帮助我们认识并返回自己灵魂的故乡。

神话是一个民族"童年"生活的写照。因此，神话孕育了一个民族的文化精神和传统。每个民族的神话，都既体现了人类原始社会和原始心理的共性，又有自己的文化特色。各民族的生存环境不同，发展经历不同，自然有着不同的文化性格。这种文化性格上的差异，在各民族的"童年"就有表现，在后来的历史传承中又不断强化，形成所谓的"民族传统"和"民族性格"。

考古学的发展，揭示了人类早期生产生活的现实图景；而丰富多彩的上古神话传说，则曲折地反映出人类"童年"时代的生活故事。

苏美尔人（Sumerians）把世界万物归于神的创造。他们在神创造人上有两种说法：一是关于洪水的神话里说神的女王"生了我的民"，即人是由女神创造的；二是在一些古代文献里说人由地神恩利尔（Enlil）创造。由于人是神的创造物，所以人要取悦于神，为之修神庙，向神奉献一切，祭祀神灵的恩

---

① 陈建宪：《神祇与英雄——中国古代神话的母题》，生活·读书·新知三联书店1994年版，第5页。

德。苏美尔的天国是指神的世界。他们认为天国的神是不朽的，众神有了大事要在天国里商量。除安努（Anu）①等苍天神之外，大部分神灵并不住在天上，而是或在天空中、山林里游荡，或聚集在供品旁、神庙里。个别英雄人物虽然被描绘成半人半神，但苏美尔人认为他们也是会死的，死后也不能到天国去。

古巴比伦人有关创世的神话流传较多，内容为描述神、宇宙万物和人类是如何创造的。巴比伦的创世神话重点在于赞美巴比伦主神马尔都克（Marduk），马尔都克的创世业绩在神话中占有重要地位。巴比伦人的神话讲述了主神马尔都克战胜妖怪提阿马特（Ti'amat）的故事：提阿马特创造11个不同的怪物，都是极有法术、极有力量的凶恶之怪，有时还要欺负神。马尔都克驾起神驹，带着神箭，主动向提阿马特挑战，先是放出恶风吹她，她就张口吞食主神，主神发出神箭才结束她的生命。之后，在女神阿如孺（Aruru）的帮助下，用她的身体各个部位创造了日月星辰、天地万物和人类，保护了年长的神，因此众神尊他为主神。

古印度人的创世神话保存在《普鲁沙赞歌》中。根据这个神话传说，普鲁沙（Purusha）是一个原始巨人。他拥有千首、千眼、千足，他刚一出生时就向东西方扩展，弥漫大地。诸神切割普鲁沙献祭，由他身体的各个部分变成了宇宙万象。他的油化为春天，供品化为秋天，燃烧的木柴化为夏天。他形成天地之间的生物，包括马、牛、羊及其他牲畜。其口成为婆罗门，双臂造成罗惹尼那即后来的刹帝利等级，其双腿变成吠舍，双脚则生出首陀罗。由其心产生月亮，由其眼睛生出太阳，由其口生出因陀罗（Indrah）和阿耆尼神（Agni），由其呼吸产生风神，由其肚脐产生大气，由其头颅形成天空，由其双脚形成大地，由其耳朵产生区域。诸神就这样创造了世界。

在中国，从盘古开天辟地、女娲抟土造人，到炼石补天、精卫填海、后羿射日、大禹治水、孤泉之战、涿鹿之战，如此等等，这些神话都表现了中华民族的祖先追索自然奥秘的浓厚兴趣、征服自然的顽强斗志和丰富的想象力，

① 安努，古巴比伦神话中的苍天之神，是男性主神安沙尔（Anshar）和女性主神吉沙尔（Guichar）的儿子。他也是众神之父，与大地之神伊亚（Ea）、风之神恩利尔共为创世神话中的联立三神。

表现了向自然斗争的磅礴气势和不屈不挠、自强不息的精神。

神话与传说是两个有联系但又不同的部分。神话偏重关于人神起源万物初始的来历，传说偏重口头流传的关于世界来源及英雄故事的说法。

和世界上其他许多民族一样，中国古史上也有一个"传说时代"。我们习惯于"有文字记载以来的历史"，但在"有文字"以前，人类已经有一个漫长的历史过程。所以，有的学者将"有文字记载以来的历史"称为"狭义的历史时代"。早期发展的各民族最初的历史是用"口耳相传"的方法流传下来的。由于人类活动的历史很长，人们不能详细、完全地记住每一事件，自然就选取与本身关系较密切的事迹记录下来，形成内容丰富的古史传说系列，即"历史神话体系"。传说是原始人类的"历史学"。所以，神话传说就成了认识"有文字记载"以前的"历史"的重要资料。古代神话和出土器物一起，共同构成研究早期社会必不可少的、互相参证的两大材料来源。古代人已经认识到神话传说的这种作用。比如韩非将"构木为巢"的有巢氏和"钻燧取火"的燧人氏时代，称作"上古之世"；将"鲧、禹决渎"时代，称作"中古之世"；将"汤、武征伐"时代，称作"近古之世"。

中国古史上的传说，和其他民族的传说一样，也有一个英雄的谱系，有一批担负着"创造"文明责任的"文化英雄"。"文化英雄是一种具有神性的人物，他为人类获取或首先制作了各种文化器物，例如火的使用、植物栽培、工具发明等等；他消灭了横行大地的妖魔鬼怪；教人以各种生活技艺，为人类制定社会组织、婚丧习俗、礼仪节令等等；有时还参与世界的创造与自然秩序的制定；他是初民集体力量的集中体现，是人类原始文化成果的集中代表。"[1]或者说是"历史力量的代表者"[2]。

在中国神话中，有关于有巢氏、燧人氏、伏羲氏、神农氏的传说。现代历史科学证明，"有巢氏""燧人氏"的故事，大体反映了开始穴居生活和用火的旧石器时代的状况；"伏羲氏""神农氏"的故事，大体反映了农业萌芽的新石器时代早期的状况；"黄帝、尧、舜、禹"的故事，则昭示了新石器时

---

①　陈建宪：《神祇与英雄——中国古代神话的母题》，第143—144页。

②　《马克思恩格斯选集》第3卷，人民出版社1972年版，第355页。

代晚期人类的生活情景。

到了有文字记载的时候，神话传说已经经历了一番选择和加工。中国古代传说和古代歌谣一样，有不少失传了。较晚的文献记载下来一些，但往往只保留了梗概和片段，还时常掺进一些后代人的观念。比如，战国至两汉时期，以儒家为代表的知识阶层，把伏羲、黄帝、尧、舜、禹等传说甚至神话人物，改造成历史人物，构筑了一个以"三皇五帝"为中心的神史混杂的史前社会体系，并认为那是人类最美好的时代。对原先的神话材料，根据自己的需要进行取舍，造成了神话材料的人为改造和散失。但是，尽管如此，这些保存下来的传说，还是反映了史前人类生产生活的一些基本面貌，反映了那个时代的文化状况。

5 大洪水：原始文化的集体记忆

"大洪水"是世界多个民族的共同传说。人类学研究发现，美索不达米亚、希腊、印度、中国、玛雅等文明中，都有洪水灭世的传说。

苏美尔人关于大洪水的故事是人类历史上大洪水记载的最早版本。在苏美尔人传说中，风之神与众神之王恩利尔觉得人类太吵闹，于是放出洪水、干旱和瘟疫来消灭他们。但是，个性良善的水神恩基（Enki）传授给阿拉哈西斯（Atrahasis）灌溉、贮存谷物以及医药的知识，人类因此得以存活下来。恩利尔非常生气，决定放一次巨大的洪水灭绝人类，但被恩基知道了。恩基事先安排乌塔那匹兹姆（Utnapishtim）搭船避难，日后赐予乌塔那匹兹姆永生的能力，嘱其隐居深山。恩利尔大怒，恩基向他解释，为了必需的平衡，不应该灭绝无辜的人类，让剩下来的人类节育即可。但如果人类不信神祇而堕落，就可以任凭众神屠杀。这个神话不仅讲述了一个大洪水的故事，还反映了苏美尔人关于宇宙起源的观念，其内容涉及人的创造、王权的起源及洪水前的5座城市等。

各个大洪水传说当中，最为世人所知的，是《圣经·创世记》第6—8章的记载。这一故事源于苏美尔人的传说，反映了两河流域洪水泛滥的事实。《圣经》记载，由于人类在地上作恶，所以上帝决心要毁灭这个世界的文明。上帝命令义人诺亚（Noah）建造一个巨型的方舟，把世上每一种生物都留下至少一对，放入方舟里。随后降下暴雨，使水位不断上升。大水把地上一切生物都消灭掉，唯有在诺亚方舟里的生物得以保存。于是，水退之后，诺亚一家就在一片新土地上继续生活。他们成为中东地区的各个民族的祖先。

古印度人关于洪水的传说记载于《百道梵书》中，与《圣经》中的大洪水故事非常类似。《百道梵书》是诸《梵书》中最完备、最系统的一种。书中关于洪水传说的情节大致如下：印度古代传说中的人类先祖是14位摩奴（Manu）。一天，一位摩奴正准备洗手时，一条鱼跃至他手上。鱼告知摩奴会发生大洪水。摩奴将鱼养大。洪水发生时，摩奴按照鱼的嘱咐乘船下海从而得救。洪水过后，所有的生物都被消灭了，只有摩奴幸存。摩奴为得到后代，不停地举行祭祀，并做各种苦行。他向水中投献了精制的酥油、酸奶、乳浆和奶酪，不到1年的时间，便长出一个女人，摩奴和她一起继续不断地举行祭祀并做苦行，以求子嗣。就是这样，他使这个摩奴的种族得以延续。

中国的大禹治水故事是世界各民族大洪水记忆的组成部分。在中国新石器社会末期，即传说中的唐尧时期，相传连续遭了9年的水灾，一时"洪水滔天"。大禹的父亲鲧负责治水，但由于工作没有成效，被尧所杀。到舜接任，禹接替父亲，带领人民疏导洪水入海，并因势把天下分为九州。

世界各民族的大洪水传说，在一定程度上反映了各自的历史记忆。这可能与新石器时代的人类经历有关。地球第四纪冰期在1.2万年前开始退却时，气候转暖，冰河大量融化泛滥，海水不断上升，吞没了出露的大陆架和陆桥，并发生普遍的大海侵，淹没了许多海岸和部分陆地。当时靠海及靠水的人们损失巨大，被迫向高地迁徙，随之带去了可怕的洪水故事。因此世界上大多数地方都有关于大洪水的传说。

地球科学和环境考古研究表明，距今4200—4000年，北半球普遍发生了一次气候突变。而距今4000年前后，世界许多地区的古代文明发展进程也发生了巨变。大禹治水应是这一气候事件导致的历史事件中的一环。有学者认为，距今4000年前后的九星地心汇聚，引发了包括洪水在内的自然灾害，由此导致了黄河流域南北改道，改道又加剧了洪水泛滥。大禹治水就是在这样的地理背景下展开的。[①]

---

① 王清：《大禹治水的地理背景》，《中原文物》1999年第1期。

大洪水传说是人类文化的共同母题，但在大洪水中不同的处理方式，却预示各民族文化发展的不同路向。题材是相似的或共同的，而对题材的理解和组织却是各不相同的。作为初民们对世界的原始理解和解释，各民族的神话又有自己的特殊形式和内容。正是这种文化初始选择上的差异性，孕育了各自的文化特质和文化精神。

在中国的大洪水传说中，禹的父亲鲧治水不成，被杀于羽山之郊。禹却继承了其父平治洪水的事业，驱逐兴风作浪的水神，剪除破坏治水的妖魔，劈山开渠，疏导江河，历尽千辛万苦，奋战13个寒暑，终于治服了洪水之灾，使人民得到安宁的生活。苏美尔神话和"诺亚方舟"这类故事强调的是上帝的神威和幸存者的侥幸；而在中国的神话中，鲧和大禹不是逃脱洪水的幸运者，而是与滔天洪水搏斗的"救灾英雄"。大禹治水这类神话，体现了中国原始先民们在与恶劣的自然环境所进行的顽强抗争中锤炼出来的自强不息的生命意志、坚毅果决和奋斗精神。中国上古神话的这种文化内涵，在以后的历史进程中，深深地积淀在民族精神的底层，转变为一种自律性的集体无意识。

在各地的大洪水传说中，大洪水之后，人类的生活方式和生存状态都发生了巨大的改变。这种改变实际上意味着新文明的开始，也就是从原始的文化时代进入文明的时代，新的国家组织和社会形态建立。人类历史进入原生文明阶段。

第二章
亚洲三大原生文明

————

　　在世界文化史上，中国和古埃及、古巴比伦、古印度合称为"四大文明古国"。所谓"文明古国"，指的是产生"原生型"文化的国度。在世界文化的初创时期，栖息在不同地区的上古初民，各自独立地创造出具有自己特色的原生文化形态，发展起各自的地区性文明。这种在不同地区独立地产生出来的文化被称为"第一代文明"或"原生型文化"。这些原生的文化形态是以后世代人类文化进化发展的历史性起源和基础。而由于人类在初级阶段就表现出来的趋同性，不同民族发展到一定的阶段，当需要某些发明的时候，许多重大的文化成就可以在彼此距离遥远的地区、间隔漫长的时间，一次又一次地被不同民族创造出来。

　　"四大文明古国"中有3个在亚洲。此外，在中南美洲还有玛雅（Mayas）、阿兹忒克（Aztecs）、印加（Incas）等属于印第安文明的原生型文化。但直到15世纪哥伦布"发现"新大陆以前，印第安文明大体是在隔绝于东半球诸文明之外的情况下发展起来的。所以，在讨论人类文明的起源和早期世界文化格局的时候，一般都忽略印第安文明而只谈欧亚大陆的"四大文明古国"。这当然是片面的。实际上，在世界文化的早期发展阶段，存在着欧亚大陆和中南美洲两大文化区，它们是并行存在而又相互隔绝、各自独立发展的。

　　各原生文明是在原来的新石器文化，也就是农业文明的基础上发展起来的。各地的新石器文化为原生文明的诞生奠定了坚实的基础。中国与美索不达米亚、印度三种原生型文化，在亚洲大陆上并行发展，相映生辉。它们也是最早的人类文明。

　　目前国内外较流行的观点是把文字、铜器、城市等作为"原生型文明"的标志或要素，认为这三个主要标志代表了文明发展到一定的水平。当然，原生文明的内容远远不止这三个方面，其他在经济生活、社会管理、政治制度、科学技术和宗教艺术等现代社会文明的基本方面，都在原生文明时代产生并发展起来了。[1]这种以"文字、铜器、城市"等因素去考证的概念，显然过于简单且不全面，但比较实用。而文字、铜器和城市这三项标志，在亚洲三大原生文明中都已出现，并且逐渐形制完备。

一　文字与书写制度

文字的发明，是人类文化史上具有划时代意义的界标性事件。正如恩格斯所说，人类社会正是"由于文字的发明及其应用于文献记录而过渡到文明时代"[2]。

最早的象形文字泥版发现于公元前4千纪中叶的巴勒斯坦和伊朗西部。[3]象形文字是按事物的形体绘出想象的图形，用事物的本来名称，进而确定象形字的读音。它是在图画文字基础上发展而成，已不再是用整个画面来表示意思，而是文字的雏形。

人类发明最早的文字是苏美尔人的楔形文字。起初，和其他民族一样，苏美尔人也是使用象形文字。在公元前3300年左右的乌鲁克的埃安那神庙中，发现了最早的苏美尔象形文字的泥版，大约有900—1000个图形符号。这些象形文字符号发展到后来图形越来越简单，逐渐于公元前3千纪中期演化成楔形文字，并同时发展出拼音规则。最早的字母表中有700—800个字符，到公元前1750年，音节表中的功能性字符大大减少，最少的字母表只剩70—80个字符。苏美尔人创造和使用的文字符号在外形上有些像钉子或楔子，所以这种文字

---

① 2001年，中国启动了"中华文明探源工程"。20多个学科、400多位专家学者经过20年的研究，提出判断进入文明社会标准的"中国方案"，包括：（1）生产发展，人口增加，出现城市；（2）社会分工和社会分化不断加剧，出现阶级；（3）权力不断强化，出现王权和国家。

② 《马克思恩格斯选集》第4卷，人民出版社1972年版，第21页。

③ ［俄］维克多·V.瑞布里克著，师学良等译：《世界古代文明史》，上海人民出版社2010年版，第32页。

最初被阿拉伯人称为"钉头字"（Mismari），英国人把它称为"楔形文字"（Cumeiform）。

苏美尔人用削成三角形尖头的芦苇秆或骨棒、木棒当笔，在潮湿的黏土制作的泥版上写字。为了长久地保存泥版，需要把它晾干后再进行烧制。这种烧制的泥版文书不怕被虫蛀，也不会腐烂，经得起火烧。现在发掘出来的泥版，有近百万块，最大的长2.7米、宽1.95米。今天已经发掘出来的有10万多篇苏美尔文章，大多数刻在黏土版上。其中包括个人和企业信件、汇款、菜谱、百科全书式的列表、法律、赞美歌、祈祷、魔术咒语，还包括数学、天文学和医学内容的科学文章。许多大建筑如大型雕塑上也刻有文字。金属或石材仅用于镌刻祭神文字或皇家铭文。最古老的苏美尔铭文一般是从右向左、从下向上读的，后来这种书写和阅读习惯发生了变化，文字开始从左向右、从上向下阅读。泥版书的制作和使用一直延续到1世纪，以后逐渐被羊皮书所取代。古代亚述人还曾使用蜡版书。蜡版书是世界上最早的、可以重复使用的记事簿，也是世界上最原始的一种图书。

楔形文字由苏美尔文明独创，最能反映苏美尔文明的特征。楔形文字还被不同语族的多种语言所使用，对西亚许多民族语言文字的形成和发展产生了重要影响。公元前1500年左右，楔形文字由于具有词汇丰富、字形优美的特点，成为当时各国之间的通用文字。各国往来的书信或签订的条约，都使用这种文字。因此，有人就把楔形文字称为"古代东方的拉丁语"。楔形文字是古代两河流域人民在人类文化宝库中留下的珍贵遗产。

巴比伦、亚述、赫梯等国都曾将楔形文字略加改造后作为自己的书写工具。巴比伦人简化了苏美尔楔形字，只用640个基本字组成全部语词，许多表示实物或概念的"意符"，变成脱离原有意义而只表示一定语音的"音符"。

腓尼基人创制的字母也含有楔形文字的因素。腓尼基人在公元前13世纪创造了世界上第一套拼音字母，为人类文明作出重大贡献。腓尼基字母有两套：一是乌伽里特字母，共29个，受到巴比伦的影响，是用楔形符号写在泥版上的；另一种是比布鲁斯字母，共22个，全是辅音。比布鲁斯字母最初见于阿希兰的石棺上，后来成为通用字母，乌伽里特字母则逐渐被淘汰。相对于之前的各种符号和图像系统，字母可以说是一项伟大的改良。拉丁字母、希腊字母、希伯来字母和阿拉伯字母，都是从腓尼基人所创造的字母衍生出来的。[①]
大约在公元前1000年代初，腓尼基字母传到希腊，希腊人在此基础上增加了元音字母，创造了更加完备的希腊字母文字。

印度河流域哈拉巴文化的创造者是达罗毗荼人，年代约为公元前2300年至公元前1750年，他们也创造了文字。目前已发现这种文字符号有500多个。这些符号是发音符号，有些是表意字。因此，有学者认为这种文字正处于由图画文字向表音文字演进的初级阶段。至公元前1000年代初期，印度又有了自己的字母文字——婆罗米文、怯卢文和梵文，其中梵文在印度流传最广。古代梵文由47个字母构成，其词根和语法结构与古希腊语、古拉丁语和古波斯语相似，同属于印欧语系。古代印度《吠陀》等文献就是用梵文写成的。

中国文字的起源相当久远。据中国古代传说仓颉造字，汉字大约产生于黄帝时代，这与考古发掘所证实的新石器时代晚期大体吻合。在新石器时代的仰韶彩陶文化期，出现了陶器刻划符号。其后大汶口文化、龙山文化及青海乐都柳湾的马家窑文化马厂类型的遗址中，也出现此类陶器符号。据推断这是人们在制作或使用时有意识地刻下的记事符号。不少学者认为，这是今天确知的最古老的一种具有表意作用的文字符号。到距今4000余年的龙山文化晚期，则出现了与口语中的具体的词意相结合的刻划文字。在二里头的陶器中，发现有20多种刻划，很可能就是当时的文字。夏代也有了文字记录的典册，例如先秦典籍中就经常引用一些不见于今本《尚书》的《夏书》或《夏训》。因此，中国最早的成形文字，约出现于夏代初期。

二　华美的青铜器

金属加工是新石器时代晚期的一项突出成就。那时的铜业主要是红铜。红铜是纯铜，其矿石有天然存在。红铜器比石器耐用，但硬度低于燧石，所以还不能完全取代石器。"青铜"是相对红铜而言的。青铜是红铜与锡的合金，其

---

① [英]伯纳德·路易斯著，郑之书译：《中东：自基督教兴起至二十世纪末》，中国友谊出版公司2004年版，第9页。

色青灰，熔点低于红铜，硬度高于红铜，具有更好的化学稳定性，坚韧耐用。所以青铜出现后，便逐渐取代了石器和红铜，成为社会广泛应用的材料。

安列托利亚半岛是最早冶铸青铜器的地区，目前发现有公元前6000年的青铜器。美索不达米亚在公元前3000年进入青铜时代。苏美尔的欧贝德文化时期，开始出现青铜制品，制作和利用青铜制品的习俗也逐渐流行起来。此时期的青铜品已出现了鱼叉、鱼钩、锥、针和矛头等品类。乌鲁克文化的铜制品主要是各种各样的青铜武器。早期苏美尔的基什、拉伽什、乌里、海法吉遗址和乌尔王陵出土的青铜制品主要有短剑、小刀、铜架、引路牌等。美索不达米亚人已发明了范铸法和失蜡法，不同比例的砷青铜、锡青铜、铅青铜或铅锡青铜也相继发明。工匠们很早就有了专业化的分工，一部分工匠负责用凿子和锤子等工具加工矿石，另一部分工匠负责锻打、研磨和反复熔炼。他们已经懂得使用带风嘴的熔炉，通过风嘴吹工（也可能是风箱）促使掺杂在矿石里的木炭加速燃烧。

公元前2000年，西亚进入青铜时代的鼎盛时期，主要的青铜冶铸技术均已发明，并对周围世界产生了重大影响。阿卡德王国时期，青铜制品除武器和其他生活用器外，最引人注目的是青铜人塑像制品。如尼尼微出土的铜制雕塑头像，被认为是阿卡德王朝奠基者萨尔贡一世的头像，其面部表情严肃生动，头戴有假发的豪华盔帽，刻划精细。古巴比伦王国时期，青铜不仅用来制造武器，还开始广泛制作应用青铜农具。此外，青铜造像制品获得进一步的发展，有名的造像如马里发现的两件青铜狮子像。古赫梯是西亚铜的主要产地和制铜技术的输出国，青铜制品十分流行，品类主要是斧类武器和其他工具。耶路撒冷城则有青铜小神像制品。

从公元前2500年或公元前1500年出现的印度河城市文明，铜制品的加工制作技术已相当发达。金属制品以红铜和青铜为主要原料，采用锻、錾、焊和失蜡法铸造等技术，大量制作和应用斧、锛、锄、镰、凿、锯、鱼钩、刀、矛、镞、剑、锤、剃刀、容器、车子模型、人像和动物雕像等制品。

中国从夏代开始，已经出现青铜，制铜业有了一定的发展。文献多有记载一些部落曾向夏贡铜，以铸鼎。据说夏王为了铸造九鼎，曾命令九州的地方长官"九牧"负责征敛青铜，贡献于夏王室，并把各地的物象铸造在鼎上，以象征天下九州会聚于夏朝中央。

早期以河南偃师二里头文化为代表，年代大约在公元前2080年至公元前1580年。山西夏县东下冯文化、山东岳石文化、辽宁长城东边的夏家店下层文化、黄河上游的四坝文化等，都相继出现了品类繁杂的青铜制品。上述遗址的考古年代，正好在历史记载的夏王朝纪年范围内。二里头文化的青铜器品种有工具、兵器、礼器、乐器和装饰品等，生产工具有刀、锛、凿、锥、鱼钩等，武器有戈、戚、镞。

商代早期，约公元前16世纪至公元前13世纪，以河南郑州二里冈文化为代表，青铜器数量大增，品种也有新的增加。到商代晚期至西周前期，约公元前13世纪至公元前10世纪，中国青铜时代达于鼎盛，青铜铸造工艺相当成熟，出土大量的精美青铜礼器、武器与工具。这时的青铜文化以安阳殷墟为代表。殷墟是商王朝的政治统治中心，也是青铜铸造业中心。

殷墟是中国商朝晚期都城。殷墟遗址出土的数以万计的青铜器，大致可分为青铜礼器、青铜武器和工具、马车或木器上的青铜制品、为死者陪葬的明器。其中礼器是最主要的器物，种类繁多，工艺精湛，代表了商代青铜器的最高水平。种类主要有鼎、尊、觚、爵、斝、方彝、盘、盂、觯、壶、簋、甗、卣等。商代最大的传世青铜器"后母戊鼎"，重达875千克，高1.33米，是现今世界上发现的最大的青铜器。另一件商代青铜器中的精品"四羊方尊"，造型雄奇，工艺高超。大部分青铜器物上有华丽图案装饰，动物纹是中国青铜器的纹饰主体，主要有虎、牛、象、鹿、蛇、龟、蟾蜍、鱼、蝉、凤等动物纹饰，栩栩如生，精工绝伦。其中占主要位置的纹饰是一种被称为"饕餮"的神兽纹样。

以后母戊鼎为代表的殷墟青铜器，采用独有的片范铸造法和复杂的铸铜工艺，达到了古代东方青铜铸造技术的高峰。在殷墟被发掘的区域里，还发现有大型铸铜作坊，其中有大量的铸铜范块、泥模、坩埚、鼓风嘴等，有锡锭与孔雀石之类铸铜原料，充分证明了当时制铜业的发达。有学者推测，当时的工匠们已经学会了在矿石的产地进行冶炼粗加工，然后把加工过的粗铜、粗锡、粗铅运到这里，进行配比熔炼。

中国古代青铜器的生产代表了当时社会生产力的最高水平，其器物的组合、造型、装饰与当时的生活习俗、社会风尚、文化特质、民族审美心理等密切相关，种类繁多、形制瑰丽、花纹繁缛、制作精湛，充分体现了中国青铜器特有的艺术魅力和鲜明的民族风格，构成了中国无与伦比的青铜文化。中国商周时代所创造的灿烂的青铜文化，在世界文化遗产中占有独特的地位。英国科学史家李约瑟（Joseph Needham）曾说，没有任何的西方人能够超过商、周两代的青铜器铸造。

青铜业的发明和发展，是社会生产力的一个巨大进步，对于社会文化发展有着多方面的影响。正是因为青铜器，特别是青铜工具较为普遍的使用，社会生产力得到了高度发展和提高，农艺、手工业技术和艺术都有空前发展。到了西周晚期，中原地区出现了人工冶制的铁器，并开始了向早期铁器时代过渡。

三　城市的出现

形成原生型文化的第三个标志是城市的建立。城市是文明社会的概括，最早出现的文明，无一不是城市国家式的文明。换句话说，文明的诞生在很大程度上以城市的出现为标志，其发达程度与城市的发展密切相关。城市生活是文明的主要组成部分。虽然城市居民只占古代文明人口的少数，但是却常常主导政治和文化生活。城市或城市化的定居点是政治权力、税收、商业、宗教实践、思想活动、文学和艺术的焦点。①

美索不达米亚的苏美尔人是人类最早的城市文明的创造者。乌尔城遗址位于伊拉克巴格达以南纳西里耶附近、幼发拉底河南部，是目前所知世界上最早的城市遗址。约公元前5000年，苏美尔人已在乌尔建造城市初型并定居；到公元前4000年至公元前3000年，形成系统的城市体系；公元前2300年，乌尔城达到全盛，后来为乌尔第三王朝的国都，也是当时两河流域南部的宗教和商业中心。该城平面呈叶形，面积为88万平方米。当时幼发拉底河绕城而过，城墙的北端和西端各有一个码头，东端有一小城堡，城中央的西北部是塔庙区。塔

---

① 　［美］C.沃伦·霍利斯特、盖伊·迈克林·罗杰斯著，杨扬译：《西方文明之根——古代近东、古代希腊、古代罗马文明》，上海锦绣文章出版社2013年版，第10—11页。

庙区东南建有王室进行祭祀时使用的行宫，附近即为乌尔诸王的陵墓。城西码头附近以及城区东南部为居住区。北城墙附近建有宫殿。已发掘的乌尔王陵包括乌尔第一王朝的16座王陵。该王陵规模庞大，用石或砖砌造，各座墓顶均为穹隆状，附设有侧室。

亚述都城尼尼微位于现在伊拉克的北部尼尼微省、底格里斯河的东岸，隔河与今天的摩苏尔城相望，意为"上帝面前最伟大的城市"。《圣经》中曾提到尼尼微城名："耶和华必伸手攻击北方，毁灭亚述，使尼尼微荒芜，干旱如旷野。"公元前6000年左右，尼尼微就有居民，最早由胡里特人建立。公元前2500年左右，尼尼微形成了一座真正的城市，并成为美索不达米亚的文化中心。公元前8世纪，亚述都城由萨尔贡城迁到尼尼微。作为帝国的首都，尼尼微成为当时世界上最繁荣的城市之一。尼尼微古城遗址占地面积约7.5平方千米。城墙长12千米，有些地方宽45米，有内、外两重，外墙带雉堞，间有城塔，内墙为土坯高墙。有城门15座，5座已经发掘出来。已发现的城内主要建筑包括三组宫殿和两组神庙。城南是西拿基立宫，城北是阿苏尔巴尼帕宫。两宫之间有阿苏尔纳西尔帕二世宫、文字神纳布庙及爱与战争女神伊什塔尔庙。城中还有动植物园、武器库及排水设施。出土了大量文物，包括浮雕石板、铭文泥版和艺术品，其中以阿卡德王萨尔贡一世青铜像和国王猎狮图浮雕石板最为有名。

古代美索不达米亚最著名的是巴比伦城。巴比伦城的城垣雄伟，宫殿壮丽，充分显示了古代两河流域的建筑水平。巴比伦城遗址在今伊拉克巴格达以南约90千米处。巴比伦的阿卡德语意为"神之门"。古巴比伦王国汉谟拉比王以此为国都，这里成为祭祀马尔都克神的中心，也是当时两河流域最大的城市。公元前689年，巴比伦城为亚述人所毁，不久又经新巴比伦王国重建。新巴比伦王国国王尼布甲尼撒二世在位时，该城达到极盛，是当时最繁华的城市，也是中东最重要的工商业城市。在新巴比伦王国时期，巴比伦城里最壮观的建筑物，就是尼布甲尼撒王宫和著名的"空中花园"。公元2世纪希腊学者在品评世界各地著名建筑和雕塑品时，把"空中花园"列为"世界七大奇观"之一。城中还有一个重要建筑是《圣经·旧约》提到的巴别通天塔。巴别塔是城里一座供奉巴比伦人的主神马尔都克的神庙。塔共有7层，总高90米，塔基的长度和宽度各为91米左右。塔的顶端是神殿，有一条石梯可以直通神殿。敬神时，穿着白色法衣的祭司在由乐器伴奏的合唱声中登上塔顶。

巴比伦城有内、外两道城墙，外墙以外，还有一道注满了水的壕沟及一道土堤。城墙长达16千米，每隔一段距离就有一座城楼。城墙的厚度可以让一辆4匹马拉的战车转身。巴比伦古城有100座铜做的城门，因此希腊诗人荷马把巴比伦城称为"百门之都"。城墙的两端起于幼发拉底河畔。河对岸是巴比伦的新城区，一座大桥横跨幼发拉底河，使新城区跟主城连在一起。

巴比伦城的大门叫典礼门，高4米多，宽2米左右。门的上部是拱形结构，两边和残存的城墙相连，门洞两边的墙上有黄、棕两色琉璃砖制成的雄狮、公牛等图像。这座城门建得十分牢固，公元前568年波斯人在摧毁巴比伦城时，只有这座城门幸存下来。穿过城门是一条广阔大道，上面铺着灰色和粉红色石子，大道两旁的残墙上还留着清晰可见的雄狮、公牛等图像。

古代美索不达米亚的城市，如繁星般点缀在底格里斯河和幼发拉底河的两岸及周围地区。它们不仅本身就是美索不达米亚古文明高度发达的结果和见证，而且为文明的发展提供了充足的土壤和广阔的舞台。[①]

印度文明早期的重要城市有哈拉巴和摩亨佐-达罗。这两座城市大约在公元前2550年至公元前2000年建立。

哈拉巴城位于北部旁遮普的印度河支流拉维河左岸，是印度河流域最古老的城市之一。哈拉巴城由卫城区和下城区组成，西面的卫城近似平行四边形，长约400米，宽约200米。卫城四周以砖墙环绕，砖墙基底厚达12米，形成城堡。卫城北面有座大粮仓，附近有打谷场，还有作坊及两排劳动者居室，大概可容纳数百名雇工和奴隶。

摩亨佐-达罗城位于南部信德拉尔卡纳县境内，靠近印度河的左岸，是印度河文明的典型城址之一。城市由7.6米宽的道路分隔为南、北两个部分，并划分出12个区，各区内又由小路划分为若干小方格，而后排列房屋。据说，该城至少重建过9次，然而，建设者每次都遵循首批城市奠基人的设计把街道建得如格子网一样。城市的西侧为正城，是政治、宗教中心，内设高10米左右的

---

① 于殿利：《古代美索不达米亚文明》，北京师范大学出版社2018年版，第6页。

台基，其四周有防御的塔楼。城内中央有一个宽大的公共浴室。大浴室东北有一组建筑群，其中有一座大厅，可能是最高统治者居住的地方。卫城的西边是建在27根长方体砖柱上的木头粮仓。此外，在卫城的南边还有一组建筑物，其中心是一座约25米见方的大厅，应该是个会议厅。摩亨佐-达罗的下城是居民区和工商区。街道纵横交错，排列整齐。主要大街宽10米，长的街道有0.8千米。街道底下有排水道与住宅的排水沟相通，形成完整的排水系统。房屋大多用红色烧砖建筑，但其大小、高低及设备方面差别很大。此外，还有一些房间是店铺或制陶、染布、铜匠、珠匠等的作坊。

哈拉巴和摩亨佐-达罗两座城市的建筑艺术达到了很高水平。它们各自的总面积都约有85万平方米，居住的居民都在3.5万人左右，相距约648千米，可能是两个彼此独立国家的都城，或为许多城邦联盟的中心所在地。城市不仅建筑整体规划出色，且设备也相当完善。

早在夏代之前，中国就已经出现了城市。在浙江良渚遗址，发现了建于距今约5000年、面积近300万平方米的内城和更大规模的外城。在山西陶寺遗址和陕西石峁遗址，分别发现了面积在280万—400万平方米的巨型城址。湖南澧县大溪文化城头山遗址，有中国已知最早的城址之一，城内分区布局很明显，地面铺江陶土块，有水井，有专门的制陶作坊区。河南淮阳平粮台城呈正方形，长宽各185米，总面积约3.4万平方米。城墙基部宽约13米，顶宽约8—10米，残高3米多，有南、北二门，两门均位于南、北墙体的中心部。有陶制排水管道、房基、陶窑、墓葬、灰坑等，已有相当城郭规模。特别是排水管道，残长5米多，由多节水管套接而成。这是中国迄今发现年代最早的城址排水设施。这座古城遗址距今已有4300多年。

城子崖城址包含周代及以前三个时期的3座城址，最早的一座属龙山文化时期，面积最大，宽430多米，最长约530米，占地面积20万平方米左右，平面接近方形，残存城墙距地表2.5—5米，残宽8—13米，是迄今发现的距今约4000年的规模最大的城址，已初现早期国家城市聚落的风貌。

夏代作为五都的城邑已有宫殿、宗庙、社稷等建筑。夏启宴享诸侯的"璇台"，夏桀所修建的"倾宫"（琼宫）、"瑶台"和"琼室"，都是宫殿建筑。

地处中原腹地洛阳盆地的二里头遗址，现存面积约300万平方米，是中国乃至东亚地区迄今可确认的最早的具有明确城市规划的大型都邑。此处发现了迄今所知中国最早的城市主干道网，最早的宫城，最早的中轴线布局的宫殿建筑群，最早的封闭式官营手工业作坊区，最早的青铜礼乐器群、兵器群以及青铜器铸造和绿松石作坊等。考古工作者根据基址遗迹进行复原，发现基址中部偏北为一座大型的主体殿堂，殿堂前面为平坦开阔的庭院，庭院南面为面阔七间的牌坊式大门，基址的四周还建有一组完整的廊庑式建筑。从整体来看，二里头遗址原是由堂、庑、庭、门等单体建筑组成的一座大型建筑群，其布局严整，主次分明，极为壮观。有人根据宫殿内发现的若干埋有人骨架和兽骨的祭祀坑，推测这座宫殿可能就是宗庙建筑遗存。宗庙是古代国家政权的象征。它不仅是统治者祭祀祖先的地方，也是商议军国大事，举行册命典礼、外交盟会的地方。

商代城市已有很大发展，留下多处城市遗址。郑州商城规模十分宏大，周长近7000千米，平面基本呈方形，总面积约300万平方米；城内有宫殿区和一般居住区，城郊发现手工业作坊和墓葬区。偃师商城城址长1710米，宽1215米，基本呈长方形，总面积约200万平方米；城内还发现3座小城，居中心位置的是宫城，平面近方形，周长约800米，宫城内有大型宫殿建筑群。安阳殷墟宫殿区现已发现50多座建筑基址，基址平面有矩形、条形、近正方形、凸字形、凹字形等多种。郑州、偃师、安阳发现的宫殿建筑，规模宏大，均具王者居的气派，它们代表了商代王都宫殿修筑的基本形式，充分体现了商代的都城建筑文化的发展水平。

周代城市建设又有了很大进步。丰、镐两京是西周时期的都邑，位于陕西长安的沣河两岸，总面积约为1000万平方米。在丰镐遗址曾发现10余处大型建筑基址，附近也出土过陶瓦等建筑材料。周代城市建设，从总体布局的概念已经形成，城市的规模区分得井然有序。宫城为全城的核心，位于王城的中心一条贯通南北的中轴线上，这条中轴线为王城的主干道，南起王城正南门，经外朝穿宫城，过市（商业区），直达王城正北门。门、朝寝、市，都依次由南而北布置在轴线上。宫城前面为外朝（即前朝），后面为市。宗庙、社稷据主轴线对称设置在宫城前方的左、右两侧。宫城四面各开三门，正门专供天子使用。按照《考工记》的记述，西周的城市建设分三级，第一级是王城，即王国的首都；第二级为诸侯城，即诸侯封国的首都；第三级为都，即宗室和卿大夫采邑。诸侯国的都城规划则要按其封爵的高低，依次降格。

至此，中国古代城市规划的形制已大体完备。如洛阳西南的东周王城，长约3320米，宽2890米，总面积956.48万平方米，城池面积相当庞大。周代城市的规划理念一直影响着中国古代城市的基本形态。以后历代的城市，特别是都城，其发展主要是城市规模扩大、建筑技术提高，而基本格局和规划理念则大体相似。

美索不达米亚、印度与中国这三大文明各自独立发展，并且沿着各自的轨迹，不断地嬗变和演化出新的形态。亚洲文明，主要是在这三大原生文明的基础上发展起来。这三大区域的文明形态是亚洲文明的主要形态。但在原生文明时代，各独立文明之间的交流已经初露端倪。在以后的历史进程中，各个文明的交互影响作用，通过游牧、农耕、工商等不同生活、生产方式和技术交流、人口增长迁徙、生态变化、商贸和战争各种途径得到体现。

第三章
亚洲文明的交流与互动

一 文明初期的交流与互动

1 "史前石器之路"与石器技术传播

亚洲各地的石器文化各自独立发展，但彼此之间存在一定交流，且可能与欧洲的旧石器文化也存在一定交流。

西伯利亚的旧石器遗址多发现于叶尼塞河、安加拉河的上游和贝加尔湖西部地区。在阿尔泰地区的戈尔诺-阿尔泰斯克市附近乌拉林卡河畔，发现了原型手斧、砍斫器和刮削器。原料是石英岩砾石，采用加热后用冷水使之爆裂的制片技术，时代是距今25万—20万年前的里斯冰期，属旧石器时代早期。早期的人们可能来自中亚，也可能来自北方游牧民族地区，还有可能来自欧洲。所以，这里的旧石器文化，既有与北方游牧民族地区及中国相同的因素，也有来自中亚与东欧的因素。有研究者注意到，在鄂毕河与叶尼塞河上游以及贝加尔湖周围地区发现的旧石器晚期文化与多伦、满洲里、海拉尔及北京山顶洞人的文化颇有相似之处。苏联学者曾明确认为这是蒙古人种所创造的，其发源地可能在中国的北部。

北方游牧民族地区最早的旧石器遗存，可以上溯到距今13万—10万年前。北方游牧民族地区早期旧石器时代技术与欧亚大陆其他地区一样，最初都属于第一种技术模式，以砍砸器为主。在非洲与欧洲，继第一种技术模式而起的是阿舍利技术，此种技术还传播到了高加索地区、西亚和南亚。在北方游牧民族地区的亚赫山，发现了典型的阿舍利手斧。这样，在的旧石器早期文化中，就存在着两种技术传统，一种以砍砸器为代表，另一种则以阿舍利手斧为代表。出现在北方游牧民族地区的这种阿舍利技术，很可能来自中亚，是沿草原通道传入的。北方游牧民族地区的旧石器文化，与中国一样，存在第一种技术模式。这种技术模式的长期延续，反映了其与中国北方的联系。但是，与中国不同的是，由于北方游牧民族地区正处于草原通道之内，所以不断出现大量来自西方（中亚与东欧）的文化因素。

1923年，法国古生物学家德日进（Pierre Teilhard de Chardin）和桑志华（Emile Licent）发掘宁夏水洞沟旧石器时代晚期遗址，发现其中有属于西方莫斯特文化的勒瓦娄哇石器。其后在中国北方的黑龙江、山西、内蒙古和新疆等地先后发现勒瓦娄哇石器遗址。勒瓦娄哇石器技术是欧亚旧石器工业技术史上的一次重要革命，在人类演化史上具有里程碑意义。中国北方特别是近年来新疆地区勒瓦娄哇石器的发现与研究表明，早在距今10万年前的旧石器时代晚期，就有一支来自西方的人群，通过中亚草原来到新疆，继而到达宁夏水洞沟。中国北方其他地区零星发现的勒瓦娄哇石器，则有可能是通过北方草原通道传入。一些学者将西方石器技术向东传播的途径称为"史前石器之路"。

由于自然环境包括土壤、气候等各不相同，各地新石器文化在文明的源头上就存在文化的差异性和特殊性。但是，由于人类的迁徙和交流，各地的新石器文化有着互通信息的可能性。

例如在居住造屋方面，可看出东西方交流的痕迹。砖是人类建筑史上首项重大发明。在西亚，特别是两河流域，缺乏天然石头，新石器时代的西亚人几乎与发明陶器同时发明了砖。"生砖"指砖坯、黏土砖或泥砖，又称"日晒砖"，可追根溯源到近万年前的西亚。苏美尔时代大量使用生砖。制砖是苏美尔人的重要日常工作，阳光充足的夏季第一个月称之为"砖月"。"熟砖"，即烧砖或烤砖，也开始出现。巴比伦时代流行釉砖和琉璃砖，砖雕或画像砖亦应运而生。在西亚，人们用砖建造神庙、宫殿、围墙、道路、桥梁、水渠和居民住宅。西亚的砖砌建筑技术在4000年前传到印度河、尼罗河流域和地中海地区，希腊罗马时期传到整个欧洲。新石器时代，中国北方流行半地穴式住房，南方流行干栏式建筑，中原发明了窑洞建筑。在龙山文化末期，如平粮台遗址，已出现砖坯和排水管，东灰山四坝文化日晒土坯砖可能是中国最早的土砖。镇原县齐家文化房基发现了上百米陶水管，每节水管长53厘米，设有子母口，可互相衔接，已接近当时的世界水平。陕西周原西周遗址出土了砖瓦等建筑材料，证明3000年前周人已经生产和使用砖瓦以及制作难度较大的排水管道。春秋战国时期陆续出现了长方形黏土薄砖、大型空心砖、断面呈"几"字形的花砖、长方形凹槽砖和拦板砖等。所以学者认为，生砖和熟砖制作技术均可追溯到西亚，唯有空心砖可能是中国的发明。不过，虽然"秦砖汉瓦"可追溯到四坝、齐家文化，但砖瓦建筑到秦汉时期才开始普及。

在广袤的欧亚大陆上，新石器时代就有了某种程度的流动、迁徙、交换和交流。在这样的流动和交流中，中国大地的远古文化已经和亚洲大陆另一端的文化有了对话与互动，并且引进了许多其他民族的文化因素。正是这样的迁徙和交换，奠定了欧亚各民族文明时代的生活基础。

2　东亚大陆原始族群向东南亚移民

大约距今5000年前，东亚大陆的一些原始族群开始向东南亚迁徙。而流经中国西南和中南半岛的伊洛瓦底江、萨尔温江、湄公河、红河等大江大河的河谷地带，成为原始族群沿江而下迁徙的自然走廊。从中国华南的广西、广东、福建，经陆路或海路，进入中南半岛的越南和东南亚海岛地区。这些新移民带着原居住地的文化，适应东南亚的地理环境，逐渐成为东南亚新石器文化的主角。其中一些移民与当地的原始居民结合，形成了新的族群，共同创造了当地的文化。

这股移民浪潮持续了数千年之久。最初到达的一般被称为"原始马来人"（Melayu Proto），后来到达的被称为"继至马来人""新马来人"或"混血马来人"（Melayu Deutro）。原始马来人及混血马来人又合称"南岛人"（Indonesian）。"南岛人"其实是最后移入马来群岛的人群，之前迁入的有澳洲种人（Australoid）、尼利多人（Negrito）和美拉尼西亚人（Melanesoid）。"南岛人"的祖先带着更为先进的新石器文化而来。他们与当地人经过长期的融合，在公元前1000年前后逐步演变为"马来人"的共同体，分布在印度尼西亚、菲律宾和马来半岛，主要居住在沿海地区，是东南亚海岛地区新石器文化的主要创造者。

公元前1000年前后，孟族和高棉族的居民进入东南亚半岛。许多学者认为孟-高棉族来自中国的南方，如云南一带。有美国学者也认为，他们是公元前1世纪从中国南部迁移到印支地区的。孟-高棉族移民进入东南亚后，也成为东南亚原始文化的创造者。进入公元之后，他们在东南亚文化的发展中起到了更大的作用。与此同时，在邻近中国云南、广西的中南半岛中北部地区，出现了越族群体的居民，他们后来演化为越南、老挝、泰国、缅甸等国的民族。这些民族都是从最初生活在中国南方的越族群体演化而来。

在东南亚考古发现的丰富资料，有许多文化特质与中国古代文化有着明显的关系。

从考古发现来看，中国华南地区和菲律宾发现的新石器，在形制上几乎相同。大量考古材料证明，作为中国南方新石器文化重要特征的有段石锛是百越民族创造的。从各地新石器文化中出土的有段石锛看，浙、赣、粤、闽等地目前发现最早的距今约5000年，而双肩石器系统最晚也在新石器时代中期，其绝对年代至迟在距今6000年前。中国发现的有段石锛和双肩石斧在年代上要早于东南亚。许多菲律宾历史学家认为，菲律宾人的祖先所使用的有段石锛起源于中国华南地区。他们认为，高级的有段石锛应发生在菲律宾，过渡期的以及原始型的则应在中国。考古发现证实了这一论断。在中国闽、粤、赣等地发现的有段石锛多属原始型和成熟型，江浙有高级型，中国台湾地区多属成熟型和高级型，菲律宾则多属高级型。有段石锛的传播路线，正是古代华南人经由中国台湾地区迁徙菲律宾群岛的路线。据考古学家莫里斯（T. O. Morris）的研究，1930年在缅甸吻外（今马圭）德马多河发现的石斧、石楔、石凿和在东彬发现的小圆石器，同中国周口店出土的石器很相似；在上下亲墩和瑞波出土的环石，也同中国的仰韶文化新石器相似。

东南亚新石器时代的陶器，主要是印纹陶，出土的主要地区是越南、泰国和马来西亚。新石器时代晚期在越南北部和泰国也出现了彩陶。据考古学家的研究，东南亚的印纹陶来自中国南方。中国南方的印纹陶，分布在长江以南的广大地区，大约兴盛于距今3500—2500年前，早于东南亚印纹陶文化。从两者的胎质、造型和纹饰等方面的特点，可以明显看出它们之间的递承变化关系。在制作上，东南亚印纹陶大体上采用拍印、梳制、刻划等方法，与中国南方的印纹陶大体一致。这说明，在3000多年前，中国南方的印纹陶已经传到东南亚，对当地的制陶业产生很大的影响。

东南亚青铜文化曾受到中国南方青铜文化的强烈影响。铜鼓是东南亚青铜器最典型的器物，与中国南方的铜鼓文化有着密切关系。越南青铜时代晚期的东山文化，其时代约在公元前三四世纪至公元1世纪之间，受到中国青铜文化的明显影响，而东山文化又影响了马来半岛以南的广大地区。苏门答腊、爪哇、巴厘、罗安岛及帝汶以东都有铜鼓分布。铜鼓到达爪哇及其以南的岛屿的时间，约在100—150年。莫里斯认为，缅甸掸邦发现的铜器和青铜器，经分析鉴定属于青铜时代晚期和铁器时代早期，主要是受中国青铜文化的影响，其铸造青铜器的技术，是从中国传入的。在菲律宾发现的最早的金属制品，则是在公元前5世纪左右由亚洲大陆传入的。

3 物种交流的第一次高潮

在早期人类的交往和交流中，物种的交流、动植物的交流，是相当重要的组成部分。作为农作物的植物和作为家畜的动物，是早期人类在生活生产的长期实践中逐渐对野生物种驯化的结果。不同的民族面对不同的自然条件，所接触和驯化的动植物并不相同，但通过早期的交流，逐渐成为各民族共同的财富，满足和丰富了不同民族的生活内容和生活条件。直到近代以前，世界性的物种交流一直在继续。物种传播和交流一直在突破民族、政治、地域和文化等界限，从而成为跨文化互动进程中最生动有力的内容，具有极其深刻的影响。

有学者认为，距今5000—4000年前，世界发生了一次食物的全球交流。主要发生在亚洲大陆。在这次大交流中，中国起源并独立培育的小米到达了欧洲，中国起源的水稻传播到日本、朝鲜和东南亚；西亚起源的小麦到达了中国。

中国北方是黍和粟的发源地。粟是对中华文明历史进程有深远影响的重要农作物之一。粟从中国北方向南传播，最迟在距今4000年前便到了南亚和东南亚。早期黍、粟也向西传播。考古人员在哈萨克斯坦东部地区发现了距今4500年前的黍子，也就是说，黍传播到中亚之后，继续向西传播。有西方学者指出，在距今6000年前欧洲的少数新石器时代的村落遗址中，都发现了黍、粟。黍类植物还见于距今5000年前的美索不达米亚的吉姆德特、那塞和大约公元前7500年希腊的阿吉索。向东，黍、粟经山东半岛或辽东半岛传入朝鲜和日本。在朝鲜和日本新石器时代文化遗址中亦发现了以黍、粟为作物的"杂谷"农业文化遗存。

起源于中国的稻作文化，在东亚传播，最先传入朝鲜半岛。朝鲜半岛发现距今3000年前的稻作地点20余处。中国的水稻和稻作技术在公元前6世纪传入日本。20世纪50年代以后，日本在九州岛地区，先后发掘了多处遗址，出土了一些碳化谷米、稻谷、稻草及陶器上的稻谷压痕。这些遗址同处远古时代中日海上通路的端点，显现出中国稻作传播的轨迹。

新石器时代晚期，以植稻为中心并具有相同特征的文化，不仅已较普遍地分布于中国南方各处，而且以这一历史时期民族迁徙和民族文化交流为背景，稻作文化渐次传入东南亚，甚至南洋各岛屿也开始出现水稻的种植。如越南红河三角洲及老挝、缅甸等几处较早的稻作农业遗址，其时段即在新石器时代晚期，距今约5000年。中国传统的稻作技术体系中的农田水利技术、施肥改壤、稻作栽培技术以及耕作制度等，不同程度地促进了东南亚稻作农业的发展。

起源于西亚的小麦在大约距今4500年前传入中国黄河中下游地区。这是中国在新石器时代就与西亚有间接交往的一个典型实例。学者认为，小麦从西亚向东方的传播至少包括了三条路线：主体为北线的欧亚草原大通道，中线为河西走廊绿洲通道，南线是沿着南亚和东南亚海岸线的古代海路。这三条路线和后来学者们描述的丝绸之路大体相同。

对于小麦的东传，美国历史学家麦克尼尔（William Hardy McNeill）描述说：当时半流动的农耕者在公元前6500年以后从中东丘陵地带逐步向东移动，他们沿着大河两岸，顺林木茂盛的山坡越过中亚，一路上开拓新地，在各个阶段还可能同当地居民混合。最后，走到最东边的开拓者把中东农业技术的基本要素带到了黄河流域。在公元前第3世纪，起源于中东的粮食种植技术，在中国华北地区同起源于亚洲季风带的另一种种植技术相会，并融合在一起。

中国发现最早的小麦遗址在新疆的孔雀河流域，在楼兰的小河墓地发现了4000年前的碳化小麦。在甘肃临潭磨沟遗址的齐家文化墓葬群，属于新石器时代晚期文化。研究表明，当时人类植物性食物具有多样化的特征，有小麦、大麦或青稞、粟、荞麦、豆类及坚果类等，其中麦类植物、荞麦和粟占淀粉粒总量的70%。比临潭磨沟遗址更早的甘肃西山坪遗址出现了中国西北地区最古老的稻作农业遗存，当时人们种植粟、黍、水稻、小麦、燕麦、青稞、大豆和荞麦8种粮食作物，囊括了东亚和西亚两个农业起源中心的主要作物类型。这处遗址证实了小麦和燕麦早在4000年前已传播到中国西北地区。

我们常用"五谷丰登"来代表农业的兴旺。"五谷"是指稻、麦、黍、稷、菽5种粮食作物。这既包括起源于中国的稻子、小米、大豆，也包括了从外部输入的小麦。"五谷丰登"是史前世界种植物交流的结果。

除了黍、粟和水稻外，在中国新石器时代农业中，还有其他栽培作物。中国新石器时代考古出土的作物遗存，见诸报道的，有稻、粟、黍、大麻子、小麦、大麦、葛、甜瓜、葫芦、薏苡、菽、菜子、芝麻、花生、蚕豆、莲子、桃、核桃、酸枣、梅、杏等，考古上没有发现的、但应该早已栽培的有芋、木薯等块根作物。在这些作物中，有的是中国起源的，同时也向外传播；另有一些是外国起源的，在这一时期传播到中国。

在小麦传入中国的同时，驯养的羊和牛也陆续被引入。驯养的羊和牛在西亚出现早于东亚数千年。根据动物考古学家的研究，在距今约5600—5000年前，中国最早的家养绵羊出现在甘肃和青海一带，然后逐步由黄河上游地区向东传播。依据中国绵羊的突然出现及由西向东的传播过程、体型上的大致相同、基因特征的证据、成熟的饲养方式等，动物考古学家认为这类动物很可能是古人通过文化交流，将最早在西亚被驯化的绵羊传入中国。家羊的出现，代表人类开始以草食性动物来开发新的生计资源，表明畜牧业发展到一个新阶段。在齐家文化及以后，羊在人们经济生活和精神生活中的地位明显增高。到了商代，在西北，羌人已以养羊为业，并以此著称。

东亚较早利用羊毛制品的是北方或西北的游牧民。在新疆出土了一批青铜时代的毛制品。从纺织技术史的角度看，与西亚毛纺织传统一脉相承。这表明3000多年以前羊毛、羊毛纺织技术与羊一起传播到了东亚的边缘。

西亚起源的黄牛最早到达中国西北地区，然后向东扩散。中国有确凿证据证明出土家养黄牛的遗址均属于新石器时代末期晚段（约公元前2500年至公元前2000年），其分布范围为黄河流域。饲养家畜在新石器时代晚期逐步成为获取肉食资源的主要方式，各个遗址在保持家猪在全部哺乳动物中数量最多的前提下，家养黄牛成为新增加的品种之一，这就意味着居民获取肉食资源无论是在丰度还是在广度上均有增长。家养黄牛的出现标志着当时家畜饲养业的进步。

与羊、牛相比，马引进中国要晚许多。西北地区的齐家文化和四坝文化可能最早有驯化的马，其来源可能与欧亚草原西部文化交流有关。嗣后，在二里头文化中也出土有马骨，如河南偃师二里头遗址曾发现家马骨骸。此外，在辽宁建平水泉夏家店下层文化遗址中，发现一些马骨，说明马在青铜时代早期已成为家畜，而饲养的时间从新石器时代晚期至青铜时代早期。

直到夏商周三代，中国的"六畜"才逐渐齐备。齐家文化畜牧业已经相当发达，从出土的动物骨骸得知，家畜以猪为主，还有狗、鸡、羊、牛、马等。遗址出土大量猪骨，还出土了不少完整的羊骨、牛骨和部分马骨。在考古图谱中，东亚大地首次出现了"六畜"齐全的局面。

4　制陶技艺的交流与"史前彩陶之路"

亚洲各地的制陶技术和艺术也有一定的交流。比如内蒙古翁牛特旗石棚山的红山文化晚期遗址出土的陶器上有中国最早的"卐"形纹饰，此种纹饰在青海乐都柳湾的马家窑文化马厂类型的墓葬出土的陶壶上大量出现。中国出土的带有此种纹饰的陶器最早的年代在公元前2000多年。同样的纹饰在亚洲其他地区也大量出现。在巴基斯坦的莫亨朱达罗（Mohenjo Daro）遗址出土的印章上也有此纹饰，其"卐"形符号笔画有左折的，也有右折的。莫亨朱达罗遗址的年代为公元前3000年至公元前2000年。从年代早晚和地域看，中国西北地区发现的"卐"形符号极有可能是从西域传入的。有学者研究，"卐"形符号代表着某种抽象的意义，据说有的代表太阳的光芒四射，有的是女性的标志，有的是代表雷电或其他自然现象，其中都表达着先民们某种心理和观念。

在中亚和西亚都发现过一种类似于黄河流域常见的三足陶鬲。据调查，这种陶器是公元前2千纪末期突然出现在东起巴基斯坦北部，西经伊朗北部的里海南岸，至伊拉克北部的广阔的游牧地带。在伊朗北部，一直存在到公元前1千纪晚期。这里的陶鬲，并不完全和黄河流域的相同，但它们有一个共同点，即都是尖裆。尖裆鬲在公元前2千纪末至公元前1千纪初，还存在于甘肃、内蒙古一带，这个地带正是中原和伊兰语族的游牧民族，还有畜牧民族的羌等生活的草原区域相接触的地方。作为黄河流域文化特征的陶鬲，因触火面积大、有迅速煮沸而又易于制造等优点，是有可能经畜牧、游牧民族的介绍，经过间接的传播而影响到中亚乃至西亚的。

研究者发现，中国新石器时代仰韶文化的彩陶和西方的彩陶文化十分相似，说明这些新石器时代居民是相互往来、有一定联系的。瑞典学者安特生（Johan Gunnar Andersson）在河南渑池仰韶村发现大量彩陶，他将其与东南欧的特里波里、中亚安诺等遗址的彩陶相比，发现有许多相同的地方。安特生据此认为，仰韶文化的彩陶来自西方。为了探寻彩陶的传播路线，安特生寻踪西进，由西安到兰州，再到西宁。经调查，他认为甘青地区发现的大量陶器都属于新石器时代，可归入仰韶文化，同时认为它们都是由西方传入。许多中国学者则认为，仰韶文化的彩陶不可能是西来的，但某些形制和图案同外地彩陶有相互交流、相互影响，则是可能的。

有的中国学者认为，仰韶文化的彩陶是自东向西传播的。他们的研究认为，从仰韶文化开始的中原彩陶文化，在中国境内曾广泛扩散，其西支由甘肃、宁夏西入新疆，上起公元前5000年，下迄公元前1000年，新疆西部的和阗、皮山、沙雅、伊犁河流域是现在所知道的中原彩陶文化西传的终端。

20世纪末21世纪初，随着新疆地区史前考古材料的积累和研究的深入，新疆地区史前彩陶的区域特征、源流等日益明晰，学术界对"史前彩陶之路"的起点与终点、起始与兴衰以及"史前彩陶之路"的丰富内涵等，有了更完整和科学的理解。研究表明，至少在距今8000年前，黄河流域彩陶文化开始向四周扩张，距今7000年以降，进入六盘山东西两侧；距今5500—5000年以降，扩展到青海东部；距今5000年以降，西进至祁连山北麓的酒泉地区；距今4000年前，现身于新疆哈密市。这支东来的彩陶文化沿着天山山脉西进，终点到达巴尔喀什湖东岸一线，持续的时间长达5000年。在西渐过程中，沿途不断与当地文化交流、融合，逐渐形成新的地方性的考古文化。沿着"史前彩陶之路"，黄河流域的居民携带着独特的彩陶艺术和其他农业文化要素，艰难跋涉，最终将中原远古文化与古老的西域文化融为一体，展示出深邃和波澜壮阔的历史画面。

二 北方草原民族的驰骋与黄金崇拜文化

1 草原民族与草原丝绸之路

在古代欧亚大陆极辽阔的旷原上，生活着许多游牧部族。这些游牧部族"无城郭常处耕田之业"，经常迁徙，在中国古典史学上叫"行国"①。

欧亚大陆的农牧业在新石器时代出现后，逐渐向其他地区扩散，最后传播到草原地带，形成了一种混合经济。例如，在欧亚大陆草原西端的南俄草原，新石器时代早期虽然出现了农牧业，但主要以采集与狩猎为主。新石器时代中期则是农业、牧业、渔猎和采集相结合的混合经济。后来，由于不断干燥的气候不适合农业经济，导致农业村落数量减少、规模缩小，而游牧经济却日益重要起来。到了距今4500—4000年前，游牧经济在草原地带获得了主导地位。在北方游牧民族地区，游牧文化形成于公元前3000年代后半期至公元前2000年代前半期。②近来有学者在探索中国北方游牧经济的起源问题时，也认为北方游牧业是从中原的家畜饲养发展而来的，至青铜时代才形成完整独立的游牧经济形态。③

这样，从公元前3000年代后半期开始，游牧经济逐渐成为草原通道所特有的一种经济形态。在这条游牧经济带的北面是狩猎经济，南面则是农业经济。众多的游牧民族在草原通道上纵横驰骋，由于它们的流动性很大，所以自然而然地接触到各地的不同文化，并将这些文化传播开来。于是，东西方文化就在草原通道中汇聚。

欧亚草原地带是非定居（游牧或半游牧）的畜牧文化的领域。欧亚草原是一个独特的生态系统，从多瑙河到中国长城，东西绵延长约8500千米，南北宽400—600千米，从北部的森林和森林草原带到南部的丘陵、半沙漠和沙

---

① "行国"是司马迁在《史记·大宛列传》中提出的概念，以与城郭之国即邦或城邦相对。城郭之国，田畜土著；行国则随畜逐水草。

② ［日］江上波夫：《新石器时代的东南蒙古》，［日］樋口隆康主编：《日本考古学研究者中国考古学研究论文集》，香港东方书店1990年版，第3—35页。

③ 佟柱臣：《中国古代北方民族游牧经济起源及其物质文化比较》，《社会科学战线》1993年第3期。

漠带，地理跨度为北纬58°—47°。[1]据考古学研究，欧亚大陆间游牧的草原文化，在公元前2000年开始有扩散的现象。其原因之一是由于以畜牧为生的牧区人口增加，二是牧人们懂得了骑马，三是草原上气候干燥，生活环境恶劣。同时，牧人们知道了饮乳和制作乳制品，比单纯食肉增加了新的生存条件。

骑马的最早证据可以前溯至公元前5000年，公元前4、3千纪黑海以北库尔甘畜牧文化迁移到了西伯利亚，公元前3千纪和公元前2千纪之交畜牧和骑马文化遍及欧亚草原地带，开始扮演东西方世界之间的"桥梁"角色。东西传播最引人注目的证据是中乌拉尔地区赛伊马-图宾诺（Seima-Turbino）跨文化遗址，从此东西方世界文化互动和渗透就以波浪和潮汐式进行。大致说来，中亚牧人扩散的第一个阶段始于公元前2000年。第二个阶段在公元前1000多年，游牧人群扩散到天山、阿尔泰山、萨彦岭一带，甚至到了外贝加尔地区。第三阶段是公元前700年左右，匈奴及其族类在草原上开始扩散。[2]

由于游牧社会"逐水草而居"的习性或其他自然灾害等方面的原因，一批又一批游牧民族和部落在草原上迁徙，不断接触并沟通了其他地区的民族乃至农业社会。正是在这些游牧民族的作用下，草原丝绸之路最早出现在欧亚大陆上，成为促进人类文明的聚合和发展的大通道。

中国中原地区在历史上一直与北方草原民族保持着频繁的接触。这种接触对于中国文化的发展有着重要影响。在很长的时期内，与北方草原民族的往来交涉，一直是中原王朝对外关系的重点。

早在远古时期，虽然人类面对着难以想象的天然艰险的挑战，但是欧亚大陆东西之间并非完全隔绝。在尼罗河流域、两河流域、印度河流域和黄河流域之北的草原上，有一条由许多不连贯的小规模贸易路线大体衔接而成的草原之路。这一点已经被沿路诸多的考古发现所证实。环境考古学资料表明，欧亚大陆只有在北纬40°—50°之间的中纬度地区，才是有利于人类的东西向交通。这一地带恰好是草原地带。在北纬40°—50°之间，除了天山和阿尔泰山

---

①　[俄]叶莲娜·伊菲莫夫纳·库兹米娜著，李春长译：《丝绸之路史前史》，科学出版社2015年版，第3页。

②　许倬云：《西周史》（增订本），生活·读书·新知三联书店1994年版，第68页。

的弧形山区外，几乎整个亚洲大陆被一条纵向的草原覆盖着。这条狭长的草原地带，东起蒙古高原，向西经过南西伯利亚和中亚北部，进入黑海北岸的南俄草原，直达喀尔巴阡山脉。除了局部有丘陵外，地势比较平坦，生态环境也比较一致。这条天然的草原通道，向西可以连接中亚和东欧、向东南可以通往中国的中原地区。现在学术界所谓的欧亚大陆上的"草原丝绸之路"，指的就是以欧亚大陆草原为主线的一条东西向的古代通道。

早在旧石器时代，人类可能已经在草原通道上往来迁徙。从新石器时代到青铜时代，草原通道逐渐成为一条独特的游牧经济带，东西方文化通过草原通道进行比较频繁的交流。至迟在公元前2000年，中国北方游牧地区与黑海沿岸之间已经存在一定的文化交往，中国中原地区已经通过草原通道与西亚发生了某种文化联系。良种马及其他适合长距离运输的动物开始被人们所使用，使大规模的贸易文化交流成为可能。阿拉伯半岛经常使用的耐渴、耐旱、耐饿的单峰骆驼，在公元前11世纪便用于商旅运输，双峰骆驼则在不久后也被运用在商贸旅行中。欧亚大陆腹地是广阔的草原和肥沃的土地，对于游牧民族和商队运输的牲畜而言可以随时随地安定下来，就近补给水、食物和燃料。这样一来，商队、旅行队或军队就可以进行长期、持久而路途遥远的旅行。

草原之路形成的历史原因，可以归结为自古以来持续不断的游牧民族的大迁徙活动。游牧于里海、咸海一带的斯基泰人和其他游牧民族是欧亚草原之路的开拓者和先行者。

早在古希腊时代，公元前5世纪希罗多德（Herodotus）在《历史》第四卷中就论述过草原之路。他还提到比他更早的公元前7世纪的希腊旅行家阿里斯泰（Aristaeus）《阿里玛斯波伊人》一书中也论及这条路。按照希罗多德的论述，在公元前700年以前，有一条从黑海北岸出发，经过阿尔泰地区，到达蒙古利亚的草原之路。至少自黑海北岸至阿尔泰地区的路段，已为希腊商人斯基泰王国的商队所了解。现代学者根据希罗多德笔下草原居民驻地的分析，大致作出如下推测：西从多瑙河，东到巴尔喀什湖，是宽广的草原之路，中间需要越过第聂伯河、顿河、伏尔加河、乌拉尔河或乌拉尔山。再往东，与蒙古高原相通的大道有3条：第一条，在东经巴尔喀什湖西缘时，从东南折向楚河谷地，而后进入伊犁河流域。从这里沿着天山北麓一直向东，直到东端的博格达山以北。从博格达山北麓向北，还可以走向蒙古高原的西部。第二条，从伊犁河流域偏向东北，进入准噶尔盆地，直抵阿尔泰山西南山麓；或者从东钦察草原东进至额尔洛斯河中游，沿其支流的河谷和宰桑湖南缘进至阿尔泰山。第三条，从东钦察草原东缘向东，渡过额尔洛斯河抵鄂毕河，然后沿着鄂毕河上游卡通河谷地进至蒙古高原。这条路上有阿尔泰山和唐努乌梁山之间的崎岖山地，相当艰险。①

草原之路所经过的主要地区的民族，是被希腊人称为"斯基泰人"的雅利安系伊朗语族北支的各部落。公元前7世纪开始，原居住在甘肃河西地带的塞人循天山山脉，沿伊犁河流域向西进入楚河、塔拉斯河一带。2世纪中叶，又有部分月氏人和乌孙人先后沿天山北麓西行，抵伊犁河上源裕勒都斯河和特克斯河。3—5世纪，匈奴人、柔然人也是沿着这条通道进入南俄草原和东欧。

2　草原文化与东西交流

草原文化大扩散的第二个阶段在公元前1000多年。亚洲各地的原生文明时代，正处于草原文化的第二次大扩散阶段，也正是欧亚大陆有不少族群大移动的时期。在中亚，印欧民族一批一批南下进入印度次大陆，根本改变了当地的民族成分及文化形态。印欧民族也向西南迁徙，引起了西亚的族群生态的变动。

公元前17世纪，加喜特人（Kassites）侵入两河流域建立加喜特王朝，希克索斯人（Hyksos）侵入埃及。公元前14世纪至公元12世纪，埃及古代记载了不少"海上民族"的活动，正是高加索人南下地中海的一些事迹，例如詹森寻找金羊毛的故事、古希腊的英雄史诗等。雅利安人进入印度河域改变了北印度的古代文明，也是公元前15世纪至公元前14世纪到公元前9世纪间的事。

公元前9世纪，欧亚草原最西端的黑海北岸地区，是古代民族"辛梅里安人"（Cimmerians 或 Kimmeres）的活动范围。辛梅里安人，意为"流动的马队"，是希腊人对生活在欧亚草原、操伊朗语的游牧民族的称呼。我们今天对这个古代民族的了解，主要得自希腊人的记述。公元前5世纪中叶，希罗多德曾到过黑海北岸的希腊殖民者的居留地，他根据在那里的见闻，了解并记述了

---

① 石云涛：《早期中西交通与交流史稿》，学苑出版社2003年版，第104—105页。

当时业已消亡的辛梅里安人的若干情况。他记述了当时被称作辛梅里安的博斯普鲁斯海峡（今刻赤海峡）；在这个海峡地区以辛梅里安命名的堡垒和渡口；他还曾在德涅斯特河畔访察过辛梅里安人的王陵。[①]在此之前，公元前8世纪末用亚述楔形文字书写的文献中，也曾提到过这个古代民族，只是名称略有不同，称之为"吉米来人"（Gimirrai）。古亚述帝国在公元前9世纪时已扩张至黑海南岸的美索不达米亚，与辛梅里安人的活动区域隔海相望，因此亚述文献的记载可以与希罗多德的记述相印证。至于"吉米来人"这个称呼，很可能是对辛梅里安人的一种讹拼。比希罗多德时代更早的荷马史诗《奥德赛》中，也已提到过辛梅里安人，说他们生活在大洋（指黑海）那边的一条河边，那里雾气弥漫，不见阳光。《奥德赛》中有关辛梅里安人的记述亦可与亚述文献及希罗多德的记述相佐证。

在辛梅里安人的东北面，生活着另一个古代民族"斯基泰人"（Scythians）。斯基泰人，源自希腊语Skythaio，亦是希腊人对这个古代民族的他称。希罗多德这样记述斯基泰人起源的传说：斯基泰人自称是世界上一切民族中最年轻的民族。他们的共同远祖叫塔尔吉塔欧斯，是主神宙斯和包律斯铁涅斯河河神的女儿该埃所生。塔尔吉塔欧斯有3个儿子，分别是里波克赛司、阿尔波克赛司和克拉科赛司。在这3个儿子的统治时期，有一些黄金制成的锄、轭、斧和杯子从天上落到斯基泰人生活的土地。当长子里波克赛司和次子阿尔波克赛司想去拿这些物品时，黄金就燃烧起来无法靠近，而小儿子克拉科赛司走近时，火却熄灭了，于是他便把这些黄金制品带回家。两个哥哥目睹了这些情况后，便同意把全部王权交给他。[②]由希罗多德记述的以上传说，似乎可以推测斯基泰人是由3个主要部落交融形成的。关于斯基泰人生活的地区，希罗多德记述了另一个传说。传说斯基泰人的北边，由于有羽毛自天降下的缘故，没有人能进入。希罗多德认为斯基泰人是以羽毛喻雪。[③]因此，他们的活动范围以北应是冰雪交加的寒带区域，由此推测，斯基泰人生活的地区大

---

① ［古希腊］希罗多德著，王以铸译：《历史》，商务印书馆1985年版，第270页。
② ［古希腊］希罗多德著，王以铸译：《历史》，第267页。
③ ［古希腊］希罗多德著，王以铸译：《历史》，第227页。

致在黑海北岸以东、伏尔加河上游以南的温带草原区域。

从斯基泰人的活动范围再往东，在黑海东岸至巴尔喀什湖之间的广阔的草原地区，居住着萨尔马特人（Sarmatians）、马萨格泰人（Massagetai）和塞人等古代民族。

萨尔马特人的分布范围大致在中亚的西北部地区。他们的生活方式与游牧的斯基泰人十分接近，但在社会发展水平上却要落后一些，所有古希腊罗马的历史学家在讲到萨尔马特人时，都指出妇女在他们社会生活中的特殊地位。例如希罗多德曾记述萨尔马特人的妇女穿男人的衣服，并且与男人一样骑马作战。一位古希腊学者还曾提及萨尔马特人的妇女不杀死3个敌人就不嫁人的习俗。公元前4世纪的希腊历史学家厄福洛斯（Efros）补充说，萨尔马特人对自己的妻子百依百顺，就像对圣母一样。考古发现的材料证明了上述记载的真实性，在萨尔马特人生活地区发掘的墓穴中，妇女占据中央的位置，而男子则在她的旁侧。[①] 因此，他们可能正处于母权制社会的发展阶段。

马萨格泰人的活动范围大致在黑海以东至锡尔河下游之间。其社会发展水平与萨尔马特人相仿，也保存着母权制的痕迹。例如在对波斯人作战时，他们就是由女王托米丽司统率的。作为游牧民族的马萨格泰人勇武善战，希罗多德曾记载他们已拥有独立的骑兵和步兵，此外还有弓兵和枪兵。所有战士的枪头和箭头都用青铜制造，因为那里有大量的黄金和青铜，但没有铁和银。[②]

塞人的分布地区在更东面，包括塔拉斯河、楚河、伊犁河流域的河谷地带，以及阿莱帕米尔、费尔干、天山的高原地带。这样的地理环境在一定程度上决定了塞人的生活方式：在炎热的夏季，他们通常把放牧的畜群驱赶到高原牧场；而在寒冷的冬天，则把畜群转移到海拔较低的河谷牧场。波斯人称他们为"萨迦"（Saka），中国史籍中把"萨迦"译为"塞"，因为"塞"字的古音作"sak"，这可能是张骞到达西域时根据伊朗语的读音译过来的。希腊学者斯特拉波（Strabo）在《地理志》一书中记载了组成塞人的4

---

① ［苏］乌特琴科主编，北京编译社译：《世界通史（第二卷）》上册，生活·读书·新知三联书店1960年版，第197页。

② ［古希腊］希罗多德著，王以铸译：《历史》，第107页。

个主要部落分别是阿西（Asii）、帕西阿尼（Pasiani）、托恰里（Tochari）和萨卡拉里（Sacarauli）。塞人即希罗多德在《历史》中提及的伊赛多涅斯人（Lssedones），他们的分布地区与中国史籍《汉书》中关于"塞地"的记载大体一致。[①]

公元前9世纪，生活在欧亚草原最东端的古代民族有獯鬻人、鬼方人、犾人等，他们的分布范围大致在贝加尔湖及其以南的蒙古高原一带。黄帝时代曾"北逐荤粥，合符釜山"，说明中原民族已与獯鬻人有过战争。商朝与鬼方族之间的冲突碰撞自契至汤时断时续，商朝8次迁都均与鬼方族的逼迫有关。到周代，北方的犾人取代獯鬻、鬼方等族成为边境大患，经常入侵中原。周宣王在位时致力于消除来自北方的威胁，多次出兵抵御犾人的进攻，遂有中兴之美名。

从公元前9世纪开始，受多种因素影响，欧亚古代民族之间发生了一系列的碰撞和迁徙。大规模地碰撞、交融，大范围地冲突、迁徙，构成了一幅上古时代令人目眩神晕的历史场景。这一历史过程首先从欧亚草原地带的东端开始。

据中国气象学家竺可桢的研究，公元前1500年草原与森林的接界在北纬56°左右；公元前1250年，接界北移了200英里，直抵北纬60°左右。这是草原温暖、人口增长的时期。气候的改变，显示在公元前1000年左右，中国地区曾有一段寒冷时期，直至春秋时期才渐变暖。寒冷的移动由太平洋岸开始，向西经欧亚大陆到达大西洋岸，同时也有由北而南的趋势。由竺氏的曲线，可以猜想漠北与西北的游牧民族为严寒驱迫，会有南下可能。邻近中国陕、晋两省北面的戎狄，在商末周初大为活跃，以致有商人与鬼方诸部的争战及周人为戎狄压迫而迁徙。

欧亚草原东部和中国中原地区在匈奴兴起以前有稳定的互争、互惠关系。中原商周文化此时已经发展为成熟文明。中原和北方草原文化占有的地域面积大致相当，战略纵深非常大。二者控制的边缘地区形成的中间地带面积广大，自然条件差，多为戈壁荒漠，在当时，穿越此类地区的大规模的军事行动几乎不可能，这导致双方都不能彻底摧毁和占领对方。草原社会的军队冲击力和突击力大，机动性很强，但物资较为单一和匮乏。中原军队的力量在于组织

---

① 彭树智：《一个游牧民族的兴亡：古代塞人在中亚和南亚的历史交往》，《西北大学学报（哲学社会科学版）》1994年第1期。

性，和机动作战的草原人群直接较量时不占上风，但其物质基础、后勤保障却有优势，不过，进入广袤的草原后，笨重的辎重粮草又成为劣势。这种形势导致双方形成互为压力、互为伙伴的战略平衡关系。北方长城地带（或称农牧交错地带）的人群似乎并不完全隶属于更北方的草原社会或南边的商周王朝，而是两者的缓冲带和文化传播中介。这里的社会形态更接近北方的草原社会，北面的戈壁、荒漠一定程度上隔绝了他们和更北的草原社会之间的相互攻击，因此，北方长城地带的人群更容易侵犯南边的农耕文明区。这构成中国农耕区和北方农牧交错地带最初的农牧对立统一的关系。

文化的互动使农牧交错地带的文化从各方面获得很多资源，从而迅速发展起来，并且辐射到更北的草原地区。同时，中原发生的若干大事件间接导致了草原人群多米诺骨牌式的民族西迁运动。[①]

当时以游牧为生的犾人经常入侵位于其南方的周人。周人与犾人曾发生过两次较大规模的战争，第一次在周宣王五年（前823）的四五月至冬季，第二次在周宣王十一年（前817）。这两次战争，虽然周人都挫败了犾人的南侵意图，但远未取得决定性胜利，只是防御中的反击和反击后的防御而已。两次战争均发生于四五月间。这个季节的塞外草原本应开始复苏，牧草正在生长，但那时却异常寒冷，影响了牧草的生长，迫使犾人向水草比较丰富的南方迁徙。而当这一迁徙过程遭到南方周人有效阻遏后，犾人又将其迁徙的路线转向西方，并由此引发自东而西的民族迁徙浪潮。

3 草原黄金崇拜文化的影响

在谈论早期人类文化交流的时候，有学者注意到，在欧亚大陆的各民族都有对黄金的崇拜现象。存世的古黄金制品反映了各民族的相互交流与影响。

人类对黄金的开采和利用主要始于青铜时代，是与铜等其他金属冶炼技术的发展分不开的。欧亚草原古部族有意识地开采金矿、制作黄金制品约始于公元前3000年，主要发现于欧亚西部草原青铜时代中期的比德尼文化（Bedeni Culture）和特利阿勒梯文化（Trialeti Culture），中亚绿洲青铜时代早、中期的

---

① 郭物：《欧亚草原东部的考古发现与斯基泰的早期历史文化》，《考古》2012年第4期。

纳玛兹加文化（Namazga Ⅳ-Ⅴ Culture），中亚草原金石并用时代的阿凡纳西沃文化（Afanasevo Culture）。

　　这些黄金制品主要是贵族日用的奢侈品，象征地位和财富；或为宗教仪式中使用的祭祀品。这一时期用黄金装饰人身的习俗在中亚草原地区已经形成。进入早期铁器时代，随着矿藏开采、金属冶炼和加工技术的长足发展，中亚草原民族使用的金制品数量大大增多，造型、题材也更加丰富。除了金制首饰，还发展出大量动物纹黄金饰牌，并用黄金装饰马具、武器。同时，由于骑马术的普及，中亚草原和中国西部草原的游牧民族与南部波斯阿契美德帝国之间文化交流显著增加，一些波斯文化因素被中亚部族所吸收、改造，也反映在黄金艺术当中。

　　2500年前，斯基泰人在亚欧大陆之间的阿尔泰山地区开采宝石与黄金。宝石、黄金是最豪华的装饰品，深得草原游牧民族的喜爱，由此促进了草原地带贵金属冶炼技术的发展。这一时期，在亚欧草原的中部相继形成了早期的游牧文化，主要有卡拉苏克文化、斯基泰文化、科班文化、塞种文化等。这些文化最大的特点就是"野兽纹"艺术装饰风格的盛行，这些野兽纹装饰品以黄金与青铜为主要质地。这些贵重金属装饰品的交换与流通，既促进了不同地区游牧文化的发展，也开辟了不同地区的商贸通道。在整个亚欧草原地带，相继发现装饰风格与造型相类的黄金饰品与青铜器，即是不同地区文化交流与商贸通道畅通的体现。

　　中国对黄金的崇拜应该是受到外来文化影响才形成的。从安德罗诺沃文化或阿凡纳西沃文化开始的中亚草原古部族很早就开始打制并使用金器，流行耳环、手镯等贵族日常使用的人身装饰品。中国境内发现的早期金器，主要集中在甘青地区的四坝文化、内蒙古鄂尔多斯地区的朱开沟文化、西辽河流域的夏家店下层文化、燕山以南的大坨头文化等北方系青铜文化，时代相当于夏代，主要为鼻环、耳环、手镯等人身装饰，其中的喇叭形插孔式耳环可能受到安德罗诺沃文化的影响。[①]

---

① 本节部分参考马健：《黄金制品所见中亚草原与中国早期文化交流》，《西域研究》2009年第3期。

三　亚洲文明起源与世界文化版图

从文明起源的角度来看亚洲文明，会看到，在亚洲广阔的大地上，很早就活跃着原始人群的身影。他们筚路蓝缕，以石器的研磨敲打，演奏出人类文明的最初乐章，创造了丰富的史前文明，形成最初的世界文化版图。

"史前"这个概念，只在有限的程度上可以被理解。"史前"并不是没有历史、没有文化，也不是像一些史家所说的"野蛮时期"。在所谓"史前"时期，许多民族，特别是草原民族，创造了相当辉煌的文化，并且在广袤的欧亚大陆上，承担了文化交流使者的责任。只不过他们的文明没有用"文字"这个载体记录下来，以至于后人所知不多，只能从有限的考古资料去挖掘、去想象。因此，我们对于古代人类的文化创造和文明成果只知道一个未必准确的梗概，而对于其中生动具体的、丰富多彩的人类故事却知之甚少。对于远古那些没有文字记载的所谓"史前文明"，恐怕更是如此。如前所述的许多事例中，比如铜器的发明和发展、玉石文化的形成、制陶技艺的产生和演变等，我们还无法找到它们的真实源头。但我们可以根据这些事例去想象，那个时代广袤的欧亚大陆上的广阔社会生活，也会是一幅宏大的、色彩斑斓的画面。

世界各地几乎同时以不同的形式开始文明的曙光。从文化的源头上来说，非洲、欧洲、中亚、西亚与东亚等地，都可以看到点燃文明之光的星星之火。在最初的世界文化版图上，在那些旧石器时代的遗址中，亚洲占据很重要的位置。亚洲人的先祖活动在广袤的大地的同时，非洲、欧洲等地也有人类先祖活动的身影。这些寻求文化突破的人群也许彼此感知。

到了新石器时代，在世界文化版图上，图像就比较清晰了。比如作为两大农业起源地的西亚和东亚，其先民分别培植了小麦、小米和水稻，至今仍然造福着全人类。而在农业起源地发展起来的，就是人类的第一代文明。简单地说，亚洲各地的先民所创造的文化已经在新石器时代的世界文化体系中占有了非常重要的地位，并且作出了很大的贡献。

从全球史的角度看早期的亚洲与世界，可以在早期的"全球"中看到自己的地位和作用，也通过比较看到了自己的特色和品格，以及属于自己的独创性，同时还看到了早期亚洲文明内的几种文明形态以及与其他地域文明可能存在的联系与对话。在这种对话中，实现最初的文化交流和互动。

第二编

喷薄而出即已
光芒万丈

第四章
美索不达米亚文明

一 从城邦到帝国

1 苏美尔城邦文明

"美索不达米亚"是希腊人对底格里斯和幼发拉底河谷的称呼，意即"两河之间的地方"。美索不达米亚文化发轫于两河流域上游的扇形山麓地带。美索不达米亚文化得以繁衍的区域，大体在两河流域适宜农耕的地带加上地中海东岸滨海地区，组成所谓"肥沃新月带"。其大部分地区位于今天的伊拉克，西部和北部位于今天的叙利亚和土耳其境内。在犹太人和希腊人的笔下，美索不达米亚是一个人人向往的天堂，《圣经》中的伊甸园指的也是这里。

在新石器时代，美索不达米亚已经发展起人类最早的农业文明。欧贝德文化、哈苏纳文化、萨马拉文化和哈拉夫文化，尤其是欧贝德文化，为苏美尔文明的发展奠定了基础。在几千年的历史中，有多个民族在美索不达米亚经历了接触、入侵、融合的过程。苏美尔人、阿卡德人、阿摩利人（Amorite）、亚述人、埃兰人、加喜特人、迦勒底人等先后进入美索不达米亚。众多民族在相互吸收、相互继承和相互促进的基础上，共同创建了美索不达米亚文明。

公元前3500年左右，苏美尔人迁入底格里斯和幼发拉底河流域南端的波斯湾口一带（今科威特及邻近地区），开垦两河流域中下游平原。"苏美尔"并非苏美尔人的自称，而是他称，最早使用这个称呼的是阿卡德人。苏美尔人称自己为"黑头的人"（sag-gi-ga），称他们居住的地方为"文明的君主的地方"（ki-en-gir）；阿卡德人所使用的"Shumer"这个词可能是一种方言的变异。苏美尔人的文化成为美索不达米亚文明的核心。他们的建筑、文字模式、文学和艺术风格、社会组织，以及对待生活和众神的态度都被保留在古代两河流域及其邻近的土地上。①

苏美尔在两河流域的下游创造了城市文明，代表城市为乌鲁克。该城占地面积约100公顷，人口数千，建筑材料为砖窑烧制的土砖。乌鲁克城里等级分明，出现了职业官吏和神职人员，政治和宗教上层人物统治着整个社会。乌鲁克政府向平民征税，并征用劳力修建公共工程，以维持政权。平民的回报则是在神庙得到精神上的慰藉，并拥有购买日用品及外国商品的机会。乌鲁克时期的各个城市都有令人瞩目的神庙，神庙是苏美尔社会的核心。

伴随商业和贸易的迅速发展，公元前3200年左右，楔形文字的书写体系在乌鲁克产生。这一时代还完善了青铜冶炼，并伴随犁、战车和帆船的发明，同时出现大量美索不达米亚特有的滚筒印章。乌鲁克沿河建立了商业殖民地，其文化影响扩散到波斯、叙利亚、小亚细亚、埃及和巴勒斯坦。

约在公元前3000年，苏美尔产生了3000个左右小城邦，并以12个主要城市为中心发展起城市联盟，奠定了美索不达米亚文明的最初基础。这时候，苏美尔的人口已经达到了10万人，这在古代社会是个空前的数目。②所有苏美尔人都敬奉相同的神灵，但每个城邦分别有自己的保护神和统治王朝。每个城邦国家由一个主持该城市的宗教仪式的祭司或国王统治。通常情况下，国王是神在人间的代表，也是神庙的首领，负责修建神庙，并给神献祭和供奉。比较大的城市有埃利都、基什、拉伽什、乌鲁克、乌尔和尼普尔。为了争夺水源、贸易道路和有利的商业点，城邦之间经常发生冲突。从阿格拉布出土的文物双轮战车及卡法伊出土的庆功宴石刻所见的战斗场面，可以看出当时各邦分立、互相开战的情景。

在这些城邦中，基什实力强大，在众邦中威望很高，一度成为北方的霸主，在调整各邦关系中起了多方面的作用。许多苏美尔君主甚至并没有实际统治过基什，却也自称基什之王。后来比较强大的城邦是乌鲁克、乌尔、温玛以

① ［美］C.沃伦·霍利斯特、盖伊·迈克林·罗杰斯著，杨扬译：《西方文明之根：古代近东、古代希腊、古代罗马文明》，上海锦绣文章出版社2013年版，第15页。

② ［美］杰里·本特利、赫伯特·齐格勒著，魏凤莲、张颖、白玉广译：《新全球史——文明的传承与交流》（上卷），北京大学出版社2007年版，第36页。

及拉伽什等。温玛城邦在国王卢伽尔-扎吉西（Lugal-Zaggisi）领导下先后征服了苏美尔各城邦，打败基什，成为两河流域的霸主，初步统一两河流域。但这时建立起来的还不是统一的国家，只是联邦式的国家联盟。

公元前2135年至公元前2027年，苏美尔经历了经济增长及文化发展的阶段。苏美尔人发展了农业生产和灌溉系统，发明了犁与轮子；还发展了各种手工业生产，发明了冶炼技术，加热矿石成为液体，炼出青铜用于制造工具与武器，与其他民族的商业贸易也很发达。他们发明了系统的能表达思想的泥版楔形文字，制定了法典和太阴历，创造了最早的星象天文学，在数学和天文学上作出了很大贡献。

2 帝国文明与"苏美尔复兴"

苏美尔各城邦之间互相争斗和战争，彼此的实力都受到严重消耗，也在一定程度上影响了生产和社会经济的发展，从而埋下了城邦灭亡的祸根。当整个城邦群都不再独立自主，拥有广阔领土的国家也就随之形成了。[1]实际上，苏美尔城邦的兴起、城邦之间的争霸斗争及分分合合的过程，反映了人类从史前向历史时期的过渡、城邦社会经济的发展以及城市文明与文化的确立。而统一成为美索不达米亚历史发展的总趋势[2]，是当地社会经济发展的必然结果和要求。阿卡德人（Akkadia）利用苏美尔城邦内乱之机，征服苏美尔人，统一了苏美尔地区，建立了君主制的集权国家。美索不达米亚文明从城邦文明迈入帝国文明。

阿卡德人属于闪米特人的一支，公元前2500年前后进入两河流域。阿卡德王国的创立者是萨尔贡一世（Sargon I）。他征服了所有苏美尔人的城邦国家，完成了美索不达米亚的最初统一，继而在东方征服埃兰的一些城邦，在西方一度征服幼发拉底河中游的马里和叙利亚古国埃博拉，打开通往地中海沿岸的商路。

萨尔贡缔造的阿卡德王国是古代美索不达米亚历史上第一个统一的帝国，

---

① ［日］宫崎市定著，谢辰译：《亚洲史概说》，民主与建设出版社2017年版，第4页。

② 于殿利：《古代美索不达米亚文明》，北京师范大学出版社2018年版，第124页。

疆域广大，从"日出处"（东部的埃兰）到"日落处"（西部的叙利亚和巴勒斯坦），从"上海"（地中海）到"下海"（波斯湾）。至此，美索不达米亚实现了空前的统一，其历史上第一大帝国呈现于世。①萨尔贡自称"天下四方之王"，又被称为"沙鲁金"（Sarrukin，"真正的王"）。

美索不达米亚从此开始了由城邦分立到中央集权的过渡，对后世的美索不达米亚文明乃至人类文明都产生了重要影响。阿卡德帝国建立统一的税收制度，统一的计量和重量标准；实行"年名制"的纪年方法，也就是每年选择上一年所发生的最著名事件来为这一年命名。

为了实现统一和加强统治，萨尔贡建立了两河流域历史上、也可能是世界历史上第一支常备军。这支由5400名精壮士兵组成的军队直接归他指挥。阿卡德帝国以这支训练有素的军队为核心，连年发动了对周边地区的征服战争，开辟了联络各地区、各民族和各共同体的道路和交通。道路和交通使得远距离贸易和商品交换不仅成为可能，而且得到发展和繁荣。他们的对外贸易竟到达印度河流域。贸易和商品交换不仅促进了社会分工的进一步发展，满足了人们生产和生活中的相互需要，还使得各民族之间建立起了自由和平等的关系。伴随着商品交换的还有思想和文化的交流。②

在文化上，阿卡德人吸收了苏美尔文化，在制订政策等方面注意尊重和借鉴苏美尔城邦的传统。他们不是苏美尔文化的破坏者，而是这种文化的保护者和继承者。阿卡德人几乎全盘接受了苏美尔文化，包括它的文字和宗教。大多数阿卡德的神就是苏美尔的神，只不过取了新的名字。③这样，美索不达米亚的文化传统在阿卡德时期得到了进一步发扬。特别是苏美尔语成为代表知识和权利的语言，就如同拉丁语对于欧洲中古的蛮族一样。苏美尔人的这种学识具有强大的生命力，注定经得起两河流域从这时开始的一系列征服和变化。④

阿卡德王国寿命短暂。公元前2191年，来自东北部山区游牧的库提人入

①　于殿利：《古代美索不达米亚文明》，第11页。

②　于殿利：《古代美索不达米亚文明》，第137页。

③　［英］阿诺德·汤因比著，徐波等译：《人类与大地母亲———部叙事体世界历史》，上海人民出版社2001年版，第58页。

④　［英］赫·乔·韦尔斯著，吴文藻等译：《世界史纲》，人民出版社1982年版，第176—177页。

侵南部两河流域，灭亡了阿卡德王国，建立库提姆（Gutium）政权。但库提人的统治并不稳固，苏美尔人的一些城邦国家又重新出现，并享有一定程度的独立。直到约公元前2113年苏美尔人乌尔纳姆（Ur-Nammu）在乌尔建都，统一了美索不达米亚，史称"乌尔第三王朝"。由于王权又重归苏美尔人手中，所以历史学家称之为"新苏美尔时期"，又称为"苏美尔复兴"。

此后乌尔纳姆南征北战，继阿卡德王国以后，统一整个美索不达米亚，自称"苏美尔和阿卡德之王"。乌尔纳姆在位期间将乌尔城扩建至70公顷，并修建了巨大的城墙，开凿新的运河，新建和修复了遍布全国的神庙，其中最大、也是迄今保持最完好的神庙是献给月神南纳的大金字塔形神庙"吉库拉塔"。

乌尔第三王朝是一个强大的中央集权制国家。国王集军、政、司法大权于一身。全国被划分为许多地区，由国王派人担任长官。地方长官虽沿袭城邦首领的称谓，但无城邦时代城邦首领的特权，实为从属于中央的地方官吏；贵族会议和人民会议虽然保留了下来，但仅仅是服务于国王的机构。这一时期经济上最突出的特征是王室经济空前繁荣。王室占有全国3/5的土地，并在这些土地上建立和经营大规模的农庄、手工业作坊和牧场，从事劳动的主要是半自由民身份的依附民和奴隶。

乌尔第三王朝是古代美索不达米亚历史上最辉煌的时期之一，它为美索不达米亚提供了长达百年之久的相对和平与繁荣发展，为苏美尔文化在各方面的复兴创造了良好的条件。

乌尔第三王朝末期，王权衰落，各地割据，最后在外族的入侵打击下，于公元前2006年灭亡。这是美索不达米亚文明的一个重要转折点。此后，苏美尔人开创的文明仍然继续着，苏美尔人的传统成为美索不达米亚文化的基础，这种文化作为一种有特殊风格的文化延续了近3000年之久。早期苏美尔人创造的生活模式被保存下来。一波又一波草原民族的入侵者接受了平原上的城市文明。他们借用楔形文字系统来书写自己的语言。他们继续崇拜古苏美尔城市的神，虽然在此过程中出现了新的神，以及新旧神明之间的融合。艺术传统得以继续发展，例如微型印章刻制。金属的制造、精美的编织、制陶等工艺技术亦然。①但是，苏美尔民族逐渐从历史上消失了，苏美尔人逐渐被遗忘，古希腊以及犹太人的文献中从来没有提到过苏美尔人。

3 古巴比伦、亚述与新巴比伦

阿摩利人把美索不达米亚文明推向了高峰。

阿摩利人是闪米特人中的一支。约公元前1894年，阿摩利人首领苏姆阿布姆（Sumuabum）在美索不达米亚南部建立巴比伦（Babylon）王国，史称"古巴比伦"。

"巴比伦"一词出自阿卡德语，意为"神灵之门"。巴比伦王国曾一度向北方的亚述称臣，后利用其地理条件的优势，逐渐发展壮大，但直到第六任国王汉谟拉比（Hammurabi）继位之后，巴比伦才成为一个强国。汉谟拉比十分勤政，他兴修水利，奖励商业，并建立了一支常备军。从公元前1787年起，他开始了统一两河流域的征战，先后征服伊辛、乌鲁克、拉尔沙等国，并占据亚述南部，建立起从波斯湾至地中海沿岸的中央集权制奴隶制帝国，汉谟拉比自称"世界四方之王"。国王独揽政治、军事、外交、司法和宗教等权力，直接任命中央和地方官吏。大行政区设总督，在较大的城市中任命被称为"沙卡那库"的官员治理，小城市则任命被称为"拉比亚努姆"的官员治理。

巴比伦王国位于两河流域商路的枢纽地区，境内水源丰富，土地肥沃。在此期间，灌溉系统进一步发展，扬水工具得到改善，耕犁有所改进，附设有播种漏斗。铸造技术和冶金技术高度发达，进入了铁器时代，先后发明了铁犁、货车及战车。手工业生产也有很大提高，有制砖、缝纫、宝石匠、冶金、刻印工、皮革工、木匠、造船工和建筑工行业等，手工业的分工已经相当细。随着农业和手工业的发展，国内外的商业贸易也有了发展。

汉谟拉比带来了美索不达米亚空前的经济发展和文化繁荣。巴比伦王国的政治和经济力量不断增强，成为美索不达米亚的政治文化中心，这一时期颁布的《汉谟拉比法典》是西亚第一部较为完备的法典。

然而，汉谟拉比死后，巴比伦王国先后受到赫梯人、加喜特人的入侵，

---

① ［美］麦克尼尔著，盛舒蕾等译：《西方文明史手册》，浙江大学出版社2016年版，第8页。

于公元前1595年灭亡。

加喜特人原居于札格罗斯山脉中部，公元前16世纪初占据巴比伦，建立加喜特王朝。公元前14世纪中期到前13世纪后半期，是加喜特王朝的繁荣时期，与埃及新王国、赫梯帝国、亚述帝国同为并立的大国。加喜特人恢复了两河流域的秩序、和平和统一，特别是在其统治的中后期，社会经济有所发展，巴比伦、尼普尔、西巴尔等城市经济相当繁荣。人们在两河流域推广用于牵引的马和战车，并在建筑物上以砖刻浮雕代替石雕。这一风格为以后的新巴比伦王国和阿契美尼德王朝所继承。

加喜特人全面接受两河流域固有的文化、宗教和阿卡德语言文字。其国王重建和修饰尼普尔、拉尔沙、乌尔、乌鲁克等地的神庙。这一时期的重要遗物"界碑"，是国王所授地产的凭证，史称此时为"界碑时代"。界碑的右面或上部刻神像或神的象征，如以圆盘象征太阳神沙马什，以月牙象征月神欣，以锄头象征马尔都克等；左面或下部的铭文为王授土地情况。

公元前13世纪后半期，由于亚述人和埃兰人相继入侵，加喜特王朝约在公元前1157年灭亡。美索不达米亚进入亚述时代。

亚述位于两河流域北部，是以底格里斯河中游的亚述城为中心发展起来的。居民主要是讲塞姆语族的亚述人。亚述帝国大约出现于公元前3000年代末。到公元前14世纪中叶，"亚述王"亚述乌巴利特一世建立强大的亚述帝国，史称"古亚述帝国"。此后亚述统治者继续向外扩张。公元前10世纪，亚述进入铁器时代。铁器的使用、生产力的提高，为其长期对外战争提供了充足的兵源和给养。

公元前746年，军事将领提格拉-帕拉萨（Tiglath-pileser）夺得王位，实行一系列改革，以巩固中央集权、提高部队战斗力、加强对被征服地区的统治和剥削，从中央到地方，建立起庞大的官僚制度。改革后，亚述重新开始大规模扩张，击败乌拉尔图，占领叙利亚，经过几代人的征服，到公元前7世纪，亚述帝国范围包括了全部两河流域、叙利亚、巴勒斯坦和埃及，成为地跨亚、非两洲的大帝国。在亚述巴尼拔（Ashur-bāni-apli）在位时国力达到鼎盛。亚述国王以建造巨大宫殿的方式彰显自己的功绩，因此先后迁都亚述古城、尼姆鲁德、豪尔萨巴德和尼尼微。

　　亚述文化源自苏美尔的灵感。①在美索不达米亚几千年的历史上，亚述是历史延续最完整的国家，历史学家掌握有从大约公元前2000年开始到公元前605年连续的亚述国王名单。亚述帝国创造了辉煌的文化。在尼姆鲁德、豪尔萨巴德、尼尼微等地，均发现了亚述时期的宏伟的宫殿、神庙和其他建筑。建筑物饰有大量浮雕，有很高的艺术水平。亚述巴尼拔所建尼尼微王家图书馆，是人类历史上第一座图书馆，藏有大量泥版文书，包括宗教神话、艺术作品、天文、医学等。

　　约在公元前1000年代初，塞姆人的一支迦勒底人（Chaldean）定居在两河流域南部，与同属塞姆语系的古巴比伦人密切接触，接受他们的文化，并逐渐与他们融于一体，形成一支新的强大力量。公元前626年，驻守巴比伦的迦勒底人领袖那波帕拉沙尔（Nabopalassar）自立为王，建立新巴比伦王国。由于新巴比伦王国由迦勒底人建立，因此新巴比伦王国又称"迦勒底王国"。新巴比伦王国与伊朗高原的米底王国联合，共同对抗亚述帝国，于公元前612年攻陷亚述首都尼尼微，亚述帝国灭亡。

　　新巴比伦王国继承了亚述帝国的大部分地区，包括两河流域南部、叙利亚、巴勒斯坦及腓尼基地区。尼布甲尼撒二世（Nebuchadrezzar Ⅱ）于公元前605年继位，统治了巴比伦43年，是仅存在了66年的新巴比伦时期主要君主，其在位期间是新巴比伦王国最强盛、最繁荣的时期。从公元前604年至公元前602年，尼布甲尼撒对叙利亚、巴勒斯坦发动了一系列的征服战争，大马士革、西顿、犹太国都被迫称臣纳贡。公元前586年，尼布甲尼撒攻破耶路撒冷并将其夷为平地，把全城居民全部俘往巴比伦为奴隶，史称"巴比伦之囚"。在他统治时期，巴比伦经历了辉煌的复兴。他大规模重建了运河和巴比伦城，使这座20万人口的城市成为当时近东地区的经济和文化中心。

　　新巴比伦时期商业繁荣。巴比伦、尼普尔、乌鲁克等城市是工商业中心。都城巴比伦商业尤其发达。人们不仅出卖谷物、牲畜、羊毛等各种农产品、畜产品，也出卖手工业制品和田地、果园、建筑物，奴隶的买卖也很常

---

① ［美］C.沃伦·霍利斯特、盖伊·迈克林·罗杰斯著，杨扬译：《西方文明之根：古代近东、古代希腊、古代罗马文明》，第50页。

见。这时期商业交易频繁，为此制订有特殊的文书，文书载明交易的对象、价格和双方的义务。这时的巴比伦是古代东方世界最大的商业中心，在巴比伦市场经商的有迦勒底人、亚述人、埃及人、犹太人等。

公元前539年，兴起于亚洲西部伊朗高原上的波斯人崛起，在居鲁士二世入侵大军的打击下，新巴比伦王国灭亡。自此，两河流域长期处于外族统治下，持续几千年的古代美索不达米亚文明结束了。

二　政治制度与法律文明

1　政治制度建设

苏美尔以及以后的其他民族，在美索不达米亚创造了人类最早的、持续了几千年的辉煌文明。其中，他们的政治文明是对人类文明的重要贡献之一。

在苏美尔城邦时期，各个城邦都有自己独立的王朝。苏美尔城邦的最高权力机构通常由王、长老会议和公民大会组成。这种制度被历史学家称为"军事民主制"或"原始民主制"。长老会议由贵族组成，公民大会由城邦中的成年男子组成，它们限制和制约着王权。

阿卡德帝国建立以后，创立了新的政府管理体制。原来各自独立的城邦国家并入统一王国，成为阿卡德帝国的"行省"；原来的城邦统治者成为行省总督或城市总督。他们以总督的身份履行职责，为统一王国服务。这种集中统一的管理制度，随着帝国的逐步完善而得到加强。这也是当时历史发展的趋势。从城邦国家到统一帝国的发展过程，也就是君主专制制度形成的过程。那些在统一战争中取得胜利的小国的国王，其威望和权力得到极大加强，甚至被神化。正是在这种形势下，君主专制形成了。统一和君主专制的形成在当时的历史条件下是有利于社会发展的，是有利于巩固刚刚出现的新的社会经济制度的。①

乌尔第三王朝的中央集权制进一步强化。中央进一步加强了对地方行政的严格控制，内部组织和中央权力更加集中。国王的权力高于一切，任命官

---

① 周启迪、沃淑萍：《古代印度波斯文明》，北京师范大学出版社2018年版，第667页。

员、制定法律、控制法庭并统帅军队等，集军、政、司法大权于一身。国王的权力也被神化，王朝统治者冠以"强大之王"或"天下四方之王"的头衔，而且开始将自己视为神。乌尔第三王朝建立了统一的行政管理体系，在每一个行省都任命一位总督和一位或多位将军。地方贵族势力由此受到极大削弱，原苏美尔城邦的统治者都变成了地方官，全国大约有40个地方单位，他们都必须听从国王的调遣，没有行政独立性；同时，加强了中央对财政税收的控制，把庞大的神庙地产资源纳入中央政府的掌控之下。在商品经济领域，粮、油、盐、铜和羊毛等重要商品的价格都由国家统一规定。

古巴比伦仍然是君主专制统治的社会，国王既是最高行政长官，又是最高法官。国王直接控制国家的行政事务，总揽全国立法、司法、行政、军事、外交和宗教大权，凡是法律制定、官员任免、要案审讯、军队调遣、征收贡税等事务都亲自过问。但在中央政府之下，仍然存在着地方城市自治机构和地方城市法院。在地方城市自治机构中拥有最高行政和司法职能的是城邦会议。城邦会议包括三种公民组成的会议，即长老会议、公民大会和商会。中央政府对地方城市自治机构有监督机制，往往直接任命自己的官员以监视或监督地方城市自治机构。

亚述帝国时期，所有的成年男子都要应召入伍，所有的国家官职都为军队和军事需要而设立，虽然它们也有非军事任务。国王处于这个结构的最顶端，在国王之下，是庞大的官僚队伍。高级官员最初都出自亚述的名门望族，但后来也有由地方贵族担任的。

2　汉谟拉比法典

美索不达米亚文明最显著的特征之一是尊重法律。法律传统和立法精神是美索不达米亚人对人类文明的最大贡献之一。有学者估算，在迄今发现的楔形文字文献中，有关法律方面的内容在苏美尔文献中占95%左右，在阿卡德文献中所占有比例不会少很多，其中主要包括一些松散的契约和各种财物记录凭证。

乌尔第三王朝的创立者乌尔纳姆颁布的《乌尔纳姆法典》是世界上最早的成文法典。法典包括序言和正文29条两大部分，主要涉及政治、宗教和法律等方面。序言宣称，是神授予乌尔纳姆统治权力，乌尔纳姆在人世间的行为是按照神意，确立"正义"和"社会秩序"，并列举了他在保护贫弱、抑制豪强等方面所采取的措施，宣称禁止欺凌孤儿寡妇，不许富者虐待贫者。现已发现的最早抄本大约是巴比伦时代的，但大部分已毁损，仅存几条残片。从破损较严重的法典残片看，法典的主要内容是对奴隶制度、婚姻、家庭、继承、刑罚等方面的规定。《乌尔纳姆法典》对美索不达米亚各个历史时期统治者们所从事的立法活动以及他们所制定和颁布的法典有很大影响，成为这一地区其他法典的范例。

据现存的片段显示，古巴比伦时期颁布的《李必特伊什塔尔法典》的内容涉及土地和房屋等不动产的占有、各种动产的损害与赔偿、各种雇佣契约、婚姻家庭和继承关系以及私有奴隶的地位等诸多方面。

标志古代美索不达米亚法典到达最高峰的是举世闻名的《汉谟拉比法典》。这部法典是古巴比伦国王汉谟拉比大约在公元前1776年颁布的法律汇编，是最具代表性的楔形文字法典，也是世界上现存的第一部比较完备的成文法典。《汉谟拉比法典》刻在一段高2.25米、上周长1.65米、底部周长1.90米的黑色玄武岩石柱上，故又名"石柱法"。

《汉谟拉比法典》由序言、正文和结语3部分组成，序言和结语约占全部篇幅的1/5，语言丰富，辞藻华丽，充满神化、美化汉谟拉比的言辞，是一篇对国王的赞美诗。正文包括282条法律，对刑事、民事、贸易、婚姻、继承、审判等制度做了详细的规定。结尾部分除继续对汉谟拉比歌功颂德外，还强调法典原则的不可改变性。

《汉谟拉比法典》旨在维护财产私有制，全面调整自由民之间的关系，巩固现存社会秩序，在当时具有重大意义。不仅如此，这部法典代表了古东方文明的伟大成就。其确立的一些原则，特别是有关债权、契约、侵权行为、家庭以及刑法等方面的一些原则，如关于盗窃他人财产必须受惩罚、损毁他人财产要进行赔偿的法律原则以及诬告和伪证反坐的刑罚原则、法官枉法重处的原则等，均对后世立法具有重大影响。《汉谟拉比法典》比其苏美尔前辈更为严苛，这也许暗示了一个比以前更高程度的威权主义。[1]

《汉谟拉比法典》不仅继续适用于后起的美索不达米亚国家如赫梯、亚述、新巴比伦等，而且还通过希伯来法对西方法律文化产生深远影响。

三 科学技术与文学艺术、学校教育

1 科学技术文明

世界文明的许多重要的科学技术都起源于美索不达米亚。西亚人首先栽培了燕麦、大麦、小麦，驯化了羊、猪等家畜，发明犁耕，制作陶器，发明车轮。冶铜、冶铁也最早出于这一地区，建筑方面最早使用烧砖等人工材料，采用沥青砌筑房屋，较早地解决了防止高层建筑渗水的问题。

美索不达米亚人已经发展起一定程度的科学，在数学、天文和历法、医学和化学等领域都取得了不小的成就。

在数学方面，苏美尔人最早发明了12单位进制与60单位进制。苏美尔人还会分数、加减乘除四则运算和解一元二次方程。他们把圆分为360度，并知道π近似于3。他们还会计算不规则多边形的面积及一些锥体体积。巴比伦人在数学上贡献最大。迄今出土的约50万块楔形文字泥版书中，有300多块为纯数学泥版。在代数学上，由巴比伦人编撰的数学用表包含乘法表、除法表、倒数表、平方表、平方根表、立方表和立方根表，甚至还有指数表；且在古巴比伦时期就已经能够解一元一次、二元一次、一元二次甚至一元三次方程；另外还发现有讨论级数问题的泥版，他们用近似值的方法算出$\sqrt{2}=1.414222$。在几何学上，古巴比伦人把圆分为360等份，并求出π的近似值为3.125；他们在三角学方面不仅掌握了直角三角形和等腰三角形面积的计算方法，还知道相似直角三角形对应边成比例、等腰三角形顶点垂线平分底边及内接半圆的三角形为直角三角形等。他们掌握了在直角三角形中，斜边平方等于两条直角边的平方和（即勾股定理）。巴比伦人还能计算正五边形、正六边形、正七边形的面积

---

[1] ［美］C. 沃伦·霍利斯特、盖伊·迈克林·罗杰斯著，杨扬译：《西方文明之根——古代近东、古代希腊、古代罗马文明》，第23页。

和边长的比例。[1]

　　约公元前3000年，苏美尔人已有了历法。他们发明了太阴（月）历，这是人类早期最重要的发明之一。苏美尔人按照月亮的盈亏把一年分为12个月，共354天，同时设闰月调整阴历阳历之间的差别。公元前383年，巴比伦人确定了19年7闰制。这样，235个阴历月才与19年相等。他们还逐年算出了夏至的时间，然后用相等分段方法定出冬至、春分和秋分的时间。这种历法为犹太人、希腊人所沿用，直到公元前46年采用儒略历为止。除月份之外，巴比伦人还制订了另一个时间周期，即"星期"。在亚述帝国和新巴比伦时期，他们就根据月相变化，将每个月分为4个星期，每星期7天。他们用太阳、月亮和五大行星的名字来称呼一个星期中的7天，即由日、月、水、火、木、金、土7个星神各主管一天，这个制度后来为世界各国所采用。巴比伦人按黄道12宫把一昼夜分为12个时辰，每个时辰分为60分，每分为60秒。我们现在沿用的就是这个计时法，不过一天分为24小时，分和秒也都缩短了一半。

　　公元前1千纪，巴比伦人在占星术的基础上发展了天文学，并将数学引入天文学，使其达到古代的最高精度。公元前2000年左右，美索不达米亚人已经能够区分恒星和行星，最早确定了七个行星及其运行轨道，为这七个行星的定名，一直沿用至今。巴比伦人知道月亮和五大行星的运行周期，能够计算和预测日食和月食的时间。公元前13世纪，巴比伦人绘制了十二星座图，并命名了这些我们沿用至今的星座名称，如天蝎座、狮子座、巨蟹座、双子座和天秤座。公元前375年，巴比伦天文学家基丁努（Kidinnu）提出太阳年的精确时间，误差仅4分32.65秒。古巴比伦的这些天文学成就，后来都为希腊人所继承。

　　公元前4000年，美索不达米亚人就已开始形成有系统的医学思想，产生了巫术和世俗经验相结合的亚述巴比伦医学。美索不达米亚最古老的医神是月神，掌管药草的生长，因此有些药草只能在月光下采集；由于植物与神有这种密切的关系，所以认为药草有消灭魔鬼的能力。在他们的医学泥版书中，已记载有咳嗽、胃病、黄疸、卒中、肺痨、鼠疫、风湿、肿瘤、眼病和耳病等多种

---

[1]　于殿利、郑殿华：《巴比伦古文化探研》，江西人民出版社1998年版，第303—315页。

疾病的名称。对精神病已能鉴定，认为是由魔鬼或创伤所致；牙痛被认为是由于虫蚀引起的；黄病、虚痨都是由魔鬼引起的。对各种疾病的症状，也有详细的描述。

亚述和新巴比伦的医生们常外出会诊，远至埃及；医生出诊时携带着出诊包，其中有绷带、器械和药物等。在《汉谟拉比法典》中，医生从祭司中独立出来被确认为一种专门职业。对外科医生的手术收费以及出现医疗事故的处罚等，都有具体的规定。

医生的处方包括病名、药名和药物用法三部分。常用的药物已有150多种，包括各种植物的果实、叶、花、皮和根等，藕、橄榄、月桂、桃金娘、鸡尾兰、大蒜，动物的各个器官脏器，还有一些矿物如明矾、铜、铁等。一些动物的油脂被制成药膏用于治疗。制剂有丸、散。用器械将药汤灌入阴道或直肠，体操疗法和按摩也已常被采用。

美索不达米亚人在鞣皮制革、蜡的制作使用、洗涤用品的制作尤其是香水调制和玻璃制造方面使用了化学方法。明矾、石膏、盐、苏打是古代美索不达米亚人常用的化工材料。美索不达米亚人将皮革原料分为不同种类，经过不同的加工和染色，制成包、囊、衣服、鞋子甚至皮筏等各种产品。在各类鞣剂中，最常见的是明矾和油。美索不达米亚人在医疗、宗教、巫术和化妆中需要大量香水，他们的香水制作过程估计有十几到二十道工艺，熟练运用了文火和烈焰，并大量使用了蒸馏、萃取、升华和提取技术。

美索不达米亚人用石头和植物的灰作为原料制造玻璃，在烧制过程中根据火焰的颜色判断温度，并懂得加入铜的化合物得到蓝色玻璃。玻璃作为一种独立的材料首先出现在公元前3千纪末的苏美尔。在公元前2千纪中期，这个时期的很多西亚遗址都发现玻璃容器残片。这些最早的玻璃容器都是用砂心法制造的，并采用彩色条纹装饰。他们开始用更先进的玻璃来模仿宝石。从公元前8世纪末到公元前1世纪，西亚玻璃制造进入了全面兴盛时期。

两河流域的土地肥沃，但必须修筑人工的灌溉系统，才可能使农作物的生长得到保证。苏美尔人十分注重修河渠，并对水利工程加以管理。国王和政府都把开渠和分配水的使用权作为国家的重大事务。人们使用了一种前后纵列的机械从河中汲水，长杆一端缚有重物以提起汲水桶而将水倾入较高处的蓄水池，这类蓄水池可供给比较繁复的运河系统。

2 丰富的文学遗存

美索不达米亚人创造了丰富的文学作品。在公元前4千纪，苏美尔人已经创造了口头文学。阿卡德帝国晚期有大量书面文学作品涌现，乌尔第三王朝时期是美索不达米亚文学的第一个繁荣期，古巴比伦时期是第二个繁荣期。

美索不达米亚有丰富的文学遗存，仅苏美尔文学目前就有20余部神话，每部篇幅从100行到1000行不等；9部史诗，如《吉尔伽美什史诗》《创世史诗》，每部在100行至500行左右；100多首赞美诗，如《沙马什的赞歌》，每首的篇幅也在100行至500行左右；十几部格言和预言集；此外还有大量哀歌、寓言及辩论等。这些作品分别刻在5000多块泥版上，被收藏在世界上各个著名的博物馆中。

美索不达米亚最著名的文学作品是世界第一部史诗《吉尔伽美什史诗》，全诗3000余行，用楔形文字分别记述在12块泥版上。这部史诗源自苏美尔人的诗歌和传说，故事有不同的来源和版本。史诗讲述了英雄吉尔伽美什（Gilgamesh）一生的传奇故事。吉尔伽美什是乌鲁克城的统治者，在乌鲁克的残暴统治激起了民愤。苦难中的人们祈求天上诸神拯救自己，天神创造了勇士恩奇都（Enkidu），去与吉尔迦美什搏斗。两人使出全部本领，还是不分胜负，都佩服对方的勇敢，于是结为朋友，一同去为人民造福，成为人人爱戴的英雄。吉尔迦美什与恩奇都同心协力，在太阳神沙玛什（Shamash）的帮助下战胜森林怪兽洪巴巴（Humbaba）。后来吉尔伽美什拒绝了女神伊南娜的爱情，又和恩奇都一起杀死了伊南娜派来报复的天牛，因为天牛和洪巴巴是神，天庭处死了恩奇都。吉尔伽美什十分悲痛，他体会到了死亡的可怕，祈求神帮助他长生不老。而后他翻山过海，历尽艰辛，终于在他已列入神籍的先祖居住的地方找到了一种可以使人重获生命的仙草。但后来在他洗澡时，仙草被老蛇叼走了。吉尔迦美什灰心丧气，无可奈何地回到乌鲁克城。这时他更加思念亡友恩奇都，在神的帮助下与恩奇都的幽灵见了面。恩奇都把"大地的法则"告诉他，他从中明白人不能永生，最终悟出成就伟业的人生道理。

苏美尔时期有三大英雄，即吉尔伽美什、恩美尔卡（Enmerkar）和卢伽尔班达（Lugalbanda）。关于这三位英雄的史诗共有9部之多。这些史诗虽然带有浓厚的传奇色彩，但在一定程度上反映了某些真实的历史过程。

美索不达米亚还有一位女诗人恩荷都安娜（En-hedu-anna）。她是阿卡德国王萨尔贡一世的女儿，是乌尔神庙的高级女祭司。她创作了一系列优美的赞美诗，是世界文学史上第一位可辨姓名的作者。

3　雕塑与印章

苏美尔人的圆雕和浮雕体现出古朴浑厚的美。神庙门前的狮子木雕像成为两河流域最古老的看门雕塑。人像雕塑的表现手法甚是独特，所塑造之形象，僵直的身体，祀神合拢的手势，鸟喙式的鼻子和圆而又大、充满着祈盼之情的双眼。《纳拉姆辛胜利石柱》是阿卡德时期最具代表性的雕刻作品，其独特的布局，富有动势、雄伟壮观的场面，给人以深刻的印象。阿卡德统治者的青铜头像和纳拉姆辛征服者石碑展示了这一时期的艺术成就。乌尔第三王朝时期，比较出色的有《古地亚坐像》《古地亚头像》等，它们表现细致、惟妙惟肖，造型的感受及表现技巧都有了较大发展。

巴比伦时期，汉谟拉比法典碑是这一时期雕刻艺术中最出色的代表作。碑以一整块黑色玄武岩石柱雕成。碑的上半部分刻画的是汉谟拉比国王站在太阳神与司法神沙玛什面前，接受法典，高大威严的太阳神，头戴螺旋形宝冠，身着长袍，端坐在宝座上，郑重地将法典交给站在面前的汉谟拉比。整个场面庄严神圣、等级分明，象征君权神授，王权不可侵犯；下端是用阿卡德楔形文字刻写的法典铭文，共3500行、282条。这座碑现存于巴黎卢浮宫博物馆。

浮雕作品在各城寺庙里都有发现，它们大多被镌刻在正方形的石灰石板上。浮雕所反映的题材大致相同，多是颂扬为神祇大兴土木的业绩及举行的庆典，或是军队战胜敌方的史实。阿卡德国王纳拉姆辛（Naram-Sin）的胜利石柱可以说是最具代表性的杰出之作。纳拉姆辛继承了萨尔贡的伟业，继续扩展阿卡德帝国的版图，令国势达至顶峰。他是第一位自封为神的美索不达米亚国王（"辛"一词为神的意思），亦第一个被称作"四方之王"的统治者。纳拉姆辛石柱高2米，看上去像个小型纪念碑，用红砂石制成。高大的纳拉姆辛王站立在最高处，也是浮雕的中心，他手持弓箭，统领军队，头盔上有角状饰物，象征着神和权力。战士们精神抖擞、士气高昂，在国王的统帅下向上挺进，遭受打击的敌人正在哀声求饶。天空中闪烁的星星是神之象征，意指战斗的胜利仰仗了神的助力。整个浮雕展示出一幅雄伟壮观的场面。

亚述时期把浮雕传统技艺大规模地用于建筑装修，也使其艺术水平得到很大提高。

金属雕刻已有了相当高的水平，如作为竖琴传响盘的公牛头，生动有气势。在尼姆鲁德亚述王室陵墓出土的金冠、金戒指、金耳环、金手镯多镶嵌光玉髓、玛瑙、天青石及绿松石，精美绝伦。

圆柱形印章是美索不达米亚很有代表性的艺术品。这是以浮雕为主的一种小型宝石雕刻，印章上的图形采用了凸雕。印章的内容也多种多样，有动物图案的，有日常生活场景的，还有宗教信仰或神话故事的。从印章的用途来看，开始可能是作为护身符一类的东西，后来被当作私有财产的标记，也许最后还导致了象形文字的出现。

4　书吏、学校与图书馆

由苏美尔人创造的楔形文字体系，是比较复杂的文字体系，一般人很难理解和掌握。所以，在美索不达米亚有一个特殊的职业阶层，即"书吏"。

书吏这一职业享有较高的社会地位。它们有的为王室、神庙和私人庄园管理土地、充当会计师，有的专门从事某一行业的管理工作，还有在国家和政府部门担任高官。公元前3千纪后期出现了成千上万块泥版文书，这些泥版文书在本质上大都是行政管理文献，包含了苏美尔人经济生活的方方面面。据此，可以推断，这一时期书吏的数目有了大幅度的增加。书吏成为政府中的重要阶层。

书吏阶层需要经过专门的教育才能胜任。在公元前3千纪，苏美尔创造了最早的学校教育。乌尔第三王朝创立了书吏学院，有意识地教授有潜质成为行政管理人才和宗教神职官员的学生书写、数学和其他行政管理技能等课程。有人称之为人类历史上最早的"国家行政学院"。[①]

---

① 于殿利：《古代美索不达米亚文明》，第217页。

公元前3千纪中期，苏美尔已经出现大批的学校。公元前3千纪后期，学校教育开始真正成熟和发展起来。考古学家在马里发掘出约公元前2100年的学校，其中包含一条通道和两间教室。房间内有供习作的石凳、泥板和水槽，附近有泥版书出土。苏美尔人的学校称为"埃都巴"，原意为"泥板房子"。学校教育的目的是培养书吏。美索不达米亚的学校，主要有三种类型：第一种是临近王宫的学校，可能是宫廷或政府机关所设立；第二种是位于神庙附近的学校，可能是神庙所设立；第三种是邻近书吏居住区的学校，可能是私立学校。书吏大都招收有志从事书吏职业的青少年，作为自己的学生。学校教育的课程设置大体可分为基础课（即语言课）、专业技术课和文学创作课。语言课是最基础的课程，分为单词课和语法课。在专业技术方面，学生既要学习计算（代数）和测量土地（几何）方面的知识，又要学习学科知识，如生物、地理、天文、医学等。此外，学生还要学习如何组织唱诗班、如何锻造银子和珠宝、如何配给食物、如何使用音乐器材等技能。文学创作课包括两方面的内容：一是抄写、模仿和研究过去的文学作品；二是进行新的文学创作。供学生们抄写和模仿的作品主要是公元前3千纪后半期的文学作品。

随着学校的发展和壮大，特别是课程设置范围的不断扩大，学校逐渐成为学术中心，成为美索不达米亚文化和研究学问的中心。在学校里产生了一大批学者和科学家，他们主要研究神学、植物学、动物学、矿物学、地理学、算术学和语言学等。学校还是文学创造的中心。在学校里，旧的文学作品被复印和学习，新的文学作品被创造。大量的学生从学校毕业后会变成王室或神庙的书吏，但也有很多人留在学校里把自己的一生献给教书和研究学问。

美索不达米亚的学校对推动文字和文学的发展，对促进和传播美索不达米亚文化起了不可低估的作用。

图书馆的产生时间与学校大体相当。考古学家在今伊拉克巴格达南的尼普尔一个寺庙废墟里发现许多泥版书，时间是公元前3000年代。这是迄今人们所知道的最早的图书馆。在乌尔发现的神庙图书馆也是在公元前3000年左右。王室图书馆占有重要地位。在汉谟拉比时代，国王拥有很多图书馆，分散在几乎每座重要城市。

亚述时期的私人图书馆出土丰富，比如太罗城的图书馆有泥版书约3万块，尼波尔城的图书馆藏有泥版书约2万块。尤为重要的是亚述国王亚述巴尼拔图书馆，是世界上第一座系统性的图书馆。亚述巴尼拔派遣僧侣和书吏到各地搜集苏美尔-巴比伦文献，所收泥版书一度达2.5万块以上。这些泥版书中，既有宗教经典、文学作品、天文观测记录、医学原典、数学、化学、植物学及其他科学著作，也有历史文献、条约、法律、命令、书信、王室的经济报表、房屋和沟渠建筑的报告，还有语法著作、词典以及类似百科全书的著作。每块泥版书上都有标志，标明它收藏的地方。泥版书存放在许多陶罐之中，按不同主题放置在不同的收藏室。在收藏室的门口和附近的墙壁上还标有泥版书的目录。所有图书都盖有印章——"天下之王，亚述王亚述巴尼拔宫廷"，有的还注明是他亲自修订的。在这个曾遭遇火灾的宫殿中，经清理共发现了约2.4万块泥版书。

四　宗教信仰与日常生活

1　神界与宗教

苏美尔人的宗教可以算作单一主神教。苏美尔人的信仰是最早有记录的信仰，它是后来美索不达米亚神话、宗教和占星学的源泉。

苏美尔的主神是天神安努，在主神安努之下设置不同地位的神，如地神、水神、月神、日神、灶神、谷神，形成等次分明的神界。安努、恩利尔、恩基是苏美尔的三大神。安努是众神之父，属于苍天神，似乎是神的会议召集人，配偶为女神安图姆（Amturm）。恩利尔是高位神，是地神、"呼吸之主"，由他主宰具体事情，天降洪水淹没大地正是他决定的，由他和安努共管神界。恩基是水神，又为智慧神，创造了人类和文化，在天降洪水时曾向人泄露过消息，对人类是同情的。

每个神与一个城市相连。按照当时的宗教观念，人是神用黏土做的，其目的在于服务神。苏美尔人认为，人只有在神的怜悯下才能生存。苏美尔人相信地面是一块平板，天空是一个锌盖。他们相信人死后，会成为鬼魂，永远在阴间不安地游荡。

美索不达米亚的神威是多种多样的，从天空、大地、水、月亮、星辰，到自然界的各种生灵，到人类的繁衍生息和兴旺发达，甚至砖的打磨、庄稼的生长、牛羊的驯服、疾病的治疗、文字和法律的发明，都被理解为不同的神的威力。同时神也被认为具有和人类相同的行为和情感，神会结婚，生儿育女，也有喜怒哀乐。不同的神由不同的城市供奉。

苏美尔的神谱对美索不达米亚诸国宗教神学产生了重大影响。如古巴比伦制定的《汉谟拉比法典》收集了这些神的名称，并把这些神当作崇拜的对象。古巴比伦人基本上接受了苏美尔人创造的天神安努、地神恩利尔、水神恩基和繁殖女神伊西塔（Ishta）等神灵观念，同时又对苏美尔的神灵世界进行改造，创造出以主神马尔都克为首位神的多神教。

主神马尔都克本是巴比伦城的地方神，执掌农业，后来变成了战神、胜利神、主宰神，成了唯一的大神。据神话传说，马尔都克本是水神恩基的长子，后杀死大怪物提阿马特，并用怪物的身躯造出了人类和万物，应该受到人类的敬拜。马尔都克的权力是天神安努、地神恩利尔、水神恩基共同商议授权的，让他成为众神之王和人类主宰。巴比伦人除主神马尔都克外，还崇拜其他神。最高的一组神就是前面提到的天神、地神、水神，次一组的神是太阳神沙玛什、月神辛恩（Sin）、繁殖神伊西塔和植物农业神杜木兹（Dumuzid）。在这两组神之外还有雷雨神阿迈德（Ahmed），特别受到巴比伦人的崇拜。

亚述帝国的宗教承袭苏美尔、古巴比伦的宗教，其神界观念出现了主神阿苏尔（Ashur）。阿苏尔原是雨神、农业神、阿苏尔城市的保护神，在亚述帝国的兴起过程中，亚述人把他与苏美尔的地神恩利尔之威力混同，与两河流域流行的"天崖"神话联系起来，确定为亚述的主神、战神、胜利神。他的形象常以带翅圆盘来表示，可能是威力四射的意思，亚述人的军旗上绘制这种图案，象征战争胜利。按亚述人的说法，阿苏尔是"众神之主"，是世界和人类的创造神；国王是阿苏尔神在人间的代表，违背国王的意志即是违背神的意志；军队出征是实现阿苏尔的愿望，在出征前后都要向神提出书面报告，征战的过程中要向阿苏尔祈祷，保佑胜利归来。除阿苏尔神外，还有许多次神，据说共有150多位，大体与苏美尔、古巴比伦的次神界相同。

2 神庙与祭司

在苏美尔乃至整个美索不达米亚时期，城市的中心建筑是神庙，神庙既是城邦的政治活动中心，也是城邦的经济活动中心，每个城邦都有自己的神庙。从最原始的城市出现开始，神庙建筑就越来越居突出地位。

在苏美尔城邦生活的初始阶段，神庙只是一个简单的长方形房屋，供神居住，建造在高台之上，大概是为了使之少遭洪水之害。后来，神庙越筑越高，在地面和中央圣殿之间加入了好几层平台；同时，在神庙的底层还加入了各种辅助的圣区。①代表苏美尔早期文明的乌鲁克城，出现了巨大的石造塔庙建筑物，达到长80米、宽50米的规模，面积有2400平方米。乌鲁克文化晚于欧贝德文化，居住文化开始步入城市文化发展中。其主要的建筑是神殿，并以神殿为中心形成城市民居聚落。

乌鲁克的神殿建筑，以红庙和柱廊神庙最著名。红庙因其墙壁涂有红色而得名。柱廊神庙筑于台基之上，大厅的柱廊由两排直径2.62米的柱子拱立，围墙以红、白、黑色的圆锥形镶嵌物装饰，显得华丽堂皇。天神安努塔庙在山顶平台上，建有一个上层神庙，其最早的形式即所谓"白庙"（因涂白色而得名），平台上用凸形和凹形建筑作装饰，墙壁上部用瓶状的土坯行列砌筑，在长方形的庭院中央有一个高起的祭坛。反映了当时人认为神殿是神的住所、神会从天而降会晤敬神者的意识观念。作为神殿地基的高坛，其建筑构思在后来的寺塔建筑中获得进一步发展。《圣经》中记载的巴别塔就是这样的一座塔庙。

苏美尔的神庙由一个中心大厅组成，两侧有通道，通道外侧是祭司们的住所。在大厅的一侧有一个高台，台上有一个供奉动物和蔬菜牺牲品的泥砖桌。粮仓和仓库一般位于神庙附近。后来苏美尔人开始将神庙建筑在四方形的高台上。这些高台不断提高，形成了塔庙。

在乌尔城址建筑群中，塔庙是其中最宏伟的纪念性宗教建筑物。塔庙的周围有长方形的围墙，北宽南窄，围墙内为广场，称为"圣区"。塔庙修建在沥青基础上，是用砖坯砌成的多层建筑，其塔长62.5米、宽43米，设三段阶

---

① ［美］威廉·麦克尼尔著，孙岳等译：《西方的兴起：人类共同体史》（上卷），中信出版社2015年版，第77页。

梯，墙体向内倾斜，外形如分层的金字塔。塔的上层是一座小神庙，依照传说，神会由此降临人间。这座建筑物的外层为火砖建筑，砖的下面刻写着乌尔纳姆的姓名，其中央的下面几层无内室，实际上是一层层台基。这座塔庙，传说是供奉乌尔王的保护神——月神南那的建筑，其顶部的小神庙，即是南那的寝宫，神位便放置在寝宫的壁龛内。圣区的东北角，另有一较小的塔庙，旁边修建有祭司的住房，东南边的一组建筑，为供奉南那和妻子宁伽尔的两座神庙和一些小型庙宇建筑。在塔庙的建筑过程中，开始运用圆柱、拱廊、拱门、拱形圆顶等建筑形式。在所有的两河流域塔庙建筑中，乌尔城保存得最为完好。

苏美尔人修建规模宏大的神庙，盛行占卜和观天象卜人事之术，神庙中祭祀神灵的空场大概是举行宗教活动的地方，有祭司、僧侣一类的人物。最初，他们可能还没有专门的、固定的僧侣，公元前3000年左右，城邦的国王在祭祀神灵时，亲自到神庙里向神灵献祭，由宫廷的侍从兼任僧侣。随着对神灵崇拜和祭祀仪式的日趋复杂，逐渐出现了管理神庙的僧侣集团，并形成具有特权的僧侣阶层。僧侣们有一定分工，有的偏重给人占卜、念咒、祈祷；有的偏重整理巫术魔法和流行的民间宗教信仰，为国王制定宗教法规；有的偏重培养新的僧侣。但是这些分工都是相对的，一般来说他们的宗教职能有三个方面：一是主持祭神仪式，二是给人作驱邪消灾的法术、巫术，三是宣讲神迹。

古巴比伦王国有专门侍奉神灵的僧侣。他们主管寺庙，支配祭祀神灵的供品，还有庙产，从事高利贷活动。僧侣中分成不同的等级，高级僧侣依靠占卜国家政事，左右国家事务；低级僧侣听从支配，做一些具体工作。所有僧侣都进行占卜、念咒、祈祷及主持祭祀活动。

在亚述帝国时期，据说有50多尊神的神庙。神庙和王宫的入口处雕刻着人面牛、人面狮，为守护神。内部墙壁和圆柱上的浮雕大多是关于战争、狩猎、俘虏、胜利品和宴饮庆典，以及对阿苏尔神的颂词，庙宇中央供奉神像。祭司、僧侣们管理庙产，主持崇拜仪式，为求告之人唱颂祷词，传达神谕。僧侣们大都会作法或施展巫术，被人们称为法师，国王被认为是造福国家的大法师。亚述士兵出征打仗、重要官吏的任命、重大事件的处理、国中大事等，均由大法师身份的国王亲自主持仪式，僧侣们念咒语，以特定方式询问神的旨意。

祭祀活动在神庙中进行，分为由祭司主持的国家祭祀和由私人供奉的个人祭祀。据阿卡德的第二位国王里木什时代的一篇铭文记载，每天向西帕尔的太阳神沙玛什进贡的供品，包括20头羊、4头牛、6古耳谷物、3古耳面粉以及等量的椰枣、油、猪油、牛奶和蜂蜜。在巴比伦晚期，盛大节日的国家祭祀更为隆重，例如在尼普尔的恩利尔神庙发现的一份清单中包括3569头牲畜。

在新巴比伦新年祭祀仪式中，国王要被去除权杖和佩剑后，被祭司拉扯双耳来拜马尔都克神像，同时向神说明他没有亏待百姓，在被归还权杖和佩剑后，国王将被祭司打两记耳光，同时国王要热泪盈眶，表示马尔都克对他已经降恩垂爱了。

3　美索不达米亚人的日常生活

城市是美索不达米亚的基本单位，大多数平民为农夫、工匠、商人、渔民和养牛人。每个城市都有一个手艺人阶层，包括石匠、铁匠、木匠、陶工和宝石匠，他们在自由市场上出卖自己的手工艺品，买主支付货币或实物。货币通常是银块或银环，每次交易时都要称重。

城墙外是农田，美索不达米亚北部的农田由自然降雨滋润，南部则依靠幼发拉底河和底格里斯河灌溉。城市居民的生活最终取决于农田的收成。大部分土地以大地产的形式属于国王、神庙、祭司和一些富人。他们将土地划为小块，连同种子、农具和耕畜一起，分配给为他们服务的农人。农人则提供劳动，除去自己消费之外，将多余的产品缴纳给神庙、王宫或土地所有者。公元前5千纪，苏美尔人开始使用犁。公元前1700年，苏美尔人懂得了土地的肥力要通过换种庄稼和适度休耕来获得。当时基本的农作物是大麦和小麦。他们还饲养牛、山羊、绵羊以及鸭子和鹅，直到公元前1千纪鸡才成为普遍的家禽。

距今6000—4000年前，苏美尔人大量制作和消费面包，考古学家在乌尔发现大量公元前1800年的砖砌炉灶和多眼烹饪灶。苏美尔人将大麦磨成粉，发酵后加入蜂蜜、椰枣汁等甜味剂，再进行烘焙，制成最早的面包。6000年前，苏美尔人已经熟练掌握酿酒技术，据当时的楔形文字记载，他们使用复式发酵法，把大麦、小麦、黑麦制成饮料。大约40%的农业收成被制成啤酒，供苏美尔人饮用。

美索不达米亚人吃的肉类以羊为主，辅以牛、马、骆驼、驴、骡子；蔬菜最常见的是洋葱，还有小扁豆、蚕豆、豌豆，通常放汤里，另外还有黄瓜、各种葫芦科蔬菜、卷心菜、莴苣等；调料主要是盐和芥末，其他辅助调料包括肉桂、八角茴香、香菜、马郁兰、郁金香粉、生姜、大蒜、甘松香、百里香、茴香、枯茗等。他们还捕鱼吃鱼，古文献记载苏美尔人吃用的鱼有50种以上。从公元前2900年左右起开始饮用羊乳和牛乳，当时的王族、贵族还流行以牛奶为医药饮品。

苏美尔男式服装常见的有腰布形式的服装，用三角形织物绕身包缠，在腰间扎紧，在身体上形成参差不齐、错落相间的层次。里面穿直筒紧身长衫，有时是对襟式样，敞开，不系扣。女装与男装大体相同，只是略宽松些。面料为亚麻和羊毛。服装颜色主要有红、绿、蓝和紫，其中绣金边的紫色外衣为国王专用。

美索不达米亚人喜欢聚会和盛宴，他们有嬉戏、音乐、舞蹈和体育活动，也有妓院和赌场。公元前19世纪后期，出现祭神竞技，包括赛跑、抱腰式摔跤、战车赛、击球、拳击、击剑、战斗演习等体育活动。古巴比伦王宫和富人家里有自己的浴室，百姓则在运河或院中的水池中沐浴。从雕像来看，美索不达米亚人的发型浓密；苏美尔人刮干净胡子，而巴比伦人则留有胡子。

美索不达米亚人相信家庭对社会稳定非常重要。《汉谟拉比法典》282条法令中有1/4是家庭法。在苏美尔语中，"爱"这个词是一个合成动词，其文字意义是"去丈量土地"，即"标识土地"，对于苏美尔人来说，爱的概念是与所有权和财产的概念密切相连的。婚姻来自家庭代表的商议，可以是准新郎和准岳父之间，也可以是准新郎的父亲和准新娘的父亲之间。美索不达米亚人的婚姻开始于一份法律合同，新郎向新娘的父亲下聘礼而"买下"妻子，而这位父亲会让女儿因拥有一份远超过聘礼的嫁妆而富有，书吏则用楔形文字记录下婚姻条款，经过双方家庭用滚筒印章签字后，由双方妥善保管。只有订立契约的婚姻双方和他们的后代才受国家的法律保护。婚前的债务由双方各自承担，婚后产生的债务则共同承担。

当时通常是一夫一妻制，但当妻子无法生育时，会例外允许丈夫娶第二任妻子，或用一名女奴来达到生育继承人的目的，但丈夫应在家庭中尊重和供养他的结发妻子。不过在亚述尔出土的文献清楚地表述：一位丈夫只要在官方证人的面前，剪掉他妻子衣服的一条边就可以离开她。

美索不达米亚南部为冲积平原，没有可供建筑使用的石料和木头，所以苏美尔人使用"日晒砖"建造房屋台基和墙体。北方亚述地区气候湿润，往往采用烧干的砖。石灰石和更贵重的石料只用于神庙和王宫的装饰，私人住宅仅使用黏土。砖与砖之间没有灰浆或水泥连接。泥砖建筑容易损毁，因此它们过一段时间就得被拆除、铲平和重造。随着时间的延续，两河流域平原的城市不断抬高。这样的古迹被称为"台勒"（Tell），在中东到处可见。苏美尔人最壮观、最著名的建筑是塔庙。苏美尔的庙和宫殿使用更加复杂的结构和技术如支柱、密室和黏土钉子等。从考古发掘公元前4000年的乌尔城住宅遗址可知，民居一般都为四合院式的，各房间都面向宅内庭院，一般地面层较外面街道要低，有阶梯可通出去，地面一层作为一般家庭之用，还有一间客房，由楼梯通上有回廊的二楼，为家人卧室，屋顶为倾斜式，用木料、茅草及黏泥搭成。

五　美索不达米亚的周边文明

在古巴比伦时代，西亚还出现了赫梯、腓尼基和巴勒斯坦的以色列-犹太等王国。

1　赫梯王国

约公元前6000年，古印欧人生存在北高加索大草原上。公元前3000年左右，他们将自己的活动范围扩展到了今天土耳其的安纳托利亚半岛，并在此缔造了古印欧人的最早文明——古安纳托利亚文明。这支进入小亚细亚的古印欧人被称为"古赫梯人"（Hittie）。当时他们大概还处于氏族部落解体阶段，公元前2000年代初开始向奴隶社会过渡，逐渐产生了一些小城邦。城邦之间常有征战，后以哈图斯为中心形成的城邦联盟不断扩张，渐趋统一。公元前17世纪左右，小亚细亚的各个赫梯人部落联盟开始结合成统一的国家。国王由贵族选举产生，王位继承须经贵族会议承认。国王将征服的土地分配给王子统治，被征服的土著居民或被迁往他地，或留在原地成为赫梯的农业奴隶。奴隶被视为奴隶主的财产，战俘是奴隶的主要来源。

赫梯古王国的农业已成为主要生产部门，普遍使用青铜犁、镰。赫梯人在历史上最为著名的，是他们精良的青铜和铁质武器。安纳托利亚的丘陵地带拥有丰富的铜矿和锡矿资源，赫梯人大量开采银、铜、铅矿，发明了青铜冶炼术，揭开了青铜时代的帷幕。赫梯人的冶金技术长时间处于当时世界的领先地位。赫梯人最早发明炼铁技术。公元前14世纪左右的赫梯新王国时期，赫梯人已经开始大规模地使用铁器，是最先走进铁器时代的人。赫梯人改进了古埃及人的战车，将8个轮辐的轮子，精简成4个轮辐或6个轮辐，使战车更为轻便。工业除冶金之外，还有陶器制造、纺织等手工业。商业贸易比较繁荣，与埃及、腓尼基、塞浦路斯、爱琴海诸岛等地都有往来。

赫梯文明是在美索不达米亚边缘地区发展起来的几种文明之一。赫梯人的文化在许多方面直接继承了美索不达米亚，[1]在宫廷艺术、宗教以及文字上都显示出与美索不达米亚文明有着极为密切的关系。[2]赫梯人把美索不达米亚传统与本地的文化相融合，发展出自己独特的文化。公元前17世纪左右，亚述人将苏美尔楔形文字传给了赫梯人，小亚细亚东部的赫梯人用楔形文字来记录他们的印欧语文献。这是世界上发现的最早的印欧语文献记录。赫梯人另外还有一套象形文字，用于铭刻和印章，这可能是受赫梯人原始图画文字和埃及象形文字的影响。赫梯人最突出的文化成就当属法律体系。以《赫梯法典》为代表的赫梯人法律，比古巴比伦的法律更人道，判处死刑的罪过不多，更没有亚述人法律中那些酷刑。赫梯人的雕塑作品新颖生动，尤其是石壁上的浮雕作品。城门和宫门旁，一般都雕有巨大而生动的石狮。他们的建筑材料多用巨石，明显优于两河流域的土坯。

公元前1595年，赫梯人灭掉古巴比伦王国，进入两河流域，其王权开始壮大。公元前16世纪后半期，赫梯王国国王铁列平（Telipinu）进行政治改革，确立了长子优先的王位继承制度，如无长子，则由次子或长女婿递补；规定王室内部纠纷由彭库斯会议（公民会议）裁决，国王不得任意杀戮兄弟姐

---

① [美] 威廉·麦克尼尔著，施诚、赵婧译：《世界史》，中信出版社2013年版，第37页。

② [美] 威廉·麦克尼尔著，孙岳等译：《西方的兴起：人类共同体史》（上卷），第132页。

妹。铁列平改革调整了王室内部关系，王权统治得到了加强，赫梯王国在西亚各国初露锋芒。

公元前15世纪初，赫梯王国曾一度向埃及称臣纳贡，直到公元前15世纪中叶又逐渐强盛起来。公元前15世纪末至公元前13世纪中期是赫梯新王国时期，是赫梯王国最强盛的时期。赫梯王国东灭米丹尼，南越陶鲁斯山脉，扩展至沿海一带，东南占领叙利亚大部分地区，甚至突入巴勒斯坦，与埃及相争，西则和希腊迈锡尼接壤。从这时起，赫梯王国成为一个统一的强大帝国，直到公元前13世纪一直是西亚西部最大的王国。

大规模的侵略与掠夺战争，使赫梯王国有了很大发展，一度在西亚形成赫梯、埃及和亚述三国鼎立争霸的局面。公元前13世纪末至前12世纪初，由于受到外族入侵，赫梯都城哈图斯被焚，赫梯王国崩溃。

2　腓尼基城邦

腓尼基地处地中海东岸北部的狭长沿海地带，是海陆商队贸易路线的交叉点。此地的原始居民是胡里特人。公元前3000年代，操塞姆语的迦南人（Canaanites）迁入此地，与原有居民同化而形成腓尼基人。西亚古代文献称这里为迦南，希腊人则称其为"腓尼基"（Phoenicia），意为"紫色之国"，以特产紫红颜料著名。

古代的腓尼基并非指的一个国家，而是整个地区。腓尼基从未形成过统一的国家。从公元前3000年代至公元前2000年代前期，腓尼基先后出现了一些沿海城邦，其中最重要的有：乌伽里特、比布罗斯（即巴格尔）、西顿和推罗。这些城邦都以一个港埠作为经济与行政中心，都有国王，但受长老会限制较大，都是贵族统治的小国，形成独特的商业奴隶主寡头政权。这些城邦国家互相之间竞争和争雄不断。

约从公元前2000年代中期开始，腓尼基各城邦处在埃及和赫梯的统治之下，形成南北割据之势。直到公元前11世纪至公元前9世纪，由于埃及和赫梯的衰败，亚述尚未兴起，腓尼基诸邦重新获得独立，其中占主导地位的是推罗。这是海外殖民大发展时期。

腓尼基人是古代世界著名的商人。腓尼基人的商船航行于地中海、爱琴海和黑海的广大水域。早在公元前2000年代，腓尼基人就已在地中海东部殖民，范围包括小亚细亚、塞浦路斯、爱琴海诸岛和黑海沿岸。到希拉姆一世统治时，推罗大肆对外用兵，占领塞浦路斯，远征非洲，并使毕布勒和西顿臣服，还建立了海外殖民城邦中最大的城邦、位于今突尼斯附近的迦太基，使其成为重要的政治和商业中心。有了这些根据地，腓尼基航海家突入了大西洋，在远至西北非沿岸的摩加多尔建立了贸易点。①

这一时期，腓尼基独霸地中海，控制了往返于希腊、西西里岛、撒丁岛、巴利阿里群岛、伊比利亚半岛、加那利群岛的航线，他们的船只定期往来于北非、累范特、希腊和地中海各岛屿。他们的商船甚至曾远至不列颠群岛。公元前600年左右，一支由40艘船组成的腓尼基舰队从西奈半岛的亚喀巴湾出发，沿着红海岸，穿过曼德海峡进入亚丁湾，沿着今天的索马里海岸线一直南下到达今南非南海岸，再从南非和今纳米比亚的非洲西海岸北上到几内亚湾，最后沿着西非的海岸线转入直布罗陀海峡进入地中海回到腓尼基，历时3年，航程3万千米。

地中海的气候条件有利于种植各种农作物，其中包括各种谷类和园艺作物，这使得当地居民饮食富足，园艺作物主要是葡萄和橄榄树。腓尼基人的手工业原料丰富，毛纺织业、玻璃制造业、制陶业、木器加工业、金属冶炼加工业等都很发达。腓尼基人的建筑以石筑为主，他们将自己的城市、城堡、要塞、居住房屋都修在大山的山坡上。他们在修筑神庙方面投入了极大的热忱，修筑的神殿很豪华、很富丽。

腓尼基的商业贸易活动最初开始于公元前10世纪前后。腓尼基向西亚、埃及出口珍贵的木材，这些树木生产于黎巴嫩的森林地带，还出口用绛红色染料染成的叙利亚羊毛。公元前8世纪前后，腓尼基人发明了玻璃。珍贵木材、染色羊毛、玻璃是腓尼基人出口的三项大宗商品。他们从埃及进口亚麻，从塞浦路斯输入铜，从安纳托利亚输入锡，从西班牙输入铝、铜、锡和奴隶等。他们带来了东方文明的诸多精良技艺，比如青铜器加工、大型建筑、象牙雕刻以

---

① ［美］菲利普·费尔南德兹-阿迈斯托著，钱乘旦审读：《世界：一部历史》（上卷），北京大学出版社2010年版，第145页。

及陶器制作等技术。

腓尼基在文化上最重要贡献的是腓尼基人的字母文字，腓尼基文字包括22个辅音字母。腓尼基字母开人类字母文字的先河。希腊人学会了那些字母之后，又加上了几个元音，完成了字母的作用，成为后来欧洲各类字母之祖。美国历史学家麦克尼尔认为，字母文字的发明，是美索不达米亚文明最重要的三项发展之一（另外两项是技术的进步和一神教的兴起）。他说，字母文字发明的重要性堪与大致同时代铁器的使用相比。"字母文字通过使普通人掌握基本的识字能力而使知识民主化。通过字母文字，以前只被由祭司和受过严格训练的书吏组成的特殊群体垄断的、文明社会的高级知识传统，首次向俗人和普通人打开了大门。更为重要的是，字母文字使俗人和普通人更容易为文明共同体的文化遗产作出贡献，因此大大地扩充和丰富了这种遗产的种类。"[①]

公元前800年左右，腓尼基开始衰败，商业优势也逐渐颓废。公元前8世纪末，腓尼基为亚述帝国所征服。而希腊城邦此时已经开始逐渐强盛起来，夺取了腓尼基人在海上的殖民地和市场。

3　以色列-犹太王国与犹太教的创立

迦南地区是地中海东岸的一片狭小地带，南北长150英里，东西宽约75英里，与腓尼基相邻，东靠阿拉伯沙漠，西邻地中海，沿岸内陆是一片肥沃平原，是一块适于农耕的富庶之地，是西亚、北非的商业要道与军事要地。在旧石器时代，这里就有了居民。公元前3000年代，这里住着讲塞姆语的迦南人，出现了最早的城邦。公元前2000年代中后期，一支被称为哈卑路人（希伯来人）的游牧民族陆续移民到这里，与迦南人逐渐混合。希伯来人信仰部族神耶和华（当时的耶和华神可能是"永远存在"的意思），后来可能是同古巴比伦的马尔都克神宗教信仰发生冲突，面临着沉重的民族压迫，所以他们迁徙到迦南地区。为了同当地的迦南人分开不被同化，他们又把耶和华说成是"万能的神"，并声称希伯来人是他的"选民"，还和他们定了"圣约"，赐福于他们，而他们的男性婴儿在出生后第8天都必须施行割礼，以作为向耶和华定约

---

① ［美］威廉·麦克尼尔著，施诚、赵婧等译：《世界史》，第59页。

的标志，这时犹太教的萌芽状态已经有了雏形。

希伯来人初进迦南，尚未定居，常逐水草而移动。约公元前16世纪初，由于干旱饥荒，在部落领袖雅各（Jacob）带领下，其所部70个家庭进入埃及。在此期间，希伯来人更名为以色列人。以色列人在埃及居住了430年，约在公元前1300年，因不堪忍受埃及国王的压榨，在部落领袖摩西（Moses）率领下逃离埃及，经西奈半岛，重返迦南。摩西为统一希伯来人的宗教，声称耶和华神在西奈山上授给他十条戒律，并把它刻在石板上，规定希伯来人必须遵照执行，与此同时，他又规定了主要宗教节日。至此，"摩西十诫"（The Ten Commandments）标志着犹太教正式诞生。

回到迦南的以色列人分为两大部落集团，分别建立了国家，北部为以色列国，南部为犹太国。公元前11世纪，腓尼基人入侵，以色列王扫罗（Saul）和犹太王大卫（David）先后领导人民进行抗击。扫罗战死疆场后，犹太王大卫统一了以色列国和犹太国，建立了以色列-犹太王国，定都耶路撒冷，并最终战胜腓力斯丁人，统一了巴勒斯坦，使之成为一个强盛的国家。在大卫之子所罗门（Solomon）统治时期，以色列-犹太王国积极开展对外扩张，达到王国的最大版图，国势达到鼎盛。以色列-犹太王国在国内加强行政区划和总督税收管理，大力建设耶路撒冷，还在锡安山上建造了以色列民族神庙和王宫，加强了王权统治。犹太教的上帝雅赫维之圣殿位于耶路撒冷东部，遗址至今犹存。圣殿长27米，宽9米，高13.5米，殿外四周环以三层耳楼，圣殿内部以雪杉木嵌板和黄金宝石装饰，四壁均涂以金粉，殿后圣堂则以黄金铺地。

所罗门死后，南北再次分裂。公元前721年，亚述国王萨尔贡二世攻陷撒马利亚，灭了以色列王国。以色列居民流散各地，史称"失踪的以色列十部落"。南方的犹太王国也臣服于亚述帝国。公元前597年和公元前588年，新巴比伦国王尼布甲尼撒二世两次攻占耶路撒冷，灭了犹太王国，并将1万多名犹太人俘虏囚禁于巴比伦，史称"巴比伦之囚"。从此犹太国不复存在，犹太人和以色列人并称为同一民族。正是在新巴比伦王国时期，以色列犹太人创造了犹太教，这是一种较完备的、对后来宗教发展产生巨大影响的一神教宗教。

为挽救民族危亡，提倡与发展犹太教，自公元前8世纪至公元前5世纪，在以色列和犹太人中出现了"先知运动"。先知意为"被神呼唤的人"或"传达神谕的人"。先知运动是指一批"先知者"所从事的社会活动与宗教活动。其言论均被后人辑录整理编入《圣经》。先知又依时间顺序与社会作用分为早期先知和晚期先知，早期先知是非官方的宗教知识分子，晚期先知为"巴比伦之囚"与国家重建时期的宗教职业者。先知们大大扩展、深化了摩西教的宗教概念。一方面，他们声称耶和华掌握所有人类，而不仅仅像摩西可能认为的那样只是希伯来人的主宰。另一方面，先知们将神诫解读为既适合个人又适合希伯来国家的道德准则，他们认为希伯来王国的悲剧是上帝对不忠而邪恶的臣民的惩罚。一些先知希望通过受难，来使上帝的选民最终获得涤罪与净化，并期望弥赛亚在时机成熟时带来拯救。一些人认为弥赛亚是一个人，将重建已消失的大卫的王国；另一些人则认为弥赛亚是超自然的存在，将在人间建立起上帝的王国。[①]

　　"巴比伦之囚"持续不到半个世纪的时间。新巴比伦王国被波斯灭亡后，波斯人允许犹太人重返故土，复修圣殿，重建城池，建立一个波斯的附属国。公元前536年，在先知们的率领下，犹太人陆续回国。但是，犹太人在巴比伦期间接触到了先进文明，其信仰也因此发生了重大变化。[②]回到耶路撒冷后，他们随即举行了重建圣殿的奠基礼，历经20年，圣殿于公元前516年落成。接着，他们又一面修复城墙，一面编订典籍，至公元前5世纪下半叶独尊一神雅赫维的犹太教最后形成。其标志是犹太教的理论基石《摩西五经》编纂成书，其后，又陆续编纂先知书与圣著，断断续续，至1世纪始全部完成。

　　犹太教的主要经典《希伯来圣经》，是公元前5世纪至公元1世纪由犹太教祭司们编订的一部内容广泛的古代文献，是以色列人的历史、宗教、传记、神话、法律、诗文、伦理、自然科学的汇编，是一部百科全书式的作品。该经典的内容时间跨度很长，体现了从以色列人出走埃及到新巴比伦王国、波斯帝国、罗马帝国依次统治犹太人的历史和宗教信仰。基督教诞生以后把它作为《圣经》中的一部分，即《旧约圣经》。"约"指上帝耶和华与人类订立的"契约"。犹太教和基督教认为人与上帝的关系是一种契约关系，作为立约的

---

① ［美］麦克尼尔著，盛舒蕾等译：《西方文明史手册》，第24页。
② ［日］宫崎市定著，谢振译：《亚洲史概说》，第34页。

一方遵守规定，另一方即上帝就会降福于人。

《希伯来圣经》共39卷、929章（篇）。有《创世纪》，讲宇宙和人类起源；《出埃及记》，讲犹太人出走埃及的经历；《利末记》，讲摩西在西奈半岛同反叛者的斗争；《民数记》，讲犹太人在西奈沙漠和迦南的生活；《申命记》，讲摩西所规定的律法。以上五卷为"摩西五经"，称为正经，是《希伯来圣经》的主体部分。其中，"摩西十诫"既是古以色列人的法律，又是他们的基本宗教思想，由此奠定了统一的犹太教神学体系。在"五经"之外，还有"先知书"和"圣录"，各又分为若干卷，或记上帝的"默示"，或记先知、圣者们的言行。

从1947年开始，在死海西北岸库兰地区发现了装在坛子里的用亚麻布包装的羊皮卷或纸草卷的犹太教经典，被称为"死海古卷"或"库兰古卷"，包括除《以斯帖记》之外的全部圣经，分别以希伯来文、希腊文书写。此《圣经》抄本最早的约为公元前4世纪至公元前3世纪，最晚者为1世纪，比现存最古老的《圣经》抄本早约1000年。"死海古卷"被誉为文艺复兴以来最伟大的考古发现。

犹太教有烦琐的教规、礼仪、禁忌与节日，其内容均为保证"圣约"之实现与选民之优异，具有异于其他民族的独特内容，反映了犹太教仅是以色列人的民族一神教，其目的在于巩固民族信仰与独立的信念和决心；永不忘记本民族的灾难与国耻，以防被异族同化。

古代希伯来人对未来文明的影响是巨大的。《希伯来圣经》本身就是一座伟大的文学纪念碑，对欧洲文化和其他文明的文化发展有着难以估量的重要性。[1]汤因比说，犹太教是西方文明的两个主要来源之一（另一个是古希腊人文主义，它们彼此之间的接触，导致了西方文明的产生）。[2]犹太教对后来的基督教与伊斯兰教的产生和发展起了重大影响，在宗教史上占据着极重要的地位。

---

① ［美］C. 沃伦·霍利斯特、盖伊·迈克林·罗杰斯著，杨扬译：《西方文明之根——古代近东、古代希腊、古代罗马文明》，第48页。

② ［英］阿诺德·汤因比著，徐波等译：《人类与大地母亲——部叙事体世界历史》，第2页。

第五章
古波斯文明

新巴比伦王国灭亡后，伊朗高原的波斯入主西亚，公元前6世纪末，建起了古代世界第一个地跨亚、非、欧三洲的大帝国，直至公元前330年为马其顿亚历山大大帝所灭，雄居西亚200多年，创造了辉煌的古代波斯文明。波斯文明既是美索不达米亚文明的合乎逻辑的继承者，又是在新的基础上、在更大的范围内创造的更高层次的文明。这一有巨大影响力的地区文明，由原生文明阶段进入古典文明阶段。

一　埃兰人与米底人

1　埃兰人及其文明

在波斯人进入之前，伊朗高原世代生活的是埃兰人（Elam）。埃兰人居住在伊朗高原西南部卡伦河流域，苏美尔人称他们为"NIMki"，阿卡德人称他们为"Elamtum"。埃兰人的发展过程，以及重视长途贸易、重视美索不达米亚与伊朗高原间更复杂的共生关系，都体现了伊朗历史之中许多持久不变的重要因素。而且，埃兰文化对于其继承者波斯文化的形成也可能产生过重要影响。①

埃兰人创造了最早的伊朗文明。一般认为埃兰国名出自境内Haltamti城邦（意谓"神的国家"）。此名在《圣经》广为流传，故沿用至今。《圣经·创世纪》记载他们是诺亚儿子闪的儿子和后裔。公元前3千纪上半期，埃兰人在底格里斯河东岸建立了一系列城邦国家，其中最重要的有阿万（Awan）、苏

---

① ［美］丹尼尔著，李铁匠译：《伊朗史》，东方出版中心2016年版，第27页。

萨（Susa）、西马什（Simash）、安善（Anshan）等。这一时期也正是美索不达米亚文明蓬勃发展的时期。埃兰与美索不达米亚交往频繁，也有过多次的相互侵略和战争，相互间受到彼此文化的影响。

公元前2700年，埃兰成为一个完全独立的王国。埃兰的阿万第一王朝击败乌尔，称霸两河流域。公元前2550年，阿万第二王朝建立，国势日盛，阿卡德国王纳拉姆辛不得不遣使前往苏萨订立友好同盟条约。公元前23世纪末，埃兰人建立了统一的埃兰联邦国家。约公元前2006年，埃兰人攻灭乌尔第三王朝，将其都城夷为平地。公元前1176年，埃兰人攻陷巴比伦，将著名的汉谟拉比法典石柱及许多珍宝掠往苏萨。不久，埃兰人占领两河流域许多重镇及扎格罗斯山东部地区，埃兰王国的实力达到了顶峰，成为称雄一时的军事强国。

公元前8世纪，亚述帝国崛起，埃兰与巴比伦共同对抗亚述帝国。这时埃兰国内发生严重分裂，各地分裂成许多独立王国。埃兰屡为亚述所败，都城苏萨多次遭到洗劫。公元前639年，埃兰被亚述所灭。波斯帝国建立后，埃兰成为波斯阿契美尼德王朝的一个重要行省，称为胡泽行省，居民被伊朗语居民同化，称为胡泽人。埃兰的都城苏萨成为阿契美尼德王朝的行政首都。

埃兰文明是由埃兰人独立创造的，它与苏美尔文明一样古老。[1]在青铜时代早期，埃兰人已经创造出一种有活力的地区文明，并且将其影响传播到伊朗高原的许多地区。[2]埃兰文明受两河流域的影响很大，并一直和两河流域文明有密切的关系。在公元前4千纪中叶的埃兰文献上出现了马的图案，证明埃兰人已经开始使用马匹。埃兰文字受两河流域影响较大。其文字最早可追溯到公元前3千纪中叶，为象形文字，公元前30世纪出现了线形文字。考古学家从石雕、陶片及银瓶上得知的线形文字符号80多个，一般是从左而右、从上而下书写。公元前16世纪至公元前8世纪，埃兰人开始使用两河流域的楔形文字，这些文献的语言有时被称为"古埃兰语"。公元前6世纪至公元前4世纪阿赫美德王朝统治期间，当时的铭文中埃兰语与阿卡德语、古波斯语对照使用，仍用楔

① ［俄］维克多·V.瑞布里克著，师学良等译：《世界古代文明史》，上海人民出版社2010年版，第36页。
② ［美］丹尼尔著，李铁匠译：《伊朗史》，第26页。

形文字书写，被称为"新埃兰语"。

埃兰基本属于两河流域的"神庙城市"类型。社会经济的基础是农业。在苏撒平原上，有成片的大麦、芝麻、豌豆、小麦田和椰枣树林。为了储藏丰收后的粮食，埃兰建立了许多大型的仓库。埃兰王室经济分农业和手工业两个部分。王室土地是全国最肥沃的土地，占据着灌溉便利的平原地区。王室土地分为王室直领地和服役份地两部分，二者都交给王室服役人员使用。

埃兰神庙是国内重要的政治力量，并且是埃兰最大的地主。神庙经济是埃兰经济的重要形态之一。神庙农庄的土地来源有三种：王室、公社和私人的捐献；个别农村公社的家庭带着土地和财产投靠神庙以求得庇护；破产农民的土地作为抵押品给了神庙。神庙土地主要由神庙奴隶耕种。这些奴隶来源于战俘、赠送及家生奴隶。此外，神庙接受大量捐献，还从事高利贷经营和商业活动。

古代埃兰的商业活动非常活跃，与伊朗高原、两河流域和印度都有密切的往来。在两河流域和埃兰的双边贸易中，金属锡占特殊地位，因为锡是普遍使用的金属，是制造青铜器的重要原料，而两河流域锡矿产资源匮乏。古代伊朗境内的哈蒙湖北边和赫尔曼德盆地各有一个重要的大锡矿。埃兰借此向两河流域出口大量的锡。

埃兰人的文化艺术独具特色。埃兰圆柱上的封印生动地描述了埃兰人日常生活中一些情景，比如打猎、编织以及弹奏乐器等。封印上显示出一系列的珠子项链，说明当时无论男女，都非常喜爱珠子，并将它作为个人装饰物品。这些珠子的制作材料包括石头、泥土、彩色陶器以及骨头等。土色的珠子由烘干的泥土制成，蓝色的珠子则由彩釉黏土制成，浅黄色的珠子由雕刻的骨头制成。

建于公元前1250年的埃兰王国圣城乔加·赞比尔的遗址，占地面积约为250英亩，位于伊朗西南部的胡齐斯坦省、古代埃兰王国首都苏萨城遗址东南约40千米处。乔加·赞比尔城是专门为供奉守护苏萨城的牛神而建造的，在三堵巨大的同心墙内的金字形塔庙被当地人称为"土墩篮"，其废墟耸立于地面，仍然高达25米。另外还有几座神庙和3座宫殿。现存祭祀殿主要建筑材料为土坯和砖结构，砖上存有大量楔形文字。据说，当年建设时城市的高度曾经达到52米。

2　米底人及其文明

雅利安人（Aryan）^①原是俄罗斯乌拉尔山脉南部草原上的一个古老游牧民族。他们是享有共同文化的一些部族的松散联合。由于他们所讲的语言构成了亚洲和欧洲若干语言的基础，所以也被称作"讲印欧语的人"（Indo Europeans）。^②公元前3000年代，他们迁移至中亚的阿姆河和锡尔河之间的平原。在公元前3000年代结束时，他们从在中亚南部的共同故乡出发，分别开始向印度和西亚的大迁移。其中一部分移民于公元前1000年从海上进入希腊；一部分于公元前1900年占领安纳托利亚平原北部，他们叫赫梯人；还有一部分在公元前1750年左右进入苏美尔，他们叫加喜特人。^③

另有一部分部落向东南方迁移，来到今天的伊朗地区。定居于伊朗高原的这批人自称是"雅利安人"，意即"高贵之人"；称他们的居住地为"雅利安那"，意思是"雅利安人的家园"。在那里，他们第一次出现在亚述记载中是在公元前9世纪中叶。一般认为，他们到达伊朗不早于公元前1000年。波斯历史上的米底人和波斯人都是雅利安人后裔。后来还有一支雅利安人南下到了印度。这两支雅利安人，无论在南亚和西亚，都建立了强大的国家和高度的文明；而留在中亚原地的雅利安人则被称为"斯基泰人"或"萨迦人"。^④古希腊和古波斯的历史学家提到的斯基泰人、撒尔马特人、马萨革泰人和阿兰人（Alan），就是雅利安人的后裔。

琐罗亚士德教文献经典波斯古经《阿维斯陀》中说，国王费里顿（Feridun）有三个儿子，大儿子图尔（Tuirya）、二儿子萨勒姆（Sairima）和小儿子雅利安（Airya），国王在年迈之际三分帝国，大儿子图尔统辖东部，演化成了图尔人（图兰人），是突厥人的祖先；二儿子萨勒姆统辖西部，是罗

---

① 美国学者罗兹·墨菲在《亚洲史》中认为，"雅利安"是一个语言学名词，但广泛用于指一个民族或一个人种，这是一种"误用"。［美］罗兹·墨菲著，黄磷译：《亚洲史》，海南出版社、三环出版社2004年版，第92页。

② ［英］凯伦·阿姆斯特朗著，孙艳燕、白彦兵译：《轴心时代——人类伟大宗教传统的开端》，海南出版社2010年版，第5页。

③ ［美］罗兹·墨菲著，黄磷译：《亚洲史》，第95—96页。

④ 王治来、丁笃本：《中亚国际关系史》，湖南出版社1997年版，第3页。

马人的祖先；小儿子雅利安执掌中南部，演化成了伊兰人（伊朗人），是雅利安人的祖先。当然这个传说在古波斯的文化中要比《阿维斯陀》所记载的更为久远。

约公元前9世纪，一部分雅利安人出现在比较先进和文字发展完备的美索不达米亚文明的边缘地区，被称为"米底人"（Medes）。

亚述帝国兴起后，曾入侵伊朗高原，占领了米底大片土地，试图征服米底人。这促使米底各部落走向联合，组成了反亚述联盟，最后形成了米底国家。根据希罗多德的记载，米底王国的创建者是迪奥塞斯（Deioces，或称Déjocès、Diyako）。因他善良忠诚、常为人民解决争端，在公元前700年左右被推举为国王，并建造了坚固的都城埃克巴坦那。他在位期间率领米底人抵抗亚述人的侵略。有人认为米底王国其实是由迪奥塞斯之子弗拉欧尔特斯（Phraortes）建立的。弗拉欧尔特斯领导米底人征服波斯，发动了对宿敌亚述的战争，但相传在一次战争中丧生。弗拉欧尔特斯之子基亚克萨雷斯（Cyaxares，或称Hvakhshathra、Kayxosrew）是米底王国的第四任君主，在位共41年，他在位期间米底王国臻于极盛。基亚克萨雷斯将埃克巴坦那定为米底的首都。他对米底军队进行了全面的改革，废除了部落的军事组织，以骑兵、弓箭兵和步兵等各种功能兵种取而代之，并且采用了从亚述人和西徐亚人那里学来的组织方式和战术。

公元前615年，基亚克萨雷斯率众攻打亚述的阿拉普哈（Arrapkha，即今基尔库克），又于次年包围亚述的都城尼尼微。其间，基亚克萨雷斯的孙女与新巴比伦的尼布甲尼撒二世结婚，两国正式联合。公元前612年，基亚克萨雷斯联合新巴比伦再次攻打尼尼微，并于8月将其攻陷。公元前609年，米底消灭了强盛一时的亚述帝国。在此之后，基亚克萨雷斯继续向西进兵，消灭了乌拉尔图王国，并与小亚细亚的吕底亚发生战争。公元前582年，由于日食关系，米底与吕底亚结束战斗，并在希腊数学家泰勒斯（Thales）协助下，两国结为友邦。

基亚克萨雷斯将米底王国的疆域扩至最大，最大时西起小亚细亚以东，东至波斯湾北部。他把米底王国国力推向顶峰，使米底跻身西亚最强大的国家之列。

二　波斯帝国的兴起

1　阿契美尼德王朝的建立

波斯人和米底人一样，也自称是雅利安人，在语言上属印欧语系东支的伊朗语族。这两个族群拥有共同的雅利安遗产，彼此可能有密切的相互影响，或者有某种方式的联系。[①]

古代波斯帝国在公元前1000年代中叶兴起于伊朗高原南部。波斯人大约在公元前2000年代后期从中亚进入伊朗，定居在伊朗高原西南部古埃兰人的住地。据希罗多德记载，波斯人分为10个部落，6个从事农业，4个从事畜牧业。公元前7世纪中期，波斯人臣服于亚述，亚述灭亡后，公元前6世纪初又臣服于其北部的米底人，成为米底王国的附属国。

在波斯人的部落里已有了贵族氏族，阿契美尼德氏族便是其中之一。此族以其先祖阿契美尼斯（Achaemenes）得名，世代为王。阿契美尼斯时，整个波斯地区还在米底王国的统治之下。阿契美尼斯死后，他的儿子泰斯帕斯（Teispes）继任王位，带领阿契美尼德脱离米底王国的统治。

公元前559年，居鲁士（Cyrus Ⅱ）统一了波斯各部。居鲁士与他的祖父同名，历史上也称其为“居鲁士二世”。公元前558年，居鲁士以帕萨尔加迪为中心，在波斯称王，建立了波斯人的国家。公元前553年，居鲁士乘米底内乱和与巴比伦冲突之际，领导波斯人的10个部落起兵反抗米底，经过三年战争，灭掉米底王国，建立了波斯帝国的阿契美尼德王朝。后人称居鲁士为“波斯之父”。居鲁士在位之时，正当中国周灵王至景王时期。

居鲁士打败米底人，把米底王国和波斯王国合并在一起，并且使用米底人的尊号“伟大的王、众王之王、各国之王”。居鲁士战胜米底人，极大地扩大了波斯的影响，使这个原来默默无闻的民族，一跃成为近东世界的一个大国，成为当时可与埃及、新巴比伦王国、中国比肩而立的大国。[②]

但是，居鲁士并未就此止步，他还继续向外扩张，吞并了原来米底人统

---

① ［美］丹尼尔著，李铁匠译：《伊朗史》，第28—29页。
② 周启迪、沃淑萍：《古代印度波斯文明》，北京师范大学出版社2018年版，第359页。

治下的许多地方。整个埃兰地区很快成为它的统治区，以后又相继征服了帕提亚、基尔卡尼亚等地，使原来臣属米底王国的亚述、亚美尼亚和小亚细亚东部承认波斯的统治。

公元前547年，吕底亚出兵原属米底、现已归波斯人统治的卡帕多西亚，从而引发了与波斯人之间的战争。居鲁士率军还击，打败了吕底亚，俘虏了它的国王。不久，波斯人又借镇压吕底亚人起义之机，征服了小亚细亚西海岸各希腊人城邦，切断了巴比伦对外的商业联系，打通了波斯的海上交通。

公元前539年，居鲁士灭新巴比伦王国。居鲁士的进攻得到了巴比伦城部分贵族和祭司的内应，他们打开巴比伦城城门迎接居鲁士，在他进入巴比伦的道路上铺满了象征和平的绿枝。历史学家慨叹："3000年之久的美索不达米亚自治就这样结束了。"

居鲁士进入巴比伦之后，握住巴比伦守护神马尔都克塑像的手，以表示愿意以巴比伦人的身份来统治这个地方。他是以征服者的身份出现，而以本地的合法君主自居，宣布自己是"宇宙之王、伟大的王、强盛的王、巴比伦的王、苏美尔和阿卡德的王，统治四方的王"。他在形式上保留了巴比伦王国，采取了波斯人和巴比伦人联合的形式管理国家。他保护当地的神庙，尊重巴比伦人的宗教信仰和文化传统，厚待臣服的贵族，原来的一些地方官吏还在继续行使自己的权力，因此得到巴比伦贵族和祭司集团的欢迎与支持。巴比伦城成为波斯帝国的四个都城之一。

在征服巴比伦之后，居鲁士释放了因在巴比伦的犹太人，将尼布甲尼撒所掳的金银祭器全部归还他们，允许他们以自治神庙城市的形式重建犹太国，重建耶路撒冷圣殿。他还给予腓尼基人以广泛的自治权。居鲁士的开明政策，使他同原属巴比伦的叙利亚、腓尼基和巴勒斯坦诸小国，保持着良好的关系。腓尼基人答应为他提供舰队，从而加强了波斯的海上力量。居鲁士还打算进军埃及。他做了精心的计划和准备，但却没能实现这个愿望。

为巩固东北边境，公元前529年，居鲁士远征中亚，很快占领了巴克特里亚、粟特和花剌子模，控制了乌浒河（阿姆河）和药杀水（锡尔河）之间的很多地方，但在与北方草原游牧部落马萨革泰人作战时，战败身亡。居鲁士的遗体归葬故都帕萨尔加迪（位于今伊朗法尔斯）。200年后，灭亡波斯帝国的亚历山大大帝从希腊东征到此，不仅没有毁坏他的陵墓，相反还下令加以修葺。居鲁士不但成为整个伊朗历史上最著名的人物之一，而且是世界历史上最杰出的人物之一。[1]

居鲁士死后，其子冈比西斯（Cambyses Ⅱ）继位，因他的祖父也叫冈比西斯，所以史称"冈比西斯二世"。冈比西斯利用埃及祭司贵族对法老的不满，在阿拉伯游牧部落和腓尼基舰队的支持下，于公元前525年征服埃及。由此，波斯人建立起一个地跨西亚、北非的大帝国。冈比西斯自任埃及法老，按埃及的习俗举行加冕礼，以埃及的纪年制度建立了第二十七王朝。他重建了赛斯的神庙，保留了当地的宗教信仰，依靠祭司贵族进行统治。他从埃及继续向西、向南征服，埃及西部的利比亚慑于他的威力，向其称臣纳贡，但在对迦太基和埃塞俄比亚的征服遭到失败。

冈比西斯在埃及时，波斯国内发生动乱。米底祭司高墨达（Smerdis）于公元前522年发动政变，夺取政权。冈比西斯闻讯急忙赶回国，但却死在途中。

2 大流士的征服事业

高墨达的统治只持续了6个多月。公元前522年9月，27岁的阿契美尼德族人大流士（Darius I the Great）利用西部波斯军队和王室贵族对高墨达的不满，与其他6名波斯贵族青年合谋，将高墨达刺死于宫廷，取得了波斯王位。大流士当政之初，帝国境内的暴乱此起彼伏。大流士在两年内进行了19次战争，平定了各地的反抗，重新统一了波斯帝国，后人尊称其为"铁血大帝"。

大流士在稳定了一度动荡的波斯帝国之后，又开始了新的扩张。公元前518年，征服印度河流域西北部，成功把印度次大陆的北部大片地区纳入疆土，将其变为波斯控制的省份之一。公元前517年，攻掠中亚北部游牧部落，取得一些胜利，但未能战胜马萨革泰人，波斯在中亚的势力始终未能越过锡尔河。公元前514年至公元前513年，他渡海远征黑海北岸的斯基泰人，遭遇惨败，但占领了赫勒斯滂海峡和色雷斯部分地区。此后，又进一步向爱琴海扩张，并控制了萨摩斯等岛屿。至此，波斯帝国统治区域包括伊朗高原、中亚大

---

[1] ［美］丹尼尔著，李铁匠译：《伊朗史》，第38页。

部分地区、两河流域、小亚细亚、叙利亚、巴勒斯坦、埃及、印度河流域西北部，人口约有5000万[1]，成为古代世界第一个地跨亚、非、欧三洲的大帝国。

波斯帝国不仅征服了这广大的地区，而且将这广大的地区作为一个国家维系和统治了200年。它的很多地区具有不同的传统、法律、经济条件、语言、宗教和文化，而所有人都处在一个统治者的统治之下。[2]波斯帝国不仅在规模上比埃及新王国和亚述帝国的人口多，版图上要比它们大，而且在内涵上更丰富和深刻。[3]

此时，大流士设置了帝国的四个首都，即苏撒、埃克巴坦那、巴比伦和波斯波利斯。波斯国王及其宫廷一年四季轮流驻跸于每个都城。

公元前520年，大流士在从巴比伦到哈马丹的途中，在克尔曼沙以东32千米的贝希斯敦村旁的悬崖峭壁上刻石记功，留下了著名的《贝希斯敦铭文》。峭壁铭刻离地面约有100米，石刻本身高约8米，宽约5米。上半部是一个浮雕，下半部是用古波斯语、埃兰语和阿卡德语三种楔形文字写成的铭文。这一崖刻共420行18900个字，记述了大流士内征外讨、开疆扩土、当政治国的情况和对天神的颂赞。其中写道："我，大流士，伟大的王，众王之王，波斯之王，诸省之王，叙斯塔斯帕之子，阿尔沙马之孙，阿契美尼德……按阿胡拉·马兹达的意旨，我是国王。"铭文上方的浮雕，刻着被缚的8个国王，八王之后还有一王，是大流士于公元前519年下半年征服东斯基泰人后所补刻的斯基泰王。在他们的对面，大流士昂然直立，左脚踩着仰卧在地的高墨达，右手高举，向空中的阿胡拉·马兹达（Ahura Mazda）神致敬。阿胡拉·马兹达伸出左手，准备将手中象征王权的圆环授予大流士。

3　波斯帝国的制度建设

在居鲁士和冈比西斯统治时期，波斯君主专制已经开始，但尚未被贵族确认，还没有完全建立起来。在大流士的治下，波斯帝国的统治模式首次得以

---

① ［美］丹尼尔著，李铁匠译：《伊朗史》，第42页。

② ［美］德布拉·斯凯尔顿、帕梅拉·戴尔著，郭子林译：《亚历山大帝国》，商务印书馆2015年版，第99页。

③ 周启迪、沃淑萍：《古代印度波斯文明》，第668页。

确立。大流士在西亚实现了世界应该统一于同一个主权之下的理想。①大流士在继承王位之后，首先使自己成为一个专制君主，他自称是"伟大的王，众王之王，世界四方之王"。实际上，大流士在任何方面来说都是波斯帝国真正的建筑师。居鲁士征服了一个帝国，但大流士使帝国变得井然有序，完善了制度，使它得以生存下去，这可能是一个更伟大的成就。②大流士在平定各地的暴动之后，从公元前518年起，进行了政治、军事、经济等方面的改革，建立起完备的统治机构，以巩固帝国中央集权的专制统治。

在政治方面，大流士大权独揽，拥有立法权、司法权、行政权和军权。他的话就是法律。一切高级军政官吏都由他任免。总之，他就是帝国的化身，正如希罗多德所说，大流士"在他治下的土地的一切方面都拥有绝对的权势"。大流士还从法律上稳固自己的统治，编纂法典，修订各地原有法律，以适应帝国统治。

大流士还宣扬君权神授，追求形式上的威仪。上朝时头戴金皇冠，身穿绛红色的长袍，腰系金丝腰带，手握黄金权杖，端坐在金阶之上。身后则站立着大群高擎羽扇和大伞的随从和侍卫。大臣要跪在地上朝见，为了避免大臣的呼吸亵渎皇帝，在皇帝和大臣之间还要用帷幕隔开。

大流士完善和加强了帝国的国家机器。在中央，他在国王之下设置了一个中央议事会，由7名波斯贵族组成，这实际上是国王下面的最高行政机关。他还设置了一个办公厅，里面有许多通晓各地方语言的人。在地方，他建立了军、政分权的地方行政制度。分全国为20余个行省。每省设总督一人，由国王亲自委派，多由波斯贵族和王室成员充任，掌握本省的行政、司法大权。总督之外另设将军一人，统领本省驻军。总督和将军都直接对国王负责，彼此互不隶属，以便互相监视。总督身旁还特设"皇室秘书"一人，负责总督与国王之间的联络，更重要的是加强对总督的监督。大流士的这些做法直接借鉴了亚述和巴比伦的先例，但也做了一项首创性的重大改进，即不时派出专门的督察者，即"国王的耳目"。这些人随时向他汇报各省的情况，以及地方官员是否

---

① ［日］宫崎市定著，谢振译：《亚洲史概说》，民主与建设出版社2017年版，第34页。

② ［美］丹尼尔著，李铁匠译：《伊朗史》，第42页。

效忠王室，恪尽职守。①

　　大流士建立了行省的贡赋制度。波斯帝国前期没有固定的贡税，地方向中央交纳不固定的"献礼"。大流士时，制定了交纳贡税的制度，建立了常设税务机构，明确规定除波斯以外各省的贡赋数额。各省设有专司税收的高级官吏，并直接对国王负责。各省必须交定额的货币税。通过贡税的征收，帝国每年从地方征缴巨量的税金。

　　大流士对军队进行整顿，改革和完善波斯帝国的军事制度。为了防止出现叛乱，他分全国为五大军区，每个军区长官统辖几个省的军事首长，并直接对国王负责。任何人无权调动军队。将军队编成万人不死军、千人团、百人团、十人队四级，以波斯人为核心组成步兵和骑兵，并在都城组建精锐的近卫军，军中高级长官均由波斯贵族充任。并建立一支以腓尼基水手为骨干、拥有600—1000艘战船的舰队。通过军事改革，波斯拥有了一支强大的军队。

　　大流士统治下的波斯帝国地域辽阔，各地区之间交通很不方便，联系很少。为了方便上情下达和下情上传，也为了调动军队、传达命令，大流士在原赫梯、亚述驿道的基础上，又修筑了若干新驿道，形成驿道网。四通八达的交通，将国内最重要的经济、行政和文化中心连成一体，有利于中央集权的加强和商业文化的发展。

　　他还统一了度量衡和币制。铸造金币是中央政府的特权，波斯国王的金币重8.4克，称为"达利克"，正面是大流士的头像，反面是一个弓箭手。可以在帝国内部和邻国通行。地方郡守可以铸造银币，称为"雪凯"，一雪凯重5.6克。一达利克等于二十雪凯。此外，各自治城市和地区可以发行铜币。

　　大流士的一系列改革措施对波斯帝国的政治、经济、军事和文化等各方面产生了重大影响。改革大大加强了大流士的君主专制统治，使帝国建立了完备的国家管理机构，在许多方面建立了比亚述更为完备的专制制度。国王是帝国最高统治者。他主持国政，制定法律，审理诉讼，公布政令，掌握军队和国库。国王依靠庞大的官僚机构进行统治。波斯帝国在大流士一世执政时期走向了辉煌。

---

① ［美］威廉·麦克尼尔著，孙岳等译：《西方的兴起：人类共同体史》（上册），中信出版社2015年版，第167页。

公元前5世纪，大流士及其后继者发动了对希腊的侵略战争。大流士于公元前492年、公元前490年两次进攻希腊，都被希腊军队打败。其子薛西斯（Xerxes）继位后，于公元前480年，分水陆两军向希腊发起第三次进攻，大败而归。公元前449年，双方签订和约，波斯放弃了对爱琴海的霸权。

公元前334年，亚历山大东征大军大举入侵波斯，波斯军队被彻底击溃，存在了200多年的波斯帝国最终为亚历山大所灭。

在伊朗高原兴起的波斯帝国，在古代近东文明史上占有重要的地位，在古代地中海地区的文明史上起到承前启后的作用。它是近东地区的古代文明从小国寡民阶段到一个地区的若干小国逐步统一为一个领土国家，再到跨地区的帝国这一发展过程的最高阶段。[1]从苏美尔时代到波斯古王朝，是从分立走向统一的时代，也是从小的统一走向大的统一的时代。[2]可以说，始于苏美尔城邦的西南亚的文明，经过了2000多年的发展，到大流士大帝出现后，终于达到了古代文明的顶点。[3]

三　行省制度与波斯文明的扩张

波斯帝国对被征服地区采取行省制度进行治理。行省制度最早开始于亚述帝国时期。波斯帝国的行省制度可能借鉴于亚述帝国。[4]大流士时期建立行省制度，目的之一就是把行省的领导职务集中到波斯人手中。在大流士统治时期，行省总督大多由波斯王族成员担任。

统一的波斯帝国地域广阔，为西亚、北非经济文化的交流提供了很大的便利。波斯人为了巩固自己的统治，采取了若干政治、经济和军事措施，使波斯文化在被征服地区得到了推广，也促进了各地区经济文化的交流和融合。波斯帝国征服了印度河流域，将其置于自己的统治之下，又在帝国内建立了从巴比伦经哈马丹、帕提亚、巴特克里亚至印度河流域的驿道，大大方便了东西交

---

① 周启迪、沃淑萍：《古代印度波斯文明》，第666页。
② ［日］宫崎市定著，谢振译：《亚洲史概说》，第35页。
③ ［日］宫崎市定著，谢振译：《亚洲史概说》，第34页。
④ 周启迪、沃淑萍：《古代印度波斯文明》，第458页。

通，促进了东西方的交往和文化交流。

波斯帝国历代统治者均保留着赋予被征服地区人民自由的宽容精神①，并注意利用被征服地区的传统和宗教进行统治，这无疑对维持统治的稳定有积极作用，且有利于治下的各地区文化的交流与融合。

居鲁士征服巴比伦之后，允许人们崇拜他们愿意崇拜的任何神；还释放了被囚在巴比伦半个世纪之久的犹太人，允许他们返回故地，重建自己的家园和神庙；且在大多数被征服地区保留了原来的地方法律和司法体系。在大流士统治时期，巴比伦变成了波斯帝国的一个行省，对内失去了行政权，对外失去了外交权，但其宗教和文化不仅没有受到破坏，而且得到了进一步的发展。

冈比西斯征服埃及后，注意利用埃及的传统和宗教进行统治。他给自己加上了法老的头衔，建立了埃及历史上的第二十七王朝或波斯王朝。他按照本地的习惯加冕，利用埃及注明日期的体系，采用"埃及之王，各外国之王"和"拉神、荷鲁斯神、奥西里斯神的后裔"的称号，亲自参加舍易斯地方涅特神庙的宗教庆典仪式，向女神屈膝跪拜。

波斯征服埃及以后，也将埃及作为一个行省，并派军队驻守。这些驻军在埃及安家落户，生儿育女，被分给土地作为报酬。一些埃及官吏和贵族也与波斯人合作，很多埃及官吏仍然担任高官和神庙的祭司，或者出任波斯人的顾问。通过这样的接触和合作，加强了波斯文化与埃及文化的融合。另一方面，波斯人还把许多埃及工匠掠到波斯从事建筑劳动，为波斯的王宫和神庙等建筑带去了埃及的文化风格。

大流士对埃及的宗教、文化传统及地方官吏也表现了一定程度的宽容，并完成了埃及国王尼科二世时代开凿运河的工作。这条运河从尼罗河至红海，使得埃及人可以从海路直达波斯。

---

① ［美］米夏埃尔·比尔冈著，李铁匠译：《古代波斯诸帝国》，商务印书馆2015年版，第31—32页。

四 古波斯的教育与艺术

1 古波斯文化的兼容性

凭借征服众多地区而形成的波斯帝国，其经济文化特点是发展的极端不平衡性和复杂性。帝国西部的两河流域和埃及，其经济发展已有3000年历史，小亚细亚、叙利亚、巴勒斯坦、腓尼基等地的经济已达到十分繁荣的程度。而伊朗高原的东部和中亚许多地区却仍然处在游牧部落阶段，米底和波斯才刚刚步入文明社会。波斯人虽对西部地区课以重税，但对该地区的社会经济制度并未过多干预。新巴比伦时期独特的经营方式在波斯帝国时期依然存在。波斯故地的社会经济也得到了迅速发展。由于驿道网络的发达，交通便利，波斯帝国的商业也很繁荣。

所以，波斯文化是在美索不达米亚文明基础上发展起来的，是美索不达米亚传统的继续和发展。每一种人类文化一旦存在，必将对后来发生的历史事件不断产生影响，甚至在该文化消亡之后，其影响仍然是强有力的。苏美尔文明经久不衰的影响证明了这一论点。不过，已消亡了的文化所产生的影响是间接的。[①]

波斯文化具有很强的模仿性和兼容性。波斯征服的广大地域，具有丰富的先进文化。波斯人在征服这些民族之前，曾长期受到其邻近地区先进文化的熏陶，与它们有很长时期的经济、文化上的频繁交往，吸收了先进地区的先进文化、先进生产技术、外交经验、军事技术，这促进了波斯的迅速发展。[②]希罗多德说，像波斯人这样喜欢采纳外国风俗的是从来没有的。在希罗多德看来，波斯人的成功在很大程度上要归功于他们的开放态度。波斯人十分乐意接受外来的风俗习惯。如果他们觉得某个被征服者的服装样式更好，他们就会放弃自己原来的服饰。在波斯帝国建立以后，对于被他们征服民族的传统文化，波斯采取兼容并蓄的态度，形成了丰富多样且更为壮丽宏大的艺术风格。波斯

---

① ［英］阿诺德·汤因比著，徐波等译：《人类与大地母亲——一部叙事体世界历史》，上海人民出版社2001年版，第107页。

② 周启迪、沃淑萍：《古代印度波斯文明》，第454页。

人之所以能够建立起一个多民族合作、运转平稳的帝国管理体系，主动接受新的思想并进行新的实践是一个重要因素。①

波斯帝国庞大的版图包括了两河流域、埃及和印度河流域这三大文明中心，并接近希腊的边缘。它通过一系列比较成熟的制度，如行省制度、赋税制度、铸币制度、驿道制度以及宗教政策等，把这些古代文明地区和其他相对落后地区联系在一起，促进了各地经济文化的交流。在此之前，埃及文明与两河文明是比较隔绝的，新王国时期的埃及和亚述帝国的版图虽也都曾跨越西亚、北非，但都未能像波斯那样，在200年中把两大文明地区通过制度和政策维系在一起。

古波斯文字起初受到了苏美尔-阿卡德楔形文字的启发，是准字母楔形文字，这是古波斯语使用的主要文字。它们主要的遗存是来自大流士和薛西斯的题刻。古波斯语从左向右用古波斯楔形文字作为音节书写。古波斯楔形文字包括36个符号表示元音和辅音、8个语素符号和可以组合起来表示任何数字的5个符号。

在文学艺术上，波斯帝国也成就斐然。如《贝希斯敦铭文》和《纳克希·鲁斯坦铭文》等，都是用具有节奏性的诗歌语言写成的文书，结构严谨，风格典雅，为古波斯文学和后世文学树立了典范。

2　以宗教为中心的教育

古代波斯的文化教育深受两河流域的影响，到阿契美尼德王朝时期，已达到相当高的发展水平，在琐罗亚士德教经典《阿维斯托》中已有明确叙述。阿契美尼德王朝时期，国家就鼓励波斯与希腊教师的交流。

在阿契美尼德王朝时期，波斯的社会组织和文化教育都以宗教原则为依据。大流士王朝定琐罗亚士德教为国教，《阿维斯托》成为人人必须信仰和遵循的圣书。该教十分重视教育，强调要"发展人的善良思想、善良言辞和善良行为"，这就为当时教育规定了培养目标。该教在教育上强调家族关系和共同体情感，承认帝国权威，实行宗教灌输和宗教纪律；认为教育能使人增进家庭

---

① ［英］彼得·弗兰科潘著，邵旭东、孙芳译：《丝绸之路：一部全新的世界史》，浙江大学出版社2016年版，第1页。

的和睦，陶冶对社会的感情，尊重帝王的权威，养成对神的虔诚，锻炼争战的能力；主张将苛严而有丈夫气概的品德教给信徒们，使之养成健全而刚毅的习惯；培养虔诚、健全而有用的公民，是这种教育的基本目标；要求培养出的人具有在危险面前能够迅速坚决行动的能力，体态活泼，刻苦耐劳，能够节制和自持，在战场上勇敢向前；等等。

在古代波斯，教育被看作是私人的事情，因此，儿童早期的教育和训练在家庭中进行，一般在家中抚育到5岁为止，此后接受正式教育。这一阶段的家庭教育属于学前教育阶段，一般由母亲抚养，由父亲教育指导。据说，古代波斯正式教育是按学生的年龄划分为四个阶段：第一阶段从5岁到16岁，主要是训练读和写，教育学生养成诚实、纯洁、服从和节俭的好习惯，还要教学生掷标枪、狩猎和游泳等；第二阶段从16岁到25岁，主要是教男孩熟悉政府和审判的原则和知识，让他们见识各种官职和施政方法；第三阶段主要是25岁的青年，主要教给他们军事生活的具体细节，以便他们谋取官职，或者在需要时走上疆场；第四阶段只挑选少数人入学，主要是培养祭司，有些人还可以担当律师和行省总督的职务。第一、二阶段属于普通教育阶段；第三、四阶段属于高等教育阶段。

由于古代波斯人认为教育子女是家长的任务，所以波斯的学校产生得较晚，只有贵族子弟在7岁后进入宫廷接受教育。后来曾出现过为政府造就从政人员的学校，还有负责培养哲学、医学、天文学、地理学、音乐等专业人才的学校。教育场所有三种情况：在京城（苏萨，即埃兰古城），是在与皇宫毗连的广场或法庭周围的建筑物中进行施教；在省城，设有学校，学校常设在总督府的门前；在其他城市，一些公共建筑物常用作校址。

古代波斯的教育内容因人而异，对教士注意精神训练，对武士注重体格锻炼，对国民注重实际生活能力的培养。在教育内容上，古代波斯跟其他古代国家差不多，主要包括宗教和实用学科两部分。

3 辉煌的建筑艺术

古波斯艺术最突出的成就体现在建筑方面。波斯人有许多建筑师，设计了令人神往的建筑物，艺术家雕刻了许多石刻。在波斯波利斯和帝国的其他都城，有许多阿契美尼德王朝时期的建筑物。波斯人的大型建筑多是宫殿而不是神庙，带有明显的世俗性质。这些建筑充分发挥了波斯高原山区多石的特点，并参考埃及、小亚细亚、希腊建筑皆以石构为主之例，大量使用石材，特别是广泛运用石柱，使历来以两河流域传统为核心的西亚建筑增添异彩。

　　波斯建立帝国后，选巴比伦、苏撒、厄克巴丹和波斯波利斯4城为国都，但新建王宫的措置各不相同。巴比伦城在新巴比伦王国之时已建设得异常完美，波斯人主时又是采取和平方式，全城丝毫无损，波斯人便充分利用原有王宫，基本未做改动。苏撒是埃兰故都，厄克巴丹则是米底故都，此两城较之巴比伦自然差得很远，波斯在两地新建了一些王宫、官署，但规模不甚突出。波斯波利斯是在波斯人家乡兴起的都城，它随波斯帝国的出现而"平地起高楼"般一跃而居天下名都大邑之首，帝国对它的建设最不遗余力，历代国王在此都大兴土木，必欲这个"波斯城"以崭新面貌和巴比伦一争高下。因此，波斯波利斯的王宫代表了波斯建筑的精华。

　　大流士于公元前518年开始兴建位于波斯波利斯的王宫，历经三代、前后70余年才得以完成。这座宏伟的宫殿是专为举行盛大仪式而设计的。此地位居石山之坡，王宫奠基其上的高台便全靠开山凿石建成，显示了非同一般的气魄，也把波斯建筑擅长石工的特色表现得淋漓尽致。这个石头台基高12—16米，台基前面有宏伟宽阔、畅通车马的梯道斜坡，壁面刻有浮雕。台基由东向西展开，但入口大梯道不在西面正中，而是靠近北端。大梯道宽4.2米，以百级台阶平缓地上15米高的平台，车马皆可畅通。为仿效亚述、巴比伦皆有宏伟宫门之例，在梯道入口不远特建一座门，高18米，比亚述、巴比伦的宫门高大一两倍，在方形拱顶门厅的东、西、南、北四面各开大门，有"四方之门"的美称。内有76米见方、高18米的多柱大厅，供国王接见各地贵族。还有面积更大、多达数百根列柱的"白柱"大厅，供国王接见各国使臣。这些大厅上盖木构可能有五彩琉璃装饰，石柱间则可能悬挂毛毡以作帷帐，外表必然非常华丽。据说，建造这些宫殿时，波斯国王请来四方良工巧匠，其中就有来自埃及和希腊的工匠。尽管他们的背景不同，但宫殿整体效果则呈现一种渗透着独特的波斯精神的高贵而协调的装饰美。①

　　波斯波利斯宫殿与亚述宫殿艺术的重要相似点显而易见，但旧的主题和设计被改变成了某种新的东西。这种艺术特点的形成部分是由于波斯人使用了新的构建元素，例如圆柱，这些柱子至今还耸立在波斯波利斯的废墟上，令人叹为观止。更重要的是，波斯帝国的艺术家不是像亚述人那样通过对特定的英勇业绩的刻画，而是通过将君主对臣下的抽象关系在静态的但又是极其和谐的构图中的象征性描绘来表现伟大王国的权力和尊严。②

　　波斯王宫的建筑样式明显受埃及卡纳克神庙样式的影响。宫殿的装饰糅杂了被征服的各民族的艺术风格，象征着帝国版图的扩张。宫殿装饰有埃及皇家的带翼太阳神圆盘形图腾，用埃及式棕榈纹、莲花纹装饰的基柱，亚述人的守护神兽，希腊爱奥尼亚柱式。

　　波斯雕刻艺术的主要代表也集中于波斯波利斯王宫。最精美的浮雕作于大流士的大会厅各梯道和墙基上面，题材以表现国王仪仗、侍从行列、万邦进贡为主。从薛西斯一世的浮雕中可以看到，雕像是典型的亚述风格。它描绘了国王端坐王座，一手执杖，一手执杯的威严。王宫装饰中最有特色的，是釉彩的浮雕，它描绘了波斯王室的风采神韵。浮雕的制作沿袭了巴比伦手法，是把浮雕预先分段做在小块琉璃砖上，砌墙贴面时再加以拼合。射手们鬈发浓须，多为侧身像。他们衣着刺绣的精美长袍，手握长矛，肩背弓箭，仿佛在列队中缓步向前。

　　在波斯帝国的艺术创造中，摩崖浮雕和石窟的雕凿具有重要意义，对日后的中亚、印度乃至中国都有深远影响。摩崖雕刻是在高山悬崖上制作，在波斯可能有其悠久传统，但显然也受到埃及和赫梯的影响。贝希斯敦悬崖刻的浮雕和大篇铭文是最著名的。波斯人还把摩崖浮雕与石窟陵墓结合起来。在波斯波利斯附近的纳克希·鲁斯坦，峭岩上凿刻了包括大流士、薛西斯在内的7位波斯国王的石窟墓，一般是从崖面凿刻柱廊式的陵墓门面，中开一门以通墓室，柱廊上留一大片崖壁刻群臣朝拜国王的浮雕。波斯人参考了埃及石窟墓和

---

① 　［美］威廉·麦克尼尔著，孙岳等译：《西方的兴起：人类共同体史》（上册），第189页。
② 　［美］威廉·麦克尼尔著，孙岳等译：《西方的兴起：人类共同体史》（上册），第189页。

石窟神庙的形制，发展成这种独特的柱廊式的波斯王陵石窟。

古波斯人拥有许多技艺高超的工匠，他们还创造了许多精美、实用的工艺品。他们使用金、银、青铜和黏土制作碗、器皿和称为角形杯的饮器。角形杯的下部通常是动物形状，诸如瞪羚、狮子，而杯嘴可能是动物的嘴部。

五　琐罗亚士德教

公元前2000年，古波斯人逐渐摆脱了游牧部落的生活方式，并产生了早期的宗教活动。其中，最为古波斯人所敬重的是一种古老而神秘的祭祀仪式，这种祭祀仪式实质上是一种原始的自然崇拜。古波斯人认为，世界上的一切灾难和恩赐都由天上的神明来掌管，如果他们找到了合适的保护神，并且不断地向他供奉祭品以及虔诚地祷告便可以免除一切灾害，过上无忧无虑的生活。

古波斯人把关于保护神的各种传说以口头形式渐渐传播到各地。他们将一些神明形象刻在了器物上面，或者以原始的绘画形式将神的故事绘在岩壁上，甚至用简单的方法将神的形象塑造出来，供奉在殿堂中。古波斯人不论遇到自然灾害或是丰收之年，都归结于保护神的作用。他们认为在凡人不可抵达的神界，自有神明主宰人类世界，也自有神明造化着世间的万事万物。

公元前6世纪，波斯人琐罗亚士德（Zoroaster）创立了琐罗亚士德教。其经典为《波斯古经》，音译"阿维斯陀"（Avesta），故又称"阿维斯陀教"。因其崇拜的最高神为阿胡拉·玛兹达，又称为"玛兹达教"。该教于6世纪末传入中国，中国古代称之为"祆教"，又称之为"拜火教""火祆教"。

琐罗亚士德教是世界上最古老的宗教之一，起源于古伊朗部落的宗教信仰。琐罗亚士德在古波斯语中作查拉图士特拉（Zarathustra），其含义是"像老骆驼那样的男子"或"驾驭骆驼的人"。关于琐罗亚士德出生的时间和地点的看法，有较大分歧。有些人认为他出生在公元前6000年，有些则认为在公元前600年左右，前后相差竟达5000多年。根据对《伽萨》（*Gqthq*）颂诗的语言学特点和琐罗亚士德教在伊朗东部的传播、演变过程的研究，学术界一般认为应以公元前11世纪说较有理据。琐罗亚士德的出生地，主要有"西部说"和

"东部说"两种观点，鉴于《伽萨》颂诗和《阿维斯陀》（*Avesta*）中的后出部分提到的山川、战争以及宗教活动等，大都集中在伊朗东部的锡斯坦地区，所以现代学者大多倾向于"东部说"，即认为他应该是出生在伊朗的东部地区。

据称，琐罗亚士德出自伊朗一个古老的氏族，其祖先可以上溯到传说中的国君曼努什切赫尔（Manushchhr）。琐罗亚士德兄弟5人，他排行第三，一生中结过3次婚。他原是拜火教的一位祭司，因倡导宗教改革受到拜火教的排斥，以后就转移到伊朗东北大夏即巴克特里亚去布道。传说，一天拂晓，琐罗亚士德起身到河边打水，以备每天祭祀之用。他蹚水到河里，把自己浸入纯净的水中。当他浮出水面时，看到一个闪光体立于河堤。他告诉琐罗亚士德，他的名字是"Vohu Manah"（善思）。当他确知琐罗亚士德本人的美好意向时，让琐罗亚士德来到阿胡拉中最伟大的一位——阿胡拉·马兹达（Ahura-Mazda，意为"伟大而永恒的智慧天神"）的面前。马兹达是智慧和正义之主，由7位光芒四射的神灵随从围绕着。他吩咐琐罗亚士德动员他的人民，投入反对恐怖和暴行的战争。[①]

琐罗亚士德确信，马兹达不仅是伟大的阿胡拉中的一位，而且是至上的神。他自称善神马兹达启示了他从事宗教改革。他创立了一神教，只崇拜伊朗主神马兹达，其余诸神均是魔鬼，所以琐罗亚士德教徒称自己的宗教是"马兹达教"（Mazdakism）。

《阿维斯陀》中最古老的部分《萨伽》，相传是由琐罗亚士德吟诵的颂歌构成的。在《萨伽》中，琐罗亚士德第一次提出了善恶二元论的宇宙观，并由此构成了琐罗亚士德教的理论基石。这位伊朗先知认为，世界存在着善与恶两大本原的对立。在天地万物生成之初，这种对立就已存在。善端的最高神是阿胡拉·马兹达，恶端的最高神是阿赫里曼（Ahrman，意为"居心险恶者"）。善神和恶神分别创造出自己的护从作为助手。善神的护从一共7位，即善念、秩序、主权、虔诚、圣德、不朽和慈善，叫作"七德"；恶神的护从也是7位，即骄傲、吝啬、迷色、愤怒、嫉妒、贪婪和懒惰，叫作"七恶"。

---

① 　［英］凯伦·阿姆斯特朗著，孙艳燕、白彦兵译：《轴心时代——人类伟大宗教传统的开端》，第10页。

善与恶、光明与黑暗的斗争无时不有，无处不在。这种斗争总共要持续12000年，直到善神即光明势力取得最后的胜利为止。但是，善与光明的胜利并不意味着恶与黑暗的被消灭，而是光明世界的净化，即恢复其本原的面目。也就是说，善与恶、光明与黑暗的对立是永恒的。琐罗亚士德教徒必须恪守三戒，即善思、善言、善行，并且终生要帮助光明。由于琐罗亚士德教崇尚光明，因此宣扬"火"是唯一真神的本体、本质和象征，倡导崇拜火，建立焚火祭坛，奉献肉类、牛乳、水果、花卉、无酵饼和圣水用于祭祀。火的崇拜在琐罗亚士德教宗教仪式中具有相当重要的地位，以至于后来普遍地把琐罗亚士德教徒称为拜火教徒。

琐罗亚士德教以光明之象征"火"为崇拜对象，不建神庙，不造神像，但有专职祭司，称"麻葛"，是圣火与祭祀的管理人员。他们主持祭礼，行礼仪，敬奉圣火，使之长明不熄。该教主要礼仪有洁净礼和葬礼。琐罗亚士德教主张信徒应守洁与杜绝不洁，不洁多与"死"有关，尸体被视为不洁，不可接触，同尸体接触的神职人员及搬送尸体者，须行特殊的洁净礼。该教认为圣洁之物为自然元素，火最为圣洁，土与水亦为圣洁之物，为避免不洁的尸体与土、水、火接触，故其葬礼为"天葬"，即将尸体送至"寂没塔"上，任猛禽啄食。"寂没塔"为众恶神嬉戏之所，信徒不得涉足，凡接触者必须行洁净礼。

琐罗亚士德教创立不久，就在波斯全境广泛流传，并在阿契美尼德王朝时被立为国教。《阿维斯陀》是琐罗亚士德教的经典，于公元前4世纪阿契美尼德王朝末期编辑完成，其内容可以上溯到公元前6世纪以前。亚历山大东征时期，琐罗亚士德教受到重创，《阿维斯陀》被付之一炬，仅存一卷。

波斯萨珊王朝的创始人阿尔达希尔（Ardashir I）统治时期，大力扶持琐罗亚士德教的势力，搜集、整理希腊化时期散佚的经典，重新编定了《阿维斯陀》，使该教教义有了具体、明确的内容。沙布尔二世（Ardashir II）对《阿维斯陀》再次进行修订，现存《阿维斯陀》就是这时的版本；并将琐罗亚士德教正式奉为萨珊波斯的国教，萨珊诸王都兼教主，自称阿胡拉·马兹达的祭司长、灵魂的救世主等。为保持政教合一的高贵特性而采取保守政策，不允许波斯人之外的种族信仰琐罗亚士德教。

　　《阿维斯陀》共21卷，主要记叙琐罗亚士德的生涯和教诲，是琐罗亚士德教的教义。全书可分为六部分：（1）耶耶那：对神的赞歌，其中《雅什特》《萨伽》是该书最古老的部分；（2）维斯柏拉特：小祭仪书；（3）维提呋达特：驱魔书；（4）耶耶特：对神祇（指次神界）和天使的颂歌；（5）库尔达：短的赞歌或祈祷书；（6）伊朗民族的起源、神话传说和英雄史诗等。

　　琐罗亚士德教对伊朗传统文化的形成和民族性格的塑造起了重要的作用，史学家们称其为"世界第五大宗教"。在长达1500多年的流传过程中，琐罗亚士德教一直是古代波斯诸王朝的主要宗教信仰。琐罗亚士德提出的那些极有涵括能力的概念，如阿胡拉，善与恶在宇宙中的斗争，人们选择自己行动的自由意志和能力，义人面对逆境仍坚定不变的最后奖赏，对于伊朗的宗教和文化，以及与其有过接触的其他文化，产生了强大而持久的影响。[1]琐罗亚士德教的教义与希伯来先知的教义一起被视为某种严肃而积极的势力，试图为古代中东大一统世界的动荡和不确定性提供宗教指导和秩序。琐罗亚士德教的二元主义对恶的解释比任何严格的一神教都具有说服力。因此，间接起源于琐罗亚士德教的二元主义出现在犹太教—基督教—伊斯兰教的传统之中。[2]

　　7世纪中叶以后，随着阿拉伯势力的兴起并东进，琐罗亚士德教的地位最终被伊斯兰教取代。萨珊王朝被阿拉伯推翻后，琐罗亚士德教徒遭到大劫难，幸存的琐罗亚士德教徒一部分逃亡到古印度，在当地王公的要求下放弃了部分信仰；另一部分信仰琐罗亚士德教的粟特人将其传播到中亚的一些国家和地区。

① ［美］丹尼尔著，李铁匠译：《伊朗史》，第34页。
② ［美］威廉·麦克尼尔著，施诚、赵婧译：《世界史》，中信出版社2013年版，第68页。

第六章
希腊与亚洲文明

一　希腊文化的起源与亚洲文明

古代欧洲文明发源于古希腊，然而古代希腊文明自兴起便由于地理的近邻和交通的便利而与先于自己崛起的地中海东岸的西亚文明密切相关，二者处在持久不断的交往和影响之中。到亚历山大东征时，古代西亚各个民族的文化已经深深影响了希腊文化。在希腊背后是古代亚洲文明的丰富经验。如果没有这些经验，那么后来的文明将是难以想象的。[①]

最早的希腊文化是在西亚地区文化的一个边缘分支发展起来的。它从一开始就是在美索不达米亚文明的影响下产生和发展起来的。最初是一群小小的希腊城邦在许多方面吸收了东方文化的影响，开始创造独特的希腊文化。[②]在公元前6世纪以前，希腊世界的文化中心是伊奥尼亚。伊奥尼亚在小亚细亚-土耳其半岛的安纳托利亚地区，是爱琴海东岸的希腊爱奥里亚人定居地。这里是希腊最接近美索不达米亚文明和埃及文明的地区。美索不达米亚和埃及文明都对伊奥尼亚文化有着广泛、深入的影响。早期的希腊科学家和哲学家都十分关注东方文明的成果，一些人还曾到东方比如小亚细亚游历，一些人甚至还是出生在东方或者故乡在这里。公元前6世纪至公元前5世纪，在伊奥尼亚地区出现了泰勒斯、阿那克西曼德（Anaximandre）和赫拉克利特（Heraclitus）、毕达哥拉斯（Pythagoras）等一批重要的哲学家、数学家、思想家。泰勒斯早年

---

① ［美］C.沃伦·霍利斯特、盖伊·迈克林·罗杰斯著，杨扬译：《西方文明之根：古代近东、古代希腊、古代罗马文明》，上海锦绣文章出版社2013年版，第55页。

② ［美］威廉·麦克尼尔著，孙岳、陈志坚、于展译：《西方的兴起：人类共同体史》（上册），中信出版社2015年版，第155页。

就游历了西亚和北非，学习了巴比伦的观测日食月食和测算海上船只距离等知识，了解了腓尼基人探究物质元素的思想，认识了古埃及丈量土地的方法和规则。泰勒斯许多数学知识都是从两河、古埃及学来，他提出了"直径平分圆周""三角形两等边对等角""两条直线相交、对顶角相等"等6条平面几何学的定理。史料记载他曾在古埃及根据相似三角形定理测定了金字塔的高度。他提出"水是万物之源"，其观点来源于古埃及的宗教神话，古埃及的祭司曾宣称"大地是从海底升上来的"，泰勒斯则说地球漂浮在水上。毕达哥拉斯、赫拉克利特、希罗多德等都有在东方游历的经历。毕达哥拉斯曾拜访过泰勒斯，并在古埃及学习了象形文字和埃及神话、历史和宗教；赫拉克利特曾去波斯宫廷教导希腊文化；希罗多德曾游历了地中海周边的世界，他所写的《希波战争史》被看作是一本地中海的世界历史。古希腊的第一位地理学家，卡里亚（Caria）的卡律安达人（Caryanda）斯库拉克斯（Scylax），在为大流士国王服役期间旅行去了印度。

希腊哲学家们对东方思想也有所了解。亚里士多德和他的一名学生曾经讨论过"野蛮人的哲学"（barbaros philosophia），他们考虑到的可能包括埃及人、坎尔迪安人（Chaldaneans）、伊朗的智者（magi）包括琐罗亚士德、印度的古鲁人（gulu）和犹太人。雅典新柏拉图学派学园的最后一任校长达马西西琉斯（Damascius）在他的《首要原则》（*First Principles*）中，也提到解读巴比伦人、波斯术士以及腓尼基的方法，这是引自亚里士多德的学生欧代摩斯（Eudemus）的一本书。

希腊人在数学和天文学中许多方面得益于美索不达米亚。所谓的毕达哥拉斯定律（Pythagorean Theorem）曾经出现在早于毕达哥拉斯大约1000年的楔形文字文本。还有我们对一些行星的命名，水星（Mercury）、金星（Venus）、火星（Mars）以及木星（Jupiter）诸多间接来自阿卡德称呼的翻译，它们经由希腊的名字直接地表现纳布（Nabu）、伊什妲尔（Ishtar）、奈嘎尔（Nergal）和马尔都克的形象上。将一个圆周进行360度的切分，以及对于60分钟、60秒的划分，直接来源于巴比伦的遗产。

哲学家柏拉图也承认希腊文明受到东方强烈的影响，但是他骄傲地说：无论希腊人从野蛮人那里接受了什么，希腊人只会变得更加出色。

　　在希腊从亚洲文明中获得的成果中，最重要的是字母文字。①最早发明字母文字的是腓尼基人，希腊人从腓尼基人那里认真地学习这些字母的名称，用希腊人自己的发音来朗读这些字母，并做了一些变动，从而发明了希腊文字母。公元前8世纪后半叶，一种新的书写方式在希腊发展起来，并且在几十年内普及到整个希腊。②从此，希腊文化上升到一个新的高度。在希腊，较早的并具有完全意义的文学，公认是在大约公元前730年来临的。公元前7世纪以后，专业的诗人和歌者都是可以阅读和书写的；甚至音乐乐谱符号的发明也可以追溯到公元前6世纪。希腊的初级学校教育也大约开始于公元前500年以后。总而言之，具有读写能力的群体在公元前5世纪左右逐步形成，在公元前4世纪以后，这一群体拥有了支配性的力量。从此以后，希腊的革新与试验便牢牢扎根于书写的基础之上了。③

　　古希腊最重要的文学作品《荷马史诗》也与亚洲文化的影响有一定的关系。《荷马史诗》是由多种文化汇合而成的结果。东方的影响大多显示于神圣的万神殿的场景中，那里的人物、情节以及基本观点看上去似乎都是从东方借鉴而来。④

　　希腊的宗教和神话也受亚洲文化的影响。公元前8世纪以前，希腊的神殿很简陋。公元前7世纪开始出现了吸取赫梯、亚述建筑艺术的石柱结构神殿。根据现代比较神话学的研究，赫西奥德（Hesiod）的《神谱》和《工作与时日》都受到了西亚文化的影响。⑤

　　在希腊艺术的发展过程中，有一个明显的东方化阶段。希腊的得益不仅表现在一些形象图案和表现技巧的借鉴学习上，更重要的是对一些基本的技术方

---

① ［德］瓦尔特·伯克特著，唐卉译：《希腊文化的东方语境——巴比伦·孟斐斯·波斯波利斯》，社会科学文献出版社2015年版，第24页。

② ［德］瓦尔特·伯克特著，唐卉译：《希腊文化的东方语境——巴比伦·孟斐斯·波斯波利斯》，第28页。

③ ［德］瓦尔特·伯克特著，唐卉译：《希腊文化的东方语境——巴比伦·孟斐斯·波斯波利斯》，第30—31页。

④ ［德］瓦尔特·伯克特著，唐卉译：《希腊文化的东方语境——巴比伦·孟斐斯·波斯波利斯》，第68页。

⑤ 汪子嵩等：《希腊哲学史》第1卷，人民出版社1988年版，第56页。

法的吸收，例如石造建筑的工程技术、大型雕像的石刻技术和青铜铸造的脱蜡法技术等。

东方化风格的艺术品以陶器为主，科林斯是东方化风格陶器的最大生产地。在早期原始科林斯式陶器上，只以简单的东方化的玫瑰花纹和鸟兽图案装饰器壁，布局未全脱几何形风格的窠臼，但花草鸟兽的体形和线条比较优美流畅，特别是基于写实的自然的曲线被广泛采用，与僵直平整的几何形风格线条完全异趣，这是东方化风格开始显露头角的主要特点。中期原始科林斯式陶器就比较精美了，人物车马的插画虽然仍是剪影式的，体形和线条都按东方化的流畅与贴近自然而加以改造，直接采自东方带有异国情调的花草纹样和神话动物形象，如埃及的纸草花纹、莲花纹和棕榈叶纹、斯芬克斯（狮身人面像）、带翼的狮、牛等，而最常见的东方兽纹图案，如狮、豹、鹿、羊之类，在线条流畅而外，也注意到突出各自的特性，如狮、豹刻其雄威勇猛，鹿、羊则强调其矫健快捷。后期原始科林斯式陶器则更具豪华隆重的气质，因为这时希腊人已直接仿效亚述帝国的艺术风格，有威严肃穆的气概，细部的刻划也更见细微精美，为日后的科林斯陶艺的古朴风格开辟道路。

总之，正如美国历史学家威尔·杜兰所指出的，希腊文明世所称羡，然究其实际，其文明之绝大部分皆来自近东各城市。近东才真正是西方文明的创造者。

二　长达半个世纪的希波战争

居鲁士创立的波斯帝国，创造了辉煌的古波斯文化。波斯文化与希腊文化交相辉映，是古代世界的靓丽风景。这两道风景分别代表了亚洲与欧洲、东方与西方，这两大文化体系长期相互交流和相互影响，但同时也处于尖锐的对抗与冲突之中。

公元前6世纪中叶，波斯征服了小亚细亚，使小亚细亚西海岸的希腊城邦从属于波斯帝国的统治。公元前6世纪末，波斯人跨过博斯普鲁斯海峡侵入欧洲，夺取了爱琴海北岸的色雷斯，使雅典等希腊城邦通向黑海的商路严重受阻。与此同时，色雷斯以西的马其顿也屈服于波斯帝国。

公元前500年，小亚细亚的米利都等城邦掀起了反抗波斯统治的暴动，这个暴动成为希波战争的导火线。当时米利都曾求援于希腊半岛各城邦，但是希腊半岛各城邦多未出兵相助，只有雅典和优卑亚岛上的爱勒多里亚派出了25艘战船助战。大流士集结重兵，镇压了小亚细亚各城邦的反抗，此后波斯帝国便把侵略的矛头直接指向希腊半岛。

希腊诸城邦与波斯帝国形成对峙的态势。尤其是雅典，为了保卫既得的政治、经济利益，保证通往黑海商路的畅通及对外扩张，决不容许波斯帝国西侵。于是，以雅典、斯巴达为核心的希腊城邦与波斯帝国进行了长达半个世纪的战争，史称"希波战争"。

公元前492年夏，波斯王大流士一世派马多牛斯出动陆、海军共2.5万人，渡过赫勒斯滂海峡沿色雷斯海岸向希腊本土发动了第一次进攻。但波斯舰队在卡尔息狄克半岛的阿托斯海角遭遇飓风，毁坏船只300艘，失踪2万人，陆上也受到色雷斯人的袭击，损兵折将而回。

大流士一世不甘心失败，一面积极备战，一面派使者前往希腊各城邦，企图利用各城邦间的矛盾及其内部的阶级斗争，分化瓦解他们。迫于波斯的压力，一些城邦屈服了。但是，雅典和斯巴达这两个在希腊世界最有影响的城邦，顶住了波斯的压力。

公元前490年，大流士一世派达提斯和阿塔非尼斯率军约5万，包括近400艘战船，第二次远征希腊。波斯军队攻占并破坏了埃雷特里亚城，继而南进，在距雅典东北约40千米的马拉松平原登陆。雅典处境十分危急。雅典在其同盟者普拉提亚的帮助下，组编1万重装步兵，前赴马拉松平原与之决战，而雅典由海军负责防守。9月12日晨，马拉松会战开始。交战初期，波斯军依仗兵力优势，采取中央突破战术，雅典军中路被波斯军步步进逼，只得向后退却，而波斯军中路则因而突出了。雅典军两侧精锐立即合围中路波斯军，结果波斯陆军被围歼。而由海路偷袭雅典的波斯海军，亦不能打败雅典海军，波斯军只得撤退。马拉松会战成为古代战争史上以少胜多的范例之一。马拉松战役的胜利，使全希腊人受到鼓舞，一些已臣服于波斯的希腊城邦纷纷宣告独立。

此后10年间，双方紧张备战。当马拉松战役失败的消息传回波斯宫廷时，大流士认为只有自己亲征希腊才能彻底摧毁对方。于是，他在帝国上下发起总动员，重新装备军队，建造大批舰船，架设浮桥，开凿运河。就在他准备西征时，公元前486年，埃及人发动叛乱，且声势浩大。大流士决定亲自前往埃及平叛，但他在公元前485年病逝。

而在希腊这一方，雅典建造100多艘三层桨战船，扩建各项防御工事，并加强海军训练。希腊31个城邦集合于科林斯，结成了以斯巴达为统帅的反波斯军事同盟"希腊人同盟"，随时准备抗击波斯入侵。

公元前480年春，波斯王薛西斯一世亲率陆军25万及战舰1000艘再度进兵希腊。波斯军分水、陆两路，沿色雷斯西进，占领北希腊，迫使一些城邦投降，波斯军随后进军到温泉关。斯巴达王列奥尼达（Leonidas）以其本国精兵300人及伯罗奔尼撒半岛其他城邦的7000人负责防守希腊的第一道防线——温泉关。列奥尼达及其士兵与百万波斯陆军拼命厮杀，使得波斯军在头两天不得寸进，并且死伤惨重。但在第三天，一个希腊的叛徒引导波斯军抄小路进攻列奥尼达的后方，列奥尼达无法抵御，只得下令让伯罗奔尼撒半岛的军队先撤，并以自己的三百精兵死守温泉关，后三百勇士全部牺牲，写下了希波战争中最为悲壮的一页。

斯巴达王及其士兵的牺牲为雅典军主帅特米斯托克利斯赢得了宝贵的时间，波斯军虽然在其后迅速占领了希腊2/3的土地，但在攻至雅典时，却发现雅典只剩下一座空城，全城居民早已撤走，结果波斯军只得焚城以泄愤。

波斯海军绕过阿提卡半岛南端的苏尼翁角，进入狭窄的萨拉米海峡。希腊联合舰队力战波斯海军，取得了萨拉米海战的辉煌胜利，波斯舰队几乎全军覆没。亲征希腊的薛西斯一世深恐后路被切断，仓皇败逃回国。其陆军退至北希腊。这次大战促使战局发生了根本性的转变，从此，战争的主动权转到希腊人手中。

公元前479年8月，波斯王派大将统率5万大军再度进攻希腊。斯巴达则统率伯罗奔尼撒半岛联军共3万人与波斯陆军于普拉提亚附近举行决定性会战，结果波斯军大败，只得再次撤回东方。与此同时，同盟海军又在小亚细亚的米卡尔海角消灭波斯的残余舰队。

为了应对进一步消灭波斯的海上势力的新形势，有必要成立新的同盟。公元前478年底，雅典与爱琴海岛屿、小亚细亚西海岸等参战诸邦结成新的同盟，史称"雅典海上同盟"。公元前449年，雅典同盟舰队在塞浦路斯再次打败波斯军队，把波斯人完全赶出东地中海。同年，希腊派使者到波斯的首都苏撒，双方签订了《卡里阿斯和约》。希腊派出的使者是雅典富豪、著名政治家与军事家客蒙（Cimon）的妹婿卡里阿斯（Cary Aas），和约因此得名。和约规定，波斯放弃对爱琴海和黑海地区的统治，承认小亚细亚沿岸各希腊城邦的独立；希腊则承认波斯对塞浦路斯岛的统治权。希波战争以希腊人的胜利而告结束。

希波战争是世界历史上第一次欧亚两洲大规模国际战争，是东方文明与西方文明第一次正面对抗，对于东西方的历史发展有极为重要的影响。希波战争之后，波斯帝国走过了它向上发展的巅峰时期，并逐渐走向衰落。当年居鲁士、冈比西斯和大流士时期那种所向披靡、无坚不摧、攻无不克的气势再也没有了。[1]

希波战争对欧洲文明的本质和形式都留下了永恒的影响。希腊在希波战争中取胜，雅典一跃上升为爱琴海地区的霸主，控制了通往黑海的要道，夺取了爱琴海沿岸包括拜占庭在内的大量战略要地，西方世界的历史中心由两河流域向地中海地区推移，希腊文明得以保存并发扬光大，成为日后西方文明的基础。

希波战争是人类历史文化的一次前所未有的大融合，其影响远远超出波斯、希腊的范围。它大大加强了东西方文化交流，促进东西方文化发展，促进科学、艺术的进步，打破东西方几乎隔绝的局面，从而推动人类社会发展进步。

三　亚历山大东征与希腊化时代

1　亚历山大东征

希腊人早就有向东方发展的想法。一位希腊雄辩家曾说："让我们把战争带给亚洲，把财富带回希腊。"早在亚历山大东征之前的4个世纪里，早先的几代希腊人已经为他所从事的事业铺就了道路。作为商人，他们时常出入叙利亚和埃及；作为雇佣兵，他们服务于埃及、巴比伦尼亚和波斯帝国的军队；

---

[1]　周启迪、沃淑萍：《古代印度波斯文明》，北京师范大学出版社2018年版，第611页。

而作为流放者，他们则被远逐到东北方向远及乌浒河畔的粟特地区。在亚历山大大帝之前，希腊城邦的钱币就流通于波斯帝国的市场。①

希腊一直处在与亚洲文明交锋的前沿。从公元前500年开始，进行了长达半个世纪的希波战争，是亚洲文明与欧洲文明的第一次正面对抗与交锋。

在希波战争结束100年之后，即公元前334年，相当于中国的战国时期，希腊马其顿国王亚历山大大帝开始了远征东方的行动，建立了一个地跨欧、亚、非三洲的帝国，其疆域东自费尔干纳盆地及印度河平原，西抵巴尔干半岛，北起中亚细亚、里海和黑海，南达印度洋和非洲北部。亚历山大东征及其帝国的建立，在古代东西方文明交流史上具有划时代的意义。希腊文明首次以前所未有的广度和深度与远到中亚、印度的其他东方文明发生了直接的接触和交融，以希腊文化为主同时含有其他东方文化因素的希腊化文明得以产生。

原处希腊一隅的马其顿王国，经过腓力二世（Philip II of Macedon）改革，迅速发展为军事强国，并于公元前337年的科林斯泛希腊大会上确认了其对希腊各城邦的统治地位，结束了古典希腊城邦的历史。在取得希腊的统治地位之后，腓力二世即着手组织实施远征波斯的计划，但未及实现就于公元前336年夏天遇刺身亡。其子亚历山大继位，时年20岁。亚历山大的个人品质、能力与功业改变了文明之间与民族之间的关系，深刻影响了古典文明与西方文明之后的发展。②

亚历山大登上王位后，迅速、果断地平息了宫廷内的骚乱和希腊、马其顿人民的起义，稳定了后方。之后，他继承父王未竟事业，以马其顿、希腊联军最高统帅的身份，于公元前334年，率步兵3万、骑兵5000、战舰160艘，渡过赫勒斯滂海峡进入亚洲，开始了声势浩大的远征。

亚历山大首先率领部队攻克了小亚细亚，消灭了驻守在那里为数不多的波斯部队，随后向叙利亚北部挺进。波斯皇帝大流士三世（Darius III Codomannus）御驾亲征，从亚洲腹地征调几十万大军出现在亚历山大的背

---

① ［英］阿诺德·汤因比著，徐波等译：《人类与大地母亲——一部叙事体世界历史》，上海人民出版社2001年版，第183页。
② ［美］威廉·麦克尼尔著，盛舒蕾、宣栋彪、董子云译：《西方文明史手册》，浙江大学出版社2016年版，第101页。

后，切断马其顿军的供应线。亚历山大与之进行了著名的伊苏斯战役。此战几乎全歼波斯军，大流士三世落荒而逃。亚历山大继续向南征服地中海沿岸港口，攻克腓尼基的岛屿城邦推罗城（在今黎巴嫩）。之后，亚历山大继续南进，占领埃及。

经过在埃及的短暂休整，亚历山大率军返回亚洲，北上向波斯腹地进发。在阿贝拉会战中，亚历山大的4万步兵和7000骑兵，面对大流士三世御驾亲征召集的波斯帝国各部族倾国之兵，古老而庞大的波斯帝国一战崩溃。亚历山大率军进入波斯的两座都城苏撒和波斯波利斯。亚历山大随后长途奔袭，从波斯波利斯到埃克巴达那，然后再到拉伽，穿过里海门，经过长时间的急行军终于追上了敌人。亚历山大经过三年奋战，攻克了整个伊朗东部地区，继而，进入波斯帝国的东部行省。

这时，亚历山大已经征服了整个波斯。此后，亚历山大继续挥军进入印度，进军到印度河以东的海达斯佩斯河，和前来抗击的印度国王波拉斯（Porus）夹河对峙，彻底击溃了波拉斯的军队。战后，亚历山大释放了被俘的波拉斯，仍然让他做印度国王。

此时由于军队已经厌战，亚历山大不得不停止远征，开始西归，同时还派人进行了一系列探险活动。

2　希腊化时代

经过10年大规模的军事远征，亚历山大吞并了整个波斯帝国的领土，建立了一个前所未有的庞大帝国。它的领土，西起希腊，东到印度河流域，南临尼罗河第一瀑布，北抵药杀水（锡尔河），几乎囊括了古代世界除东亚外的全部文明地区，极大地扩展了希腊世界的范围。[①]他把新建立起来的帝国的首都设在巴比伦。

亚历山大有计划地、坚持不懈地推广希腊文明。[②]据古罗马历史学家普鲁

---

① ［英］阿诺德·汤因比著，徐波等译：《人类与大地母亲——一部叙事体世界历史》，第178页。
② ［美］威廉·麦克尼尔著，孙岳、陈志坚、于展译：《西方的兴起：人类共同体史》（上册），第316页。

塔克记载，亚历山大要求一定要将希腊的宗教远传至印度，这样奥林匹斯山上的诸神才能在亚洲得到广泛的尊崇。[①]

亚历山大在征战中，沿途建立了许多城市，有不少是以他的名字命名的。据统计，亚历山大及其后继者在东方建城（包括殖民地）在300个以上，其中保留下名称者275个。这些新城市基本上是按照希腊的模式建设的。它们有学校、办公处、商店、神庙、会议室和体育馆，也可能有剧院、喷泉和纪念碑。[②]传统的希腊建筑风格经过修改，广泛运用到世俗建筑上。人们建造精巧的柱廊，装饰城市的商业中心。防御工事等艺术发展水平前所未有。公民大会厅与宫殿也建立起来。[③]这些城市实行自治，主要由希腊-马其顿人管理。这些城市最早的新居民主要是老兵、伤员或残疾军人以及希腊雇佣兵。很多老兵定居下来，获得他们的战利品和一块土地。一些老兵开始与当地的妇女建立家庭。

大批希腊移民，包括商人和殖民者涌入这些东方城市。在亚历山大远征中，成千上万的希腊人跟着走出故乡，希望在异国他乡寻找财富。有些人成为政府官员和行政管理者，其他人则服务于军队，还有些人变成了特定军事殖民地的农民。但是大多数变成了城市居民，在政府、商业和其他自由职业中从事各种活动，包括商人、建筑师、医生、书吏、包税人、职业体育竞技者、演员等。[④]他们给这些遥远的地方带来了希腊文化、语言和思想。不少希腊学者随远征军来到东方，传播希腊文化，也研究东方的科学技术与文化艺术，东西方文化互为补充，相互影响，其深度和广度超过了以往的任何一个时期。在此后的若干世代，这些希腊人的后裔也没有忘记他们的希腊之根。在整个中亚和印度河谷地带都可以听到希腊语及看到希腊文字。直到亚历山大去世之后的一个多世纪，希腊语一直都是当地的官方语言。到印度孔雀王朝的阿育王时期，颁

---

① ［英］彼得·弗兰科潘著，邵旭东、孙芳译：《丝绸之路：一部全新的世界史》，浙江大学出版社2016年版，第7页。

② ［美］德布拉·斯凯尔顿、帕梅拉·戴尔著，郭子林译：《亚历山大帝国》，商务印书馆2015年版，第111页。

③ ［美］威廉·麦克尼尔著，盛舒蕾、宣栋彪、董子云译：《西方文明史手册》，第109页。

④ ［美］威廉·麦克尼尔著，施诚、赵婧译：《世界史》，中信出版社2013年版，第136页。

布的一些法令都会附有希腊文翻译，说明当时还存在说希腊语的人群。①

亚历山大对于东方文明也采取积极吸收的态度。波斯帝国崩溃了，但它的遗产并没有耗尽。亚历山大大帝在波斯把自己认作是阿契美尼德王朝的合法继承人。他尊重他们的前辈，保留他们的荣誉，也保留了阿契美尼德王朝的管理机构。②他沿袭了东方专制帝国的传统来统治这个庞大的帝国。亚历山大利用东方传统的君权神授说，宣称自己是帝国的最高统治者。帝国的重要官职均由国王的亲信和马其顿贵族担任。为加强军队的战斗力，他改变军队成分，将大量波斯人和中亚人征入部队，接受马其顿的战略战术训练。他沿袭了波斯的行政制度，地方设省，任命一些归顺的波斯贵族为总督。在军队中，也任用波斯将军。亚历山大征服波斯帝国后，希腊语变成了政府、教育和国际贸易的官方语言，但各个地方的人们仍然可以讲当地语言。他允许保留波斯的宗教和社会习俗，他本人也入乡随俗，穿戴起波斯君主的袍服和头巾，采用波斯宫廷礼仪。他醉心于波斯贵族式的绚烂文化，甚至以波斯王朝的后继者自居，试图保护波斯的社会制度和文化。③

亚历山大实行民族融合政策，力图使希腊人与东方人混合为一。他竭力鼓励马其顿人和亚洲女子结婚。他自己在远征印度之前就曾娶巴克特里亚王公之女罗克珊娜（Roxana）为妻，三年之后，在苏撒举行的盛大"结婚典礼"上，他又与大流士三世之女斯塔提拉（Statira）结为夫妻。在他的带动下，80名马其顿将领娶了波斯显贵的女儿，很多士兵与波斯妇女结婚。这一天，举行婚礼的大约有1万对之多。在婚礼上，亚历山大亲自向新婚者馈赠礼物，同时规定，马其顿人与亚洲女子结婚，可以享受免税权利。

亚历山大东征促进了东西方经济联系和文化交流。为扩大希腊与东方的贸易往来，他在希腊和西亚实行统一币制，金银币同时流通。他使希腊与东方之间的贸易更加密切，在征服中建立的数十个城市，后来都发展成各地的经济中心。

---

① ［英］彼得·弗兰科潘著，邵旭东、孙芳译：《丝绸之路：一部全新的世界史》，第6页。
② ［美］杰里·本特利、赫伯特·齐格勒著，魏凤莲、张颖、白玉广译：《新全球史——文明的传承与交流》（上卷），北京大学出版社2007年版，第179页。
③ ［日］宫崎市定著，谢振译：《亚洲史概说》，民主与建设出版社2017年版，第37页。

亚历山大在身后留下了巨大的遗产，以及古希腊文明与波斯、印度、中亚及中国文明的交汇融合。他所带来的影响，翻开了地中海和喜马拉雅山脉之间这片地域的历史新篇章。①在亚历山大在世期间及其死后不久，希腊文化迅速传入伊朗、美索不达米亚、叙利亚、以色列和埃及。更重要的是，他为所征服地域的人们开放思想铺平了道路，也为边远地区的人们接触新思想、新观念、新意象提供了机遇。②亚历山大去世以后的很长一段时期，希腊文化一直影响两河流域以西和以东很多文明的发展。③西方史学界认为，亚历山大东征之后，在地中海东部、小亚细亚、埃及形成的一系列各具特色的国家是希腊化的国家，所以称地中海东部地区这段时期为"希腊化时代"。这个时代持续了大约300年。亚历山大还把希腊的影响播及以前从未到达的印度和中亚地区。

在希腊化时代，东方和西方之间出现了大量的人员往来和文化交流，东方的文化也传入了希腊世界，希腊社会深受东方文化的影响。比如在军事领域，希腊化军队学会了针对筑有城墙的城镇的进攻方法，这是早期希腊军队从未做到的事。大型攻城机具和投石机出现了，大象成为战兽，主要用来恐吓敌军骑兵的战马。船只规模扩大，许多港口都建起了防波堤、灯塔这样的改进设施。城市规划、水渠与下水道的建设、公共会议厅等，给城市生活增添了舒适性。人们引进水准仪、滑轮、起重机等机械发明，或进行大幅改进。④更重要的是，在希腊化时代，希腊人对外部世界的了解大大增进了。

总之，在亚历山大的东征事业之后，希腊文化与东方文化之间的踊跃互动一直持续了几个世纪。⑤

3　塞琉古王国

公元前323年亚历山大病逝，他的将领们企图瓜分亚历山大帝国，发生一连串的战争，最后帝国分裂为三个较大的独立王国，即马其顿王国、托勒密王

---

① ［英］彼得·弗兰科潘著，邵旭东、孙芳译：《丝绸之路：一部全新的世界史》，第5—6页。
② ［英］彼得·弗兰科潘著，邵旭东、孙芳译：《丝绸之路：一部全新的世界史》，第7页。
③ ［美］德布拉·斯凯尔顿、帕梅拉·戴尔著，郭子林译：《亚历山大帝国》，第10页。
④ ［美］威廉·麦克尼尔著，盛舒蕾、宣栋彪、董子云译：《西方文明史手册》，第105页。
⑤ ［美］威廉·麦克尼尔著，盛舒蕾、宣栋彪、董子云译：《西方文明史手册》，第103页。

国和塞琉古王国。亚历山大帝国瓦解后所形成的这些国家，在政治、经济、文化等方面都带有鲜明的希腊化特征。

塞琉古王国为塞琉古一世（Seleucus I Nicator）所建。他在亚历山大去世后，于公元前312年占据巴比伦一带，公元前305年称王，建塞琉古王国。塞琉古王朝以亚历山大的建城战略为指导，在军事、政治、经济地位重要的地区建立希腊式城市或希腊人殖民地。王国统治中心主要在叙利亚，所以又称叙利亚王国，首都安条克。中国史书称塞琉古王国为"条支"。

塞琉古一世称王后东侵印度。此时北印度正值孔雀王朝时期，国势方盛，进行了顽强的抵抗，最后双方缔结和约，塞琉古一世被迫退出印度河以西地区。相传，塞琉古一世还把女儿嫁给孔雀王朝的国王旃陀罗·笈多，并派使者到华氏城居住多年。

此后，塞琉古一世集中全力向西扩张。公元前301年小亚细亚中部的伊普索斯之战，塞琉古一世和亚历山大的几个部将联合，打败马其顿国王安提柯一世（Antigonus I Monophthalmus），此后继续扩张，达到小亚细亚西部。公元前280年，塞琉古一世渡海进攻马其顿时身亡。其子安条克一世（Antiochus I Soter）继位，击退了北方克尔特人的侵袭，又同埃及争霸东地中海，塞琉古王国达到极盛。其统辖地区西起小亚细亚，包括叙利亚、巴勒斯坦、两河流域、伊朗和中亚的一部分，所属领土与大流士一世时期的波斯帝国版图大体相当，是希腊化国家中疆土面积最大的一个。

塞琉古王国主要的农业区是两河流域和叙利亚地区。这些地区既有发达的灌溉农业，又有发达的商业城市。两河流域土地肥沃，农产丰盛，以盛产大麦而闻名。叙利亚盆地与两河流域同样肥沃，以盛产小麦驰名国内外。塞琉古王国采取轮种制，豆类作物和芝麻、亚麻等油料作物与粮食作物轮种。在叙利亚，葡萄的栽植和葡萄酒的酿制得到广泛传播。在两河流域下游的巴比伦尼亚地区从波斯帝国时起就种植了大片的枣椰树。畜牧业也很发达，大农庄里饲养着马、牛、羊、骆驼各种家畜。在塞琉古王国许多原有和新建的城市中，手工业也发展了起来。如巴比伦是著名的制造胡麻油的中心，巴比伦附近地区也是大规模制造麻布的中心。叙利亚的雷俄提西亚、腓尼基的贝鲁特、约旦阿流域的西托波利斯城都是亚麻工业的中心。小亚细亚夫利基亚的极南端以制造铁器出名；小亚细亚北部黑海岸边的城市西诺彼、黑海通地中海的滨海城市西齐卡斯和腓尼基的泰尔港造船业很发达。

塞琉古王朝对不同的居民视其在国家的地位课以不同赋税。塞琉古王国支配下的各小国的居民、部落和城市的居民都要以货币或实物和货币、实物二者兼用向国家缴纳贡赋。除贡赋外，国王还征收什一税和其他捐税（如向进贡城市征收田赋）。此外，城市、部落、个人还要按不同场合向国王奉献珍贵礼物。另外，国家还有一个收入来源是间接税，如签订换货契约时的契税、盐税、关税等。关税不仅在国境上征收，而且在商道、过河渡口、海港等地征收。

在古代东方专制同希腊古典城邦的结合上，塞琉古王国表现得更鲜明。塞琉古王国的政治制度，大体沿袭波斯帝国的专制政体，宫廷礼仪与波斯相同。中央政府拥有庞大的官僚机构，高官显吏往往冠以"王亲""王之僚友"等名衔，成为中央各部门的首脑。财政和军事是政府两大重要部门。财政大臣负责规划政务，筹措财政；军队兵种有重装步兵、骑兵、战车兵、攻城兵、战象兵等，各郡、各城市都驻有国王的卫戍部队。帝国强盛时，地方分25个郡，各郡设总督、将军和财务官，分别主管本郡的民政、军事和赋税。

塞琉古王朝的统治者是希腊-马其顿人，基本上延续了亚历山大的希腊化文化政策，在多处建置希腊式城市，推广希腊文化。这类城市中居住大量希腊移民，市政机关按希腊城邦形式，有自治权。但塞琉古王国所辖地域，种族复杂，社会结构、经济发展、文化传统和语言各异。帝国统治除依靠希腊人的支持外，地方祭司、贵族集团和神庙也是帝国巩固政权的重要力量。有些本地官员、祭司和贵族认同希腊的文化和语言，也被希腊化了。但大多数人仍使用本地的语言，保留自己民族古老的生活方式。对于以神庙为中心的古老城市如巴比伦、乌鲁克等，塞琉古王朝给予自治权。其他城市也大都享有不同程度的自治权。但此时的城邦已不同于希腊古典时代的独立城邦，各类城市都受专制君主所派官吏的管辖。

4　中亚的希腊化城邦

亚历山大东征时，在征服了波斯之后，开始向中亚进军，于公元前329年夏攻陷索格狄亚那首府马拉坎达（今撒马尔罕），前锋直抵锡尔河，连克7

城，并在锡尔河南岸建埃斯哈塔亚历山大里亚，驻军设防。公元前328年春，亚历山大下令在索格狄亚那各地筑城，迁移希腊人、马其顿人充实其中。同时，任命当地上层贵族为郡守，表示尊重当地制度和习俗。据研究，亚历山大在巴克特里亚留下了13500名士兵，以巩固后方。在亚历山大的军队中，有大批希腊学者、诗人、艺术家、工匠和各色人等，得以在印度河上游一带繁衍子孙。

亚历山大东征的主要影响是向中亚输入新的行政结构，引进希腊的农奴制，并在中亚发展了货币制度，导致中亚南部的希腊化。其在文化和艺术上的影响也非常重要。

塞琉古王国时，巴克特里亚成为该王国东部的重要省份。在巴克特里亚及其相邻地区，希腊人建立的城市有名可据者就有19个，其中有8个是亚历山大建立的、以他命名的同名城市"亚历山大里亚"，这8个城市中有一座名为"阿姆河上的亚历山大里亚"（Alexandria Oxiane）；其余的11个城市应为塞琉古王朝所建。这样的城市，带有希腊文化的特色，是向四方放射希腊文明的中心。

位于阿富汗东北部昆都士城东北的阿伊哈努姆遗址（City Site at Ai-Khanum），离今塔吉克斯坦边境较近，位于乌浒河和科克恰河的交汇处，是迄今为止在中亚原巴克特里亚希腊人王国统治区域发现的唯一完整的希腊式城市。该城建造时间约在公元前329年或公元前305年，是希腊化时代巴克特里亚繁荣发达的中心城市。阿伊哈努姆城的建筑风格是古希腊式建筑和东方式建筑的结合，而以前者为主，如垒砌石块用金属铜钉联结并灌以熔铅加固；建筑的布局往往以一连串房间或柱廊环绕一个中央庭院；饰以古典式3种柱头的大量圆柱；寓所的浴室中用卵石铺成拼花地板等。东方风格主要如常用土坯垒墙；剧场的席位之中建3座阔气的凉廊；神庙为三梯级高台建筑；前设门廊、后设正殿及两侧配殿。城内发现有希腊文铭刻和手稿残迹以及阿拉米字体的铭文。艺术品有石、陶、象牙和金属的圆雕或浮雕，表现人物和希腊及本地的神像。考古学家们认为，这个古城遗址的考古发现表明，此地的希腊人仍然生活在他们所熟悉的文化氛围之中，并试图将这一文化生态尽可能地保持下去，同时也接收了东方文化传统的影响。但无论如何，阿伊哈努姆遗址自始至终保持了希腊式城市的基本特征。它的居民肯定是以希腊人为主，它的上层统治者也一定是清一色的希腊人。这个遗址说明希腊文化在公元前的最后几个世纪里深刻地影响了中亚，这要远远早于佛教的最早先驱到达中亚的时间。[1]

公元前327年，亚历山大率领军队离开中亚，南下侵入印度，在印度河谷建立了两座亚历山大城，迅速占领了西北印度的广大地区。从这时开始，希腊人对印度西北部的统治或控制断断续续达约300年。在大夏国王欧西德莫斯（Euthydemus I）及其儿子德米特里（Demetrius）统治之时（约公元前2世纪初），巴克特里亚的希腊人侵入印度，不仅攻占了原来亚历山大征服过的印度河流域，甚至还有可能向恒河流域进发。之后巴克特里亚王国的印度部分与王国主体分裂，在古印度西北部和北部建立许多松散的且不同王朝的小国，并统称"希腊-印度王国"（Indo-Greek Kingdom），疆域横跨今日的阿富汗、巴基斯坦和印度各一部分，如旁遮普的呾叉始罗（Taxila）、锡亚尔科特（Sagala）和查萨达（Pushkalavati）皆为当时的重要都市。独存于东方的巴克特里亚王国的希腊文明维持了几个世纪，其希腊色彩对印度地区产生了一定的影响。[2]实际上，在印度与西方的长期联系中，希腊人的影响，无论在共同的语言根源上，还是在物质和文化方面，都十分显著。[3]巴特克里亚是一个繁荣的商业中心，连接了从东方的中国到西方的地中海地区的陆路交通，因此，巴特克里亚的统治促进了印度北部的多种文化之间的交流。[4]

当时的印度人称希腊人为Yavana，并记录了当时希腊人甚至入侵印度中部如华氏城、马图拉。在从今日阿富汗南部到印度的旁遮普地区，都有印度-希腊人国王在统治。其中最有名的印度-希腊王朝君王之一是米南德（Menander），中国史书上称其为"弥兰陀王"，在他势力全盛时几乎占领了整个印度西北部，版图包括巴克特里亚王国西部至印度北部和旁遮普，锡亚尔科特可能是王国的首都。

经历两个世纪的统治，印度-希腊王国在语言、符号、宗教艺术和建筑

① ［法］鲁保罗著，耿昇译：《西域的历史与文明》，新疆人民出版社2006年版，第73页。
② ［日］宫崎市定著，谢振译：《亚洲史概说》，第73页。
③ ［美］罗兹·墨菲著，黄磷译：《亚洲史》，海南出版社、三环出版社2004年版，第100页。
④ ［美］杰里·本特利、赫伯特·齐格勒著，魏凤莲、张颖、白玉广译：《新全球史——文明的传承与交流》（上卷），第226页。

上把古印度、古希腊两种文化融合，从而产生了许多具有希印文化特征的文明成果。以弥兰陀王为代表的印度-希腊人开始诚心接受印度的佛教，从而最终促使以希腊造型艺术形式来表现印度佛教内容和精神的犍陀罗艺术的诞生。佛教经典《弥兰陀王问经》（《那先比丘经》）即是他向僧侣那先比丘（Nagasena）问道的集子。这部经文记载了他皈依佛教的过程，富于诡辩色彩且充满了譬喻，是典型的苏格拉底式的对话，但讨论的内容却是轮回业报、涅槃解脱等佛教理论。

皈依三宝后的弥兰陀王，建了一座名为"弥兰陀精舍"的寺院，供养尊者那先。他更本着佛教慈悲平等的思想治国，得到人民的尊敬与爱戴，使希腊人纷纷改信佛法，又曾铸造货币，流通极广，币上绘轮宝，并随刻"法者"之字，由此可知弥兰陀王对佛教的关心。据说，他晚年让位给儿子，自己出家为僧，证得阿罗汉果。圆寂之后，遗骨分散到全国各处。

巴克特里亚的希腊人王国成为希腊艺术、思想进入印度的中转站和推动者，对印度的文化产生了极大的影响。希腊人的影响，无论在共同的语言根源上，还是在物质和文化方面，都最为显著。印度人从希腊人那里学会了精巧的铸币技术，并像希腊人那样在钱币的正反面都压制图案。西北地区由希腊人统治的王国如大夏和犍陀罗，仍继续生产希腊风格艺术品，希腊风格深深影响了印度的雕塑、绘画和建筑。印度的各种哲学思想，也因亚历山大入侵加强了交流。印度正理派（逻辑学）的"五支论法"与亚里士多德的三段论之间存在着密切的联系，印度耆那教原子论与希腊德谟克利特（Democritus）以及卢克莱修（Titus Lucretius Carus）的原子学说基本相似。

定居在中亚的希腊人为传播希腊文化作出了重要贡献。据普鲁塔克记载，亚历山大远征亚洲后，东部地区的人民，至少是统治阶级，阅读荷马的诗篇，他们的孩子读唱沙孚克里斯（即索福克勒斯）和尤里批蒂（即欧里庇得斯）的作品。在阿伊哈努姆遗址中，一个石雕的喷泉口是仿造希腊喜剧中的角色奴隶厨师所戴的面具制作的，这说明在阿伊哈努姆剧院演出的戏剧是属于希腊文学的作品。

5 犍陀罗艺术

在中国艺术史上，"犍陀罗艺术"是一个经常被提起的概念。犍陀罗（Gandara）是一个地名，位于巴基斯坦的白沙瓦。在印度史上，犍陀罗是吠陀时代十六大国之一。印度孔雀王朝时期，阿育王曾派僧人来这里传布佛教。公元前4世纪，犍陀罗成为亚历山大帝国的一部分。公元前190年，它又归属于希腊人建立的巴克特里亚王国。巴克特里亚诸王全面推行希腊化政策，影响了这一地区文化艺术的面貌。弥兰陀王和佛教高僧那先比丘的谈话《那先比丘经》中记载，皈依佛门的希腊人，大约从公元前1世纪中叶开始在犍陀罗地方雕刻佛像，修建寺院。大概从这时候起，犍陀罗石窟艺术开始形成。

60年，贵霜王占领了犍陀罗，犍陀罗艺术进入繁荣时期。贵霜王朝最著名的迦腻色迦王大兴佛教，并迁都富楼沙，犍陀罗地区成为西北印度的佛教中心。大约从1世纪开始，犍陀罗的艺术家们模仿希腊神像，创作大量具有希腊、罗马艺术特色的佛像作品，后世的考古学家即以它的出土地点命名为"犍陀罗艺术"，也有人把它称为"希腊式佛教艺术"。希腊雕刻家和来自地中海的罗马工匠直接推动了这项伟大的艺术工程，使之迅速成长，形成千姿百态的东方佛教图像。[①]

犍陀罗艺术是一种在当地民族艺术传统的基础上，汲取希腊、罗马以至波斯的营养，以古典手法表现佛教内容的新的艺术形式。如果用一个简单的公式概括，可以说犍陀罗佛像等于希腊化的写实人体加印度的象征标志。[②]犍陀罗艺术的主要特点是：身着希腊式披袍，衣褶厚重，富于毛料质感；人物表情沉静；面部结构带有明显的西方特征，鼻直而高，薄唇、额部丰满，头发自然波卷；装饰朴素，庄严稳健。雕刻材料采用当地出产的青灰色云母片岩，间有泥塑。以佛塔为主的建筑，基座多方形，列柱常采用希腊柱式，座侧浮雕佛传故事。绘画遗品很少，有的学者把阿富汗巴米扬石窟内的壁画作为它的代表。

犍陀罗艺术主要特征是佛教石窟、雕刻中的佛陀造型。这一时期的佛像由于和希腊阿波罗神相仿而被称作"阿波罗式的佛像"。佛像高挺笔直的鼻

---

① 沈福伟：《中国与欧洲文明》，山西教育出版社2018年版，第73页。
② 王镛主编：《中外美术交流史》，中国青年出版社2013年版，第19页。

梁、卷曲的头发以及长袍式的衣着都是典型的希腊特征，但其俯视的目光和神情又充分体现了佛教精神。

中国与犍陀罗两地的交往由来已久，在张骞通西域之前，中国四川的商品已经到过犍陀罗一带。汉晋时期来华的西域佛教僧人，有许多来自犍陀罗。与此同时，犍陀罗也成为中国僧人西行求法的圣地，最早游历犍陀罗的是东晋法显。后来到中国的鸠摩罗什在9岁时曾随母亲到过犍陀罗学佛。唐代玄奘西行曾途经犍陀罗，在其故地凭吊了荒芜多年的佛教圣迹，并在《大唐西域记》中记载了他目睹的犍陀罗。

随着佛教的广泛东传，佛教艺术也陆续传到中国，并对中国的雕塑等造像艺术和绘画艺术都产生了重大影响，其中包括犍陀罗艺术风格的广泛东传。实际上，在中国的佛教艺术乃至整个东方的造型艺术中，犍陀罗艺术的影响是极其深远的。

四　亚历山大东征与丝绸之路

古波斯的"王家大道"将丝绸之路在欧洲和中国之间连接起来。在此之后，亚历山大东征是西方人向东方的另一次开拓。

4世纪时，西方流行着关于亚历山大曾经到过中国的传说。传闻的作者卡利斯提尼（Callisthène）是亚历山大东征的同行者，证据是在一根刻有铭文的廊柱中提到亚历山大的名字。这一传闻以小说的形式风靡一时，被上百次转抄。但后来发现是一部伪作，其中所谓"亚历山大中国之行"一说亦属无稽之谈，就像人们也曾传说亚历山大之前的希腊哲学家毕达哥拉斯和之后的宗教哲学家托马斯·阿奎那（Thomas Aquinas）的中国之行一样，至少没有充分的证据。不过，亚历山大的东征确实几乎叩响了中国的大门。作为他东征的主要成就之一，庞大的亚历山大帝国的东部疆界已经延伸到中亚，与中国咫尺相邻了。亚历山大帝国成为当时东西方贸易和文化交流的交会路口。[①]

---

① ［美］克拉克著，于闽梅、曾祥波译：《东方启蒙：东西方思想的遭遇》，上海人民出版社
　　2011年版，第53页。

亚历山大大帝通过远征东方的行动，建立了一个地跨欧、亚、非三洲的帝国，其疆域东自费尔干纳盆地及印度河平原，西抵巴尔干半岛，北起中亚、里海和黑海，南达印度洋和非洲北部。亚历山大大帝还开辟了东西方贸易的通路。他在东方建立的几十座城市，都逐渐发展成为商业中心。

亚历山大之后的塞琉古王朝几乎继承了亚历山大在亚洲的全部遗产，统治区域从地中海东岸直到中亚的兴都库什山。塞琉古王国是一个幅员辽阔、经济繁荣的大国，城镇林立，商业发达。塞琉古王朝修筑和发展了波斯原有的驿道系统，使之成为重要的国际商道。其最重要的交通路线有两条，一条是从地中海岸边的海港经首都安条克而达巴比伦附近的塞琉细亚，以此为商货的最大集散地而北通里海和高加索，南连波斯湾、阿拉伯，西经巴勒斯坦而入埃及；另一条则是向东经伊朗、安息、大夏而达远东的商道，从大夏向南可折向印度，往北可越过帕米尔到达中国。塞琉古王朝长期控制着这条道路。东方的珍贵货物丝绸、香料沿着这条大路运向西方，而希腊、叙利亚、美索不达米亚的工艺品则沿着这条大路运到中亚和印度。

海上的通道也很重要。亚历山大东征时建立的埃及亚历山大城及其对红海两岸的控制，为希腊人在红海的航行及其与印度的交往创造了有利条件。亚历山大东征自印度西返时，派部将尼亚库斯（Nearchus）考察了印度到波斯湾的海岸线，后来又雇佣腓尼基人在波斯湾进行航海活动，在岸边建立殖民地，以图向东发展。

两河流域与印度的交通航线早已开辟。从幼发拉底河和底格里斯河的河口向东航行可到印度南部的得坎高原；向西航行可通阿拉伯，并从阿拉伯运来香料、食物，又沿两河北上可达巴比伦和塞琉细亚。在上述交通要道所连接的城市中，以弗所和塞琉细亚最为重要。在小亚细亚西岸的城市中，原来是米利都居于首位，这时则以以弗所的地位最为重要，因为以弗所是大夏、印度、伊朗经过西亚的大路的终点，同时又是希腊、意大利货物的集散地。塞琉细亚则堪称西亚的商业首府，是从印度、伊朗、阿拉伯运来的货物的集散地。塞琉古王朝的都城安条克也是驰名的商业中心。

亚历山大东征所建立的希腊化世界，实际上形成了以西亚为中心，以地中海和印度为两端的交通体系。当时的东西方商路主要有3条：

（1）北路连接巴特克里亚与里海，从中亚的巴特克里亚沿阿姆河而下，跨里海，抵黑海。

（2）中路连接印度与小亚细亚，有两条支路：一条是先走水路，从印度由海上到波斯湾，溯底格里斯河而上，抵塞琉细亚；一条是全走陆路，从印度经兴都库什山、伊朗高原到塞琉细亚。至塞琉细亚，水、陆两路汇合，向西再到安条克、以弗所。

（3）南路主要通过海路连接印度与埃及，从印度沿海到南阿拉伯，经陆路到佩特拉，再向北转到大马士革、安条克，或向西到埃及的亚历山大里亚等地。①

这些商路实际上与后来的丝绸之路西段的走向大体吻合。这说明，亚历山大东征开创的希腊化世界，为后来的丝绸之路的开通做了前期的准备工作。亚历山大东征及其遗产希腊化世界的建立，实际上开通了后来称为"丝绸之路西段（帕米尔以西）"的道路。

丝绸之路西段所经西亚地区，依次为伊朗高原、两河流域、地中海东岸各地。自美索不达米亚迄于地中海东岸，可以称作是一个"交通网络"。因为丝绸之路西段到了这里，四通八达，畅通无阻，可以通向东、西、南、北任何一个方向。这个地区位于地中海、红海、黑海、里海与波斯湾之间，被称为"五海之地"。

---

① 杨巨平：《亚历山大东征与丝绸之路开通》，中国中外关系史学会、暨南大学文学院主编：《丝绸之路与文明的对话》，新疆人民出版社2007年版，第21—22页。

第七章
印度河与吠陀文明

一　哈拉巴文化

印度次大陆位于亚洲的南部，喜马拉雅山像一个天然屏障把它同亚洲大陆隔开，在地理上形成一个单独的区域。横亘大陆中部的温德亚山脉把印度分为两半。北半部主要是印度河与恒河流域，南半部像一个三角形半岛伸入印度洋中，东为孟加拉湾，西为阿拉伯海。北半部的两河冲积平原，为古代两大阶段城市生活的兴起提供了有利的环境，在这里先后孕育出印度河文明与恒河文明。这是古代印度政治、经济和文化的中心，也是印度历史上一系列重大事变的主要舞台。

印度河流域位于南亚次大陆的西北部，古代印度的空间范围主要包括今印度、孟加拉国、巴基斯坦等地。19世纪中叶人们在印度河上游的哈拉巴发现了一些带有动物浮雕的石制印章。1921年，英国考古学者赫伯特·马歇尔（Herbert Marshall）对这一遗迹进行了重新发掘。1922年，印度的考古学者发掘了另一遗迹摩亨佐-达罗，人们发现两者同属一个系统，所以称之为"哈拉巴文化"（Harappa Civilization）。

考古发掘表明，哈拉巴文化分布区域广大，覆盖面积有200多万平方千米，几乎从德里延伸到孟买。印度河流域的土著居民达罗毗荼人很早就具有了比较发达的农业文化，并建立了比较完备的都市。现在把哈拉巴文化的时间划定在公元前2500年，比中国的夏代还要早。①哈拉巴文化遗址共包括城市和村镇遗址250余处，其中彼此独立的国家的都城哈拉巴与摩亨佐-达罗分别

---

① 周启迪、沃淑萍：《古代印度波斯文明》，北京师范大学出版社2018年版，第19页。

位于印度河的下游和上游，相距700千米，都是很有影响的中心文明城市。摩亨佐-达罗的人口在3.5万到4万之间，哈拉巴可能略微少些。①这两座城市在规模、设施、建筑技术、供排水系统及城市规划、布局等方面都达到了当时的先进水平。印度河文明最惊人之处是它的城市规划设计，几乎每座房屋都有水井、供水管道系统、浴室和废物排放管道或排水沟。②类似的城址在印度拉贾斯坦北部的卡里班甘、坎贝湾西侧的罗塔尔也有发现。

当时的印度河流域平原已经有了比较发达的农业，是古代东方最早出现的农业经济中心之一。至迟在公元前4500年已开始种植大麦、小麦、稻、胡麻、豆类等，约公元前5000年，成功地培育出棉花。除农业外，畜牧业也得到发展，已驯养的牲畜有水牛、山羊、绵羊、猪、狗、象、骆驼和驴等。在手工业方面，金属加工业、制陶业等很发达。人们已学会制造铜与青铜的工具和武器，如斧、镰、锯、刀、鱼叉等，并且在金属的冶炼、锻造和焊接方面都发展到较高的技术水平，也掌握了金、银、锡、铅等金属的加工技术。在陶器的制作上，也显示了当时人的审美能力及智慧水平。当时的陶器主要是用陶轮制成，胎呈红色或黑色，素陶和彩陶都有，烧制得很精致。彩陶一般是在红色滑泥上着黑色彩饰的红黑陶，上面绘有圆圈纹、鱼鳞纹等几何纹，以及图案化的植物纹、鸟兽纹等象生纹。遗址中染缸的发现，表明当时已掌握纺织品染色的技术。

同时，农业和手工业的发展，也为该区域的商业贸易以及城市物质文明提供了坚实的保证。此外，优越的地理位置、大规模的对外贸易，对于印度河流域城市文明的发展同样起了举足轻重的作用。大量古迹遗存的发掘充分证明了其与伊朗、中亚、两河流域、阿富汗，甚至缅甸和中国存在贸易。罗塔尔海港遗址的发现，反映了当地与苏美尔等地的海外贸易已经开始，在两河流域曾出土印度河流域印章。

印度河流域城市社会已经开始出现一些阶级或社会集团，主要有军事贵

---

① ［美］杰里·本特利、赫伯特·齐格勒著，魏凤莲、张颖、白玉广译：《新全球史——文明的传承与交流》（上卷），北京大学出版社2007年版，第96页。

② ［美］罗兹·墨菲著，黄磷译：《亚洲史》，海南出版社、三环出版社2004年版，第92页。

族集团、祭司、战士、商人、工匠、农民和渔夫，也出现了雇工和奴隶。雇工与奴隶主要在粮仓、铜器冶铸作坊以及粮食加工场等需要繁重体力的场所劳动。各城市国家可能采用共和政治的形式，通过高级祭司、富商以及军事贵族集团共同担任高级官吏，掌握国家的统治权力。哈拉巴文化的创造者是达罗毗荼人，他们已经创造了自己的文字，并存留于各种石器、陶器、象牙制的印章上。

哈拉巴文化是南亚次大陆产生的最早文化，是南亚文明的第一道曙光，其文明的物质方面可与同时期的美索不达米亚或埃及文明相提并论。①它不但对印度历史，就是对人类文明史都具有独特的贡献。哈拉巴文化对后来的吠陀文化有一定的影响，其宗教信仰与后来的印度宗教也有着一定的联系。

作为印度河流域文明中心的哈拉巴与摩亨佐-达罗，约在公元前1750年之后，开始由繁荣骤然走向衰落。不过，当中心区的文明已经衰落时，其他一些地区的文明却依然在持续发展。直到公元前1000年左右，印度古吉拉特邦的罗塔尔还存在着发达的印度河文化。而在印度的南部地区，在雅利安文化占据绝对优势之后，达罗毗荼文化仍然保持着它的传统。而且，哈拉巴文化虽然最后衰亡了，但它创造的许多成就为后来印度历史文化的发展奠定了重要的基础。

二　吠陀时代的政治制度

1　雅利安人与吠陀时代

公元前2000年至公元前1400年左右，在一部分雅利安人进入伊朗的同时，另一部分雅利安部落南下，来到印度的西北部，这是印度河上游五大支流的冲积平原，这里一般被称为"旁遮普"，意为"五河之地"。当时的哈拉巴城市文明已经衰落。数百年后，又有几批雅利安人到来。正是这些不同时期到来的雅利安人，开启了印度次大陆文明史的吠陀时代。

雅利安人进入印度后，与当地的土著文化相融合，创造了印度历史上的

---

① ［美］威廉·麦克尼尔著，孙岳、陈志坚、于展译：《西方的兴起：人类共同体史》（上册），中信出版社2015年版，第123页。

雅利安文化。因为这一时期的印度历史资料，主要见于古老的文献《吠陀》，所以史学界称之为"吠陀时代"（Vedic Age）。实际上，吠陀时代文化是原雅利安文化、哈拉巴文化和其他印度本土文化的结合。

早期吠陀时代约在公元前1500年至公元前900年。雅利安人游牧部落大规模分批迁入南亚次大陆，开始了对印度河流域侵占与征服的过程。雅利安人征服了当地的土著人，最终侵占了印度河上游的五河流域，并定居下来，成为当地的统治者。

印度早期吠陀时代的文化是一种处于前城市阶段的农村文化，远远落后于以发达的城市经济为特色的哈拉巴文化。最初的雅利安人以畜牧业为主，并且利用牲畜粪便做燃料。迁移到印度次大陆之后，雅利安人逐渐地从游牧生活转变为农业生活。当他们学习了冶铁技术后，开始借助铁斧和其他的铁质工具开垦那些原来不能耕种的土地，[1]种植大麦等农作物，同时使用畜力耕作和沟渠灌溉以及施肥技术，使用轮耕休耕法来保养土壤肥力。到后期吠陀时代以后，整个印度河流域才重新经历了由以农牧业混合经济为特征的农村文化向以商业、手工业经济为基础的城市文化演变过程，整个社会经济、文化也再次达到一定水平。

早期吠陀社会还是部落社会，部落名为"贾纳"，以血缘关系为基础，是雅利安人或土著居民的联合体，部落首领叫作"贾纳罗阇"。部落社会组成单位是氏族，基本组成单位则是氏族之下的"哥罗摩"（指村庄村落）。哥罗摩最初由父权大家庭组成，是吠陀时代社会组织的基础。几个部落也可联合成大部落而称作部落联盟。早期吠陀时代，村社内部组织还比较简单，后来，哥罗摩逐渐发展成为以地域联系为特征的共同体。

早期吠陀时代雅利安部落实行"萨巴""萨米提"和"罗阇"三种政权机构共治的政治制度。萨巴是部落的议事会，由部落成员中的少数上层人物组成，掌管部落日常行政事务并行使司法职能。萨米提是部落的人民大会，由全体成年男子即战士参加，讨论立法和各项重大决策，这种机关也可能具有军事

---

① ［美］杰里·本特利、赫伯特·齐格勒著，魏凤莲、张颖、白玉广译：《新全球史——文明的传承与交流》（上卷），第228页。

的性质。罗阇是雅利安人部落的首领，其权力受到萨巴与萨米提的约束。

吠陀时代经常发生战争，起初是在雅利安人与土著居民之间展开，后来在雅利安人各部落之间不断发生旨在掠夺牛群或争夺政治优势的战争。当时，每个部落都有自己的城堡，并且均有两种武装：国王和贵族组成的车兵及一般民众组成的步兵。《梨俱吠陀》中，经常提到9个重要的雅利安人部落，它们曾发生过不少战争。《梨俱吠陀》中提到的"十王之战"则是当时影响很大的一次战斗。这次战争由婆罗门奢密多罗组织的10个部落的联盟，共同进攻当时最为强大的婆罗多国王修达斯。10个部落中以落雅都、普鱼及安努最为著名。最后，战争以联盟的失败而告终。不断的征战给战胜一方的部落军事首领、婆罗门祭司及部落贵族等带来政治和经济上的优势。

到后期吠陀时代，雅利安人的活动中心已由西北印度的五河流域向东南扩展到北印度的恒河流域平原。到公元前600年左右，雅利安人部落散遍整个北印度并定居下来。恒河流域逐渐取代了印度河流域而成为文化和经济发展的中心。这一时期也是吠陀文化的全盛时期。传统印度文化的基础就是在约公元前1000年至公元前500年的吠陀时代发展而成。①

雅利安人在同土著居民的广泛接触中，掌握了先进的犁耕及水利灌溉技术，从而形成了以畜牧业为主兼营农业的农牧混合型经济基础。雅利安人的马车和铁制生产工具与恒河流域土著居民农耕技术的结合，极大地促进了该地区农业、手工业、商业及社会各方面的迅速发展，并诱发了新的文化因素的形成，最终推动吠陀文化在次大陆的发展与传播。后期吠陀时代，农业经济有了更大的进步，生产工具和武器已普遍使用铁制，包括斧、锛、锄、鱼钩、刀、剑、矛、带倒刺的叶形镞、简镞、铁钉等。手工业领域的分工越来越普遍，铁匠铺较多，木匠及纺织、制陶、金银珠宝加工等行业全面发展。各遗址都发掘出铁器、红铜制品、陶纺轮等手工业工具，还有用金属、玻璃、骨料及陶土制作的串珠、项链、坠饰、耳饰和手镯等装饰品。依希腊史籍记载，大流士一世曾向被征服的印度河西部地区居民要求年贡金360塔兰特的金沙，可见当时采矿业和冶炼业的兴盛。

---

① 　［美］罗兹·墨菲著，黄磷译：《亚洲史》，第98页。

铁器的普及、农业的发展促进了手工业和商业的发展，导致恒河流域早期城市的出现。恒河流域的早期城市大都位于恒河水系汇合处的商业与手工业经营活动的中心，最终发展为一些贸易城市。牛车、马车和象驮开始成为运输的主要承担者。黄金成为主要的支付货币。还有一些城市成为部落地区行政当局的都城。这种新的城市文明的到来，对古代印度的各个领域尤其是社会政治产生了深刻的影响，后期吠陀时代成为古代印度阶级形成及国家产生的时代。

公元前9世纪，雅利安人爆发了一次大规模的战争，即摩诃婆罗多大战。古印度史诗《摩诃波罗多》讲述了这场战争的故事。当时几乎所有北印度的部落都卷入其中。摩诃婆罗多大战是古代印度史的一个重要分界点。大战之后，许多古老的部落消失了，同时兴起了许多较为强大的新部落，古代印度早期国家的雏形开始出现。到公元前7世纪，北印度已经出现了一大批较为重要的国家。在这些早期国家，部落民众大会萨米提逐渐丧失权力，部落长老会萨巴变成供国王咨询的贵族组织，原来部落军事领袖的亲兵或军事长官逐渐转变为国王的文武官员。

2　瓦尔那制度

雅利安时代创造的瓦尔那制度，即种姓制度，是古代印度独特的社会制度。

瓦尔那制度的发展经历了一个较长的时期，起初只是一种部落社会的组织方式。"瓦尔那"一词在梵文中原义为"色"，瓦尔那制度与居民的肤色差别有关。雅利安人最初侵入印度时，用瓦尔那将白肤色的雅利安人与黑肤色的土著居民区分开来的。雅利安人把自己称为"高贵者"，把被征服者称为"达萨"，以"达萨"和"达西"称呼男女战俘即奴隶。通过种姓划分，雅利安人将被征服的土著居民纳入雅利安人社会中，同时又保持了雅利安人自己的血缘一致性以及文化上的固有特点。

到早期吠陀时代后期，逐渐形成了四种瓦尔那，整个社会相应出现了四种社会等级，即雅利安人中从事祭司职能作为社会僧侣阶级的婆罗门（Brahmana），以部落军事首领罗阇为首的社会军事行政贵族集团刹帝利（Ksatriya），作为雅利安人一般平民大众的吠舍（Vaisya），雅利安人征服的土著人首陀罗（Sudra）。其中，婆罗门与刹帝利分别掌握着宗教与军政大权，成为两个优越社会等级。

在后期吠陀时代，婆罗门、刹帝利、吠舍以及首陀罗四个社会等级的瓦尔那制度，作为一种社会制度被逐渐巩固下来。婆罗门和刹帝利成为统治阶级，吠舍和首陀罗成为被统治阶级。作为第一等级的婆罗门，是掌握神权、独揽宗教事务的贵族祭司等级。他们通过对文化、宗教等特权的垄断，对社会政治生活施加影响。作为第二等级的刹帝利，是由早期吠陀时代的罗阇尼亚（王族）直接演变而来。他们是以国王为首的、掌握军政大权的贵族武士阶级，是社会的统治者。第三等级的吠舍是印度雅利安人的平民，在社会总人口中所占比例最大。他们大多从事农、牧、商及手工业等职业。根据其社会经济地位的差别，吠舍又分为两类：第一类为下层吠舍，由村社农民生产者组成，并占据绝大多数；第二类为上层吠舍，主要是富裕的城市工商业奴隶主，只占该等级的小部分。吠舍在政治上没有任何权利，相反，却要在经济上以自愿贡奉或纳税的方式养活完全脱离劳动的婆罗门与刹帝利两大社会等级。第四等级首陀罗是为前三种种姓服务的劳动者和低级种姓。他们主要从事农业、渔猎以及各种艺术等多种职业，其中少数是独立的小生产者，绝大多数人则从事繁重艰辛的劳动，部分人还被迫沦为雅利安人的奴隶和雇工。他们在法律上和宗教上失去了受保护的权利。

前三个种姓是雅利安人，是"再生族"，后一个种姓是"非再生族"。根据婆罗门教创造的神话和《摩奴法典》的说法，四种姓是世界之祖婆罗赫曼以口、双手、双腿、双脚创造出来的，所以他们都有特定的职业，不可混淆界限。在种姓制度下，每个人的家庭出身严格按血统世袭，不得改变，因此，不同种姓之间原则上禁止通婚；每一个种姓都有自己固定不变的职业，世代相传；对不同种姓的日常生活、社会交往和礼仪局限性有复杂的规定和限制。婆罗门为各个种姓制定了所应遵守的行为规范和道德准则，用以规定各种义务和责任，并以"法"即"达磨"的形式将其固定下来。

但是，印度的种姓并非自治的或孤立的社会集团，不同种姓成员在日常活动中的混杂和交往显然要有异常复杂的相互适应。再者，对于事物本性的共同设想和看法也将一些种姓结合成真正的文化共同体。如果没有这类观念方面的共同体，那么，有多少种性就会有多少种生活方式，印度文明也就不复存在了。①

三　吠陀时代的文化制度

1　婆罗门教育制度

在古代印度，教育是与种姓制度密切相关的。起初只有婆罗门才拥有受教育的权利。大约公元前6世纪，佛教在印度兴起，婆罗门教受到冲击，才宣布解除门禁，婆罗门、刹帝利和吠舍都有权接受教育。但婆罗门仍然继续垄断教育。

婆罗门教认为，人的最高境界是摆脱尘俗，求得精神上的解脱，达到与梵天合一。也就是说，获得高智即为得到真理。因此，培养梵天合一的人便成为婆罗门教的教育目的。《吠陀》圣典被婆罗门教视为梵天智慧的结晶和知识的总汇，是婆罗门教的教育教学的主要内容，诵读《吠陀》经典和受教育是同义语。婆罗门教还视僧侣为圣书的唯一保卫者和宣扬者，因而也是唯一的教师。

在吠陀时代，婆罗门极其重视家庭教育，家庭是教育后代的首要场所。家教的主要任务是进行宗教训练，培养婆罗门的继承人。为保持种姓的世袭，僧侣们一般都在家里教子女识字、书写，特别是教导子女记诵《吠陀》经典。这种神学教育从幼年开始，到成年结束才能取得僧侣资格。《吠陀》是圣书，只许口授不许抄写，而且《吠陀》系梵文编写，不易理解，也不易诵读，父亲便每日率子一句句地诵记，使之达到纯熟程度。按照规定，婆罗门须把四部《吠陀》习完，才能充任僧侣。由于每部《吠陀》需学习10—12年，全部习完需40年，故实际上只能要求学习一部分。对刹帝利和吠舍的要求更低，因为他们需把时间用于学习实用知识，去承担世俗任务。

在古印度的漫长岁月中，家庭是唯一教育场所。约公元前8世纪以后，在印度各地出现吠陀学校，亦称僧侣训练学校。这种学校起初仅招收婆罗门子弟

---

① ［美］威廉·麦克尼尔著，孙岳、陈志坚、于展译：《西方的兴起：人类共同体史》（上册），第218页。

入学，其宗旨在于保持种姓的继续，训练未来的婆罗门僧侣。到公元前500年左右，刹帝利和吠舍的子弟也可以入学，但教师只能由婆罗门教士担任。

后来，婆罗门教教育由机械背诵经典而渐渐向钻研经义发展。由于阐明经义非一般家长所能胜任，于是出现了对于经义具有研究而专门从事青少年教育工作的人，印度古籍称他们为"古儒"（guru）。担任古儒者为婆罗门教的僧侣，要精通所授的学业和善于引导学生服从规则，其品德行为应符合圣典之要求；应忠贞、和善、言语清晰、以身作则、信仰坚定、安于行乞、乐于传道授业，毫无保留地传授一切知识给学生。

起初，他们周游各地，教育引导青少年，被视为神圣的经义传播者，很受社会尊重。后来，他们在家设教，许多不愿或不能亲自教其子女者便送子求学。这种由古儒私立的学校称"古儒库拉"（Gurukul），意即明师家塾。此为印度最古老的学校，因主要讲授《吠陀》经典而又称"经义学校"。到奥义书末期，学校越来越多。到2世纪，印度的学校教育已开始制度化。

古儒库拉是古代印度最重要的教育中心。学生来自四面八方，须向婆罗门教士申请，经过隆重的仪式，并通过古儒的考验，经古儒许可，方能入学；许可与否主要取决于学生的品德。被允许入学者必须寄宿古儒家中，共同生活起居，听古儒解经，还需外出乞讨，刻苦修行。须定时沐浴，虔诚祈祷，衣装朴素，乞讨时更须将所得之物敬奉古儒。学习时尤须严执弟子之礼。古儒特别重视对学生的道德教育和意志锻炼，主要方法是通过师生接触，进行言传身教。学生的学习年限不一，一般为12年。婆罗门学校既学人文科目，又学自然科目。印度在奥义书时期，不但数学、天文、建筑术、星占术已很发达，还因为需要正确诵经和解经而出现了语法学、发音学、音韵学等学问的萌芽，以后还有了逻辑学。学校为适应时势，要求学生学习发音学、音韵学、语法学、字源学、天文学和祭祀，作为习经的基础，这些知识被称为"六科"。规定"六科"是学习《吠陀》经典、正确进行祭祀的基本训练。讲述世俗事务的"副吠陀"亦属学习的内容。教学方式主要是古儒口头传授《吠陀》经典的语句，不加说明解释，而学生只需机械背诵，不准怀疑，且要记忆纯熟，不得有误。最初无书写学科，全凭口耳传诵；后来书写虽普遍使用，但口耳传习仍为主要教学方法。

12年的古儒库拉或阿什拉姆的学习结束后，学生要进行被称作"斯那塔卡"（snataka）的沐浴仪式，表明学生已经完成人生第一期的阿什拉姆学习并可进入第二期：结婚并担负起家庭重任，梵语称作"格厉阿斯塔"（grihastha）。人生第三期和第四期分别为森林隐士（vanaprastha）和云游各地的苦行者（sannyasi）。12年的古儒库拉或阿什拉姆学习就是为人生以后各阶段打下良好的基础。

除古儒库拉外，婆罗门教还在各处设置"陀儿"。这是一种简陋的学舍，一般有25名学生，免学费并供应食宿。陀儿散布在各农村集镇，受婆罗门控制较松，但仍需学习《吠陀》。有时几个陀儿联合起来，形成较大的学术教育中心。后来，这些学术教育中心逐渐发展成为高等学校，集中了大批婆罗门神职人员和学者，有的设坛讲学、招收门徒、研习学问；有的著书立说、阐明经义、解释神学；更有些学者相互诘难、共同讨论、共同研究，为古代印度高等学校的建立和高等教育的发展奠定了基础。

塔克撒西拉（Takshasila，又名Taxila、呾叉始罗）是古代北印度甘达拉王国的首都。公元前7世纪创建的塔克撒西拉大学，是婆罗门教的学习重镇，历数百年之久，最为显赫。尤其以哲学、雕刻、铸币和戏剧最为著名，语法学家潘尼尼（Panini）即在此完成其著名的语法著作。它曾吸引了世界各国的学者和印度各地的有志青年。设在贝那拉斯（Benares）的大学也很有声誉，它在塔克撒西拉衰落后成为修习婆罗门教教义和梵文的重要地方。

2　《吠陀》及附加文献

在相当长的时期内，印度古典文化是靠传诵、记忆得以保存。记述印度早期历史的文献主要是《吠陀》以及解释《吠陀》的梵书。梵语文献的数量仅次于汉语，远远超过希腊语和拉丁语的文献，内容十分丰富。

《吠陀》是印度上古时期的文献总集，是印度宗教、哲学、文学、文明的基石，历来被认为是印度教最古老的经典。"吠陀"本义是"知""知识"。《吠陀》全书共4部，分别为《梨俱吠陀》《娑摩吠陀》《夜柔吠陀》和《阿闼婆吠陀》。

《梨俱吠陀》成书最早，是印度最古老的一部诗歌集，"梨俱吠陀"意为"收录了赞颂众神之歌的圣书经典"①。《梨俱吠陀》编订年代在公元前1500年前后，计10卷、1028首、10552颂。包括神话传说、对自然现象和社会现象的描绘与解释以及与祭祀有关的内容。其中有不少描写神的诗歌，歌颂最多的神是众神之首的因陀罗（Indra），有250首；描写火神阿耆尼（Agni）的诗有200首。

《吠陀》的另外3部成书较晚，大体形成于公元前1000年代初。《娑摩吠陀》计2卷、1549颂，其中除75颂外，其余皆见于《梨俱吠陀》。《夜柔吠陀》计2卷，韵文和散文混合，其散文部分开梵语散文体裁之先河。《阿闼婆吠陀》计20卷、730首、600颂，多是神秘巫术、吉凶咒语，也有一些科学和医学思想。

《吠陀》附加文献主要包括由散文写成的"梵书""森林书""奥义书"等。梵书是附在《吠陀》之后解释《吠陀》的一类书籍，亦译"净行书""婆罗门书"，约产生于公元前10世纪下半叶。当时，古印度编纂、解释吠陀的派别甚多，各派都有自己的"梵书"，留存至今的仅十四五种。其中较为重要的有：属《梨俱吠陀》的《他氏梵书》、属《娑摩吠陀》的《二十五梵书》、属《黑夜柔吠陀》的《鹧鸪氏梵书》和属《白夜柔吠陀》的《百道梵书》。"梵书"的内容基本包括祭祀的起源、目的和方法与赞歌、祭词的意义，包括宗教神话传说、巫术、咒语和哲学观点，涉及社会生活和自然科学的一些问题。

"森林书"与"奥义书"附于梵书之后，在一定程度上独立于梵书。"森林书"音译"阿兰若迦"，乃取"森林中遁世者所读诵"之义为名。成书时间约在公元前10世纪下半期，系供婆罗门或刹帝利等上层种姓之婆罗门教徒过隐居生活时学习之用，为"梵书"之附属部分。在阐述祭祀理论或讲祭祀的仪式和方法时，侧重于讲人为什么进行祭祀以及人与自然、灵魂、神的关系，涉及对宇宙和人生之奥秘的探讨，其说幽微，在性质及形式上与梵书无大差别。现存之"森林书"有《昇弥尼森林书》《鹧鸪氏森林书》《他氏森林书》《憍尸多基森林书》4种。

---

① ［日］宫崎市定著，谢振译：《亚洲史概说》，民主与建设出版社2017年版，第41页。

　　"奥义书"是用散文或韵文阐发印度教最古老的吠陀文献的思辨著作。"奥义"的梵文是 Vpanisad，原意为"近坐""秘密相会"，引申为师生相传的"秘密教义"，又为"吠陀的最高意义"。已知的奥义书有108种，记载印度教历代导师和圣人的观点，讲人的本质、世界的本原，人和神、自然、灵魂的关系，人死后的命运等宗教性质的哲学问题。最早的奥义书约产生于公元前10世纪至公元前5世纪，很可能是世界上最早的体现深奥哲学思考的产物。[1]奥义书在很大程度上成为后来印度哲学的基础。奥义书证明了从早期吠陀时代的神秘主义世界观和梵书中记载的魔法思想向神秘的个人主义解脱哲学的逐步过渡。奥义书将个人灵魂—宇宙灵魂的观念与再生和轮回的信仰结合在一起，从根本上改变了古老的吠陀宗教，为后来的印度哲学的发展和佛教的发展铺平了道路。[2]

3　印章、塑像与乐舞艺术

　　印章是哈拉巴文化中有代表性的艺术品。印章多是用皂石、黏土、象牙和铜制成，形状及大小相差不大，一般在2—4厘米见方。在印章上刻有文字和雕画。与文字相结合的雕画以动物形象为多，并且常为较短的单行，多在20个符号以内，自右至左，字体清晰。迄今为止发现的印章已有上千枚。刻在印章上的动物形象，有老虎、大象、独角犀牛、野兔、鳄鱼、羚羊、公牛及身首奇异的动物等，出现最多的是一种无隆背的独角牛。印章中也有少量的人物形象。

　　哈拉巴文化遗址中还出土了一些包括动物和人物在内的赤陶、黏土的小雕像。赤陶作品中有大量的"母神"像，它们都突出地刻划了女性的特征。其他手工艺术品的制作也很发达。出土的陪葬品和一些装饰品中，有串珠、手镯、宝石珠等。

　　早在哈拉巴文化时期，印度人就已从事乐舞活动。在摩亨佐-达罗发现的一个裸体少女的青铜像被推断为女舞师形象。在哈拉巴还发现一个男舞师小雕

---

① ［日］宫崎市定著，谢振译：《亚洲史概说》，第44页。
② ［德］库尔克、罗特蒙特著，王立新、周红江译：《印度史》，中国青年出版社2008年版，第57页。

像的残余躯干。此外还出土了可以发出响声的哗啷器以及用陶土烧成的圆球形的吹奏器和哨子等。

最古老的《吠陀》本集《梨俱吠陀》是一部供祭祀活动演唱用的诗歌集。《娑摩吠陀》即颂歌《吠陀》，大部分由《梨俱吠陀》的颂歌组成。"娑摩"这个词原意就是"歌唱曲调"或"旋律"。《娑摩吠陀》保存了世界上最古老的旋律，在音乐史上占有极为重要的位置。

当时主要的乐器有套在脚踝处的铃铛脚圈、鼓、螺形号、顿达齐尼、维纳琴等。当时器乐合奏一般只有四五种乐器，即弓形竖琴、笛和鼓，以后还有琉特琴，偶尔还有唢呐类乐器。其表演既有独奏也有合奏。只要有一种弦乐器或者一个人声、一口鼓，或许再加上一件能保持一个基本音的伴奏乐器就能进行表演。

以音乐或舞蹈来谋生的人大都属于社会的最底层。音乐表演和舞蹈表演是首陀罗为上等种姓提供的服务项目之一。印度的高级艺妓——"加尼卡"受过多种教育，具有很高的修养。这些宫廷级艺妓要学习演唱、吟咏、舞蹈、表演、书写、绘画等课程，还要学习维纳琴、维努笛、木旦加鼓的演奏和测心术、制造香水、编扎花环、交谈、按摩等课程以及妓女应掌握的其他技艺和知识。

高级种姓的人们不仅欣赏最低种姓的乐师们的音乐表演，而且自己也参加音乐活动。按古代印度人的理解，舞蹈源自天神。舞蹈一方面具有宗教特性，具有魔力和祭祀的功能，另一方面也表达了生活中的欢乐。人们把传统的艺术舞蹈分为纯粹舞蹈、表现性舞蹈和戏剧性舞蹈。不用表情去刻画精神状态的舞蹈称之为"纯粹舞蹈"；能够捕捉或激发某种感情或情绪的舞蹈称作"表现性舞蹈"；而戏剧性舞蹈则借助于舞蹈的手法来表现印度天神和英雄史诗中的事件。

4 科学技术文明

早在新石器时代，南亚次大陆的居民就知道了如何引水灌溉农田。他们挖掘了许多水渠，与天然水塘、河流相接，用于引水浇灌离河流较远的农田，这些水渠有的是终年使用的，有的是季节性使用的。在印度河流域东南角的洛塔尔城（今古贾拉特邦内）的哈拉巴文明时期的一条人工渠道，宽7米，与一个大天然水库相连。在因那姆干也发现一条人工挖的灌溉水渠，宽4米，深3.5米，是早期吠陀时代的遗迹。哈拉巴文明时期的印度河流域的居民已经基本解决了控制洪水的问题。他们用土坯和砖修筑河堤，以防洪水泛滥。

古代印度人在医学、数学、天文学等方面都有不少成就。

古代印度的医药学很发达。哈拉巴文化时期遗址中的一些卫生设施如浴池、下水道系统，说明那时人们已有了一些医学卫生知识。印度古代医学体系的主流源起于吠陀文献的生命吠陀体系。与此主流体系相联系的，还有印度佛教医学体系、南印度泰米尔人的"悉达"（Siddha）医学体系等。《妙闻本集》记载了具有神话色彩的印度古代医学的传承过程：印度医学的始祖是梵天，梵天将医术传给了生主，生主再传给双马童，双马童又传给大神因陀罗，因陀罗再传给丹宛塔瑞（Dhanvantari），丹宛塔瑞最后传给了人类，人类早期最著名的医生是阿提耶（Atreya），在他的门下分出了如火、贝拉两大派别。

古代吠陀医学的重要历史文献是《阿闼婆吠陀》（即《禳灾明论》）。书中记有许多疾病的名称，如发热、咳嗽、水肿、肺病等，并记载了一些治病的方法，其中有不少驱鬼的巫术迷信内容。《夜柔吠陀》是古印度另一部很早的医学著作，书中提出躯干、体液、胆汁、气和体腔是人体的五大要素，与自然界中的地、水、火、风、空五大元素相对应。躯干和体腔是稳定因素，而体液、胆汁和气则是活泼因素，如果这些因素失调，人就生病了。这些论述成为古印度医学理论的基础。书中还记载有内科、外科、儿科等许多疾病的治疗方法和药物。从文献上看，古代印度医学几乎全归婆罗门主持达数百年之久，而且很早就建立了医院收容病人。印度医学已经拥有内容广泛的药典，使用了多种草药，到18世纪以前，印度的外科手术一直处于世界领先水平。

古代印度人在数学方面为人类作出了重大贡献。早在公元前1200年，《吠陀》就记载了大量的数学知识。其中，数字通常以10的几次幂表示。当时的数字和10的几次幂都有特定的吠陀语称呼。这种计数的方式被称为"十的力量"，考古学家认为正是这样的计数方式催生了古代印度的十进制计数系统，发明了零的概念。古代印度的数字符号最早被发现于一些印章上。婆罗米数字很早就被运用于书写。婆罗米数字是每个数字都用不同的符号表示，所以数量庞大也很复杂。直到大约公元前600年，婆罗米数字改用位值制计数。婆罗米数字被认为是阿拉伯数字的前身。没有印度的数学，后来欧洲的科学是不可能发展起来的。[①]公元前8世纪至公元前5世纪的《祭坛建筑法规》记载了修筑祭坛的法规，如要修筑等表面积的方形、圆形、半圆形的祭坛，或修筑两倍于正方形面积的圆形祭坛，就涉及不少几何知识。

印度的天文学起源很早。由于农业生产的需要，印度很早就创立了自己的阴阳历。在吠陀时代，印度人把一年定为360日，将一年分为12个月，每月30天，而后每逢5年又加上一个闰月（即第13个月）。在《梨俱吠陀》中就有十三月的记载。在古印度的天文历法史上先后出现过4部著名的天文历法名著，《太阳悉檀多》是其中最著名的一部。据说它成书于公元前6世纪，后人又有增改。书中记述了时间的测量、分至点、日食、月食、行星运动和测量仪器等问题。

在吠陀时代，人们一般认为天地中央是一座名为须弥山的大山，日和月都绕着此山运行，太阳绕行一周即为一昼夜。《太阳悉檀多》则认为大地为球形，北极为称作"墨路山"的山顶，那里是神仙的住所。日、月和五星的运行是一股宇宙风所驱使。为了研究太阳、月亮的运动，印度有二十七宿的划分方法，将黄道分成二十七等分，称为"纳沙特拉"，意为"月站"。二十七宿的全部名称最早出现在《鹧鸪氏梵书》。

四　吠陀教与婆罗门教

自古以来印度就是一个宗教十分流行的国家。宗教对印度人民的社会和文化生活有着极为重要的影响。世界上几个大宗教如婆罗门教、印度教、佛教和地区性的耆那教、锡克教等都发源于印度。

1　吠陀教

印度雅利安人的原始宗教信仰是对自然的崇拜。吠陀教是由公元前2000年左右雅利安人游牧部落的信仰逐渐演化而成，是印度古代宗教之一。

吠陀教渊源于对自然神的信仰与崇拜。早期吠陀时代的神灵观念是具有

---

① 　[美]罗兹·墨菲著，黄磷译：《亚洲史》，第121页。

主神倾向的多神教。有三界神：天界指伐楼拿、苏利耶（太阳神之一）、乌莎斯（黎明神）等；空界指因陀罗（雷神）、伐由（风神）、帕阇尼耶（雨神）等；地界指阿耆尼（火神）、婆罗室伐底（河神）、苏摩（酒神）、弟克罗（马神）、毗湿奴（这时候为牛神）等。此外，还有阎罗（鬼神）、罗刹（魔神）、阿地底（无限神）、伐尸（语言神）等神灵，弄不清他们属于哪一界神灵，也许就叫冥界神灵。诸神灵大部分是自然神，如雷神、雨神、风神、马神、牛神等；少部分是抽象神，如阎罗神、恶神（即魔神）、无限神等，这些神可能原是氏族部落的保护神。

在早期吠陀时代，雷神、天神、火神这些大神之间并没有统属关系，雷神因陀罗也是大神中的一员，后来逐渐寻求统一，把因陀罗、伐楼拿、阿耆尼之间互相联系起来，如"因陀罗-阿耆尼""因陀罗-伐楼拿"，逐步使神界有了上下的等级，大神旁边有受其管辖的次神。

早期吠陀时代已经有了从事阐释《吠陀》的著作和主持祭祀事务的僧侣阶层，即雅利安人中通晓《吠陀》、立志修行、懂巫术会咒语、有资格主持祭祀的人。他们常被看作有知识、有学问的人，受到人们的尊敬。不过这时的僧侣不是常住神庙的神职人员，那时还没有神庙、神殿。

早期吠陀时代没有神殿，也不认为神是在某一个地方长期居住。人们在森林空场和水源河流旁边选一块地方，临时搭一个棚子，修造一个土墩子，作为祭神的场所。人站在土墩旁边，面向大森林和水源举行祭祀仪式。祭祀时要向神献祭，以农业作物和植物的果实为供品，有时也以活人为供品，每次必备的供品是苏摩汁（或叫苏摩酒）。祭祀的日期一般选择在国王继位、播种和收获日期、战争开始和结束之日等。在祭祀时，由婆罗门种姓的专门人士念祷文，唱颂歌，并配以歌舞。

2　婆罗门教

婆罗门教形成于公元前7世纪，是在早期吠陀教基础上发展起来的。在公元前6世纪佛教和耆那教兴起以后，该宗教虽继续流传，但其主导地位让位于佛教，直到新婆罗门教即印度教产生。

婆罗门教在教义、组织形式、仪式和道德准则上都不同于吠陀教。吠陀教虽有执行宗教仪式的僧侣祭司，但还没有固定在一些人身上，没有正式形成一个专门的僧侣阶层，而婆罗门教中婆罗门就是一个有一定人数的、具有种种特权的庞大僧侣阶层。婆罗门教接受了吠陀教的众神，但对诸神的地位、性质和作用加以调整。

婆罗门教的基本教义是信仰"梵"与"梵天神""阿特曼"。"梵"，是梵文"Brahman"的省略，原文为清净、寂灭、无欲、无求等意思，它是婆罗门教的基本概念和基本原则。在婆罗门教那里，梵即是神，即是"生主"，是"全世界之主""天地万物的护持者"。它无形无状、无语无言，又为宇宙万物之主。人对梵的领悟、追求、崇拜是婆罗门教教义的基本出发点。

与梵相联系的高位神，是有形有象的梵天、毗湿奴、湿婆。其中梵天神为梵文"Brahma"（婆罗贺摩）的音译，是由梵的概念衍化出来的创造之神，梵天神的地位高于其他神，毗湿奴是由太阳神衍化来的保护之神，湿婆是毁灭之神，这是婆罗门教的三大神。除此之外还有为数众多的次神。

婆罗门教与梵相联系的一个概念和原则叫阿特曼（梵文为 atman）。阿特曼有时指躯体器官或呼吸，有时指生命或灵魂，有时指本质或自我。阿特曼是一种神妙的力量，它渗透在万物之中，是万物创造的原则，所以它是自我、灵魂、躯体、呼吸、本质等。

婆罗门教主张人生的最高意义和终极目的是达到"我"和"梵"结合为一种无差别的状态，这是婆罗门教的主要理论之一。婆罗门教的另一个重要理论是业报三世轮回解脱说。"业报"指对人的行为回报，"三世"即前世、今世、来世，"轮回"指"三世"的互相转换，"解脱"指不受轮回之苦。一个人之所以有这样的职业、地位、身份是前世行善或作恶的结果，而今世如何又决定了来世会怎样。

婆罗门教祭祀礼仪源于吠陀教，经祭司僧侣们的不断补充，日趋复杂烦琐。祭祀由祭司僧侣主持，主持人叫祭官，有主祭官和副祭官，对不同对象的祭祀请不同的祭官。在祭祀中，赞词颂句等内容大都来自规定的吠陀文献，请神和祈求神的佑助过程有严格的程序，祭祀时设祭场，祭场是流动的，布置也较为简单，祭祀礼仪有家庭祭和城邦祭。古婆罗门教并没有严格的组织。当时一般情况是把信奉《吠陀》经典并进行修行，给人祈祷、占卜或作巫术的人统称为僧侣或祭司。他们是一个特殊的社会阶层，具有相对固定性，但不是以寺庙、神殿为活动中心的集团，在公元前6世纪前后没有神庙，只有流动的祭坛和修行地。那个时候的婆罗门分为两种，一种是国王祭司或顾问；另一种是圣人，他们居住在森林里，只同向他们请教的人分享智慧。

婆罗门教的主要经典有吠陀文献、《梵经》和《摩奴法典》。《摩奴法典》既是古印度法律方面的经典，又是婆罗门教的法典。该书成于公元前2世纪至公元1世纪，自称是由梵天神之子摩奴神编制，由摩奴神的后代波利怙传到人间。其内容是关于梵天神的创造和派定、婆罗门的地位和礼仪成规、生活和修行规范、祭祀和业报、国王职责和种姓制度，基本上属于吠陀时代后期的习俗、惯例和法律条文与宗教规范，是婆罗门教的一部经典著作。

婆罗门教主张人要按照固定礼仪进行修行。这些礼仪即是婆罗门教对教徒们的规定，中心是学习《吠陀》经典、实行《吠陀》指出的道路、舍弃世俗的各种欲望。婆罗门教没有神庙神殿，教徒们的修行是在流动中进行的，并且修行的途径和方式是过苦行僧的生活。

五　古印度文明与美索不达米亚的交流

美索不达米亚很早就发展起贸易活动。公元前5000年美索不达米亚就存在地区间的贸易，并约在公元前4500年有了专业化的商业贸易探险活动。在新石器晚期遗址中，发现了不属于本地的黑曜石。据考证，美索不达米亚进口的黑曜石主要来自土耳其的凡湖地区和中部地区。

美索不达米亚地处交通枢纽的优越地理位置，具有发达的陆路交通、内河航运和航海路线，为远距离贸易创造了条件。

在阿卡德王朝时期，安纳托利亚高原、叙利亚和美索不达米亚之间已经建立起商业贸易关系。到亚述时代，由设在亚述城的商会组织商队，主要运输工具是驴子，行走的路线是穿过美索不达米亚北部平原，然后翻越陶鲁斯山，进入安纳托利亚平原。他们在安纳托利亚建立贸易殖民地，出口锡和纺织品，换回金和银。大量的金银财物通过贸易的渠道涌入亚述，大大促进了亚述的发展和繁荣。

公元前2500年，腓尼基人靠太阳和北极星来辨认航向，驾驶海船往来于东地中海和爱琴海上，发展海上贸易与海外扩张活动。考古发现证实，埃及通过红海与印度的交往也可以追溯到这个时期，波斯湾地区与印度的交往可追溯到公元前2000年以前。公元前10世纪，埃及法老希兰（Hiram）派自己熟练的水手同以色列-犹太王国国王所罗门的水手前往印度，从那里带回金银、珠宝、象牙、猿猴和孔雀等。古波斯帝国时期，大流士于公元前509年派遣舰队从印度河口出发，绕过阿拉伯半岛到达埃及。

在印度，有两条通向外部世界的国际通道。其中一条是陆路，以印度河流域为中心，向北偏西，经过伊朗、伊拉克来到底格里斯河流域和幼发拉底河流域，并经西亚的两河流域，向西到达叙利亚、地中海、南欧、北非。这条道路向北偏东也有出口。它通过兴都库什山，向北经过中亚两河流域，可以和七河流域、西域联系。公元前5世纪至公元前3世纪，阿尔泰山巴泽雷克古墓出土的印度洋和波斯湾沿海的产品，应该是通过这条通道传入的。另一条是海路，有两个出口，一个出口在恒河流域下游，即今孟加拉一带，这条海上通道可以通往马六甲、菲律宾、中国南海地区；另一个出口在印度河的入海口处，由此向南偏西，经过印度洋、波斯湾、红海，可直抵阿拉伯、埃及和地中海。

印度与美索不达米亚相距不远，陆路和海上交通都比较方便，在新石器时期，印度河流域已经与中亚和阿拉伯海沿岸居民进行贸易交换。新石器时代的印度农业作物以燕麦为主，而世界上最早的人工栽培燕麦出现在公元前8000年的西亚。印度次大陆的燕麦有可能是从西亚引进的。哈拉巴文明的农业作物很可能以燕麦和小麦为主。小麦原产地也在西亚，大约是在哈拉巴文明时期传入印度。

据考古发掘表明，最晚从公元前2500年起，印度和美索不达米亚之间就有了贸易往来。这一时期的印度物品已在苏美尔发现，苏美尔的物品也在印度发现。[①]印度的摩亨佐-达罗和坎贝湾的罗塔尔，濒临海岸，是重要的贸易中心和商业港口。罗塔尔遗址位于今阿赫麦达巴德附近，有上下城之分，除谷仓和城市排水系统、居民区外，罗塔尔发掘出一座长225米、宽37米的大型船坞，以烧砖和沥青修筑，有可以开启的闸门，这是目前世界上发现的最早的海港船坞，属于公元前2100年至公元前1900年，不仅反映了当时造船业的盛况，而且说

---

① ［美］罗兹·墨菲著，黄磷译：《亚洲史》，第89页。

明了当地与苏美尔的海上贸易已经十分活跃。这里及哈拉巴文化遗址的另一些地方，都发现了苏美尔的货物，苏美尔也发现了哈巴拉的货物，而在这两地之间的巴林岛上一处遗址则发现了两地的货物。看来它曾经是一个大的贸易中心，是来往苏美尔的许多贸易路线的交汇地。①印度与美索不达米亚的交流，不仅是物质方面的交换，与苏美尔的海上联系可能加速了印度河流域文明的兴起。印度河流域的人们从苏美尔人那里学会的是发展自己独特生活方式的动力。②

当时的西亚两河流域正处于苏美尔文明的后期。学者们一般认为，在苏美尔古代文献中经常提及的一个海外经商之地梅路哈，即指印度河文明地区。在苏美尔的尼普尔、乌尔等遗址中曾发掘出印度河流域特有的方形或长方形压印的印章，用皂石、象牙、红铜和陶土制成。在波斯湾的巴林岛也发现了这类印章。在苏美尔遗址中还发现了来自印度河流域的多节的陶制花瓶、棉花。据考古研究，从印度出口的大宗商品有铜、木料（如柚木）、石料（如闪长石、雪花石膏），饰品有象牙制品、天青石、红玛瑙、珍珠以及制成的装饰品等。③在伊朗高原西部的泰培·希萨和两河流域伊拉克的一些遗址中，还发现了印度河流域特有的肉红玉髓串珠等工艺品，这些产品甚至远销埃及的阿拜多斯，说明印度河文明时期印度与西亚的贸易往来是比较频繁的。

据研究，当时苏美尔平原的商品销往印度河流域的，主要是谷物、油类、酒类和亚麻制品等。在印度的摩亨佐-达罗遗址中出土了一尊用滑石刻成的老人雕像，在造型风格上与苏美尔人的头像雕刻很接近。这尊雕像翘首、面朝前，厚厚的嘴唇下留着较长的、细心梳理过的胡须，上唇剃刮干净，头发梳成卷状，贴头皮向后背着，发束中央饰一扁平的圆形装饰圈，双眼以贝壳镶嵌。引人注目的是他身着的长袍上装饰着三叶形图案。而这种三叶形在早期埃及、克里特岛、美索不达米亚是用来表现神圣的一种图案。

---

① ［美］罗兹·墨菲著，黄磷译：《亚洲史》，第91页。
② ［美］威廉·麦克尼尔著，施诚、赵婧译：《世界史》，中信出版社2013年版，第30—32页。
③ 周启迪、沃淑萍：《古代印度波斯文明》，第24页。

第八章
从孔雀王朝到笈多王朝的印度文明

一 从列国到帝国

1 列国时代

公元前6世纪至公元前5世纪，北印度开始了从小邦林立到统一政治国家的进程。从喀布尔河流域到哥达瓦里河两岸，逐渐形成了16个国家。这一时期，即公元前6世纪至公元前4世纪，被称为印度历史上的"列国时代"。这是古代印度国家普遍形成和发展的时代，也是各个国家由分立走向统一的时代。世界三大宗教之一的佛教也兴起于此时，所以也称这一时期为"早期佛教时代"。

除了这16个大国，还有一些小国。实际上，当时大大小小的国家总共有20多个。这些国家的政体形式主要有两种，即君主国与共和国，以君主政体为主。16国中有14个是君主国，只有跋祇和未罗及一些小国是共和国。当时的共和国又分为两种类型：一类由单一部落组成，如释迦国；另一类由部落联盟组成，例如跋祇就由9个部落联盟组成。共和国没有世袭的王，其首领称"罗阇"，由选举产生，类似于希腊、罗马的执政官。长老会议和公民大会是国家举足轻重的机关。国家内政、外交、军事、司法等大事，都由公民大会讨论决定。在君主国内，国王有较多权利和特权，如征收土地税和各种商业税、处置山林和无主的财产、征发劳役。国王还掌握军事、行政和司法方面的最高权力。有许多大臣辅佐国王，他们分别主管审判、军队、度量衡以及其他方面的事务。[①] 在列国时代晚期，君主国里的王权逐步加强，君主专制在某些国家逐步形成。

---

① 周启迪、沃淑萍：《古代印度波斯文明》，北京师范大学出版社2018年版，第61页。

这些邦国的形成与农业的扩展、对外贸易路线的控制以及一种新的战争形态密切相关。[①]公元前6世纪，印度的政治经济中心逐渐东移。16个大国大都在恒河中下游地区，唯一的南印度国家是阿湿婆，印度河流域只有乾陀罗和居楼两国。印度中心地区东移的原因，一是铁器的普遍使用，使印度中部和东部广大的丛林地区得以开发，恒河流域肥沃的平原和良好的气候更适宜稻谷的生长，越来越多雅利安人向东迁移，这一地区成为他们新的政治中心；二是外族的入侵。公元前518年，波斯帝国征服了犍陀罗和印度河流域，犍陀罗被列入波斯帝国的第七个行省之内，印度河流域成为人口最多的第二十行省。波斯帝国末期，鞭长莫及，当地各小国又重新兴盛起来。

公元前6世纪下半叶，北印度形成了阿般提、跋沙、居萨罗、摩揭陀四国争雄的局面，在恒河流域各据一方，并兴起了一个城市群落。据说，这一时期恒河流域产生了60余个新兴城市，其中8个大城市经济发达，人口众多，号称"八大城市"，即摩揭陀的王舍城、跋祇的吠舍厘城、居萨罗的舍卫城和阿踰陀城、迦尸的波罗疤斯城、鸯伽的赡波城、跋沙的憍赏弥城和犍陀罗的呾叉始罗城。这些城市，在当时都是"人民炽盛"的政治、经济和文化中心。

列国时代恒河流域的新兴城市中，手工业都很发达，据说有18种行业，包括纺织、制陶、铁器制造等。城市郊区出现了专业性的手工业村，如铁匠村、木工村、陶工村等。手工业者为发展手工业生产组织了手工业行会。城市商业的发展也促进了商业行会组织出现。大多数城市都有陆路和水路的运输线。次大陆的重要商路有两条：一条是恒河流域通往西北部的商路，这条路由摩揭陀首都华氏城的港口沿恒河水溯水而上，越恒河、印度河分水岭至旁遮普，与中亚、西亚的国际贸易线路相连接；另一条路是由北通往南方德干高原北部的道路，这条由喜马拉雅南麓向南至恒河流域和中印度，越那马达河，向南可至德干高原北部，向西可至西部沿海地区。这两条商路不仅沟通了次大陆广大地区的城乡贸易，而且沟通了内地与西北、内地与东部沿海各港口之间的海上贸易。

---

① ［德］库尔克、罗特蒙特著，王立新、周红江译：《印度史》，中国青年出版社2008年版，第64页。

摩揭陀位于现代印度比哈尔邦的南部，土地肥沃，农业发达，水陆交通便利，又有丰富的金、铁等矿藏，经济实力雄厚。公元前6世纪中期，摩揭陀为频毗沙罗（Bimbisara，即瓶沙王）所统治，建都于王舍城，和当时的许多强国保持着友好关系，摩揭陀国势渐强，据说他管辖着8万个村镇。各村有在村长领导下的村会议，中央则有由各村长组成的大会议。国王是最高统治者，下设大批官吏分掌行政、司法和军事。国王对他手下的高级官员实行严格的控制。在国内，他一方面热衷于佛教，另一方面实行严刑苛法。其子阿阇世（Ajatasatru）继位后，奉行对外扩张政策，进行了长达16年的战争，并吞并跋阇、憍萨罗、迦尸、鸯伽（鸯掘多罗）等国，势力扩展到恒河流域，包括孟加拉比哈。从此摩揭陀开始称霸列国。

在阿阇世王以后，首都迁到华氏城。华氏城位于恒河、宋河汇合处，水陆交通方便，商业地位和战略地位非常重要，对摩揭陀以后的发展，具有重要的经济和战略意义。迁都后，以王权为代表的刹帝利军事、行政贵族的经济、军事势力更加发展。希苏那伽王朝（Shishunaga）统治时期，摩揭陀征服了其西部强国阿般提，从此国势更盛。难陀王朝（Nanda）时，摩揭陀又一次大扩张，其扩张所及远远超出了摩揭陀的核心范围。摩揭陀征服了其最大劲敌居萨罗，基本上统一了恒河渡流域以及恒河以南中印度各国，为后来孔雀帝国的建立奠定了基础。

2 孔雀帝国

亚历山大东征，在灭亡波斯帝国后，于公元前327年越过兴都库什山侵入印度西北部。当时那里正处于小国分立的局面。亚历山大用了不到两年的时间，将其各个击破，并征服了旁遮普。他本想继续向恒河流域入侵，但由于士兵厌战，并且遇到了摩揭陀强大的抵抗，不得已于公元前325年顺印度河而下，分水陆两路，返回巴比伦。他撤兵后，将被征服地区交由两个印度地方政权统管，另设总督和马其顿驻军监管。

亚历山大撤军后，北印度地区动荡不安。大约在公元前324年，原为摩揭陀国首陀罗种姓的旃陀罗·笈多（Chan-dragupta，月护王）在西北印度自立为王，攻占了摩揭陀首都华氏城，推翻了难陀王朝，自立为摩揭陀国王。之后，他组织起一支据称有3万骑兵、9000战象和60万步兵的大军，攻打亚历山大大帝在印度河流域建立的军事要塞，夺取了旁遮普，使摩揭陀的国土从孟加拉湾延伸到阿拉伯海。之后，他又南下攻打中印度诸国，将领土扩张到德干高原。公元前317年，马其顿驻军全部撤离印度。从此，整个北印度在旃陀罗·笈多的统治下归于一统。旃陀罗·笈多建立的新王朝称为孔雀王朝（约公元前324年至公元前187年）。

公元前305年，塞琉古王国入侵印度，被旃陀罗·笈多击退。最后双方罢兵言和，签订了和约。根据这个和约，孔雀帝国获得了大体相当于今天阿富汗和俾路支斯坦一带的大片领土，从而扩大了帝国的版图。据称，在公元前298年，旃陀罗·笈多皈依了耆那教，他将王位传给了儿子宾头沙罗（Bindusara）。宾头沙罗继续向南方扩张，并且镇压了呾叉始罗的叛乱。至其去世时，孔雀帝国的版图已扩张到德干高原，整个印度半岛仅东海岸的羯陵伽及南端的几个部落尚未臣服。到宾头沙罗之子阿育王（Ashoka）时，征服了南印度的羯陵伽，完成了印度半岛的统一，将帝国带入极盛时代。至此，孔雀王朝的疆域，北起喜马拉雅山南麓，南至迈索尔，东抵阿姆河西界，西达兴都库什山，形成了印度历史上空前辽阔的统一大帝国。

孔雀帝国使印度主体部分第一次实现了统一，是古代印度历史上第一个幅员广阔、统一的君主专制大帝国。孔雀帝国建立了一个由单一权力控制着广大地区的局面，政治的统一与稳定使帝国的社会经济得以全面发展。它庞大的官僚机构和较完备的政治制度，在相当长的时期内，为印度历代统治者所效仿。

孔雀帝国是一个强大的君主专制帝国。国王是国家最高统治者，他亲自掌握国家的大政方针，统帅军队，握有司法权力，任免高级官员，颁布诏令。国王的诏令就是法律。国王之下设有庞大的官僚机构。中央政府有首席大臣、军事长官、财务大臣和税务大臣，他们充当国王顾问，辅佐国王管理国家。另外还有供国王咨询的大臣会议，名为"帕利沙德"。地方分划若干省，设总督统治。省下设县，地方的基层行政单位是村社，由村长管理。孔雀帝国还建立了严密的侦探制度，对从中央到地方的各级官员及庶民的行动进行侦查和监督。

孔雀王朝的国家官员主要分为三类。一是地方长官，负责管理水利灌溉，丈量土地，管理猎人，征税并监督与土地有关的人员，如伐木工、木匠、铁匠、矿工等。二是城市长官，分别监管工艺、外侨、生死登记、征税、零售商和度量衡、产品的制造和销售以及征收商品什一税。公益事业、物价调节、港口及寺庙的管理，也由城市长官负责。三是军事长官，分别管理海军、给养和运输、步兵、骑兵、战车及战象。孔雀帝国拥有一支实力雄厚的常备军，旃陀罗·笈多时军队有60多万人，是君主专制的强大支柱。

阿育王在位时，孔雀帝国的君主专制制度达到顶峰。阿育王在敕令中自称为"诸神的宠爱者"，神圣不可侵犯。阿育王继位后，即开始向外扩张。约公元前262年，他征服了其南方临海强国羯陵伽。这是印度历史上最大规模的、最有影响的战争之一，有15万人被俘，10万人被杀，死伤数十万。

但在这次征伐之后，阿育王本人及其内外政策，都发生了重大的变化。阿育王对残酷的羯陵伽战争所造成的灾难深感忏悔。他洞察到继续进行扩张战争将有害无益，它不再能为帝国带来大量利益，但却能阻碍帝国的巩固。[①]战后不久，阿育王皈依佛教，从此偃旗息鼓，转而大力宣扬非暴力的佛教和"法"（达磨）。阿育王的"法"以印度古老的道德准则为基础，强调孝敬父母，尊敬师长，仁慈友善，虔诚信奉。他将他的诏令和"正法"的精神刻在崖壁和石柱上，成为著名的阿育王摩崖法敕和阿育王石柱法敕。在这些公布的石柱法敕中，阿育王鼓励他的臣民遵守佛教的准则，并且表达了他要做一个公正、善良和人道的统治者的愿望。在阿育王的政策下，印度的不同地区很快融为一体，不断扩张的经济和稳定的政府使次大陆大受裨益。阿育王支持农业扩大规模，并因此大力兴修水利设施。[②]

孔雀王朝时期是次大陆农业和手工业大发展的时期。恒河流域铁矿的开采、冶炼促进了铁器制造业的发展。农民普遍从事纺纱、织布，次大陆出产的棉布在国内外都有广阔市场，恒河三角洲等地白色柔软的棉布在市场上享有盛誉。次大陆西北部和南部也出产棉布。其他的手工业如造船业也很发达，有制

① ［德］库尔克、罗特蒙特著，王立新、周红江译：《印度史》，第83—84页。
② ［美］杰里·本特利、赫伯特·齐格勒著，魏凤莲、张颖、白玉广译：《新全球史——文明的传承与交流》（上卷），北京大学出版社2007年版，第225页。

造内河和航海船舶的王家造船厂和制造船帆、缆绳、索具的作坊。

在旃陀罗·笈多时代修建了一条横穿次大陆北部的道路，这条道路从摩揭陀的华氏城到次大陆西北部山口的呾叉始罗。这条道路连接恒河流域、旁遮普和伊朗，是中亚的主要干线，在战略上和商业上都有重要意义。另一条重要道路是从华氏城通向次大陆中西部的乌阇衍那，再通向西海岸的港口布罗奇。除了南北两条大通道外，还有以华氏城为中心往西经乌贾因到西海岸的跋禄羯占婆（今布罗奇），往东到恒河口耽摩底（今塔姆卢克），再由海路通南印度。布罗奇与塔姆卢克为重要港口，是印度与西亚、两河流域、叙利亚、埃及、锡兰、缅甸等地交往的口岸。交通运输的发展使造船、造车业成为重要行业。通过这些交通道路，与外部的商业贸易扩大了，通向西北的道路可与伊朗、中亚通商，通过西海岸的布罗奇可与海湾地区、西亚、埃及通商，通过东海岸的耽摩栗底可与缅甸、锡兰、中国通商。

阿育王在转向佛教后，其对外政策也发生了重大转变。对于印度半岛极南端的边境诸国，他不再实行武力征服，而是与他们友好相处，还与塞琉古、埃及、希腊等国保持友好往来。

在独尊佛法、宣扬佛教的同时，阿育王对其他教派采取了宽容政策。阿育王专注于礼佛，向佛教僧团捐赠了大量的财产和土地，还在全国各地兴建佛教建筑，据说总共兴建了84000座奉祀佛骨的佛舍利塔。大约在公元前253年，在阿育王的赞助下，佛教僧侣在华氏城召开了佛教的第三次结集大会，编纂整理经、律、论三藏。此后，阿育王不仅派人到国内边远地区宣扬佛法，而且还派人到锡兰、缅甸、尼泊尔、叙利亚、埃及、希腊等地宣传佛法。相传，阿育王的一对儿女皈依佛门后，被派往锡兰传教，并获得成功。佛教在阿育王时代，开始越出国界，逐渐变成世界性的宗教。

3　贵霜帝国

孔雀王朝之后，又出现了几个短暂的王朝，但都没有孔雀王朝那样大的势力。最后，月氏人建立的贵霜王朝在印度建立起霸权，成为一个大帝国。

月氏人原来居住在中国西部河西走廊一带。公元前177年至公元前176年，匈奴战败月氏。月氏大部分被迫西迁，到达天山北伊犁河上游地区驻牧。

公元前139年至公元前129年，乌孙人在匈奴支援下西击月氏，夺占伊犁河流域。月氏被迫再次西迁，过大宛（今锡尔河中游费尔干纳盆地），据阿姆河北岸之地。而少数月氏人留在河西走廊，与祁连山地区的羌族融合。在中国古代文献中，西迁的月氏习称"大月氏"；留在昆仑山北，保南山羌，号称"小月氏"。大月氏在阿姆河北建立王庭，并于公元前126年吞并巴克特里亚，随后把都城南迁到阿姆河南的监氏城（又作蓝城，今巴尔克），统治整个阿姆河、锡尔河流域。

大月氏部族一分为五，设五部翕侯统治，各有辖区，贵霜是其中一部。55年，贵霜部翕侯丘就却（即西方历史所称卡德菲兹一世，Kujūla Kadphises Ⅰ）统一五部，建立贵霜帝国。丘就却又南下攻击喀布尔河流域和今克什米尔地区，后定都为高附（今阿富汗的喀布尔），初步奠定了帝国的基础。1世纪60年代，贵霜已统治索格狄亚那、巴克特里亚、喀布尔、呾叉始罗、犍陀罗、罽宾，可能还有西旁遮普。其后，贵霜向西扩展至赫拉特，控制了整个河间地区，并羁縻了康居和大宛。丘就却被尊为"诸王之王"。丘就却死后，其子阎膏珍（即西方历史所称卡德菲兹二世，Kadphises Ⅱ）继位，进一步南侵印度，吞并了西北次大陆许多由波斯人和塞人统治的小国，建立了对恒河流域上游的统治权。在中亚将势力范围扩展至花剌子模，吞并锡斯坦，国势大张，形成中亚的一个庞大帝国。他把被征服的印度地区交给一个副王管理，自己仍坐镇贵霜帝国的统治中心中亚地区。

阎膏珍死后，帝国陷入了混乱和倾轧。阎膏珍派驻在印度的将领迦腻色伽（Kanishka Ⅰ）乘势而起，夺得王位，成为贵霜王朝的统治者。迦腻色伽时期是贵霜帝国的鼎盛时期。迦腻色伽通过多年的对外扩张，建立起一个纵贯中亚和南亚的庞大帝国。其领土的范围，东至恒河中游，北自咸海、锡尔河、葱岭，南达纳巴达河的广大中亚、南亚地区。帝国的首都由中亚的监氏城迁到了印度西北部的富楼沙（今巴基斯坦的白沙瓦）。1—2世纪，贵霜帝国是与当时罗马帝国、安息帝国和中国的东汉帝国并驾齐驱的四大帝国之一。

贵霜帝国是以氏族贵族为主体的君主专制国家。帝国的国王享有至高无上的权力。迦腻色伽曾说，在他马蹄之下，一切非屈即碎。政治、军事、行政等大权都集中在国王手里。中央政府的要员基本上由大月氏贵族担任。对于被征服地区，一般仍保留其原有的国王，仅要求称臣纳贡。有时，贵霜统治者也用王族联姻的方式维系对地方小王国的控制。对帝国统治的中心地区北印度，则派出若干王族成员作为副王管理。小王国分为若干行省，设军事长官总督治理，各省进一步划分为地区，处于低一级长官的控制下；边远地区设要塞屯兵，以加强控制。

贵霜帝国在中亚的大河流域出现了集中开垦的农田，灌溉网络普遍得到发展，有些灌溉渠长达100千米以上。在费尔干纳盆地，形成了扇形灌溉系统。修建水渠的技术此时也有改进，原来宽而浅的水渠被窄而深的水渠代替，甚至在陡峭的山坡上也能开凿水渠。在一些缺乏灌溉条件的地区，人们修建小型蓄水池。在种植大麦、葡萄之外，甚至可以种植稻谷。在不适宜种植农作物的地区，人们饲养牛、绵羊、山羊、马和骆驼。手工业主要有制陶、金属加工、纺织和珠宝加工。金属加工中以武器为大宗。货币铸造也相当发达，其铸造方法和风格，既有希腊人的遗风，也有印度和中亚的特色，其铸币一般正面为国王半身像，背面为神像，且有一段铭文。

贵霜帝国处在东西方交通的要道上，当时几条主要的东西方交往的国际商路都经过贵霜帝国的领土。随着帝国经济的发展，特别是各地商业贸易往来的加强，帝国境内各民族间的经济文化交流也日益频繁。贵霜常派使者往罗马和中国。恒河河口、印度西海岸、索格狄亚那、巴克特里亚、喀布尔等地的贸易市场十分繁荣。贵霜成为中国丝绸、漆器，东南亚香料，罗马玻璃制品、麻织品等贸易物资的中转站；贵霜则输出胡椒、棉织品和宝石等。控制商路所获厚利为贵霜迅速勃兴提供了经济保障。

贵霜帝国是一个幅员辽阔的多民族国家，文化有混合色彩。月氏人在中国西北民族的根基上，又吸收了亚欧草原民族、中亚各民族以及希腊、印度和伊朗的文化影响。月氏人入据巴特克里亚之后，和当地其他民族混处杂居，语言融合了塞人、斯基泰人等的印欧语成分。帝国境内各民族的语言、文字出现了混合统一的趋势。在中亚各地，除了个别的部落和部族，大都使用彼此十分相近的、属于伊朗语的地方语言。而在这些语言中，以阿拉美亚语最为通行。贵霜帝国时期出现的粟特语便是以阿拉美亚语为基础形成的。该语言通行于帝国的北部和中部地区，以后又传到了中亚北部草原的游牧民族当中。

　　贵霜帝国的统治者对帝国境内各地、各民族不同的宗教信仰，采取了兼容并蓄、保护鼓励的政策。比如贵霜帝国诸王所发行的钱币上的神像有希腊神像、印度神像、波斯神像和佛祖释迦牟尼神像。这种文化宽容政策，促进了各地、各民族文化的传播和混合。在贵霜帝国时期，印度文化与西方文化发生了密切的接触和相互影响。融合希腊、印度传统文化的犍陀罗艺术即产生、发展、成熟于贵霜时代。

　　在贵霜帝国，佛教得到了迅速的传播。丘就却、迦腻色伽等统治者都是佛教的赞助者。迦腻色迦信奉大乘教派，从此印度佛教以大乘为主。他在首都建立起极其壮丽的寺院和佛塔，成为佛教的中心。中国东晋高僧法显巡礼印度时曾到过此地，他慨叹道："凡所经见塔庙，壮丽威严都无此比。"在迦腻色伽时期，传说在迦湿弥罗（即克什米尔）曾举行过佛典的第四次结集。两汉三国时，来华的外国僧人多数来自贵霜领地。最早来中国的印度高僧迦叶摩腾和竺法兰就是大月氏人。

4　笈多帝国

　　3世纪，在贵霜帝国四面都出现了新兴的政治势力。在北部，匈奴人势力逐渐强大，直接威胁贵霜帝国北部疆域。在匈奴人之后，柔然人强大起来，成为贵霜帝国北部的强邻。柔然不断向贵霜用兵，使帝国北疆出现新的威胁。在西部，波斯萨珊王朝兴起，成为亚洲西部的大国。萨珊王朝不断向东部蚕食，使贵霜帝国的疆域大为缩小。在这些势力的不断进攻下，盛极一时的贵霜帝国逐渐衰落，只剩下巴克特里亚、阿富汗、克什米尔和印度西北部的一小部分。到6世纪，仅存在于印度河流域的贵霜人的小王国彻底灭亡了。

　　在南部，分裂出许多小国家，其中以摩揭陀的势力最为强大。摩揭陀君主室利·笈多（Śri-Gupta）制服附近小国并自称"摩诃罗阇"（Mahārāja），意为"众王之王"。到室利·笈多之孙旃陀罗·笈多一世时，势力更盛。约308年，旃陀罗·笈多一世娶当地著名部族离车公主为妻，离车族统治华氏城及附近地区，旃陀罗·笈多一世因婚姻关系继承了华氏城，令笈多家族实力大增。320年，旃陀罗·笈多一世建立起印度历史上的笈多王朝。

　　笈多王朝初建时，以孔雀王朝的旧都华氏城为首都。旃陀罗·笈多一世为新兴王国奠定牢固基础，使附近一些小君主国逐渐臣服，以至今比哈尔邦的大部分、北方邦、西孟加拉邦都处于王朝之统治下。旃陀罗·笈多一世沿袭贵霜帝国以来君主夸大头衔的习惯，自封为"王中之王、大王"。当时他实际统治的辖区只有摩揭陀地区和恒河流域中部地区。约335年，旃陀罗·笈多一世的儿子沙摩陀罗·笈多（Samu-dragupta）继位，实行大肆扩张的对外政策，征服恒河上游地区及印度河流域东部地区，然后挥师东进，征服恒河下游及三角洲，最后挥师南下，进抵奥里萨及德干高原东部，势力直抵苏门答腊及爪哇。沙摩陀罗·笈多被称为"卡维罗阇"，即诗人国王。他把颂扬自己的铭文刻在有阿育王敕令的石柱上，列出了一长串被他征服的王国和各部落的名称。被征服的4个北方王国，主要是在德里四周和北方邦的西部。南方和东方的国王们被迫效忠，远及东海岸今马德拉斯附近。恒河平原西半部的9个国王都被"凶猛地赶走了"。中印度和德干诸部落的酋长们被迫交纳贡赋。阿萨姆、孟加拉等东印度的国王们，以及尼泊尔和旁遮普的小王国国王，也都是如此。拉贾斯坦的9个共和国被迫接受笈多王朝的宗主权。此外还有外国的国王前来交纳贡赋。沙摩陀罗·笈多之世，直接控制的疆域东起孟加拉（除东南角之外），北至喜马拉雅山麓，西抵旁遮普，沿雅木拿河而下南达温德雅山脉。

旃陀罗·笈多二世（Can-dragupta Ⅱ）时，笈多王朝达到极盛期，他被称为"毗克罗摩阿迭多"，即"超日王"（Vikramāditya）。他发动了一系列战争，击溃了塞人的入侵，兼并了西印度。388年起，超日王先后征服马尔瓦、古吉拉特及卡提阿瓦，领土扩至阿拉伯沿岸，控制北印度东西海岸的城市及港口。

中国晋代高僧法显旅印就是在超日王时期。他曾在华氏城留住3年，学习梵文，阅读梵书，抄写经律。法显记述了超日王统治时期北印度的一些情况。据法显《佛国记》记载，笈多王朝统治下"中天竺"一带"寒暑调和，无霜雪。人民殷乐"；"民人富盛，竞行仁义"。关于超日王时期的政治情况，法显说："无户籍官法，唯耕王地者乃输地利，欲去便去，欲住便住。王治不用刑罔，有罪者但罚其钱，随事轻重，虽复谋为恶逆，不过截右手而已。"时北印度政治形势比较稳定，罪犯不多，刑罚也不太重。国家官吏，即所谓"王之侍卫、左右"，都从政府拿俸禄。

在笈多王朝的鼎盛时期，领土西起旁遮普，东达孟加拉，南抵纳巴达河，几乎占领了整个次大陆的北部地区。

笈多王朝和孔雀王朝一样，实行君主专制制度，君主被称作"伟大的诸王之王，至高无上的主""最高的神"。笈多王朝的官僚机构在很多方面与孔雀王朝近似。国王是行政管理的中心，由王储辅政，另有各类大臣和顾问辅助。还设有专门的职能部门和大臣进行日常行政管理。大臣的职位一般是世袭的。文官和武官之间没有明确的区分，往往互相兼任，有时一人任数职。还设有一种新的官衔称号，称为"鸠摩罗摩迪耶"，各级官员就从获有这一称号的人中任命；封建主取得"萨曼塔"称号后，也被任用为行政官员，拥有相当大的权力。

地方的行政区划是省、县、联合村或村。省由副王管辖，多半是王族子孙担任。县长由获有"鸠摩罗摩迪耶"官衔的官员充任，通常隶属总督，有的直接受国王领导，有行会主事、录事长和地方其他头面人物协助工作。在帝国的省区范围外，还有附属的王国和部落共和国，继续由土著王公统治。他们仅在笈多国王强大时才肯称臣纳贡，王权一旦衰弱，就宣布独立，不承认笈多为宗主国。和孔雀王朝不同的是，笈多王朝的地方行政部门有相当大的独立性，地方官吏分级委任，而不是由君主和中央官僚机构派遣任命，除非这些任命对中央政权有特殊意义。

笈多王朝时期的城市实行自治管理。城市自治机构称为"尼伽马"。这个自治机构由"城市自治机构的主席""商人行会"的首席代表、手工业行会头目和文书长组成。城市的各个区中可能重复着类似的机构。市政管理官员由当地市民选举产生。市政委员会的权力相当大，可以发行自己的货币。另外，在城市管理中，居士长者始终是重要人物。农村公社是国家的基层组织，由村长和村中长老们组成管理机构，负责征发赋税。此时农村的税收计量单位是村庄，村庄集体向政府纳税，这样村庄内部也就有了相当的自主权。

笈多王朝统治下的北印度，政治稳定，经济繁荣，文化昌明，宗教宽容，在文学、艺术、建筑、哲学和政治等方面都出现了著名学者和有价值的作品。美国历史学家麦克尼尔说笈多帝国时代是印度的黄金时代。他说，在笈多帝国时代，印度文化达到了优雅和完美的程度，完成了雅利安-婆罗门文化的最后融合，成为后代理想化的标准。同时，印度人成功地对之前从希腊化世界和波斯那里接受的文化激励作出了反应。因而笈多时代使人想到中年人成熟的力量而不是青年人玩世不恭的态度。[①]

笈多王朝重视水利灌溉，特别加强水利工程建设，促使北印度农业发展，推动铁农具使用。谷物种植包括大麦、小麦、水稻、黍米、豆类、芝麻等，经济作物包括棉花、大麻、甘蔗、亚麻、生姜，另有蔬果培植。家畜业包括黄牛、水牛、骆驼、驴、绵羊及山羊，并且把著名的棉花种植引入其他邻近国家。笈多王朝的手工业同样发达，包括棉织、丝织、毛织、武器制造、金属制造、珠宝首饰、采矿冶金等，另造船业极盛，以产多桨帆船著名。贸易交换多为贵族之奢侈品，与亚欧非多国有来往。在印度发现大量罗马、大夏（巴克特里亚）及波斯之货币。

在对外贸易方面，笈多王朝东方以恒河口的耽摩粟底港（今西孟加拉塔姆卢克港）为出海口，与东南亚及东亚诸国贸易，并于印度支那及马来群岛建立商业殖民地；西方以古吉拉特港口出阿拉伯与东非及波斯湾诸国贸易。陆路以西北部印度河流域为出口，北上中亚与丝绸之路连接，西通欧洲，东至中国。

笈多国王还奖掖学术，重用学者。其宫廷大臣有的就是著名学者，在天文、数学、医学、冶金等方面也取得了巨大成就。生活在笈多王朝后期的大数学家和天文学家阿耶波多（Āryabhaṭa），其作品《阿里亚哈塔历书》提供了精确度达5个有效数字的圆周率近似值。此外，他还根据天文观测，提出日心说，并发现日月食的成因。1881年发现的笈多王朝《巴赫沙利》手稿，其中处理了包括不定方程和不尽根逼近在内的算术和代数问题。笈多王朝时期印度的医学、兽医学和药物学也取得了巨大成就。

笈多王朝国王信奉印度教，但对其他宗教信仰也采取宽容态度，各种宗教和印度教的各教派都在自由发展。笈多王朝的大臣和高级将领就有信奉佛教和湿婆教的。大乘佛教中心那烂陀寺已成为笈多王朝及其以后的文化和学术中心。传说这个寺院创建很早，但考古学家发掘证明，寺院的房基属于笈多王

---

① ［美］威廉·麦克尼尔著，孙岳、陈志坚、于展译：《西方的兴起：人类共同体史》（上册），中信出版社2015年版，第399页。

朝时期。超日王之子鸠摩罗·笈多一世（Kumāra-gupta I）时开始修建那烂陀寺，以后诸王又相继扩建，使那烂陀寺成为规模宏伟的最高学府。

笈多王朝的鼎盛时期是4世纪后期和5世纪初。5世纪末，来自北方的嚈哒人占领北印度大片领土，一些属国纷纷自立，笈多王朝统治的地区只剩摩揭陀及其东南的一小部分，成为偏居一隅的小朝廷。以后笈多政权逐步遭受侵蚀而消亡。

二　古印度的百科全书《摩奴法典》

在古代印度有许多名目繁多的法经（Dharma sūtra）和法论（Dharma śāstra）的传世之作，其中《摩奴法典》是影响最大、最重要的一部。《摩奴法典》又称《摩奴法论》，是古印度国家有关宗教、道德、哲学和法律的汇编之一。传说是由天神之子摩奴制定，再由其后代波利故传到人间。学术界认为，该法典实际上是婆罗门教的祭司根据《吠陀》经典与传统习惯编成。法典内容驳杂，大约编成于公元前2世纪至公元2世纪，大体上相当于孔雀王朝及其后一段时间，最后编定可能是在笈多王朝初期。

传至今日之《摩奴法典》共12章，2684条。第1章叙述了法典产生的经过，宣扬法典是基于神的教导制定；第2章规定了婆罗门应当研习的宗教及法律规范；第3—6章详细规定了婆罗门日常生活的行为规范，其中宗规戒律占多数；第7章规定了国王治理国家和统率军队等的责任；第8—9章是关于债权、婚姻家庭和继承、诉讼以及刑法等方面的法律规范；第10—12章是关于各种姓的法律规范和有关赎罪、布施、各种违反道德规范的罪过及报应轮回的条文。

《摩奴法典》确认神权政治，赋予国王无限权力，以加强君主专制统治。其核心是维护种姓制度，以法律形式将婆罗门、刹帝利、吠舍和首陀罗的不平等地位固定下来，加以神圣化，规定婆罗门享有一切特权，首陀罗为最低等级，要服从高级种姓的统治。法典还严格维护种姓制的婚姻家庭关系，依据种姓高低确定犯罪与刑罚等。

孔雀王朝时期，随着社会经济的发展，种姓制度日趋严格。社会经济发展导致各等级的分化，高级瓦尔那婆罗门、刹帝利中有的人经济地位下降，不得不从事低级种姓的职业，如农业、畜牧业、商业、手工业等。而在吠陀和首陀罗中则有富人上升为奴隶主。在这种情况下，统治者为维护高级种姓的利益，在《摩奴法典》中提出适应社会发展潮流的变通原则。《摩奴法典》规定高级种姓的人可从事低级种姓的职业，低级种姓的人不能从事高级种姓的职业。高级种姓的人可以让低级种姓的人为奴隶，低级种姓的人不能让高级种姓的人做奴隶。高级种姓的人可娶低级种姓的人为妻，严禁低级种姓的男子娶高级种姓女子为妻。

种姓制度另一重要的变化表现在吠舍和首陀罗中产生了许多从事不同职业以职业世袭和实行内婚制的独立集团。这些集团，梵语称之为"阇提"。《摩奴法典》提到的"阇提"有59种。《摩奴法典》中谈到阇提中社会地位最低的是旃荼罗。他们被认为是不可接触的"贱民"。他们住在村外，不许和他们以外的人来往，婚姻也只能在内部进行。法令和习俗对他们衣食住行作了许多限制。如只能穿死人的衣服，用被人遗弃的破罐、破碗吃饭，戴着铁的装饰品，夜间不能在村庄和市镇走动，白天应按国王命令带标志行走，他是普通人"不可接触"的恶人、贱人。旃荼罗从事的工作是搬运无主的死尸和充当刽子手。

《摩奴法典》涉及印度生活的各个方面，对礼仪、习俗、法律、政治、宗教、军事等有细致的规定，维系着印度社会的等级秩序，可以看作是古印度的百科全书。

三　列国时代的"百家争鸣"

在列国时代，古印度的婆罗门教已经与现实社会的变迁不相适应，人们对社会、人生和自然现象以及它们之间的关系进行思索和争论，出现了为数众多的新学说和学派，形成了"百家争鸣"的局面。

1　沙门思潮

当时印度有两大相对立的思想潮流：一是正统的婆罗门教，一是反婆罗门教的异端思潮或自由思潮，即所谓"沙门思潮"。沙门的原意是"努力修行的人"，他们常与婆罗门生活方式不同，有的以求乞为生，从事各种苦行和瑜伽的修炼；有的从事医生、星相家等职业。他们结成僧团或派别，在群众中宣传自己的信条。

　　沙门思潮派别众多，据佛教经典记载，有"六十二见""九十六外道"，据耆那教史籍记载，有"三百六十三见"。沙门思潮各派有自己的领袖，形成自己的学说。沙门思潮各派争论的主要问题有"世界的起源""人生的归宿""有无因果""世界和自我是否常住不变""世界是有限的还是无限的""人死之后灵魂是否存在"等。沙门思潮在古代印度哲学思想的发展中占有重要地位。

　　沙门思潮的重要代表是原始佛教和六师学说。"六师"是当时6位著名思想家，即阿耆多·翅舍钦婆罗（Ajita Kesakambalin）、末伽黎·拘舍罗（Makkhali Gosala）、尼乾陀·若提子（Nigantha Nataputta）、富兰那·迦叶（Purana Kassapa）、婆浮陀·伽旃那（Pakudha KaccAyana）和散惹耶·毗罗梨子（Sanjaya Belatthiputta）。阿耆多·翅舍钦婆罗是顺世论的先驱，他主张世界的基础是物质，物质由地、水、风、火四大原素构成。意识也由不同物质以特殊形式结合而生。人死之后，原素分解，各归其身，诸根归入虚空。不存在永恒的脱离肉体而独立活动的灵魂，没有天堂、地狱和来世。反对因果报应论和烦琐的祭祀仪式。佛教称该学说为"断灭论"。末伽黎·拘舍罗认为世界是按照既定程序绝对安排好的，人的意识和行为不论善恶都影响不了整个既定过程。修行和作恶对解脱都不起作用，人生历程完全是由宿命决定的。他的学说被称为"阿什斐伽派"。尼乾陀·若提子主张以修苦行，离世间之衣食束缚，而期远离烦恼之结与三界之系缚。这一派不以露形为耻，故世人贬称为"无惭外道""裸形外道"。富兰那·迦叶主张善恶没有固定标准，一切事物的产生、发展和消亡的过程都是偶然的现象，因此不因布施、祭祀而得福报，不因杀、劫而有恶报，反对因果报应和祭祀礼仪。婆浮陀·伽旃那认为宇宙万物均由永恒不变的地、水、风、火、苦、乐、命七种元素组成，元素本身既不被创造，也无转化，元素之间互不相触，无论作苦作乐、受罪享福均不能使其转变。散惹耶·毗罗梨子是怀疑论者，不承认认知有普遍的正确性，而主张不可知论。他认为善行恶行的果报，既是有，又是无；既是有无，又是非有非无。

　　六师学说总体上表现出一股强大的怀疑、批判的思潮。六师之间观点不同，也有争论、责难，但他们有一个共同点，即具有反婆罗门教的倾向。在世界观和认识论方面，他们相信自然界的原因或规律比神的创造更为重要，反对梵天创世说，认为来源于实践的人的知觉、经验，比吠陀天启更有效。在社会伦理观方面，他们反对婆罗门教的"法"、业报轮回、天堂来世等，相信通过人的努力可以在现世获得幸福。

后来，佛教将此六师的各15名弟子，加上六师，总称96种外道。因六师又各分韦陀、一切智、神通3种，因此总称18师外道。

德国哲学家雅斯贝尔斯把公元前800年到公元前200年这一时段称为"轴心时代"。他认为，在这一时期，在中国、印度、波斯、巴勒斯坦和希腊几乎同时而又各自独立地奠定了人类的精神基础。这个时代产生了所有我们今天依然在思考的基本范畴，创造了人们今天仍然信仰的世界性宗教。也就是说，这个时代构造了全人类文明的文化基线，成为直到今天的几千年世界文化发展的现实起点和基础。在印度列国时代的众多学派所形成的百家争鸣，与公元前8世纪至公元前4世纪的希腊文化繁荣和中国春秋战国时期的百家争鸣一起，构成了人类历史上精神觉醒的巨流，为人类文明的发展作出了重要贡献。①

2　耆那教

耆那教（Jainism）兴起于公元前6世纪至公元前5世纪，与这一时期的沙门思潮的兴起密切相关。"耆那"（Jainia）是指"胜利者""完成修行的人"，故该教又称"胜利者的宗教"。

该教自称是最古老的宗教，有24位祖师，其中第23位叫巴湿伐那陀（Parwvanatha），大约是生活在公元前8世纪至公元前7世纪，当时婆罗门教还处于兴盛期，相传他娶阿踰陀国王的公主为妻，曾率兵打仗，30岁出家修道，经83天就修炼成道。在他以后就是筏驮摩那（Vardhámana）。

筏驮摩那，佛教称他为尼乾陀·若提子，是"六师"之一，意指"离系亲子"，耆那教尊称他为"大雄"（Mahavira）。相传"耆那"又是创教人筏驮摩耶的称号。他生活于公元前6世纪至公元前5世纪，属刹帝利种姓，父亲是

---

① 周启迪、沃淑萍：《古代印度波斯文明》，第95页。

贝拿勒斯一个小王国的君主。他家庭富裕，生活奢华。他婚后生有一女，但并不感到幸福。他父亲死后，大约30岁时他便立志出家苦行，寻找解脱不幸的宗教途径。第一年他先后游历了许多地方，如库马罗等地，公元前568年来到那烂陀，途中艰难跋涉，衣服破烂不堪，从此裸体行乞。在那烂陀，他偶遇蒙克利·高夏勒，两人结伴同行。在与高夏勒共同生活的5年中，他们曾多次被当作密探、盗贼而受到诬陷，后因两人意见分歧而分道扬镳，筏驮摩耶独自来到了罗啥。他每年除4个月的雨季时需要居住在一个地方外，其余时间都是到各地漫游。在极端困难条件下，他苦心修炼，长达12年之久。当他苦修到13个年头时，终于在吠耶婆达东北建皮耶村的一棵沙罗树下觉悟成道，时年42岁。

筏驮摩耶成道后，先后组织教团，宣传教义，进行宗教改革活动，长达30多年，他于公元前527年死于巴瓦，终年72岁。他的主要活动地区是今天印度的比哈尔邦、西孟加拉邦的西北部、北方邦的东部和奥里萨邦等地区。耆那教最初的活动中心是恒河流域，公元前3世纪，由于摩揭陀地区连续12年发生灾荒，于是耆那教开始由北向南转移到南印度德干高原和西印度地区。

耆那教经过几个世纪的发展，到1世纪左右分裂为天衣派和白衣派。后来两派又继续分裂。白衣派主张男女一样能获得拯救，各种姓一律平等，否认裸体的必要性，主张僧侣穿白袍。允许出家人占有一定的生活必需品，允许男女结婚生育等。这一派主要活动区域是印度的拉贾斯坦邦、古吉拉特邦等地。天衣派亦称"裸体派"，注重苦行，歧视妇女，禁止妇女进入寺院和庙宇，对白衣派的主张均持反对态度，要求僧侣基本上裸体，只有最伟大的圣人才能全裸。这一派主要活动在南印度的卡纳塔克邦以及北方邦。

"命""非命""三宝""五戒""苦行"是耆那教的基本概念和基本原则，中心问题是灵魂如何解脱。"命"即灵魂。人与动物等生命体（也包括神、魔鬼在内）有动的"命"，地、水、火、风等无生命有静的"命"，灵魂附在物质上就会受物质的束缚，这就要求有一个不受物质束缚的灵魂，从而达到人生的最高追求。"非命"，即非灵魂，是摆脱了肉体、物质之后的灵魂的活动场所。"三宝"是灵魂解脱的三条道路，即正智，学习该教的经典和教义；正信，信仰该教的经典和教义；正行，实行该教的教义和戒律。"五戒"即正行的五种禁忌，有不杀生、不妄语、不偷盗、不奸淫、不蓄私财。"苦行"即正行的修行方法，分内外两种：外苦行指节食、斋食、限食、不食珍馐美味、独坐、忍受身体之苦痛等；内苦行是赎罪忏悔、节制言行和思想、禅定、舍弃身心烦恼、勤于正智正信等。按耆那教的说法，人这样做了，也就使自己的灵魂解脱了怒、骄、贪、惑等"业"的束缚，从而获得了"无涯智慧""无限信仰""无量力能""无尽欢愉"四种"至善"。

《十二支》是公元前3世纪根据筏驮摩那的教义整理而成，耆那教奉为经典。总计5部、25种，有分支、付支、杂记各经卷，实际只有11支为真传，第12支散佚。除了上述经典以外，还有大量关于哲学、逻辑、文法、历史、教理方面的著作。

耆那教起初反对婆罗门教的诸神和祭祀，后来把教祖大雄看作全知全能的最高神，创造出了各种神话，并建立寺院庙宇，吸取和改造婆罗门教的诸神形象，出现了偶像崇拜及各种崇拜形式。

8—12世纪，耆那教在印度部分地区由于受到当地统治者的重视与支持而得到发展，如在卡纳塔克、古吉拉特等地修建了不少耆那教寺庙，使"非暴力"思想广泛传播。由于耆那教的提倡，使"非暴力"思想成为印度道德中最显著的一个特点。实际上，"非暴力"思想在印度乃至在其他地区都产生了深刻而长远的影响。[①]

12世纪后，随着外族的入侵和伊斯兰教的传入，耆那教徒大批被杀，不少寺庙被焚，致使耆那教遭到很大破坏。13世纪，耆那教处于衰微状态，但在南印度的泰米尔纳杜和卡纳塔克等地的耆那教仍有秘密活动。15世纪中叶至18世纪，耆那教在历史上出现了多次改革运动。最早的改革运动由古吉拉特的白衣派发动，其领导人为郎迦·辛哈（Lonka Singh），故称"郎迦派运动"，以反对偶像崇拜和烦琐的祭祀仪式为宗旨。1652年出现了以罗瓦吉（Lavaji）为领导的斯特纳格瓦西派运动（sthanakavasi）。耆那教的天衣派也出现了改革运动，如北印度的天衣派分支毗娑盘提派（Bisapanthi）提出建筑富丽堂皇的寺庙和供奉更多神明的主张，特罗般提派（Terapanthi）则强烈反对他们的主张，明

---

① ［美］杰里·本特利、赫伯特·齐格勒著，魏凤莲、张颖、白玉广译：《新全球史——文明的传承与交流》（上卷），第232页。

确反对偶像崇拜和烦琐的祭祀活动。

由于宗教信仰的原因，耆那教徒一般不从事以屠宰为生的职业，诸如当兵、屠夫、皮匠等，甚至也不从事农业。在他们看来农夫犁地也会伤害虫类等生物，所以耆那教徒从事商业、贸易或手工业的较多。

四　佛教的创立与传播

1　释迦牟尼与佛教的创立

佛教由印度释迦牟尼所创。释迦牟尼原名悉达多（Siddhartha），姓乔答摩（Cantama，旧译为"瞿昙"）。一般认为释迦牟尼是生于公元前565年，卒于公元前486年，约与中国的孔子差不多同时。"释迦牟尼"是佛教徒对他的尊称，意为"释迦族的贤者"。

释迦牟尼所处的时代相当于印度历史上的列国时代。传说释迦牟尼是古印度北部迦毗罗卫国的王太子，父亲是净饭王（Śuddhodana），母亲是天臂国王之女摩诃摩耶（Mahamaya）。按照印度古代的风俗，妇女怀孕后要回娘家产育。摩耶夫人因为产期临近，在回天臂国的途中生下释迦牟尼。他出生的那一天即四月八日被佛教定为"佛诞节"或"浴佛节"。释迦牟尼出生后7天，母亲便去世了，由其姨母摩诃婆阇波提（Mahaprajapati）夫人抚养。释迦牟尼少年时代接受婆罗门教的传统教育，学习《吠陀》经典和五明，兼习兵法与武艺。到成年时，娶同族摩诃那摩（Maha-naman）长者的女儿耶输陀罗（Yasodhara）为妻，生有一子名罗睺罗（Rahula）。

释迦牟尼14岁那年曾驾车出游，在东、南、西三门的路上先后遇到老人、病人和死尸，亲眼看到那些衰老、清瘦和凄惨的现象，非常感伤和苦恼。后在北门外遇见一位出家修道的沙门，从沙门那里听到出家可以解脱生老病死的道理，便萌发了出家修道的想法。到29岁时，他不顾父王的多次劝阻，毅然离开妻儿，舍弃王族生活，出家修道。

离家之后，释迦牟尼先到王舍城郊外学习禅定，后又在尼连禅河畔的树林中独修苦行，每天只吃一餐，后来7天进一餐，穿树皮，睡牛粪。如此经过6年，身体消瘦，形同枯木，仍无所得，无法找到解脱之道。于是便放弃苦行，入尼连禅河洗净了身体，沐浴后接受了一个牧女供养的乳糜，恢复了健康。随后，他渡过尼连禅河，来到伽耶城外的荜钵罗树（后称菩提树）下，沉思默想。据说，经过7天7夜，终于恍然大悟，确信已经洞达了人生痛苦的本源，断除了生老病死的根本，使贪、嗔、痴等烦恼不再起于心头。这标志着他觉悟成道，成了"佛"。"佛"即"佛陀"，意为"觉者""知者"。这一年释迦牟尼35岁。

释迦牟尼成佛后，便开始了他的传教活动。他在鹿野苑找到曾随他一道出家的阿若憍·陈如（Ajñāta Kauṇḍinya）等5个侍从，向他们讲述自己获得彻悟的道理，佛教史上称这次说法为"初转法轮"。陈如等5人信仰了佛陀教义，成为他的首批僧侣，号称"五比丘"。不久，他们到各地旅行，足迹遍布恒河流域。所到之处，专心讲道，奠定了原始佛教基本教义，并组成了传教的僧团。据说这时弟子有500人，其中著名的有大迦叶、舍利弗、目犍连、阿难陀、优婆离等"十大弟子"，佛、法、僧这佛教的"三宝"已具备，佛教开始正式形成。

2　佛教的基本教义

释迦牟尼的教义是从批判与继承印度传统的婆罗门教而来的。他用佛教特有形式，表现了印度宗教传统的"业报"与"轮回"思想，其基本教义是"四圣谛""八正道""十二因缘"等。

"四圣谛"是早期佛教理论的基本要点，它的核心是宣扬整个世界和全部人生为无边之苦海。"谛"是实在和真理的意思，"四谛"就是人生在世应该穷尽"苦、集、灭、道"的根本道理。"苦谛"是说世俗世界的一切，本性都是苦。"集谛"是指造成痛苦的各种理由或根据，"集"是因，是由"无明"和"渴爱"所引起的贪和欲，即所谓"业"与"惑"，导致生死轮回的产生。"灭谛"，指断灭产生世俗的一切痛苦的原因，从而超脱生死轮回，达到无苦"涅槃"的佛教最高的理想境界。"道谛"指为实现佛教理想所应遵循的途径和方法。

这些方法概括为八种，即"八正道"。"八正道"也称"八圣道""八支正道"，主要解释道谛所须遵循的8种途径，即正见、正思维、正语、正业、正命、正精进、正念、正定。这"八正道"归结起来，意思是要佛教徒循规蹈矩地生活，绝不做也不想任何"非分"的事，在清心寡欲和精勤不息的修行中度过一生，求取幻想中的永恒幸福，这样，便可由凡入圣、通向涅槃，获得个人解脱。

"十二因缘"也称"十二缘起"，是苦、集二谛的延伸，其主要内容是解释人生痛苦的原因和论述三世轮回。"缘"意为关系或条件，所谓"缘起"即诸法由缘而起；宇宙间一切事物和现象的生起变化，都有相对的互存关系和条件。佛陀常用"此有则彼有，此生则彼生，此无则彼无，此灭则彼灭"来说明缘起的理论。佛教的缘起说主要是针对人生问题来谈的。人生可以分为12个彼此互为条件和因果联系的环节，即无明、行、识、名色、六处、触、受、爱、取、有、生、老死。佛教把这12个部分看作总的因果循环链条，每部分间顺序成为一对因果关系，而配合三世说，即成三世两重因果：过去因感现在果，现在因感未来果。因此，任何一种有生命的个体，在未获得解脱前，都须依此因果律在"三世"和"六趣"中生死轮回，永无终期；而人们贫富、贵贱、寿夭等差别根源也在这里，其中"无明"是一切痛苦的源头。佛教认为，只有消除"无明"，皈依佛法，才能求得解脱，断绝轮回，达到无苦"涅槃"的理想境界。

上述早期佛教的基本教义，在其后的发展中被概括为3条不能移易的根本义理，称作"三法印"，即诸行无常、诸法无我、涅槃寂静。"印"就是"印玺"，有印信、印证之义。这里借用来比喻佛教的主要教义，要用这3种标准来证明其是否为真正佛法。

佛教反对婆罗门教和瓦尔那等级制度，主张众生平等。佛教因此受到人们的欢迎。释迦牟尼成道后第45年，已达80岁的高龄。他旅行到拘尸那国时，不幸身染恶疾，最后于拘尸那迦城附近的娑罗树林中逝世。此时娑罗树皆变为白色，犹如白鹤，因而称为鹤林。弟子们认为他进入涅槃境界，称为灭度。这一天为二月十五日，后来被佛教徒尊为"涅槃节"。释迦牟尼的遗体火化后，所有舍利被8个国王分去，各在其本国建塔安奉。后来印度高僧到中国时也有带来佛身舍利的。

3　佛教的寺院教育

佛教兴起后，寺院成为佛教教育的最重要场所。在寺院，由成年僧侣监督僧徒学习和修行，它实际上就是佛教学校。佛教教育着重宗教信仰的培养，主要学习佛教经典，同时学习文化科学知识。佛教徒长期钻研哲理，阐明教义，高僧辈出，取得重大学术成就，许多寺院成为高等学府。

佛教以慈悲为怀、普度众生相标榜，认为不只婆罗门、刹帝利和吠舍等再生种姓可以脱离轮回转生，达到解脱的境地，首陀罗同样能通过修行而登上彼岸。它对劳苦大众表示关切，广设寺庙，使教育面向较多的群众。佛教要求教徒出家修行，以寺院为教育场所。

在阿育王定佛教为国教后，佛教及佛教寺院尤为发达。佛教寺院常建于距离城镇不太远的地方，以方便信教弟子参与佛事活动。寺院一般设有经堂、会议室、寝室、储备室、修行室、花园及沐浴设施等，便于僧侣修行和学习使用。由于寺庙有财有势，社会上形成"入寺习僧"的风尚。从此庙宇日多，僧徒日众。

寺院重视信仰的培养，因而修行是佛教教育的核心。僧徒通过遵守清规戒律以养成善良行为，继而虔诚信佛以消除尘世情欲并进而获得精神上的解脱。沐浴、斋戒、行乞、礼佛，是寺院教育每日进行的内容。僧徒每日清晨起床即沐浴，尔后须对佛像斋戒，下午僧徒还须在各房内巡行时诵经并向众佛焚香献花。此外还有僧徒单独举行礼佛活动，即静坐、面佛、祝祷朝庙、跪拜等。作为教育的手段，佛教寺院还要求僧徒行乞。行乞时须着袈裟，持钵，举止须庄重谨慎，态度须极度谦逊。

书本学习以神学经典为教材，认为经典是一切知识道德之渊源。同时，婆罗门教教育中的逻辑学、数学、天文学等也作为佛教寺院教育的教学内容。寺院在初级阶段的教学，多由教师口授，学生记诵，到高深阶段，则进行争辩和议论。为保证争论有成效，要求议题要有价值，地点要为学者集合之所，发言要有例证、有理由、有层次、有结论等。

僧徒修习12年，经考验合格者，叫作"比丘"，即僧人之意。比丘多数回家工作，少数留寺深造，继续学习者，由僧侣一人负责教义传授，另一人任生活监督，再苦修10年，然后担任寺中僧职。佛教对女子教育很重视。尼庵和寺院同样分布各地，成为妇女习经和修行之所。尼庵在接受幼尼和施教方面，和寺院大致相似。女尼学习完毕称为"比丘尼"。无论寺院或尼庵，所施的都是培养僧尼的神学教育。

学术水平最高的佛教寺院有六七所，其中以那烂陀寺最享盛名，是摩揭陀国驰名的高等教育胜地。当时除印度本国人士外，还有一些外籍青年争往寺内求学。最盛时曾聚有僧徒1万人、僧师1510人，恰似一所万人大学。中国唐代高僧玄奘曾留学寺中达5年之久。该寺几乎每天举行学术讨论和讲演达100次，涉及阐述教义和争议哲学、科学、艺术等世俗性的课题。为显示学术自由，该寺曾招收非佛教徒，奖励不同流派，这对印度学术发展起了促进作用。学术水平可与那烂陀寺匹敌的有瓦拉比寺、韦克拉马西拉寺。

一些信徒可以在家修行，并接受教育。这种在家僧叫优婆塞，在家尼叫优婆意。优婆塞、优婆意都要受戒律的约束，苦行修炼，祈祷诵经，还要参加寺院定期举行的宗教仪式。寺庵僧尼则对优婆塞、优婆意负有指导学习的任务。

4　佛教的传播及其世界性

释迦牟尼逝世不久，其弟子迦叶召集500名比丘在王舍城附近的七叶窟集会，共同忆诵佛说。这就是佛教史上的第一次结集。在大会上，佛弟子阿难陀诵出"经"，优婆离诵出"律"，得到大家的认可，成为佛教的原始经典。第一次结集后，长者们分别率领僧众各往一方行化，师徒相录，逐渐形成不同的系统，所授的教法和戒律，也互有异同。随着时间的推移，终于导致了佛教的分裂。最初分出七座部和大众部两大派。这两大派后来又陆续发生多次分裂，形成的派别有18部（南传说）或20部（北传说）之多。这个时期的佛教，通称"部派佛教"。

佛灭百年后，因毗舍离比丘提出十条新戒律，由耶舍长老发起，七百比丘在毗舍离进行结集，进行羯磨表决其为非法，以保持戒律的严格执行。此为佛教史上的第二次结集，也称"毗舍离结集"。

释迦牟尼在世时和示寂后的一二百年间，佛教传播所及的区间范围大致是：北到喜马拉雅山的南麓如尼泊尔等地，南至频阇山脉，西到摩头罗，东到鸯伽国。大致不出中印度与东印度之间，尚未超过恒河流域以外。从公元前3

世纪孔雀王朝的阿育王统治时期开始，佛教向古印度境外不断传播。

阿育王是佛灭度200年后在印度历史上出现的一位著名国王。他在完成了孔雀王朝的军事征服后，转而信佛，反对杀生，奉佛教为国教，广建佛塔。根据一些文献如《大世孙》追溯，阿育王曾在首都华氏城鸡园寺召集由佛教上层僧侣1000人参加，以目犍连子帝须为上首的第三次大结集，整理编纂经、律、论三藏，这就是佛教文化史上著名的"华氏城结集"。

结集后，阿育王又派遣许多长老到全国各地传播佛教，使佛教成为印度全国性的宗教。他还向地中海地区和南亚、东南亚派遣传教使者，宣传他的"法"。

他遣使发出第七号圣旨，宣布他的传播"法"的工作很成功。他把那些解释"法"的圣旨刻在石头和石柱上，安放在交通要道，凡是人们过往频繁的要地都有，从北到南，从西到东，整个次大陆，除南端外，都可找到他的铭文。佛教在印度国内外获得了广泛的传播，因此佛教徒把阿育王推崇为弘扬佛法的圣主，尊为"护法明王"。到阿育王后期，佛教不但已遍及印度全境，而且影响西达地中海东部沿岸国家，北到克什米尔、白沙瓦，南到斯里兰卡，进入东南亚，佛教逐渐发展成为世界性的宗教。

1世纪前后，大众部中的一部分在家佛教徒中流行对安置佛陀舍利的佛塔崇拜，从而形成了大乘最初的教团——"菩萨众"，陆续出现了许多阐述大乘思想的经典。由于大乘经典的不断出现，有人加以弘扬，于是就形成大乘佛教。大乘佛教兴起后，把以前的原始佛教和部派佛教称为"小乘"佛教。"乘"指"乘载"或"道路"的意思。大乘佛教自称能运载无量众生从生死大河的此岸到达菩萨涅槃的彼岸。大乘佛教将释迦牟尼完全神化，主张在小乘修"三学"（戒、定、慧）、"八正道"同时，兼修"六度"（布施、持戒、忍辱、精进、禅定、智慧）。在修行目标上，小乘偏重自我解脱以证得阿罗汉果为最高目标，大乘则以普度众生、修持成佛、建立佛国净土为最高目标。在理论上，小乘主张"人空法有"，大乘主张"人法两空"。大乘佛教在发展过程中逐步形成了中观学派和瑜伽行派两大系统。7世纪后，大乘佛教的一部分派别与婆罗门教混合形成密教。

印度佛教的对外传播，大致有南、北两条路线。传入斯里兰卡、缅甸、泰国、柬埔寨、老挝等国以及中国云南的傣族、德昂族、布朗族等少数民族地区以小乘为主，称为"南传佛教"，也称为"南传上座部"佛教。其教义比较接近原始佛教，经典用巴利文编成。南传佛教注重原始佛教的精神或教义，崇拜佛牙、佛塔和菩提树等。阿育王曾派他的儿子摩哂陀去斯里兰卡传授上座部佛教。公元前1世纪，斯里兰卡出现了两个佛教派别：大寺派和无畏山寺派。3世纪上半叶大乘佛教传入斯里兰卡，在无畏山寺派中又分出了南寺派。5世纪初，觉音用巴利语对南传三藏进行了整理和注释，确立了上座部教义的完整体系。大寺派被认为是南传佛教的正统派。缅甸、柬埔寨、老挝等国的佛教都承受斯里兰卡大寺派的法统。

另一条路线是传入尼泊尔以北之西域诸国，由西域继续东传，进入中国以及朝鲜、日本、越南，以大乘为主，是"北传佛教"。传入中国、俄罗斯，是北传佛教中的藏传佛教，俗称"喇嘛教"。

五　婆罗门教向印度教的演变

在列国时代，婆罗门教已经不适应社会发展变化的形式，受到了多方面的质疑和挑战，出现了各种反对婆罗门教的师说等沙门思潮。佛教兴起之后，得到孔雀王朝的大力支持，被尊为国教，压倒了传统的婆罗门教。婆罗门教进一步衰退。

孔雀王朝灭亡之后，古老的婆罗门教出现了复兴。4世纪，笈多王朝崛起，婆罗门教文化更是空前繁荣。笈多诸王编纂了婆罗门教和后来的印度教的基本法规，完成了史诗《罗摩衍那》和《摩诃婆罗多》的最后形式。婆罗门教的哲学也开始系统化。与此同时，神学家们还编写了印度教的早期神话集《往世书》。这时的婆罗门教融合了佛教、耆那教甚至希腊罗马宗教的一些特点和要素，在笈多诸王统治时期，完成了向印度教的转化，战胜了一度领先的佛教与耆那教，并一直拥有最多的教徒。

印度教继承婆罗门教的教义，仍信仰梵，并赞成和积极发挥存在着造业、果报和轮回的观点，但与婆罗门教的教义、教规等不同。印度教宣扬因果报应说和轮回说，认为善良的人死后会升天，恶贯满盈的人死后则沦为畜生。

在社会风纪方面，它主张不同种姓、部落氏族、家庭都必须严格遵守各自的行为准则；尊敬并支持婆罗门；不宰生，特别是不宰牛；主张非暴力，以达到灵魂的净化。

印度教分成毗湿奴派、湿婆派、性力派三个流派。毗湿奴派因崇拜毗湿奴神而得名，人数最多，大多主张苦行禁欲，实行素食。湿婆派崇拜破坏神湿婆，认为人只有摆脱了无明和业障，获得湿婆的恩宠，与湿婆合一，才能真正解脱。性力派则崇拜湿婆之妻乌玛，主张在纵欲中得到精神的满足。性力派又分左道派和右道派两支。左道派以酒、肉、鱼、谷物甚至人作祭品，以湿婆的生殖器模型"林加"作为崇拜物挂在身上。13世纪，右道派从左道派中分离出来，其祭祀仪式公开举行，一般是在寺庙之中，以花卉和米粉作供奉。

祭祀万能是婆罗门教的重要纲领之一，而且伴随婆罗门作为职业祭司种姓的社会作用与日俱增，祭仪也愈益繁缛。与此同时，各种祭祀逐渐变为个人行为，婆罗门举办祭仪成为有偿服务；并且祭祀越来越奢侈靡费，多为贵族所垄断，社会性的公众祭仪与献祭已不复存在。婆罗门教起初无寺庙，1世纪左右才开始有零星庙宇。印度教自建立起，就大建庙宇，规模宏大，构想诡异，具有强大的威慑力量。它的祭祀活动在寺庙里举行，有些庆典祭祀还有专门的舞蹈者跳祭神舞，吸引了成千上万的人，形成了盛大、热烈的场面。因此，产生的影响越来越大。

神像雕刻风行一时，所形成的风格对后来的印度宗教艺术有很大影响。在早期印度雕刻中，神像多数是雕成人形的，但大约在1世纪开始把神像雕塑成多头多手足。那些神祇所执持的诸多标识物，表明他们执行着比两只手所能表示的更多的任务。

婆罗门教的原有神祇只有婆罗门可以侍奉，世俗人不可企及。印度教创造与民众生活贴近的"济世神"，引进"阿婆多罗"（意为下凡、化身）说，使神祇与民众接近。多神崇拜进一步发展为种姓、行业和地方的保护神，同时派别丛生，各门派以自己的圣人为代表，将独特的宗教生活与世俗生活结为一体。

8世纪前后，印度教思想家商羯罗（Sankara）优化教义理论，对印度教进行改革，增加印度教实践方面的内容，使得印度教成为当时的主流思想。商羯罗著有至少300部宗教哲学著作。他批驳佛教徒没有灵魂或自我的信条，重新确立了关于个体灵魂的吠陀真理，使人们更容易接受《吠陀》经典。他认为最高的梵是世界之源，万物依靠梵产生而梵并不依赖世界。商羯罗也认为世界是梵通过"摩耶"制造的。"摩耶"是现象世界的种子，现象世界是由下智的人们对于上梵的无明或虚妄所引起。商羯罗的理论与其他印度哲学思想一样，最终归结到超越现象世界上。他认为，解脱就是亲证梵与我的同一，即"我就是梵"。解脱不是产生一种至善至乐的状态，而是除去无知的遮蔽。

商羯罗还组织了一些重要的宗教活动，在印度建立了4个圣地，北方在喜马拉雅山中，西方在印度西海岸的德瓦拉卡，东方在奥里萨邦的海岸，南方在迈索尔邦。其中南方的角山僧院最为重要，是商羯罗的大本营。商羯罗仿照佛教僧团成立了"十名教团"印度教组织。

六　印度艺术的发展

1　两大史诗

《摩诃婆罗多》和《罗摩衍那》是古代印度著名的史诗。《摩诃婆罗多》长达近10万颂，每颂包括两行诗，也是古代世界史上最长的史诗。印度人赞誉《摩诃婆罗多》"他处有的此处也有，此处没有的，其他地方绝对找不到"。《摩诃婆罗多》意思是"伟大的婆罗多族的战争故事"，相传为毗耶娑（Vyāsa）所作。实际上，它并非一人一时所作，而是经过长时期多人之手逐渐扩充和整理而成。《摩诃婆罗多》形成最早的部分不早于公元前4世纪，形成最晚的部分不晚于4世纪，篇幅和编成时间之长，在历史上都是少见的。

《摩诃婆罗多》的核心部分讲的是雅利安人向恒河流域扩展时婆罗多族中两个分支决战的故事。它歌颂了孝敬父母、热爱兄弟妻儿、忠于朋友等高贵品德，鞭挞了阴险狡诈、贪婪嫉妒等卑劣行为。除了主题内容以外，还包罗了许多其他民间故事以及许多关于宗教和政治方面的内容。《摩诃婆罗多》中的哲学诗篇《薄伽梵歌》，调和各种思潮，对婆罗门教义作出新的说明，并针对佛教脱离生产和社会生活的教义，主张各阶级各守其位，各尽其责，至于由于尽社会职责而产生的业因，可通过对至上神的虔诚信仰与热爱而得到解脱。

《罗摩衍那》大约成书于2世纪，其梵语意思是"罗摩的游历"。叙述了阿育陀王国的王子——英雄罗摩（Rama）在继承王位中所经历的艰难曲折与磨难，歌颂了罗摩的高贵品德和英勇抗暴精神。这部史诗揭示了国家在形成之初统治集团内部的王位之争，形象地反映了雅利安人向南扩展的历史情况。

两大史诗对于后世印度文化有巨大的影响。《摩诃婆罗多》第六章《薄伽梵歌》成为印度的圣典。印度最古、最有系统的法典——《摩奴法典》中有许多章句，都可在《摩诃婆罗多》中找到。后世的许多印度文人，常常以两大史诗的"插曲"或其中的一个场面为蓝本撰写戏剧和诗歌。

2 古典梵文文学

在这一时期，印度文学得到长足发展，出现了民间故事、寓言和童话集等。其中最著名的是《五卷书》（《潘查檀多罗》）。传说印度一个国王，有三个笨得要命的儿子，"对经书毫无兴趣，缺少智慧"，有一个"精通许多事论而享大名"的婆罗门，写下了《五卷书》，在6个月内教会了三位王子治国之术。从此，《五卷书》"就在地球上用来教育青年"。

《五卷书》是一部寓言童话集，分为《朋友的决裂》《朋友的获得》《乌鸦和猫头鹰从事于和平与战争等等》《已经得到的东西的失去》《不思而行》五卷。作为印度王子们的必读书，有许多哲言警句，涉及修身、齐家、治国法则和为人、处世、交友智慧等。书中收集大量民间故事，采用连串插入的叙述方式、骈散相间的行文以及谚语格言的运用，呈现出宏大叙事的架构，堪称文学经典之作。

往事书是古代印度神话传说的汇集，印度教的主要经典之一，又称"第五吠陀"。最早的往事书出现于公元前600年至公元前500年，但流传至今的主要出现在5—10世纪。现存的往事书有18部，即《梵天往事书》《莲花往事书》《毗湿奴往事书》《湿婆往事书》《薄伽梵往事书》《那罗陀往事书》《摩根德耶往事书》《火神往事书》《未来往事书》《梵转往事书》《林伽往事书》《野猪往事书》《室建陀往事书》《侏儒往事书》《龟往事书》《鱼往事书》《大鹏往事书》《梵卵往事书》。此外还有小往事书18部。往事书实际上是印度教各教派所依据的经典。各教派都有自己所崇拜的神，因此又有毗湿奴、湿婆等往事书之分。但这些往事书从不同角度阐释了印度教的基本信条。

往事书的内容和形式接近古代印度的两大史诗尤其是《摩诃婆罗多》，也采用大史诗的"颂"体，风格朴素，包含许多神话和历史传说，有关于开天辟地、宇宙起源的故事，也有帝王的世系和各朝代的记述。这些类似历史的成分往往以预言的形式出现，事实与幻想交织在一起。有些内容与两大史诗重复。往事书的思想影响了中古印度的许多诗人和哲学家。迦梨陀娑（Kalidasa）等著名作家都曾从往事书汲取创作素材。

由于笈多王朝几位皇帝的热爱和提倡，梵文文学出现空前繁荣的局面。笈多王朝宫廷里聚集了一群诗人，他们被称为"九大宝石"，其中有伟大的诗人迦梨陀娑。他生活在笈多王朝最强盛和其后进一步文化繁荣时期。迦梨陀娑知识渊博，文学造诣深，一生写过很多作品，流传至今的有叙事诗、抒情诗和剧本多种，是在印度国内外享有最高声誉的古典梵语诗人和剧作家，被称为"印度的莎士比亚"。1956年，世界和平理事会将他列为世界十大文化名人之一。

迦梨陀娑的叙事诗流传至今的有两部。其一为《罗怙世系》，被后世赞誉为印度"大诗"（叙事诗）的典范。诗中所写的不是帝王的文治武功，而是通过他们的故事，抒发当时普通印度人的思想和感情。其二是《鸠摩罗出世》，这是一个美丽动人的神话传说，是《罗摩衍那》的插曲之一。长诗第一至八章，叙述大神湿婆和喜马拉雅山的女儿乌玛恋爱和结婚的故事。第九章以后，叙述湿婆的儿子鸠摩罗的诞生、成长、锻炼以及如何降伏罗刹而成为战神的故事。一般研究者认为，第九章以后文笔迥异于前，可能是后人续作。该作表面上看，写的是神仙世界，但实际上，表达的却是人间的苦乐。

七幕诗剧《沙恭达罗》是迦梨陀娑最成功的作品。《沙恭达罗》的基本情节来自史诗《摩诃婆罗多》，也曾见于《莲花往世书》，但史诗和往世书中的故事比较简单。史诗说的是国王豆扇陀在一次狩猎中，走进了一座净修林，和净修林主人干婆的义女沙恭达罗相爱，并用干阔婆（自由恋爱）方式结了婚。豆扇陀回城后，担心因不告而娶会使干婆生气，不敢迎娶；直到干婆派人护送已怀孕的沙恭达罗去见国王时，豆扇陀又惧怕舆论的压力而不敢相认。幸亏其时，上天传来叫他接受沙恭达罗的旨意，夫妻得以团圆。《沙恭达罗》以净修女沙恭达罗和国王豆扇陀的爱情故事为主要线索，表达和宣扬了作家对社会政治制度和爱情婚姻生活的美好理想和强烈愿望。

古典梵语诗歌可以分作"大诗"和"小诗"两大类。"大诗"指的是叙事诗，"小诗"指的是抒情诗。古典梵语叙事诗的特点是题材大多取于两大史诗、古代神话和历史传说，内容上一般少不了关于爱情、战斗和风景的描绘，形式上注重文采，讲究修辞。迦梨陀婆的《罗怙世系》和《鸠摩罗出世》是主要的"大诗"。古典梵语抒情诗按内容分有四种：颂扬神祇的赞颂诗、描写自然风光的风景诗、描写爱情生活的爱情诗、表达人生哲理的格言诗。其中爱情诗情感浓烈，比喻优美，占据优势地位。

与笈多时代优雅的宫廷梵语文学相反，这个时期的泰米尔诗歌更为大众化，表达的感情更为直接。

泰米尔语言文学，主要指印度泰米尔纳德邦泰米尔族人民的文学。泰米尔语学者曾组成学府，以发展泰米尔语，历史上曾有三个学府。迄今所存的桑格姆文献大多是最后一个学府流传下来的。桑格姆文献都是诗歌，编成两集，即《八大诗集》和《十大歌集》。前者收集的是短诗，后者收集的是长诗，是公元前500年至公元200年的作品。诗歌内容或描写爱情，或描写人民的生活和风俗习惯以及自然美景，也歌颂帝王和勇士的业绩。《八大诗集》和《十大歌集》也称"上18部作品"。在桑格姆时期以后的几个世纪，有"下18部作品"，包括《蒂鲁古拉尔》《四行诗集》《成语》等，其中7部是爱情抒情诗，11部是教诲诗。教诲诗的出现促进了耆那教和佛教在南方的传播。《蒂鲁古拉尔》是格言诗，有1330首押韵的双行诗，分为三篇，即德行篇、政治篇和爱情篇。这部作品在泰米尔语文学中被认为是生活和道德行为的指南，它表达的伦理观点具有普遍性，为各派宗教所接受。《四行诗集》亦是格言诗，反映了耆那教思想。

由于佛教徒和耆那教徒的活动，泰米尔文学中出现了长篇叙事诗，著名的有《脚镯》（《西拉巴提伽拉姆》）、《玛尼梅格莱》等。《脚镯》和《玛尼梅格莱》是200—300年的作品，在故事情节上互有联系。《脚镯》的作者伊兰戈原是赛勒王国的王子，后当了和尚。他根据因果报应观点，描写了商人柯伐兰一生的奇遇。长诗对柯伐兰的妻子甘纳基的形象刻画得尤为成功，至今被认为是忠于爱情的典型。《玛尼梅格莱》的作者是佛教徒萨顿那尔。这部长诗叙述柯伐兰和歌女马达维所生的女儿玛尼梅格莱的故事。它的艺术成就不如《脚镯》，但作为一部有关佛教的作品，有重要的价值。

3　印度佛教艺术的形成与发展

随着佛教的壮大，教团组织、教义经典和教理宣传也益趋规范化，并几次召开全国性的宗教大会以作结集，在这过程中，佛教艺术也开始形成和发展起来。

在释迦牟尼之世，就有舍卫城的富商以黄金铺满地面为价买下祇园精舍以供佛传教。这些精舍、亭苑不过就是当时流行的高级住宅，形制也无甚特殊。但作为佛教圣迹以后，它们附加了不少用于崇拜、宣传的纪念物。

在建筑方面，佛教逐渐形成三种形制：佛塔（窣堵波）、经堂（支提）、僧院（毗诃罗）。其中以窣堵波为最重要，并成为最有代表性的佛教建筑。窣堵波基本上是由基坛、覆钵、平台、伞盖四个部分组成的实心建筑物。窣堵波形如坟丘，因藏有佛舍利而成为信众进香礼拜的圣迹，遂把坟丘修整为规范的覆钵形，顶上置伞盖，周边置围栏。这些最早的佛教艺术严格遵守佛教不拜偶像之训，凡需表现佛像之处皆以菩提树、台座、法轮、足迹甚至窣堵波等象征符号和图样暗示。

孔雀王朝时期充分吸收波斯、希腊影响而大量使用石刻工艺，是佛教艺术的一个重要发展阶段。首都华氏城建设得非常宏伟壮观。华氏城始建于公元前6世纪至公元前5世纪，到公元前4世纪，已发展为印度最大的城市，其长为9.5千米，宽1.75千米，建有几百座城楼及64座城门。阿育王执政后，对华氏城进行了大规模的扩建，在城中建造了雄伟壮观的宫殿。除了袭用印度传统的竹木结构技术外，还广泛运用石造工艺。据说华氏城王宫中直接仿效波斯的形制，建有百柱厅。除了宏大的宫殿，城中还有庙宇、广场和公园，有一所著名的大学和图书馆吸引各地的学者来访。在那个时代，华氏城大概是世界上最大和最先进的城市和文化中心，也许只有中国汉代的长安可以与之匹敌。[①]

---

① ［美］罗兹·墨菲著，黄磷译：《亚洲史》，海南出版社、三环出版社2004年版，第102页。

阿育王在全国各地广刻摩崖铭文和纪念石柱，也是受波斯文化的影响。这些摩崖铭文和纪念石柱现存30余处，摩崖铭文皆无浮雕，纪念石一般高15米，上面刻有铭文，记述阿育王的军功，并且宣扬达摩的诏谕。柱头上的雕刻更引人注目，具有波斯、希腊艺术的特征。这类纪念石柱实际上是一种独立的纪念碑，以整块岩料雕刻而成，砂石表面高度磨光。这些石柱的柱顶雕镂精致，其中尤以鹿野苑的柱顶雕刻最为著名，两米高的柱头雕刻以下部作莲花座，上承圆盘，四侧刻四法轮及奔马、瘤牛、大象、牡狮四兽浮雕，象征佛法及于宇宙四方。圆盘之上再刻以四只合体雄狮的雕像，即每只狮子只见头、胸与前足，身躯则互相联成一体，四狮各对应着圆盘上的一个法轮，也有弘扬佛法之意。圆盘上的四兽和这尊联体四狮的雕像都极为生动雄伟，富于气韵。

阿育王时期的窣堵波则使这一佛塔建筑形式最后定型，覆钵式半球状塔体更见规整，围栏虽仍属木构，雕饰却益增其美。相传阿育王曾修建了8.4万个窣堵波。现存最大的窣堵波为桑奇大窣堵波，位于中央邦博帕尔城东北约45千米处，约建于公元前250年。半球体直径32米，高12.8米，下为直径36.6米，高43米的鼓形基座。半球体用砖砌成，红色砂岩饰面，顶上有一圈正方形石栏杆，中间有一座名叫佛邸的亭子。窣堵波周围建有石栏杆，四面正中设门，门高10米。立柱间用插榫法横排3条石枋，断面呈橄榄形，门形如牌坊。门上布满深浮雕，轮廓上装饰圆雕，题材多是佛祖本生的故事，为古代印度雕刻佳作。立柱的柱头上雕有药叉女神，充满青春活力和世俗气息。

从2世纪起，窣堵波的基座逐步增高，相轮（法轮）加至3个。到1—2世纪，贵霜王朝的窣堵波下部承以方形基座，原来覆钵下的台座发展为3—4层的塔身，上部法轮增加到11个，因而整个形体变得瘦而高，这与阿育王时期的窣堵波相比，形体上发生了巨大变化。

孔雀王朝开创的佛教艺术体裁中影响深远的是石窟寺。凿石开窟的工艺也由波斯传来。石窟分为两种：一种是举行宗教仪式的支提窟，为佛殿和讲经的堂式建筑，又称为"昆河罗"，是僧徒拜佛的圣所。这种石窟建筑的主体为长方形拱顶殿堂，殿内正中设一窣堵波，内藏佛骨。除入口处外，沿内墙有一排柱子。另一种石窟称为"精舍"，为僧房，以一个方形大厅为核心，厅中央有一佛堂，三面凿有方形小室，为僧侣们静修之所，第四面为入口，设有门廊。

现存最早的印度石窟是比哈尔邦格雅城北的巴拉马尔石窟群，其中以洛马沙梨西石窟保存较完整。此窟单穴一门，高仅4米，代表石窟开创之际的简易形制，石穴为椭圆形，只作单人修隐之用。但石窟门面雕饰比较细致，完全按当时木构僧舍凿刻，在拱形门楣上加以茅棚式券顶、柱、梁、檩、椽皆无遗漏，门楣还刻有一道装饰浮雕，以群象礼拜佛塔（佛的象征）为题材，象群姿态憨厚可喜，窟门修饰可谓精心。孔雀王朝时期开始的石窟制作在日后印度各地大有发展，规模体制皆精益求精，使石窟寺在印度佛教艺术中占重要地位。

印度石窟寺最有代表性的是位于马哈拉施特拉邦北部的温迪亚山区的阿旃陀石窟群，建造时间从公元前2世纪到公元8世纪，前后历经千年之久，至今犹存的石窟有29座，开凿于瓦古尔纳河谷的花岗岩陡壁上。在29个石窟中有4座佛殿和25座僧房。在建筑方面充分表现了印度风格，窟门依地势而造，上有飞檐雕楣，下有石柱林立，壁龛上有各种雕像，形态各异，栩栩如生。阿旃陀石窟19窟的大殿建于笈多王朝时期，被认为是印度佛教石窟之冠。此窟门面按传统的大门上接马蹄形采光窗的体制，但把大门发展为前有双柱的门廊形式，廊檐突出，上承露台，门廊与大门共用的檐部也随之呈突屈变化，加以廊柱、门柱皆雕饰精美，大门两边壁面也用雕花半柱隔成龛间，内刻佛像和供养人像。殿堂进深14米，高宽皆为7.3米，以列柱分隔中殿及两侧廊。

阿旃陀石窟皆有较丰富的壁画遗存，取材多样，形象生动。早期壁画约作于公元前1世纪；中期壁画属于笈多王朝初期；中晚期壁画尤为精美，古典的高贵和谐之美辉映于壁面，构图更为壮阔，丰富紧凑之余又井然有序。阿旃陀的绘画和雕刻虽然多来自佛教传说，但以当时的现实生活为基础，因而洋溢着浓郁的生活气息。

距阿旃陀石窟不远的爱罗拉石窟，包括佛教、印度教和耆那教三种宗教的庙宇，规模宏伟，建筑精美，雕像硕大，绘画更加形象生动，是印度艺术的另一宝库。

在石窟建筑发展的初期，雕塑就成为主体建筑的组成部分，基本布置在窣堵波的门楼、栏杆、朝拜厅的入口处。2世纪后，在阿马拉瓦蒂、德干一带的洞窟中，石雕开始大量涌现。早期的雕塑品中没有佛像，一般用特定的象征物所代替。耆那教的马土腊派利用当地的美丽江砂岩，以耆那为原型，雕出了第一尊佛像，为宗教雕塑艺术的发展开辟了道路。1世纪后，印度南北各地遂有佛像的制作，而且随着佛像崇拜愈来愈盛，佛像塑造成为佛教雕刻的首要任务。

到笈多王朝初期，印度雕刻尤其是佛像的制作达到古典风范的极致，建筑艺术和绘画艺术都达到很高的水平。位于今德里东南约140千米的名城马图拉，在贵霜时期便形成了佛像雕刻的最大流派，主要根据印度本土传统塑造佛像。喜爱裸体、崇尚肉感是马图拉雕刻的特色。到笈多时期，马图拉的艺术家创造了具有更强烈的印度色彩的古典佛像样式，亦即通常所谓的纯印度风格的笈多式佛像和雕像。北方邦的萨尔纳特在笈多时期兴起一个雕刻流派，佛像薄衣透明，体形毕露，却能在高贵单纯的肉体塑造中灌注沉思冥想的宁静精神，具有一种纯净晶莹、内向和谐之美。

4　早期佛教文学

佛教在弘法和传播的过程中，为了吸引和教化芸芸众生，允许宣讲者采用多种多样、灵活有效的形式、方法和法门，佛教把这些手段统称为"方便"[1]。离开了"方便"，佛教就无法向广大众生展示其诱人的魅力。所以，佛典常常利用故事来阐明佛教教义。为了使道理浅近易解，深入人心，讲述的故事常常篇幅比较长，其中有形象生动的人物，有新颖曲折的情节，有奇妙的想象和瑰丽的描写，因而成为有独立价值的文学作品。实际上，有些经典本来是利用已有的文学作品改编而成。例如一些本生、譬喻故事，本是民间文学创作，被组织、附会到教义说明上来；有些作品如佛传、佛弟子传，则是按文学创作的方式撰集的，这些可以算作典型的佛教文学作品。另有些原本是作为宗教经典结集的，或插入了具有文学情趣的情节，或使用了文学表达方法，因而具有一定的艺术性。[2]

"本行文学"和"本生文学"是佛经文学中非常具有文学性的类别。

所谓"本行文学"，又名"佛传文学"，即叙述释迦牟尼生平行状之传

---

① 　方便：梵文Upāya的意译，全称"方便善巧""方便胜智"（Upāyakausalya）。

② 　孙昌武：《中国佛教文化史》第2卷，中华书局2010年版，第484—485页。

记故事。佛传在共同母题下包含着许多子故事，它们前后呼应相续，衔连成为有机整体，以世尊曾经历的真实事件为基础，并缀入大量神话传说进行编织加工，并出之以神异化和戏剧化的表现，极尽虚构夸张。①它孕育、诞生于佛教扩大流播的过程中间，因服膺宗教宣传需要而不断增殖繁衍，最终聚合成一个庞大的故事系列。《佛本行经》（即《佛所行赞》）为古印度贵霜王朝迦腻色伽时代著名的佛教思想家和文学家马鸣所著。印度古代文学宫廷诗主要通过描写战争和爱情表现治国、做人的道理。《佛本行经》则通过佛陀的经历讲佛教出世之道，细致描绘佛陀的在俗生活以及他修道期间的斗争。马鸣充分汲取古印度神话传说和婆罗门教圣书《吠陀》《奥义书》、古代大史诗《摩诃婆罗多》《摩罗衍那》的艺术技巧，借鉴各部派经、律中有关佛陀的传说和以前结集的各种佛传的写法，从而创造了佛传艺术的一个新的高峰。

本生经与本行经类似，也是讲述和佛生平有关的经典，但本行经叙述的是佛往世的经历，而本生经讲的是佛生前的经历。印度在很古老的时候就已经有轮回转世的观念，按印度人的生命意识推想，生命不仅有此世，而且有前世后生，释迦牟尼于今世之前，早已经历过无数次轮回。像这样一些记载佛生前事迹的作品，就是所谓的"本生经"。其基本结构是先简单描写佛陀现世情形；然后回溯到往生，描写佛上一世或为诸种动物、或为各色人等的言行事迹。这些叙述前生事迹的部分是本生经的主体，记载了不少生动有趣的故事。故事的最后部分是关联语，会点明往生故事中各个角色与此世人物的因缘关系，指出当初行善的某某就是佛陀自己，作恶的某某是现在加害或反对他的人，从而表达教义或教训的寓意。这些故事篇幅长短不一，喜用动物题材，构思新巧，叙事婉转，显示出印度说故事人娴熟的语言艺术。"本生经"的体裁多种多样，有神话、传说、寓言、传奇故事、笑话（愚人故事）、诗歌、格言等，被称为是古印度"民间寓言故事大集"，是可与希腊伊索寓言并称的古代世界寓言文学的宝典。

---

① 高慎涛、杨遇青：《中国佛教文学》，陕西人民出版社2009年版，第37页。

第九章
商周文明

一　中国的原生文明

1　夏商周：中国的原生文明时代

与在两河流域出现美索不达米亚文明、印度河恒河流域出现吠陀文明差不多同时，在东亚大陆的黄河流域，也进入原生文明时代。在中国，原生文明时代是指夏、商、周三代。在美索不达米亚文明基础上出现的统一文明是古波斯帝国文明，在吠陀文明基础上发展起来的是从孔雀王朝到笈多王朝的印度文明。而在中国，在夏、商、周三代王朝的基础上发展起来的则是强大的秦汉帝国文明。

夏、商、周三代是中国历史上极为特殊的阶段。在这一时期，华夏文明的各源流开始汇聚，中国最早的王朝诞生并定鼎中原，中国文明和华夏传统的若干基本特征渐趋成熟，中国古代文明由兴起到繁盛。这是中国文明国家的形成时期，也是中国文化底蕴的奠定时期。中国古代的经济形态、政治制度、官僚体制、宗教信仰、社会结构以及生活观念等各方面都在这一时期奠定了基础。这一时期的文明成果影响了中国几千年。

自古以来，人们对夏、商、周这三个王朝的存在都无疑问，因而有"三代"之说，并公认夏、商、周是中国王朝体系的开端。但是，关于这三个朝代的纪年问题一直没有解决。据"夏商周断代工程"研究的重要成果《夏商周年表》，中国夏代始年约为公元前2070年，夏、商分界约为公元前1600年，商、周分界为公元前1046年。

古史学家依据文献资料，提出有两个地区可能是夏人的活动地区：一是河南西部嵩山附近的登封、禹县和洛阳平原；一是山西南部的汾水下游地区。

因为传说中夏代的都邑和一些重要的历史事件，大多同这两个地区有关。目前，多数学者认为：以偃师二里头遗址命名的"二里头文化"就是夏文化。

鲧和禹是夏的先祖。禹去世后，传位于益。但益的声望不及禹的儿子启。于是，诸侯拥戴启即帝位。启继位，开始了"父传子，家天下"的王位继承制，这在中国历史和文化史上是一个极为重大的事件。社会形态发生了质的变化，是从野蛮到文明、从部落制度到国家的分界线。启变选举为世袭，变传贤为传子，实际反映着不同历史时期的变化。

夏代是中国古代文明日出的时代。夏王朝传世共14世17王，持续了400多年。商原系夏之属国，汤以贵族身份而用武力夺得天下，实现了天命之变革，故后世把商汤伐桀称之为中国历史上的第一次"贵族革命"。

商王朝在社会形态上与夏王朝并无区别，但它健全了阶级统治的机制，加快了社会物质文明和精神文明的进步，其势力所及也远远超过夏王朝。特别是商代中期盘庚迁殷后，政治、经济、文化有了较大的发展，社会文明进入一个更高的层次。商王朝的势力范围亦随其国家政权的稳固、经济文化的发展而不断扩大，东到大海，西达陕西西部，东北到辽宁，南到长江流域。商朝所拥有的辽阔疆域，在当时世界是独一无二的。

在夏、商、周三代，国家及其政权与秦汉以后的国家政权有着十分明显的区别。当时的国家实际上是参照氏族部落联盟的方式，把各个具有一定从属关系的方国部落联系起来的政治共同体。在共同体内国王只是盟主，他与各方国诸侯之间的关系并无严格的上下之分。即便是在本族内部，王权亦受到贵族甚至族众的牵制，其实行的可以说是一种贵族民主的政治制度。共同体内的方国部族与商有着同盟关系，是商王朝的组成部分。商王朝所以能成为天下共主，是基于其在政治、经济、军事、文化等方面的巨大优势。

商朝从汤始建至纣灭亡于周，共传17世31王，历时约600年。周武王占领朝歌以后，举行了隆重的祭祀典礼，宣告周人正式继承殷商天命，建立周王朝。之后，武王返回镐京，并制定了许多雄心勃勃的安邦治国的计划。但是，他未来得及实施这些计划，便于灭商后的第二年因病去世。周武王死后，其子诵即位，是为成王；因成王年幼，由武王之弟周公旦摄政。周公通过一系列的政治治理，使周王朝的统治得到巩固，开始走向繁荣。

周朝是中国历史上最长的一个朝代。周朝历经37代天子、800多年。公元前770年，周平王被迫东迁洛邑（今河南洛阳）。一般将武王灭商至平王东迁之前这段时间称为西周时期。西周共传11世12王，历时200余年。

夏、商、周三代，是中国的第一代文明，即中国的原生型文明，对后代中国的历史和文化有着深远的影响。后世论圣君英主往往以禹、汤、文、武为楷模，说暴君昏主常引桀、纣、幽、厉为鉴戒，伊尹、周公几乎成了贤臣的同义语，妲己、褒姒则是内宠乱政的代表。他们都是三代的历史人物。甲骨卜辞、钟鼎彝铭，奠定了汉字发展的基础；《诗经》《尚书》《夏正》《周易》，开中华民族文化的先河。它们都是三代的科学文化成就。三代的典章制度、礼乐政刑、思想观念，给予后世的影响更是直接。特别是西周时期，是中国古代社会发展史上的一个重要时期，是中华古典文明的全盛时期，它的物质文明和精神文明确定了中国传统文化的基本方向，对于后来历史的发展曾产生过广泛而深刻的影响。

2　中国原生文明的特殊性

中华先民很早就开始寻找与其他民族的文化沟通和联系，试图打破地理的屏障，参与早期世界文化总体格局中的对话。在中华文化的发生期，就积极发展与其他民族文化的接触、对话与交流。从考古发现来看，商代的青铜文化乃至更早的彩陶文化，都与亚洲大陆其他一些文化有某种联系和相似之处。但就实质性的文化交流而言，中华文化是在大体完成文化发生过程，文字、思维方式、社会结构的基本风格和定势确立以后，才渐次与其他古老文化有比较实质性的接触、交汇和碰撞。因此，中华文化有着鲜明的独特性和自主性。

那么，与埃及、美索不达米亚和印度的原生文明相比，中华文化有着怎样的独特性呢？

首先，中华文化初创时期的活动区域要比其他几个古老文化更为广阔，这是中华文化区别于其他几大文明最重要的特殊性。埃及和美索不达米亚文化的活动区域都不过几万平方千米，印度文化的范围基本上限于印度半岛之内。中华文化最重要的发祥地黄河流域则有七八十万平方千米的黄土高原和冲积平原。且中华文化的发祥地又不限于黄河流域，长江流域、辽河流域乃至西南的崇山峻岭之间，都有长达四五千年的文明史，这些区域的总面积约500万平方千米。这样广大的领域作为中华文化繁衍滋生地，既使它具有多元发生的丰富性，也使它在遇到异族入侵时有广阔的回旋空间。中华文化得以延绵不辍与这种地理形势很有关系。

其次，中华文化是世界文化的重要发祥地之一，并且是其中得到最为连贯继承和发展的文化。其他原生型文化，如埃及文化和美洲的玛雅文化，早已后继无人；美索不达米亚文化和印度河恒河文化，经过多次的异族入侵，深深叠压在后起文明世代的底层，基本上成为考古学研究的对象。唯有中华文化经历数千年而持续不断，这在世界文化史上是极为罕见的。

最后，中华文化是在未受到或很少受到其他文化影响的情况下独自完成文化发生过程。这种情况与其他几大原生型文化有所不同。埃及和美索不达米亚相距不过1000千米，也没有难以逾越的地理障碍，这两个古老的文明历来声息相通，彼此之间形成繁复的文化传播—接受机制，农业和手工业技术、数学、天文历法知识等多有交汇，埃及的象形文字最初受到美索不达米亚图画文字的启发。印度文化与美索不达米亚文化、埃及文化也很早就有直接的交流。它们之间虽有伊朗高原相隔，但其间通道纵横，交通还算方便。最早的美索不达米亚图画文字经伊朗高原传到印度河流域，而两河流域也曾发现印度河流域哈拉巴文化的印章，说明这两个古老文化早在公元前3000年即已建立起实质性的联系。公元前6世纪的希腊和波斯间的战争、公元前4世纪亚历山大大帝的东征以及其后建立的亚历山大帝国，更加强了从地中海到南亚次大陆之间的文化交流和融合。与之不同的是，中国人生活的东亚大陆，远离其他文明中心，周边又多有难以逾越的地理屏障，因而很少可能与其他文化相接触或获得有关的文化信息。中华文化的发生期大体是在与其他几种古老文化相隔绝的情况下独自完成的。而正是在这一时期的文化创造，决定了中华文化的文化特性和文化风格。

二 商周的制度与社会生活

从大的历史时段来说，夏、商、周三代都属于原生型文明，文化一脉相承，在总体上呈现出许多共同的特征，但它们之间的发展变化还是十分明显的。"周虽旧邦，其命维新。"如果说，夏和商之间在社会形态上还变化不大的话，那么，周代则是一个大变革的时代。周代在社会形态、社会制度、文化创制等诸多方面，都与夏商时代有很大不同和变化。实际上，周代之前，可以看作是中华传统文化形成和奠基的时期；而周代则是比较全面的文化创制时期。我们现在说的中华传统文化及其传承和发展，都是在周代文化的基础上展开的。周代文化确定了中华传统文化的发展方向，使在原始农业文明中孕育的文化基因、文化种子，成长为一个比较完备的文化体系、一棵枝繁叶茂的文化之树。

1　周公"制礼作乐"

西周为中国传统文化的形成和奠基作出了重要贡献，其中最重要的是完备了各项社会制度建设，这些制度成为此后数千年中国古代社会制度建设的基础。

夏商时期的礼乐制度是原始社会末期以来形成的礼制的继续与发展，也是西周礼乐制度的重要来源之一。但是，因为商人特别敬鬼神，所以当时礼制未能占据突出地位。"周因于殷礼"，西周在商文化的基础上建立起以宗法血缘制为纽带、以"礼乐"为核心的新的文化体系。这种新文化具体表现在西周将礼乐从原始巫术中分离出来，推及人事领域，并在此基础上使之成为具有政治意义的典章制度。

周朝礼乐制度的制定者周公，是周武王的弟弟，自幼笃行仁孝，多才多艺，堪称儒家的理想人格。周公摄政7年，成绩斐然，其中影响最为深远的就是制礼作乐，即为周王朝制定新的政治制度，即谓"周礼"。

周公所制定的礼乐制度是一个处理等级社会人际关系的新伦理规范体系。①周代的礼制是周代制度文化、行为文化和观念文化的集中体现，是等级社会的政治准则、道德规范和各项制度的总称，内容相当广泛，从道德标准到统治原则，从家族关系到政权形式，几乎无所不包。而其宗旨是"别贵贱，序尊卑"。礼使社会上每个人在贵贱、长幼、贫富等当中都有合适的等级地位。

---

① 樊树志：《国史概要》（第2版），复旦大学出版社2000年版，第40页。

礼是周人为政的精髓，是周天子治天下的精义大法。

"礼"的主要内容包括两个方面，一是"亲亲"，即亲其所亲；二是"尊尊"，即尊其所尊。前者反映了当时的血缘关系，后者则是对当时政治关系的一种规定。

"乐"是配合各贵族进行礼仪活动而制作的舞乐。与礼相配合的乐，包括乐曲、舞蹈和歌词，是行礼时的艺术呼应。周礼对音乐在礼仪中的应用按不同等级作出严格规定，违反规定便是"僭越"或者"非礼"。这些与礼仪结合的音乐，被称为雅乐，其基本风格是庄严肃穆。礼从外部给人提供一种社会规范，而乐使人从情感内发，趋向这种规范，故"知乐则几于礼"，因此"礼乐"历来并称。有了"礼"的规范，政的划一，刑的强制，配之以"乐"的感染，便能同一民心，成就"治道"，这正是周代"制礼作乐"的深远用意。

周文化是一种"尊礼文化"。西周的礼乐制度对于后世的文化发展有着重大的影响。此后各个朝代虽然都把制定礼仪作为立国之本，但基本没有超出周礼的框架，只是在一些具体制度上有所演变。"礼"在中国古代政治社会生活中占据举足轻重的地位。如果从礼仪制度于风俗的悠久历史、丰富内涵和广泛影响考察，我们完全可以把中华文化看作是礼文化。[①]

2　西周的社会制度建设

周公"制礼作乐"，核心是对西周社会进行政治制度建设。西周的社会制度继承了商代的传统，并且使之完善和系统化，成为西周文化最具特色的部分。

西周的社会制度核心是宗法制。宗法制是由原始社会末期氏族组织演变而来的、以血缘关系为基础的族制系统，演化为一种巩固统治秩序的政治制度。在商代，宗法制已经出现雏形，至西周，宗法制得到充分的发展和完善。

宗法制的具体内容大致是：周天子由嫡长子继承世袭，天子以嫡长子身份继承父位，奉祀先祖，是为姬周族的大宗；嫡长子的兄弟分封为诸侯，称为小宗。在诸侯国内，每世诸侯之位也由嫡长子继承，是为诸侯国内的大宗；他

---

① 吴小如主编：《中国文化史纲要》，北京大学出版社2001年版，第30—31页。

的诸弟被封为卿大夫，为小宗。卿大夫在其采邑内亦实行嫡长子继承制，其在自己的采邑内亦为大宗；其余诸弟被封为士，为小宗。士亦由嫡长子继承，其余诸子不再分封，为平民。简而言之，诸侯于天子为小宗，但在其封国内又为大宗；卿大夫对诸侯为小宗，而在本族内则为大宗。

宗法制的核心内容是嫡长子继承父位（大宗），庶子分封（小宗）。这样，就形成了以宗法制为显著特点的等级制。

在宗法制下，大宗与小宗的关系是一种等级从属关系。小宗必须服从大宗，受大宗的治理和约束，周天子是天下大宗，也是政治上的共主。宗法制提倡尊祖，但不是所有子孙都有祭祀祖先的权利，只有大宗才有主祭宗庙的特权。小宗只有通过敬宗，即通过对大宗的尊敬才能表达对祖先的尊敬。各级大宗通过对祭祀特权的垄断，进而掌握国家政权。所以说宗法制是政权、族权和神权相结合的产物，周代的社会组织可以说是中国社会的基础。①

封建制度的创始是西周时期最重要的事件。②分封制是周王朝为加强对整个国家的控制而采取的一项重要措施。所谓分封主要是指周王把一定范围的土地和人民分别授予自己的子弟、亲戚、功臣等，让他们代表周王去统治一方人民，以拱卫周王室，也就是文献中所谓的"并建亲戚，以蕃屏周"。

分封制对于西周的社会体制具有重要意义。按照周代的分封制度，周天子把土地和人民分封给诸侯，叫作"建国"；诸侯再把土地和人民分封给卿大夫，叫作"立家"。这样就形成了金字塔形状的封建体制：天子、诸侯、卿大夫、士、庶民。就天子与姬姓诸侯这一体系而言，封建与宗法有着密切关系。周天子既是政治上的共主（国王），又是天下同姓（姬姓）的大宗。政治上的共主与血缘上的大宗，紧密结合，成为"封建"的精髓。③

封建制度是人类历史上划时代的设计，把人类带入近代国家的雏形。因其立嫡立长的宗法制度，确立了（中央）政权转移的合法程序，以此稳定中央（及诸侯）政权；其主佃共存共荣的庄园制度，使地方政局得以安定，政情

---

① 张荫麟：《中国史纲》，中华书局2014年版，第26页。
② 钱穆：《中国文化史导论》，商务印书馆1994年版，第29页。
③ 樊树志：《国史十六讲》，中华书局2006年版，第27页。

得以和谐；再经由层层相连的一条鞭封建系统将中央与地方联结在一起。[①]同时，周代封建是建立在族群大迁移基础上人口的重新编组，促使诸侯国一级的政治组织由血缘关系向地缘关系转化。周人借此加强了由王室宗亲建立的诸侯国对周王室的向心力，同时通过这些诸侯国，实际建立起了较为稳定的中央与地方的关系，从而形成周代极有特色的国土结构。[②]

"封建"对周代历史上长期的大一统局面有深远影响，对巩固周人政权、安定社会秩序、促进生产力的发展起到了积极的推动作用。

与分封制密切相关的是畿服制和五等爵制。畿服制实际上是关于周王朝中央政权与地方政权关系的一种规定。其中甸服为畿内，侯服、宾服指华夏诸族，要服、荒服者则指远近不同的夷狄。此种制度实际上是以尊卑、亲疏、内外、远近为标准的等级制度在国家政治区域划分方面的反映。五等爵制是把诸侯爵分为五等：公、侯、伯、子、男。其下尚有卿大夫、士等。五等爵同为天子臣属，但级别高低有所不同。宗法制与分封制相辅相成，同时配合以世卿世禄制度，成为西周政治的特色。[③]

井田制是西周社会的基本土地制度。公田是周王、诸侯等各级土地所有者直接控制的田地，平民首先要耕种这部分公田，并将收入归土地所有者。公田周围的私田，实际上是庶人从贵族那里分配到的用于维持生存的最低限度的生活资料。平民等农业生产者被固定在井田上，并在此基础上形成了里、邑等基层村社单位。贵族的封地是以"里""邑"等为单位计算，里、邑是当时各级贵族封地的基本组成部分。

3 商周时代的社会生活

在新石器时代，人们已经从采集经济过渡到农业经济，农业生产逐渐成为主要的经济生活内容。到了夏代，农业经济有了进一步发展。农业生产是夏、商、周三代最重要的经济生产形态之一，具有持续时间最长、组织规模最

---

① 侯家驹：《中国经济史》（上册），新星出版社2010年版，第78页。

② 龚书铎总主编，廖名春主编：《中国文化发展史·先秦卷》，山东教育出版社2013年版，第78页。

③ 吴小如主编：《中国文化史纲要》，第39页。

宏大、跨越时空环境最广阔的特点。从中国文化史的角度看，是最具影响力、造福人类最大的生产行为，是社会生产和经济发展的主要基础和命脉。

随着生产和生活经验的积累，古代人类逐渐认识到天文历法与农业生产有密切关系。传说《夏小正》是中国现存最早的一部物候历，夏朝后期有几位国君还以日干为名号，如胤甲、孔甲、履癸等，说明夏人已具备一定的天文知识，作为农业上观象授时的依据。西周至春秋时期杞国一直使用《夏小正》。中国阴历自夏以来流行数千年而不废，迄今犹称为"夏历"。

商人具备了更加丰富的农业生产知识，在已发现的甲骨文中，有许多祈年、求雨以及商王督耕的记载，反映了商人对农业的高度重视。商代盛行饮酒之风，而谷物为制酒原料，没有农业的发展是无法大量酿酒的。商代农业已是早期的精耕细作的锄耕农业，整个生产过程按照开荒、翻耕、种植、管理、收割5个环节进行。西周时期，在耕作技术、土地整治、农田水利、农作物选种和田间管理等方面已积累了一定的经验。将土地整治成规整的农田，道路与沟洫纵横其间，形成原始的道路与灌溉系统。同时，人们已经懂得了选择种子与作物生长的关系，开始重视留下好的种子。周人对各种谷物的品质优劣了解得很细致，播种时已经知道选种，并注意掌握时间。西周时期的农田管理有土地整治、播种、除草、中耕、灌溉、施肥、治虫、收获、储存等环节。周人在除草和施肥等方面积累了一定的知识与经验，已经能使用绿肥。《诗经·周颂·良耜》中记有用工具"以薅荼蓼"的除草方法，田间杂草腐烂以后可以变成肥料。所谓"荼蓼朽止，黍稷茂之"正是从长期实践中得到的经验，于是就出现了不必让土地休闲来恢复地力，而可以持续进行耕种的"不易之田"。这是农业耕作史上的一大进步。王朝中担任司稼的官员必须熟悉作物的不同品种及其适应地区，从而更好地指导农业生产。王朝特设场人，专管园圃，从事蔬菜、瓜果的生产。

由于农业被重视，自然也就引起当时的人们对于天文历数的探求，借以把握农业上正确的时间观念，例如什么时候宜于种植，什么时候可以收获以及什么时候宜于栽种什么。商人从这种探求中创造了他们的历法。当时计时使用天干地支，即用甲、乙、丙、丁、戊、己、庚、辛、壬、癸的十干，与子、丑、寅、卯、辰、巳、午、未、申、酉、戌、亥的十二支相配。如甲与子相配成甲子、乙与丑相配成乙丑，这样依次轮流，配合至癸亥为止，恰恰配为60个年份。干支计时是中国古代的一大发明。这是中国最早的计时历法，是古代观念形态的最重要方面，是最早的合于科学的发现。

在农业经济发展的同时，商周时代的手工业也有了很大发展。商代是青铜制造业的全盛时期。除青铜器外，还有玉器、骨器和陶器等。此外，商代还有皮革、酿酒、舟车、土木、营造、蚕丝、织布、制裘、缝纫等手工部门。西周时期的手工业部类有冶金、木器、玉器、陶器、纺织、皮革、土木营造等，工业各部门之间的分工更为精细，出现了"百工"的称谓。

饮食衣着是人类生活的最基本内容，因而也最能体现人类日常生活的习俗与风情，并且是反映社会文明进程的主要标志。

商周时期的人们部分摆脱了以维系生存为唯一目的的原始低级的饮食状态，开始着意追求精神文化和美学意义上的享受，从而使饮食生活超越了纯粹物质消费的范畴，变为兼容丰富艺术与精神要素的文化类型。

饮食文化的进步，还表现在饮食礼仪的形成。周朝重视礼制，不仅将饮食生活的内容纳入社稷、宗庙禘尝诸祭及诸侯朝觐、会同等重大的政治、宗教礼仪活动之中，而且制定了一整套饮食礼仪，包括燕礼（国君或主人在后寝举行的一种酒会）、食礼、乡礼、乡饮酒礼等，此外在举行冠礼、婚礼、丧礼期间，均有相关的饮食礼仪。这些礼仪制定，反映了周代社会对饮食文化的重视，在一定程度上支配了时人的饮食习尚。同时，这些饮食礼仪还纳入国家政治、宗法、外交活动的范围之内，是礼乐教化的重要形式。

商周之世的衣饰早已不仅仅是防身御寒，而是加入了更多的文化、礼仪的内容。"文绣衣裳"应是夏代已经出现并流行的衣着服饰；这是一种刺绣着图案的丝织衣服，非常华丽高贵，当时能够穿得起这种服装的人，除了宫廷乐女等属王室提供而有机会穿着外，通常都是贵族妇女。一般的平民百姓，穿着麻、葛布缝制的衣裳即麻衣、绨衣等。

商周时期服装的文明进化，以冠的变化最为显著。史前社会没有冠，只有包头布，称作"头衣"。后来出现了冠。冠是一种贵族男子所戴的帽子。男子长到20岁行加冠礼，意味着从此成人。周代冠的形制有冕、弁两种。冕是古代帝王、诸侯及卿大夫所戴的礼帽，后来专指皇冠。弁是古代贵族戴的比较尊贵的帽子。

夏代已有城的建筑，说明当时人们已不再是穴居野处。商周时期建筑水平有了很大提高。以榫卯构件为基础的木构架技术，至迟在商代已有了内外柱不等高的梁柱结构系统，当时的柱子，已按承载性质的不同而明确划分了不同尺度。比较突出的建筑材料是陶制水管和瓦。商代已有了陶制水管，比古罗马陶水管出现早了近1000年。从已出土的陶水管来看，商代陶水管多为排水设施，且有不同的形制。瓦的发明是建筑材料的一个重大改革。瓦解决了屋顶的防水问题，促使中国建筑脱离了"茅茨土阶"的简陋状态而进入比较高级的阶段。建筑上用瓦的文献记载始于夏代，实物最早见于西周早期的遗址。到西周中晚期，瓦的使用范围进一步扩大，种类多达十几种，大小、形制、纹饰各不相同。

三　商周的乐舞艺术

夏、商、周三代，是中华民族艺术开始形成的时期。建立在青铜文明基础上的三代艺术，是从众多源头经过长期发展走向统一的一种民族艺术，各种艺术形式所取得的辉煌成就，至今都不失其令人惊叹的审美价值。

中国夏、商、周三代的艺术，已突破原始艺术的水平，取得了很大的进步。不过，这时的艺术活动，不是纯粹的娱乐，而是承担着一定的社会礼仪和教化功能。夏代的音乐舞蹈艺术不论在质量上还是规模上都大大超越了原始乐舞。夏桀时的乐器已有大鼓、钟、磬、管、箫等。同时，宫廷乐舞和民间歌舞开始分野，民间歌舞逐步发展起来。

商代的音乐和舞蹈艺术，从考古发现的乐器来看，青铜乐器已大大增多，出现了铙、钲、鼓、铃等不同种类，并有了大小相次的系列性青铜编铙；石磬的制作更加精细，并向着系列性的编磬方向发展；传统的陶埙也有了改进，体积增大，形制规整，音孔增多，这些实物资料反映出商代的乐舞取得了重大进展。

商代的音乐主要有"巫乐"和"淫乐"两种。巫乐是祭祀祖先和鬼神的音乐，由巫师在祭祀时演唱，用以娱神，作为沟通神人的一种手段。淫乐是商王室的宫廷音乐。商代的舞蹈有多种，都是祭祀的巫舞，由巫师来跳或由巫师带领着跳。

西周是中国上古音乐的集大成时期，也是音乐的高度繁荣时期。周代的乐舞艺术本身就是礼乐制度的重要内容之一。周公因袭夏商礼仪，制定周礼，规定了一整套法定的礼乐制度，乐舞是周礼的主要内容之一。经过周公的整理，西周的乐舞在形式上更加规范，内容上有严格的要求，使用上也有严密的等级分别。宫廷设置了庞大的乐舞机构，统一由大司乐掌管。同时，还设立了专门的教育机构，向奴隶主贵族子弟传授乐舞知识。

周代的宫廷音乐称为"雅乐"。所谓"雅乐"，就是祭祀天地、神灵、祖先等典礼中所演奏的音乐，包括用于郊社、宗庙、宫廷仪礼、乡射和军事大典等各个方面的音乐。其名称的由来，当取其歌词"典雅纯正"之意。周代的舞蹈艺术是与雅乐相配合的宫廷雅舞，分为大舞和小舞两种。大舞即六代乐舞，又称"六乐"或"六舞"，六代乐舞都是祭祀乐舞，它们分别有不同的祭祀对象。小舞是贵族子弟跳的六种祭祀舞，包括帗舞、羽舞、皇舞、旄舞、干舞、人舞。宫中设"乐师"，教贵族子弟小舞。除了大舞和小舞外，还有其他一些用于祭祀或宴乐的舞蹈。

周代以"六乐"为中心，建立起中国历史上第一个完备的宗庙音乐体系。除宗庙音乐外，周代音乐又可分为士人音乐、民间音乐和四夷之乐。

四　神与巫：商周的宗教

在史前社会，宗教生活是人们的主要精神生活。中国的原始宗教，与世界各地原始宗教的产生和发展相似，包括自然崇拜、鬼神崇拜、图腾崇拜、祖先崇拜等不同形式。在夏、商、西周三代，原始宗教中的自然崇拜和祖先崇拜被直接保留下来，并被赋予了宗教等级性，形成了由国家直接掌握的以天神崇拜、祖先崇拜为核心的宗法性国家宗教，是社会唯一的意识形态。这种宗教在西周时期达到成熟阶段。

中国传统宗教以天神崇拜和祖先崇拜为核心，以社稷、日月、山川等自然崇拜为羽翼，以其他鬼神崇拜为补充，形成了相对固定的郊社、宗庙及其他祭祀制度，成为维系古代社会秩序和宗法家族体制的根本力量。夏、商、周三代是中国传统宗教发展的鼎盛时期。宗教不仅是占统治地位的意识形态，而且是唯一的意识形态，垄断了社会精神文明的一切领域。

与原始宗教相比，夏、商、周三代的国家宗教最为显著的特征是从自然崇拜中发展出了天神崇拜，在众神之上出现了至上神，或称其为"帝"，或称其为"天"。"天"因其包容性、涵盖性，渐升于诸神之上，成为众神之长。大约夏代便开始形成了至上神的观念，同时还从原始宗教中继承了祖先崇拜和鬼魂崇拜的思想，并在原始鬼魂崇拜的基础上巩固和发展了阴间世界和灵魂不死的观念。

至商代，人们形成了以"上帝"为最高神的观念。商代宗教的特点是迷信鬼神，实行"鬼治"。在商人看来，神鬼的世界是和有形的世界同样的实在，而且这两个世界关系极为密切。商人崇敬的鬼神并不是一般的孤魂野鬼，而是自己祖先之灵。商人在祖先神和天神的崇拜中，更重视对祖先神的崇拜。他们相信凡人是不能与神直接交通的，祖灵是联系时王与上帝的唯一渠道，敬祖是取悦上帝的唯一方法，而且在一定程度上，他们把祖先看成上帝，将祖先神与天神合而为一。

祭祀礼典是国家政治生活的一项重要内容。夏、商、周三代的宗法祀典具有一定的继承性，确定宗法祭祀规格的依据也具有相通的准则。当时人们的祖先崇拜，主要是崇拜有功劳的人。通过祭祀，人们不仅可以寄托对祖先和神灵的敬慕之情，同时也是对后世臣民的道德示范仪式。通过祭祀，人们可以回顾那些在历史上作出杰出贡献的伟人的英雄事迹，教育并激励部众。因此，宗教祭典活动，更多的是人们追思前辈英烈征服大自然、为人类创造幸福、推动文明进步的历程。

商人最敬鬼神、祖先，"先鬼而后礼"的最突出的体现是当时特别盛行人祭与人殉。在中国古代，人祭和人殉的习俗由来已久，延续时间极长。根据考古发现，早在新石器时代仰韶文化时期即已出现人祭，商代是中国历史上人殉人祭最为盛行的时期。

周人继承了商人的宗教，但把至上神从"上帝"变成了"天"，并赋予天神崇拜以更多祖先崇拜的色彩。周王自称为"天子"，把至上神"天"作为自己的父母来看待和供奉。

商代的宗教组织日益完备，并充分体现了国家宗教特色，由国家任命的职业神职人员垄断了宗教活动，古代宗教的组织系统成为国家政权的一个分支。当时的神职人员称为"巫"。巫在原始社会中就存在，随着原始宗教向古代宗教的转化，原来自愿业余为部落民众服务的巫变成职业神职人员。

巫觋的职业化过程，始于"绝地天通"。巫觋之人是一般民众中脱颖而出的杰出人物，他们具有良好的品德、聪慧的气质和超常的智能，因而受到神灵的赏识而降附于其身，可以预测未来福祸，主持占卜活动。

巫在商代政权中占据十分重要的地位，具有相当大的权力。离开这些人的宗教活动（主要是占卜），商王对任何重要行动都不能作出最后决定。因此，当时的巫对国家决策有着巨大的影响力，有时甚至是决定性的。

巫的基本职责是组织指挥祭祀活动。商周时期，祭祀是社会生活的重要内容。祭祀的对象非常广泛，天神地祇人鬼均在祭祀之列。商人祭祖虔诚、隆重、频繁，用五种祀典，对祖先轮番地、周而复始地进行祭祀。周代把商代的宗教仪式更加程式化、规范化，突出了祭天、祭祖、祭社活动。通过祭祀活动，人们的愿望、祈求、心愿与自然神、祖先神的旨意得以交通，而巫则是这种交通的桥梁。

巫的另一项重要职责是从事占卜。占卜起源于原始宗教中的前兆迷信，古人经常把自然或社会生活中的某些怪异现象当成吉凶的征兆，用以指导自己的行为。商代人们进行占卜的主要形式是骨卜。骨卜就是将龟腹骨或牛肩胛骨放在火上烤，甲骨烧灼后的裂纹是很不规则的，巫们便依据被称为"卜"的裂纹形状断定人事的吉凶。从夏到商周，占卜巫祝越来越兴盛，而且大事小事皆卜。占卜成为重要的生活内容，事无巨细，都要先卜而后行，几乎无事不卜，无日不卜。迄今发现的10多万片甲骨，几乎都是祭祀和占卜的记录。

巫在商周社会精神生活中的重要作用，除了直接承担宗教职能，从事祭祀、占卜活动外，还承担着多种文化职能，世袭掌管藏于王室的典籍文献和天文历法、医药学、历史、预卜等专门知识，从事卜筮、祭祀、书史、星历、教育、医药等多种文化活动。他们是中国最早的知识分子，担负着当时社会的全部文化功能。

在商代和西周时期，史与巫通常是集二任于一身，所以后世也称其为"巫史"。中国最早的历史记载，以商代的甲骨文记载和西周的金文记载为标志。甲骨文的记载反映了自盘庚迁殷以后自武丁时期直至殷商灭亡一些重要的活动，内容涉及国家制度、农业畜牧、年成丰歉、天文历法、战争田猎、神祖祭祀、王朝世系等。这些都是占卜的某种结果和极简单的记事相结合。金文的记载已无占卜的色彩而是单纯的人事记录，以反映当时的王臣庆赏、贵族纠纷、财产关系为主。与甲骨文相比，金文作为官方文书的作用更加突出。商周二世的历史记载，除了大量的甲骨文、金文以外，还有一些更加正式的官方文书即王家的训诫、诰誓以及王朝的颂诗。这些，在春秋末年经孔子整理，分别编纂为《书》和《诗》中的《雅》《颂》。

在商周时期，宗教是占主导地位的意识形态，专职神职人员巫的出现，使国家宗教发展到成熟的阶段。巫不仅承担着国家宗教的职责，而且还作为中国最早的知识分子群体，承担起记史、教育等广泛的文化职能，为文化积累和传承做了很多工作。

五　百家争鸣与儒学的诞生

1　《周易》：中华传统文化的元典

西周时期，中国出现了一部对于传统文化有极大影响的著作——《周易》。《周易》可以说是中国最早的经典文献，堪称"众经之首""大道之源"，是中华传统文化的元典。

流行的《周易》一书包括"经"和"传"两部分。《易经》和《易传》都非一人一时之作，而是在流传中形成的集体著作。《易经》，是六十四卦的卦象、卦辞和爻辞，发端于商周之际而成书于西周时期，很可能是巫们积累了大量筮辞，经过筛选、整理、编排而成。由于周人占筮的内容极广，举凡政治、军事、生产、生活的各个方面，都可通过占筮问吉凶、知安危，因此筮辞涉及内容亦非常丰富。《易传》则完成于东周，其内容是对《易经》的解释和发挥。

关于《易经》的起源，有所谓"人更三圣，世历三古"的说法。据说，

《易经》是出自圣人之手，伏羲仰观天象，俯察地理，远取诸物，近取诸身而作八卦。周文王将八卦相叠演成六十四卦，并在被商纣王囚禁时写了六十四条卦辞和三百八十四条爻辞，整理出这部中国最早的卦书。

对于中国传统思想史来说，更重要的是，《易经》按照阴阳两爻的排列组合，形成八卦、六十四重卦和三百八十四爻的系统，体现了数学上的某种规律，反映了宇宙在结构和运动方面的某些奥秘，其中包含了朴素的辩证思维方式，把一切事物都看成运动的、有条件的，可以灵活把握。《易经》对天地宇宙、自然现象、社会生活的方方面面，从哲学的高度做了阐述，阐明了事物运动变化的规律。特别是对伦理道德、思想方法、事物转化、新陈代谢、治军作战、刑事诉讼、婚丧嫁娶、夫妻关系、家庭教育、喜怒哀乐、居家旅行、生老病死以及革故出新等，都作了带有普遍规律性的论断，成为把抽象的哲理和社会生活结合起来的典范。

《易经》本身只是宗教的占卜之书，但是自春秋以来，《周易》经过孔子的研究和传述，成为诸子百家学术思想的源泉。许多古代的科学与哲学都从这块沃土上诞生，成为中华文化的重要源头。

2　士的崛起与百家争鸣

德国哲学家雅斯贝尔斯所指的"轴心时代"，大体而言，当为中国历史上的春秋战国时期。从大的历史来看，新石器时代最主要是奠定了中华文化的物质文明基础，建立了以农业为中心的生产方式和生活方式；原生文明时代，特别是西周，建立和完善了宗法社会的制度建设，奠定了几千年中国社会发展的制度基础。而到了春秋战国，则实现了精神的飞跃，建立了中华传统文化传承和发展的思维方式和观念形态基础。对于中国的历史和中华传统文化的传承和发展来说，春秋战国时期就处于"中心和枢纽"的地位。在以后的中华传统文化的发展历程中，尽管不断有与外来文化的交流和补充，中华传统文化的本原系统不断丰富和发展，但中华传统文化总是以其强大的本原属性凸显自身。这个本原属性正是从文化的发生期而在春秋战国时期奠定的。

在这个充满变革的时代，中华文化不是像埃及文化和巴比伦文化那样衰落下去，也不是像印度那样由佛陀的新传统取代婆罗门教的旧传统，而是以自我更新的力量，在商周时期文化发展的基础上，通过对商周文化的反省与总结，发展出完全可与希腊文化、希伯来文化以及其他文化相媲美的中国智慧。

孔子以及其他诸子既是对西周文化的突破，又是对西周文化的继承。中华文化在这个大变革时代表现出它的创造性和连续性。

"平王东迁"后，周王室的经济政治实力一落千丈，周天子地位和权威急剧衰落，虽然还保留着"天下共主"的名义，但远不能像以前那样号令天下，"礼乐征伐自天子出"变为"礼乐征伐自诸侯出"，诸侯国内的篡权政变和各国之间的兼并战争不断发生，展开了一幕幕大国争霸的激烈场面。所谓春秋战国时期的"文化突破"，首先在于打破了西周时期国家对社会文化统一的局面，破坏了西周时期的宗法制度和分封制度，社会文化出现了空前的大变革局面。

春秋时期的政治是"争霸"，战国时期的政治则是"兼并"。为了争夺霸权和兼并他国或者不被别国兼并，春秋战国时期，各大国都进行了图强的改革运动，以适应新的形势。这些改革运动，促使各种社会政治力量进行着大分化、大改组，成为各国的重大政治事件。它既使该国富强，又推动了社会制度的前进。如对赋税制度的改革，促进了封建地主经济的成长；用人制度上的改革，促进了封建官僚制度的形成；成文法的公布，促进了"明法审令"的封建法律制度的确立；郡县制的设置，奠定了封建中央集权的政治结构。这个时期的大变革，包括国家体制、政治制度、社会组织、文化学术等多方面，都呈现出破旧与创新的景象。这些改革促进了文化上的突破与变革，出现了经济、社会文化繁荣发展的局面，成为中华文化史上的一个生机勃勃的阶段。

春秋战国时期对西周文化的突破，并不意味着对西周文化的全盘否定或全面抛弃，而是继承了西周时期许多优秀的文化传统。春秋的文化大势，是"天子失官，学在四夷"，就是说，原来属于周王室的、贵族的各种文化形式从被贵族垄断控制中解放出来，扩散到"四夷"，扩散到民间，这个过程不是旧文化的全盘否定、全盘颠覆，而是扩散、普及、在更广阔的空间发展的过程，是贵族文化平民化的过程。因此，形成了春秋时期特有的文化风貌。

在这个时期，出现了一个新的社会阶层，汇聚成中国第一个真正的、成熟的知识阶层，即"士"，这一阶层在后来两千多年中一直作为学术文化的创造者和传承者。士的崛起是春秋战国时期最引人注目的情势，士的崛起又为学术的繁荣与自由奠定了客观基础。从春秋到战国，数十万知识分子异军突起，他们在剧烈动荡的社会里风云际会。他们奇迹般地驰骋于群雄纷争的历史舞台上，在政治、经济、军事、外交、科学、艺术等各个领域都充分显示出创造才能，成为当时社会上一支举世瞩目的生力军。

这些在社会动荡中成长起来的士，才俊辈出，群星璀璨，在世界文化史上，恐怕也只有古希腊的群哲可与之比肩。他们在积极参与社会政治变革、从事文化创造的同时，也形成了胸襟博大与开放心态、强烈的政治参与意识、以先知觉后知的社会责任感、道德自律严格等新的群体品格，成为后世中国知识分子的精神传统。

春秋战国时期的文化突破和繁荣发展，是与"士"阶层的崛起密切相关的。士的崛起和发展是文化突破的主要标志，同时也正是因为他们在思想文化领域的重大作为，才使得这一时期的文化实现了精神文化领域的重大飞跃，这也是所谓文化突破的本质意义。

春秋战国时期创造了学术思想文化大发展的有利条件，于是有"诸子百家"之说。

所谓"诸子"，是指这一时期思想领域内反映各阶级、阶层利益的思想家及著作，也是先秦至汉各种政治学派的总称，属春秋后期才产生的私学。"百家"表明当时思想家众多。在这几百年的思想文化舞台上，诸子并起，学派林立，他们从不同的角度摄取当时的文化知识，著书立说，广收门徒，四处游说，互相诘难论辩又互相影响吸收，出现了学术文化"百家争鸣"的空前繁荣的局面，成为中国文化史上光彩夺目、辉煌灿烂的时期，是中国历史上思想文化最为辉煌灿烂、群星闪烁的时代。

春秋战国时期的诸子百家，据《汉书·艺文志》中记载，西汉末年刘歆的《七略》，把诸子略分为十家：儒、道、阴阳、法、名、墨、纵横、杂、农、小说。除去小说家不谈，称"九流十家"。诸子百家各呈其说，互相争鸣，呈现出十分活跃的局面。所谓百家争鸣，一是各个学派独立地阐述自己的学说思想，学派之间相互问难，进行辩论；一是游说诸侯。战国的诸子百家主张学以致用，为了救世，必须以其所学去游说诸侯，推出自己的政策主张、治国方略，不可避免与诸侯及其官员发生争鸣。[①]

诸子百家都有建树，分别提出和发挥了涉及政治、经济、社会、军事、人生、哲学等多方面的思想，给后代留下了深刻的启示。百家争鸣意味着人类对自身及其处境思考的深入，精神的飞跃也就是开始了对以往的理性的批判和反思。这正是春秋战国时期思想文化的基本点。百家争鸣是春秋战国时期文化发展中最精彩的一幕，是中华传统文化历史上第一次伟大的精神飞跃，并且在许多领域取得重大的突破。恩格斯曾经评论古希腊哲学说，在古希腊哲学中包含着西方各种哲学形式的胚胎和萌芽。对于春秋战国时期的学术文化，也可以说，在那个时期的百家争鸣中，孕育了中国思想史上各种学说的胚胎和萌芽。春秋战国是博大精深的中国思想传统的智慧之源。

3　孔子儒学的产生

诸子百家中，又以儒、墨、道三家影响最大。儒、墨、道三家是先秦诸子之学的主流。其中春秋末孔子创建的儒家学说思想代有传人，两千多年而延绵不绝，长久作用于中华民族的文化心理，为中华文化的发展奠定了思想基石。

孔子是春秋鲁国人。他开私人讲学之风，从事教育，率弟子周游列国，晚年回到鲁国，致力于文献整理工作，定礼乐，删《诗》《书》，著《春秋》。他的弟子们把他的言行记录下来，编成《论语》，成为儒家学派的经典。《论语》除了集中表现孔子的仁政理想之外，还对人的品德修养、生活志趣、人际交往乃至饮食文化作了精辟论述，其中不少成为后世的格言。

儒家思想的核心是关于"仁"的学说。"仁"是人之所以为人的本质属性。人的行为与人生态度都必须遵循"仁"道的原则，而"仁"道的基本内容就是亲亲，就是对人生、对生命的热爱。孔子的弟子问孔子："仁是什么？"孔子回答"仁"就是要爱人。"亲亲"，就是父慈子孝，兄友弟恭，亲爱自己的亲人。同时，还应由"亲亲"而"仁民"，即将相亲相爱的孝悌之情，推及他人、社会，甚至宇宙。由"亲亲"，即由亲子顺亲的血缘情感出发，最终实现人与人的相亲相爱。作为君子，时刻要有一颗仁爱之心，要有一颗爱人之

---

① 樊树志：《国史概要》（第2版），第61页。

心。君子以仁爱之心爱人，以仁爱之心爱人的君子长久地受到被爱对象的爱戴。君子因为学习了仁义之道，所以能够爱人；君子的爱没有差等，不论所爱对象的贫富贵贱，内心中已没有自我和他人的区别。爱与被爱是相互的，是互动的。君子通过仁爱赢得众人的爱戴。

孔子把"仁"看作是人的本性的最高表现，是人的美德的最高概括。他以把自己培养成为仁人君子看作是人生最有价值和意义的事，并认为只有这种修身行仁的人，才能体味人生的乐趣。孔子提倡志士仁人"无求生以害仁，有杀身以成仁"，并把"天下为公"的"大同"世界看作是彻底实现了"仁"的美好社会的最高理想。孔子把政治、经济等社会关系归结为君臣、父子等的伦常关系，以人伦作为人的本质，把人的伦理道德视作解决社会一切问题的关键。因而他提出了以"仁"为首的一系列的道德规范，认为"仁"不仅是处理人与人关系的道德准则，而且是个人修身立命的根本。他还提出了"为仁由己""笃实躬行"的道德修养方法，论述了"仁者爱人"的道德原则和"忠恕"之道的道德素养，论述了孝、悌、智、勇、恭、惠、信、敏等德目，创立了中国历史上第一个完整的伦理学说。

孔子重视知识学问，强调学习、思考和实践。孔子把学习看作是获得知识的途径。他说自己的知识并不是生来就有的，而是勤奋好学得来的。他除了重视学习书本知识外，还重视闻、见、行在认识中的作用，主张在现实生活中，要向多方面学习。他重视理性思考的作用，提倡学思并重，学与思必须结合起来。孔子重视学习，同时强调学的目的在于应用。例如他让学生"诵诗三百"的目的，是能够将来"使于四方"，用学到的知识来应对政事，否则"虽多，亦奚以为"！孔子梦寐以求达到"立德、立功、立言"的人生"三不朽"的境界，提倡学以致用，由此开创了儒学的经世传统。

孔子的思想和论述对后世有着巨大而深远的影响。到汉代，董仲舒提出"独尊儒术"，孔子儒学成为占统治地位的国家意识形态。后世经过历代统治者的大力提倡和学者们的发挥引申，延绵不绝，成为中国传统思想文化的重要组成部分，对民族文化和民族精神的形成起到了巨大的作用。

六 商周与其他原生文明的交流互动

1 商周的对外交流

草原民族的大流动充当了东西交流的载体。通过他们，中国与美索不达米亚文明等亚洲西部的族群发生了联系。

商代有许多方国，分布在东、西、南、北四方，大约都是一些游牧民族的氏族和部落共同体。中国历史上有"朝贡贸易"，通过这种"朝贡"的形式进行官方的贸易往来，互通有无，实现物质文化的交换与交流。"朝贡贸易"形式在商代就已经出现了。商汤时曾令伊尹作"四方献令"，规定前来朝贡诸国进贡方物。方国所献方物，实际上就是这些边远民族与中原的物质文化交流。通过这样的交流，各地的物产被输送到中原，同时，也会有许多中原物产以及其他文化被传播到这些方国。商代还有从事长途贩运的"旅人"，推动对外的商贸关系。

商代中原与北方游牧地区的联系已然不少。从公元前2千纪初期开始，远离商代文明的中心区域，在中原文化、中亚和南西伯利亚的青铜时代文化之间，存在着一个广阔的文化过渡地带。商代文明与这种中间地带之间保持着密切的联系。①由于北方草原民族经常需要游动以寻求新的牧场和狩猎场所，在其南迁过程中，容易与居住在当地的商人发生矛盾，这大概是商朝与北方民族经常发生战争的一个重要原因。通过这些北方游牧民族，商代文明与域外文化的接触和联系可能有所扩大，甚至在某些方面接受了外来文化的影响。

中国考古学家李济通过对殷墟文化的研究和分析，列举了殷商文化中的外来文化因素。他指出，殷墟矢镞、戈、矛、刀削、斧斤5种兵器仅戈为中国本土之物。②殷墟铜器仿自殷墟陶器，殷墟以前中国没有单独发展的青铜器。③中国古代两轮大车跟巴比伦遗物上的图画并无差别，可认定冶铜技术和

---

① ［美］狄宇宙著，贺严、高书文译：《古代中国与其强邻——东亚历史上游牧力量的兴起》，中国社会科学出版社2010年版，第59页。

② 李济：《殷墟铜器五种及其相关之问题》，《"中央研究院"历史语言研究所集刊外编·庆祝蔡元培先生六十五岁论文集》（1933年）。

③ 李济：《记小屯出土之青铜器》，《中国考古学报》1948年第3期。

两轮大车都是外来的。①在青铜器中，有带插口的斧和带插口的矛头；在陶器中，有喇叭形的罐和圆底的罐；在石器中，有丁字形的斧和凿子，这些显然都是外来文化移植的结果，是中国早在公元前2千纪就同远西地区有交往的重要佐证。②李济还发现殷墟侯家庄M1001大墓椁顶"肥遗"图案和木雕残片中的双虎母题图形渊源于美索不达米亚。肥遗二身交结，非常可能和埃及的包金手把上交缠的蛇形有关。③另一种双虎图形也是起源于美索不达米亚，后来又流传到埃及的著名的"英雄与野兽"母题的一种变形。④李济特别提出，中国在公元前2000年或更早时期和西方文明接触的最有趣的证据是一件特殊的陶罐盖子。这种见于东亚安阳小屯、南亚摩亨佐达罗、西亚众多遗址的罐盖像花盆一样，中央有一根突起的阴茎状的柄。

周朝建立以后，其对外关系要比商朝有所扩大。传入周朝的物质文化，有宝物，有用品，还有动物，在当时已经十分丰富。史载周成王时平定殷人叛乱，四邻民族都来朝贺，其中有中亚的渠搜国送鼩犬，康民赠桴苡，还有祁连山以北的禺氏（日氏）献骠。周的势力向西北地区伸展，与新疆天山南北保持一定的联系，汉族的移民也到达葱岭以东的地方。传说太王亶父曾封嬖臣长季绰于春山之虺，"以为周室主"。据波斯古代传说，苏哈克（Zohak）曾派人追踪季夏（Jamshid）至印度、中国边境，季夏曾娶马秦（Machin）国王马王（mahang）的女儿为妻。马王意思是"大王"，指亶父。这则传说可能讲述的是季绰的后代在葱岭附近的繁衍、壮大。⑤

2　周穆王的"西狩"之旅

周代前期，犬戎势力扩张，不肯臣服，阻碍了周朝和西北方国部落的来往。周穆王通过"西狩"，征服了犬戎，并加强了周朝与西北各族的联系和

---

① 徐仲舒：《北狄在前殷文化上之贡献：论殷墟青铜器与两轮大车之由来》，《中华文化论坛》2000年第1期。
② 李济：《中国文明的开始》，江苏教育出版社2005年版，第60页。
③ 李济：《中国文明的开始》，第24页。
④ 李济：《中国文明的开始》，第25页。
⑤ 沈福伟：《中西文化交流史》（第2版），上海人民出版社2006年版，第12页。

交往。据记载，穆王"西狩"前后有两次。第一次是穆王十二年（前990），周穆王率六师之众，西征犬戎，"获其五王"，并把一批犬戎部落迁到太原，从而打开了通向大西北的道路。第二次是穆王十七年（前985），穆王向西巡游，经河宗氏、赤乌氏、容成氏、哪韩氏等20余个域外邦国部落，最后抵西王母之邦，受到西王母隆重的接待。

作为周穆王"西狩"终点的"西王母之邦"在什么地方呢？在古史传说中，西王母生活于西域，各书记载不同。有研究认为，西王母之邦是生活在中亚锡尔河上游地区的一个塞人部族，当时还处在母系氏族社会，西王母应是该部族首领。周穆王"西狩"，得见西王母，说明公元前10世纪以后黄河流域和中亚锡尔河上游地区已有比较牢固的联系。也有学者主张，"西王母之邦"在阿拉伯南部地区，西王母即示巴（Sheba）女王。示巴是阿拉伯南部的古国，以富庶著名。《圣经》中有示巴女王曾往见以色列王所罗门的故事。所罗门和周穆王是同时代人。周穆王见西王母虽未必真有其事，但也可以反映出战国时期，人们对中亚以至西亚，已经掌握了不少地理和历史知识。当时这两地人民之间已经有了商业来往。①

据《穆天子传》记载，周穆王"西狩"所经历的路线大体上是由中原向北，到达蒙古高原，然后向西，与希腊人所知的斯基泰人黄金毛皮路相衔接。《穆天子传》所记述的是从东往西的草原之路，阿里斯泰《阿里玛斯波伊人》记载的是从西往东的草原之路，这样一来，草原之路的整体面貌就比较清楚了。周穆王的事迹发生于公元前10世纪，正是卡拉苏克文化时期；阿里斯泰的东行是在公元前7世纪，从大的历史时段来看，与周穆王西狩都属于同一个文明初曙的历史阶段。

由于年代久远，关于周穆王"西狩"的细节已不甚清晰，但我们仍然可以从中了解那个时期中原民族开辟与西方交通、发展与西域各民族友好往来和文化交流的努力。周穆王"率六师之众"而"西狩"，由此可以想见这支队伍是十分庞大的。《穆天子传》记穆天子西征，历域外部族20余个，所到之处，各部族都友好接待，无不贡献方物特产，穆王也莫不一一赏赐中原物品，进行

---

① 齐思和：《中国史探研》，中华书局1981年版，第266页。

了大规模的物质文化交流活动。这种献赐活动反映了一种以物易物的交换贸易关系。所以，穆王西狩还具有与西域各地进行贸易活动的意义。

3　青铜文化的交流及"鄂尔多斯式青铜器"

原生文明的一个主要标志是青铜文化。青铜文化是一个世界范围的普遍文化现象。西亚和中亚部分地区大约于5000年前进入青铜时代，东亚大约于4000年前开始进入青铜时代世界体系。中国夏、商、周三代，大体上属于青铜时代，是中国文化传统形成的关键时期。

关于欧亚大陆上的青铜文化的传播与交流，有学者提出了一个中西交通的概念——"青铜之路"，认为在公元前2000年左右，西亚、中亚、东亚之间存在着一条东西方文化交流的青铜之路。

世界不同地区进入青铜时代的时间并不一致。从全球范围看，最早的青铜技术出现在西亚。公元前2000年，西亚已进入青铜时代的鼎盛时期，主要的青铜冶铸技术均已发明，并对周围世界产生了重大影响。在此后的数千年间，随着西亚文化的扩散，冶金术随之外传，进入东南欧的多瑙河中游、欧亚交界的乌拉尔一带、高加索和中亚的广大地区，并继续东渐，进入新疆和河西走廊一带。

国内外都有一些学者主张青铜冶炼铸造技术是由西向东传播，认为金属冶炼技术在公元前2000年左右经高加索或伊朗传入中国。他们认为冶金术这样重大而复杂的发明在人类发展史上不可能是多元起源，就目前的考古材料而言，中国早期铜器很可能是通过草原通道进来的。他们的依据是，在仰韶文化和龙山文化时代，西北地区的文化大大落后于中原，但其冶金术的发展却表现出超乎寻常的进步。西北特别是新疆地区青铜时代遗址的发掘和研究，填补了青铜冶铸技术由西向东传播的空白。古墓沟文化遗址的发掘和研究表明大约4000年前新疆部分地区已进入青铜时代，且与中亚、西亚、中原均有联系。这就是说，来自西方的青铜技术是通过草原民族作为中介传到中原。

和夏商青铜文化同时，在欧亚大陆上还有两个青铜文化中心。一个是在西伯利亚南部叶尼塞河上游的米努辛斯克盆地发展起来的阿凡纳西沃文化（Afanasievo Culture）和继起的安德罗诺沃文化（Andronovo Culture）、卡拉苏克文化（Karasuk Culture）；另一个是有悠久历史的以南土尔克曼为中心的纳马兹加Ⅴ期和Ⅵ期文化（Namazga Culture）。南土尔克曼以红铜文化著称；它与已经发现红铜文化的河北唐山、内蒙古伊金霍洛旗以及河西走廊之间，有可能在公元前2000年以后已经有了某种接触。公元前2000年末至公元前1000年初，在费尔干那正在形成楚斯特文化，纳伦山口的遗物表明，这一文化和中国文化有某种程度的联系。①

安德罗诺沃文化在欧亚大陆青铜文化传播过程中起了关键作用，对新疆青铜文化的影响是明显的。欧亚大草原的游牧民族创造和传播了安德罗诺沃和塔里木盆地的青铜文化。新疆与甘肃青铜文化的联系亦异常密切，四坝文化、齐家文化、朱开沟文化是青铜文化由西北向西南、东北、中原传播的中继站。就是说，从乌拉尔到黄河流域在考古冶金学上已没有明显的缺环。

商文化与南西伯利亚卡拉苏克文化的联系十分明显。中国北方青铜器与卡拉苏克文化有着许多相似之处，主要器物有：青铜短剑，以铜柄与护手（格）铸为一体为特征，剑身与柄之间有凸齿；管銎战斧，除了有较长的管銎外，还具有刃狭身厚的特点；青铜小刀，刀身与刀柄连铸，刀身与刀柄之间有舌状突，刀背呈弧形；铜锛，锛的后部有銎；弓形器，此种器物用途不明，有人认为它是系在腰上用来系挂马缰的，有人认为它是弓的辅助工具，也有人认为它是用在旗帜上的；此外，还有带耳铜斧以及一些青铜饰物等。欧亚草原上的青铜器具有一些共同的游牧生活特征，如青铜器上多有环或钮，以便悬挂。从艺术上看，这些青铜器的纹饰也非常相似，例如青铜短剑及刀柄上往往饰有各种动物，这些动物一般双眼突出，两耳竖起，动感很强。在国外，欧亚草原上的这种动物纹饰被称作"野兽纹"，中国学者则称之为"动物纹"，因为在这些动物形象中，除了野兽外，还有家畜。上述这些具有共同特征的青铜器在草原通道上分布很广，从中国北方到黑海沿岸都有。特别是乌拉尔南部地区图尔宾诺文化中的塞伊马（Seijma）类型青铜器，与克拉苏文化青铜器及中国北方青铜器有不少相似之处。而且，有些类似的青铜器还出现在中国中原地区的殷墟文化中。西伯利亚出土的铜器，皆有与殷墟相似或相同的型式。因此，殷

---

① 　沈福伟：《中西文化交流史》（第2版），第8页。

墟铜器并非自中国本土孕育而成，其冶铜技术可能由外而来。

中国的青铜器要比西亚晚1000年左右。中国大约4000年前才进入青铜时代，但中国很快就发明了铜—锡二元合金和铜—锡—铅三元合金，形成了一整套从冶炼、熔炼到铸造的独特技术路线，很快就走到了世界各国的前列。①商周之际中国青铜文化达到鼎盛时期，在青铜铸造方面取得了辉煌的成就，在工艺美术方面有独到之处。青铜鼎、鬲、爵、戈等是中国人偏爱的器物，很可能是中国的创造。商代后期青铜器的制作，其技术水平超过了在它以前进入青铜时代的埃及和巴比伦，并以中原地区为中心，向四邻地区扩散。广泛分布于欧亚大草原的青铜鍑亦可能源于中原，被认为是马具、野兽纹、兵器三大特征之外的第四个反映游牧文化的显著特征。在这一过程中游牧民族起到了桥梁作用，并且从中充实和改进了自己的技术装备。

实际的情况可能是，在北方草原文化带来青铜文化后，在中国与本土文化相结合，进一步地得到改进和发展，形成具有中国特色的青铜文化。在这个过程中，很可能有法国历史学家布罗代尔（Fernand Braudel）说到的物种交流的情况，有本地文化"技术骨干"的参与。一种新文化进入中国文化系统之后，往往又有一个继续改进、再创造和再发明的过程。

前文提到的草原丝绸之路的东段经过蒙古高原，向南沿着河谷地带，如黄河、桑干河、永定河等，可以直接通达中国古代文化的核心地带黄河中下游地区。位于内蒙古的鄂尔多斯是这条干线上的一个中心点。人们很早就注意到，欧亚草原上的青铜器有着许多共同的特征。在鄂尔多斯出土的青铜器，曾被中外考古学家命名为"鄂尔多斯式青铜器"，现在亦被称为"北方系青铜器""中国北方青铜器"或"中国北方青铜文化"。

鄂尔多斯青铜器属于中国青铜文化的重要组成部分，是中国古代北方游牧民族的代表性器物，是北方草原文化的代表，文化内涵丰富，特征鲜明，造型精美，延续时间长，分布地域广，与中原青铜器相比，呈现出截然不同的文化形态，演进轨迹却趋同。

鄂尔多斯青铜器起源于朱开沟文化。1974年，鄂尔多斯市东部的伊金霍

---

① 龚书铎总主编，廖名春主编：《中国文化发展史·先秦卷》，第454页。

洛旗纳林塔乡境内，发现了距今4200—3500年的新石器龙山时代晚期至商代前期的朱开沟遗址，出土了耳环、指环、臂钏、针、锥等青铜装饰品和青铜戈、短剑、刀、镞、护牌等兵器和工具，这是鄂尔多斯最早发现的青铜器。此后，陆续发现了多处重要的鄂尔多斯青铜文化遗迹，从众多墓葬和遗址中陆续出土了数以千计的鄂尔多斯青铜器，涵盖种类丰富且自成系统、纹饰精美、造型奇特，具有北方游牧民族鲜明的文化风格。春秋战国至秦汉时期，鄂尔多斯青铜冶铸业已达到前所未有的发达程度，不仅能够铸造各种兵器，如刀、剑、管銎斧、管銎戈、锛等，而且能够制造车辕、杖首、牌饰等多种具有自身特点的车马器和生活用具。同时掌握了镶嵌、锤、抽丝及错金银等制作工艺，达到炉火纯青的程度，制作水平日趋复杂，不仅代表了早期游牧文化发达的青铜制作技术，更体现了古人的生活方式和审美理念。

关于鄂尔多斯式青铜艺术的起源，主要有两种观点：一种认为鄂尔多斯式青铜器是"从黑海沿岸的斯基泰发源，从西向东顺次流传的"，并将鄂尔多斯式青铜器命名为"斯基泰-西伯利亚文化"、鄂尔多斯式动物纹命名为"斯基泰-西伯利亚野兽纹"；另一种观点认为，鄂尔多斯青铜艺术是欧亚草原和山地古代居民模仿和借鉴的对象。[①] 许多学者都认为，鄂尔多斯艺术对名为"战国时期艺术"的中国风格产生了很深的影响，是引起古代中国青铜器从"商周式"向"战国式"变化的因素之一。[②]

4　西亚造车技术的东传

青铜时代最重要的发明之一是双轮马车。造车技术集中体现了各种古代制作，特别是机械制造的工艺水平。

关于车子在中国的发明与使用，古代文献多有记载，有黄帝、夏禹等发明车的说法。河南新郑望京楼夏商城址发现多条大路，其中一条属二里头文化时期，其上发现有同时期双轮车车辙，证明中国在夏代确实有了双轮车。

但是，目前所有考古成果一致表明，大约是在商代晚期中原才开始引进

---

① 邵学海：《先秦艺术史》，山东画报出版社2010年版，第329页。
② ［法］勒内·格鲁塞著，蓝琪译：《草原帝国》，商务印书馆1998年版，第49—50页。

家马的。由此可见，倘若二里头已有双轮车，就不可能是马车，二里头和偃师商城用的只能是牛车。

中国古代马用于挽车，据所见考古资料，时代较早的实物遗存，是公元前13世纪殷代的车马坑和一些地区出土的殷代车马器。山东滕州商代墓薛国贵族的墓穴中，发现了随葬的车马。出土的马车，除了主体结构是木制外，其他许多配件均已采用青铜铸造。

从20世纪90年代开始，随着对中亚、俄罗斯、高加索考古材料的认识，许多学者重新将中亚马车及中国马车进行结构上的比对，并将视角扩大至整个欧亚大陆，对目前发现的马车实体材料、岩画材料进行分析，从而认为中国马车应是来源于西方。

国际学术界普遍认为，车子起源于美索不达米亚。在乌鲁克遗址发现了公元前4000年中叶的车子的象形文字。也有人认为车子起源于高加索地区，根据是该地区出土了年代为公元前5000年的牛车模型。两地区在地理位置上相比邻，从大的地理范围来说，车子的起源不出两河流域至高加索一带，不晚于公元前3500年。中亚存在的实物马车的最早证据是属辛塔什塔-比德罗夫卡（Sintashta-Petrovka）文化，于1972年在契里阿滨斯克（Chelyabinsk）发现，在发现的墓葬中，有5处葬有马车，所有的车轮每个皆有10根车辐，此外，在几处陪葬马坑中，也发现了一种挽具，证实这些车原是设计由马来拖曳的。

中亚的车子在发展为双轮车之前有一段很长的四轮车传统。目前发现最早的车轮呈圆形木板状，是由三片木板拼接而成的。至公元前2千纪前半期，辐条式车轮逐渐增加。其形象多见于叙利亚、伊拉克一带出土的印章中。辐条式车轮刚出现的时候辐条数较少，这在许多叙利亚发现的印章图像有写实的表现，多为4根条辐，较晚的有多达9根条辐者。这些图像的年代约在公元前1950年至公元前1600年。公元前1500年之后，实物双轮马车的发现显著增加，并且可以见到双轮车取代四轮车的趋势。除了1972年在契里阿滨斯克发现外，在亚美尼亚的鲁查申（Lchashen）发掘的9号及11号墓中，各出土一辆保存极为完好的马车，年代为公元前1500年左右。从形态上看，两车完全一样，车舆都是长方形的，装在2米长的车轴上，固定在轴两端的车轮直径在1米左右，轮辋由两块木料鞣制而成，每轮有28根内接于车毂、外接在轮辋的车辐。中西亚车子的发展经过了一段由笨重到轻巧的过程。到公元前15世纪左右，轻、快的带辐车成为车子形态的主流。双轮带辐马车能够流行的原因是这种马车在某一社会结构中扮演一种独特的角色（成为一种财富、地位的象征），当时人们对动物的驯化，以及这种以弯曲木头建构、以双马曳引的双轮带辐马车成为战争中最有力的工具。而西亚于公元前2千纪开始逐渐具备这些条件，最后被周边其他文化所接受。两河地区以其军事力量将战车向东、向西传入周边地区，埃及的战车即是在两河地区文化扩张的影响下产生的，中国新疆地区及俄罗斯、北方游牧民族地区发现的车子形象也应该是其向东辐射的结果。

有学者对中国马车及中西亚马车进行形制上的比对，发现它们属于同一系统，有共同的源头。商代马车的形制与公元前3500年美索不达米亚文书草图所绘4马或2马之车，存在很多相似之处。所以，殷商之有两轮大车，可能自西方输入。

由于中国与中西亚的距离比较远，车子的形态又经过多种文化传递、改变，所以接受中西亚间接影响的时间较晚，所制造的车子也与中西亚、埃及相去较远，主要体现在马车的大小、车马器的质地和装饰上，这种差异是由东西方不同的地理环境、文化传统等因素造成的。不过中国的马车在形态上仍与中西亚的马车基本一致，所以也应属于中西亚马车辐射影响下派生出来的一种亚型。

在马车这种运输工具的制造技术传到中国以后，又有中国人在此基础上的再创造、再发展。实际上这也是文化传播和接受的一个规律，在历史上曾多次出现这样的情况。一种文化因素传播到另一种文化以后，接受方往往根据自己的理解和需要，进行加工、改造和发展。所以，发展有时候比发明更重要。马车传到中国的情况就是这样。中国为马车增添了许多自己的文化因素和继续发明。古代中国人并不是简单地引进马车，而是对它进行了不断的加工改造，并且还有许多技术上的创新与发明，例如中凹形车轮制造、龙舟形车舆四轮马车的出现、系驾法的演进等，这样，逐渐形成了中国自身的马车特色与传统。

5　三星堆与南亚西亚文明

四川广汉的三星堆文明是中国现代考古学起步时期最早发现的大遗址之一。三星堆距今约有5000—4000年的历史，以其文物精美、文化独特、神秘莫测而引起世人的瞩目。据专家推测，三星堆应是成都平原历史最久的古蜀国的中心，而且它处于与之相连续的系列古文化遗址的中心位置。

三星堆是一个拥有青铜器、城市、文字符号和大型礼仪建筑的灿烂的古代文明。三星堆文化的青铜铸造技术和玉石工艺，是中原夏商文化与古蜀文化交流融会、互补互融的产物。与此同时，它还可能通过蜀身毒道与印度文化有某些联系。

三星堆出土的象牙艺术可能来自印度。在三星堆一号祭祀坑内，出土了13支象牙；在二号祭祀坑内，出土了60余支象牙。三星堆青铜制品中最具权威、高大无双的二号坑青铜大立人——古蜀神权政体的最高统治者蜀王的形象，其立足的青铜祭坛（基座）的中层，也是用4个大象头形象勾连而成的。成都金沙遗址出土象牙的重量，竟然超过1吨。有学者认为，三星堆遗址的象群遗骨遗骸，以及三星堆和金沙的象牙，既不是成都平原自身的产物，也不来自与古蜀国有关的中国其他古文化区。这些象群和象牙应该是从象的原产地印度引进。考古发掘中，在印度河文明摩亨佐-达罗废墟内，发现了曾有过象牙加工工业的繁荣景象，还出土不少有待加工的象牙。[1]

三星堆祭祀坑内还出土了4000余枚海贝，有虎斑贝、货贝等。其中数量最多的是一种齿贝，大小约为虎斑贝的1/3，中间有齿形沟槽，环纹内部分呈淡褐色、浅灰色，环纹外部分呈灰褐色或者灰红色。三星堆出土的这些齿贝，大多数背部磨平，形成穿孔，以便于串系，用作货币进行交易。

先秦时期中国西南地区出土的海贝之地，并不只有四川广汉三星堆一处，在云南大理、禄丰、晋宁、楚雄、昆明、曲靖，以及四川凉山、茂县等地，多有发现。在晋宁石寨山及江川李家山古墓群中出土的贝，就达1230多斤，计24.7万多枚。河南殷墟妇好墓的棺内有贝6800余枚。这种经过加工的天然贝币形体一面有槽齿，贝币光洁美观，小巧玲珑，坚固耐磨，便于携带。在河南郑州洼刘遗址的商代、西周古墓内出土了11枚距今3000多年的贝币，其中8枚贝币的形状较大，如成年人的大拇指；另外3枚贝币偏小，如成年人的小拇指。贝币背部均有人工钻磨的圆孔。

---

① 段渝：《南方丝绸之路与中西文化交流》，《中国社会科学报》2014年8月13日。

以海贝为货币，不是中国所独有，而是一种世界性的现象。海贝的原产地在南洋、印度洋一带。货币史研究者认为，这几种海贝只产于印度洋至西太平洋的狭小区域，而据生物学家研究，齿贝仅产于印、缅海域。史载印度自古富产齿贝，当地居民交易常用齿贝为货币。那么，中国出土的海贝必然是循着最近的半岛和最近的陆地传入的。

三星堆遗址还出土不少青铜制的海洋生物雕像，全部用平雕方法制成。虽然这些青铜制品多已锈蚀，但仍可清楚地分辨出数枚铜贝和其他数种海洋生物雕像。假如古蜀人没有亲临印度洋地区并在那里获得深刻的海洋生物印象和丰富的知识，就绝不可能制作出如此众多的栩栩如生的海洋生物雕像。这就意味着，三星堆时期的古蜀人，受到了印度洋文明的影响。

印度很早就与西亚有发达的交通和商贸往来，所以，在印度文化中，有深刻的西亚文化的影响。由于中印交通早就开辟，海贝、象牙等印度物产大量流入中国西南地区，那么据此可以认为，印度还会充当西亚文化向中国传播的一个媒介。

三星堆的青铜人物雕像群和金杖、金面罩的文化因素也可能渊源于古代西亚文明。

至迟在公元前3000年初，美索不达米亚就开始形成青铜雕像文化传统。在乌尔，发现了这个时期的青铜人头像，在尼尼微发现了阿卡德·萨尔贡一世的大型青铜人头雕像和小型工人全身雕像，以及各种青铜人物和动物雕像。在埃及发现了古王国第六王朝法老佩比一世（Pepi Ⅰ）及其子的大小两件一组的全身青铜雕像，据古埃及文献所载，这类雕像铸造年代还可溯到公元前2900年。中王国以后，埃及利用青铜制作各类雕像的风气愈益普遍，在卡纳克（Karnak）遗址就曾发现大量青铜雕像残片。在印度河文明的摩亨佐–达罗城址也发现了一些青铜雕像，包括人物雕像、动物雕像和青铜车，其中以一件戴着手镯臂钏的青铜舞女雕像驰名于世。

权杖起源于西亚欧贝德文化第四期，年代约为公元前4000年代前半叶。在以色列的比尔谢巴（Beersheba）发现了公元前3300年的铜权杖首，在死海西岸以南恩格迪（Engedi）的一个洞穴窖藏中发现铜权杖首240枚、杖首80枚。古埃及也有权杖传统，埃及考古中出现过大量各式权杖，既有黄金的也有青铜的，有学者认为与西亚文化的传播有一定关系。

关于黄金面罩，西亚乌鲁克文化神庙出土的大理石头像，曾覆以金箔或铜箔；叙利亚毕布勒神庙地面下发现的一尊青铜雕像，亦覆盖着金箔。西亚艺术中的许多雕像都饰以金箔，如乌尔王陵中的牛头竖琴，牛头即以金箔包卷而成，另外的几尊金公牛雕像也以金箔包卷。埃及的黄金面罩，最著名的是图坦哈蒙王陵内发现的葬殓面具。迈锡尼文明中屡见覆盖在死者头部的黄金面罩，有学者指出这种文化并非当地的文化形式，是受到了埃及文化的影响。

古蜀文明的青铜雕像群和金杖、金面罩，同上述世界古代文明类似文化形式的发展方向符合、风格一致、功能相同，在年代序列上也处于比较晚的位置，因而就有可能是吸收了上述文明区域的有关文化因素进行再创作而制成。所以，三星堆的青铜器文明很可能是受到了西亚美索不达米亚文明的深刻影响，而这种文化因素传播的渠道是通过印度中转的。

第十章
秦汉文明

一 文化统一与民族共同体的形成

1 汉族共同体的形成

公元前221年，战国七雄之一的秦国在嬴政的领导下，经过10年的统一战争，先后灭韩、赵、燕、魏、楚、齐六国，完成了全国统一的大业，结束了自春秋以降几百年诸侯割据称雄的分裂局面。

秦王嬴政在灭齐的当年，下了"议帝号令"，要给自己取一个新名号。他选择了"皇帝"二字，并自称"始皇帝"，以显示自己至尊的地位和"后世以计数，二世三世，至于万世，传之无穷"的愿望。从此以后，"皇帝"便成为中国历代封建王朝最高统治者的称谓。"皇帝"的称号，是联合古代统治者最尊严的称号"皇"和"帝"两名而成，表示秦代的统治，已达到历史上从古未有之境界。[①]

秦始皇不仅兼并了六国，还进一步在秦、楚两国经营西南少数部族地区的基础上，完成了西南地区的统一，并设官治理；统一今浙江南部和福建一带东南沿海瓯越和闽越地区，设置闽中郡；统一今两广一带的南越地区，设置南海、桂林、象郡；又击退了匈奴对中原地区的侵扰，建置九原郡。这样，建立起中华民族第一个"海内为郡县，法令由一统"的封建专制主义中央集权国家。其疆域，东至海，西至陇西，南至岭南，北至河套、阴山、辽东，幅员十分辽阔。这广大的地域，是秦以后历朝历代政治版图的雏形。换言之，中国的地域范围在秦代已基本形成。两千多年来，中国政治文化的一幕幕、一章章，

---

① 钱穆：《中国文化史导论》，商务印书馆1994年版，第36—37页。

大都是在这片土地上写就。①

秦始皇的统一，在中国历史上，在中国文化发展的进程中，都具有极为重要的意义。虽然秦王朝二世而亡，但它开创的中央集权封建制度，却确定了此后两千余年中国封建社会的基本格局。后继的汉王朝则继续巩固和发展了全国的统一，成功地把一统大业坚持数百年之久，显示出统一政权的优越性和生命力。

"大一统"的本义是以"一统"为"大"，"大一统"就是高度推崇国家的统一、民族的融合。在中国历史上，多元化的起源，并没有造成中华文化的分裂，反而形成了汇聚到一起的大江大河。这是中华文化的一个基本特性。统一是中国历史发展的主流，是中华民族高于一切的理想追求和道德情感。造成中华文明这一鲜明个性特征的重要因素，是中国历史上历经数千年而不衰的"大一统"思想的潜移默化，而秦汉时期正是这种"大一统"理念完全定型的关键阶段，秦汉文化的本质实际上就是"大一统"的文化。②

秦汉统一王朝的建立，大一统局面的形成，为中国历史的长期统一奠定了基础，为中华文化的传承和繁荣发展创造了有利条件。秦汉时期高度集权的"大一统"的政治体制基本形成，并且经历了多次社会动荡的历史考验而日趋完备，这本身就是秦汉文化中极其辉煌的成就。③而秦汉时期的一切文化现象，都笼罩着"大一统"的时代精神，处处洋溢着蓬勃向上的气氛，处处表现出辉煌的创造力量，从而形成了中华文化史上的一个黄金时代。

秦汉时期是中华文化史上一个十分重要的时期，也是中国以一个文明发达的国家闻名于世的开始，奠定了其在世界文化史上的地位。这一时期的文化意义在于，它开创了一个新的制度文化样式，并由它直接选定了以后几千年的文化价值和精神内核，规定了文化繁衍的明确路径，也为中华文化特有的文化继承品质和民族文化心态的形成奠定了基础。在这个时期，处处体现着文化一

---

① 龚书铎总主编，廖名春主编：《中国文化发展史·先秦卷》，山东教育出版社2013年版，第53—54页。

② 龚书铎总主编，黄朴民等著：《中国文化发展史·秦汉卷》，山东教育出版社2013年版，第7—8页。

③ 龚书铎总主编，黄朴民等著：《中国文化发展史·秦汉卷》，第483页。

统的崭新气象和盛世情怀。这一时期形成的经济、政治、文化制度，是近两千年中国封建社会的各种制度发展的基础。可以说，中华传统文化的基本内容、基本形式，都在那个时期奠基了，并且有了初步的然而十分耀眼的成就。

在国家统一的基础上，秦汉王朝为文化的统一采取了一系列有效的措施。战国时期政治上的割据状态，造成区域差异严重化。秦朝根据新的政治制度的需要，为了尽可能消除长期诸侯割据造成的地区差异，巩固政治上的统一，以战国时期秦国的制度为标准，进行了一系列的政治、军事、经济、交通、思想、文字等统一工作，整齐划一了各项制度，包括车同轨、书同文、度同制、行同伦等。秦朝统一文化的举措，以强化专制君主集权为目的，也有力地增进了秦帝国版图内广阔地域的人们社会生活乃至文化心理的同一性，大大促进了全国各地的文化交往和文化统一，从而为中华文化共同体的形成奠定了坚实的基础，为秦汉时期文化的大发展、大繁荣创造了极为有利的条件。

统一帝国的建立，为生产力的发展提供了巨大动力，物质文化进入相当繁荣的阶段。秦汉时期以农耕经济和畜牧经济为主，包括渔业、林业、矿业及其他多种经营结构的经济形态走向成熟，借助交通和商业的发展，各经济区互通互补，共同创造物质繁荣，物质文明的进步取得了空前的成就。物质文化的丰富和繁荣，既是秦汉时期封建经济长足进步的具体表现，更是当时制度文化全面发展、观念文化绚丽多姿的坚实基础。它为人们从事精神活动、开展精神文化创造，提供了有力的保障，使社会分工更为合理，使文化嬗递获得不竭的生机和活力。①

与此同时，汉王朝的统治者依赖于强大的经济实力，积极开疆拓土，发展中外交通，控制西南，北击匈奴，沟通西域。秦汉王朝是当时世界上唯一的封建大帝国，其辉煌灿烂的文明在世界处于领先的地位。

秦汉时期是中国文化史上的黄金时代，处处洋溢着创造性的生机，体现着盛世文明的闳阔情怀。举世瞩目的万里长城，至今仍是令人叹为观止的世界文化遗产。秦始皇陵的兵马俑，堪称秦代造型艺术的代表作，被誉为世界"第八大奇迹"。秦汉的壁画、帛画线条刚劲有力，色彩浓淡有度，画面立体感很

---

① 龚书铎总主编，黄朴民等著：《中国文化发展史·秦汉卷》，第3页。

强，生活中的一切内容几乎都成为艺术中的内容，艺术中的充盈之美也完全是生活中的丰沛之趣。绘画作品所表现的对世间生活的全面关注和肯定，正是生机勃勃的时代文化的独特风貌。文学艺术绚丽壮观，气象万千。在思想文化领域，秦汉时期更拥有值得后人为之自豪的辉煌。社会思潮的跌宕起伏、异彩纷呈，诸子学说的此消彼长、各擅胜场。①

秦汉时期的科技发展也取得前所未有的业绩，尤其是传统的农业技术、中国医学、天文和算术成就巨大，如出现了大医学家张仲景、华佗，天文家张衡，《周髀算经》《九章算术》《方程》《勾股》等数学巨著都成书于两汉时期。对人类文明有重大影响的中国四大发明之一的造纸术也产生于秦汉文化盛世。

秦汉时期是中华文化共同体的形成期。当时在今陕西、河南一带居住着一些以农业生产为主要经济生活的氏族部落，对于这些民族、部落并没有总的正式名称。经历夏、商、周三朝，这些部落民族与四周其他各部族长期融合，互相吸收，形成了共同的心理素质，有着共同的精神文化生活和风俗习惯，至春秋中期形成了华夏民族。华夏民族主要居住在黄河流域中下游，在这一区域出现了很多居住区，彼此之间相当分散。春秋时期各族在物质生活方面的密切交往、互相促进和共同发展，正是这一时期各族走向融合的主要标志，为汉民族的形成迈出了重要意义的一步。

战国时期，华夏民族的共同地域以及政治、经济均有较大的发展，文化的内涵也更加丰富并趋于一致，出现了"四海之内若一家"的局面，民族融合以更深的程度、更广的范围、更快的速度继续发展。到了战国末期，夷夏共同体重组的历史使命已经大体完成，由此奠定了中华民族多元一体格局的社会基础。

秦汉王朝各种有利于统一的措施，以及秦汉时期所宣扬的大一统思想，都为华夏民族向汉民族转化提供了物质和政治的条件，并促进其完成。至汉代，华夏民族在新的历史条件下获得了稳定的发展，完成了向汉民族的转化。"汉族"这个名称自此固定下来，以后虽然多有朝代更替，但这一名称一直延

---

① 龚书铎总主编，黄朴民等著：《中国文化发展史·秦汉卷》，第3页。

续了下来。

2　汉人生活与礼俗文化的定型

中国封建社会的礼仪制度也在秦汉时期臻于完备。在中国古代社会，"礼"具有社会政治规范和行为道德规范两方面的内涵。西周时期以"礼"治天下，春秋战国社会动荡，被认为"礼崩乐坏"。汉代对"礼"文化进行了系统的总结，使其更加制度化、规范化，使之成为社会各阶层共同遵循的行为规范。

汉初，文景之时便有制定礼仪制度的议论。到武帝时，则有了大规模制定礼仪的举措。汉代的礼制包括六礼、七教、八政。"六礼"即社会典仪，包括冠、婚、丧、祭、乡、相见；"七教"即人伦关系，包括父子、兄弟、夫妇、君臣、长幼、朋友、宾客；"八政"即生活制式，包括饮食、衣服、事为、异别、度、量、数、制。"礼"几乎包括社会生活的各个方面，社会所有成员的行为都可以从中找到依据和评价标准。这些细致入微的礼制，不仅促进了全社会的"行同伦"，约束社会成员的行为方式，而且具有强烈的道德教化功能，培育了中华民族的整体道德传统和精神风貌。

在汉代，风俗文化也有不同程度的创造和定型，展现出一幅崭新的面貌，而且对后世产生了深刻而广泛的影响。

民俗文化主要体现在人们的衣食住行等日常生活方面。中国的服饰习俗丰富多彩，向以"衣冠王国"著称于世。在远古时期，服饰主要是为了御寒、防暑、护体和遮羞。进入文明时代后，服饰常被用来区分等级、职业、民族、年龄和性别，并出现了服饰的审美价值日益上升的趋向。秦汉时期，对服饰美的追求已达到相当高的境界。不同阶层、不同民族、不同场合、不同环境的服饰，风格各异，从而使服饰的等级性、民族性、时代性等有机结合，融为一体。

在饮食方面，秦汉时期，随着社会生产力的发展和人民生活水平的提高，饮食在前代的基础上进一步丰富化和多元化，不仅宫廷饮食继续改善，平民饮食也日益丰富。食物种类比较丰富，食物结构发生了变化，主副食的搭配比较合理，出现了比较复杂的烹调技术和方法。

在居住方面，秦汉时期的住宅上承战国时期，一般说来可分为庭院式、楼阁式与干栏式三种住宅形式。其中庭院式住宅最普遍，种类也最多，有方形、长方形之分，也有一字形、曲尺形、三合式、四合式、日字形之分，但其基本结构大多是一堂二内，即三间住宅中一间为堂、二间为室。秦汉的建筑形式影响了中国以后两千多年人们的居住形式，因此"秦砖汉瓦"成为中国古典建筑的形象性说法。

在婚姻和丧葬习俗方面，汉代也已经基本定型。在汉代形成或定型的民俗文化中，其中最有特色的是节日习俗。汉民族的传统节日，大部分萌芽于春秋战国甚至更早的时代，但中国现在民间流行的大部分节日是在秦汉时期特别是在汉代定型的。如除夕、元旦、元宵、上巳、清明、端午、中秋、重阳等节日，不仅有了固定的日期，其风俗内容也基本定型。

按照人类学的观点，中国传统文化可以区分为"大传统"和"小传统"两个部分。所谓"大传统"，指的是知识阶层的规范性文化；"小传统"指的是在人民群众中流传的非规范性文化，即民俗文化。"大传统"是历代知识阶层的自觉的文化创造，是被有意识地培养并流传下来的传统，是经过严格选择或认真锤炼和改进的传统。就是说，它是有意识、有目的并经过理性思考而创造的文化，代表着中国传统文化的基本精神，规定着中国传统文化的基本发展方向。"大传统"以学派思潮、历史典籍、文物制度、艺术创作等形式存在，并在官方和民间得到认真保存和传播。而在中国传统社会，"小传统"主要在广大乡村中产生和传承，它以民间风俗、口头文学、方言俚语等形式存在，是农民的日常生活的文化。"小传统"是自发地产生和流传的，渗透在人们的日常生活中，通过潜移默化的方式世代相传。

"大传统"和"小传统"既互相独立，又相互交流、相互影响。一方面，中国的知识分子与农民和农村有着千丝万缕的联系，在他们的思考和文化活动中，不可避免地受到"小传统"文化因素的熏陶和影响；"大传统"中许多伟大的思想和优秀作品往往起源于民间，脱胎于"小传统"。因而，在中国传统文化中，始终包含着一种明显的农民的精神气质，始终具有农业文明的性质。

另一方面，"大传统"形成后又通过种种渠道再回到民间，进入"小传统"中，并且在意义上发生种种始料未及的改变。同时，由于中国知识分子历来尊奉"经世治用""齐家治国"的价值取向，自觉地担当起社会教化和文化传承的职能，往往有意识地把"大传统"规范成民俗，给民俗文化赋予"大传统"的文化意义，这就使中国文化中"大传统"与"小传统"之间的互通具有自觉的性质，使它们在基本精神和价值取向上趋向一致。这是中国传统文化的重要特点之一。①

3　动荡、分裂与融合

汉末以后，中国历史进入一个大变动、大动荡的时期。从汉献帝初平元年（190）董卓之乱开始，至隋开皇九年（589）隋文帝统一全国，这一分裂、动乱的时代持续了整整400年。

这个时期被称为魏晋南北朝时期。这是一个分裂乱离的时代，是一个充满忧患、痛苦与哀伤的时代。在这期间，先后出现34个政权，仅仅西晋有20多年相对安定的统一时期。中国北方出现了三度分裂与三度统一。战争与残杀成为经常的事，攻城略地，杀人盈野，官渡之战、夷陵之战、淝水之战以及西晋灭吴之战等著名战役都发生在这一时期。在这400年间，王朝更迭频繁，割据政权林立，战乱兵燹频仍，社会动荡不安，造成土地荒芜、城市荡毁、经济萧条，黎民百姓颠沛流离，国家遭受了空前的劫难，社会文明各方面受到了严重摧残。在这个时期，中华文明遭遇了重大挑战，中华传统文化的传承和发展遭遇了重大危机。

另一方面，分裂又突破了秦汉统一帝国时期政治中心与经济中心合二为一的固定模式，在秦汉统治中心黄河流域以外的地区，在辽西、塞北、河西、西南、江南等秦汉人眼中的偏远蛮荒之地，也形成一个个政治中心，促进各地区社会经济及文化的发展。三国蜀汉对西南的开发，慕容鲜卑前燕及北燕政权对辽西的开发，都远远超过秦汉时期。十六国五凉政权对河西的开发及其中一些政权在西域地区的直接统治，更使中原地区与西域的联系豁然贯通。江南地区社会经济的进步在很大程度上应属于分裂时代的功绩。经南朝宋、齐、梁、陈四代的发展，南北文化得到一定程度的融合，极大地促进了江南的开发和文

---

① 在中世纪欧洲，"雅言"是拉丁文，其传授在学校，是属于上层贵族的文化。各地人民则采用方言，可以和拉丁文互不相涉。"大传统"和一般人民比较隔阂，成为一种"封闭的传统"。中国文化也很早就有"雅"和"俗"之分。但中国的"雅言"是本国语文的标准化或雅化，因而中国的"大传统"与"小传统"易于交流。

化发展，在科技、文学、艺术等诸方面均达到了空前的繁荣，形成了在中华文化史上极有特色的"六朝文化"。六朝是江南华夏文明大发展的时期。魏晋玄学、名士风度以及玄言诗、山水诗等文学成就，都是六朝文化的代表性成果。这种六朝文化大大地丰富了中华文化的内涵和多元化，也为中华文化在唐宋时期的大发展奠定了基础。

正因为有魏晋南北朝分裂时期区域开发的成就，后起的隋唐帝国的统治区域才比秦汉时期更为广阔，经济文化也远较秦汉文明昌盛。

魏晋南北朝时期的文化发展，其重要特点之一就是北方草原游牧文化与中原汉文化的大碰撞、大交流、大融合。这是这一时期广义上的中华文化与亚洲大陆文化对话、互动的组成部分。在这种碰撞、交流、互动和融合中，极大地丰富了中华文化的内容，并且为中华文化的发展提供了强大的刺激动力，成为这一时期中华文化大发展的重要原因之一。

从文化史的意义上来说，这种大碰撞、大交流、大融合，首先就突出表现在"胡"和"汉"两种文化的碰撞、交流和融合，而这主要是由于北方民族持续的内迁所引起的。这一次为时200年的人口变动，在中国历史时期，实为规模最大的一次。[1]由此出现了一个游牧民族和中原汉族、草原文化与农耕文化的规模广大的文化交流和融合局面。

在魏晋南北朝时期，社会风俗出现大变化，呈现出与两汉时期不同的形态，其最大的特点，在于胡汉的融合。[2]胡汉文化融合的过程，时有反复，总体则是一步一步涵化为北方的新文化。[3]

汉魏之际，在中国北部和西北部的游牧民族主要有匈奴、羯、鲜卑、氐、羌5支，史称"五胡"。他们从东汉开始不断内附，接受汉族先进文化的影响，社会生产力不断提高，向农耕生活过渡。为了寻求较好的耕地，他们还逐渐向南方农耕世界移徙。魏晋统治者为了利用胡人当兵和种地，又往往强制他们迁居内地。到西晋初年，胡人南徙的人数已相当多。内迁的匈奴、鲜卑、

---

[1] 许倬云：《万古江河——中国历史文化的转折与开展》，上海文艺出版社2006年版，第121页。

[2] 龚书铎总主编，韩昇主编：《中国文化发展史·魏晋南北朝卷》，山东教育出版社2013年版，第289页。

[3] 许倬云：《万古江河——中国历史文化的转折与开展》，第121页。

乌桓等族人达40余万，迁入关中的氐、羌族人达50余万，占关中人口的半数。胡人已经遍布北方各地，关中地区尤其众多。很多地方超过了当地汉人人口。

内迁各族的上层利用西晋内部矛盾的激化，以其部族武装作基础，相继起兵反晋，建立割据政权，出现了史称"五胡乱华"的大乱局。百余年间，北方各族及汉人在华北地区建立数十个强弱不等、大小各异的国家。这些政权的建立，又促进了更多的北方民族成员陆续南迁，进入中原地区。据估计，在349年，迁居中原的胡人高达五六百万之多。

游牧世界居民在4—5世纪大规模向农耕世界迁徙，是在亚欧大陆普遍发生的现象，是两个世界长期交往促进社会经济发展的必然结果。北方游牧半游牧民族进入南方的农耕世界，一方面造成了严重的破坏性后果，另一方面又学会了先进的经济和文化，有利于各民族之间的交融。在农耕地区定居下来的各部族，逐渐走向农耕化。他们为农耕世界带来新的活力，促进封建制社会经济的不断发展。

草原民族的统治，改变了中原文化的形态，给中华文化以强烈的刺激，使中华文化中加入了许多游牧文化的因素，在社会风俗方面也出现了"胡化"的现象。北方民族活动地区出土了大量反映北方草原文化与中原文化相结合的、辉煌的北朝文化遗物，从东汉末年的和林格尔壁画墓，到云冈石窟、司马金龙墓、北齐娄睿墓等乃至平城等北朝的都城建筑，以及在瓷业、农业、科技方面都是北朝留下的，堪称中华民族的无价之宝。北方草原民族文化是极富生气和极其活跃的，它为中华民族注入新的活力与生命，它还带来欧亚大陆北方草原民族文化的各种信息，为中西文化交流作出重要贡献。大唐盛世的诸多业绩都源于北朝。[①]

"五胡"也在丰富浩繁的汉文化的诱惑中被完全折服，以至于唯汉风是效。这一时期的各民族上层以精通汉文化自诩。在这些国家中，以前秦（氐族）和后秦（羌族）的文化最为兴盛，其次则是鲜卑慕容氏建立的前燕及后燕。此外，汉族人张轨、李皓所建立的前凉和西凉，更是当时的文化中心，史称"河西文化"。

---

① 苏秉琦：《中国文明起源新探》，辽宁人民出版社2009年版，第139页。

　　各国的统治者为了维护政权的稳定积极发展教育。他们援引汉族名儒，设立学校，中华传统文化教育没有因民族斗争而覆没。这是在这个遭受异族文化强烈冲击的时期中华文化传承没有中断的重要原因。各国的学校教育都是以中华传统文化为主要内容，特别是以延续汉朝时的经学教育为重点。这对促使北方各族接受汉文化，对于民族融合，以及中华传统文化的传承，都具有积极意义。

　　在近4个世纪中，北方周边民族如汹涌的潮水奔向中原，会合在汉民族传统文化的海洋里。在这样的民族融合的过程中，各民族结集于高度发展的文明之中，而逐步破除了种族界限，趋向于渗透和融合，最后与汉族融为一体。恩格斯在谈到民族征服的时候指出："每一次比较野蛮的民族所进行的征服，不言而喻地都阻碍了经济的发展，摧毁了大批生产力。但是长期的征服中，比较野蛮的征服者，在绝大多数情况下，都不得不适应征服后存在的比较高的'经济状况'，他为被征服者所同化，而且大部分不得不采用被征服者的语言。"①恩格斯概括的这一历史现象，正是魏晋南北朝时期的文化面貌，这也是经历了数百年的战乱流离、分裂割据，中华文化没有中绝而得以持续传承的主要原因。

　　北魏统一北方后，结束了混战分立的局面，北方地区出现了比较安定的局面。发生在5世纪后期的北魏孝文帝改革，是北魏社会政治盛衰的一大关键，也是中华文化历史进程中的一个重大事件。魏孝文帝改革是五胡十六国以来最彻底的一次汉化运动，从政治、经济、制度到礼乐文化等方方面面，全面推行汉制，从而对北魏立国以来从游牧向农耕社会转型的成就进行全面的总结，力图使北魏在文化上获得质的飞跃提升，浑一胡汉，长治久安。②魏孝文帝的汉化改革取得了明显的效果，使少数民族政权不但在政治上而且在文化上被中原文明所同化。

　　魏晋以后的"五胡乱华"给中华传统文化带来了很大的冲击，但中华传统文化没有因此而中绝，反而浴火重生，广泛地吸收融合了边疆游牧民族的

---

① 《马克思恩格斯选集》第3卷，人民出版社1972年版，第222页。
② 龚书铎总主编，韩昇主编：《中国文化发展史·魏晋南北朝卷》，第88—89页。

文化因素，在新的基础上得到更大、更新的发展。这些少数民族的统治者倾心汉族文化，热心推广汉族文化，是一个重要原因。而到了北魏时期，孝文帝全面汉化的改革，不仅加速了鲜卑族的农业化和封建化进程，加速了鲜卑民族的文化进步，而且也使中华传统文化的传承得以延续，并且在新的基础上获得发展。可以说，孝文帝的汉化改革，是中华传统文化史上的重大事件，是一次重要的中华传统文化振兴运动。

总之，魏晋南北朝的动荡时代，使中华文化更显示出它延绵不绝的文化精神和巨大的生命力。魏晋南北朝时期，以儒家学说为核心的汉族传统文化经受了严峻的考验。反映门阀士族政治、经济要求的玄学兴起；外来的佛教逐渐站稳了脚跟，呈现出蓬勃发展的态势；土生土长的道教在佛教影响下复兴；各少数民族文化也随着各族内迁与汉族传统文化发生冲突。但儒家学说在各种文化的冲突与排斥过程中，并没有丧失其生机，最终仍以它为核心，将各种文化内容吸收、融合，凝聚为一个整体，隋唐统一帝国的出现标志着汉族传统文化的中心地位重新确立。

这是一个富于智慧、浓于热情的时代，是一个富于创造性生机的时代，也是取得了空前文化成就的时代。钟繇、王羲之和王献之父子的书法，顾恺之的绘画，云冈、龙门石窟的雕刻，在艺术上达到了登峰造极的地步。祖冲之的圆周率，虞喜的岁差，华佗的麻沸散与外科手术，郦道元的《水经注》，代表了当时世界最先进的科学水平；贾思勰《齐民要术》被后世农学家奉为经典；灌钢冶炼技术的发明，指南车、千里船、水排的创造，都是同时代无与伦比的技术成就；在天文学、历法学、数学、化学、生物学、博物学等方面，涌现了一些非常杰出的学者，取得了众多具有重大科学史价值的学术成就。

二　"独尊儒术"旗帜下的学术文化

1　从"焚书坑儒"到"独尊儒术"

"焚书坑儒"是发生在秦始皇时代的一个重大文化事件，对于两千多年的中国文化影响至深。"焚书坑儒"的直接后果，是导致知识群体和统治者离心离德。显然，文化高压政策，并没有达到统治者预期的统一思想的目的，而是走向了反面。从长远来看，"焚书坑儒"造成的后果极其严重深远：一是使先秦大批文献古籍被付之一炬，给中国文化造成重大损失；二是使春秋末叶以来蓬勃发展起来的自由思索的精神，遭受了致命打击。后一方面尤为重要。

秦始皇实行"焚书坑儒"、禁止"私学"、"以吏为师"的文化政策，加强思想专制，使学术文化遭到严重摧残。汉朝初期的统治者们以秦为鉴，在文化学术思想上采取了开放的方针，使先秦诸子之学有所复苏和流传，一度出现了诸子思想的活跃、综合和总结的趋势。另一方面，汉初统治者在长期战乱后为了保持稳定的局面，以恢复和发展经济，采取"与民休息"的政策。于是，战国中期稷下派道家主张"清净无为"的黄老之学应运而生，成为汉初统治者的指导思想和当时学术文化领域的主流。

经过60多年的经济恢复和发展，到汉武帝时，国力已相当强大，为汉武帝在政治上、军事上的作为提供了雄厚的物质基础。处于西汉王朝的鼎盛时期，原先适应汉初休养生息政策的黄老"无为"思想已不符合新形势的需要。统治者迫切感到有必要建立一种新的思想体系，作为社会的统治思想。

汉元光元年（前134），董仲舒向汉武帝提出三大文教政策，即"罢黜百家，独尊儒术""兴太学，置明师""重选举，广取士"，号称"天人三策"。董仲舒建议汉武帝尊儒兴学，用儒家思想统一教育，教化民风。董仲舒认为，思想统一了，才能有统一的法度，人民才能有统一的行为准则，这样才能巩固和维持君主集权制度。

董仲舒的建议适应加强专制主义中央集权的需要，因而得到了汉武帝的赞赏。此后，汉武帝大力提倡儒学，使察举贤良文学制度化；设立"五经博士"，同时罢废其他诸子博士；设立太学，以儒家经典教育生员，"以养天下之士"。这些措施对于树立儒学的独尊地位具有重要意义。

独尊儒术不仅需要理论上的创造，更需要将学术与现实政治联系起来，使之意识形态化、制度化，只有这样，儒家经学才能真正成为官学，成为时代精神的代表。①汉武帝实行了一系列神化皇权的措施，如行封禅之礼、太初改制、建立年号等。他还将儒家的理论渗透到政治、法律、文化等各个领域，使

---

① 张立文主编，周桂钿、李祥俊著：《中国学术通史·秦汉卷》，人民出版社2004年版，第87页。

之成为制定各项政策的理论根据。经过朝廷的提倡，儒学成为官学，不仅体现在学术上的独尊地位，更重要的是它成为现实政治的指导思想，渗透到当时的礼乐制度建设之中，特别是博士官制度和太学的建立，更使儒家经学垄断了教育和官僚选任的途径，牢牢巩固了儒家经学独尊的社会政治基础。①

汉武帝制定"罢黜百家，独尊儒术"的文教政策，是中国历史和文化史上的划时代性事件。自此，儒家思想一跃上升到学术思想文化的主流地位，成为社会的统治思想，形成了以儒家思想为主导的汉文化。这一政策几乎为以后各代统治者所遵奉，而至整个中国封建社会的历史，儒家始终道统不绝，占据中国思想文化舞台的中心。这个基本格局，作为中华民族文化的最大特色，保存两千余年。

不过，董仲舒提倡"罢黜百家，独尊儒术"，并不是禁绝各家的著作和思想；儒家的独尊，并非儒学的独存。董仲舒的意思，只是在强调和突出儒家在社会文化的主流地位，将其上升为统治阶级的统治思想。所以，在汉代，并没有取缔诸子之学，黄老、兵、刑、农、医和阴阳等家的学术都有所流传和发展，百端之学，存而不废，续而不绝。

2　经学的形成与发展

董仲舒提出"独尊儒术"，儒家思想取代"黄老之学"，一跃成为汉王朝的统治思想，儒家的地位发生了根本的变化。"独尊儒术"是一个系列的文化工程，包括"孔子地位的升格与神化，儒学与经学的汇合，创立适应时代要求的汉代新儒学，儒家学说的意识形态化和制度化"。②所以，董仲舒提倡的儒学，已经不是先秦儒学的本来面貌，而是经过一番改造以适应汉王朝统治需要的儒家学说。

董仲舒高举"崇儒更化"的旗帜以孔孟儒家思想为主，兼采各家有利于巩固封建统治的思想，构建了一个庞大的、较为严密的思想体系，完成了汉初以来对儒学思想体系的重构。他既要坚持先秦儒学的核心精神，又要顺应时代

---

① 张立文主编，周桂钿、李祥俊著：《中国学术通史·秦汉卷》，第5页。
② 张立文主编，周桂钿、李祥俊著：《中国学术通史·秦汉卷》，第85页。

变化与时俱进，这需要综合前代思想成果，考察现实社会问题，在学术与现实生活的互动中创造出新的儒学思想体系。①这使得董仲舒儒学无论在理论框架的构建方面，还是在具体的政治思想设计方面，都呈现出宏大开阔、兼容并收的重要特色。董仲舒学说的具体内容，是根据先秦儒家的"天人合一"思想、法家的集权思想和阴阳家的"五德终始"说，重新解释儒家经典，建立了一套以"天人感应"说为基础、以"三纲五常"为核心的儒学思想体系。因此，董仲舒提倡"独尊儒术"，本质上是对先秦儒学理论的再创造。

"独尊儒术"文化政策的推行，使儒学成为汉代文化思潮的主流，被儒家奉为经典的"六经"的研究也成为一门专门学问——经学。所谓经学，是指历代专门训解和阐发儒家经典文义与理论之学。作为统治者"法定"的典籍"六经"，被赋予神圣不可改变的性质，奉为指导一切的常法。因此，"六经"不仅是官方颁布的教科书，更成为官方意识形态的体现者，即由皇帝钦定的国家与社会的指导思想，控制社会、维系统治的重要工具和行为规范准则。②这种国家经典的确立对于汉代及其以后学术思想文化意义重大。

"独尊儒术"虽然结束了"百家殊方"的局面，但是并未结束学术思想的争鸣。在汉代，儒学内部的学术争鸣，始终十分活跃，并且形成了不同的流派，笼统地说可分为今文经学和古文经学之争。不过，今文经学和古文经学，在推崇孔子、推崇《五经》上没有什么区别，在信奉大一统论、天人感应论、纲常名教上也没有什么区别。③

其时历经战乱兵燹，先秦儒家的典籍原本多佚，只是在民间通过师徒父子口授相传。这些儒家经典皆是用当时流行的文字隶书记录整理而成，故称为"今文经"。当时盛行一时的"经学"被称为"今文经学"。所谓"古文经"，即经各种途径发现的儒家经书，这些经书用古籀文写成。《经》的"今古文之争"，不仅表现在文字、版本、篇目有别，而且有真伪之辨，更主要的是学术观点和方法上有重大分歧。今文经学和古文经学，在治经的立场、观点

① 张立文主编，周桂钿、李祥俊著：《中国学术通史·秦汉卷》，第87页。
② 龚书铎总主编，黄朴民等著：《中国文化发展史·秦汉卷》，第48页。
③ 张立文主编，周桂钿、李祥俊著：《中国学术通史·秦汉卷》，第5页。

不尽相同，对经传的解释也有许多分歧。从总体上说，今文经学的视角是政治的，讲阴阳灾异，着重发掘经文背后的微言大义；古文经学的视角是历史的，讲文字训诂，究明典章制度，着重探讨经文本义。前者学风活泼，又往往流于空疏荒诞；后者学风朴实，却常常失之烦琐。

"通经致用"是汉代经学的一条重要原则，它包括两方面的内容：一是"通经"，要求学通经书；一是"致用"，要求以经学用世。今文经学派注重学经义，经师说经也以"大义微言"为主，目的在于利用经说为现实的政治服务，表现了崇尚功利的学风。古文经学是按经书的字义解释经文，不凭空臆说，具有朴实的学风，后世称之为"朴学"。

从汉武帝至西汉末，今文经学居"官学"正统地位。王莽摄政后，开始推崇古文经，古文经学盛极一时，到东汉时又获得了更大发展，尤其是东汉后期，出了几位著名的古文经学大师，他们深究经义，兼采今文之说，在学术上占有压倒的优势。

3　汉代的教育体制

汉代教育确立了中国封建教育的雏形，特别是汉代教育的宗旨、官学和私学的设施、教育的内容、组织形式和教学方法等，均为后世整个封建时代的教育奠定了坚实的基础。中国封建教育的一些主要特点，如教育为封建政治服务——培养官吏和实行教化，道德教育的支配与主宰地位，以儒家经典为主要的教学内容，多种形式的办学途径，学校教育作为整个社会的组成部分，养士与取士相结合，"学而优则仕"的制度化，贵诵记、精读专攻的教学方法等，在汉代教育中都已显见端倪。

西汉时期形成了中国古代官学制度的基本格局：分中央官学与地方官学两类；有初等教育（庠、序）、中等教育（学、校）、高等教育（太学）三级；以儒学为主体，官立学校为主干，兼有其他专业教育和职官教育。汉武帝元朔五年（前124）创建太学，标志着中国封建官立大学制度的确立。汉代太学初建时规模很小，只有几个经学博士和50个博士弟子。至汉代中期昭帝、宣帝时，太学得到一定的发展。西汉后期，太学生数目不断增多。东汉以后，太学生人数大增。汉质帝时，太学生多至3万人，这种情况一直延续到东汉末年。

西汉太学"严于择师"，博士多由名流充当，采用征拜或举荐的方式选拔；东汉的博士要经过考试，还要写"保举状"。两汉挑选博士非常慎重严格，博士必须德才兼备，要有"明于古今""通达国体"的广博学识，具有温故知新的治学能力，应当为人师表，使学者有所"述"，又可以尊为道德的风范。此外，还必须具有足以胜任博士职责的专经训练、相当的教学经验以及身体健康等条件。经过严格挑选，在汉代太学执教的博士一般来说质量较高，其中不乏一代儒宗学者。由这些人执教，对提高太学教学质量，起着保证性作用。

太学的学生称"博士弟子"，到东汉时简称"太学生"或"诸生"。太学生的补选办法，最常见的是两种形式：其一是太常直接选送；其二是郡国县道邑选送。招收太学生，没有严格的学龄限制。汉代太学实行了养士与选才相结合的办法，与此同时改革了文官的补官与晋级规定，使之与太学的选才原则一致。官吏的文化程度、儒学的修养水平受到高度的重视，造成汉代"公卿大夫士吏彬彬多文学之士"的局面，即从皇帝、丞相一直到地方官，都会讲经学。儒学和仕途完全结合起来，读书人都变成了儒生。

除太学之外，由朝廷直接管辖的中央官学还有宫邸学和鸿都门学两类。宫邸学是为贵族子弟开设的贵胄学校。鸿都门学是世界上第一所文学、艺术专科学院，以学习文学、艺术知识为主，不同于以儒学为主的其他官学。

战国时期私学大为发展，成为百家争鸣的基础。秦始皇采取了禁私学、"焚书坑儒"等措施，但私学并未被禁绝，一批儒生学者隐匿民间，继续以私学教育私相传授，尤其是齐鲁一带仍保留着私人讲学的传统。汉初在文教事业的恢复和建设中作出重要贡献的许多名儒学者，有不少就是秦朝以来隐匿民间的私人讲学大师及其弟子门徒。汉武帝时期，开始兴办和发展官学。但私学并未因此而停顿，反而在官学发展的影响下得到进一步繁荣，成为官学教育的重要补充和汉代教育制度的有机组成部分。官学和私学相互补充，相互促进。

4　《史记》《汉书》与正史的编撰

中国士人有重视治史的传统。中华文化的有效传承，与这种治史传统密切相关。在春秋战国时期，当书写成为比较方便的记述形式的时候，人们最初写作的大都是史学著作。《春秋》《左传》《国语》《战国策》等，是春秋战国时期出现的比较重要的史学著作。

但中国正史的创建始于西汉司马迁所著《史记》。

司马迁生活在汉武帝时代，当时正处在西汉王朝发展的极盛时期。司马迁的父亲司马谈为汉朝太史，是一个渊博的学者。这种家学渊源对司马迁的治学道路有深刻的影响。司马迁年轻时广泛游历全国各地，考察历史风土人情。足迹所至，遍及黄河上下、大江南北。汉元封三年（前108），司马迁接替父亲的职务被任命为太史令。太初元年（前104），司马迁42岁，正式开始撰修《史记》。其间为友人李陵辩冤而获罪，受宫刑下狱。他忍辱负重，发奋著书。至征和二年（前91），司马迁终于以非凡的才智，完成了《史记》这一历史巨著。

《史记》原名《太史公书》，至东汉末年时始被称为《史记》，相沿至今。《史记》是一部通史，记事以黄帝开篇，迄于汉武帝太初年间，共3000年左右。全书共130卷，分为《本纪》12篇，《表》10篇，《书》8篇，《世家》30篇，《列传》70篇。《本纪》以左右天下大局的人物为主体，经纬历史大势；《表》以谱牒形式条理史事；《书》以事为类，记典章制度的发展；《世家》《列传》为人物传略。5种体裁各自为用，又相互配合、浑然一体，构成一个完整体系，其中有编年史、世代史、专门史、史表、个人传记，古今历史体裁几乎备具其中，所以被古典史学奉为正史的固定格局。后世官修史书，均以《史记》为范本。

司马迁在这部恢宏的巨著中，描绘了极其广阔的历史画面，揭示了历史演进过程中的丰富性、复杂性和生动性，在时间上、空间上和人事活动上极大地开阔了人们认识历史的视野，反映了他对历史的深刻理解和整体认识，以及表述这种理解和认识的杰出才能。它不仅是中国古代3000年间政治、经济、文化等各方面历史的总结，也是司马迁意识中通贯古往今来的人类史、世界史。在这个无比宏大的结构中，包含着从根本上、整体上探究和把握人类生存方式的意图。如司马迁在《报任安书》中所言，他的目标是"究天人之际，通古今之变，成一家之言"。

班彪在东汉初年曾著《史记后传》65篇，以补司马迁《史记》西汉武帝太初年以后的历史。汉建武三十年（54），班彪去世，其子班固认为《史记后传》所续的史实未能详尽，于是重新加工整理，开始了规模浩大的《汉书》的撰修工作。20余年后，至建初七年（82），除8篇《表》及《天文志》未能撰成之外，基本上完成了这部历史巨著。永元四年（92），班固去世，汉和帝命其妹班昭参考东观皇家藏书，补足八表；又命马续协助修成《天文志》。至此，《汉书》在班固主撰之下，实际上先后经过班彪、班固、班昭、马续4人之手，历三四十年始成完书。

《汉书》是中国第一部宏伟的王朝史，它以西汉王朝兴衰为断限，包含了西汉王朝的全部史事，首尾完整，始末清晰，资料丰富。在体裁上，它分纪、表、志、传四个部分，不再另立世家。《纪》《表》叙历史大事和历史进程；《志》述典章制度；《传》写各种人物兼少数民族的历史。计《纪》12篇，《表》8篇，《志》10篇，《列传》70篇，共100篇、120卷。《汉书》首创断代史的体例，包举西汉一代，后世官修纪传体断代史，多以《汉书》为依据。

《史记》《汉书》是汉代史学的最高成就，也是中国古代史学上的巍巍双峰。它们的卓越，不仅表现为体裁组织的完善、史实记载的翔实，更反映为其史学思想的深刻高明、文化影响的弥久深远。①从这两部反映大一统政治局面的历史巨著的问世，中国封建王朝历史撰述的主要形式即正史的格局便确立下来，其流泽所布，历久不竭，对后世史学的发展产生了决定性的影响。

5　魏晋玄学

经学是汉代学术文化发展的主流。东汉后期，经学和谶纬神学思想逐渐衰落，儒家的伦理纲常之治已丧失了维系人心的功能。特别是东汉末年的社会动乱，更使经学日益衰微。随着汉王朝崩溃，汉武帝以来"独尊儒术"的文化政策被冲破，思想文化领域获得了新的解放。传统价值的权威失坠，人们着力去探索新的人生价值与个体价值，不断开辟学术新领域，不断创造文化新观念。社会发展进入了一个思想解放、学术自由的时代，思想学术界在一定程度

---

① 龚书铎总主编，黄朴民等著：《中国文化发展史·秦汉卷》，第173页。

上再次出现了"百家争鸣"的局面。这不仅为佛教的输入、道教和玄学的兴盛，开拓出一片自由的天地，而且使士人任情适性，被压抑的思想和才华被充分地发挥出来。他们或者恢复被罢黜的诸子之学，或者全力开拓不再附翼于儒学的哲学、文学、艺术和史学。在中国学术史上，魏晋南北朝是少有的思想活跃、学术繁荣的时代，学术风气之盛、学术成果之丰富，比之治平之世不稍逊色，在若干方面的成就（比如哲学、史学），不仅凌驾于两汉之上，亦令隋唐瞠乎其后。

魏晋时期，兴起了一种玄学思潮，取经学而代之，成为学术文化的主流。所谓"玄学"，就是用道家的老庄思想糅合儒家经义而形成的一种哲学思潮，由《老子》《庄子》《周易》这三部号称"三玄"的书而得名。南朝宋文帝元嘉十五年（438），于学官立老、庄之学，称"玄学"。玄学即以研究"三玄"为基本内容，一般通过清谈的方式，加以推究、发挥，从而探究宇宙和人生的本原与奥秘。玄学的基本特征是崇尚"玄远"，故玄学又称"玄远之学"。其体现于言语论辩，是"玄言""玄谈""清谈""清言""微言"；体现于著述文字，是"玄论""玄注"；体现于思想与见解，是"清识""远识""高致""精解"。

崇尚玄远，不仅是一种学术风尚，同时也是一种生活态度和生活志趣，不拘泥于名教礼法、不以世情俗物为怀，任情自然、率性而行，在行为方式上表现为"通脱""旷达""通达""狂放"。

玄学的学术内容，概括地说，是以"三玄"为经典，会通儒道、旁及名法诸家学说，采取思辨哲学的方法与形式，探讨"有无""本末""体用""言意""动静"以及"自然"与"名教"等范畴，并对天人关系等问题赋予了新的含义和论证。从根本上说，玄学的学术主题是名教与自然之辩；其终极目标，是试图从理论的高度，重建名教与自然的关系。具体而言，其学术论题和所试图加以解决的问题，一在于穷究天人之际，寻找和论证宇宙间万事万物超越具体物象的形而上的本体；二是通过对宇宙事物本体论的探索，重新审定生命存在的意义和人生的价值，建立关于生命价值的本体论；三是通过本体论问题的探讨，为政治人伦寻找一种形而上学的根据。

魏晋玄学主要经历了三个不同的发展阶段：第一阶段是曹魏正始时期，

史称"正始玄学"，以何晏、王弼为代表。其基本思想特征是贵无，主张"名教出于自然"。第二阶段是"竹林时期"，处于魏晋易代之际，基本思想特征是崇尚自然无为，主张"越名教而任自然"。第三阶段为晋元康、永康时期，以裴頠、郭象等人为代表，基本理论是"崇有""独化"，主张"名教"即是自然。

玄学本是超世的哲学，它强调人不仅在社会中存在，而且每一个人即每一个精神主体，都是直接面对宇宙存在的。因此人生的根本意义，也不在于世俗的荣辱毁誉、得失成败，而在于精神的超越升华，对世界对生命的彻底把握。宇宙的本体是玄虚的"道"，四时运转、万物兴衰是"道"的外现。从这种观念中引导出人对自然的体悟、追求，以及人与自然统一和谐的观念。

玄学是魏晋时期居于主流地位的理论学说。魏晋玄学以儒、道思想结合为特征，专注于辨析明理，以清新俊逸的论证来反对沉滞烦琐的注释，以注重义理分析和抽象思辨抛弃支离破碎章句之学，较之汉代经学更为精致，更具有一种真正思辨的、理性的"纯"哲学味。魏晋玄学堪称中国古代学术史上的奇风异景，它将中国古代思想学术水平提升了一大步。魏晋玄学家对于自然秩序、社会伦理和人生价值充满睿智的、缜密而深邃的理论探索和哲学思考，为中国学术文化积累了一份极为宝贵的思想财富。

三　佛教文化的传入及其中国化

1　佛教的传播与接受及其文化意义

在世界三大宗教中，佛教最早传入中国。从公元前后开始，在长达1000多年的历程中，佛教文化源源不断地向中国传播，并且广泛地渗入社会生活的各个方面，对中国的哲学、文学、艺术和民间风俗以及政治、经济等都有着深刻的影响。同时，佛教文化与中国传统的儒学与道教等彼此融合，互为消长，经历了一个不断中国化的过程，逐渐发展成为中国的民族宗教，丰富了中华文化的内容，成为中华传统文化的组成部分，从而改变了中国乃至整个东方的文化结构和文化特性。佛教在中国的传播以及中国化，中华文化对佛教的接受与融合，可以说是最广泛、最深入、与本土文化融合最成功的，是世界文化交流史上最具有典型意义的范例。佛教在中国的传播，影响所及，不仅是在中国，而且在整个东亚社会，都是巨大的、前所未有的。

佛教传入中国的年代，至今并没有确切的说法。汉武帝时，张骞通使西域，打开了中原与西域的交通大通道丝绸之路，此后，西域各国与汉内地的政治往来和经济、文化交流一直十分频繁。自古以来，西域是多种文明的交汇之地，也是东西方文化交流的中心与枢纽。在佛教东传的过程中，西域更是发挥了极为重要的作用，是大佛东行的主要通道。从印度到西域再到中国的西部，从敦煌进入中原地区，就形成了一条佛教向中国传播的"佛教之路"。

在这条充满着艰险而又同样充满着信仰激情的大路上，西去求法的中国僧侣，东来传教的西域教徒，筚路蓝缕，相望于道，不绝于途。而同样是在这条大路上，遗存着无数的佛教东传的历史遗迹，有寺庙的遗址、精美的壁画、荒芜的塔冢，有大漠孤烟、千里流沙、古城残垣，以及沿途遍布壮观无比的佛教石窟。通过这条大路，佛教连同佛经、佛教的绘画、建筑、音乐艺术，以及佛教所裹挟的印度和沿途民族的艺术、医学、天文学、哲学和逻辑学等，源源不断地传播到中国，给中国文化以深刻的影响，给中国文化的发展以巨大的刺激，给中国人以丰富的精神滋养。所以，这又是一条文化之路、文化传播之路。

佛教在中国初传，始于汉末三国时期。之后，到了两晋南北朝时期，佛教在中国的传播出现了一次大的高潮。在这一时期，西域和僧人陆续来华传法，中国僧人接连到西方取经；佛教经典大批高质量地翻译出来，极大地丰富了中国的文化典籍；佛教吸引了众多的信徒，上至帝王将相，下至平民百姓，都趋之若鹜。尤其是进入南北朝时期以后，僧尼人数大为增加，寺院经济急剧膨胀，佛教学派南北林立，石窟大量开凿，僧官制度建立，佛教在中国文化土壤上深深地扎下了根，佛教也成了中国人自己的佛教。在这一时期，佛教内部关于般若空观、涅槃佛性、因果报应等问题的讨论，吸引了大批名士参与，而佛教与道教、儒学的交锋与互动，造成中国学术思想史上的巨大激荡。佛教哲学成了当时社会思潮的中心，对中国文化的发展产生了极大的影响。

两晋南北朝时期出现了佛教文化在中国大传播、大发展、大普及的兴盛局面。在这个时期，中国文化经历了春秋战国时期的"文化突破"，实现了全面独立发展的态势，经历了秦汉时期的辉煌，进入中华文化的成熟之境，同时也面临着新选择、寻求新发展的变革局面。在这样的情况下，佛教挟裹着巨大的"文化群"浩浩荡荡从西方传来，带给中国人一种全新的文化信息、文化内涵和文化体验，为中国文化的发展提供了新的刺激和发展的动力。正是由于佛教的进入，打开了中华文化向新的阶段发展的突破口。所以，在佛教进入之初，就造成了可能引起巨大反响和影响的态势。

佛教的传入是传入了一种新的宗教形态。在当时的中国，原始宗教还具有一定的影响，民间信仰比较活跃，而作为中国本土上出现的土生土长的道教，还处于刚出现和成长的阶段。佛教则是一套已经发展成熟的宗教体系，具有完备的经典、明确的信仰、严密的僧团组织，以及一整套佛事活动和仪轨，还提供了包括符号意义、信仰、叙事体的故事，给予修行者生命体验的宗教实践。这对于人们具有巨大的吸引力和感召力，特别是它所提供的来世信仰，适应了当时中国人普遍的心理需要。

佛教的传来，不仅是宗教的僧团和仪轨、仪式，更是一套缜密的思维系统和形而上学，是一套完备的理论体系。从最初的来华传教的西域高僧开始，就把翻译佛经作为传播佛教最主要的事业之一，前后900多年，一共翻译了6000多卷佛教经典。这些汉译佛教经典成为现在世界上所存的最完备的佛教理论典藏。而且，在中国的历史典籍中，佛典也是占有举足轻重的一大部分。可以说，大量的佛经极大地丰富了中国古代的文献典籍，是一份极为宝贵的文化遗产。不仅如此，中国的佛教学者对这些翻译过来的佛教典籍进行了大量的、深入的研究和探索，创作出大量的注疏和论辩性著作，极大地丰富了中国的思想史和哲学史。可以说，佛教及其思想的传入，不仅促进了中国思想史和哲学史的大发展，而且成为其中相当重要的内容。

佛教在中国的成功传播，在于它同时兼顾了文化的大传统和小传统，即在上层社会精英阶层以其深奥的佛教义理受到欢迎，又以通俗的方式在民间传播信仰，受到下层社会普通民众的接受和理解。这样，佛教不仅是以浩瀚的佛经和艰深的哲学，更以与中国民间信仰相适合的方式宣传普及，为人们提供一种新的生活方式、崇拜方式甚至是娱乐方式。这样，佛教的影响就深入中国人的日常生活中，成为中国人日常生活的组成部分。而这才是它所具有的强大的生命力所在。

和许多大的宗教一样，佛教本身除了信仰系统之外，还是一个巨大的"文化群""文化丛"，是一个包含着丰富内容、多种形式的"文化集合体"。这个文化群、文化丛或者说文化集合体，主要包含两个方面：一是佛教本身呈现、表达的艺术形式，如造型艺术、音乐艺术、文学艺术等，这些艺术形式本身就是传播佛教的手段或方式；另一方面是与佛教一起传播进来的印度文化和西域文化，如印度的天文历法、医药科学等。这样的区分并不具有严格的意义。它们本身都是一体的，都是在佛教的大系统下的小系统或支系。

这些随着佛教传入而紧随其来的各种文化要素、文化内容，对中国文化产生重大的影响，影响到中国文化各个方面的变化和发展，进而扩大了中国人的知识系统，改变或重塑了中国人的认知方式，大大开阔了中国人世界视野和文化眼光。伟大的中华文化是中华民族创造的宝贵财富，而创造这样财富的中国人，在这一阶段，接受了来自佛教文化成果的装备，从而扩大、丰富和壮大，发挥出更大的文化创造力。

2　佛经汉译：空前的文化壮举

佛教经典和佛教一起传入中国。在东汉至三国时期的佛教初传，汉译佛经是其主要的活动形式之一。实际上，不仅是这一时期，在以后的两晋南北朝乃至隋唐时期，汉译佛经在佛教东传的过程中都是一项极其重要的事业。因为没有可供中国信众阅读的佛教典籍，佛教在中国就无法传播，更谈不上学术的研究与发展。因此，佛教典籍的翻译就成为佛教在中国传播发展的首要任务。[①]在佛教文化从印度向中国的传播过程中，佛经的翻译是最根本性的文化工程，中印文化的交往始终以佛经的翻译为基础，正是基于这种源源不断的营养输入，中国佛教才得以获得大的发展。

汉代大月氏人口授佛经，被认为是佛教传入中国之始。汉明帝从西域请来两位高僧迦叶摩腾和竺法兰，他们分别译出《四十二章经》1卷和大乘经典佛传4部15卷。初期来华的天竺、西域高僧，不辞艰劳远来，穿越流沙峻岭，

---

① 张立文主编，张怀承著：《中国学术通史·隋唐卷》，人民出版社2004年版，第35页。

开创传法、译经先河，几乎都参与了汉译佛经的事业，对佛教在中国的传播功不可没。据现存文献记载，佛典汉译从东汉后期开始，到北宋中期废译经院止，大规模的汉语佛典翻译工作持续了900余年，有名字记载的佛教翻译家有200余名，共译佛教典籍2100余种、6000余卷，还不包括没有收录的所谓"藏外"典籍。这些数字已经表明，这是一项多么宏大的事业。

从翻译佛教典籍之始，就把佛教文献"sutra"（修多罗）称为"经"。在汉语的语境中，"经"的寓意为圣人之教是不变的道理、恒常不变之道。只要是翻译佛教经典，其内容不管是经，是律，抑或是论，通常均以"经"称呼。"经"就是记载圣人尊贵教法的书籍——经书，这一观念通行于中国初期的佛教界。

所谓佛经汉译，就是指将梵本或其他西域语言版本的佛典翻译为汉文，从事译经的僧侣称为"译经僧"，翻译经典的场所叫"译场"。在中国佛教史上被称作"四大翻译家"的鸠摩罗什、真谛、玄奘和不空，他们是历代从事佛经汉译工作的中外僧人的杰出代表。这四大翻译家，其中鸠摩罗什、真谛、不空是东来弘传佛法的外国佛学大师，玄奘则是西行求法的中国高僧。另外，像竺法护、菩提流支、善无畏、义净、金刚智、实叉难陀等人也都是名重一时的佛典翻译家。他们虽所处的时代不同，经历不同，但他们都以毕生的精力从事译经事业，在各自的时代取得了光辉的成就，并在中国的佛教史和翻译史上留下了光辉的篇章。由于他们突出的贡献，佛教典籍被系统地译介到中国，从而推动了佛教在中国的传播和发展。

持续近千年、多达几千卷的佛经汉译，是一项极为庞大的文化工程，是一项极其壮丽辉煌的文化事业。从最早来华的西域胡僧，到前赴后继的中国佛教学者，都为这项伟大的事业付出了极大的心血，倾注了全部的热情。这种热情源自他们高尚的宗教热忱，更来自崇高的文化责任感和使命感。而至后秦时鸠摩罗什开始，译经活动就纳入国家的社会发展规划之中，成为国家组织、提供财政和人力支持的国家文化事业，从后秦一直到唐宋，译经活动都是在政府的直接支持下进行的。这样，既有僧人们高度的热情，又有上层社会的全力支持和鼓励，终于使汉译佛经形成了一项极其伟大的、前所未有的文化壮举。

书籍是文化交流与传播中的重要载体，在大多数情况下，学术思想、精神文化乃至科学发明等重要的文化要素，大多数情况下都是通过书籍来传播和传承的。在佛教传入中国的过程中，汉译佛经具有十分崇高的地位。庞大的汉译佛经，为历代佛教徒和佛教学者提供了完整丰富的、可供研读和探索的文本，为他们崇高的信仰提供了强有力的精神支持。不仅如此，这么庞大的佛教典籍，为中国的典籍文献增加了极为丰富的收藏，极大地充实了中国的典籍宝库，同时为中国哲学、思想文化以及其他学术文化的发展，提供了丰富的文化资源，造成了巨大的影响。

3　佛教文化的中国化

从佛教传播到中国的开始，就已经同时开始了它的中国化进程。佛教的中国化，对于它在中国的传播、存在、发展以及融入中华传统文化体系，成为中国文化的一部分，是一个至关重要的经验。佛教与中国文化的交涉、会通、融合而逐渐实现了中国化，中国文化也部分地逐渐佛教化，从而充实和丰富了中华传统文化的内涵，形成中华文化生命的共同体，促进了中华民族文化的发展。这个经验是成功的，在世界的文化交流史上也是一个值得总结的典型。

佛教向中国传播的过程十分艰难。因为它是一种与中国文化传统完全不同的文化形态，它的生长环境也与中国完全不同。由于中国固有文化思想传统的成熟与强大，也由于佛教理论思辨性和宗教特性与中国文化的隔膜，所以佛教的传播一开始便走了一条向中国本土文化妥协而隐匿自己个性的发展之路。这一特殊的传教策略，不但使得佛教未曾在其力量薄弱时与本土文化发生激烈冲突，反而引起了中土上层人士和政府的好感，逐渐为中国人所了解、所认识、所接受。从两汉直到魏晋时期，中土人士一直借助于中土固有的文化思想形式来理解佛学，特别是黄老之学以及魏晋玄学对于佛学在中土的普及起了很明显的促进作用。后来因鸠摩罗什至长安译经以及其弟子僧肇、道生等人佛学思想的成熟，中土人士终于登堂入室，深刻理解了印度佛学的精义，开始师心独造的新阶段。南北朝时期各种佛教"师说"学派的形成与发展，使得佛教中国化走向了综合创新的成熟期。

所以，佛教在中国的"适应性"传教策略是成功的。当然，这也是一种因时势而采取的策略，是一种基于对中国文化传统特性的认识而作出的选择。

佛教在中国的流传及中国化佛教的形成，中国佛教学者和其他知识分子发挥了决定性的作用。中国佛教学者通常都在早年学习儒、道典籍，深受中国固有文化，尤其是先秦文化的熏陶，具有中国国民性格和中华民族精神。而中国儒、道等思想文化内容，又为中国佛教学者提供了文化融合的丰富思想资源。隋唐时期高僧大多重视佛教学术研究，各自独立判别印度佛教经典的高下，选择某类经典为本宗崇奉的最高经典，并结合中国的固有思想，加以综合融通，进而创造出新的宗派。这种新的佛学思想和新的佛教宗派，是中国与印度文化交流的结果，也是中国人自己特别是中国的佛教学者在中国思想文化的背景下对外来的印度佛学思想理解、接受、改造和发挥的结果。

四　道教的兴起与发展

魏晋南北朝时期，自两汉开始东渐的佛教，由于特殊的历史机缘得以迅速扩张，通过大规模的译经活动，佛学理论不断传入，并引起了中国知识阶层日益广泛的兴趣。与此同时，东汉末期在民间仙道方术基础上形成的太平道和五斗米道（天师道），经一批知识人士的梳理、清整和提升，形成新道教，构建了其独特的宗教理论。这两种新起的宗教与传统的儒家学说，在思想文化领域共同构成三足鼎立的局面。

在漫长的历史发展过程中，道教与儒学和各种外来的宗教尤其是佛教既互相排斥、互相斗争，又互相渗透、互相融合，在它自身发展与演变的每一个阶段，无不对当时的政治、经济、哲学、文学艺术、医学、化学、养生、天文地理以及社会风尚等方面产生深刻的影响，成为中华传统文化不可分割的一部分。

道教的思想来源，主要是先秦老子创立的道家哲学。道家推崇的"道"，取之于老子的宇宙本源之道。老子所说的"道"，是混沌未分的原始状态，是世界万物的创造者。道教把老子说的"道"看作是"神异之物"，突出了"道"的超越性、绝对性、神秘性。《老子》避世离俗的"清净无为"思想，少思寡欲，以及"静观""玄览""含德""抱一"等，也为道教所利用，进一步发挥了老子思想的离俗超脱精神，形成出世的心性炼养理论。

《庄子》所说的神仙思想和修炼内容，更为道教所注重。《庄子》提出的"导引""守一""坐忘"等养生之道，也被道教所发挥。道教还把老子奉为道教教主，称其为"阴阳之主宰，万神之帝君"，把庄子也列为道教尊神。

成书于汉代的《太平经》被认为是为道教的创立奠定了理论基础的重要道教经典。《太平经》提出了建立"太平"社会的理想。这种太平社会就是公平、快乐、无灾害的和睦社会。《太平经》的问世，标志着早期道教基本教义的初步形成，对汉代原始道教的创立产生了重要的影响。

道教是中国土生土长的宗教形态，它在其萌芽和成长的过程中，大量吸收中国原始宗教和民间信仰的资源。秦汉社会鬼神崇拜为道教所继承和发展。在古代还发展出追求长生不死的神仙信仰，这也是道教的基本信仰。道教的法术根源于中国古代的巫术以及由巫术演变而来的方仙术。由于道教是以神仙信仰为特征，所以也有人称之为仙术。

东汉末年，信奉黄老道的方士们出现了两个走向。一是一些道徒走向民间，以民间宗教形式活动，出现了张角领导的太平教和张鲁领导的五斗米道（又称天师道），企图救治危世而致太平。二是一些方士继续从事炼丹修仙养身方面的实验和探索，企图求得长生不死，成为神仙。为达到久视长生目的，自战国到秦汉，便有一些方士专门炼气修性和烧炼丹药，这方面的代表人物是东汉时期的魏伯阳，对当时养生、炼丹术进行概括和总结的理论著作则是《周易参同契》。

东汉末年，黄巾起义被镇压，张鲁受曹操招安，道教的民间组织和活动严重受挫。但是，由于道教思想有广泛的民间基础，到两晋南北朝时期又迅速发展起来，成为一支有全国影响的宗教势力。这一时期，道教经过分化与改革，从早期那种比较原始的状态发展为有相对完整的经典、教义、戒律、科仪和教会组织的成熟宗教，并由早期民间宗教团体逐渐转变为官方承认的正统宗教。

道教的发展、成熟和定型，重要原因之一，是这一时期出现了葛洪、寇谦之、陆修静、陶弘景等一大批道教活动家。他们根据时代的变化，逐步改革道教的组织结构和理论，剔除其平民性和地方性，突出其贵族性和正统性，以维护纲常名教的姿态，取得统治者的信任和支持。

　　魏晋南北朝道教成熟的另一个主要标志，是道教理论的完善和道书的大量涌现。东晋初年葛洪作《抱朴子》，总结了战国以来神仙家的理论，又继承魏伯阳的炼丹理论，为道教建构了比较完整的理论体系，在道教思想教义的发展史上具有重要地位。南朝梁的陶弘景集南北朝道教理论之大成，编造了道教的神仙谱系，对道教理论的成熟产生了重大影响。

第十一章
古代亚欧多元文明交流

一　中亚：多元文明交汇之地

1　西域：中西交流的通道

在中国的历史文献中，"西域"是一个与中西文化交流关系非常密切的地理概念。所谓"西域"，是相对于中国而言，即指在中国的西方。不过，"西域"是一个同历史有密切联系的概念。所谓"在中国的西方"，首先与历史上中国人关于"西方"的知识有关，是中国人所知道的"西方"，是与中国打交道的"西方"，而人们的地理眼光、打交道的范围是不断扩大的；其次，历史上各国的版图和疆界是不断变化的。因而，关于"西域"概念的含义也是不断变化的。

"西域"一词，最早见于《汉书·西域传》。匈奴早期在对西域的控制中具有优势地位，于是，有"匈奴西域"的方位代号，史称"皆在匈奴以西"。汉武帝时代与匈奴的实力对比扭转以后，汉帝国的西域"厄以玉门、阳关"。

西汉时期，西域是指今甘肃敦煌西玉门关、阳关以西，葱岭以东，昆仑山以北，巴尔喀什湖以南，即汉代西域都护府的辖地。所以"西域"是指中国境内的西部疆土，主要是指新疆一带。不过，在汉唐时期，中国的西部疆土要比现在的版图远为广阔。唐代比汉代的西疆更远，直到黑海岸边，设有北庭都护府，管理军事行政，建立屯田制度。在西域包括昭武九姓的领地，在唐代都属中国，设有羁縻州。因此，中国历史上的西域可说是相当于今日的中亚。[①]

西域在可考历史中于公元前5世纪左右形成国家，并开始独立发展。《汉

---

① 向达：《中外交通小史》，商务印书馆1930年版，第15页。

书·西域传》记载当时已有30余国分布在西域地区，故有"西域三十六国"之说。在张骞打通西域之前，匈奴一直是支配西域各国的势力。到汉代，"西域三十六国"为"西域都护"管辖的地区。关于三十六国的具体情况，各书记载不一。因为所谓"三十六国"也只是一个大概的说法，并且常有变动，名称也时有变化。东汉末年，西域各国相互之间不断兼并，至晋代初年形成了鄯善、车师等几个大国并起的局面。南北朝时期，西域局势再度变化，新兴的高昌国相继击败西域诸国，建立了一个地跨新疆大部的强国，除少数国家外西域诸国国土西迁，为中亚带来了繁荣的文化。

从现代地理学的观念来看，中亚是古代中西文化交流的最重要区域。中亚是指里海以东，葱岭以西，伊朗、印度、中国以北，西伯利亚以南的地域，包括土库曼斯坦、乌兹别克斯坦、吉尔吉斯斯坦、塔吉克斯坦4国的全部和哈萨克斯坦的南部。德国地质地理学家亚历山大·冯·洪堡（Alexander von Humboldt）曾在1829年提出"中央亚细亚"的概念，用以指称中亚。中亚介于四大文明区域之间的独特地理位置，使其成为早期人类文明沟通和交往不可或缺的中间环节和媒介。以中亚为基点，往东靠近构成东方文明核心的中国中原文化密集区，往南毗邻印度河流域的古印度文明区域，往西则通往两河流域和古埃及文明区域。[①]

在历史上，中亚是世界上几大文化圈都曾波及的地方，是希腊、波斯、阿拉伯、印度和中国古文化的交汇地。各种文化传统在这里进行大规模、广泛的接触、碰撞、吸收和融合，形成人类文化交流和传播史上的一大奇观。历史上的丝绸之路，包括草原丝绸之路，各主要干线都以中亚的草原、绿洲和山口为必经之路。在东西方之间，民族的迁徙、商贸物资的运输以及使者和僧侣的旅行，也必须在中亚的草原或沙漠中穿行。[②]在东方与西方文明的交汇中，中亚各民族作为东西文明的传播者，扮演了极其重要的角色。[③]例如吸收欧洲的诸多发明、传播至中国的，就是中亚人；而许多中国的发明，也由他们带到欧洲。

---

① 纪宗安：《9世纪前的中亚北部与中西交通》，中华书局2008年版，第7页。

② 纪宗安：《9世纪前的中亚北部与中西交通》，第7页。

③ ［乌兹别克斯坦］瑞德维拉扎著，高原译：《张骞探险之地》，漓江出版社2017年版，第1—2页。

西域是历史上与文化上的中西交通的走廊。因此，也可以说，历史文献上所说的"西域"，大体上就是丝绸之路延伸的中国以西的广大地区。古代文献把丝绸之路沿途所经过的地方，统称之为"西域"。

2　农耕文化与游牧文化

中国自商周以来，就以北方游牧民族为对外交涉的重点，春秋时期的"尊王攘夷"，也主要是针对北方游牧民族。北方民族与内地的交涉冲突，实际上就是农耕文化与草原游牧文化的冲撞、对抗与冲突。而在这样的冲撞和对抗中，也有相互的对话与交流。一方面，游牧文化不断吸收中原的农耕文化成果；另一方面，游牧文化也不断给农耕文化以新鲜的刺激和激励，同时经过欧亚大草原，成为中原文化与西方文化交流的中介。

亚洲历史上不同类型的农业文化，可以区分为农耕文化和游牧文化两大系统，形成并立的农耕文化区和游牧文化区。中国农耕文化区和游牧文化区大体以秦长城为分界。长城分布在今日地理区划的复种区北界附近，它表明中国古代两大经济区是以自然条件的差异为基础，并形成明显不同的土地利用方式、生产结构和生产技术。

亚洲历史上的农耕文化和游牧文化虽然在地区上分立对峙，在经济上却是相互依存的。偏重种植业的农区需要从牧区取得牲畜和畜产品，作为其经济的补充。牧区的游牧民族种植业基础薄弱，靠天养畜，牧业的丰歉受生活条件变化影响极大，其富余的畜产品需要向农区输出，其不足的农产品和手工业品需要从农区输入，遇到自然灾害时尤其如此。通常情况下，两大经济区通过官方的和民间的、合法的和非法的互市和贡赐进行经济联系。但和平的贸易并不是总能够维持的。游牧经济的单一性形成的对农区经济的依赖性，有时以对外掠夺的方式表现出来，对定居农业生活构成威胁。上述情况都可能导致战争。游牧者和定居者之间的冲突不可避免，定居者视游牧者为强悍的野蛮人，而游牧者则认为定居者软弱、怯懦，是很好的掠夺对象。沿着各种发展中的文明的边缘，以顽强的游牧部落和山居部落为一方，以住在城镇和乡村、人口众多的民族为另一方，彼此之间必然经常发生冲突和战争。[①]

　　这种情况在中国、印度、波斯乃至整个西亚时常发生。亚洲历史上的战争和冲突，多数情况都是游牧民族对农耕民族的入侵、劫掠和占领。战争造成了巨大的破坏，但加速了各地区各民族农业文化的交流和民族的融合，为正常的经济交往开辟道路。因而冲突和战争又成为两大农业文化区经济交往的特殊方式。许多北方游牧民族通过战争和掠夺征服了定居的农业民族，占领了他们的土地，成为新的统治者，从此他们及其后代过上了定居的生活。他们定居了几代以后，开始尊重定居地区的艺术、教化和守法习惯，丢掉了他们原有的某些刚强品质。他们与定居者通婚，他们在征服者和被征服者之间弥补上了某种宽容的关系；他们交流了宗教思想，接受了土壤和气候所强加于他们的经验教训。他们变成了被他们征服的文明的一部分。[②]这种情况我们在亚洲文明发展的历史中反复看到。从最初的美索不达米亚文明的变迁，到雅利安人南下进入伊朗高原和印度河流域，再到突厥人从西亚一路走到地中海边上，最后是蒙古人的大征服时代，这些来自北方草原的游牧民族，不仅是原住民族文化的破坏者，还给亚洲内地带来了强劲的刺激。他们不只是文明的破坏者，更是文明的继承者和保存者。

　　农牧区的这种关系，对中国古代政治经济发展影响极大。中国游牧民族尽管有时把它的势力范围扩展到遥远的西方，但它的活动中心和统治重心始终放在靠近农耕民族统治区的北境。

　　中国古代农业中，农区和农耕文化处于核心和主导地位。农区文化对牧区的影响是显而易见的，但牧区文化对农区同样有不可忽视的影响。历史上牧区向农区输送牲畜和畜产品是经常的、大量的，对农区的农牧业生产是很大的支持。这在半农半牧区表现得最为明显。原产自北方草原的驴、骡、骆驼等，汉初还被视为"奇畜"，汉魏以后已成为华北农区的重要役畜了。农区畜种的改良，往往得力于牧区牲畜品种的引入。甘青马、西域马、蒙古马、东北马

---

① ［英］赫·乔·韦尔斯著，吴文藻等译：《世界史纲》，人民出版社1982年版，第171—172页。

② ［英］赫·乔·韦尔斯著，吴文藻等译：《世界史纲》，第172页。

等，都对中原马种改良起了巨大作用。中原羊种原属羌羊系统，随着中原和北方游牧民族交往的增多，华北地区成为蒙古羊的重要扩散地，中原羊种因而得到了改良，而与原来羊种迥异。太湖流域著名的绵羊地方良种湖羊，也是在蒙古羊基础上育成的。唐宋在陕西育成的同羊，则兼有羌羊、蒙古羊和西域大尾羊的血统。

牧区的畜牧技术对农区也有影响。骑术是从北方草原民族传入中原的，"胡服骑射"就是其中的突出事件。这些技术往往是通过内迁、被俘、被掠为奴等途径进入中原地区的牧区人民传播的。中国古代华北地区农业科技的经典《齐民要术》记述马、牛、羊等牲畜牧养、保健和畜产品加工技术颇详，书中认为这与当时大量游牧民进入中原有关，这些记载中包含了牧区人民的珍贵经验。中原从游牧民地区引进的作物也为数不少，除人们所熟知的张骞时代引进的葡萄、苜蓿等外，仅就《齐民要术》看，就有不少来自胡地、冠以"胡"名的作物和品种，如胡谷、胡秫、胡豆、胡麻、胡桃、胡瓜、胡葵、胡葱、胡蒜、胡荽、胡栗、胡椒等。

秦汉时期农业文化区与游牧文化区已有明显的分界。司马迁在《史记·货殖列传》中根据经济与文化发展性质及自然资源景观，以碣石—龙门一线，基本划分了当时中原农业文化区和北方草原游牧文化区。

战国以来，中国各民族所建立的政权界限，与自然区、经济区界限非常契合。秦、燕、赵长城正是东部季风区和西北干旱区的分界。公元前3世纪末至公元3世纪初，亚洲东部大部分地区都属中国秦汉王朝的版图。中国的中、南部为汉族和其他农业民族聚居之地，北部草原、沙漠地带则是各游牧民族生息活动之地。这是匈奴称雄北方游牧世界的时期，大漠南北都受其控制。

在匈奴东方是东胡。东胡原驻牧于西辽河上游西拉木伦河和老哈河流域。汉初，东胡王利用匈奴宫廷内争，乘机占领匈奴东部土地。公元前206年，冒顿单于举兵反击，造成东胡族向北方的大移徙。其中一支退居大兴安岭的乌桓山，故称乌桓；另一支退居大兴安岭北段的鲜卑山，故称鲜卑。北走的鲜卑，初因乌桓阻隔，未及通汉，后来势强，匈奴西徙，其尽占匈奴之地。

匈奴的西方是月氏和乌孙。月氏人和乌孙人居于"敦煌、祁连间"，大体上分布于肃州（今酒泉）以东至张掖之间的为月氏人；肃州以西至敦煌之间的为乌孙人。在月氏人的南方为另一游牧民族羌人，在乌孙的西北为塞人。

在匈奴北方为丁令和坚昆。丁令又作"丁零"或"丁灵"，春秋战国时分布在贝加尔湖地区西至阿尔泰山以北。公元前后，东部丁令曾游牧于贝加尔湖以南，西部丁令则游牧于额尔齐斯河至巴尔喀什湖之间，均属匈奴统治。后来联合乌桓、鲜卑等族夹击匈奴，迫使北匈奴西徙。坚昆，又作"隔昆""结骨"或"居勿"，属突厥部落之一，西汉初受匈奴统治。公元前1世纪70年代，乘匈奴势衰，脱离其控制，移居叶尼塞河上游。匈奴西迁后，坚昆势力渐强，至3—4世纪又处于突厥汗国的统治之下，唐时称黠戛斯。

在这些草原游牧民族中，匈奴势力最强大。秦汉对北方的交涉，主要是面对匈奴人。而欧亚草原上民族的大迁徙，在这一时期也直接或间接与匈奴有关。

3　匈奴人的西迁

匈奴是古代著名的游牧民族，长期活动在中国北方草原上。中国文献中，商周时代称他们为鬼方，周代又称之为混夷、獯鬻、猃狁；春秋时称他们为戎、狄；战国、秦、汉以来称之为胡或匈奴；秦汉以后，"匈奴"这个名称就固定下来了。

匈奴是个游牧民族，"随畜牧而转移"，"逐水草而迁徙"。匈奴是一个大族，根据一些文献资料推算，汉初匈奴强盛时人口约有200万，以后由于内争和分裂有所减少，但也不少于150万。匈奴各王驻牧地，东起大兴安岭的乌桓、鲜卑西部边界，西至阿尔泰山脉，绵亘数千公里，遍布大漠南北。到战国末年，各分散的匈奴部落联合起来，形成统一的部落联盟，下属24国（部落），其首领称王，部落联盟的头目是头曼，号称"单于"，意即大王或皇帝。头曼约与秦始皇在位时间差不多。

在此时期，匈奴社会开始发生急剧变化。自战国以来，不少中原人进入匈奴地区，秦时更多。这些迁入的汉人在匈奴地区垦荒耕种，仍以农为主业。秦汉时期为了加强北部的防务，对占领的匈奴旧地进行以农业为主体的开发经营，并对那里进行大规模移民。游牧人被排挤或融合，农耕在这里发展起来，但仍然保留比较发达的畜牧业。西汉时期的移民规模更大，在移民地区开辟了大量的良田，同时大兴水利，推广耦犁、代田法等先进工具与技术，使该地区成为全国农牧业生产最发达的地区之一。

中原汉人迁入匈奴地区，与匈奴人发生直接的接触和交往，使得中原的生产技术和文化大量、持续地传入匈奴。匈奴人在与中原汉族长期的交往、征战以及和亲、关市的过程中，接受了许多汉文化的影响，在他们的民族文化中吸收了许多汉文化的因素。公元前3世纪前后，匈奴开始进入铁器时代，出现铁制工具和铁制武器。铁器的推广使用，使社会生产力大为提高。

公元前209年，头曼的儿子冒顿杀父夺位，进行了一系列政治改革，并凭借强大的军事力量，积极扩张，建立起庞大的部落国家。匈奴人创造了最初的游牧国家政治、经济、文化和生活模式，他们影响和决定了中亚许多民族的命运，与中原王朝、西域各族及北方诸古老部族发生过频繁密切的接触，在他们的历史和文化中留下了深刻的烙印。①

匈奴人经常与周围的部落和中原王朝进行战争，长期是中原王朝的主要边患。秦末动乱，匈奴乘机渡过黄河，进入河套以南地区。冒顿单于利用楚汉相争之机，竭力向外扩张，成为亚欧大陆游牧世界东部的强大政治势力，并不断侵扰中原王朝边境，对新建的西汉政权构成重大威胁。汉初与匈奴交兵，屡战失利。此后六七十年间，汉对匈奴一直执行和亲政策，但匈奴并未因此停止对中原北部地区的骚扰。

直到汉武帝时期，汉王朝改变了对匈奴的忍让政策，实行抵抗反击；同时派张骞出使西域，联络大月氏、大宛、乌孙等，夹击匈奴，以断其右臂。匈奴在强大汉军的打击下屡屡败北，受其奴役的少数民族遂乘机摆脱控制，其统治集团内部矛盾又不断加剧，五单于争位，内讧不已。至公元前51年，匈奴分裂为南、北两部。南匈奴呼韩邪单于降汉，迁居塞内，分布于晋陕北部和内蒙古西部地区，与汉人杂处，逐渐转向农耕，实行定居生活，并逐渐与汉族和其他民族融合。北匈奴留漠北，原归附的鲜卑、丁零等族乘机反抗，又遭南匈奴多次攻击，其势大为削弱。北匈奴郅支单于不敢南下侵略，遂改向北边、西边进攻，北并丁零，西破坚昆、乌揭，称霸于中亚，建都赖水（怛逻斯水）。这是匈

---

① 马利清：《原匈奴、匈奴历史与文化的考古学探索》，内蒙古大学出版社2005年版，第39页。

奴的第一次西迁。

73年，东汉遣窦固等分4路进击北匈奴，深入其腹地，斩获甚众。87年，鲜卑进击匈奴，斩北单于，大掠而返。此时北匈奴四面受敌，《后汉书》只说北匈奴在91年"远引而去"。这是匈奴的第二次西迁。但匈奴人此次西迁，究竟"远引"何处，发生了什么历史影响，这是后世学术界反复研究讨论的一大问题。

西迁的北匈奴人奔向西北，占领了乌孙西北的悦般。2世纪中叶，北匈奴受鲜卑的威胁，放弃驻牧约70年的悦般，西走康居。迁往康居的北匈奴驻牧其地1个世纪左右。至3世纪中叶，可能因受贵霜和康居的联合攻击，北匈奴人被迫离开康居，再度西迁至粟特。粟特在康居西北、咸海附近。北匈奴人杀粟特王而夺取政权，占据粟特时期估计在260—350年。北匈奴在粟特停留将近1个世纪，约于4世纪中叶更西迁至东欧顿河流域。

北匈奴人离开粟特，可能是与柔然人的兴起有关。4世纪，柔然人兴盛起来，侵入中亚，先攻占北边的锡尔河流域，以后又南下侵略大月氏。很可能是在柔然西侵的压迫下，北匈奴人被迫离开粟特，于4世纪中期攻占欧洲东境的阿兰国。这时占有东欧黑海北岸和西亚一带的主要是阿兰人（Alan）。阿兰人分布在西亚和东南欧黑海北岸顿河流域的草原上，这是欧亚大草原的西端。阿兰人是斯基泰人的一支，因境内有阿兰山而得名。中国史书上将斯基泰人、阿兰人均称为"奄蔡"。罗马史家马赛里奴斯（Marcellinus）在其《历史》一书中记载了匈奴人进攻阿兰人的过程：匈人从顿河以东向阿兰人展开进攻，阿兰人对匈人予以坚决抵抗，两军大战于顿河上。阿兰人以战车为主要武器，敌不过勇猛突驰的匈人骑兵，结果大败，国王被杀，国家被征服。一部分阿兰人逃散各地，但大部分阿兰人被匈人接受为"同盟者"，阿兰武士被吸收到匈人的队伍中，成为匈人军队的重要组成部分。

学术界普遍认为，马赛里奴斯所记"匈人"（Huns），即从中国北部西迁的北匈奴人。他们经过了1.2万里的长途跋涉，历200多年的时间，终于在374年到达欧洲，继而征服东哥特人，侵占西哥特人故地，逼走西哥特人，建立起强大的匈奴帝国。

匈奴的西迁不仅席卷中亚，而且深入欧洲腹地。受到匈奴西迁压力的其他游牧、半游牧部族，波涛相逐，先后涌入亚欧大陆农耕世界。当时欧洲正处在历史大变革的时期，罗马帝国分裂为东、西两个帝国，处于衰微败落时期。匈奴人在欧洲东征西战，给已经面临崩溃的罗马帝国以沉重打击，加速了西罗马帝国的灭亡。而西罗马帝国的灭亡，在西方历史乃至整个世界历史进程中，都是一个极为重大的、具有划时代意义的事件。

由此我们看到，由于中国汉朝对匈奴的抵抗，有效阻止了匈奴南下侵扰，迫使他们掉头西向，经历漫长的西迁过程，竟对欧洲的历史进程发生了影响。

在欧洲史和亚洲史的分别叙述中，汉朝对西域的经营、对匈奴的战争，丝绸之路贸易通畅与否，欧洲大陆的蛮族入侵，罗马帝国的各次战争等，都是单独的、孤立的，彼此之间并没有相互照应的叙述。但是，从全球史的观点来看，虽然在那个时代，相距遥远，关山阻隔，彼此信息不通，但所发生的并不是没有关联的事件。实际上，中国对西域的经营及与匈奴的战争，间接地参与了欧洲的历史进程。正如一位美国学者所指出的："正是由于中国皇帝和他们的谋士们的决策，使得那些闻所未闻的异国疆土战火纷飞。"①

二 罗马与亚洲文明

1 罗马与中国的间接丝绸贸易

匈奴的西迁，是西罗马帝国崩溃的一个远因。这是亚洲文明影响西方文明的一个重要例证。不仅如此，在罗马数百年中，都与亚洲发生各种联系，特别是东方的贸易关系，成为罗马社会发展的重要因素。在印度和越南沿海地区，都发现了古代与罗马贸易的港口遗址，那时候罗马与印度乃至中国的航海已经比较发达，商船往来成为沟通西方与亚洲的重要渠道。

大陆两端，秦汉和罗马，两大东西方文明交相辉映，它们分别代表着当时古代世界文明的最高辉煌成就。英国著名历史学家汤因比在其《历史研究》一书中进行文明比较研究时，提出世界文明发展的两种主要模式，即希腊模式

①　［美］梯加特著，丘进译：《罗马与中国——历史事件的关系研究》，大象出版社2009年版，第170页。

与中国模式。在他看来，古罗马文明是希腊模式高度发展的必然结果，所谓希腊文明亦可称为希腊-罗马文明，而中国的秦汉王朝则是中国模式的开始。

汉朝和罗马之间距离遥远，还难以进行直接的交流。但商贸的往来，已经通过间接的渠道在两大帝国之间建立联系和沟通。罗马帝国在很长时期中是丝绸之路的西端终点，是西运的中国丝绸的主要消费国。通过大量精美的中国丝绸和贩运丝绸的商旅，罗马人逐渐得知东方的产丝国家；中国人也间接地知道在遥远的西方有一个可与华夏神州相比的大帝国。汉人把罗马当作泰西之国，公元初的罗马作家也把那个"丝国"赛里斯当作亚细亚极东的国家。东方与西方，中国与罗马在欧亚大陆两端遥遥相望，并且通过丝绸之路和西运的丝绸，建立起早期的贸易关系和文化联系。这种贸易和文化联系对于罗马帝国来说，具有深刻的影响。

虽然后来也有个别的人员直接往来，但中国与罗马之间的丝绸贸易，主要通过处于两国中间地带的大月氏、安息等国和游牧部落为中介来进行。

经过长途贩运来到罗马的中国丝绸大受欢迎。据说恺撒大帝（Gaius Julius Caesar）曾穿着绸袍出现在剧场，引起轰动，甚至被认为奢侈至极。据说恺撒还曾用过丝质的遮阳伞。罗马城中的多斯克斯区（Vicus Tuscus）有专售中国丝绸的市场，罗马贵族们不惜重金高价竞买中国丝绸。罗马皇帝提比乌斯（Tiberius Claudius Nero）曾试图禁止男人穿丝绸，以遏奢靡之风，但没有成功。他的继任者卡利古拉（Gaius Julius Caesar Augustus Germanicus）第一个穿上了丝绸裙子。顿时，中国丝绸风行于罗马宫廷和上层社会，几百年中元老院的议员一向以能穿中国的丝袍为荣。丝绸最初输入罗马时，几乎是无价之宝，[①]还只是少数贵族享用的奢侈品，但过了不久，就在全帝国风行开了。锦衣绣服既成富室风尚，绸幕丝帘也被教堂袭用。

各蛮族涌入罗马帝国以后，为罗马贵族的豪奢之风所熏染，也开始追求东方奢侈品。408年，西哥特国王阿拉里克（Alaricus）率领军队围攻罗马，向帝国政府勒索大量财物，除金、银财宝外，还有丝绸外衣4000件。

中国丝绸的大量输入，给罗马世界带来了不可估量的影响。丝绸在罗马

① ［法］布尔努瓦著，耿昇译：《丝绸之路》，山东画报出版社2001年版，第28页。

的风行，正好适应了当时罗马帝国席卷全社会的奢靡之风。或者还可以说，来自远方的中国丝绸，创造一种时髦的服装，掀起了一场时尚的狂澜，参与创造了罗马的浮华、奢侈、追求时髦的社会风尚。在这样一种挥霍浪费和追求虚荣等高雅时髦的气氛中，丝绸以风驰电掣般的速度席卷古罗马。①

丝绸在罗马的风行，造成了重大的社会后果。一些罗马人为透明的丝袍可能会引起道德败坏而焦虑不安，而另外一些人则担心购买奢侈品的巨大花费可能会损害帝国的经济。实际上，这两种担心都说明了进口的丝绸和香料对罗马消费者的巨大的吸引力。②罗马博物学家普林尼（Gaius Plinius Secundus）在其著名的《自然史》中充分论述了中国丝绸对于罗马经济和社会的重要影响，特别强调了丝绸作为最高级的奢侈品使罗马金银大量外流，造成类似今日外货入超的严重影响。有学者甚至提出，这种贸易入超是导致后来罗马帝国崩溃的一个重要原因。

将罗马帝国的灭亡归结于丝绸和其他奢侈品的流行，似乎有些简单。庞大的罗马帝国的大厦轰然坍塌，有着相当复杂的历史原因，是许多因素合力造成的结果。英国历史学家吉本（Edward Gibbon）为此写了几大卷著作来探讨这个历史之谜。但是，以丝绸的流行为代表的整个罗马社会的腐化、奢靡之风，从内部腐蚀着社会的肌体，不能不说是导致罗马文明覆灭的原因之一。

2　印度与罗马的交通和贸易

罗马人建立国家之后，就取代了希腊人，站到了与亚洲文明交流的前线。公元前2世纪，罗马人灭亡了托勒密王国、塞琉古王国和帕加马王国，尼罗河流域、地中海东岸和小亚细亚半岛成为罗马人的属地。3世纪，波斯萨珊帝国兴起后，与罗马帝国及拜占庭帝国频繁交战，中东地区形成东西对峙的政治格局。罗马与波斯有过多次战争。但同时，相互之间的文化交流和商贸往来也很频繁。这种频繁的交往中，东方世界让罗马人眼界大开。罗马哲学家西塞

---

① ［法］布尔努瓦著，耿昇译：《丝绸之路》，第29页。
② ［美］杰里·本特利、赫伯特·齐格勒著，魏凤莲、张颖、白玉广译：《新全球史——文明的传承和交流》，北京大学出版社2007年版，第314页。

罗（Marcus Tullius Cicero）写道，那里的富庶程度难以描述，田野的收获可谓奇迹，商品的数量令人难以置信，成群的牲畜让人目瞪口呆，产品出口量巨大。历史学家和诗人塞勒斯特（Sallust）认为亚洲"充满诱惑，引人神往"，他说罗马士兵到了东方才能长大成人，因为正是在那里，士兵们才学会了做爱，学会了醉酒，学会了欣赏雕塑、绘画和艺术。[①]

罗马与东方一直有着紧密的联系，并在许多方面受到东方的影响。从由共和转向帝制之时起，罗马的目光就一直锁定在亚洲，[②]他们努力去探索和了解亚洲。奥古斯都（Gaius Octavius Augustus）曾派出探险队到阿拉伯地区考察。1年，奥古斯都下令对波斯湾两岸进行详细考察，就该地区的贸易活动写出考察报告，并记录海上航线如何与红海相通。他还密切关注着经波斯深入中亚内陆通道的实地考察。一份被称作《帕提亚驿程志》的文献完成于这一时期，它记载了东方重要城镇之间的距离，并仔细标注了从幼发拉底河到亚历山大德鲁波利斯（今阿富汗坎大哈）之间所有的重要据点。[③]

早在印度河文化时期，印度就与美索不达米亚有贸易往来。在罗马时代，印度与地中海的贸易有了极大扩展。罗马对埃及的吞并打开了经过红海的贸易路线，罗马国内的繁荣造成了对东方奢侈品需求的增加，所以罗马加大了对印度的贸易往来。

陆路方面，呾叉始罗是印度通往国外的重要城市，由这里到喀布尔北经大夏阿姆河流域、里海和高加索可通黑海；南从坎大哈经赫拉特、埃克巴塔那可到地中海东岸；由坎大哈又可经帕赛波里斯、苏萨、塞琉西亚、巴比伦到亚历山大港，由此往西就是罗马帝国。从呾叉始罗往东北经中亚的丝绸之路可通中国，印度商人成为贩运丝绸到西方去的中介。特别是在罗马与安息的战争中，安息阻止中国的货物直达西亚，贵霜帝国时期领土包括中亚，东西贸易有更大的发展。中国的丝绸、漆器、铁器以及其他精美工艺品得以顺利通过中亚

① ［英］彼得·弗兰科潘著，邵旭东、孙芳译：《丝绸之路：一部全新的世界史》，浙江大学出版社2016年版，第13页。

② ［英］彼得·弗兰科潘著，邵旭东、孙芳译：《丝绸之路：一部全新的世界史》，第22—23页。

③ ［英］彼得·弗兰科潘著，邵旭东、孙芳译：《丝绸之路：一部全新的世界史》，第13—14页。

到达印度西北部，然后经印度人转手卖给罗马商人。

水路方面，西印度港口有布罗奇，还有在孟买以北的苏尔帕拉卡、穆济里斯、内尔辛达等；东印度沿海则有耽摩栗底（西孟加拉的塔姆卢克）与卡维里帕迪南等。由海路往西运到红海沿岸的货物，到亚历山大里亚转运罗马帝国各地，往东则通东南亚国家的岛屿。

据罗马作家普林尼记载，印度最大的船只为75吨，船只所载人数有300、500甚至700不等。港口有码头、灯塔、海关等设施。最初商船是沿海岸航行，阿拉伯人率先利用夏季的东北风漂洋过海，此后，航运更为发展。

至少在公元前1世纪中叶，罗马人便已掌握了季风航行技术。一位叫希帕罗斯（Hippalus）的希腊海员凭借季风，驾驶坚固的大帆船，横越阿拉伯海直航印度，摆脱了以往只能驾驶一些小船沿着阿拉伯半岛和阿曼湾在近海做多次连续航行的局限。1世纪，罗马人的季风航海贸易已经相当繁盛。1世纪中叶，罗马帝国保护下的希腊船只可以在40天内从红海口岸径直穿越印度洋到达印度西海岸。在1世纪末，罗马商人走得更远了。印度西海岸各港口仍旧是绝大部分罗马船舶航行的终点，但有少数船只绕过科摩林角，从科罗曼德尔海岸再次利用季风横越孟加拉湾在大海上航行，首先抵达伊洛瓦底江和萨尔温江之口的各港，然后到达苏门答腊和马六甲海峡。最后绕过马来半岛，古罗马商人发现了一条直抵中国的全海运的路线——即当时是中国领土的东京（交趾）。[①]据历史学家斯特拉波（Strabo）记载，在托勒密王朝末期，"每年不到20艘船只敢于穿越阿拉伯海（红海）到（曼德）海峡以远海域"，在罗马兼并埃及后的几年中，每年有120艘商船从红海的米奥斯赫尔墨斯（Myus Hormus）港驶向印度。[②]

希腊、罗马的航海家们利用季风知识，发展与印度的贸易，形成了埃及与印度之间的定期航线，进而通过印度把贸易延伸到印度洋、东南亚和中国。希腊船只大量集中在印度西部海岸、印度河的巴巴里贡（Barbaricon）、坎贝

---

①　［英］G. F. 赫德逊著，王遵仲、李申、张毅译：《欧洲与中国》，中华书局1995年版，第48页。

②　［英］彼得·弗兰科潘著，邵旭东、孙芳译：《丝绸之路：一部全新的世界史》，第14页。

湾的婆卢羯车（Barygaza）和马拉巴海岸的穆泽里斯（Muziris）。

印度是东西海上贸易的交汇处。大月氏贵霜王朝在1世纪中叶崛起后，将北起锡尔河、阿姆河，南至五河流域的东西交通线，严加控制在自己的手中，配合罗马谋求东方贸易的不断增长，促使通往波斯湾、印度河口和坎贝湾的海港城市的货运量有了大幅度的上升。通过这3处的海上航线，贵霜王朝和红海的贸易，在直到4世纪为止的长时期中，保持着兴旺和繁荣的势头。①

1世纪中叶，一位住在埃及的佚名希腊水手所写的《爱脱利亚海周航记》，记述了西方商船往来于红海、波斯湾和印度东西沿岸的航线。据说这位希腊水手是一名常年在印度洋上航行的亚历山大里亚的希腊-埃及商人。"爱脱利亚海"意为"东方的大海"，指的是今天的红海、阿曼海乃至印度洋部分海域。《爱脱利亚海周航记》着重介绍了当时的4条重要的海上航线：（1）顺着红海的非洲海岸航行到卡尔达富角的南端；（2）从红海海岸出发，绕阿拉伯半岛直至波斯湾深处；（3）沿印度海岸航行；（4）通向中国的航路，但这条航线不是很明确。

据研究者认为，《爱脱利亚海周航记》是欧洲文字中最早记中国为"Thinai"的，也是古代人第一次谈到从陆海两路接近中国的。作者把所记各港口、城市都放在世界范围的商业贸易网中，这也就是在经济贸易的意义上把中国纳入世界体系。

《爱脱利亚海周航记》提供了研究罗马帝国与印度及其以远地区交往的重要资料，表明罗马帝国的商人十分重视印度半岛东岸及其以远地区。书中写道：在那些利穆里（Limurice）或北方人登陆的当地市场和港口中，最重要的是吉蔑（Kamara）、波杜克（Podoulce）、索巴特马（Sopatma）等著名市场。那些驶往金洲（Chryse）或恒河河口的帆船，十分庞大，被称为"科兰迪亚"（Kolamdia）。经过印度东海岸之后，如果直向东驶，那么右边就是大洋。若再沿着以下地区前进，并让这些地区始终在自己左方，那就可以到达恒河及位于其附近的一片地区——金洲，这是沿途所经各地中最东部的地方。恒河是印度所有江河中最大的一条，其潮汐涨落的情况与尼罗河相同。恒河之滨也有一

---

① 沈福伟：《中国与欧洲文明》，山西教育出版社2018年版，第104页。

个同样称为"恒伽"的市场。香叶、恒河甘松茅、固着丝以及号称为恒河麻布的优良麻织品等，都在那里转口。据《爱脱利亚海周航记》记载，印度向罗马出口的主要商品有香料、珍珠、象牙、丝绸、平纹细布等奢侈品与玩赏动物如猴、孔雀、鹦鹉等。罗马统治者奥古斯都占领埃及的亚历山大里亚以后，罗马妇女穿的衣料多为印度细布，手指和耳朵上都佩戴珍珠饰物，连鞋上也缀有珠宝，由印度贩来的中国丝绸贵同黄金。罗马也向印度输出亚麻布、酒、红珊瑚、铜、锡、铅、琥珀、希腊女奴、乐伎等。

在整个罗马帝国时期，两河流域和波斯湾在大部分时间里都控制在波斯和中间城市手中。波斯湾诸港口如哈拉克斯（Charax）和阿坡洛古斯（Apologus）都与印度保持着固定联系，这里的产品一方面向也门输出，另一方面也向印度的婆卢羯车港输出，同时从印度带回铜、黑檀木和造船用的木材。罗马帝国不得不在波斯湾地区从波斯人和印度人手中间接购得东方包括中国丝绸在内的各种商品。所以，罗马与中国之间的贸易往来大都是经过印度和波斯间接进行的。

考古发现也提供了不少罗马与南亚海上交通和贸易的佐证。1945年以来，在南印度东海岸康契普腊姆（Conjevaram）附近的本地治里城以南3千米的阿里卡梅杜（AriKamedu），也就是《爱脱利亚海周航记》提到的波杜克（Podouke），中国文献记载的黄支国、建支、建支补罗，考古学家发现了古罗马时代一个进行国际贸易的商埠遗址。遗址中有许多可能直接由罗马商人以及罗马统治下的叙利亚、埃及等地商人经营的货栈商行和染制木棉的染坑，出土了希腊的安佛拉式罐（Amphorae），罗马的阿雷蒂内（Arrentine）式陶器、玻璃器、绿釉陶片、钱币，印度的香料、宝石、珍珠、薄棉轻纱，公元前2世纪至公元1世纪有古泰米尔语铭文的陶器等遗物。据考，阿里卡梅杜商埠的繁荣期是在1—2世纪。阿里卡梅杜遗址的发现，以大量的罗马陶器和其他遗物表明了东西方航运的巨大规模。它作为当时勃兴的罗马—印度海运商站之一，为海上丝绸之路的繁荣作出了贡献。[①]

---

① 朱龙华：《从"丝绸之路"到马可·波罗——中国与意大利的文化交流》，周一良主编：《中外文化交流史》，河南人民出版社1987年版，第266—267页。

这一时期的泰米尔文学记述了人们如何高兴地欢迎罗马商人的到来。一首诗中提到罗马人乘着"漂亮的大船",带来了"凉爽香甜的葡萄酒"。另一首诗写道:"美丽的巨轮……来了,带着黄金,劈开帕利亚河上的白色泡沫,然后又满载着胡椒返航。在这里,海浪奏响的音乐永无休止,国王为客人准备了罕见的山货和海鲜。"还有一首抒情诗描述欧洲商人在印度定居的情景:"阳光照耀着大面积的梯田,照耀着港湾附近的货仓,照耀着窗口如鹿眼一般的塔楼。在不同的地方……路人的目光都被西方人的住宅所吸引。西方的繁荣永远不会消逝。"①

印度在其他地区的贸易也很可观,如在东非埃塞俄比亚,印度以细布换取非洲象牙。由于罗马对香料等奢侈品的大量需求,而印度本地的出产不能完全满足,促使印度商人充当香料产地马来亚、爪哇、苏门答腊、柬埔寨和婆罗洲的贸易中间人。

帝国时代亚洲大陆上各民族经济贸易与文化交流的大发展,首先得益于交通的开辟和发展。有路才有交通往来,才有物质的和文化的交流。

三　丝绸之路与中西交通

1　丝绸之路:横贯亚洲大陆的交通大道

学术界经常提到的丝绸之路,是横贯亚洲大陆的交通大通道。丝绸之路是欧亚大陆居民长期交流活动的成果,它在历史上很早就已经开通。史前和文化发生期亚洲各民族已有一定的文化交流,有交通才有交流,所以横贯亚洲大陆的交通通道开辟于很古老的年代。但是,直到汉武帝时张骞出使西域,这条交通大道才正式进入中国官方的视野,并打通了中国通往西域的通道,开始了中原王朝与西域诸国正式的交聘往来。所以,历史学界都把张骞的西域之行作为丝绸之路的正式起点。

丝绸之路的开辟,是古代早期中西文化交流的结果。这条横贯东西方的国际通道,可以根据地理和政治上的状况,从东向西划分为东段、中段和西段。

---

① ［英］彼得·弗兰科潘著,邵旭东、孙芳译:《丝绸之路:一部全新的世界史》,第14页。

东段从长安出发，经河西走廊的武威、张掖、酒泉、安西到敦煌，敦煌西部的玉门关和阳关是东段的终点。这一段一直是中国中原王朝传统的控制地区，交通道路一直通畅。

中段是指出玉门关和阳关往西，到帕米尔和巴尔喀什湖以东以南地区，即历史文献中所说的"西域"。在中国的历史文献中，"西域"是一个与丝绸之路及中西文化交流关系非常密切的地理概念。丝绸之路首先是通往西域之路。所谓张骞的"凿空"，实际上是走通了"中段"。大致而言，丝绸之路从玉门关和阳关出来，进入现在的新疆，沿着天山，在天山以北的部分称为"北路"，在天山以南的部分称为"南路"。天山以南有塔克拉玛干大沙漠，所以"南路"又分为两道，沿着大沙漠北边走的称为"南路北道"，沿着大沙漠南边走的称为"南路南道"。

这样，丝绸之路在新疆就分为三条路线，最后它们都走到现在的中亚。在古代西域的茫茫戈壁之间，分散着许多绿洲国家，是丝绸贸易带动了这些绿洲国家的繁荣和发展。也就是说，西域的丝绸之路实际上是一个个"绿洲桥"，是将这个绿洲到下一个绿洲逐一连接起来的交通线。古商道上的这些城市，起到了丝绸之路上中转站的重要作用。

丝绸之路是亚洲各国人民共同开辟的，是各民族文化交流的成果。在东端的中国人致力于向西探索的同时，亚洲西端的古代人也一直在探索从西往东的交通。

波斯大流士一世重新打通了东起西亚、印度河，西到波斯湾、红海、里海、爱琴海、东地中海乃至非洲的通道，而且将亚洲的道路，跨越博斯普鲁斯海峡，向西延伸到了欧洲。这样，在大流士统治时期，东至印度河、巴克特里亚，西至爱琴海岸、埃及，广泛的文化交流获得了前所未有的便利条件。如果从中国出西域，至中亚和印度北部，便会与波斯开辟的通往西方的大道接上头。而在实际上，大流士一世开辟的这些驿道就成了丝绸之路的西段。

西方人向东方的另一次开拓是亚历山大大帝东征。亚历山大死后亚洲建立的塞琉古王国，修筑和发展了波斯原有的驿道系统，使之成为重要的国际商道。其最重要的交通路线有两条：一条是从地中海岸边的海港经首都安条克而达巴比伦附近的塞琉西亚，以此为商货的最大集散地，而北通里海和高加索，南连波斯湾、阿拉伯，西则经巴勒斯坦而入埃及；另一条则是向东经伊朗、安息、大夏而达远东的商道，从大夏向南可折向印度，往北可越过帕米尔而到达中国。亚历山大东征所建立的希腊化世界，实际上形成了以西亚为中心、以地中海和中亚印度为两端的交通体系。

亚历山大东征及其遗产希腊化世界的建立，使后来称为丝绸之路西段（帕米尔以西）的道路实际上已经开通。丝绸之路的西段所经西亚地区，依次为伊朗高原、两河流域、地中海东岸各地。自美索不达米亚迄于地中海东岸，可以称作是一个"交通网络"。因为丝绸之路西段到了这里，四通八达，畅通无阻，可以通向东西南北任何一个方向。这个地区位于地中海、红海、黑海、里海与波斯湾之间，被称为"五海之地"，跨世界商业最大的动脉网上。

2　海上丝绸之路

亚洲大陆的东西两端，除了陆上丝绸之路的交通，海上交通也发展起来。

在中国春秋战国时期已经有了海上交通，到秦代更具备了远程航海的能力。关于徐福东渡的故事说明那时候已经有了大规模的远洋船队。

秦汉之际可能已与东南亚甚或南亚地区建立了航海贸易关系。秦末汉初，在南方的南越国积极发展海上交通。南越王赵佗为寻找重要的军需物资资源，开始谋求海上路线通往西方国家开展贸易。南越人精于造船，擅长航海。南海是目前所知的世界上最早使用船舵、船锚的海区之一。汉代番禺是南海的造船中心，所建造和使用的木板船，能在海上进行远航和作战活动，在中国造船和航海史上达到了第一个高峰。

汉元鼎五年（前112），一方面，汉武帝乘南越国内乱，发大军灭南越国，立南海、苍梧、郁林、合浦、交趾、九真、日南七郡，从此汉朝有了南方出海的港口；另一方面，在北方，汉武帝灭卫氏朝鲜，设立乐浪等四郡，与日本列岛建立了直接的交往。这样，在汉武帝时代，已经初步形成了东、南两条航线。南方的航线，主要是从岭南出发，面向南海诸国；东方的航线，从渤海湾周围地区出发，面向朝鲜半岛和日本。[1]

---

[1]　陈高华、陈尚胜：《中国海外交通史》，中国社会科学出版社2017年版，第7页。

班固所撰《汉书·地理志》是中国最早的完整的航海文献，其中记载了中国航海船舶经南海、穿越马六甲海峡在印度洋上航行的一条航路，这是中国历史上记载的第一条印度洋远洋航路。从这段记载可以看出，在西汉时期，中国人对于南方航线所经历的地区以及航行所需要的时间、距离，已有相当清晰的概念。汉船在异域航行途中，受到热情接待，还时有外国航海者或使节参加进来结伴同行，或者还可能有外国海船沿途护送。

在汉代，特别是到了东汉时期，一条由中国出发，经过南中国海，到达印度洋地区的海上交通线，已经初具规模。也正是东汉时期，中国人已把南方的广大海域，统称为"南海"。[①]

在中国人积极探索海上交通的同时，西方人也很早就开辟了一条从埃及红海沿岸启航，出曼德海峡，横越阿拉伯海，到达印度西海岸的航线。希腊、罗马的航海家们利用季风知识，发展与印度的贸易，形成了埃及与印度之间的定期航线，进而通过印度把贸易延伸到印度洋、东南亚和中国。而中国的海上航线已经延伸到南亚。这样一来，在东西方之间就建立起了一条以南亚为中介的世界性海上大动脉。地理学家托勒密（Claudius Ptolemaeus）在其《地理学》中，援引希腊地理学家马利努斯（Marinus）的记载，提到一位名叫马埃斯·蒂蒂安努斯（Maês Titianos）的希腊商人，世代经营赛里斯贸易，他的父亲和他都经常派遣商队前往赛里斯，虽然他本人未到过东方，他的商行却掌握了有关贸易路线的详细资料。托勒密详述了自幼发拉底河口，经美索不达米亚、安息、木鹿、大夏等地进入中国的路线和方位。这是西方古典作家第一次对丝绸之路的记载。

1944年，法国学者刘易斯·马勒莱（Louis Malleret）在越南南部金瓯角的古海港奥克·艾奥（Oc-èo）遗址进行的发掘，证明此地为东西海上交通的中继站。在这个海港遗址发掘出的物件中，有许多印度和中国的产品，中国物产中包括西汉的规矩镜、东汉三国时期的八凤镜等。罗马遗物包括152年和161—180年发行的罗马金币，这些金币以及罗马或仿罗马式金银装饰品、雕像中的安敦时代风格，表明2世纪中后期是罗马帝国与东方交往的高潮时期。有研究

---

① 陈高华、陈尚胜：《中国海外交通史》，第11页。

者认为，2、3世纪中奥克·艾奥地区的工匠按纯罗马风格制造凹型雕刻，并能够重现先进的罗马工艺。另外，遗址中还出土了罗马玻璃器残片，类似的玻璃器皿在中国境内汉晋遗址中也有发现。考古学上的这些发现证实了文献记载的关于罗马与东方密切关系的可靠性和真实性。

这样，欧洲人乘船从海上西来，中国积极开拓海域，双方开辟的航线在南亚一带交汇，便成了东西海上交通的大通道，成为古代中西物质文化交流的大动脉。在它的西端，以地中海为中心，其触角延伸到西非、西欧和北欧各地；在东端，从中国的东南沿海各城市，向东亚、东南亚各国延伸。

这条海上丝绸之路与中国至地中海东岸的陆上丝绸之路，形成了早期世界的国际贸易网络，共同担负起世界经济文化交流的任务。

3　丝绸之路是文明对话之路

"丝绸之路"原初的意义，或者说狭义的丝绸之路，指的是从中国西安或洛阳经过河西走廊、穿过天山脚下进入到中亚、西亚，然后再通向地中海地区的交通道路。后来，人们扩大了"丝绸之路"的概念，除了通常所说的通往西域的丝绸之路之外，还包括很早就形成的联系欧亚大陆的北边的草原之路，即"草原丝绸之路"；包括汉代形成、在唐宋时期发挥巨大作用的南边的海上交通路线，称为"海上丝绸之路"。还有的学者把东亚的海上交通路线称之为"东方海上丝绸之路"或"东北亚丝绸之路"，把从四川、云南经缅甸通往印度的陆上交通成为"西南丝绸之路"。

这样，在"丝绸之路"这个大概念下，就包括了通往西域的绿洲丝绸之路、草原丝绸之路、海上丝绸之路、东北亚丝绸之路以及西南丝绸之路这样5条大的交通干线。每一条干线又包括许多不同的支线。这些干线和支线都是连接东西方的横向路线。而在这些横向路线之间，还有许多纵向的路线相互连接。因此，贯穿亚洲大陆、绵延数千公里的古代丝绸之路，就不只是"一条"商贸道路，而是一张连接欧亚大陆政治、经济、文化的交流"网络"。

正是通过各条丝绸之路，通过这个巨大的交通网络，自东徂西，数千年来，在旷日持久的绵延岁月里，亚洲大陆上的各民族、各种文化展开了大交流、大汇通、大融合，因而有了东西方文明的大发展，有了世界文化的融合和共同的繁荣。

因此，丝绸之路远远超越了"路"的交通地理学范畴，而成为文化和文明的概念。丝绸之路是各民族的文明对话之路。

丝绸之路是整个亚洲大陆上的文化交流之路，是东方与西方各民族的相遇、相识、沟通与交流之路。丝绸之路的文化意义之基本点就是东方文明与西方文明之间的各种文化的大交汇与大交流。丝绸之路像一条金色的丝带，横亘在古老的亚洲大陆，把东方与西方连接起来。在这漫漫长路上，在几千年的悠久岁月之中，实现了东西方文化的大流动、大交流，形成了蔚为壮观的世界文化景观。民间商旅、官方使臣、虔诚的僧侣、勇敢的探险家和旅行家，以及征战的军队和迁徙的移民，相望于道，不绝于途。经过丝绸之路，在各民族之间，从物质的生产，到精神的礼俗习尚，不断相互交流，相互补充，共同进步发展，历千百年之盛衰兴替，蔚成亚洲古典世界文化历史之灿烂辉煌。

第三编

宏阔一宇，
辉煌灿烂

　　唐太宗时，玄奘西游求法归来，著《大唐西域记》，开篇介绍世界大势，认为世界分别由"人""马""宝""象"四主统治，形成4个大帝国。这就是"四天子说"。玄奘的这种"四天子说"显然是他从印度带来的，他用这种观念来概括当时世界的格局，体现了当时人们对外部世界的一种认识。"四天子"就是那个时代的中国人所了解的世界文化的基本格局。

　　唐永徽元年（650），佛教学者道宣在《释迦方志》中将四主的地域进一步明确化，指出当时世界上有四大文明国家，即"象主"印度；"宝主"胡国，现代学者认为是指拜占庭帝国；"马主"突厥帝国；最东边的是"人主"，即中国。

　　以"四天子说"的观念来认识和理解当时的世界，这种思维观念应该是在印度佛教思想的影响下产生的。早在东晋时期，从天竺来的僧人迦留陀迦所译《佛说十二经》里就有记载，世界上有"八王国，四天子。东有晋天子，人民炽盛。南有天竺国天子，土地多名象。西有大秦国天子，土地饶金银璧玉。西北有月支天子，土地多好马"。而在此一个多世纪以前，东吴康泰出使扶南时，也听说过类似的传闻。康泰在扶南听到的传闻，应该也来自印度。

　　不仅如此，这种看法在阿拉伯古文献中也有相似的记载。阿拉伯文献《中国印度见闻录》记载"世界上有四个国王"。《中国印度见闻录》在这段记载之后还有一段相似的记载，是说巴士拉城的商人伊本·瓦哈卜（Ibn Wahab）曾到中国旅行，受到了中国皇帝的接见。这份文献中记载了瓦哈卜与中国皇帝的谈话。

　　据称这位阿拉伯商人是在唐末黄巢起义之前到达长安的，当时在位的皇帝应是唐僖宗。许多学者对《中国印度见闻录》中的这段记载提出疑义，认为不可能有中国皇帝承认阿拉伯君主为世界第一、自认为第二。但是，也有可能是作为阿拉伯人的瓦哈卜为了迎合国人的心理，而有意改变了谈话内容。在阿拉伯人的记载中，"四主"被"五主"取代，居于正中的是阿拔斯王朝的哈里发。这种划分，也反映了阿拉伯人的崛起给欧亚大陆的政治格局带来的冲击。

　　从南海到中亚，从印度到中国，"四天子说"的广泛流传说明，当时的人们对他们生活的世界——欧亚大陆有着某种共同的认识，"四天子说"概括了阿拉伯帝国建立之前欧亚大陆的国际形势和文明格局。①而在阿拉伯人崛起之后，又变成了"五天子"。

这种"四天子"的概括和我们今天对于历史地理的认识基本上是相同的。在欧亚大陆上，中国处于大陆的东端，而在唐朝以西各国，都是具有世界性的强大国家：横跨欧、亚北部的东罗马，即拜占庭帝国；占有整个西亚的波斯帝国，尤其是后来兴起的阿拉伯倭马亚以及阿拔斯王朝，更是据有亚、非、欧的庞大帝国，它们都注重对外海陆交通的开拓，极力加强和中国的政治、经济联系。印度处于南端，具有古老的文化传统，一直以其丰富的文化传播到各地。这几大国家，经济发达，军事强大，文化繁盛，几大帝国之间你来我往，交流频繁，互相激荡又互相促进，共同绘制了那个时代世界的色彩斑斓的文化图景。

当时的世界文化形势，已超出了在文化发生期各个文化独立发展的局面，而形成了比较广泛的文化交流和文化融合。由于社会生产力发展水平的提高、交通工具的改进，各地区、各民族之间的交往不断扩大，文化之间的传播和相互影响也远远超过前代。因此，某一地区的文化发展，这一文化成果的传播，乃至有关文化信息的传闻，都可能对其他地区、其他文化产生意想不到的影响。当时的世界文化格局，虽不及近代以来联成一体，成为一种"世界文化"，但各文化区域之间，已然息息相通、彼此相关。

---

① 林英：《唐代拂菻丛说》，中华书局2006年版，第6页。

第十二章
帕提亚和萨珊波斯文明

　　"四天子"的世界文化格局，在亚洲的有三个，即中国、印度以及西亚。西亚先是波斯帝国，后来阿拉伯人兴起，灭了波斯帝国，独霸西亚，并将伊斯兰文化推广到更远的中亚和南亚。

　　建于公元前6世纪的古波斯帝国，已经在公元前334年被亚历山大东征大军所灭。继之占据波斯故地的是希腊人的塞琉古帝国，开始了波斯的希腊化时代。塞琉古的统治中心在叙利亚，对帝国东部的伊朗、中亚各地统治力不从心。公元前3世纪中叶，中亚的巴特克里亚、粟特和伊朗的帕提亚（Parthia）等地都掀起反抗塞琉古统治的斗争，纷纷独立。巴特克里亚人建立了仍由希腊人为主体的王国，帕提亚人则恢复了本地民族的主导地位。

一　帕提亚和萨珊的兴替

1　帕提亚帝国

　　帕提亚位于现在伊朗的东北部和土库曼斯坦南部一带，西北为里海，东边是巴特克里亚。它早先是波斯帝国的属地，亚历山大东征后，成了亚历山大帝国和塞琉古帝国的一个省。帕提亚游牧部落帕勒·达伊（达赫）人，起初在里海以东草原和阿姆河三角洲游牧，后来由北方进入伊朗高原的帕提亚，加入马萨基特的部落联盟，他们的语言也属于印欧语系伊朗族。公元前250年，达赫部落领袖阿尔萨息领导帕提亚人反对塞琉古王国的统治，杀死希腊总督萨特拉普，占领基尔卡尼亚北部和今土库曼斯坦，以及里海东南的其他许多地区，并于公元前247年称王，号"阿尔萨息一世"（Arsakes），建立阿尔萨息王朝。司马迁在《史记》中按阿尔萨息的音译称其国为"安息"。

阿尔萨息王朝立国之初，曾臣服于塞琉古王国，到公元前2世纪初，塞琉古帝国在罗马的打击下衰弱了，阿尔萨息王朝渐渐强盛起来。国王密特里达特一世（Mithridates I）不断开拓疆土，把塞琉古占领的中亚和伊朗逐一夺回。公元前155年，吞并伊朗的米底，打开了向两河流域扩张的道路。这时帕提亚帝国已是可以和塞琉古全面抗衡的大国了。到公元前141年，帕提亚人进入两河流域，占领了塞琉古在两河中部的重要据点塞琉西亚城，接着巴比伦尼亚也归入版图。密特里达特一世成为巴比伦尼亚的国王，塞琉古的统治势力被赶到幼发拉底河以西。在东方，帕提亚人又吞并了印度西北的阿里安那。赫卡通皮洛斯是帕提亚帝国第一个首都，但是密特里达特一世在塞琉西亚、埃克巴坦那、泰西封及新建立的城市密特拉达特克尔特（尼萨）都建立了皇宫。公元前1世纪中叶，迁都于底格里斯河东岸的泰西封，与塞琉西亚隔河相望。

公元前123年，密特里达特二世（Mithridates II of Pontus）即位。他统治的初期，阻挡了东方塞人的西进。据说他使帕提亚帝国东界达到阿姆河一线。公元前94年，密特里达特二世又向西北方面扩展，占领亚美尼亚、南高加索和小亚细亚部分地区。

公元前2世纪至公元前1世纪是帕提亚帝国的盛世，全盛时期的疆域北达小亚细亚东南的幼发拉底河，东抵阿姆河，成为当时西亚最大的国家。在这几百年的世界历史舞台上，帕提亚与中国汉王朝、印度贵霜王朝、罗马同为影响最大的四大帝国。帕提亚地处欧亚大陆中部，位于四大国之间的中心位置，扼丝绸之路要道，更突出了它在东西方文化交流中的桥梁作用。

占有中亚、西亚广大地区后，帕提亚的农业和工商业逐渐发展起来。两河流域是帕提亚境内经济最发达的地区，马尔吉安那的安条克（木鹿）是绿洲的手工业中心。同古代波斯帝国一样，帕提亚各地区经济发展水平差异很大，它基本保持各地的经济制度，让巴比伦、塞琉西亚和中亚各城市继续发挥作用。

帕提亚人认为自己是恢复古波斯传统统治的人。他们在许多方面以阿契美尼德王朝为榜样，运用阿契美尼德王朝的管理和税收方法。[①]但帕提亚帝国

---

① ［美］杰里·本特利、赫伯特·齐格勒著，魏凤莲、张颖、白玉广译：《新全球史——文明的传承与交流》（上卷），北京大学出版社2007年版，第180页。

中央集权的程度却远不如阿契美尼德王朝。在政治上、文化上，帕提亚帝国引人注目的特点是分散和多元。①说它是个大帝国，其实是一个由几个独立小王国、许多自治城邦、贵族领地、行省所组合而成的政治集合体。这些小王国或领地拥有政经自主权，还拥有各自的军队。帕提亚实行君主制度，王权由阿尔萨息家族传袭。但部落贵族在政权中占有较突出的地位。国王之下有贵族议事会和僧侣议事会，分别由贵族和高级琐罗亚士德教僧侣组成，权力很大，可以废黜或拥立国王。卡林、苏林等7个显贵氏族世代控制军事、政治和经济大权。在非常时期，国王任命高级贵族治理指定地区。军队以原来的游牧部落氏族贵族的队伍为基础，以骑兵为主，分重装骑兵和轻装骑兵，重装骑兵由贵族组成，轻装骑兵由同盟的游牧部落组成。

　　帕提亚帝国不设行省，有些小国只要称臣纳贡就可以作为属国存在，当中某些贵族势力强大，对国王实质上也保有某些独立性。帕提亚对各地区的统治，根据各地历史和现实条件实行因地而宜的管理。西部地区沿袭塞琉古的制度。郡设郡守，郡以下设府、县，府、县下面设镇。镇可能是行政区划的基层单位。重要道路上的驿站也称镇，军队驻扎在镇上。在东部地区，仍由各部落贵族统治。重要战略地区专设总督。要塞地区设要塞司令，同时也是行政长官。在两河流域以西的希腊殖民城市，如塞琉西亚、杜拉·欧罗坡斯等保留其自治权利，但驻有国王派去的官吏监督。各城市必须履行纳税义务，接受中央政权控制。两河流域以东亚历山大建立的军事据点，如百牢门、马尔吉安那的安条克等取消了政治上的自治权，由国王派官吏统治。原有的许多古老城市，如巴比伦、苏撒和尼萨等，是古代巴比伦人、波斯人和帕提亚人建立的，都受国王管辖，城市自治也受国王控制。

　　帕提亚帝国由不同成分的政治和文化组成，其宗教信仰和体制繁多，当中以希腊和伊朗教派最为盛行。帕提亚人对各种宗教是宽容的，各种神秘的崇拜、基督教、佛教都可以在帝国共存。②除了少数的犹太人和基督徒之外，大多数波斯人是信奉多神教。希腊和伊朗的神祇时常混杂在一起。除了主要的神

① ［美］丹尼尔著，李铁匠译：《伊朗史》，东方出版中心2016年版，第55页。
② ［美］丹尼尔著，李铁匠译：《伊朗史》，第56页。

灵，每个民族和城市都有各自的神祇。帕提亚君王与塞琉古帝国的统治者一样自视为神，这种君主崇拜最为普遍。

帕提亚继起于塞琉古帝国的希腊化时代，希腊文化在帕提亚帝国时期仍然有很大影响。帕提亚君主们宣称他们的祖先与希腊人和波斯人有关，他们坚称自己是"亲希腊"（Philhellenism）。长期以来帕提亚帝国的硬币上都印有"亲希腊"一词。帕提亚的统治阶级追求古典希腊方式的享受，使用希腊语，欣赏希腊戏剧，崇尚希腊风习。帕提亚人尤其喜爱古希腊戏剧。有一则故事说，公元前53年，罗马统帅克拉苏（Marcus Licinius Crassus）在与帕提亚帝国卡雷战役中被打败，他本人也死于征战中。当克拉苏的首级被送到帕提亚国王奥罗德斯一世（Orodes Ⅰ）面前时，他正在与亚美尼亚国王阿尔塔瓦斯德斯二世（Artavasdes Ⅱ）欣赏欧里庇得斯（Euripides）的剧作《酒神的女祭司们》，演出人决定使用克拉苏严重损伤的头颅替代彭透斯（Pentheus）的道具头。

尽管帕提亚统治阶层热衷于希腊文化，但其被征服的地区绝大部分并未被希腊文化渗透，一直保持古代的伊朗文化传统。1世纪初，帕提亚进入所谓"反希腊化"时期，即提倡恢复古波斯的文化传统，在铸币上添加帕提亚字母和语言，而不再铸上"亲希腊"的字样。帕提亚人跟随阿契美尼德王朝的传统，把历任帕提亚君王的石雕刻在贝希斯敦山上。他们以薛西斯二世家族后裔自居，以提升他们统治曾经是阿契美尼德王朝领土的合法性。君王们会为自己取传统的琐罗亚士德教名字，有些名字是来自《波斯古经》里的英雄人物。他们采用巴比伦尼亚历法，并借用阿契美尼德王朝伊朗历的名称，以取代塞琉古人所用的古马其顿历法。帕提亚人接受了琐罗亚士德教，并资助琐罗亚士德教文献的著作，促成了日后的《波斯古经》。

公元前2世纪，罗马的势力开始伸入小亚细亚。从公元前1世纪中叶起，帕提亚对罗马向东扩张的企图予以回击，双方为争夺亚美尼亚进行了一系列的战争。长期的对外战争严重消耗了国力，中央政权的统治被严重削弱，在其属土上出现脱离其统治的独立公国。226年，帕提亚为新兴的萨珊王朝所取代。

2 萨珊帝国

帕提亚帝国占据的主要是波斯帝国的故地，波斯人和帕提亚人都属于印欧语系的伊朗族。但在帕提亚帝国，波斯人却受到帕提亚人的歧视，无权参与政事，不准担任官职，还要负担沉重的赋税徭役。3世纪初，阿尔萨息王朝的统治出现了危机，波斯萨珊家族乘势在伊朗西南部法尔斯崛起。

萨珊王朝的始祖萨珊（Sasan）是琐罗亚士德教的祭司。3世纪初，其子帕佩克（Papak）在贵族和琐罗亚士德教僧侣的支持下，占据法尔斯自立为王。224年，帕佩克之子阿尔达希尔（Ardashir）起兵反抗阿尔萨息王朝。同年4月，阿尔达希尔和帕提亚王阿尔塔邦五世（Artabanus V）会战于米底地区的奥米尔兹塔干，帕提亚王兵败阵亡。226年，阿尔达希尔攻占帕提亚都城泰西封，加冕为"诸王之王"，进而占领了原帕提亚帝国的广大地区，建立了新的波斯帝国，用其始祖之名称为萨珊王朝，仍定都泰西封。

萨珊王朝实行中央集权制，国王掌握国家一切大权，号称"天下大王"和"众王之王"。按照萨珊王朝的理论，理想的社会就是能够维持稳定和公正的社会，维持这种社会的重要工具就是强大的君主政体。为了强调王权神赐和中央集权统治，这位统治者创造了可以追溯到古代王国和神的古老而显赫的家世，使用华丽的王冠和王权象征物以及伟大的称号，采用复杂的宫廷礼仪和外交礼节，建筑宏伟的宫殿和巨大的石刻。[1]

在萨珊王朝，国王之下设有辅佐大臣，设有一个权力机构，负责实施政府的各种事务，管理行政和辖制各地官吏；另设军队司令和总司令掌管军队，像波斯帝国一样军政分权。萨珊王朝把全国分为18个省，各省总督由国王任命。总督隶属于中央，听命于国王。重要省份的总督常由王室成员担任。萨珊王朝的军队由骑兵和步兵组成。骑兵领有小块份地和国家给养，是战斗的主力。高度中央集权、积极的城市建设、农业及科技发展是萨珊王朝的管治特色。

宗教组成了萨珊帝国王权的重要基础。[2]萨珊王朝以琐罗亚士德教为国教，设立最高祭司执掌琐罗亚士德教大权。祭司阶层的首领、军方统帅、商人首领及负责农业的大臣都位列帝王之下。琐罗亚士德教祭司和贵族一样享有特权，阿尔达希尔分给琐罗亚士德教祭司和军事贵族大量土地，并授予祭司向纳

---

[1]　［美］丹尼尔著，李铁匠译：《伊朗史》，第59页。
[2]　［美］丹尼尔著，李铁匠译：《伊朗史》，第60页。

税人征收什一税的权利，人民需将个人收入的1/10献给琐罗亚士德教神庙。

萨珊王朝的统治者对其他宗教也采取宽容态度。出现于5世纪前期的聂斯托利教是基督教的一个异端派别。创始人聂斯托利（Nestorius）曾出任君士坦丁堡大主教。431年，在以弗所召开的教会主教会议上，聂斯托利的思想被斥为"异端"，他本人被革职流放，并被开除出教，后在埃及西部的沙漠中流放而死。聂斯托利死后，其信徒开始了向东逃亡、迁徙的进程。他们通过陆路向中亚和远东地区传播，先是在叙利亚，因东罗马帝国皇帝的迫害而辗转到波斯，得到波斯皇帝的保护，荣迪-沙帕尔（Jundi-shapur）的一所波斯学校成为聂斯托利教派基督徒的避难所。498年，聂斯托利派在波斯首都塞琉西亚（Seleucia）集会，宣布与罗马教会断绝一切关系，成立了迦尔底教会（Chaldean Church）的东方教会，自己推举主教，并积极开展传教活动。6世纪以后，聂斯托利派传教士的足迹遍布从美索不达米亚到"中国海"的广大地区，积极传播教义，被誉为"火热的教会"。7—8世纪是聂斯托利派教会向东传播最有力的时期，木鹿、哈烈、撒马尔罕均有大主教区。

萨珊王朝是一个典型的等级制度国家。在萨珊王朝初期，主要有4个阶层：僧侣、军人、农民和手工业者，其中僧侣、军人是统治阶层。后来又出现了第三个统治阶层世俗官吏。僧侣、军人、官吏这三个等级是特权阶层，免纳赋税。农民和手工业者与城市居民中的下等阶层合为一阶层，处于第四等级，是非特权阶层，必须纳税。寺庙僧侣拥有很多庙田，执掌司法，在国内有极大的政治经济势力，是统治阶级中最重要的一个阶层。

库思老一世（Khosrau Ⅰ）统治期间，实行了一系列改革，使帝国达于极盛。他清查全部耕地，规定了固定税率，以货币税代替实物征收，一年征收两次土地税，克服了以往税率不固定而任意苛索的弊端，增加了国库的收入；更多地依靠小贵族，让他们担任地方行政职务，从而减少了世家大族在政治上的影响，扩大了统治基础。他限制地方统治者的权力，使国王以下的最高行政权在4个互相制约的军区总督之间分配；建立领取国家薪饷的常备军，并进行严格训练。在巴比伦地区，库思老一世对原有的灌溉设施进行维修，并新建了一批灌溉渠。库思老一世的改革巩固了王室和中央政府的权力。国力也强盛起来。对外战争取得了一系列胜利。572年，为了断绝东罗马帝国从海上取得中国丝绸的通路，萨珊王朝的军队占领了阿拉伯半岛南端的也门。库思老一世对首都的市容加以美化、建设新城市及建筑物，重建受战火破坏的运河和农场，并在隘口处兴建要塞，将臣服的部落安置在一些经过严格挑选的城市，以防御入侵者。在库思老一世统治时期，萨珊王朝辉煌一时，取得了耀眼的成就。这一时期是萨珊王朝的黄金时代。[①]在伊朗民族的传说和近东伊斯兰国家中世纪的史学中，库思老一世被广泛认为是理想帝王的典范。

库思老一世热爱文化，在他统治期间，波斯文化繁荣。库思老一世对文学和哲学很感兴趣。在他的支持下，从印度引进了大批宝贵的书籍。著名的《五卷书》就是在这一时期引入的。大批印度著作被从梵语翻译成巴列维语（中古波斯语），在阿拉伯人征服波斯之后又传入阿拉伯并最终进入西方。

在萨珊王朝时期，波斯文学有了一定的发展。萨珊王朝时期的文学创作都是用巴列维语创作的，但在阿拉伯人入侵时，大部分失散了。流传至今的《统治者书》是一部宫廷史官编纂的历史著作，也保留了一些古代神话传说和英雄故事，其中的一些故事情节被后来的诗人们作为题材创作了伟大的作品。

库思老一世是虔诚的正统派琐罗亚士德教教徒，并曾下令将琐罗亚士德教的圣典《阿维斯陀》编成法典，但他并不打击在萨珊帝国境内流传的其他信仰。在拜占庭皇帝查士丁尼一世强令关闭古典文化的最后营垒雅典学院之后，有7个新柏拉图主义的学者在531年来到波斯寻求庇护。

库思老一世死后，萨珊王朝开始衰落。库思老二世（Khosrau Ⅱ）统治后期，萨珊同东罗马的战争接连失利。拜占庭皇帝希拉克略（Flavius Heraclius）收复小亚细亚，进占底格里斯河地区。628年，伊朗军事贵族发动政变，杀死库思老二世。此后5年间，暗杀篡弑不断，大贵族和僧侣先后立了10个傀儡国王。

632年，萨珊王朝末代国王伊嗣俟三世（Yesdegerd Ⅲ）即位。不久，阿拉伯人开始大举入侵波斯，伊嗣俟与阿拉伯交战兵败，在651年逃往木鹿，被人杀害。阿拉伯人把波斯纳入阿拉伯帝国的版图，使波斯改信伊斯兰教，历时数百年的萨珊波斯帝国最终灭亡。从此，占据西亚历史舞台的主角就是阿拉伯人了。

---

① 　［日］宫崎市定著，谢振译：《亚洲史概说》，民主与建设出版社2017年版，第74页。

二　萨珊王朝的宗教与教育

1　琐罗亚士德教的新发展

琐罗亚士德教在古波斯帝国时期十分流行，但亚历山大大帝征服波斯后很长一段时间里，琐罗亚士德教受到排斥，被希腊的宗教崇拜所湮没。直到公元前后才又重新组织起来。帕提亚统治者信仰琐罗亚士德教，并企图强化琐罗亚士德教的教义和信仰，曾考虑收集各种圣歌和宗教文献。但帕提亚也允许被征服民族保留自己的信仰，承认其他诸神的地位。

萨珊王朝创建之后，琐罗亚士德教再次兴盛，并取得了国教的地位。萨珊诸王都兼任教主，自封为"阿胡拉·马兹达的祭司长""祭司的祭司长""灵魂的救世主"等。他们相继搜集、整理在希腊化时代散佚的经典，进一步充实编纂了《阿维斯陀》。《阿维斯陀》意为知识、谕令或经典，最早形成于公元前4世纪阿契美尼德王朝末期，亚历山大征伐波斯时被焚，仅存1卷。3世纪初帕提亚王朝着手整理，延至萨珊王朝沙普尔二世（Shapur Ⅱ）时完成，共21卷。《阿维斯陀》的编纂使琐罗亚士德教的教义有了具体而明确的内容。

琐罗亚士德教的祭司阶层在萨珊王朝时形成教阶制度。琐罗亚士德教的祭司统称为"麻葛"，意为"从神那里得到恩惠的人"。麻葛原指古代伊朗垄断宗教的祭司阶层，在萨珊王朝把琐罗亚士德教定为国教后，逐渐形成教阶。教阶中地位最高的是祭司长和大祭司，他们主管一个或几个寺庙，主持重大祭祀；次之为祭司或教士；再次之为助理祭司或事火祭司。祭司多为世袭，联姻对象多为圣职世家，但在任职前要学习经典，熟悉祭祀仪式、仪轨等。

琐罗亚士德教根据新的形势变化，糅合了希腊的神祇系统，有了进一步的发展。这种糅合所采取的形式则是比较典型的"双名制"，如宙斯·奥尔穆兹特、阿波罗·密特拉、阿胡拉·马兹达及其诸僚神成了太阳神、月神等的伙伴。

2　摩尼教的出现

3世纪前后，在萨珊王朝统治之下，民间还出现了一个新兴教派——摩尼教。摩尼教在中国又称明教、魔教、牟尼教，由波斯人摩尼（Mani）创立。摩尼生于帕提亚帝国巴比伦的马尔迪努（Mardinu），母亲满艳（Maryam）与波斯的阿尔萨息王室有亲戚关系，父亲跋帝（Patek）原住哈马丹（Hamadan），曾参加犹太派基督徒派别厄勒克塞派（Elchasaites），这个教派以禁欲和实行烦琐的浸礼仪式为特点。摩尼自称从小受到天使启示，24岁时受到"神我"（Syzygos）最重要的启示，涉及以后摩尼教的基本教义。他宣称自己是继琐罗亚士德、释迦牟尼、耶稣之后的第四位先知，并试图建立一个拯救人类的世界性宗教。摩尼所宣传的宗教，是有意识地使自身成为普世宗教的一种宗教形式，一个融合了古代伊朗宗教信仰、诺斯替教、密特拉教、基督教和佛教成分的、高度折中主义的体系。①

摩尼与厄勒克塞派决裂，离开这个教派，来到泰西封，只有两个追随者，后来他父亲也皈依了他的宗教。摩尼及其少数信徒曾在波斯北部传教，后来取海路前往印度，使图兰（Turan）国王皈依了摩尼教。

最初摩尼在琐罗亚士德教影响较弱的梅克兰、图兰和信德一带传教，并建立教团。242年，从印度回来后，摩尼赢得了波斯萨珊国王沙普尔一世的兄弟、呼罗珊总督卑路斯（Peroz）的友谊，通过他得以晋见沙普尔一世。摩尼用中古波斯文写了《沙卜拉干》（Sabuhragan）一书，概述摩尼教的教义，题献给沙普尔一世。沙普尔一世给了摩尼书面文件，准许他和他的信徒在帝国范围内任何地方旅行和传教。摩尼派使徒阿驮（Adda）、承法教道者帕提格（Pattig）等向罗马帝国境内传教，派末冒（Mar Ammo）等向东方传教，摩尼教在波斯境内迅速传播。

波斯王巴赫拉姆一世（Vahrām Ⅰ）即位后，受琐罗亚士德教主科德（Kirdir）的影响，改变了对摩尼教宽容的政策，开始限制和排挤摩尼教。巴赫拉姆二世（Vahrām Ⅱ）在277年将摩尼投入监狱杀害，摩尼教经典大量被毁，教徒惨遭屠杀，幸存者纷纷逃亡各地。

虽然摩尼教无法在波斯国内立足，却在波斯以外的地区得到了广泛传播，较短的时期内在阿塞拜疆、小亚细亚、中亚、北非等广大地区都建立了摩尼教团，并进一步向西传入欧洲各地，向东传入中国和印度，成为跨亚、非、

---

① ［美］丹尼尔著，李铁匠译：《伊朗史》，第61页。

欧三大洲并具有世界性影响的宗教。

在草创摩尼教之初，摩尼即发下弘誓大愿，要将其教传播于世界各地，成为世界宗教。20世纪初在吐鲁番考古发现的中古波斯文摩尼教残片，记载了摩尼欲传教于世界的豪言壮语："我已选择的宗教要比以往的任何宗教胜十筹。其一，以往的宗教局限于一个国家和一种语言，而我的宗教则不同，它将流行于每个国家，它将采用所有的语言，它将传及天涯海角。"

摩尼教的教义受到琐罗亚士德教、基督教和诺斯底主义的影响，主张灵魂从肉体上彻底解脱，强调禁欲、食素，同时也包括了佛教的转世说和叙利亚的天使说。摩尼教的中心思想是"二宗三际论"，"二宗"即光明与黑暗，"三际"是指初际、中际、后际。世界是黑暗物质的生成物，人类也是黑暗物质囚禁光明分子的肉身。为了拯救人类的灵魂，光明王国的最高统治者大明尊派遣使者先后下生人间，给人类带来启示，摩尼就是继琐罗亚士德、佛陀、耶稣之后的最后一位使者。摩尼教认为，只要通过艰苦的"劳心救性"，人类的灵魂终将得救，回归光明王国。

摩尼教与以前的琐罗亚士德教、犹太教、基督教、佛教等宗教的一个不同之处是，其他宗教的创始者都没有亲自写定经典，以至于继承者莫衷一是，而摩尼在有生之年就写定经典，使继承者有所适从。敦煌出土的汉文《摩尼光佛教法仪略》中列举了摩尼教7部大经及图，即《彻尽万法根源智经》（《生之福音》或《大福音书》）、《净命宝藏经》（《生命之宝藏》）、《律藏经》或称《药藏经》（《书信》）、《秘密法藏经》（《秘密书》）、《证明过去经》（《专题论文》）、《大力士经》（《巨人书》）、《赞愿经》（《诗篇和祈祷书》）、《大二宗图》（《图集》）。上述7部大经是摩尼亲自用古叙利亚文所写。此外，在阿拉伯史料中，把摩尼题献给沙普尔一世的《沙卜拉干》也列为经典，它应该就是武周延载元年（694）传入中国的《二宗经》。除了摩尼亲自撰写的上述经典外，摩尼教还遗存了大量文献。摩尼教的文献使用过叙利亚文、中古波斯文、帕提亚文、粟特文、汉文、回鹘文、希腊文、拉丁文、科普特文等10余种文字。

《摩尼光佛教法仪略》记载，摩尼教团内部通常分为5个教阶：第一，承法教道者（使徒）；第二，持法者，亦号拂多诞（主教）；第三，法堂主（长老）；第四，一切纯善人（选民即僧尼）；第五，一切净信听者（俗信者）。《摩尼光佛教法仪略》记载，摩尼教寺院中有"经图堂一，斋讲堂一，教授堂一，病僧堂一。……不得别立私室厨库。每日斋食，俨然待施；若无施者，乞丐以充。唯使听人，勿蓄奴婢及六畜等非法之具"。每寺尊首，诠简3人：赞愿首，专知法事；教道首，专知奖劝；月直，专知供施。僧侣过的生活相当俭朴，主要靠施舍乞讨为生，没有奴婢、牲畜等私有财产，共同生活，没有个人的私室、厨房、仓库。

"三印"和"十戒"是摩尼教的基本戒律。"三印"指口印、手印和胸印（东方文献中有时指心印）。"十戒"是：不拜偶像，不妄语，不贪欲，不杀生，不奸淫，不偷盗，不欺诈，不行巫术，不二见（怀疑宗教），不怠惰。口印即不妄语等戒律，手印即不杀生等戒律，胸印即不奸淫等戒律。"三印""十戒"是僧侣、俗信徒都必须遵守的。此外，对僧侣还另有5条戒律，主要从正面鼓励，希望僧侣以更高的道德标准要求自己。"五净"戒是真实、不害、贞洁、净口和安贫。摩尼教要求一般信徒每天祈祷4次，僧侣每天祈祷7次，一般信徒在星期天斋戒，选民（僧侣）在星期天和星期一斋戒两天。

3 萨珊王朝的教育与学术

帕提亚人没有留下有关教育制度的记载，普通百姓大概不会读书写字。萨珊王朝时期，上层等级之外的人接受正规教育的仍然很少。琐罗亚士德教在萨珊社会中的重要性，决定了学生必须背诵宗教经典。祭司必须接受多年的教育。琐罗亚士德教的伦理观重点强调劳动的必要性，强调婚姻和家庭挚爱的神圣义务，要求养成尊重法律和理智的精神。在这种教育思想指导下，儿童7岁前在家庭接受教育，以后的教育则由作为军事—宗教组织的国家组织实施。这种教育关注的是两种教育：一是为了增进健康和加强国防的军事体格教育；二是为陶冶道德和培养合格公民的宗教社会教育。

在萨珊王朝之前，波斯就已经拥有巴比伦和印度的许多科学宝藏。529年，拜占庭帝国皇帝查士丁尼把4所雅典学园封闭。这时萨珊王朝在正值库思老一世统治时期，他接纳了来自雅典学园的学者，波斯还成为叙利亚、亚历山大里亚、犹太学者的避难所。他们在这里保存了希腊学术传统，并发扬光大，并通过阿拉伯人把它们传到欧洲。

波斯有许多学术中心，最突出的是琼迪-沙普尔学园。琼迪-沙普尔学园成立于3—4世纪，在531—579年发展到高峰，是萨珊王朝著名的高等学府，成为来自希腊和叙利亚的学者们的学术圣殿，是哲学、数学、天文学、医学等方面的学术中心。在琼迪-沙普尔学园，波斯的琐罗亚士德文化、印度和希腊的科学、亚历山大里亚的学术思想，以及医学、神学、哲学和其他科学，都得到充分发展，出现了一次科学和学术的大融合。学园的学生来自世界各地。琼迪-沙普尔学园还搜集、保存、翻译了印度、希腊、叙利亚、波斯的典籍，并成为将这些学问传递给西方世界的第一条重要渠道。琼迪-沙普尔学园的教学与研究工作一直延续至阿拉伯帝国的倭马亚王朝时期。

三　萨珊王朝的建筑与艺术

1　帕提亚的城市建筑与艺术

在塞琉古帝国时期，希腊艺术对西亚有很明显的影响。在帕提亚帝国兴起后，古代波斯的艺术传统又得到进一步的发展。

帕提亚的艺术继承了古波斯建筑、雕刻与工艺美术的传统，但也有来自中亚和帕提亚所在的伊朗东北部的地方特色。帕提亚立国之初，建都于尼萨城，其地在今中亚土库曼斯坦首都阿什哈巴德附近，原为古波斯的帕提亚行省北部重镇，与另一行省马尔吉安那的首府木鹿城同为中亚大城，在塞琉古帝国时，两地均受到希腊文化的影响。在公元前2世纪至公元1世纪，尼萨与木鹿共同发展为早期帕提亚艺术的两大中心。

尼萨古城遗址占地面积约14公顷，四周筑有厚达10米的土坯城墙。城内建筑分南、北两部分。北面为王室宝库区，呈方形，外部绕以柱廊，形制近似于希腊柱廊，但柱子与装饰带本地风格。南面为宫殿庙宇区，有方殿、圆殿各一座。方殿各边宽约20米，总面积400平方米，内有4根高达12米的四棱砖柱，形制似波斯王宫的接见大厅，但四壁的双层半圆柱装饰则混合本地与希腊、波斯风格。这些柱子形制有的近似于希腊的多利亚式或科林斯式，有的则杂以波斯兽形柱头，而下层半柱涂以白色，上层涂红色，在柱间所置的泥塑男女彩像属本地特色。圆殿的分层列柱与方殿同，但圆形殿堂的形制本身似乎来自帕提亚或中亚的原有建筑。

木鹿城遗址比尼萨大得多，分卫城、城区和外郭三部分，总面积达60平方千米。卫城呈圆形，占地面积约12公顷，中央筑堡楼，城垣以土坯筑成。卫城南面的城区是主要的工商业区和官署区，呈方形，占地面积3.5平方千米，城垣也用土坯砌筑，每边各有一座城门，有两条大道从四门通至城区中央成直角相交，以此为中心建筑街坊。这种方形棋格式布局与希腊城市规划流行的希波达穆斯模式相近，有较明显的希腊文化的影响。城区有多处宫殿遗址，以靠近卫城南墙的遗址最为宏伟，此宫以砖砌筑，高达26米，有五彩壁画装饰天井和屋檐，其装修曾使用来自罗马东部行省的玻璃，按形制看可能是一间礼仪用的接见大厅。城区四周向外延伸甚广，形成外郭，也有城垣绕其边缘。

帕提亚占领两河流域后，进一步吸收了希腊化时期积累的较高水平的石砌工程技术。帕提亚定都于底格里斯河畔的泰西封，把原来的一个村镇变成了可与罗马并称的帝国都城。泰西封后来继续作为萨珊王朝的首都，繁荣持续六七百年。早在古巴比伦时期，在亚述、巴比伦的建筑中就有以砖砌拱顶代替木构梁架的形式，到帕提亚时期，砖砌拱顶更加普遍，几乎是王宫、神庙、寨堡等重要建筑必备之制。砖砌之拱可大可小，而且能够大小结合以适应不同面积之需要。它广泛动用砖砌拱顶作屋顶，柱子以半柱形式砌于墙面，大小不一的拱门不仅是建筑结构的主要部分，在重要厅堂和门楼上，砖砌大拱达到覆盖整个厅堂的宽度，拱的外沿构成建筑的门面，于是整个建筑高敞明亮，左右及后面筑墙，前面则形成高大的拱廊。这种三面有墙，前面敞开的拱顶厅堂称为"依旺"，在帕提亚时期形成后，萨珊王朝进一步发展，由拱顶演变为穹窿圆顶，并以内角拱作方形墙壁之上的圆顶的支撑，遂使依旺式大厅更为完善，日后的伊斯兰教建筑便用它作为主要的结构形式。

早期的帕提亚艺术受波斯、希腊文化影响较大，雕像制作多委之于在帕提亚工作的希腊工匠。后期帕提亚艺术具有较鲜明的民族特色，人物皆身着典型的帕提亚服装，神态端庄，动作平稳，衣褶纹理细密规整。

在尼萨古城的遗物中，曾发现银质镶金的雅典娜（Athena）女神像和小爱神像，显然为希腊工匠所制。此外，还有一尊名为《尼萨女神》的雕像，表现为一着希腊式衣衫的少女，神情端庄而微带笑容，可认为是借用希腊雕像表现本地神祇的佳作。另一尊类似希腊的阿芙洛狄忒（Aphrodite）女神的雕像，上半身以白色大理石刻成，取裸体姿态，下半身以灰色大理石刻成，取着衣姿态，头微向前倾，身侧转而双手向上。此像很可能是希腊匠师按帕提亚宫廷要求而作，把古典的维纳斯女神装扮成一位帕提亚公主。神庙大殿中的众多泥塑雕像，以其泥塑技法和五彩着色的传统，更多地带有本地特点。

帕提亚艺术除了融本地传统与希腊、波斯传统外，还增加了新的因素，就是从中亚的草原游牧民族斯基泰人吸取的艺术风格。这些草原民族的艺术主要表现在首饰、带钩、马具之类日用什物的装饰上，多以禽、兽争斗为题材，美术考古中称之为"动物风格"或"斯基泰野兽纹"。尼萨出土的一些工艺品中可见斯基泰野兽纹中常有的奔鹿形象，但帕提亚的奔鹿更具生动之态，其鹿角比较匀称，与斯基泰之过度夸大不同，而且鹿头略微回转，显示一定的类似希腊艺术的气韵。帕提亚匠师把斯基泰风格与希腊风格融合起来，遂形成自己的特色。

2　萨珊王朝的建筑与艺术

萨珊王朝艺术突出强调了恢复古波斯的传统，在继承帕提亚艺术的同时又有较强烈的追随或模仿古波斯的倾向。

在建筑方面，萨珊人保留了帕提亚的某些风格。萨珊建筑的精华集中于首都泰西封及其他几个都城的王宫。泰西封经帕提亚的经营，已颇具规模，萨珊时期更力求把它建成可与古波斯首都波斯波利斯和巴比伦媲美的名城。在泰西封城的建筑，现已仅存废墟，有皇宫中的一座大殿遗址和20余座的波斯琐罗亚士德教的神庙。这些建筑以砖石结构为主，大厅按依旺形制以拱顶或圆顶覆盖，壁面设拱廊或砌成多层列拱暗楼。泰西封皇宫中的塔基奇斯拉大殿约建于沙普尔一世时期，整体高达37米，宽近100米，中央大厅仅以一拱由地面直通屋顶，大拱跨宽25米，高29米。以此大拱组成的依旺式大厅内壁有近20米高，又砌成列拱暗楼。大拱的弧度不用普通的半圆形而用抛物线般的椭圆形，更为美观，也更为牢固。在依旺式大厅两边，还建有宽数十米的翼楼，与大厅同高，共用一贯穿整个建筑物的带顶阁的檐部。翼楼从地基达檐部的墙面用半柱和列拱组成拱廊，分5层排列，底层最高，其余各层高低参差交错，形成美丽的图案。

萨珊的雕刻艺术以摩崖浮雕最为突出。萨珊的摩崖浮雕广泛分布于帝国各地，仅在今伊朗境内就有30处以上，最重要也最精美之作集中于纳克希·鲁斯坦一带。260年，东罗马与萨珊经历瓦勒良战役，罗马军队大败，罗马皇帝瓦勒良（Valérian）被俘。萨珊国王沙普尔一世把俘获罗马皇帝的胜利刻于崖壁。沙普尔一世身着波斯君主服饰，端坐于骏马之上，右手作招抚之状，左手则紧握宝剑；瓦勒良披着一套典型的罗马袍，双手前伸，右足屈膝而左足跪地，身后飘起的衣襟表明他屈从动作之快和身份之低。从技法上看，浮雕中人、马的形象皆圆润凸现，沙普尔一世叉腰握剑的左手和马的躯干、四肢的表现尤有立体效果，服饰细节的刻划丝丝入扣，在雄强有力之中不失东方的富丽豪华。这块浮雕成为萨珊雕刻艺术的一大杰作。当时被俘的尚有大批罗马士兵和叙利亚、小亚细亚一带的罗马工匠，他们被广泛用于修造河闸堤坝等皇家工程，王室作坊中亦有不少罗马匠师，其中有些人可能参与了纳克希·鲁斯坦的摩崖浮雕制作。所以这些摩崖浮雕也就带有较明显的罗马艺术的影响。

摩崖浮雕的高水平也促进了各类工艺品上的浮雕技艺的发展，它们的图案和形象有许多仿自摩崖浮雕，其中最常见的有国王骑马射猎、征战等图。

萨珊的绘画尤其是壁画也很发达。泰西封的皇宫、神庙皆有壁画装饰，据说皇宫壁画有表现萨珊征服叙利亚之役的画面。从伊朗的苏萨直至中亚各地，也有萨珊壁画制作的踪迹。

中亚一带直至中国西北各地的摩尼教壁画，也会保持一些萨珊壁画的传统。摩尼生活于萨珊王朝初期，据说他本人还是一位卓越的画家，日后波斯人夸奖画家便常常将其与摩尼相提并论，因此摩尼教壁画传统当有不少可溯源于这位身兼宗教家和画家的祖师。

3　萨珊的工艺美术

萨珊工匠在纺织、珠宝制作和玻璃制造方面表现出高超的技巧。萨珊的金银器工艺水平很高。萨珊的金银器多是统治阶层用的盘、壶、杯、碗、罐等生活器皿和流通的金银币。这些金银器因其造型、雕刻工艺精湛，形成了当时流行的萨珊风格，而且在工艺上常常出现圆雕、錾花、敲花等工艺。萨珊金银器艺术从题材上讲可以分为两类：一类是表现世俗题材的宫廷艺术，另一类是具有一定象征意义的宗教题材艺术。①

捶揲工艺最早出现在公元前2000多年的西亚、中东地区，并大量用于金银器的成形制作。由于金银均具有较好的延展，捶揲成型更能体现金银制品的特质和美感，因此得到了广泛的应用。萨珊金银器常用凸纹装饰工艺。凸纹装饰技术，属于捶揲工艺，又称为模冲，即在金银器物的表面，以事先预制好的模具冲压出凸起的花纹图案。其特点是，主体纹饰突出，立体感强，具有极强的装饰效果。

萨珊金银器有一些比较特别的纹样装饰，比如颈有绶带的立鸟纹常见于萨珊的银器上。萨珊器物上的动物形象多增添双翼，并在四周加麦穗纹圆框，即所谓"徽章式纹样"，这种饰样在萨珊银器上尤为常见。以联珠组成环形饰带，其内配以对称动物，是萨珊王朝时期织锦中最为常见的纹饰。在联珠饰带内的动物皆有翅膀，使之成为"天马""飞牛""飞鹿""飞狮"之类的"有翼动物"，并把它们用人的装束打扮起来，如颈部缠绶带、口中衔项链、背部放鞍鞯，为其披红挂绿，表现其威武的身姿和凌厉的气势。这种独特的装饰手法，成为萨珊式花纹的典型形式。

至少5世纪时，中国的养蚕缫丝技术就已经传入波斯，此时波斯已拥有自己的丝织业。波斯语中的vālā是一种丝织品，这个字出于汉语的"幡"，是精细的罗纱。波斯语中的nax是一种双面绒，也指锦缎，当是汉语中的"缎"。据研究古于阗文的学者介绍，波斯语中蚕茧的"茧"字，很可能源于于阗文。"波斯文里有pile一词，意作'茧'，维吾尔语中有pile或pille，意作'茧'，这些作茧字解的词，都可能和于阗语的birā有关，可能源于于阗语。"②这说明波斯开始有家蚕饲养，很可能是通过于阗传播的。

波斯以产绫锦闻名，玄奘《大唐西域记》里说，波斯"工织大锦"。波斯的织锦一开始是用金银线，波斯古经里就提到金地毯。随从亚历山大东征的历史学家们常提到波斯的这种锦缎。波斯锦起初使用的原料是亚麻与羊毛，后来中国的丝绸传入西方，他们用中国丝并利用自己独特的工艺，就能织出五

---

① 仲高：《丝绸之路艺术研究》，新疆人民出版社2008年版，第425页。

② 殷晴：《丝绸之路与西域经济——12世纪前新疆开发史稿》，中华书局2007年版，第174页。

彩缤纷的波斯锦缎。从出土实物看，有纯丝或毛、麻混纺等，以织造精美、色彩绚丽著称。波斯锦主要有两个特点：一是织造技术上采用斜纹组织和纬线起花；二是其花纹图案独具风格，以联珠动物纹最为典型。萨珊王朝的艺术发展最精彩的就是丝织品，色彩和图样十分丰富。

南北朝时期，波斯锦及其织造技术传入中国。到唐代，仍有波斯锦继续传入中国。突厥首领骨吐禄和罽宾国使者分别在唐开元十五年（727）和天宝四年（745）向唐朝廷贡献波斯锦。波斯锦还通过中国传到了日本。法隆寺里现在还收藏有7世纪的萨珊图式织锦。在隋唐时期，中国的许多纺织品都受到波斯锦风格的影响。中国还有仿制波斯锦的故事。《隋书·何稠传》记载，隋开皇初年（581—600），波斯遣使献"金绵锦袍"，织工特殊，图案美丽，隋文帝命何稠仿制，何稠制作纬锦的技艺已超越了波斯锦。

中国瓷器源源不断地流向波斯，波斯人民也很喜爱和珍视这些来自中国的珍品。至今伊朗人仍把瓷器称为"秦尼"（Chīnī，意为中国的或中国生产的）。中国瓷器的传入，促使陶瓷业在波斯兴起和发展。中国瓷器输入波斯不久，波斯就开始模仿中国瓷器的样式和花纹。波斯王朝曾从中国招聘了300名陶工，在波斯仿中国瓷器样式制作青花陶器。波斯人吸取了中国陶瓷的特点，结合波斯的具体情况加以发展，烧制出为波斯人民喜爱的有自己民族风格特色的陶瓷器。

从8世纪开始，受中国唐三彩技术的影响，波斯烧出了带有伊斯兰色彩的铅釉陶，即"波斯三彩"。波斯三彩有捺纹彩釉陶和彩釉陶两种装饰手法。捺纹陶是在器壁上以细小的点线构成复杂纹样，然后再作彩釉敷饰；彩釉陶是先刷一层白色陶衣，再施以绿、黄、紫褐三色釉，釉彩透明，在烧制中互相交融，自然天成。伊朗高原东部的呼罗珊一带是伊斯兰陶器工艺的另一个中心。三彩釉陶和两河流域的产品在装饰风格上基本一致，另一种白底绿黄斑的彩陶器具有自己的特色。伊朗的阿莫尔生产刻纹彩釉陶，在白色胎上刻以各种细纹装饰，有花瓣纹、缠枝纹和几何纹，线条流畅圆柔，再涂以绿、褐等釉彩，呈现瑰丽而潇洒的风格。这时的阿克孔多的陶器，则形成了一种以褐色、绿色和黄色为主的三彩装饰的风格。①

---

① 朱裕平：《中国唐三彩》，山东美术出版社2006年版，第160页。

第十三章
阿拉伯人的崛起与伊斯兰文明

一 伊斯兰教之前的阿拉伯人

阿拉伯半岛位于亚洲西南，东临海湾及阿曼湾，西傍红海，南濒阿拉伯海和亚丁湾，西北界叙利亚沙漠，北界美索不达米亚平原，是世界上最大的半岛。半岛中部为广阔的沙漠，面积约占半岛面积的40%。"阿拉伯"一词本义为"沙漠"，"阿拉伯人"指生活在沙漠中的人。

阿拉伯半岛紧接亚、非两洲，地处交通要冲，战略位置十分重要。半岛两侧的红海和海湾，连通埃及和肥沃新月地带，形成一条重要的东西交通的天然走廊。在阿拉伯半岛南部，自然条件适宜，地处交通要冲，自古即为东西方贸易转运中心，有"阿拉伯福地"的美称。半岛西南的也门曾是东西方海上贸易的枢纽。在这一地区，在很早的时候，曾建立过萨巴王国、米奈王国、盖特班王国、哈达拉毛王国、希木叶尔王国等，但这些王国在伊斯兰教产生之前就已逐渐衰落了。半岛北部也曾相继建立过奈伯特王国、巴尔米拉王国、加萨尼王国、莱赫米王国、肯德王国等，但后来都沦为邻近的拜占庭帝国和波斯帝国的藩属。

伊斯兰教产生于阿拉伯半岛的中部地区。这里的阿拉伯人的社会生活进程较之南部和北部都要落后。生活在这里的贝都因人以游牧生活为主，在历史上从未建立过统一国家。4世纪以来，阿拉伯社会普遍处于经济衰退时期，许多城镇和商站逐渐消失，贝都因人则不断地扩大他们的活动范围。除了作为中转商站的较发达地区和绿洲地区中的城镇居民从事转运贸易和农业，过着定居生活以外，阿拉伯半岛的大部分居民都过着游牧和半游牧生活。

阿拉伯人的社会以氏族组织为基础，几个有血缘关系的氏族又组成一个部落。部落成员间保持民主和平等的关系，部落首领"谢赫"由选举产生。部落之间经常为了争夺水源、牧源和商道而发生战争和残杀，血亲复仇成为一种风习。6—7世纪，阿拉伯社会还未形成一个统一的国家，正处于连绵不断的部落战争时期。

阿拉伯半岛因地处重要的战略位置，一直是强邻争夺的对象。拜占庭帝国与波斯帝国为争夺控制阿拉伯商道，断断续续进行了数百年战争。连年的战乱，使半岛经济社会生活遭到了严重的破坏。

伊斯兰教产生前，阿拉伯人信仰原始多神宗教。它最初表现为部落宗教，各部落都有自己的部落神，部落神一般有固定的住处，如石头、井泉、树林等，因此人们崇拜各种自然物体。献祭是部落宗教仪式的核心，献祭仪式使神灵与部族建立血缘联系，成为守护神，有时也变成部落祖先。南阿拉伯地区的居民还给自己所信奉的神修建宫殿栖所。在部落宗教中有各种卜士，职能是发布神谕和预言，用神签决疑，主持朝拜或祈雨一类的迎神仪式，并在部落战争中预卜敌方动向，用咒语或巫术使敌方武器和战术失灵。此外阿拉伯人还相信精灵，偶像崇拜也极为普遍。

6世纪，以麦加为中心出现了超越部落的地方神灵，其中最受崇拜的是麦加人称为"安拉（Allāh）女儿"的三女神：拉特（al-Lgt，本义为女神）、欧萨（al-'Uuzz，万能神）、默那（Mant，命运神）。这些神灵受到许多部落的信奉和朝拜。当时的麦加城是阿拉伯人的圣地，城中心的克尔白建筑物，也叫"天房"，是朝觐的中心。天房墙上镶有一块黑石，被视为"圣石"，阿拉伯的古老神灵安拉就居住在这里。在伊斯兰教之前，麦加人已认为，安拉是造物主，是最高的养育者，是在特别危急的时候可以呼唤的唯一神灵。①每年冬夏，半岛上许多游牧民和商人来此朝拜，圣石成为朝觐者都要抚摩的圣物。朝拜期间麦加和整个阿拉伯北部都停止械斗，以保证朝圣活动的安全。

阿拉伯文化受到伊朗、希腊、小亚细亚居民文化的影响，阿拉伯人所信奉的100多位神，都可以在西亚的古代神话中找到原型。阿拉伯人除信奉本土

---

① ［美］菲利浦·希提著，马坚译：《阿拉伯通史》（上卷），新世界出版社2008年版，第89页。

多神教以外，还受到外来一神教即犹太教和基督教的影响。约在1世纪，犹太移民部落开始进入半岛上的城市，他们聚群而居，进行生产和经营，使周围的阿拉伯人也信奉了犹太教。犹太教在半岛南部曾产生过很大影响。犹太教的一神教义和历史传说，给阿拉伯人带来了新的观念和知识。4世纪以后，基督教异端聂斯托利派和一性派通过南北商道往来及贸易活动也传入阿拉伯半岛，对北部的游牧部落产生了一定影响。青年时代的穆罕默德受到犹太教和基督教一定影响，对以后创立伊斯兰教产生了一定作用。

　　受外来宗教的影响，一些阿拉伯人开始追求超越部落之上的一神信仰。一神信仰的追求者和追求活动，后被称为"哈尼夫"（Hanif，真诚者）和"哈尼夫运动"。哈尼夫运动的基本内容和特征，是反对贵族特权和落后风俗，反对多神或偶像崇拜，只承认一神"安拉"，笃信"天命""复活""惩罚""报应"之说，不履行严格的仪式，注重个人修炼，提倡苦行隐修，过禁欲主义生活。年轻时的穆罕默德听过哈尼夫的传教。作为宗教改革的先驱，哈尼夫运动对伊斯兰教的产生起了催化和媒介作用。

二　伊斯兰教的兴起

1　穆罕默德的创教活动

　　7世纪，伊斯兰教在麦加诞生。麦加位于阿拉伯半岛西部希贾兹境内，它地处南往也门、北达叙利亚、东至波斯湾、西接红海和东非的商路交叉口上，自古以来就以圣地和商站著称。4—6世纪，由于国际商道的变化，希贾兹以及阿拉伯社会处于衰落状态。6世纪下半叶，波斯与拜占庭之间的战争再次引起国际商道的变化，也门经希贾兹至叙利亚的旧商道重新兴盛，希贾兹开始繁荣起来。这时阿拉伯半岛的经济重心转移到希贾兹几个重要的商队城市——麦加、麦地那和塔伊夫。

　　571年，伊斯兰教的创始人穆罕默德（Muhammad）诞生在麦加城内古来氏部落哈希姆家族一个没落贵族家庭。穆罕默德自幼父母双亡，相继由祖父和叔父抚养，生活十分清苦。他幼时替人放牧，12岁跟随叔父去巴勒斯坦和叙利亚经商。25岁时，与年近40岁的麦加富孀赫蒂彻（Khadijiah）结婚，婚后穆罕默德充当她的商务经理人。稳定的生活使他能够在闲暇时开始思索一些感兴趣的社会和宗教问题。经过多年的思考，他最终创立了信仰至高无上的唯一神安拉的伊斯兰教。

据说穆罕默德将近40岁时，常到麦加郊外的希拉山山洞里静居隐修，冥思苦想。610年的一个夜晚，正当他在希拉山山洞里沉思以致精神恍惚之时，突然接到"蒙召"的启示，天使哲布勒伊（Jibreel，即迦伯利）向他传达安拉的神谕，首次启示了《古兰经》的真谛，使他成为"先知"。该夜被伊斯兰教称为"盖德尔之夜"（Lailah al-Qadr），意即"高贵的夜晚"。后来穆斯林则称这个夜晚为"受权之夜"。

此后，穆罕默德不断地接到启示，并以先知的身份开始了传教活动。起初只是在秘密状态下向至亲密友传道，最早的皈依者是他的妻子赫蒂彻、堂弟阿里（Ali）和义子栽德（Sayyid B. Zayd）。接着在家庭圈外，挚友阿布·伯克尔（Abu Bakr al-Siddiq）、祖白尔（al-Zubayr）、奥斯曼（Osman）、阿布·拉赫曼（'Abd Rahman）、阿布·欧拜德（'Abd Ubaid）等人也相继入教。

经过3年的准备，穆罕默德于613年开始公开传教。早期传教的主要内容是劝诫人们放弃多神和偶像崇拜，信奉独一无二的真主安拉，宣讲死者复活和末日审判，以天启的名义谴责特权，提倡平等行善，反对巧取豪夺，宣称罪人受罚入狱，要求信徒道德净化，以礼拜的形式对安拉感恩。为此，穆罕默德遭到了麦加贵族的强烈反对和迫害，难以在家乡立足。

就在此时，发生了"登霄和夜游"的奇迹。据穆斯林传说，穆罕默德于一夜之间就从麦加到了耶路撒冷，从那里升到第七层天并顺利返回麦加。这使得犹太教和基督教的圣城耶路撒冷又变成了伊斯兰教的第三圣地，其地位仅次于麦加和麦地那。这次神秘主义体验被视为伊斯兰教发生重大转折的预兆。穆斯林认为，"升霄"预示着先知穆罕默德即将摆脱窘困的境况和转机的到来。[①]

621年，有11名麦地那人前往麦加朝觐，与穆罕默德见面，邀请他去麦地那。622年6月底，75名麦地那人代表再次来到麦加，与穆罕默德密谈，正式邀

---

① 哈全安：《中东史：610—2000》（上卷），天津人民出版社2010年版，第71页。

请他去麦地那定居，发誓顺从和保护他。穆罕默德同意并表示永远和他们在一起。这就是著名的两次"阿克巴协约"。

在3个月的时间里，穆斯林分批离开麦加，最后穆罕默德于9月24日抵达麦地那。这就是伊斯兰教教史上著名的"希吉拉"（迁徙）事件。这是经过周密思考的一种有计划、有步骤的行动。[1]迁徙事件是早期伊斯兰教发展史上的一个重要转折点，标志着伊斯兰教麦加时期的结束和麦地那时期的开始。先知穆罕默德在自己的故乡曾经屡遭古莱西人的迫害，移居麦地那以后却成为备受敬仰的领袖。伊斯兰教摆脱了濒临夭折的境地，文明的萌芽开始根植于麦地那绿洲的沃土之中。[2]从那一天起，穆罕默德开始行使公共权威。信仰者的社团从此变成了一个自治的和独特的政治统一体。它开始表现出惊人的力量，先后改变了阿拉伯人和中东人的政治和文化。[3]17年后，穆斯林领略到这一事件的历史意义，哈里发欧麦尔决定，把622年定为伊斯兰教教历（希吉拉历）的纪元，以该年阿拉伯太阳年岁首7月16日为纪元的起点。

穆罕默德到麦地那后，首批部落民改奉伊斯兰教，接受了穆罕默德的先知地位。穆罕默德与各个氏族集团订立了一系列协议，即"麦地那社团宪章"。宪章中提出，他们是一个统一的社团，包括迁士（从麦加迁徙麦地那的穆斯林）和辅士（麦地那改宗的穆斯林）以及与他们共同作战的人。穆罕默德实行一系列社会改革措施，他调解内部仇杀，使全体穆斯林在伊斯兰教的旗帜下团结统一，以共同的信仰和政治利益作为处理一切问题的出发点和最高原则。他明确了穆斯林内部及其与外部的民事和政治关系的处理原则和做法。同时，他提出了一系列改革社会生活的主张、伦理道德规范和法律原则，逐渐形成一套伊斯兰教的教规制度，鼓励释奴，摒弃陋习，赈济贫弱，等等。

在麦地那进行的一系列社会改革中，最重要的是穆罕默德以《古兰经》立法的形式，改变了当时的财产继承和家庭婚姻制度。他否决了氏族所有权，通过遗嘱制度确立起个人财产支配权，改变父系宗亲分配遗产的惯例；肯定直

---

[1]　［美］菲利浦·希提著，马坚译：《阿拉伯通史》（上卷），第103页。

[2]　哈全安：《中东史：610—2000》（上卷），第72页。

[3]　［美］威廉·麦克尼尔著，孙岳、陈志坚、于展译：《西方的兴起：人类共同体史》（上册），中信出版社2015年版，第458页。

系血亲（含妇女）的继承权，鼓励建立稳定的一夫制家庭；规定妇女改嫁前的"待婚期"，以确定亲生子女的继承资格。《古兰经》的各种立法构成了以后伊斯兰教法的核心。

通过一系列措施，穆罕默德在麦地那建立起以"乌玛"（原义为民族、国家，转义为社团、公社）为形式的政教合一的政权，即"麦地那社团"。它是阿拉伯第一个突破血缘关系的新型社团。安拉是宗教名义上的社团首领，其至上权威体现在降给先知的启示中；穆罕默德除具有先知、安拉使者宗教职权外，还拥有国家元首的一切世俗权力。麦地那社团的建立为阿拉伯建立统一的民族国家迈出了决定性的一步，成为后来哈里发国家的雏形。

穆罕默德所建立的"安拉的民族"，有一个神圣使命，就是进行征服异教徒的"圣战"，向一切不信奉安拉的人传播伊斯兰教。为此，穆罕默德组织了麦地那穆斯林武装，在"为安拉而战"的旗帜下，发动了一系列征伐异教徒的"圣战"。经过8年的斗争，穆罕默德夺取麦加城，使麦加成为伊斯兰教的圣地。伊斯兰教在阿拉伯半岛，尤其是西北部基本上确立了支配地位。

穆罕默德一系列军事胜利使伊斯兰教声威大震，极大地推动了伊斯兰教在半岛的传播。630年，半岛各地阿拉伯使团纷纷到麦地那表示友好和归顺，遥远的阿曼、哈达拉毛和也门等地派来代表团，基督教和犹太教区也派代表前来签订和约，以贡纳形式获得宽容。据说有70多个代表团在麦地那朝觐穆罕默德。他们中的许多人甘愿抛弃祖辈的信仰，加入穆斯林的行列。这一年史称"代表团之年"。新兴的伊斯兰文明的影响，已经遍及整个阿拉伯半岛。

632年3月，穆罕默德自麦地那启程，亲率10万穆斯林在麦加做最后一次朝觐，史称"辞朝"。他在阿拉法特山上发表著名演说，宣布了伊斯兰教的胜利，重申了伊斯兰教的基本义务和社会原则，并率领穆斯林履行了宗教仪典。这次辞朝中举行的一系列宗教活动，成为以后穆斯林朝觐遵循的范例。

穆罕默德返回麦地那后，身染重病，于632年6月8日病逝。在他去世之时，他已是那个地区最有权威的政治和宗教领袖。在短短20年之中，他征服了阿拉伯半岛上的大部分部落，把几乎整个阿拉伯半岛整合成一个全新的宗教—政治共同体。他摧毁了万物有灵论和偶像崇拜的信仰方式，以一种强大而崭新的一神信仰取而代之。他通过其鼓舞人心的话语、自身的榜样及其为伊斯兰教建立的组织机构，穆罕默德为一种别具特色的新生活方式奠定了基础。①

2 伊斯兰教对阿拉伯社会的改造

经过23年艰苦斗争，穆罕默德建立起独一信仰安拉的伊斯兰教和以宗教为基础的社会组织制度，奠定了阿拉伯统一的民族国家的基础。他不仅是伊斯兰教的创始人，而且是阿拉伯国家政治、军事的奠基者。

伊斯兰教打破了阿拉伯各氏族部落的隔阂，为阿拉伯各部族人民确立了共同的权威。伊斯兰教创立之前，阿拉伯人信奉多神教。这种宗教，是氏族部落的内部凝聚力的源泉，也是阿拉伯民族统一的主要障碍。伊斯兰教主张信仰的安拉是宇宙唯一的神。伊斯兰教教义认为，安拉创造宇宙万物，无所不知，无所不能。安拉非一部落之主，非阿拉伯之主，非人类之主，乃万物之主。人们必须信仰安拉，崇拜安拉，敬畏安拉。伊斯兰教打破了多神教形成的阿拉伯各氏族部落之间的界限。

伊斯兰教确立了先知、使者在世俗社会的至高无上的权威。伊斯兰教改变了阿拉伯人的价值观念。在新的价值准则的基础上，以新的方式重建了阿拉伯社会，从而确立了阿拉伯世俗社会的基本行为规范，奠定了建立阿拉伯国家的基本原则。在接受伊斯兰教以前，阿拉伯人判断是非的基本标准，就是氏族、部落的界限。伊斯兰教打破氏族部落的界限，倡导所有信士之间不分部落、不分种族的平等。伊斯兰教要求尊重个人的生命财产，禁止抢劫、盗窃、杀人。同时也禁止利息，要求富有者赈济贫民。最高尚的美德是：谦恭、顺从、好善。新的价值观强调以工作为贵，并非以宗族为荣誉；强调践约、坚忍、对爱好的人或厌恶的人施以公道，以及宽恕、廉洁。

当阿拉伯人接受了伊斯兰教，形成了新的观念和新的行为规范，阿拉伯社会就有了秩序，和平取代了冲突和争斗，阿拉伯人进入了穆罕默德所说的"文明时代"。

穆罕默德把阿拉伯人带入一个新的文明的时代。穆罕默德在麦加时期的

---

① ［美］威廉·麦克尼尔著，孙岳、陈志坚、于展译：《西方的兴起：人类共同体史》（上册），第457页。

启示包含着文明社会的诸多要素，伊斯兰教在麦加的诞生顺应了古莱西人以及整个阿拉伯半岛从原始社会向文明时代转变的历史趋势。伊斯兰教的皈依意味着背叛祖先的信仰和野蛮的宗教秩序，进而与传统的社会分道扬镳。所以，在穆罕默德传教之初，受到抵制和迫害，正体现了古莱西人在由氏族部落社会向文明时代转变的过程中新旧思想意识的尖锐对立，包含着文明倾向与野蛮势力激烈抗争的历史内容。①

穆罕默德去世后，阿布·伯克尔、欧麦尔、奥斯曼、阿里相继继承穆罕默德的传教事业，主持穆斯林教团，史称"四大哈里发"时期。此时期伊斯兰教的势力扩展到了叙利亚、伊拉克、埃及和波斯，完成了《古兰经》的编制，使伊斯兰教的理论和教义更趋统一。

3　《古兰经》和《圣训》

《古兰经》是伊斯兰教唯一神圣的经典。"古兰"是阿拉伯语"Quran"的音译，意为"宣读""诵读"。穆罕默德认为《古兰经》是安拉的语言，经文是安拉通过天使哲布勒伊降示给他的。实际上是穆罕默德在23年的传教过程中以安拉启示的名义发表的言论。起初，他每当接到启示，便立即传授给门人弟子，弟子们或背诵熟记，或记录在羊皮、骨片、石片上。穆罕默德逝世后，第一任哈里发阿布·伯克尔鉴于许多熟悉且能背诵经文的弟子战亡，便责令穆罕默德的生前秘书本·栽德搜集分散的经文，整理成册，形成第一部《古兰经》羊皮手抄本。

第三任哈里发奥斯曼时，由于各地流传的抄本读法不统一，引起思想混乱和争执。于是，奥斯曼又于651年再次责成本·栽德加工校订，形成定本，共抄录7部，麦地那保存1部，其余6部分送哈里发国家的6个地区，同时销毁各地其他抄本。新校的《古兰经》通称"奥斯曼定本"，流传至今。

《古兰经》共有114章，6200余节经文。《古兰经》分为两部分，一为在麦加颁布的启示"麦加章"，包括86章经文。在这些经文中，以宗教教义为主，反复强调安拉至上，安拉是独一的，主宰万物。穆罕默德宣讲世界末日、

---

① 哈全安：《中东史：610—2000》（上卷），第67—68页。

末日审判、天堂地狱、浩劫迫近、死后复活、善恶报应，告诫信仰者应坚忍、顺从、行善、施舍和为主道而战，还叙述了诸位先知，包括基督教、犹太教和阿拉伯人的许多故事传说以及不信启示的古代民族的厄运。

二为在麦地那颁布的启示"麦地那章"，共28章。在这些经文中，穆罕默德对伊斯兰教的信士们阐述教法，强调服从安拉和使者，以此确立他的政治权威。在此基础上制定了各种制度和律例，如礼拜、斋戒、朝觐等礼仪；禁酒，禁赌，禁食死物、血液、猪肉等戒规；天课、圣战等财政军事法令；关于杀人、报复、婚姻、继承、离婚、通奸、高利贷、释奴等法律道德规范，涉及经济、政治、军事及民俗生活等方面，基本上确立了伊斯兰教的宗教制度和社会制度。

《古兰经》各章与章内的各节并无内在联系，在内容方面，教义、政事、法律、伦理、神话故事、谚语等穿插在一起。《古兰经》的内容十分丰富，是伊斯兰教形成和发展时期阿拉伯的信仰、历史、政治、法律、条例、伦理、道德、语言、文学、风俗和民情的百科全书。《古兰经》中使用的阿拉伯语、文字、文法、修辞及风格，也成为阿拉伯语言的规范。《古兰经》是伊斯兰教的神圣经典，也是阿拉伯文学史上早期的伟大文献和散文巨著。

《古兰经》是伊斯兰教的根本经典，具有社会伦理价值和哲学价值。《古兰经》中的伦理道德观，积淀着人道因素，它的具体章名多来自人类生活自身，朴实可信，包括能提高人类自身价值、矫正人们性灵、使人们接近造物主的一切行为，并对种种恶行加以鞭挞。《古兰经》作为伊斯兰教的经典，既是伊斯兰宗教信仰和宗教制度的源泉，也是伊斯兰教法和国家立法的根本原则，在穆斯林的宗教生活和世俗生活中占有极其重要的地位。

除《古兰经》外，穆斯林还十分推崇《圣训》。《圣训》是先知穆罕默德传教、立教的言行记录。"圣训"原意为"传闻""传述"，后专指对"逊奈"（summh）的传述，即对穆罕默德的言行及其所默认的行为的传述。穆罕默德的弟子谈论宗教、经训和实践教理的重要言论或行为，凡经先知认可和赞许的，也被列入圣训范围。穆罕默德死后，发布安拉启示的活动随之停止，此后，凡在《古兰经》中没有规定的问题，就从《圣训》中寻找答案和根据。它是《古兰经》的解释和补充，是穆斯林的生活和行为准则，也是仅次于《古兰经》的伊斯兰教法的基本渊源。最早的《圣训》辑录于8世纪后期。自此，《圣训》集便成为伊斯兰政治、宗教和法律的依据之一。[①]

三　哈里发帝国的兴替

1　"四大哈里发"时期

穆罕默德临终前未明确指定继承人。在之后的几十年，新建立的阿拉伯帝国由四大哈里发接续统治，被称为"正统哈里发"时期。伊斯兰世界从此进入哈里发国家的时代。这"四大哈里发"，都是最早追随穆罕默德参与创教活动的人，是他的亲密伙伴，也都是他的亲戚。

穆罕默德在世时是集军事、政治、宗教三大权力于一身的最高领袖。632年他逝世后，一度使穆斯林茫然无措。由谁来继承穆罕默德的事业，引起了激烈的争夺。几经波折，最后阿布·伯克尔成为"哈里发"。

"哈里发"（Khalifah）一词源于阿拉伯"继承"，原意为"代治者""代理人"或"继承者"。《古兰经》中有"我必定在大地上设置一个代理人"的经文。先知穆罕默德被认为是安拉在大地上的代理人、代治者。穆罕默德去世后，"哈里发"特指"安拉的使者的继承人"，即指穆罕默德的继承人。但哈里发不是先知，只是穆斯林社群组织的领袖。他不是安拉的使者，也不可能成为启示的传布者。哈里发继承的是穆罕默德作为先知和传布启示以外的权力。

阿布·伯克尔是穆罕默德近亲以外的最早皈依者之一和挚友，其女嫁穆罕默德为妻，与穆罕默德一起经历了创教的所有战斗。穆罕默德临终前，他已代理在清真寺领导礼拜和主持穆斯林集会的工作。伯克尔即位后，面临着十分严峻的政治形势。当时的阿拉伯半岛充斥着诸多的敌对势力，危机四伏。一些部族拒绝接受阿布·伯克尔的政治权威，认为过去签订的协议随先知去世而无效，拒绝交纳"天课"，或者追随本地的"先知"。阿布·伯克尔坚决要求

---

① ［美］罗宾·多克著，王宇洁、李晓暲译：《伊斯兰世界帝国》，商务印书馆2015年版，第121页。

叛乱部落无条件投降,遭拒绝后,他果断地采取了军事镇压行动。不到一年时间,相继平定了巴林、阿曼、哈达拉毛、也门等各处叛乱,并把许多从未归顺过的部落也置于伊斯兰教控制下。

新兴的伊斯兰文明一旦在阿拉伯半岛取得胜利,便开始以不可阻挡的迅猛势头冲击半岛周围的广大地区。阿布·伯克尔在平定半岛的叛乱之后,便积极贯彻穆罕默德对外军事扩张的"伊斯兰远征计划",出兵伊拉克、叙利亚、巴勒斯坦,于634年7月击败了拜占庭帝国的军队。他在位时期,已经在伊斯兰教的旗帜下统一了阿拉伯半岛,初步巩固了伊斯兰世界的基础。

阿布·伯克尔的总政策是,在一切事情上尽可能严格遵守穆罕默德确定的先例。①他于634年8月22日去世。临终前他指定欧麦尔(Umar)为继承人。欧麦尔执政的10年是伊斯兰教胜利扩张和巩固统治的时期。他继续推行"伊斯兰远征计划",发动了阿拉伯历史上空前的大征服运动。635年,哈里发的军队同时对拜占庭和波斯萨珊帝国展开了进攻。被称作"安拉之剑"的哈立德·伊本·韦立德(Khalid)率领阿拉伯人迅速通过人迹罕至的叙利亚沙漠,在亚尔穆克河畔一举歼灭了拜占庭5万大军,占领了叙利亚首府大马士革。占领叙利亚后,4万阿拉伯军队乘胜挥师东进。637年,哈里发的军队占领了亚洲西部的伊拉克,并向伊朗高原境内的萨珊帝国的腹地不断推进,最终于642年在卡迪西亚战役中彻底击败了萨珊帝国的军队,征服了已有4000多年文明的历史古族波斯人。与此同时,640年,阿拉伯人攻入埃及,获得了一个接一个的胜利。642年,整个埃及被纳入阿拉伯帝国的版图。至此,尼罗河三角洲和两河流域的广大地区悉数被征服。伊斯兰教走出了阿拉伯半岛,成为世界性宗教。

欧麦尔在征服一个地区后,保留原行政机构与一般官吏,只派遣总督以及直接向哈里发负责的财政、司法官员,逃亡皇室、贵族的土地分给隶农耕种,居民仍操旧业,尊重"有经之人"的宗教信仰。他注重伊斯兰教的传播及其对政权的基础作用,派遣伊斯兰教学者到各个省区宣讲教义,担任法官执行

---

① [美]威廉·麦克尼尔著,孙岳、陈志坚、于展译:《西方的兴起:人类共同体史》(上卷),第400页。

教律；并请伊斯兰教学者参与制定国家大政方针。

欧麦尔还着手哈里发国家制度的改革。他宣布，阿拉伯穆斯林在半岛外不准占有土地，被征服区的土地留给原来种植者。土地及其税收作为公产属于全体穆斯林所有。在此基础上，他建立了国库积余岁入分配登记制度，确立穆斯林贵族的特权，国库每年的积余依照虔诚和功勋的品级，作为年金发放给全体穆斯林。欧麦尔时期，伊斯兰教律得到充实和发展。遇到无《古兰经》和《圣训》可循的新问题，欧麦尔则根据自己"揆情度理"得出的意见，或根据教律学家的意见去解决。

644年11月3日，欧麦尔在麦地那清真寺率领信徒举行晨礼时，被一名信奉基督教的波斯奴隶刺杀身亡。临终前他指定6名圣门弟子组成选举人团，规定在他们之间推选1人为哈里发，结果奥斯曼当选。

奥斯曼是穆罕默德的密友和女婿，在圣门弟子中是唯一出身麦加统治氏族倭马亚家族的人。奥斯曼执政前期，团结一批年轻有为的信徒，继续高举战争的旗帜，占领了黎波里和突尼斯，同时发展海军，建立穆斯林舰队，击退拜占庭的进攻。在波斯境内向东扩张抵达阿富汗，从而继续推进了伊斯兰远征。

正当对外扩张战争势如破竹时，帝国内部发生分裂。以阿里·伊本·艾比·塔里卜为首，哈希姆家族中部分亲阿里派的人质疑出身于倭马亚家族的奥斯曼出任哈里发的合法性，并组建起什叶派，与普遍接受奥斯曼继位的逊尼派相对立。穆斯林首次出现内部的分裂。

656年，一批叛乱的穆斯林刺杀了奥斯曼。阿里被拥立为第四任哈里发。阿里是穆罕默德的堂弟，从小生长在穆罕默德家中。21岁与穆罕默德女儿法蒂玛结婚。他是先知最早的信徒之一，在创教和征战中屡建功勋。但他继任伊始，就面临新的争权斗争。以叙利亚总督穆阿维叶为首的倭马亚家族拒不承认阿里政权。阿拉伯人中爆发大规模内战。不久，什叶派内部又出现分裂，部分对阿里表现不满的激进穆斯林组建了哈瓦利吉派。

661年1月24日，阿里被刺身亡，标志着"四大哈里发"时期的结束。从阿布·伯克尔至阿里"四大哈里发"的29年间，在伊斯兰教史上称为"正统哈里发时期"，也称之为"神权共和时期"。这是一个充满虔敬安拉之宗教激情的时代，浓厚的平等色彩和强烈的民主倾向是那个时代的突出特征。[①]最初的伊斯兰政体是以哈里发为中心，哈里发被认为是穆罕默德的继承者。政府实行的是伊斯兰神权政体，信仰宗教的统治者奉真主之名实施统治。宗教与政府之间没有分离。其立法以《古兰经》、穆罕默德时期确立的范例和哈里发的裁决为依据。[②]正统哈里发时期是麦地那神权政体向大帝国迅速过渡的时期。这一时期，帝国版图迅速扩张，为阿拉伯帝国奠定了基础。到7世纪中叶，阿拉伯境内人口约2140万。

这一时期也是伊斯兰世界社会内部矛盾激化、内战频繁、教派兴起的时期。在动乱中建立起来的倭马亚王朝，标志着伊斯兰教的一个新发展时期的到来。

2　倭马亚王朝

661年，阿里遇害后，埃及和叙利亚的穆斯林贵族拥立穆阿维叶（Muawiyah）为哈里发。穆阿维叶与第三任哈里发奥斯曼同属于倭马亚家族，曾经担任过大马士革总督。穆阿维叶就任哈里发后，为了巩固自己的统治地位，把帝国的都城从麦地那迁到大马士革。从此，大马士革变为一个充满活力、兴旺发达的城市，被称为"东方明珠"和"万柱之城"。穆阿维叶属逊尼派，逊尼派意为"遵守逊奈者"，即遵循和仿效穆罕默德的言行或道路的人。因穆阿维叶建立的倭马亚王朝旗帜尚白，中国史书称为"白衣大食"。

穆阿维叶对外继续发动征服战争。在东线，阿拉伯帝国的大军从波斯继续东进，攻陷了喀布尔，征服了今阿富汗斯坦一带，然后征服中亚，阿姆河与锡尔河之间广大地区都建立起了伊斯兰政权；在东南，部分阿拉伯军队已进入印度河流域，印度河下游和印度河三角洲也完全伊斯兰化。向北对拜占庭发动了3次征服战，向西摧毁了基督教徒在北非的统治，最后彻底驱逐了拜占庭在北非的势力，完成了北非的伊斯兰化。阿拉伯人还进入南欧的伊比利亚半岛，占领了西班牙。伊斯兰教的信徒随着阿拉伯的大军向世界各个方向扩展，伊斯

① 哈全安：《中东史：610—2000》（上卷），第138页。
② ［美］罗宾·多克著，王宇洁、李晓瞳译：《伊斯兰世界帝国》，第73页。

兰教的教义以其简明、有力和强调入世的特点在所到之处赢得了大批的信徒，令中东、中亚各地众多的宗教趋于消亡。至8世纪中叶，阿拉伯帝国成为疆域横跨亚、非、欧三洲的庞大帝国，比极盛时的罗马帝国还要广大。穆斯林的征服行动创造了一个新的世界秩序，以及一个自信、开放、热衷于发展的经济巨人。麦加山洞中那个不起眼的开端，孕育出一个全球性的、多样化的乌托邦。[①]

倭马亚政权的建立，标志着旧时代的结束和新时代的开始。穆阿维叶对内采取怀柔政策，对异教徒也实行宽容态度，通过种种措施巩固了统治地位。他适应哈里发国家大多数臣民尚未皈依伊斯兰教的社会现实，改变麦地那时代信仰至上后神权统治的原则，着力淡化穆斯林与非穆斯林之间的差异和对立，推行世俗化的统治政策。[②]穆阿维叶统治了帝国20年，维持了一个强大稳定的政府。倭马亚王朝是一个十分成功的王朝。他们维持穆斯林的统一达100年，助伊斯兰文明的诞生一臂之力，而且使伊斯兰的边界大为扩展。[③]

在倭马亚王朝时期的阿拉伯帝国，哈里发是政治、军事、宗教的最高领袖。下设宰相"维齐尔"辅佐哈里发。中央政府设立由各大臣掌管的政务、财政、军需等部。倭马亚王朝的行政区划，沿袭了拜占庭帝国和波斯帝国的原有制度。哈里发国家全国分为5个省区：伊拉克省区，辖波斯、阿姆河与锡尔河之间的河外地区、信德和旁遮普；阿拉伯本部省区，辖也门及阿拉伯半岛中部；东部省区，辖亚美尼亚、阿塞拜疆和小亚细亚；埃及省区、易弗里基叶省区，辖北非、西班牙、西西里等地。叙利亚和巴勒斯坦由哈里发直接统治。各省区的首脑为艾米尔（总督），由哈里发任命，节制全省军政官员，唯税务官直接向哈里发负责。各省区的大法官从宗教学者中选拔，负责处理诉讼，管理宗教基金。各省的宗教领袖一般由总督或大法官兼任，代表哈里发支持省区的宗教事务。省下设县，县长由总督任命，报哈里发备案。帝国居民分为四等：阿拉伯穆斯林，享有免税特权，只交天课；非阿拉伯穆斯林，免人头税，但要

---

① ［英］彼得·弗兰科潘著，邵旭东、孙芳译：《丝绸之路：一部全新的世界史》，浙江大学出版社2016年版，第87页。

② 哈全安：《中东史：610—2000》，第139页。

③ ［英］弗朗西斯·鲁滨逊著，安维华、钱雪梅译：《剑桥插图伊斯兰世界史》，世界知识出版社2005年版，第15页。

交纳土地税；保持原来宗教信仰的非穆斯林，须交人头税和土地税，一般不得参政；奴隶，多为征服战争中的俘虏。

阿拉伯帝国在征服战争中获得的土地，一部分成为哈里发王室土地，即"沙瓦非"；一部分分给清真寺，即"瓦克夫"，免除赋税，不得转让、抵押、变卖；余者为贵族的采邑，称"伊格塔尔"，领有采邑者须向哈里发提供军事服役。此外，改奉伊斯兰教的拜占庭、伊朗的地主仍保有原来的土地，这种个人私有土地称为"穆尔克"，个人可自由支配。

679年，穆阿维叶在去世前不久提名其子叶齐德（Yazid）为哈里发继承人，将产生哈里发的选举制度改为世袭制。由此确立了倭马亚家族世袭的倭马亚王朝。在表面上穆阿维叶维持了传统的做法，让酋长们"选择"他的儿子为继承人并宣誓向他效忠。他死后叶齐德被宣布为新的哈里发。这一决定，标志着哈里发国家的政治制度由共和制转变为君主制。

穆阿维叶中断了阿拉伯和伊斯兰传统的通过酋长讨论决定新领导人的做法，引起许多穆斯林的反对。他们坚持要选择其他与穆阿维叶不是亲缘关系的人作为哈里发。伊拉克的什叶派反对叶齐德，而拥戴阿里次子侯赛因（Ḥusayn ibn 'Alī ibn Abī Ṭālib）为哈里发。680年，侯赛因及眷属、卫队在库法附近的卡尔巴拉山区被叶齐德的骑兵追杀，全部遇害。从此，伊斯兰教严重分裂，什叶派与逊尼派势不两立。

3　阿拔斯王朝

750年，属于什叶派的阿布·阿拔斯（Abu al-Abbas）领导起义，高举"还权于先知家族"的黑色大旗，在波斯和其他民族的支持下，武力推翻倭马亚王朝统治，建立了阿拔斯王朝。中国史称"黑衣大食"。

什叶派意为阿里的"追随者"，是以承认阿里为穆罕默德合法继承人为标志的各个派别的总称。阿拔斯王朝是在否定倭马亚王朝世俗化的统治基础上建立的政权，新任的哈里发为表明掌权合法和信仰虔诚，竭力使帝国笼罩在强烈的宗教气氛中，奉行宗教与世俗政权并重的政策，国家制度具有浓厚的宗教色彩。

阿拔斯王朝的建立，标志着伊斯兰世界的历史进入一个崭新的阶段。阿拉伯人垄断国家政权的时代宣告结束，非阿拉伯血统的穆斯林贵族开始崛起，成为伊斯兰世界的重要政治势力。哈里发国家不再仅仅代表阿拉伯人的利益，其统治基础明显改变。[①]在行政管理方面多依靠波斯人和采用波斯制度，实行阿拉伯和非阿拉伯穆斯林平等的政策，不完全依赖阿拉伯人、不按"民族"区分贵贱。在各级政府官员中，波斯人也占很大比例。

阿拔斯王朝体制为波斯式的君主专制政体。哈里发是国家军事、政治、宗教的最高领袖，为安拉的代理人、"安拉在大地上的影子"。全国的警察组织庞大而严密，警察待遇优厚，国家警察署长兼任哈里发的警卫长。哈里发的近卫军为领军饷的常备军，是维护政权的支柱。总法官由哈里发任命，必为笃信伊斯兰教、精通教义与教律之人。宰相维齐尔辅助哈里发，有权秉承哈里发的旨意处理一切行政与宗教事务；有权对中央与地方的政府官员的任免提出意见，报哈里发批准和执行。宰相下设会计检察院、枢密院，以及军政、财政、商务、农业、工业、邮政等各部，称作"狄万"。政府工作的一切事务都由这7个部门掌管。各部由大臣领导，设若干秘书处理具体公务，另设御前总监，向哈里发和维齐尔转呈各部总监对各部工作的考核报告。帝国初期，全国划分为24个行省。各省总督由维齐尔提名，哈里发委任。总督节制省内军政官员，全权处理省内军务政务。各省均有代表常驻巴格达，随时接受哈里发的旨意。哈里发还经常派出钦差大臣，到各省传达命令，参与处理军政事务。

阿拔斯王朝时期，伊斯兰的大征服时代已经结束。伴随着安定的政治局面，生产力有较大发展，经济和贸易繁荣，王朝在最初100年间处于相对稳定和发展时期，进入伊斯兰文明的"黄金时代"。

新王朝的真正奠基者是第二任哈里发，即阿拔斯的弟弟曼苏尔（Mansur）。曼苏尔果断地剿灭了众多异教派，竭力培植哈里发本人的绝对权威。在阿拔斯王朝，哈里发已不再是先知的代理人，而是真主安拉在人世间的代表。全国必须在星期五的聚礼日为哈里发本人祈福。还有众多的御用神学者到处宣传阿拔斯王朝万世长存，不可更易。接替曼苏尔即位的马赫迪（Mahdi）改变高压政策，提出新的立国根据，即阿拔斯派掌权是从阿拔斯那

---

① 哈全安：《中东史：610—2000》，第166页。

里天然世袭的，是以其与穆罕默德父系血统为基础的。从此改变了阿里作为先知女婿具有优先继承权的主张，转为强调"先知遗嘱"的思想。

哈伦（Harun Rashid）是阿拔斯王朝最著名的哈里发，因与法兰克的查理曼大帝结盟而蜚声西方，更因世界名著《一千零一夜》生动地渲染了他的许多奇闻轶事而为众人所知。在他统治的23年间，国势强盛，经济繁荣，文化发达，王朝达到全盛时期。

哈伦自幼受到宫廷良好的宗教和文化教育，通晓伊斯兰教义、教法，酷爱哲学、诗歌、音乐，且文武双全。哈伦即位后，继续任用波斯上层贵族，根据波斯萨珊王朝的统治经验，加强中央集权，重视司法工作，扩大法官权力，设立大法官职位，并且通过驿站建立起比较严密的情报网，以加强对地方官吏和人民群众的控制和监督。哈伦及其先人都十分重视兴修水利，发展农业。他们吸取埃及人的丰富经验，在伊拉克地区开河挖渠，修筑堤坝，把幼发拉底河和底格里斯河的河水引向各地，使两河流域河渠纵横，沃野连绵。帝国其他地区的农业也得到发展。伊拉克南部、大马士革附近、波斯南部和中亚的撒马尔罕和布哈拉之间的地区被誉为"人间四大天堂"。为保证国库的收入，哈伦指令制定了一部完整的赋税法，确定国家岁入的来源、范围、税收比例以及征税的办法，进一步废除了陈陈相因的"面积制"，实行"分成制"。规定土地税不再按土地面积征收，而按当年收成好坏分成。新赋税法的实施，在一定程度上减轻了广大农民的负担，提高了他们的生产积极性，发展了生产，增加了收入。哈伦时代不仅农业发达，手工业作坊也蓬勃兴起。仅巴格达一地就聚集了4000家玻璃作坊和3万个瓷器店。帝国各地生产的纺织品、玻璃器皿、瓷器、宝剑和铠甲在欧洲享有盛名。

马蒙（Ma'mūn）即位之后，派大军征讨中亚，势如破竹，再度确立了阿拉伯帝国在中亚的统治。马蒙时代，阿拉伯帝国是当时世界无可争议的头号大国，衰落中的拜占庭和中国唐朝均难以与之相比。

阿拔斯王朝的统治中心由叙利亚大马士革移至受波斯化影响的伊拉克，建都巴格达。从此，在将近500年的时间里，巴格达一直是帝国的首都，也是政治和文化的中心。"巴格达"本意为天赐，曼苏尔将巴格达称作"和平城"。巴格达是穆斯林兴建得最为辉煌的一座城市，分为皇城、内城、外城三层，各设城墙，构成3个同心圆，故而又称"团城"。同心圆的中心是哈里发金碧辉煌的宫殿，宫殿及其附属建筑占全城的1/3。巴格达市内人烟阜盛，最高峰时，有超过100万人口，是西亚最大的城市。巴格达是伊斯兰世界的权力、财富和威望的象征，是穆罕默德继承者们创造的新宗教、经济、政治轴心，将穆斯林大地同周围联系在了一起。①

巴格达也是国际贸易中心，商道辐辏四方，直抵遥远的东方、西欧乃至北欧。阿拔斯王朝和中国唐朝间的贸易和文化往来十分频繁。巴格达和长安有水、陆两路交通相连，水路经波斯湾，穿过印度洋和马六甲海峡，抵达广州；陆路取道波斯和中亚，即闻名于世的丝绸之路。在两国都城均设有专卖对方商品的市场。

4　哈里发与苏丹并存：突厥人的王朝

9世纪后，阿拔斯王朝的国势逐渐衰落，庞大的阿拉伯帝国开始解体。9世纪中叶以后，由于大权旁落，阿拔斯王朝基本上落入突厥将领的掌握之中，中央集权削弱，导致各地封建割据，帝国逐渐四分五裂，先后出现了许多独立半独立的小王朝，如呼罗珊的塔希尔朝、波斯的萨法尔朝和萨曼朝、帝国东部的伽色尼朝、北非的伊德里斯朝和阿格拉布朝以及突厥人在埃及、叙利亚的图伦朝和伊赫什德朝、哈姆丹朝等。特别是北非的法蒂玛王朝、西班牙的后倭马亚王朝势力很大，与阿拔斯王朝成三足鼎立之势。

突厥人原是生活在中国北方的一支游牧民族。6世纪50年代，突厥人迅速崛起，取代了漠北霸主柔然的地位，建立起一个领疆万余里、称雄300年的强大汗国，创造了辉煌的草原文化。6世纪末，突厥分裂为东、西两部分。东突厥汗国受隋朝册封，成为隋朝治下的边疆民族自治政权。西突厥汗国则西据中亚，统治西域达半个世纪之久，在中亚历史上产生重大的影响。西突厥汗国的建立，在中亚各突厥语族历史上具有重要意义。它的领土范围包括北至阿尔泰山南北，东起巴里坤、伊吾，西达咸海、里海，南至天山南北的辽阔区域。当时分布于这个区域里的操突厥语族诸部如乌孙、康里、杜拉特、乌古斯、克普

---

① 　[英]彼得·弗兰科潘著，邵旭东、孙芳译：《丝绸之路：一部全新的世界史》，第80页。

恰克（钦察）、葛逻禄、拨悉迷、突骑施等都受到突厥汗国的管辖。

突厥汗国时期随着农业、手工业、商业的发展，草原游牧经济也发展起来。特别是丝绸和畜牧业产品贸易尤为繁荣。在草原丝绸之路沿线上逐渐形成并发展起一系列较高文明程度的城市或城镇，如碎叶、明布拉克（屏聿，即千泉城）、伊克乌格孜（双河城）、碣石（塔什干）、怛逻斯、巴拉萨衮、俱兰、美尔克、别失八里、轮台、蒲类、阿力麻里（弓月城）等，其中碎叶、明布拉克、伊克乌格孜、阿力麻里等城市先后发展成为西突厥汗国、突骑施汗国的政治、经济、文化中心。

唐贞观三年（629），太宗派大军北伐，灭东突厥汗国；同时积极向西域开拓，抗击西突厥势力。至高宗时，彻底击败西突厥，唐朝在西域建立起稳定的统治。显庆三年（658），安西都护府移治龟兹，南至于阗，都隶属安西。龙朔元年（661），西域吐火罗归附唐朝，原来西突厥强盛时期统治区域基本归入唐的统治。原西突厥汗国所属突骑施、乌古斯、葛逻禄、钦察、卡拉吉、样磨、处月等部落开始活跃于中亚。后来，突厥人开始南下，从中亚进入伊朗高原和南亚次大陆。所以，在以后的亚洲文明史上，在南亚和西亚，时常看到突厥人的身影。

随着阿拉伯人在中亚的扩张，伊斯兰教逐渐深入突厥人地区。突厥人毫无保留地诚挚投入这个新宗教。他们把民族认同深深地沉植在伊斯兰教当中。突厥人忠于伊斯兰教的那种热诚和郑重，没有别的民族能比得上。[1]突厥人作为一个独特但又没有明显外来色彩的民族，融入伊斯兰世界，并使其在中东的军事和政治胜利起到了决定性的作用。[2]

阿拉伯人与突厥人的贸易交往随之扩大。此后，突厥人常将其儿童作为贡赋上缴哈里发国家，进而逐渐流入伊斯兰世界腹地。曼苏尔当政期间，突厥士兵开始出现于阿拔斯王朝军队的行列之中。从11世纪起，突厥人就一直是大

---

① ［英］伯纳德·路易斯：《中东：自基督教兴起至二十世纪末》，中国友谊出版公司2004年版，第88页。

② ［美］威廉·麦克尼尔著，孙岳、陈志坚、于展译：《西方的兴起：人类共同体史》（下卷），第520页。

多数穆斯林统治者和士兵的供应源。^①突厥人给伊斯兰教注入了一种新的军事活力。^②到阿拔斯王朝后期，突厥士兵人数猛增，他们在哈里发国家的势力急剧膨胀。

外籍新军的兴起，一度为哈里发提供了强有力的统治工具。穆尔台绥姆借助于外籍新军的势力，强化了哈里发的政权，成为继马蒙之后阿拔斯王朝的又一盛世之君。但后来，外籍将领们竟然左右朝政，随意废立哈里发。阿拔斯王朝中后期的哈里发们，大多受伊朗裔维齐尔或是突厥裔奴隶将军们的控制。945年12月，波斯的什叶派布维希人阿赫默德（Ahmad）进军巴格达，驱逐了突厥禁卫军。哈里发穆斯台克菲（Al-Mustakfi）迎其进入巴格达，赐予他大元帅官职，企图借此恢复自己的实权。然而布维希人随即成为巴格达的真正统治者。布维希王朝保持哈里发的最高政治、宗教领袖的名号，实际统治阿拉伯帝国长达1个多世纪。

1055年12月，一支突厥塞尔柱人在突格里勒（Tughrul Bik）率领下进入巴格达，推翻布维希王朝。哈里发嘎义姆（Al-Qa'im）视突格里勒为战胜布韦希人、拯救巴格达的救星，任命他为帝国的摄政王，授予他"东方和西方的国王"称号和"苏丹"（意为"权威"）官衔。塞尔柱人同样取得了实际的统治权，建立塞尔柱王朝。塞尔柱人使苏丹制度在巴格达与哈里发制度并存，从此政教更加分离，哈里发逐渐丧失了一切军政权力，只是作为穆斯林的最高宗教领袖而存在。

突厥萨尔柱人的登场，揭开了伊斯兰教史和哈里发帝国史上一个新纪元。^③塞尔柱王朝的统治使帝国强盛一时。塞尔柱人统治时期，推行军事封建制度。军事贵族世袭被封赐的土地，农民承担实物地租和劳役，并为过往官员和军人提供食宿。1071年，塞尔柱王朝打败拜占庭，使基督教在小亚细亚的统治势力从此让位于伊斯兰教。塞尔柱人一度实现了西亚伊斯兰世界的政治统

---

①　[美]威廉·麦克尼尔著，孙岳、陈志坚、于展译：《西方的兴起：人类共同体史》（下卷），第521页。

②　[美]威廉·麦克尼尔著，孙岳、陈志坚、于展译：《西方的兴起：人类共同体史》（上卷），第476页。

③　[美]菲利浦·希提著，马坚译：《阿拉伯通史》（上卷），第431页。

一，恢复了逊尼派伊斯兰教的尊严。但在1180年塞尔柱苏丹桑贾尔（Sanjar）去世后，巴格达塞尔柱王朝的中央统治宣告结束，家族内各支系亲王陷于内争的混乱局面。阿拔斯王朝哈里发瓦绥尔（An-Nasir）趁机夺回自己的权力，逐渐扩大势力，一度成为阿巴斯王朝的中兴者。但这种所谓"中兴"只是暂时的。几十年后，蒙古人的大军彻底摧垮了阿拔斯帝国的大厦。

1258年，蒙古大军攻陷巴格达，阿拔斯王朝和哈里发制度彻底覆灭。不过，由于逊尼派已在伊斯兰教大部分地区占据统治地位，作为官方信仰的教义也已教条化。因而，伊斯兰教在蒙古人征服和统治时期得以延续。

阿拔斯王朝前期，曾有百年的鼎盛时期。而在9世纪中叶以后，阿拔斯王朝出现政治上四分五裂的局面，东西各小国纷纷独立，各据一方，仅在表面上承认阿拔斯王朝的统治地位。昔日地跨亚非欧三洲、国力强盛的阿拉伯帝国一蹶不振，势力大衰。塞尔柱王朝时，阿拔斯王朝之哈里发在政治上被废黜，但仍保持宗教领袖地位，阿拉伯帝国分裂成众多小国，但这些小国仍视巴格达为首都。这些小国本来是文明古国的后裔，各有其文化传统，独立或半独立后，根据自己的优势大力巩固政权、发展经济，把各国固有的文化和阿拉伯文化结合起来，在阿拔斯王朝前期文化成就的基础上，发展出各具特色的灿烂文化。阿拉伯历史学家把10—13世纪称为"多元化文化"发展的时期。[①]

从7世纪前期到13世纪中期，阿拉伯帝国是世界上最强大的国家，有着最先进的文化。在建立后不到百年的时间里，它就从一个沙漠部落结成的松散联盟，成长为世界历史上最大的帝国。其势力范围在全球的范围内，无任何一个古代的帝国可及。[②]它所创造的辉煌的文化，在世界文化史上产生了广泛的影响，占有极为重要的地位。即使在蒙古人的攻击下，这个持续了6个世纪的大帝国崩溃了，但伊斯兰教和阿拉伯语依然对整个世界有着重要的影响。[③]

①　纳忠等：《传承与交融：阿拉伯文化》，浙江人民出版社1993年版，第92—93页。
②　［美］罗宾·多克著，王宇洁、李晓瞳译：《伊斯兰世界帝国》，第3页。
③　［美］罗宾·多克著，王宇洁、李晓瞳译：《伊斯兰世界帝国》，第10页。

四　波斯人对伊斯兰文化的贡献

1　阿拔斯王朝的波斯色彩

伊斯兰教兴起后，阿拉伯人长驱东进，延续千年的波斯帝国寿终正寝，伊朗高原被纳入哈里发国家的版图，波斯帝国的传统信仰琐罗亚士德教随之退出历史舞台。从那时起，波斯就开始了阿拉伯化和伊斯兰化的进程。阿拉伯的语言、政治与文化制度、经济社会生活都大量地影响着波斯，伊斯兰文化也随之渐进而稳定地改变着波斯的历史进程。

但是，波斯是一个有着几千年文化传统的文明古国，在历史上曾经创造了非常辉煌灿烂的文化。这些传统文化已经形成了独自的体系和传承方式，并不会因为灭国而消失。阿拉伯语并没有像它在其他许多地方取代别的语言一样取代波斯语。而且，波斯是一个幅员广大的帝国，在不同的地域内生活着多个民族。他们都是传统文化的保有者和保护者。所以，虽然千年帝国被灭亡了，虽然波斯的国土被纳入阿拉伯帝国的版图中，但波斯的文化传统并没有消失，只是适应新的形势，在阿拉伯帝国的庞大版图中，在伊斯兰文明的庞大体系中，以新的形式顽强地存在和发展。

另一方面，阿拉伯人也必须适应以武力征服的新的地域和民族的文化传统。他们并没有一下子强迫所有的被征服民族立即接受伊斯兰教的信仰，也不可能完全改变原有的传统和习俗。恰恰相反，阿拉伯人往往对这些新的文明表现出惊奇和惊叹，并积极吸收这些新的文化成分。这就是历史上反复出现的情况，征服者被所征服的民族文化所征服。当他们征服或接触更古老、更先进的民族的时候，不久就变成了那些古代文化的受益人和继承人。[①]在阿拉伯人所征服的地方，在阿拉伯帝国的庞大版图中，波斯是最大的，波斯文化是最悠久、最丰富的文化系统，所以，阿拉伯人所接受、所学习的新文化，在相当大的程度上是波斯文化。比如在政治制度方面，阿拉伯人在国家管理、社会体制等方面，都学习和接受了波斯人的文化经验。阿拔斯王朝前期的哈里发国家在一定程度上沿袭波斯帝国的政治传统，尤其是广泛采用萨珊王朝的典章礼仪，

---

① 　［美］菲利浦·希提著，马坚译：《阿拉伯通史》（上卷），第278页。

带有浓厚的波斯色彩。在首都巴格达，波斯风成为流行的时尚，波斯头衔、波斯酒、波斯老婆、波斯情妇、波斯歌曲和波斯思想，都逐渐占了上风。①巴格达实际上已经成为一座波斯化的城市。②阿拔斯王朝的哈里发也喜欢娶波斯女人，以至于9世纪的哈里发所具有的波斯血统甚至超过了阿拉伯血统。③有学者把阿拔斯王朝前期称为"波斯人的时代"。

阿拉伯人在大征服的过程中，离开了自己的家园，进入波斯人的地区。他们与波斯人杂居，加速了征服者与被征服者之间的同化和融合。出生于呼罗珊地区的阿拉伯人不再使用父辈的语言，而是操接近波斯语的呼罗珊方言。他们中的许多人身着波斯的民族服装，在波斯人的传统节日与土著一起狂欢。征服者和被征服者之间的通婚现象十分普遍。④

阿拉伯人在所征服的地区，大体上还是由原来的地方官员和贵族力量管理。许多皈依伊斯兰教的波斯贵族与阿拉伯人合作，积极参与哈里发国家的政治生活。许多中央和地方政府的主要官员都是波斯人。他们在军队、官僚机构和学术界的势力日益增长，使萨珊帝国创立或起源于萨珊风俗习惯的制度和思想逐渐作出调适，以适应伊斯兰教的需要。⑤

哈里发哈伦当政期间，波斯血统的巴尔马克家族（Barmakid family）显赫一时。巴尔马克（即大和尚）系波斯萨珊王朝后裔、琐罗亚士德教徒，为巴尔赫琐罗亚士德教寺院的大长老。巴尔马克之子哈立德·伊本·巴尔马克是这个家族的第一个重要人物，信奉伊斯兰教什叶派教义，青年时曾任阿拔斯王朝创始人阿布·阿拔斯的部将。哈里发曼苏尔执政时期，哈立德担任田赋大臣，并得到"维齐尔"称号。哈立德的儿子叶海亚也升任阿塞拜疆总督。在哈里发马赫迪时期，叶海亚被任命为通讯大臣，兼任王储哈伦·拉希德的太傅。哈里发马赫迪即位后，任命叶海亚为宰相。哈伦即位后，亦任命叶海亚为宰相，授予

① ［美］菲利浦·希提著，马坚译：《阿拉伯通史》（上卷），第267页。

② ［法］布罗代尔著，肖昶等译：《文明史纲》，广西师范大学出版社2003年版，第98页。

③ ［美］戈尔德施密特、戴维森著，哈全安、刘志华译：《中东史》，东方出版中心2015年版，第83页。

④ 哈全安：《伊朗史》，天津人民出版社2016年版，第16—17页。

⑤ ［美］丹尼尔著，李铁匠译：《伊朗史》，东方出版中心2016年版，第72页。

其无限的权力。786—803年，该家族实际上控制了阿拔斯王朝的朝政。他们执掌着国家权力，支配国家的岁入，影响无处不在。哈里发国家的要员大都出自他们的家族或同党。巴尔马克家族执政期间，波斯贵族的政治势力急剧膨胀，阿拉伯人相形见绌。①巴尔马克家族对巩固阿拉伯帝国的统治起过重要作用。他们广建清真寺，传播伊斯兰教，网罗学者文人，讨论伊斯兰学术，掘运河，兴水利，对帝国的繁荣多有建树。波斯文化的影响并没有随着巴尔马克家族的失势而消失。相反，在哈伦之后，迎来了阿拔斯帝国"波斯化"的鼎盛时期。②

2　波斯人建立的独立政权

阿拔斯王朝后期，帝国的势力开始衰落，在西部世界和东部世界都出现了分裂的趋势。在原波斯属地，陆续出现了几个波斯人政权。但是，由于经过了阿拔斯帝国的统治，大多数居民已经信奉伊斯兰教，所以在此之后波斯人的文化，也是伊斯兰文明的一部分。

9世纪初，在波斯呼罗珊地区建立了塔希尔王朝，成为阿拔斯王朝时的一个割据王朝。

塔希尔王朝的建立者是波斯人、呼罗珊总督塔希尔·伊本·侯赛因（Tahir ibn Husayn）。塔希尔先祖为阿拔斯王朝效力，袭任呼罗珊长官。在马蒙治呼罗珊时，塔希尔为其部将。在马蒙与其兄阿敏争夺哈里发之位的斗争中，塔希尔指挥作战，打败阿敏军队，811年攻下巴格达，杀死阿敏，813年拥立马蒙为哈里发。因立殊功，被马蒙赐予"祖·叶米奈因"（两手俱利者）称号，并受命统治伊拉克地区。820年，马蒙任命塔希尔为波斯和东方行省总督，赐以呼罗珊领地的世袭权，统辖巴格达以东广大地区，以木鹿为首府。822年，塔希尔下令辖地的穆斯林在主麻日念呼图白时，不再为哈里发祝福，而提自己的名字，并不再在其铸币上铸哈里发名字，即宣告独立，为阿拔斯王朝时地方势力割据王朝之始。塔希尔王朝与阿拔斯王朝是从属关系，名义上臣

① 哈全安：《伊朗史》，第17—18页。
② ［美］丹尼尔著，李铁匠译：《伊朗史》，第72页。

服阿拔斯王朝的众王之王，并不是完全意义上的独立王朝，但在自己的王国中是最高统治者。

830年，阿卜杜拉（Abdullah）继埃米尔位后，将首都迁至内沙布尔。他深受哈里发马蒙宠信，兼任伊拉克、巴格达等地要职，其统治地区除呼罗珊地区外，还包括赖伊、塔巴里斯坦和克尔曼等地，将版图扩张到印度边境。他重视兴修水利，发展农业，奖掖伊斯兰学术文化的发展，曾对什叶派采取宽容政策，是王朝的强盛时期。

塔希尔王朝信奉伊斯兰教逊尼派教义，实行伊斯兰教法，教法官协助统治者执法，对什叶派和哈瓦利吉派采取压制政策。木鹿和内沙布尔建有清真寺、宗教学校和图书馆，为王朝的宗教文化中心。几代王朝统治者多爱好文学、艺术和科学，鼓励发展教育，宫廷庇护和赞助诗人、学者，穆斯林法学家编有管理农业水利章程《河渠书》，对发展波斯伊斯兰学术文化作出了贡献。

在塔希尔王朝之后，各种王朝式的公国开始在波斯发展起来。它们无论在政治上、文化上都更加独立自主。在这些国家中，最重要的是萨法尔王朝和萨曼王朝。

9世纪后期，萨法尔王朝在伊朗高原东部的锡吉斯坦地区崛起，并且称雄一时。

萨法尔王朝创建者是萨法尔（Ya'qub ibn Laith al-Saffar）。867年，萨法尔占据锡吉斯坦，自称"埃米尔"，以疾陵城为首府，创建萨法尔王朝。869—871年，他开始对外扩张，夺取了法尔斯省和阿赫瓦兹省，袭击塔希尔王朝的赫拉特南部地区，继而向东进攻法尔斯，远至今阿富汗斯坦伽兹尼，成为这一广大地区的统治者。

871年，萨法尔派使臣到巴格达，向阿拔斯王朝哈里称臣纳贡，表示忠顺臣服。阿拔斯王朝哈里发穆尔台米德（Al-Mu'tamid）为阻止萨法尔西进，将巴尔赫、吐火罗斯坦、信德诸省作为采邑封给他，并任命他为该地区长官。萨法尔进入喀布尔地区，越兴都库什山而南，征服其地，毁灭那里的佛教，强迫当地居民信奉伊斯兰教，萨法尔王朝日益强大。873年，他率军攻占塔希尔王朝首府内沙布尔，塔希尔王朝就此灭亡。继而萨法尔迁都于内沙布尔。875年萨法尔占领赖伊，并打败泰伯里斯坦的阿里后裔所建的阿拉维王朝。876

年，他决心推翻哈里发政权，率军入侵巴格达，在底格里斯河岸的代尔·阿古勒之地，被哈里发军队击败，萨法尔退至巴比伦尼亚边界，两年后去世。

879年，萨法尔的弟弟阿慕尔·莱伊斯（Amur Llys）继位，据有波斯东南部一些地区。他向阿拔斯王朝哈里发表示忠顺，并多次贡以重金，哈里发仍承认他为所征服地区总督，兼领巴格达的军事长官。900年，他在巴尔赫附近被萨曼王朝军队击败。此后，萨法尔王朝内忧外患，日益衰败，于911年为萨曼王朝灭亡。911年之后，萨法尔王朝仍有3个埃米尔小邦相继统治锡吉斯坦，直到1002年被伽色尼王朝彻底灭亡。

萨法尔王朝是一个军事专制的封建国家，其政权靠庞大的军队支撑。宫廷和各地官员均由王室成员和波斯人充任。王朝奉伊斯兰教逊尼派教义。阿慕尔统治时期，下令穆斯林在主麻聚礼念呼图白时不再为哈里发祝福，而为他祈祷，并自称是"穆斯林的长官"。萨法尔王朝抛弃了在波斯长期以来流行的对哈里发的恭顺态度，证明了在波斯发展起来一种独立的、地区性的伊斯兰文化的特性是可能的。[①]王朝以波斯文为官方通用文字，宗教活动中用阿拉伯语，并倡导学者用波斯语进行文学创作。

阿拔斯王朝时期，波斯人在中亚建立的另一个波斯伊斯兰教中央集权封建帝国萨曼王朝，其领土以乌兹别克斯坦为核心，囊括哈萨克斯坦南部、土克曼斯坦、塔吉克斯坦、阿富汗斯坦以及伊朗大部分。10世纪，萨曼王朝是中亚乃至伊斯兰世界的军事强国之一。

萨曼王室是波斯萨珊王朝君主巴赫拉姆六世（Bahram Ⅵ）的后裔。王朝得名于建立者的曾祖萨曼·胡达（Saman Khuda）。萨曼之孙艾哈迈德（Nasr ibn Ahmad）等兄弟4人效忠于阿拉伯帝国哈里发马蒙，曾协助阿拔斯王朝军队平定拉菲之乱有功，被马蒙分别任命为管治撒马尔罕、费尔干纳、塔什干和赫拉特城的军事长官。873年，塔希尔王朝灭亡后，艾哈迈德统一治理河中地区。874年，其子纳斯尔·伊本·艾哈迈德被哈里发任命为河中地区总督，为萨曼王朝之始。

纳斯尔之弟伊斯玛仪·本·艾哈迈德（Abu Ibrahim Ismail ibn Ahmad）是

---

① ［美］丹尼尔著，李铁匠译：《伊朗史》，第74页。

萨曼王朝政权的真正创建者。他以布哈拉为首都，正式称"埃米尔"，宣告独立，名义上仍承认阿巴斯王朝哈里发的宗主权，但仅向哈里发奉献贡物，报告军务。他效法古波斯与哈里发宫廷建立了统一的行政和军事制度，确立了王朝与辖地的隶属关系。

伊斯玛仪在即位的第二年（893），大举发兵中亚，进攻突厥人的喀拉汗王朝，萨曼王朝的军队兵锋正盛，连续击溃突厥军队，相继攻克苏坎特、怛逻斯等突厥人城市，占据费尔干纳，迫使可汗奥古尔恰克（Oğulcak Han）将首都迁至喀什噶尔。这一事件的意义深远，它标志着中亚伊斯兰化的趋势已不可逆转，并开启了突厥语族伊斯兰化序幕。

在此之后，伊斯玛仪灭萨法尔王朝，取得波斯东南部地区的统治权，继而征服了阿富汗山地许多独立的地方小邦，其统治势力远达怛逻斯、花剌子模、塔巴里斯坦与戈尔甘等地。他励精图治，采取多种措施发展农业和商业，奖掖伊斯兰学术文化，被后世史籍誉为"信仰虔诚、宽仁贤明的君主"。

纳斯尔二世（Nasr b.Ahmad）统治时期，王朝统治的中心由中亚转向波斯东部。他加强中央政权和军队建设，镇压了王室内部和什叶派、哈瓦利吉派所发动的叛乱，巩固了王朝的统一。他拨款兴修水利，发展农业，调整赋税，鼓励商业和对外贸易，奖掖学术，境内经济繁荣，文化事业昌盛，为萨曼王朝的黄金时代。北方的塔什干（柘析城），东北方的费尔干纳，西南方的赖伊，都成为萨曼王朝国家的组成部分，王朝的实际影响远至喀什噶尔。

萨曼王朝的政治体制，继承了波斯萨珊王朝、中亚粟特国家和阿拉伯伊斯兰王朝的诸多特征。萨曼王朝是中央集权制的封建国家。埃米尔为独立君主，集行政、军事和司法大权于一身，为最高统治者。迪万（dawani）为中央国务会议，由10个层级部门构成，由瓦兹尔（vazir，宰相）统领，分别掌控财政、外交、法律、教育、户口等职权，负责协同皇室处理政治事务，在国家政治中发挥着十分重要的作用。所有军事力量掌握在西帕希–萨拉尔（sipahi-salar，总指挥官）手中，通常由埃米尔直接任命。萨曼王朝将地方划分为一系列行省，由中央任命各级总督进行管理，省级官员为"哈克姆"（hakim），在各个行省之中，以霍拉桑哈克姆的职权最大。各行省分别设立邮政官，负责通信、情报以及监督地方官吏的工作，充当中央的耳目。

　　萨曼王朝以伊斯兰教为国教，遵奉逊尼派教义，实行伊斯兰教法。中央大法官和各省法官由埃米尔直接任命，多由教法学家和大毛拉充任，主持宗教事务和司法。该王朝多数埃米尔笃信伊斯兰教，精通教义教法，宫廷延聘著名伊斯兰长老担任国师、顾问，参与朝政，享有宗教特权和较高政治地位。

　　随着王朝的不断向外扩疆，伊斯兰教在河中地区、七河流域和费尔干纳北部得到广泛传播，大量原本信奉萨满教与琐罗亚士德教的突厥部落改奉伊斯兰教，在其辖地确立了伊斯兰教的统治地位，中亚伊斯兰化在此期间完成，并促使大批突厥语民族皈依伊斯兰教。

　　萨曼王朝在布哈拉、撒马尔罕、塔什干、赫拉特、赖伊修建壮丽的清真寺、宗教学校、宫殿、陵墓、图书馆、天文台，促进了波斯-伊斯兰学术文化的发展。布哈拉和撒马尔罕发展成中亚伊斯兰文化名城。布哈拉兴建的宫殿，富丽堂皇，为萨曼王朝的建筑珍品；规模宏大的皇家图书馆，藏书丰富，收藏有《古兰经》珍本和各学科的手抄本，堪称学术宝藏。撒马尔罕兴建的大清真寺、伊斯兰经学院和天文台，是萨曼-伊斯兰学术文化高度发展的象征。

3　波斯文学的发展

　　萨曼王朝建立后，把当时许多文人集中到宫廷，各方学者云集，在此求学、研究、著述蔚然成风，出了不少闻名于世的学者。医学家兼哲学家拉齐、伊本·西拿（阿维森纳），博学家比鲁尼，诗人菲尔多西、鲁达基，历史学家巴勒阿米、艾布·苏莱曼等均在萨曼王朝的庇护下从事过学术活动，作出了重大贡献。

　　萨曼王朝继承了波斯文化传统，促进了波斯语及文学艺术的复兴。王朝除通行突厥语、阿拉伯语外，政府规定波斯文为官方通行文字，并大力推广波斯语，将伊斯兰教经典、科学和文学著作翻译成波斯语广泛流传。其中许多人都摒弃了阿拉伯语而用本民族的语言进行创作。由于统治者的大力提倡与扶植，波斯文学得以复兴，并出现了长达二三百年的文学繁荣时期。

　　鲁达基（Abu Abdollah Ja'far Rudaki）在波斯文学史上被称为"波斯诗歌之父"。他精通阿拉伯文学，熟悉古希腊哲学，甚至通晓天文学知识，他还是一位音乐奇才、远近驰名的演奏大师。按照中世纪诗人都受到王公贵族保护的传统，他在萨曼王朝纳斯尔时期任宫廷诗人，受到极高礼遇，成为首屈一指的大诗人。鲁达基一生写诗多达130万行以上，但流传至今的仅2000行左右。鲁达基自如地运用一切波斯诗歌形式，抒情诗、颂诗、叙事诗、四行诗等。他的诗写得热情洋溢，轻快明朗，韵律和谐，语言生动。他的诗歌内容广泛，题材丰富，作者的爱憎态度、人生体味在诗中有着形象的坦露。

继鲁达基之后，菲尔杜西（Firdousi, Abul Kasim Mansur）是萨曼王朝的大诗人。他用波斯语创作的史诗《列王记》是中世纪波斯文学的顶峰之作，也是世界文学宝库中的珍品。《列王记》是菲尔杜西花费35年的心血写成的，从初稿完成到最后定稿用了16年。《列王记》长达12万行，是一部以波斯历代帝王兴衰变化的历史故事为题材、以反对异族侵略和封建压迫为主题的史诗巨著。它从波斯远古的神话传说写起，一直写到萨珊王朝的末代国王，共讲述了25代王朝、50多个帝王的故事。《列王记》的情节结构较为复杂，大致由三部分组成：第一部分是神话传说，包括公元前3223年至公元前782年的事件，写了人类的起源、文明的萌芽、农耕的开始、衣食的制作、政权的出现等。第二部分是英雄故事，记叙公元前782年至公元前50年的事件。第三个部分为历史故事，重点描述了阿拉伯人入侵前萨珊王朝的历史人物和历史事件。

《列王记》在波斯文学史上是一块里程碑，是波斯语诗歌创作的第一个高峰，在文学史上起着承上启下的作用。在以前，文学中英雄故事更多地停留在口头创作中，菲尔杜西进行了艺术再创造，使之有丰富的情节和生动的人物，给后来的作家们提供了艺术借鉴。这部史诗也是波斯叙事诗的开创之作，接踵而来的叙事诗的繁荣与《列王记》有着重要的关系。在萨曼王朝之后，波斯文学有了很大发展。波斯诗人成就了伊斯兰文学的真正荣耀，以其语言优美超群而摘取了阿拉伯诗人的桂冠。[①]

欧玛尔·海亚姆（Omar Khayyam, Ghiyasoddin Abu Fath）是一位对世界文学影响极大的中世纪波斯诗人。海亚姆生活在塞尔柱王朝时期，他以科学家与哲学家身份闻名，对天文、数学、医学都颇有造诣，对希腊哲学和阿拉伯哲学

---

① ［美］威廉·麦克尼尔著，孙岳、陈志坚、于展译：《西方的兴起：人类共同体史》（下卷），第534页。

也很有研究。他曾进入塞尔柱王朝苏丹的宫廷，担任太医和天文方面的职务。海亚姆留下了由400多首诗组成的诗集《鲁拜集》。"鲁拜"是波斯一种古老诗体的音译，意为四行诗，每首仅四行，一、二、四行押韵。"鲁拜"本是民歌诗体，最早由鲁达基把它引入文人创作之中，成为中世纪波斯主要的诗体之一，而把这种诗体推向高峰的则是海亚姆。海亚姆的四行诗语言质朴，内涵丰富，从诗中，人们既能看到在苦苦思索的哲学家，又能领略到诗人饱满的激情和一个清醒的无神论者对世事的清醒而达观的认识，闪烁着睿智的光辉。

内扎米（Ilyas Jamalddin Nezami）是波斯文学史上著名的叙事诗人。他知识渊博，对神学有较高造诣，主要创作有抒情诗、四行诗、颂诗和叙事诗等，以长篇叙事诗著称。他的《五卷诗》被认为是东方文学的瑰宝。《五卷诗》包括《秘宝之库》《霍斯陆与西琳》《蕾莉与马杰农》《七美人》《亚历山大故事》。《秘宝之库》是以传统形式写的劝诫性故事诗；《亚历山大故事》是以希腊征服者亚历山大向东方进军为背景的叙事诗，中间穿插不少逸闻趣事，把亚历山大描写为国君、哲人和先知。其余3部都是爱情叙事诗。《七美人》写萨珊王朝第15位国王的宫廷生活，其中有许多短小而曲折的故事。《霍斯陆与西琳》是描写萨珊王朝第25位国王霍斯陆与亚美尼亚女王的侄女西琳的爱情故事。《蕾莉与马杰农》的故事源于阿拉伯的爱情故事。

莫拉维（Molana Jalaluddin Rumi）是苏非派叙事诗的代表诗人。莫拉维创立了苏非派莫拉维教派，即"旋转的苦修僧"（Wirling Dervishes）。他通过诗歌、音乐和旋转舞将苏非们引向对真主的爱、最终进入与真主合一的境界。莫拉维的抒情诗反复歌唱一个虔诚的信徒对真主的爱，提出根除"心镜上的浮尘"、尘世的欲念来达到与主合一。他把自己的诗比作芦笛，倾诉离别的烦恼与痛楚，表现对真主的向往。莫拉维的主要作品是6卷叙事诗，其中包括许多独立的民间故事和寓言。

萨迪（Moshlefoddin Mosaleh Sa'di）是波斯著名的作家。他的大半生是在漂泊流浪中度过的。他以伊斯兰教达尔维什（游方者）的身份，沿途布道讲学，足迹遍及叙利亚、埃及、摩洛哥、埃塞俄比亚、印度、阿富汗斯坦和中国新疆的喀什噶尔等地，当过苦工杂役，并多次去麦加天房朝觐。大约在1257年，萨迪结束了漫游生活，带着故事诗集《果园》回到了故乡。第二年又创作了传世名著《蔷薇园》。萨迪一生创作了大量作品，保存下来的抒情诗600多首，其中包括抒情诗、叙事诗、颂诗、哀歌、道德格言等。他的抒情诗写得非常优美，结构严密，语言凝练、流畅，韵律抑扬有致，通过对花鸟、山水、美人、静夜的描写，寄托了对大自然的热爱和对美好人生的向往。他被誉为"波斯古典文坛最伟大的人物"。

五　伊斯兰文化的振兴

阿拉伯帝国的兴盛，使世界上形成了一种新的文化或文明，即"伊斯兰文明"。在阿拉伯人向外拓疆的过程中，阿拉伯人从落后的游牧民族，迅速成长为"整个中世纪高举文明火炬的人物"。

伊斯兰文明的重要贡献，首先是创立了伊斯兰教。伊斯兰教不仅是一种信仰体系，也是一个文化系统。伊斯兰教从创立开始，就创造了辉煌的文化。伊斯兰教从最初的口耳相传的教义，形成以《古兰经》和《圣训》为经典的包括阿拉伯语言学、诵经学、经注学、教法学在内的神学体系。它吸收了希腊、印度、波斯的古代哲学，创造了自己的经院哲学体系，成为有广泛影响的、一神论的世界第三大宗教。

伊斯兰教作为阿拉伯半岛古莱氏部落的战斗旗帜，走出麦地那，挺进到叙利亚、伊拉克、波斯、中亚、印度、马来半岛、印度尼西亚，向西征服埃及、北非、小亚细亚、东南欧，一直到西班牙，并在这一广袤的地区内建立了众多的伊斯兰帝国。它将阿拉伯半岛、中亚、西北非众多的原始部落都包容到自己的队伍中，使这些部落通过伊斯兰教走出封闭半封闭的原始状态，登上中世纪的世界舞台，就连横扫欧亚大陆的蒙古人，也有不少人皈依伊斯兰教。尤其是中亚的突厥人部落，借助伊斯兰教建立起横跨欧亚大陆的奥斯曼土耳其帝国。伊斯兰教成为广大的伊斯兰世界的共同语言，在那里，人们的一切要求和愿望只有通过伊斯兰教的概念来表达，才能成为可以理解和接受的。直到今天，伊斯兰教仍是伊斯兰世界一切政治、社会、经济、文化问题的集中表现。

伊斯兰教还是一种社会的和政治的体系和制度，是一种生活方式。在伊斯兰教传播地区，出现与伊斯兰教文明相联系的宗教、政治、社会和文化制度。

阿拉伯半岛原来就是东西方之间经济来往的要道。阿拉伯帝国的建立，更使这些地区成为东西方之间科学文化交流的桥梁。阿拉伯人不仅从印度人那里吸取了许多科学成果，同时还在同中国的政治、经济往来中获得了营养。阿拉伯帝国范围内的埃及、叙利亚、两河流域、伊朗等地，在人类文明的开端就已有了发达的生产力和先进的文化，使阿拉伯人得以广泛继承不同民族的丰富文化成果。因此，阿拉伯文化是在长期发展中，由帝国境内的希腊文化、波斯文化、印度文化和阿拉伯文化逐渐融合而成的，是阿拉伯人和境内众多民族共同创造的。阿拉伯文化是一系列古老文化的继承者。西亚的地中海文化的统一性，在阿拉伯这种新文化里，已经登峰造极了。[1]阿拉伯帝国的文化不仅包括波斯、美索不达米亚、埃及、印度的古代文化，还继承了希腊文化，并使古代世界几乎所有的优秀文化都得到了复兴。阿拉伯人继承了人类文化的遗产，经过吸收、消化、发明、创造，又把它贡献给了人类。[2]

在伊斯兰教的传播过程中，也同其他文明进行融合，吸收了基督教、犹太教地区的科学和文化精华，从而增进了自己的力量。概括地说，伊斯兰文化是一种兼容并蓄的复合文化，主要包括三个方面的文化因素：阿拉伯人固有的文化与伊斯兰教，古典时代的希腊文化与罗马文化，古代东方的波斯文化与印度文化。伊斯兰文化的演进，仿佛涓涓溪流汇成滔滔江河，长达数百年之久。[3]法国历史学家布罗代尔把伊斯兰文明称为"衍生的文明"，认为"它不是凭空出现的，而是建立在近东先于它的多变、充满活力而混杂的文明的熔岩之上"。伊斯兰文明"是把一系列古代地缘政治义务、城市范式、制度、习惯、仪式和由来已久的观念化为自己的信仰和生活"。[4]

在8世纪中叶到12世纪初这一时期，阿拉伯人民是全世界文化和文明之源泉的主要承担者之一。[5]但这里说的"阿拉伯人""阿拉伯文化"，已经不仅

---

① ［美］菲利浦·希提著，马坚译：《阿拉伯通史》（上卷），新世界出版社2008年版，第159页。

② ［日］宫崎市定著，谢振译：《亚洲史概说》，民主与建设出版社2017年版，第82页。

③ 哈全安：《中东史：610—2000》，第306页。

④ ［法］布罗代尔著，肖昶等译：《文明史纲》，第61—62页。

⑤ 彭树智主编：《阿拉伯国家史》，高等教育出版社2002年版，第148页。

仅是指作为一个民族的阿拉伯人。阿拉伯帝国地域广大，包含着拥有多种文化的许多不同的民族，在皈依伊斯兰教后，他们都会说阿拉伯语，会写阿拉伯文。宗教的认同取代了原来的民族身份。因此，所谓的"阿拉伯文化"（包括阿拉伯医学、哲学、数学等）所指的使用阿拉伯文写作的文献所包罗的知识，著作人主要是生活于哈里发帝国的波斯人，或叙利亚人，或埃及人，或阿拉比亚人，无论他们是基督教徒，或犹太教徒，或穆斯林，也无论他们写作的材料取自希腊，或亚美尼亚，或印度-波斯的，或其他来源的。[①]简言之，阿拉伯文化是数百年间生活在庞大的阿拉伯帝国的各族人民共同以阿拉伯语作为文化载体进行的创造，是各民族文化交流融合的结晶。

西罗马帝国灭亡时，大批的希腊、罗马以及欧洲的学者迁徙到东罗马帝国，希腊、罗马以及犹太民族的灿烂文化得以保存下来。君士坦丁堡收集并保存了大量的古希腊著作，特别是柏拉图和亚里士多德的几乎全部作品。东罗马帝国也保护了一大批因为受欧洲教会极端迫害而流亡的科学家和学者。由于东罗马帝国地处西欧与阿拉伯之间，君士坦丁堡保存的欧洲古典科学技术的精华逐渐传入阿拉伯，促进了阿拉伯学术的兴起。

倭马亚王朝时期，通过连年对外战争，征服了大片地区。到8世纪初，已使非阿拉伯穆斯林与阿拉伯穆斯林在意识形态上的差距渐趋缩小。各非阿拉伯民族在皈依伊斯兰教的过程中，也把自身的文化传统和宗教信仰带入伊斯兰教，从而形成以伊斯兰教意识形态占主导地位、融合多民族文化的伊斯兰文化。在阿拉伯-伊斯兰文化的各个领域，尤其是语言学、哲学、文学、艺术、宗教学、政治学、法学方面都受到伊斯兰教的深远影响。伊斯兰教作为世界三大宗教之一，在极为广大的地域产生了极为广泛而深入的影响。

倭马亚人以大马士革为政治中心，圣城麦加和麦地那依然是文化活动中心，它们吸引着一批批宗教学者前来搜集和研究先知的传记和圣训，成为后来教法圣训学派的中心。库法和巴士拉两座军事营地随着新皈依者从事宗教生活和学习经典的需要，也发展成为新的宗教和文化中心。

从事学术文化活动和宗教活动的中心是城市清真寺。倭马亚人对伊斯兰

---

① 　[美]菲利浦·希提著，马坚译：《阿拉伯通史》（上卷），第219页。

教的一个重要贡献就是大规模修建清真寺。最早的一批清真寺有麦地那清真寺、巴士拉和库法清真寺等，以麦地那清真寺为模式，包括一个露天大院，寺有房顶，内设讲台，简单朴素。倭马亚王朝在瓦立德时期开始大规模兴建清真寺，691年建耶路撒冷清真寺，705年在大马士革建伍麦叶清真寺，还修缮了麦加、麦地那清真寺。这时的清真寺修饰华丽，正式使用半圆形的凹壁为礼拜朝向，寺外增建尖塔用于召唤教徒礼拜等。以后建造的清真寺都采用倭马亚人的建筑式样。

阿拔斯王朝时期，伊斯兰文化有了重大发展，是政治、社会、最终是知识的大规模高涨时期。[①]阿拉伯人怀着海纳百川的胸襟，在古希腊罗马文化和西方近代文化之间承前启后，又在东西方文明的交融中充当媒介。从8世纪中叶到10世纪的100年间是帝国的翻译运动时期，阿拉伯人把当时可能掌握的希腊、印度、波斯、叙利亚的哲学、数学、医学、科学等方面的著作译成了阿拉伯文，出现了一批著名的翻译家。

翻译运动为阿拉伯人引入了亚里士多德和波菲利（Porphyrios）逻辑学，它在穆斯林的学术活动中具有与阿拉伯语法同等重要的地位，在伊斯兰文化的发展中起了重要作用。伴随着翻译运动，穆斯林通过对原著的注释和研究，在吸收利用波斯和希腊文化遗产的基础上，开始了创造性的文化研究活动。这一时期，在医学、数学、天文学、化学、哲学、历史学、地理学、文学、语法学等方面，成就斐然，涌现了一大批卓越的思想家、科学家、文学家，取得了令世人尊敬的辉煌伟大的成就。这些成就在人类文明史上享有相当高的荣誉。[②]阿拉伯人在各地创办宗教学校、图书馆、天文台和医院，促进了学术文化的发展。

自从正统哈里发时期以来，"乌里玛"（穆斯林知识分子，伊斯兰学者或教师）阶层从未受过官方重视。阿拔斯王朝提高了乌里玛在帝国中的地位，这对于伊斯兰文明的发展具有重要意义。在伊斯兰文化全面繁荣的过程中，阿拔斯王朝的伊斯兰宗教学术活动也空前高涨。巴格达成了伊斯兰世界最重要的

---

① 　[法]布罗代尔著，马坚译：《文明史纲》，第89页。
② 　[美]威廉·麦克尼尔著，孙岳、陈志坚、于展译：《西方的兴起：人类共同体史》（上卷），第472页。

文化中心。巴格达的智慧宫汇聚了来自各地的学者，成为学术和文化殿堂。特别是在哈伦时期，对待学术的宽容态度和不带成见、不加歧视地赞同、支持、鼓励以至庇护各种学问和艺术的做法，使帝国各地的诗人、学者、文学家和艺术家能不受民族和宗教信仰的限制，享有极大的学术自由，过着优裕、舒适的生活，各地的诗人、学者、乐师、歌手都云集巴格达。

伊斯兰世界对人类文明史，特别是中世纪的文明史，具有不可磨灭的功绩。布罗代尔说，伊斯兰文明的辉煌卓越"只有令人叹为观止的意大利文艺复兴才堪媲美"[①]。伊斯兰教徒对希腊古典文化、古代犹太文化和古代其他文化的解释，以及他们自己文化建构的成果，在9—13世纪几百年的时间里传入了西欧，给西欧的中世纪带来了对科学、对人自身以及对世界的关注的文化因子和重新阐释宗教教义的理性意识。伊斯兰教徒在纸的制造、指南针的使用及数学、医学等研究方面，都作出过杰出的贡献。当西方人仍然习惯于用笨拙的罗马数字进行计算时，阿拉伯的简便数字已经完善，并且传到了西欧。当基督教在欧洲最终觉醒时，不管是经院哲学时期，还是后来的文艺复兴，都受惠于伊斯兰教徒传承的文化的促动。[②]

六　学术与教育的繁荣发展

1　阿拉伯语的发展与传播

阿拉伯文化中影响最深远、成就最大的是阿拉伯语的传播和普及。

伊斯兰教诞生以前，阿拉伯人原居住在阿拉伯半岛及其周围地区，过着部落生活，使用着各自的方言。这些方言可分为南、北两大支系，即南方也门地区的盖哈坦语和北方汉志地区的阿德南语。南北方言在语音、语调、词汇、词义方面都存在很大的差别。《古兰经》问世后，语言上的这种差别后果很快呈现出来。

伊斯兰教诞生及其大规模的向外扩张，对阿拉伯语产生了两方面的积极

---

① ［法］布罗代尔著，肖昶等译：《文明史纲》，第95页。
② 林太、张毛毛：《犹太人与世界文化》，上海三联书店1993年版，第172页。

影响。一方面，阿拉伯语随着阿拉伯人的征战活动而流传到了埃及、叙利亚、伊拉克、波斯和信德等被征服的国家，这些国家的人民逐渐开始使用阿拉伯语，最后阿拉伯语取代当地语，成为通用语言。这就使讲阿拉伯语的人数数倍于阿拉伯半岛上操阿拉伯语的阿拉伯人。另一方面，阿拉伯语也从其他语言中得到营养，吸收了一些原不为阿拉伯人所知的词汇，如动物、植物名称等。这些词汇经过"阿拉伯化"以后，大大丰富了阿拉伯语的词汇。

但是，这样的阿拉伯语大扩散，也出现了一些新的情况。新征服地区的非阿拉伯人往往按讲本族语的习惯和方法讲阿拉伯语，因而出现了一些语音上的差异和语法上的错误。阿拉伯人方言的差别和非阿拉伯人的语音语法错误，都是对《古兰经》的准确一致理解和传播的潜在威胁。这都要求穆斯林学者们制定出语音和语法规则，以使阿拉伯语日臻完善并保持纯洁。

为了确保正确阅读和理解《古兰经》的经文，8世纪中期，著名学者哈利勒·伊本·艾哈迈德（al-Khalil ibn Ahmad）发明并设置了阿拉伯语的发音符号。伊本·艾哈迈德研读了语言学的大量书籍，搜集了大量古诗、传说、谚语及部落方言等语言资料，成为博学的语言学家。他编写的《阿因书》是阿拉伯历史上的第一部语言工具书。该书按字母的发音部位排列先后次序，以喉音字母"阿因"（'ayn）为首。他依据亚里士多德逻辑学，运用归纳法研究了阿拉伯语言及《古兰经》的语法结构、音韵特点，采用惯用法、分析法和类比法等全面系统地探讨了阿拉伯诗歌的韵律，一直被阿拉伯诗人所沿用。他创造了静符、长音、叠音等符号，规范了《古兰经》的标准写法和读音。伊本·艾哈迈德为阿拉伯语法学奠定了坚实的理论基础，被称为"阿拉伯语法学的鼻祖"。

语法和词法方面的研究是从收集语言开始的。阿拔斯王朝初期的语言学家们开始从多个来源收集阿拉伯语词汇并确定其含义，这些来源主要包括：《古兰经》中的标准词汇及其含义；蒙昧时代和伊斯兰教时代的诗歌；阿拉伯游牧人的谈话；图书、典籍；等等。至8世纪末，伊本·艾哈迈德的学生西拜韦（Sibawayh）把他之前的学者们零散的言论收集起来，进行分类整理，并把他们引用的诗或他自己亲自听到的诗进行编辑整理，形成了著名的《西拜韦语法》。这部语法书1000多页，收有1050句阿拉伯人的诗和大量的阿拉伯谚语及从现实中收集的例句。约9世纪初，阿拉伯语法大体完备，为伊斯兰教各学科的研究活动提供了主要工具。以后希腊逻辑学的引入又对阿拉伯语法的发展产生了进一步影响。

语法研究及语法著作的出现，使阿拉伯语成为有章可循、易学易用的大众语言，加速了阿拉伯语传播的进程，为阿拉伯语成为中世纪重要的学术语言和政治、经济语言奠定了基础。在伊斯兰文化的产生与发展中，阿拉伯语法的确立和阿拉伯语的统一推行起着重要的作用。

阿拉伯帝国建立之初，被征服地区使用着不同的方言：沙姆地区的官方语言为希腊语，日常生活用语是古叙利亚语；伊拉克和东部各省区的官方语言为古波斯语，日常生活用的阿拉米语；埃及的官方语言为希腊语和科普特语；马格里布地区使用希腊语、柏柏尔语和布匿语。这种状况一直持续到7世纪末。倭马亚王朝第5任哈里发阿卜杜勒·马立克（Abd al-Malik）颁布命令，规定阿拉伯语为帝国的官方语言，使阿拉伯语得到了更大范围的推广。至11世纪，阿拉伯语不仅是宗教语言、政治语言、学术和教育语言，而且已经取代古希腊语、拉丁语、科普特语和阿拉米语，在从摩洛哥到波斯的广大地区盛行，将不同的民族联合在一起。

同时，阿拉伯语还对其他语言产生了很大的影响。除了拉丁字母外，阿拉伯字母是世界上应用最广的一套字母。使用这套字母的语言，有波斯语、阿富汗语、乌尔都语和一部分突厥语、柏柏尔语和马来语。①

在阿拉伯帝国早期，阿拉伯人就十分重视对包括希腊哲学在内的古代哲学的研究。许多希腊学术典籍开始被译成阿拉伯文。如倭马亚王朝的创立者穆阿韦叶的孙子哈立德·叶其德（Yazid Ⅱ）曾向拜占庭的基督教会请教化学知识，他后来继任哈里发，第一个将希腊文天文学、医学、化学等专著译成阿拉伯文，由于其哲学、文学修养高深，贡献卓著，被阿拉伯后世学者称为贤哲。

这场翻译运动到阿拔斯王朝第7代哈里发马蒙时代达到高潮，原本个人从事的翻译活动渐渐演变成一种国家行为。830年，马蒙在首都巴格达建立了一所规模宏大的翻译和研究机构，称作"智慧宫"，由科学院、图书馆和译学馆联合组成，系统、大规模地开展翻译事业。智慧宫重金延聘了各地不同民族、

---

① ［美］菲利浦·希提著，马坚译：《阿拉伯通史》（上卷），第4页。

不同宗教信仰的近百名著名学者和翻译家，包括伊斯兰教、景教、犹太教的学者。他们集体从事译述、研究活动，将用重金从各地所搜集的100多种古希腊、波斯、印度的古典科学文化古籍进行了整理、校勘、译述，翻译希腊文、叙利亚文、波斯文、梵文的各种专门著作，并对早期已译出的有关著作进行了校订、修改和重译工作，取得杰出成就。在译述过程中，他们将翻译和研究紧密结合，作出了开创性的贡献。撒马尔罕和巴格达造纸厂生产的轻便的纸，为翻译事业的发展提供了最方便的条件。国力的日益强盛更是为著名的"百年翻译运动"（Harakah al-Tarjamah）提供了强大的经济基础。

阿拔斯王朝的统治者们首先关注的是波斯古籍的翻译。由于阿拔斯王朝主要是借助波斯人的力量才得以推翻倭马亚王朝的统治，因此，阿拔斯王朝的统治者们对波斯人倍加重用，学术文化也向着"阿拉伯-波斯文化"方向发展。很多既精通波斯文又精通阿拉伯文的学者陆续把其祖先创造的典籍翻译成阿拉伯文，出现了一大批著名的波斯典籍翻译家。波斯的主要典籍，如《波斯列王记》《波斯诸王史》《阿因纳迈》《王冠》《马兹达克》《卡里莱和迪木乃》《希扎尔·埃夫萨乃》《千篇故事》等大都译成了阿拉伯文。这些典籍的翻译对阿拉伯帝国的政治制度、宗教信仰、学术文化及社会生活各方面发生了重大影响。

其次，阿拔斯王朝十分关注希腊典籍的翻译。阿拔斯王朝在其前期的近百年中，组织翻译了古希腊科学典籍中所有的重要著作，重译了托勒密的《天文大集》，翻译了毕达哥拉斯的《金色格言》和希波克拉底（Hippocratic）与盖伦（Claudius Galenus）的全部著作，以及柏拉图的《理想国》《智者篇》《辩解篇》《蒂迈乌斯篇》《法律篇》等、亚里士多德的《工具论》《物理学》《动物志》《论灵魂》《形而上学》《伦理学》《政治学》《诗学》等、欧几里得（Euclid）的《几何原理》、阿基米德（Archimedes）的《论球和圆柱》《圆的测定》《论浮体》《定律》等。古希腊的许多科学著作得以保存，多赖阿拉伯文的译本。据记载，被称为希腊哲学家的著作，不下100种。当欧洲几乎不知道希腊的思想和科学之际，这些著作的翻译工作，在阿拉伯已经完成了。当叶其德和马蒙在专研希腊和波斯的哲学的时候，与他们同时代的西方的查理大帝和他部下的伯爵们，还在那里边写边涂地练习拼写他们自己的姓名。亚里士多德关于逻辑学的著作《工具论》和玻菲利的《逻辑学入门》，很快就与阿拉伯语法取得了同等地位，成为伊斯兰教人文主义研究的基础。[①]

阿拔斯王朝还组织翻译了部分印度典籍，如天文学著作《信德欣德》、医学著作《苏色卢多》和《阇逻迦大集》等都被译成了阿拉伯语。

在马蒙的大力倡导下，穆斯林学者及阿拔斯王朝治下的非穆斯林学者涌向君士坦丁堡、塞浦路斯等地，搜求古籍。马蒙本人和拜占庭皇帝之间建立起了密切的联系。他写信给拜占庭皇帝，要求允许巴格达派代表团到君士坦丁堡去搜集古籍，并请求协助。他的这一要求得到允许，于是便派人前往。从君士坦丁堡和塞浦路斯访求到的古籍被运到巴格达，收藏在智慧宫内。于是，巴格达成为汇集古典文化遗产的重镇。智慧宫中的图书馆、研究院和翻译馆成为当时规模最大的综合性学术机构。宫廷的学术热还广泛流播于民间，收集图书、抄录古典成为社会时尚，全国的清真寺也变成了演习学问的场所。

这一人类翻译史上的伟大工程，既使人类古典文明的辉煌成果在中世纪得以继承，又为阿拉伯文化的发展奠定了较为坚实的基础。欧洲人是靠翻译这些阿拉伯文的译本才得以了解古希腊人的思想，继而开始他们的文艺复兴。可以说没有阿拉伯人和拜占庭人对于西方古典文化的继承保存，西方文艺复兴运动根本没有基础。

在规模宏大的翻译运动之后，接着就出现了一个创造性活动的时期。阿拉伯人不仅消化了波斯的各种学问和希腊的古典遗产，而且使两者都适合于自己的特殊需要和思想方法。他们在炼金术、天文学、数学和地理学方面，都有过辉煌的成就。[②]到10世纪中叶，当欧洲人还大多是文盲的时候，阿拉伯已经出现了穆斯林大学。这种以宗教的方式传播学术的做法，在科学上意义深远：它使宗教与含有大量科学内容的哲学第一次发生了积极的融合，同时还首创了"大学"这种综合性学术研习机构的形式，而这些都将对中世纪后期的欧洲学术界产生重大的影响。

---

① ［美］菲利浦·希提著，马坚译：《阿拉伯通史》（上卷），第286页。
② ［美］菲利浦·希提著，马坚译：《阿拉伯通史》（上卷），第328页。

2　图书事业的兴盛

伊斯兰教建立以后，寻求知识和学问成为最根本的教义之一，大力发展文教事业、阿拉伯国家图书事业的大为兴盛，成为阿拉伯-伊斯兰文化振兴的一个标志。

倭马亚王朝初期的统治者们和穆斯林的知识阶层先后从被征服地区搜集了一批希腊文、波斯文和古叙利亚文的有关历史、炼金术和医学方面的书籍，并从阿拉伯人手中收集到一批宗教书籍。但由于当时阿拉伯人还没有掌握印刷术，出版图书的主要方式是靠手抄，而抄书所用的材料主要是犊牛皮、骆驼或羊皮及纸莎草等，不仅数量少，而且价格高，性能差，不便于书写、保存和使用，因此，图书数量有限。

8世纪中叶，中国的造纸术传到阿拉伯世界。阿拔斯王朝的第5任哈里发哈伦·拉希德下令只能用"撒马尔罕纸"写字。从此，纸张很快取代了原有的纸莎草、兽皮纸等书写材料，成为阿拉伯世界广泛使用的书写材料。遍布于各地的大批专业或业余的抄写员一刻不停地抄写着从各地收集来的图书，经过装订工和装帧工的加工，一本又一本精美的手抄本书问世了。

手抄本书籍的大批问世使阿拉伯世界的图书总量迅速增加，促进了图书馆事业的发展。巴格达一地就有公共图书馆30多座。从巴士拉、大马士革、阿尔及利亚，直到摩洛哥和科尔多瓦，都设立了公共图书馆。木鹿城至少有10余座图书馆，且每座图书馆每次可允许借出200册以上的书。科尔多瓦城一地的图书馆就有70多座，其中皇家图书馆的藏书达40多万册。

在大小清真寺内都设有图书馆，藏书量也很可观。在的黎波里（黎巴嫩西北部）的清真寺里有很大的图书馆，11世纪末它收藏的书籍中仅《古兰经》一项就有5万册之多。

一些贵族和文人、学者也纷纷建立私人图书馆，且藏书量十分丰富。例如，巴格达一位学者搬家时要用400头骆驼搬运其私人藏书，历史学家瓦基迪（Al-waqidi）的藏书需用120头骆驼驮运。10世纪，巴格达的一位居民在遗嘱中将600箱书籍留给了儿子。1258年，巴格达的高级官员伊本拥有一所藏书万余册的私人图书馆。有人曾做过估计，1200年前后在穆斯林手中的私人藏书远远超过当时整个西欧的总藏书量。

在图书馆藏书中，除了《古兰经》的各种抄本、注释本、教义学、教法学等书籍外，各图书馆还收藏有世界各地的各种图书，希腊的科学、哲学典籍，波斯的历史，印度的天文学、文学，拜占庭的法典等，几乎无所不收。宗教、政治、经济、地理、历史、哲学、天文学、数学、医学、炼金术、修辞学、语法学等，几乎无所不包，甚至有关簿记之类的书及各国货币兑换率的资料都可以找到。

与图书馆兴起的同时，阿拔斯王朝时期还出现了遍布帝国各地的书商和书店，专门从事图书的抄写、校对、装订和销售工作。据统计，9世纪，巴格达一地的书店就有百余家。众多书商和书店的出现，为书籍的大规模流通和文化的传播打开了方便之门。

中世纪阿拉伯-伊斯兰图书馆的建立和书店的产生，对于保存古代文献、增加图书流通、加快阿拉伯-伊斯兰文化的发展和传播，起了重要的作用。

4　阿拉伯-伊斯兰国家的教育

阿拉伯人重视教育，尊重知识。历代哈里发都十分重视发展教育事业。

7世纪，阿拉伯可能已有学校存在。据说穆罕默德在世时，他允许战俘以教学赎身，每个俘虏教会10个穆斯林学会读书写字，便可得自由。"战俘"大概成了最早的教师来源。

伊斯兰教兴起后，清真寺成为传授知识的教育场所。著名学者都在清真寺开设讲座，并经常举行学术讨论会，各派学者到会自由发表自己的学术观点，互相辩论。教育的大门向所有人敞开，那里有学习《古兰经》和圣训的各种班级。儿童到清真寺去，在院子里，桑树下，围着教员席地而坐，教师由"舍赫"（长老）或其他宗教职员担任，教学内容主要是《古兰经》及经外传说。因此，伊斯兰教最初的教师，是《古兰经》的诵读者。据说9世纪，巴格达城拥有清真寺3万座，而且每座清真寺都是一个有实力的学校。

除了清真寺以外，私宅也常常成为传授知识的教育场所。据说有一位舍赫常以其私宅为学校。富人家则往往采取家庭教育的方式，请教员来家教其子女。课程除《古兰经》外，由家长自己选定。有的人家以游泳、射箭、骑马作为学习《古兰经》的补充；有的人家则选定诗词、名人演说、大战记录、会话规则；有的还把历史列为必读科目。

9世纪，阿拉伯人在各地普遍设立"昆它布"作为教育的场所，以补充清真寺里的教育。这可以看作是阿拉伯最早的初级小学。学生入昆它布的年龄一般是7岁，学习5年。其间用3年熟读《古兰经》，能背诵《古兰经》就算完成了前3年的任务。贫穷儿童学3年能背诵《古兰经》后，便去从事各种职业，富家儿童则可继续学习以《古兰经》为中心的其他课程，如文法、诗、算术等。

从11世纪起，出现了一种新式的学校"迈德赖赛"。迈德赖赛以培养政府的官吏和军事人才为其任务。学校以《古兰经》《圣训》为主要课程，学生毕业后，应能够精通《古兰经》的意义，通晓阿拉伯文，能认识文法学和修辞学的法则，能背诵文学史上著名的长诗，能做精密的历算，能写婉秀的书法，能为自己学术上的主张辩护等。学校变为国家的机关，教育变成了政府的职责。到13世纪，迈德赖赛已普及于整个阿拉伯世界，其中开罗74所，大马士革73所，耶路撒冷41所，巴格达40所。

伊斯兰教的第一所真正的高等学校，是塞尔柱王朝时期创建的尼采米亚大学。尼采米亚大学是一所宗教大学，专门研究教义学，主要课程是《古兰经》和古诗，学生们在大学里面寄宿，有许多学生还享受奖学金待遇。阿拉伯还设立了其他许多所大学。所有这些高等宗教学院，都以圣训学为课程的基础，并且特别着重背诵，还聘请一些著名学者担任教师，讲授数学、天文学、医学和哲学等。

七　科学的"黄金时代"

1　数学

从9世纪开始，世界数学发展的中心转向阿拉伯半岛和中亚。阿拉伯人的数学来自希腊手稿以及叙利亚与希伯来译本。阿拉伯学者大量翻译了希腊著作的手抄本和东罗马的原稿，其中有欧几里得、阿基米德、阿波罗尼（Apollonius of Perga）、梅内劳斯（Menelaus）、托勒密和丢番图（Diophantus）等著名学者的数学著作，还有印度数学家波罗摩笈多的著作。经过大量的翻译工作，阿拉伯人进入了吸收和创造时期。

阿拉伯人在数学领域取得了很大成就。771年，一位印度旅行家访问阿拉伯帝国阿拔斯王朝的首都巴格达，将随身携带的一部印度天文学著作《西德罕塔》献给了当时的哈里发曼苏尔。曼苏尔令翻译成阿拉伯文，取名为《信德欣德》。此书中有大量的数字，因此称"印度数字"，原意即为"从印度来的"。从此印度数字传入阿拉伯国家。

阿拉伯帝国初期最主要的数学家花拉子米（Al-khowarizmi）编写了第一本用阿拉伯语在伊斯兰世界介绍印度数字和计数法的著作《积分和方程计算法》，包括80多个例题。12世纪后，印度数字、十进制值制计数法开始传入欧洲，又经过几百年的改革，这种数字成为我们今天使用的印度-阿拉伯数码。花拉子米创立了完整的代数学并发明了代数符号。他的另一名著《代数学》系统地讨论了一元二次方程的解法，该种方程的求根公式便是在此书中第一次出现。现代"algebra"（代数学）一词亦源于书名中出现的"al-jabr"。

生活在塞尔柱王朝时期的海亚姆是当时有名的数学家。他在《代数问题的论证》中阐释了代数的原理，令波斯数学后来更传至欧洲。海亚姆在数学上最大的成就是用圆锥曲线解三次方程。海亚姆考虑了三次方程的所有形式，并一一予以解答。海亚姆把三次方程分成14类，其中缺一、二次项的1类，只缺一次项或二次项的各3类，不缺项的7类，然后通过两条圆锥曲线的交点来确定它们的根。在现存的阿拉伯文献中，最早系统地给出自然数开高次方一般法则的是13世纪阿拉伯数学家纳西尔丁·图西（Nasir Din Tusi）编撰的《算板与沙盘算术方法集成》。数学史家推测，极有可能出自海亚姆。

在几何学领域，海亚姆也有两项贡献：其一是在比和比例问题上提出新的见解，其二是对平行公理的批判性论述和论证。自从欧几里得的《几何原本》传入伊斯兰国家以后，第五公设就引起数学家们的注意。1077年，海亚姆撰写了《辩明欧几里得几何公理中的难点》，试图用前四条公设推出第五公设。

三角学在阿拉伯数学中占有重要地位，它的产生与发展和天文学有密切关系。阿拉伯人在印度人和希腊人工作的基础上发展了三角学。他们引进了几种新的三角量，揭示了它们的性质和关系，建立了一些重要的三角恒等式。纳西尔丁·图西的著作《论四边形》完成了平面三角和球面三角的系统化，给出了解球面直角三角形的6个基本公式，并指出如何用现今的"极三角形"来解更一般的三角形。这本书非常完整地建立了三角学的系统，使三角学脱离天文学而成为数学的独立分支，因此它在三角学史上具有特别重要的地位，对三角学在欧洲的发展起了决定性的作用。阿布·瓦法（Abūal-Waf）在三角学方面也有重要贡献，他编制了正弦表、正切表和余切表，精确到了小数点后9位。引入了正割和余割的概念，证明了球面三角形的正弦定理，运用正切定理解球面三角形。著作有《几何作图》《算术应用》等。

阿拉伯的数学著作风格独具特色。在大量的数学书籍中选用生动有趣、丰富多彩的例题与习题，这是东方数学特有的风格。阿拉伯的数学成就传入欧洲，为欧洲数学的崛起奠定了基础。因此，阿拉伯数学在世界数学史上起着承前启后、继往开来的作用，是数学发展过程中的重要环节。

在近似计算方面，阿尔卡西（Al-kashi）在《圆周论》中叙述了圆周率 π 的计算方法，并得到精确到小数点后16位的圆周率，从而打破祖冲之保持了1000年的纪录。此外，阿尔卡西在小数方面做过重要工作，是以"帕斯卡三角形"形式处理二项式定理的第一位阿拉伯学者。

2　天文学

倭马亚王朝建立以后，直接接受了巴比伦、波斯的天文学遗产。他们集中了一些天文学家，并于700年在大马士革建立了天文台。初步打下了阿拉伯天文学的基础。阿拔斯王朝定都巴格达后，接受巴比伦和波斯的天文学遗产，并招募科学家翻译印度和古希腊的天文学著作。尤其是在哈里发马蒙时期，巴格达的智慧宫集中了世界上最杰出的天文学著作。829年，建立了巴格达天文台。此后，巴格达逐渐成为天文中心。伊斯兰天文学家已能够娴熟地运用诸如星盘、等高仪、象限仪、日晷仪、天球仪和地球仪之类的天文仪器从事天文学研究。

巴格达最初的著名天文学家是马舍尔（al-Mansur）。他是巴格达天文台的负责筹建者。他还测定了纬度相差1°时子午线的长度。他编撰的《木塔汗历数书》，在计算水星、金星的位置时，已经将其视作太阳的卫星。

巴塔尼（al-Battani）是伊斯兰世界最有影响的天文学家。巴塔尼的工作主要是在阿拔斯王朝著名的安条克与拉卡天文台完成的。他的主要成就是编录了489颗天体，而且把一年的时间长度精确至365天5小时48分24秒，重新计算出（春秋二分点的）分点岁差为54.5秒，以及测定黄赤交角（赤道平面与黄道平面的交角）为23°35′（现在已知数值为23°26′）。它们比托勒密的《天文学大成》的描述更为准确。巴塔尼提出地球在一条变动着的椭圆形轨道上运动（偏心率），发现太阳远地点的"进动"，即太阳距离地球最远点的位置是变化的（地球的运行轨道是一个经常在变化的椭圆），这是巴塔尼最著名的发现。他认为日环食可能是一种日全食。巴塔尼撰有长达57章的巨著《萨比历数书》，1116年由意大利学者译成拉丁语，在几个世纪之后还被欧洲的天文学家所采用。

著名天文学家阿尔·苏菲（Abd al-Rahman al-Sufi, Azophi）于964年出版《恒星图像》一书，用图文并茂的形式列出1000多颗星体的位置。这是伊斯兰天文学观测的三大杰作之一。苏菲根据自己的实际观测，在书中确定了48颗恒星的位置、星等和颜色，并且绘制出精美的星图与列有恒星的黄经、黄纬及星等的星表。他还为许多天体进行了名称鉴定，提出许多天文术语，许多现在世界上通用的天体名称都来源于苏菲的命名，例如牵牛星、毕宿五、天津四等。苏菲的星图也是关于恒星亮度的珍贵的早期资料。他的另一项重大贡献莫过于翻译和校订希腊的天文学专著，尤其是托勒密的《大衍术》，并校对了他所作的星表，在其中加上了星体的亮度与等级。另外阿尔·苏菲发现了大麦哲伦云，做了第一次对仙女星系的天文观测。

阿布·瓦法是巴格达天文学派最后一位著名人物。他在巴格达建造了当地第一座观测天体的象限仪台，曾测定过黄赤交角和春秋分点，被一些人认为是月球二均差的发现者。

海亚姆在当时由塞尔柱王朝管辖的伊斯法罕，担任伊斯法罕天文台台长达18年之久。他领导了一批天文学家编制天文历表，即《马利克沙天文表》，其中包括黄道坐标表和100颗最亮的星辰。他还领导了历法改革工作。自公元前1世纪以来，波斯人便使用琐罗亚士德教的阳历，将一年分成12个月365天。阿拉伯人征服波斯以后，改用回历，大月30天，小月29天，全年354天。海亚姆的历法改革重新启用阳历，在平年365天的基础上，33年闰8日，一年就成了365又8／33天，与实际的回归年误差不到20秒，精确程度已经十分接近国际上现行普遍使用的公历（格里历）。

3 地理学

阿拉伯人的地理学很发达。9世纪，花拉子米曾在《地形》一书中绘有一幅用文字详细说明的全球大地图，该图把地球绘制成几个包括大陆在内的海洋，如罗马海（地中海）、波斯海（印度洋）等，图中西边的子午线已准确地穿过加那利群岛。12世纪，穆斯林地理学家易德里斯（Abu Abdallah Mohamed Ben Idrisi）又引用大量的实际测绘材料，绘制出71张详尽的北半球各区域地图和一幅圆盘形世界地图，他还曾制有一银制的地球仪。

伊斯兰文化的兴起是与阿拉伯人大规模的对外扩张联系在一起的。他们征服了西亚、北非的广大地域，穿越中亚或穿越高加索和伊朗高原，打通了欧洲和印度的许多重要陆路交通线。因此，阿拉伯涌现出大批旅行家和地理学家。

伊本·胡尔达兹比赫（Ibn Khordadhbeh）是古典阿拉伯地理学的鼻祖，他奠定了用阿拉伯语撰写地理学文献的风格和模式。胡尔达兹比赫出身名门，曾在巴格达受过良好的教育。他是哈里发穆耳台米德的挚友，曾担任波斯西部杰贝勒省邮政和驿传长官，后又升为巴格达及萨马拉的邮传部长官，这些职务使他有条件收集和整理阿拉伯官员和商人有关亚洲国家一直到中国以及阿拉伯人商道的大量情况报告。他博才多学、著述宏富。他写过一部《历史》，据说是记录伊斯兰以前诸民族的沿革。《道里邦国志》大概完成于他担任邮传部长官时期，边写边搜集材料，用了很长的时间。《道里邦国志》一书，综合了流传于当时、最早的阿拉伯地理知识的报道。《道里邦国志》详细记述亚、非、欧三大洲西起法兰西、西班牙，东至中国、新罗、日本、麻逸，北及罗斯（古俄罗斯），南达印度洋诸岛国的民间风俗、宗教文化、历史遗迹、经济特产及各国之间的路程，各地的商货及其质量与价格、商路上的食宿条件、海港与海上航程等情形，并为读者描绘出9世纪的国际贸易路线图。其范围之大，几乎将整个文明世界都包括了进去。书中详细介绍了犹太商人、罗斯商人及伊斯兰帝国的穆斯林商人在国际贸易中的积极作用。在书中有一节"通向中国的道路"，对中国的诸港口、河流、物产以及海上航行等情况有较为具体的记述，而所记大呼罗珊路恰是传统丝绸之路的西段路线。

成书于10世纪中叶的《黄金牧地》是阿拉伯著名的经传体历史和地理书。作者麻素提（Abu-l-Hasan Ali-el-Mas'ud）是当时最负盛名的历史学家和地理学家。麻素提出生于巴格达，自幼年起便周游列国，一生大部分在旅途中度过。他的旅途所至甚远，到过埃及、东非、叙利亚、伊朗、印度、东南亚以及中国沿海诸地。他自称在马来亚和中国海岸停留过，对于黑海和红海地区更为熟悉。麻素提根据自己的旅行见闻，又借鉴许多前贤的著作、游记以及《圣经》和《古兰经》等经典文献资料，写下许多巨著，但保存下来的只有《黄金牧地》。

《黄金牧地》约成书于943年。原书共30册，又名《历代编年史》，主要是作者依据自己遍游亚非各地40年间所记录的第一手资料写成。从地域方面来说，《黄金牧地》涉及从苏门答腊到中亚、欧洲和非洲的大部分地区如中国、印度、波斯、阿拉伯半岛、巴比伦、神祇人地区、犹太人地区、阿比亚亚尼、北非、拜占庭、法兰克人地区、西班牙等。从内容上来说，其涉及王统世家，民族分布，伊斯兰教、基督教、佛教、各种巫教以及自然地理，人文地理，风土人情，文化历法，工艺，文学，山川，河流，海洋，军事征服，名胜古迹等。该书将作者实地考察所得的材料与可靠的史料相结合，并根据《古兰经》和圣训经文，又参照希伯来《圣经》及古代有关自然、历史、地理、人种学、宗教学、医学等方面的著作，其中作者的博学见闻、精辟见解尤为突出，后广为世界史学家所参考和引用。可以说，《黄金牧地》是一部中世纪的百科全书，此书代表着阿拉伯和穆斯林历史编纂学的顶峰，所以麻素提被称为"穆斯林和阿拉伯的希罗多德"。

伊本·拔图塔（Ibn Battūta），是中世纪阿拉伯最著名的旅行家，也是欧洲人所称的中世纪世界四大旅行家之一。他出生于非洲摩洛哥的丹吉尔城。1325年，伊本·拔图塔离开丹吉尔，取道陆路前往埃及的亚历山大城，从此开始了他的游历生涯。他用了26年的时间，行程12万余千米，游历了半个世界，足迹遍及亚、非、欧三洲。他先后到过非洲北部、叙利亚、阿拉伯半岛、小亚细亚、黑海沿岸、里海地区、伊朗、伊拉克、阿富汗、锡兰、印度、马尔代夫、南洋群岛、西班牙、西非等地。1346年，他以德里苏丹特使的名义访问了中国。1349年，伊本·拔图塔经过多年的旅途生活，回到故乡，来到马林国首都非斯。非斯苏丹阿布·伊南（Abù'Inān）赏识他关于世界的渊博知识，召他入宫任职，并委派他出国去完成外交使命。他再次回国后，阿布·伊南命他回忆在世界各地旅行的情形，由文学秘书穆罕默德·伊本·玉萨（Muhammad Ibn Juzai）笔录成书。经过1年多的勤奋工作，这部举世闻名的伊本·拔图塔游记于1355年12月最后完成。伊本·拔图塔的游记原名《异域奇闻揽胜》，详细介绍了他游历世界各地的见闻，描绘了阿拉伯、突厥、印度和中国文明的生动图景，对于了解那个时代世界文化的发展进程，具有重大的史料价值，是一部珍贵的历史文献。

4　炼金术

炼金术是中世纪的一种化学哲学的思想，其主要目标是将贱金属转变为贵金属，尤其是黄金。后来又发展出不同的研究，比如制造万能药、寻获哲人石等。

关于阿拉伯炼金术的起源，公认的第一个大师是生活在7世纪中叶大马士革的王子哈立德·亚齐德。哈立德是从一本名为《智者克拉索斯之书》开始学习炼金术，他的老师是一位拜占庭的基督教僧侣。

扎比尔（Jabirinn Hayyan）是阿拉伯炼金术的创始人。扎比尔曾担任哈里发继承人的老师，同时也是一位学识渊博的医生。扎比尔留下了炼金术历史上第一批传世的炼金术著作，包括《物性大典》《七十书》《炉火术》《东方水银》等。在这些著作中，扎比尔继承了希腊哲学思想，详细地阐述了四态（冷、热、干、湿）和四大元素（气、水、土、火）的理论，并将其作为炼金术的基础理论。扎比尔提出了炼金术中的"硫-汞"理论，认为世间一切金属都是由硫磺和水银组成的，只是因为组成的比例不同。通过炼金术调整金属中硫黄和水银的比例，就可以使之发生"嬗变"而由贱金属（铅）得到贵金属（金）。扎比尔的著作中还屡次提到了"唯一之物"——"炼金药"或者叫"万用灵药"，具有诱发嬗变的能力。炼金术的箴言"一即是全，全即为一"，展示了宇宙的法则，这说明炼金术士已经由对黄金的追求转为了对宇宙的探索。

从扎比尔开始，阿拉伯炼金家都追求长生药"耶黎克色"（al-iksīr），
既可作真金，又可令人长生。他把"哲人石"叫作"赤硫黄"（al-Kibrit al-
ahmar）。他认为"金属具有两种组合成分，一是土性的烟，二是水性的汽。
这两种气体在地球内部凝缩后便成为硫和汞。各种金属都由硫和汞合成。六种
金属的差别都因所含硫汞比量不同而形成。黄金中的硫汞比量正好维持平衡；
白银中的硫汞各具相等的重要；铜含硫较多，铁、铅、锡则含量较少。金属之
相互可以转化，便因所含相同的两砷组合成分引起。据说自然界生成黄金要历
时万年之久，而炼丹术则可以通过化合的技术，在较短的时间内完成自然界要
花很长时间才能完成的工作"[1]。

拉齐（Muhammad b.Zakariya Rhazes）是稍晚于扎比尔的阿拉伯炼金家和
医生，他的学说与扎比尔一脉相承。他曾受学于智慧宫，一生写作了200多部
书，尤以医学与化学方面的著作影响巨大。拉齐所著《秘典》在1187年被译成
拉丁文，炼金术由此传入欧洲。拉齐对当时已知的各种物质进行了分析。他把
物质分成3大类：矿物、植物、动物，从而创立了自然界的分类系统。他研究
最多的是矿物的分类，把矿物体分成6类。他在著作中对炼金家所使用的仪器
设备做了详细的介绍。其中有风箱、坩埚、勺子、铁剪、烧杯、蒸发皿、蒸馏
器、沙浴、水浴、漏斗、焙烧炉、天平和砝码等，极大地丰富了化学实验室设
施。《秘典》在中世纪享有盛誉，是非常重要的化学文献。

伊本·西拿（Ibn Sina），拉丁语名叫阿维森纳（Avicenna），是集阿拉伯
炼金术、医学和哲学等知识之大成的伟大学者。伊本·西拿对化学现象的观测
资料收录于《医药手册》中。在这本著作中，他把无机矿物分成4类：石、可
溶物、硫和盐。水银被划入可熔物，即金属类。他认为一切金属都是由水银与
硫黄，以及决定该金属本质的杂质所组成。水银是金属的精英，硫黄使金属外
观有可变性。但是他对金属嬗变持否定态度。各种金属的本质部分所含元素的
比例可能各不相同，只有将该本质部分分解并能按预想的成分重新加以结合才
能实现金属嬗变。但单靠熔化不可能做到这一点。熔化并未能破坏化合，只不
过添加了某些外来的物质或性能。因此，他认为，我们能够得到的只是贵金属

---

[1]　沈福伟：《中西文化交流史》（第2版），上海人民出版社2006年版，第183页。

的合金，或只能使该金属带有贵金属的颜色。

阿拉伯人的炼金术后来传入欧洲，欧洲著名经院哲学家和炼金家罗吉尔·培根（Roger Bacon）、大阿尔伯特（Albertus magnus）等人的炼金知识大都取自阿拉伯炼金家拉齐和伊本·西拿。在欧洲，炼金术成为近代化学的先驱。"化学"（alchemy）这个词的原意就是阿拉伯文中的炼金术，出于阿拉伯文al-kīmiya。

5　医学

阿拉伯医学有着悠久的传统。相传穆罕默德曾说过，学问有两类：一类是教义学，一类是医学。阿拉伯人在继承埃及、印度、中国、希腊、罗马等古代人类医学成果的基础上，创立了阿拉伯-伊斯兰医学体系。

有文献可考的世界上第一所正规医院是9世纪在阿拔斯王朝的巴格达建立的。大约经过1个世纪的时间，又有5所医院在巴格达开业。10世纪初，巴格达已经建立起流动医院，在村庄提供医疗服务。

巴格达最具规模的一所医院建立于982年，该院建院之初就拥有包括眼科医生与外科医生（含正骨医师）在内的25名医生。 1184年，一位旅行家描述说，那所医院的规模就像是一个巨型的宫殿。一位英国学者撰写的《阿拉伯医学》中曾说道，在先知穆罕默德时期，容迪-沙波尔学校达到了顶峰，在那儿集中了希腊和东方的文化。另外还从印度、中国、埃及、叙利亚和其他国家招来50名医生，每个人分配10名上进的学生，他们在医院负责一定的工作。该院有6000份有关科学和文献的手稿，包括印度和中国书籍。[①]

活跃于9世纪阿拉伯的著名医生阿里·泰伯里（'Aliibn-Sahl al-Tabari），曾担任过哈里发的御医。他在850年著成的《智慧的乐园》是用阿拉伯语写成的最古的一本医药学著作。法国学者玛扎海里（A.Mazalleri）曾评论说，《智慧的乐园》是第一部典型的中世纪医学著作，因为它是中国、印度和希腊三种科学交叉的结果，这种交叉是在贡迪·萨布尔的萨珊王朝的皇家医学堂中实现

---

① 马伯英等：《中外医学文化交流史——中外医学跨文化传通》，文汇出版社1993年版，第186页。

的，从此变成了穆斯林的"加利安医学"和"迪奥斯基里德斯医学"的坚强基础。这种医学在解剖学和外科方面的极端贫乏，但在药剂学和临床学方面有非常丰富的内容。①

阿拉伯在历史上涌现出许多杰出的医学家。拉齐被称为伊斯兰医学家中最伟大、最富于独创性而且著作最多的人物。拉齐曾任巴格达医院院长，并从事学术著述，被誉为"阿拉伯的盖伦""穆斯林医学之父"。拉齐在医学上广泛吸收希腊、印度、波斯、阿拉伯（甚至中国）的医学成果，并且创立了新的医疗体系与方法。他尤其在外科学（例如疝气、肾与膀胱结石、痔疮、关节疾病等）、儿科学（例如小儿痢疾）、传染病及疑难杂症方面具有丰富的临床经验与理论知识。他是外科串线法、丝线止血和内科精神治疗法的发明者，也是首创外科缝合的肠线及用乙醇消毒的医学家，还是世界上早期准确描述并鉴别天花与麻疹者，并且将它们归入儿科疾病范畴。拉齐注意到一种疾病出现的面部水肿和其他症状（如打喷嚏、流清涕），与玫瑰花生长及开放之间存在一定的关系，他第一个指出所谓的花粉热就是缘于这种玫瑰花的"芳香"。拉齐的代表作《曼苏尔医书》和《医学集成》是医学史上的经典著作。《医学集成》是一部百科全书式的医学著作，主要讲述的是疾病、疾病进展与治疗效果。《曼苏尔医书》和《医学集成》分别于1187年与1279年被译成拉丁语在欧洲广泛传播，在文艺复兴时期又被多次翻印，并且由当时著名医学家加以注解。

伊本·西拿是最著名的伊斯兰医学家，被尊称为"医者之尊"（Doctor of doctors）。他青年时担任过宫廷御医，一生著述颇丰，据说写过100多部著作，内容包括医学、哲学、几何学、天文学、教义学、语言学和艺术等方面。他曾把希腊和阿拉伯医学思想加以总结，编成《医典》，成为那个时代最具权威的著作，被欧洲各大学作为教科书。《医典》一书全面而系统，全书包括5卷：第1卷综合概述了医学定义、基本学说和一般方法，着重论述了人体构造、疾病与自然环境的关系，首创性地把人的疾病分为脑科、内科、神经科、胸科、妇科、外科、眼科等，并分门别类地对各种疾病的起因、症状的治疗加以详细记述。第2卷为药物学，书中列举的药物达670种之多，对各种药物性质、功效、用途做了详细的叙述，还记载了将水过滤或煮沸的蒸馏法以及乙醇制造法等。第3卷为病理学，对脑膜炎、卒中、胃溃疡等病因、病理有过科学的分析，特别是提出了鼠疫、肺结核、麻疹、天花等病是由肉眼看不见的病原体造成的，致病的物质（即微生物）是通过土壤、水和空气传播的。第4卷为各种发热病、流行病及外科等病状，提出了对流行病的预防和保健卫生措施。第5卷为诊断、治疗方法及配方，主张对疾病的治疗应采取养生、药物和手术三者兼施并用，记述了切脉、观察症候、检验粪尿等诊断方法。《医典》不仅总结了阿拉伯医学临床的丰富经验，而且建立了较系统的医学理论体系。《医典》是17世纪以前的几百年间亚欧地区的主要医学教科书和参考书。伊本·西拿最早在外科手术中使用麻醉剂，最早发现人体中有寄生物存在。他在关于胃溃疡、癌症、糖尿病、母体的血液流向胎儿等方面都有许多论文。与此同时，他还在药剂、草药、解剖、营养等方面留有著述。

扎哈拉维（al'Zahrawi Abul Qasim Khalaf ibn Abbas，拉丁名Abuicasis或Albucasis）出身于穆斯林统治下的西班牙的著名医学家庭，享有"外科学之父"的赞誉，其祖先来源于阿拉伯半岛的安萨尔（Ansar）部落。扎哈拉维的《医学手册》是一部集其数十年医学知识与经验的著作，包括30篇的内容，涵盖大量临床问题，适用于执业医生与医学生。这部著作附有历史上最早的外科器械插图与文字说明，而且数量相当丰富，有200幅左右。这些精致的插图与文字说明极具学术价值。他还把外科治疗划分成几个部分，例如烧灼术、手术切除、放血疗法与接骨术。12世纪，《医学手册》的外科部分被意大利翻译家杰拉德（Gerard）翻译成拉丁语，并且在1497—1544年至少再版10次之多。

阿拉伯的医学非常注重眼科疾病，医生们大都对这方面的病症显示出浓厚的兴趣，而且具有很高的诊断与治疗眼科疾病的技艺。几乎所有的医学著作都有专门的篇章论述眼科疾病。医学家侯奈因·伊本·易司哈格（Hunayn ibn Ishaq，拉丁名Joannitius）写了多部眼科学专著，其中以《眼科十论》影响最大。卡哈尔（al'Kahhal）在其眼科学专著里介绍了多达130种眼科疾病。

伊本·贝塔尔（ibn al'Baitar）是中世纪最伟大的药用植物学家。他曾以植物学家的身份游历西班牙和北非，考察和收集药物学资料。1239年，他到大马士革，曾到叙利亚和小亚细亚旅行。他的著作《药物学集成》是一部药物学巨著，综合了希腊、阿拉伯和波斯药物学家新积累的大量资料，并根据他自己的临床经验和研究成果做了增补。书中所列的药物，包括植物、动物、矿物三界，计1400种药物，其中300多种是他新增补的。书中对各种药物的名称、异名、性能、炮制、用途、产地及类似药物的区分等均有详细记载。《医方汇编》所收的药方均为阿拉伯著名医学家的各科医疗验方，记述了药剂配方、剂量加减、用途疗效、食物禁忌等。

八　绚丽多姿的文学与艺术

1　文学

阿拉伯文学是世界上最古老、最有成就的文学之一，是亚洲文学的重要组成部分。

伊斯兰教产生前的阿拉伯文学是口头文学创作，主要是反映游牧生活的阿拉伯诗歌，基本主题为赞美自己的部落，歌颂征战的英雄，抒发战胜敌人的欢乐情绪和失去牧场的悲哀情绪等。伊斯兰教开始传播之前大约150年的诗篇，是迄今所知的最古老的阿拉伯诗歌。在阿拉伯各民族中有一种体裁名为"卡色达"流传很广。古老的颂歌、讽刺诗和哀歌也很有特色。诗人在部落中享有崇高地位，被尊为先知和领袖。神话传说集《阿拉伯人的日子》和民间故事集《安塔拉传奇》都是长篇叙事的杰作。流传下来的诗歌中最著名的是《悬诗》，是7篇长诗的总称。"悬诗"字面意思是"被悬挂的（诗歌）"。古时的说法是，每年"禁月"在麦加城东100千米处的欧卡兹集市上举行赛诗会，各部族的代言诗人竞相前往参赛，每年荣登榜首的诗作以金水书写于亚麻布上，悬挂于麦加克尔白神庙墙上，作为奖励，故称"悬诗"。

在倭马亚王朝时期，进步最快的智力领域，是诗歌创作的领域。[①]倭马亚王朝最著名的诗人有法拉兹达格（al-Farazdaq）、哲利尔（Jarer）与艾赫泰勒（Aihetaile），合称"三诗王"。这三位诗人都是讽刺诗和颂赞诗的作者，他

---

① 　[美]菲利浦·希提著，马坚译：《阿拉伯通史》（上卷），第228页。

们三人都是一流的阿拉伯诗人。①

法拉兹达格少年时代随父学诗，青年时代已有盛名，常出入巴士拉、库法总督府第。他对达官贵人时而夸赞，时而讥诮，表现出一种玩世不恭的态度。他的诗作题材比较广泛，除悼亡、咏物、言情诗外，最著名的是矜夸诗和讽刺诗。他的矜夸诗大多炫耀门庭的高贵和祖先的光荣，气势宏大，词汇丰富，具有贝都因粗犷风格。他的辩驳诗记录了阿拉伯帝国初期的社会、政治、经济情况，反映了民族、部族、宗教、教派之间的矛盾和斗争。他的诗作语言丰富，哲利尔称他为"诗的泉源"。

哲利尔因父母爱诗，从小能吟诵，15岁时已能作出矜夸诗，赞美部族的历史和光荣。青年时期在伊拉克各地谋生并求学，后定居巴士拉。曾参加当地市场诗赛，与著名诗人法拉兹达格等对阵，表现出丰富的想象力和讽刺才能，进入当时著名诗人的行列。他写了大量颂诗、情诗、哀诗、矜夸诗和讽刺诗，被荐引至大马士革充当哈里发宫廷诗人。他的诗大多采用伊斯兰教出现前阿拉伯诗歌的主题和形式，歌颂阿拉伯人的勇敢和慷慨，描绘贝都因人所怀恋的沙漠生活、遗址和旅程，抒写游子思乡和友人念旧之情，风格清丽、婉约、平易。哲利尔的讽刺诗和辩驳诗被认为是阿拉伯讽刺艺术的佳品。

艾赫泰勒青年时期即成为本部族优秀的诗人，后成为可以自由出入宫廷的"哈里发诗人"。他写了很多诗赞美倭马亚家族血统高贵、政绩辉煌，此外还写有饮酒诗、咏物诗和情诗。他的诗观察敏锐，想象丰富，描写细致，选材广泛；特别是政治诗，生动地记录了他那个时代不同宗教和政治派别的利益冲突和权力斗争。

倭马亚王朝时期产生的《古兰经》，也是第一部阿拉伯文散文巨著，包括不少生动的故事和寓言，是6世纪末7世纪前半叶阿拉伯人思想、道德的记录，在修辞、音韵等方面成为后世散文的典范，对阿拉伯文学产生了深刻的影响。

阿拔斯王朝是阿拉伯文学的黄金时代。8世纪后半期，阿拉伯开始有了文字，使许多流传在民间的口头创作得以记录和编订。阿拔斯王朝初期至9世纪初的文学，从思想内容到艺术形式都有创新。一些作家和诗人处于新旧交替

① ［美］菲利浦·希提著，马坚译：《阿拉伯通史》（上卷），第229页。

时代，不受旧传统约束，敢于藐视权威，对现实生活提出新颖大胆的见解。代表诗人有白沙尔·本·布尔德（Bashshār bn Burd）、阿布·努瓦斯（Abū-Nuwās）、阿布·阿塔希叶（Abū al-'Atahiya）等。9世纪中叶，诗歌总集《哈玛萨》中收录了500多位古代阿拉伯诗人的创作。

白沙尔·本·布尔德是阿拔斯王朝第一位杰出的诗人，755年成为宫廷诗人。他留下了大量的诗歌作品，是阿拔斯王朝革新诗歌的先驱，为阿拉伯诗歌打开了广阔的领域，引领后来的诗人走上了创新的道路。

阿布·努瓦斯30岁时成为宫廷诗人。长于作饮酒歌，有"酒诗人"之称。他思想豁朗，性格豪放，主张充分享受现实人生的欢乐，反对宗教禁欲和苦行。诗作题材广泛，除歌颂阿拔斯王朝和劝善的诗篇外，尤以赞美青春、美酒、爱情的抒情诗和描写宫殿、花园的写景诗以及调侃权贵、嘲弄群小的讽刺诗最为著名。语法严谨，辞藻优美，热情奔放，富于想象，诙谐生动，突破了传统诗歌的题材和形式，对当时和后世的诗人影响很大。遗留的诗篇传世的有12000多句。

阿布·阿塔希叶也是阿拔斯王朝的宫廷诗人。他具有阿拉伯、波斯古代文化的丰富知识，精通希腊哲学，熟悉各宗教的基本教义和各经院学派的观点。早期作品主要是颂诗、情诗、饮酒诗和悼诗，但大量的是劝世诗。劝世诗反映了他的思想、生活的变化，同时也反映了阿拔斯王朝的社会状况和社会矛盾。

阿布·塔马姆（Abū Tammam）是生活在摩苏尔地区的阿拉伯诗人，马蒙时期受聘为宫廷诗人。他深受希腊哲学影响，形式上沿袭阿拉伯古诗风格，以长律为主，语言纯正，辞藻华丽，且富于哲理。在题材上，作品多歌颂王公贵族的功德及战争，兼长写景。例如描写战争的长诗《阿穆里耶战役》，即取材于838年阿拔斯王朝军队攻占拜占庭帝国重镇阿莫里昂一役，详细描述了战争的经过，并对穆斯林军队的战功加以颂扬。阿布·塔马姆编选过多部诗集，有两部传世，分别是《坚贞诗集》和《辩驳诗集》。其中，《坚贞诗集》被誉为阿拉伯文学史上最伟大的诗集之一。诗集收录了伊斯兰史前至阿拔斯王朝近400年间的优秀诗篇882首，分为10大类，各类均有主题。

阿拔斯王朝时期，散文创作也兴盛起来，印度寓言故事集《五卷书》通过波斯语，由作家伊本·穆格法（Ibn al-Muqaffa）以优美精练的语言和文体，转译成阿拉伯译本《卡里来的笛木乃》。他在译成阿拉伯文时，对全书进行了艺术加工和再创作，增删了一些章节。全书共15章，以几十种动物的活动，组成大小50多个故事。每个故事表达一种哲理或教诲，结构严谨，层次清晰。他是阿拉伯文学中最早运用寓言形式描写社会生活、表达哲理的作家。这部作品对中世纪阿拉伯散文创作影响极大。

10世纪出现了一种新的散文体裁"玛卡梅"，写的大多是一些"骗局故事"，内容往往是漂泊异地的流浪者，在山穷水尽的绝境时，突然之间以玩笑或谎言绝处逢生，化险为夷。这种文体采用的是押韵的散文，读起来动听而吸引人，实际上是阿拉伯古典短篇小说的雏形。

阿拉伯文学最重要的作品是《一千零一夜》。相传古代印度与中国之间有一萨桑国，国王山鲁亚尔生性残暴嫉妒，因王后行为不端，将其杀死，此后每日娶一少女，翌日清晨即杀掉，以示报复。宰相的女儿山鲁佐德为拯救无辜的女子，自愿嫁给国王，用讲述故事方法吸引国王，每夜讲到最精彩处，天刚好亮了，使国王爱而不忍杀，允她下一夜继续讲。她的故事一直讲了一千零一夜，国王终于被感动，与她白首偕老。因其内容丰富，规模宏大，故被誉为世界民间文学史上"最壮丽的一座纪念碑"。《一千零一夜》中的故事，定型于14—15世纪，但其雏形早于10世纪就在民间流传。

2 建筑艺术

通过大扩张形成的地域广大的阿拉伯帝国，从两河流域到波斯、中亚和印度河流域等。这些地区都有优秀的文化艺术传统，它们为伊斯兰艺术的形成和发展提供了条件。伊斯兰艺术继承了古波斯萨珊王朝的艺术传统，同时还吸取了西方希腊、罗马、拜占庭艺术甚至东方中国、印度艺术的精华，从而创造出世界上灿烂而又独具一格的伊斯兰艺术。

伊斯兰艺术中最具有代表性的是建筑艺术，包括宗教建筑、陵墓等。

宗教建筑是建筑艺术中的主要代表。对信奉伊斯兰教的阿拉伯人而言，艺术的最高表现就是宗教建筑。[1]伊斯兰宗教建筑的主要形式礼拜寺（清真

---

① ［美］菲利浦·希提著，马坚译：《阿拉伯通史》（上卷），第235页。

寺），是供穆斯林做祈祷和听教长宣讲的场所。7世纪末，穆斯林开始大规模兴建清真寺和宫殿，以此作为他们权力的象征，并试图在规模和宏大方向超过其他的建筑。

麦加城中心的克尔白天房，是伊斯兰教最高圣地，现称"麦加大清真寺"。按照伊斯兰教的规定，穆斯林礼拜时必须面向克尔白天房，因此它成为各地清真寺朝向和确定寺内圣龛位置的基准。

伊斯兰早期建筑物大都是由一些外来的工匠修建的，他们或来自叙利亚、波斯，或来自埃及甚至拜占庭。这些工匠当时还是袭用他们民族风格样式。8世纪以后，才逐步形成了有鲜明特色的伊斯兰传统风格。圆顶几乎是清真寺的标志，也可以说是伊斯兰教的象征。他们创立了一种朴素而且庄严的建筑式样，这种式样特别能够表达这种新宗教的精神。[①]

耶路撒冷的圆顶圣岩寺，是留存下来最古的伊斯兰建筑之一，建于685—692年，利用旧拜占庭建筑的圆柱、柱头等修建。建筑平面呈八边形，中央是一穹窿圆顶，这种立方与圆顶相结合的建筑形制，对后来的伊斯兰建筑有很大的影响。整座建筑覆盖着从瓶中伸出的葡萄藤蔓花纹彩色镶嵌，显得富丽堂皇。圆顶圣岩寺和毗邻的阿克萨清真寺组成了伊斯兰教历史上第一座大型的宗教建筑组群。它标志着新时代的开始。[②]

大马士革大清真寺，是伊斯兰早期最大的清真寺，又称奥美雅清真寺，建于706—715年，是在一座罗马教堂的旧址上修筑起来的，四面围墙的拜占庭方塔被保留作钟楼，在旧门廊西南角建一召祷塔，院外朝北建一高大拱廊，并建有3个楹间的正厅。寺内墙壁用大理石装饰，墙面铺有漂亮的拜占庭式玻璃镶嵌画，描绘的是风景和建筑物，画面华丽、欢快，富于想象，显示了早期伊斯兰艺术风格。

萨马拉大清真寺建成于848—852年。该寺规模宏大，建筑面积468平方米，是世界上最大的清真寺之一。该寺的基本设计体现出当时清真寺的典型特

---

① ［美］菲利浦·希提著，马坚译：《阿拉伯通史》（上卷），第235页。

② ［英］伯纳德·路易斯著，郑之书译：《中东：自基督教兴起至二十世纪末》，中国友谊出版公司2004年版，第68页。

征：长方形，中轴线指向位于南方的麦加。内院南面是有25道通廊的正殿，其余三面各有一个较小的廊殿，共有464根大理石柱支撑。院子中央有装饰华丽的喷泉。该寺中最为突出的是宣礼塔，塔的设计大胆非凡，呈螺旋形，高55米，盘旋五圈，内有回旋梯通至塔顶。

伊斯兰教纪念性建筑主要是陵墓。帝王的陵墓在大清真寺里，贵族的在郊外形成墓区，有一些宗教领袖的墓成为朝拜的圣地。陵墓的基本结构，是在正方形的体积上覆盖着穹顶，体形简洁稳定，厚重朴实，纪念性很强。

3　书法艺术

书法是伊斯兰文化中一个重要的艺术类型。穆斯林认为，书法是真主的发明，用笔则是真主传授给人们的最重要的技术。文字和语言一样，是促成人、神之间交流思想的一种媒介和手段。因此，无论是在清真寺建筑上，抑或是在家中，都有阿拉伯书法装饰物，大至建筑牌匾，小到个人身上装饰品，都可能摘取《古兰经》中的一句颂词，如"真主至大""赞美归于真主""奉至仁至慈的真主之名""世上神祇唯有真主，穆罕默德是真主的使者"等。在所有伊斯兰艺术形式中，书法最为人尊崇。书法本身就被认为是礼拜。[1]艺术家们可以以写书法为业。他们抄写《古兰经》、政府公文，还为图书馆抄写书籍。此外，他们还为清真寺、宫殿和墓碑题字。

7世纪初，伊斯兰教传播后，以古莱什族语言为主的《古兰经》的语言使阿拉伯语成为整个阿拉伯人通用的语言。《古兰经》的书写遂成为当务之急。《古兰经》中有100多处强调了书写的重要性，如经文说："你应当宣读，你的主是最尊严的，他曾教人用笔写字，他曾教人知道自己所不知道的东西。"穆罕默德也十分重视书写。他曾命令每个有文化的俘虏必须教10个穆斯林学习读写。以后，他还用库法体致函邻国君主及各部落酋长，劝其归信伊斯兰教。穆罕默德为了以优美的书法记录书写《古兰经》，他鼓励改进书法，美化字体。由于伊斯兰教教义禁止绘画动物和偶像，而为了美化和装饰环境，一种为信仰所鼓舞的书法艺术遂受到历代哈里发的重视。倭马来王朝时期，阿拉伯书

---

① 　[美]罗宾·多克著，王宇洁、李晓瞳译：《伊斯兰世界帝国》，第127页。

法更加受到重视。

阿拉伯书法艺术大致可分为两种类型。一类是库法体，另一类是纳斯黑体和斯尔希体。库法体起源最早，其结构特点是笔划坚挺，有棱有角，特别富有装饰味。多用于书写《古兰经》和建筑装饰等，尤其是建筑物上的铭文总是用库法体。库法体有许多变体，如花状库法体，就是在笔划起首或字的结尾加涡卷形花式，有时还在附加圆形中饰以蔷薇纹；叶状库法体，是在每笔划的尾部呈棕叶状。花状库法体多用在书籍的标题上。富丽豪华的波斯书籍往往用深蓝和金色的涡卷花纹底子衬托白色的文字。花状库法体和叶状库法体均趋向纹样化。

10世纪左右，出现纳斯黑体和斯尔希体。纳斯黑体又称"草体"，最初出现于伊朗地区，至12世纪广泛流行于整个伊斯兰世界，至今仍是阿拉伯各国广为应用的字体之一。其艺术特点是，结构圆润优美，波动流畅，每笔直线而下，又曲折上卷，各线条粗细不等，宛如瀑布流泻，飞花四溅，给人以动感。斯尔希体则是在纳斯黑体基础上更加自由运笔，更加灵活多样。

11世纪是阿拉伯书法史上的黄金时代，各种新兴字体相继问世，艺术风格丰富多彩。新出现的4种字体是：穆哈卡克体，常用来抄写《古兰经》，字体清秀纤瘦；拉伊哈尼体，字末端呈鼠尾状，活泼奔放；鲁库阿体，主要用于私人书信和手抄本通俗读物，流行于奥斯曼帝国时代；塔乌奇体，则专用于书写行政机关的文件公函，字体庄重大方。这4种新字体连同10世纪的两种老字体，合称"六书体"，在整个伊斯兰世界流行。12世纪以来，还出现了一些具地方特色的字体，如伊朗的塔里克体和纳斯塔里克体、小亚细亚的蒂瓦尼体以及苏丹专用于签名的花字体等。

4　工艺美术

阿拉伯的彩绘上釉烧砖技术，自古巴比伦以来就有着悠久的历史传统，技艺高超，令人惊叹。这些闪光耀眼、五彩缤纷的彩色釉砖，被运用于清真寺和宫殿建筑等，使伊斯兰的建筑给人以富丽堂皇、飘逸俊美之感。

阿拉伯伊斯兰国家的陶瓷工艺，在世界陶瓷艺术史上占有重要的地位。中国瓷器大量地输入阿拉伯、波斯地区，给当地的陶瓷制造业以新的启发和刺激。阿拉伯人很早就掌握了陶瓷上彩上釉的技术，后来又将波斯人烧制五色琉璃的技巧加以改进，在世界上开拓了彩瓷加工法，取代了传统的镶嵌细工，此后他们还出产制作青花瓷所需的"苏麻离青"料。中国元代以后青花瓷的突飞猛进的发展，以及明代青花瓷的登峰造极，都与阿拉伯文化的影响有着直接的关系。

罗马时代的玻璃制造业曾达到相当高超的水平，当欧洲进入中世纪后，玻璃制造也随之衰败。阿拉伯人占领地中海东岸地区之后，继承了罗马精湛的玻璃制造工艺，并使之发扬光大，形成了玻璃器制造史上的伊斯兰时代。伊斯兰玻璃器皿除清真寺内使用的灯外，还有香水瓶、餐桌上的水瓶、饮水杯、酒瓶、棋子等，上面都雕刻着精致的图案和书法。有一些玻璃器刻纹以枝、叶、花为主题，运用葡萄叶纹、葵花纹、枝条纹、绳索纹等装饰手段，再加上菱形纹、十字纹、三角纹、正弦纹等几何纹饰，构成了繁富华丽的图案。刻纹玻璃工艺与贴丝、贴花工艺一样，都是伊斯兰玻璃工匠从罗马继承的工艺，在伊斯兰早期曾盛行一时。

伊斯兰纺织工艺也很发达，以地毯和丝织拜垫最富特色。《古兰经》记载，天堂是一个绿草如茵的花园，真主的臣民们躺在美丽的地毯上享受着鸟语花香的幸福生活。因此，地毯成为穆斯林生活中重要的一部分。现存地毯多为16世纪以后的制品，以奥斯曼土耳其和萨菲伊朗的产品最为知名。地毯纹样有庭园、花卉、团花、动物、狩猎、瓶壶等纹，色彩浓而不艳，稳重高雅。

8世纪中叶怛逻斯战役后，有一些中国织匠、络匠被俘往阿拉伯地区，他们把中国的丝织技术带到西亚，使当地的织造锦缎（dībāj）等高级丝织品的手工业迅速发展起来。伊朗、叙利亚等地的穆斯林很快取代拜占庭而执掌丝织业的牛耳，并操纵了对欧洲的丝绸贸易。西亚的巴格达、古尔只、毛夕里、忽鲁谟斯等，也发展成为重要的丝绸产区或集散地。自哈里发以下，阿拉伯的各级统治者都办起了宫廷作坊和官府作坊，生产"兑拉兹"（Tirāz）等供王室和上层人物专用的丝织物。

"兑拉兹"原意为刺绣，这里指以古体文字绣出或织出哈里发名字或苏丹名字、供缝制统治者御用袍服或赏赐有功大臣的荣誉袍服的织物。今叙利亚、伊拉克以及陶氏吉（Tawwaj，设拉子以西约150千米）、法萨（Fasā，设拉子东南约150千米）等海湾东岸的许多城市，都有这样工艺高超的作坊，织造花团锦簇、色泽鲜丽的锦缎、壁毯等。这些作坊的产品大量输往欧洲。实际上，穆斯林的丝织作坊控制了9—14世纪欧洲的丝绸市场。在欧洲，有名的丝绸品种大多来自阿拉伯。例如"大马士克"（damask，金线刺绣的绸缎）来自大马士革；"阿塔比"（attābi，条纹绢）因巴格达城的阿塔卜区（'Attab）而得名，后来西班牙的阿拉伯人仿制这种丝织品，畅销于法国、意大利和欧洲其他国家，也叫"塔比"（tabi）；苦法制造金丝或半金丝的头巾，名叫"库菲叶"（Kūfiyah），今天的阿拉伯人仍然喜欢戴这种头巾。后来，丝织技术经阿拉伯人的中介传入西班牙，并在那里的丝织业中得到高度发展。1147年，丝织技术传入西西里。12世纪下半期，西西里成了丝织业向欧洲传播的基地。[①]

　　大食"蕃锦"包括重锦、百花锦、碧黄锦、兜罗锦等，在中国唐代中期以后，颇为中原所瞩目，唐宋时期曾一再有大食人进献中原的记载。《新唐书》卷217《黠戛斯传》记载，一件重锦有20橐驼之载重，必须分裁20块运输。大食产的百花锦多做帷幕，"其锦以真金线夹五色丝织成"。

　　由铜、锡、铝、白铁等金属制成的生活用品，在民间工匠手中也以各种生动活泼的造型出现，器皿上覆盖着各式繁复的花纹图案。高级金银首饰、珠宝玉器，各类贵重金属镶嵌、象牙雕刻等，有着几千年的悠久历史，产品誉满世界各地。不仅在一般家具上，在武器、仪器及各种小型生活用具上，他们都能把金、银、宝石等镶嵌成非常精妙美观的图案纹样。

---

① 张广达：《海舶来天方，丝路通大食——中国与阿拉伯世界的历史联系的回顾》，周一良主编：《中外文化交流史》，河南人民出版社1987年版，第772—773页。

第十四章
"四天子"时代的印度文明

约600—1200年，印度出现了许多地区王国和时常短命的王朝。在这一时期，重大的政治过程仅仅发生在几个中心地区，这几个地区势力均衡，谁也不能控制其他中心地区，地区之间的战争主要是为了控制各中等地区。正是由于这种势力均衡的存在，各地区内部的政治状况稳定，从而推动独特的地区文化的发展。同时，这种均衡又造成了经常性的对抗和有时多个地区间的冲突。[①]经过长期的分裂、冲突和来自中亚其他民族的入侵，直到12世纪末信仰伊斯兰教的阿富汗封建主入侵，德里苏丹国建立以后才得以重新统一。德国史学家赫尔曼·库尔克（Hermann Kulke）、迪特玛尔·罗特蒙特（Dietmar Rothermund）在所著《印度史》中把印度这一时期的历史称为"地区王国时期"。

一 印度的地区王国时期

1 北印度戒日帝国的短暂统一和地区王国的兴起

5世纪末，来自北方的嚈哒人占领北印度大片领土，一些属国纷纷自立。到6世纪中叶，笈多帝国在嚈哒人的不断入侵和内部王室纷争、地方封建割据等多重打击下，实力全失，渐渐解体，印度北部陷入四分五裂的状态。笈多王朝统治的地区只剩摩揭陀及其东南的一小部分，成为偏居一隅的小朝廷。

笈多帝国解体后，北印度局势混乱，各国争战不休。从此印度进入一个政治分裂和文化衰落的时期。不过，印度虽然在政治上分裂，却以强大的社会

---

① ［德］库尔克、罗特蒙特著，王立新、周红江译：《印度史》，中国青年出版社2008年版，第134页。

文化传统而保持着社会领域的凝聚力，中古时期的种姓制度和印度教塑造了整个印度次大陆的经历与价值观。自7世纪起，伊斯兰教也开始吸引大批印度信众，到11世纪以后，伊斯兰教与种姓制度和印度教一样，深刻地影响着印度社会。①

当时比较重要的王国有4个，即摩揭陀的后期笈多王国、塔内萨尔的普什亚布蒂王国、以曲女城附近为中心的莫卡里王国和伐拉比的梅特拉卡王国。这些王国中，梅特拉卡王国在8世纪中叶为信德的阿拉伯人所灭；后期笈多王国于8世纪中叶前后消亡；而普什亚布蒂和莫卡里王国则通过婚姻关系逐步联合起来。

612年，普什亚布蒂王朝王子哈尔沙（Harsha）迁都曲女城，并正式称王。哈尔沙就是中国古典文献中提到过的戒日王。"戒日王"是其德称，意为"持戒的太阳神"。为了维系帝国的统一，戒日王自掌军权，处理军机，建设了一支庞大的军队，分为象、马、步三个兵种。和以往的朝代相比，戒日王更重视象军的建设。他初继位时象军只有5000人，到了612年，他将象军扩大了12倍，其数目一跃而为6万。依靠这支庞大的军队，他开始了轰轰烈烈的一统印度的战争。在漫长的统治期间，他四出征战，向各小王国发动进攻，再度实现了北印度的统一，建立起一个西起旁遮普东部、东至孟加拉西部、北至喜马拉雅山南麓、南达纳巴达河的戒日帝国，成为继孔雀王朝、笈多王朝之后又一个基本统一北印度的政权。这个帝国的规模几乎可以与笈多帝国相媲美。戒日王自称属笈多王族的旁系后裔，因此也有人将戒日王朝视为笈多王朝的延续。

戒日王对帝国的统治大致按照印度建立帝国的传统模式，他庞大的帝国是依靠武力结成的松散联盟。除萨他泥湿伐罗、卡脑季、摩揭陀、羯朱嗢祇罗国在其直接控制之下，其余30余个王国各有其君主、军队，各有其官僚制度及法律制度。它们只是屈从于戒日王的威力，承认他的霸主地位，向他称臣纳贡。这种地方小王公称为"萨蒙塔"（samanta），对于宗主国负有军事义务，在战时带领军队参加作战。各个王公的军力、国力以象匹、马匹的数量来衡量。"萨蒙塔"最初的意思是"邻居"，指毗邻地区的独立统治者，后指一

---

① ［美］杰里·本特利、赫伯特·齐格勒著，魏凤莲、张颖、白玉广译：《新全球史——文明的传承与交流》（上卷），北京大学出版社2007年版，第428页。

个臣属、但已复位的纳贡君王。在戒日王时代，他们在自己的领地享有很大的自主权，甚至在帝国核心地区都成为势力强大的人物。为了将这些过分强大的臣属纳入王国的等级秩序中，他们经常被安排在国王宫廷中担任高官。[①]

戒日王朝建立一套"刑政甚肃"的等级制官僚机构。中央政府由大臣会议辅佐戒日王进行统治。戒日王是个勤勉的国王。据玄奘记载，戒日王"每以一日分作三时，一时理务治政，二时营福修善，孜孜不倦，竭日不足矣"。他还举办慈善事业，大量向贫民施舍财物，包括药品等。在他统治的40余年间，北印度相对稳定繁荣，农业发展，各地出现"稼穑殷盛"的景象，沿海港口和与对外贸易有密切联系的城市工商业仍继续保持繁荣。

戒日王信奉印度教湿婆派，但对其他宗教也都采取扶持政策。他创作的《八大灵塔梵赞》和《野朝赞》表现出强烈的佛教情趣。他曾大力提倡大乘佛教，修建了许多佛塔、伽蓝，供养佛教僧众，"圣迹之所并建伽蓝"，于恒河两岸建立数千座佛塔。他每5年举行1次无遮大会（各个教派都可以参加的宗教大集会），鼓励各教派进行宗教学术交流。由于戒日王对佛教的支持，佛教徒把他看作与阿育王、迦腻色伽齐名的护法名王。

中国高僧玄奘在印度访学期间，于642年曾到过曲女城，受到戒日王的隆重接待和礼遇。戒日王召集各国僧侣在曲女城召开辩论大会，北印度18国国王全都列席，3000多名大小乘高僧、2000多位婆罗门教徒以及1000多位的那烂陀寺寺僧，全都参与盛会，这就是佛教史上著名的"曲女城辩论大会"。玄奘受请为论主，登上宝座，称扬大乘佛教。他高坐宝位，发挥宏论，对答如流，言之有据，群情悦服。会后戒日王礼请玄奘乘象出巡，并遣人执旗前导巡行。两年后，玄奘又应邀参加戒日王帝国五年一度的佛教无遮大会。这是印度佛教史上规模最大的一次盛会，历时75天，盛况空前，与会者中包括王公、贵族、僧人和学者，先后达5万人之多。

戒日王本人是一位诗人兼戏剧家，曾有《璎珞传》《妙容传》及《龙喜记》等作品。在《璎珞传》中，戒日王祈愿"众神联合，与世共存，造福人类"，表达了他希望众王国联合的愿望。四幕戏《妙容传》取材于印度民间传

---

① 　[德]库尔克、罗特蒙特著，王立新、周红江译：《印度史》，第153页。

说故事集，讲述一位国王与一位吉祥的公主的爱情故事。五幕戏《龙喜记》取材于印度故事集《故事广纪》中的云乘故事和现已失传的佛典《持明本生活》，主题是赞美自我牺牲的崇高品德。

由于自身的文化素养和兴趣，戒日王尤其热心文化学术事业，积极赞助各种文化学术活动。他的宫廷里聚集了一批杰出的学者作家。戒日王的王田收入中专列一项开支，奖励硕学高才，又对当时佛教学术文化中心那烂陀寺给予厚赏，许多名流学者在寺里进行研究工作。

但是，戒日帝国稳定繁荣的局面没能维持多久。646年底，戒日王去世，戒日帝国立即陷入混乱和分裂，其首都曲女城也成为分裂的各王国极力争夺的对象。当时主要有孟加拉的波罗王朝、西印度的波罗提诃罗王朝和德干的拉什特拉库塔王朝，即所谓"三强"。印度次大陆从此内战不断，印度历史进入了长达500多年的无序状态。

大约在7世纪北印度兴起了一种新的力量，即拉其普特人（Raja Putra），意为"王族后裔"。拉其普特人并不是一个统一的民族，他们中比较重要的有瞿折罗-布罗蒂诃罗人、兆汉人和遮娄其人。6世纪，拉其普特人共有36个部族，其中有12个建立王朝。从7世纪中叶直到12世纪末穆斯林征服北印度之间的历史时期常常被称为"拉其普特时期"。在这段时间里，几乎所有的北印度政权都是拉其普特人建立的；南方的遮娄其人也是拉其普特人的一支。各拉其普特王国之间混战不已，普拉蒂哈拉、帕拉和拉喜特拉库塔三国争雄北印度200余年，但始终未能完成统一局面。10—12世纪，区域性王国林立，印度政治上更加分裂。同时，因他们激烈抵抗伊斯兰教力量对印度的侵入，以至于拉其普特人常被认为是印度教的保卫者。

笈多帝国其后的诸王国，都是政教分离的君主制国家。各国政权一般对宗教采取宽容政策。宗教所给予政权的最主要的支持，是使王权神圣的观念成为深入社会的权威观念。当时，国王被看作是住在地上的天神，只是按照世俗行事时才是凡人。王位通常是世袭的。有时，在国家生死存亡的关头，选择国王的权利也会交给贵族集团。国家机构较为简单，主要是辅佐国王的枢密顾问、大臣、将军等，往往由王族成员担任。由于各国之间的战争非常频繁，还多设置专门主管宣战和媾和的大臣。

2 南印度各独立王国的兴替

在雅利安人进入印度以后，达罗毗荼人（Dravidian）的哈拉巴文化受到挤压，逐渐从印度河谷及旁遮普区域移到恒河一带和今南印四邦。在孔雀王朝、笈多王朝和戒日王朝统治印度中北部的时候，南印度作为达罗毗荼文化的维持者与北方文化处于对抗状态，并保持了自己的独立性。南方的文化和雅利安人控制的北方文化同样丰富和先进，它们是公元前3世纪至公元前2世纪以前形成的共同的印度文化的一部分。[①]

达罗毗荼人是个泛称，包含泰米尔人、泰卢固人、马拉雅兰人等。达罗毗荼人至今仍保留他们的语言，约1/5的印度人仍以达罗毗荼语为主要语言，在印度18种官方承认的语言中，达罗毗荼语就占了4种，在泰米尔纳杜邦通行的泰米尔语、安得拉邦流行的泰卢固语、卡纳塔克邦的坎纳达语及略拉拉邦的马拉雅兰语都属达罗毗荼语系。达罗毗荼人的文化、艺术与建筑亦自成一格。

南方印度陆续形成了一些独立的王国。三个最大的独立国家是帕拉瓦、朱罗和潘地亚。它们为取得地区的支配权而相互斗争，但谁也未能将整个地区始终置于控制之下。

4—10世纪，帕拉瓦王朝是南印度最大的王朝。帕拉瓦王国鼎盛时期势力范围为沿东海岸北起奥里萨，南到彭纳河以南包括今阿尔科特、马德拉斯、特里契诺波利和坦焦尔在内的广大地区。建志为王国的政治、经济和文化中心，名胜有凯拉萨纳塔等著名寺庙。玄奘曾到此访问。帕拉瓦王国是著名的印度教王国，国王信奉毗湿奴或湿婆，对其他宗教也能宽容。帕拉瓦王国奖励文学艺术，特别是建筑和雕刻，开创了达罗毗荼风格，其代表作是马默拉普拉姆的拉塔寺。

朱罗人早先是帕拉瓦王朝的附庸。893年，朱罗国王阿迪蒂亚（Aditya）征服帕拉瓦，俘虏其末代国王阿帕拉吉塔·帕拉瓦（Aparajita Varman），上升为南印度的主导势力。985年，雄才大略的罗荼罗乍继位，印度史籍称罗阇罗阇一世（Raja Raja Chola I）。他以强大海军为基础，控制西海岸的卡利卡特、科钦和奎隆等港口，征服哲罗及锡兰北部，并挥师北上战胜孟加拉的帕拉王

---

①　［美］罗兹·墨菲著，黄磷译：《亚洲史》，海南出版社、三环出版社2004年版，第108页。

朝，占领恒河下游，在恒河三角洲建立新都恒伽孔达-朱罗普兰。其版图南至锡兰，北达羯陵迦，统一了南印度。罗茶罗乍还征服溜山国（马尔代夫），甚至击败了东南亚的室利佛逝王国，侵夺其大量领土。朱罗王国极盛时，疆域包括印度南部、斯里兰卡岛全部、苏门答腊岛大部、马来半岛大部等。但朱罗人对于征服的地区，并不直接取缔原先的王室和贵族地位，而是笼络转化为自己的忠实藩属。他们仅仅期望控制港口和寺庙体系，聚集财富。

朱罗王国的核心领土是高韦里河肥沃的河谷。作为当地最大的水系，不仅供养着数个成熟社区，也是内陆航运的有力保障。朱罗王国依靠东来西往的船队获得了巨大的利益。朱罗王国的成功，得益于财富积累和技术进步。长期的海运转手贸易，加上高韦里河谷的富庶农业，让朱罗王朝得以占有大量的财富，用以募集军队形成规模庞大的军队，成为威慑其他地区的力量。在11世纪，朱罗王国势力臻于鼎盛，"远南"第一次成为印度历史的主要焦点。[①]在中国史籍中称朱罗王国为注辇国。宋元时期，注辇国和中国有官方的往来和海上商贸交通。

朱罗王朝是南印度历史上统治时间最长的朝代。朱罗王国建立于公元前3世纪，灭亡于1279年，时间长达1500年。13世纪，朱罗王国渐渐衰落，潘地亚王国崛起。潘地亚人入侵朱罗王国，朱罗王国的权威为潘地亚所取代。

潘地亚王国建立于公元前6世纪，灭亡于1345年，时间长达1800年。它强大时，疆域包括印度南部、斯里兰卡北部。

14世纪，印度中部印度斯坦人的维查耶那伽尔王国崛起，向南征服了潘地亚王国。维查耶那伽尔将半岛南部的大部分统一起来，它的首都是当时印度最壮丽的城市，城里有一个巨大的人工湖，到处矗立着一座座宏伟的神庙。

维查耶那伽尔王国实行宗教宽容政策，同时保留了印度教国家的特点。其土地分配方式与笈多王国时大致相同。王族土地由国家管理；国王赐予官吏和贵族的土地作为他们的世袭领地；寺院土地免收赋税。农村公社虽然缩小了，但仍然存在。在村子里，农民有自己的份地，世袭使用，并可以买卖，但公社成员享有优先购买权。草地、荒地为公社的公地，大家共同使用。此外，

---

① ［德］库尔克、罗特蒙特著，王立新、周红江译：《印度史》，第137页。

还有一种婆罗门公社，由高级种姓婆罗门组成，享有广泛的自治权和免税的特权；公社集体领有土地，分给每个婆罗门一份，实际耕种土地的农民直接向婆罗门交纳租税。

二　地区王国时期的印度文化

1　印度教的兴盛

笈多王朝晚期，佛教在印度已经衰落，综合婆罗门教、佛教等的印度教兴盛起来。印度教成为印度文化的正统和主流。印度教教义包括种姓制度和造业轮回的思想，同时继承了佛教"四谛"的观点，认为死是人生的解脱，而脱却生死的轮回，才是最终的解脱。印度教认为，达到最终的解脱，可通过认知达到梵我如一；可通过苦修，由神解脱；也可通过持虔诚之道，衷心侍奉神。

印度教艺术是印度教宗教哲学的图解、象征和隐喻，崇尚生命活力，追求宇宙精神。在艺术表现上，充满着繁缛装饰和奇异想象，带有超现实的神秘主义色彩。印度教艺术的题材多取自印度教经典《吠陀》、史诗《摩诃婆罗多》与《罗摩衍那》、往世书神话以及民间传说等，它们都是印度教艺术的永恒主题。7—13世纪是印度教艺术的全盛时期。

历代地区王国大多信奉印度教，掀起建造印度教神庙的热潮，历经数百年不衰。11—13世纪，印度的各地区王国都修建巨大的神庙，它们通常比以前的神庙大三四倍。印度教神庙被看作是印度教诸神在人间的居所。神庙内外通常布满男女诸神装饰雕刻。神庙是印度教社会生活的中心。寺庙是农村土地的所有者，是财富的集中者，是学校，是村的行政中心，是劳动力的雇佣者，是讨论各种问题的中心，还是举办各种各样活动的中心，包括音乐、戏剧、列队行进赞美诗和舞蹈等节庆活动都在神庙举行。不仅祭司、建筑家和艺术家，舞蹈家、歌唱家、教师和作家往往也喜欢聚集在神庙院内。神庙发展成为表现印度教文化最重要的场所。[①]

---

① 　[美]威廉·麦克尼尔著，孙岳、陈志坚、于展译：《西方的兴起：人类共同体史》（上卷），中信出版社2015年版，第493页。

印度教与印度人民生活关系十分密切。印度教的节日就是大多数印度人的节日。印度教把人的一生划分为四个阶段：学习期、居家期、隐居期、脱俗期。每个印度教徒都要按照这个程式安排自己的一生。印度教渗透在印度社会的各个方面，规定出每个教徒从生到死的各种程式和法规。它深植于印度人的生活之中。印度教所规定的人生礼仪就是大多数印度人的人生礼仪，印度教相信世界有因果，人生有轮回。他们认为欲乐、资财、人道、解脱为人生四宝，这四宝决定着人生的价值取向。所谓欲乐就是人应该享受生的快乐，狭义是指爱和欲，这是关系种族繁衍的大事，古代以《爱欲经》为指导，中世纪盛行生殖崇拜、性力崇拜、女神崇拜，表现为对处女的膜拜、举林伽狂欢（林伽为性器）等。资财是保证生存的条件，印度教视资财为人生之一宝，灯节纪念的拉丝密女神即为印度的财神。但追求欲乐和财富都是有限度的，不义之财不能取，贪婪是罪恶。印度教认为解脱是人生的最高价值，是人生的理想，是人的神性的实现。所以生活只是过程，现实只是达到理想的过程。基于种种观念，中古的印度人有强烈的宗教意识，也不反对合理的凡俗享乐。这种既入世又出世的生活态度构成了印度特殊的人生风俗。

伊斯兰教进入印度以后，印度教面临着巨大的冲击和挑战。侵入印度的伊斯兰教上层统治者，对印度教采取迫害和歧视的政策，摧毁印度教庙宇而改造为清真寺，强迫印度教徒改宗伊斯兰教，要求印度教徒缴纳标志异端象征的人头税，所缴纳的土地税也高于穆斯林，印度教徒不能担任高级官吏和高级军官。印度教的广大信徒在受歧视、受压迫的情况下，竭力保持自己的宗教和风俗。

另一方面，印度教也适应新的形势，进行一些内部的改革。改革的中心内容，是简化神统和合并教派。印度教历来是派别林立，12世纪主要有毗湿奴派、湿婆派和性力派等主要教派。在印度教的改革中，兴起了虔诚派运动。虔诚派运动不太看重正统教派的经典和仪式，主张对神真正虔诚地信仰。虔诚派运动的创始人罗摩难陀（Ramananda）宣传打破种族制度之束缚，强调信爱神，用印地文传教，反对歧视妇女，主张男女平等。在教义上提倡众神统一，如认为梵天、毗湿奴两神是诃哩-诃罗的不同现身。虔诚派运动一度影响很大，后来逐渐衰落，其中的一个宗派演化为后来的锡克教。

2　印度教神庙建筑艺术

由于地区分离，南北差异加大，地区王国时期的印度艺术也表现出多样化的风格。

南印度诸王朝保持着纯正的达罗毗荼文化传统，发展了达罗毗荼人的艺术。帕拉瓦王朝建设了最宏伟的寺庙群，其都城甘奇补罗的凯拉萨纳特神庙和海港摩诃巴里补罗的五车神庙、石窟神庙及海岸神庙，是印度南方式神庙的滥觞，提供了所有南方式神庙的原型。

摩诃巴里补罗是帕拉瓦王朝建筑雕刻艺术的中心。7世纪中叶建的五车神庙，由五块整块天然花岗岩巨石雕凿而成，分别以史诗《摩诃婆罗多》中的人物命名为黑公主战车、阿周那战车、毗摩战车、法王战车和偕天战车。五车神庙外壁以壁柱为框的高浮雕嵌板，刻有印度教诸神和帕拉瓦王室的雕像。神庙的两侧还有圆雕的石狮、大象和公牛南迪。

摩诃巴里补罗的巨幅岩壁浮雕《恒河降凡》是帕拉瓦王朝雕刻的最高杰作。浮雕表现了印度史诗《罗摩衍那》中恒河降凡的故事。浮雕在一块宽26米、高9米的露天的花岗石岩壁上，表现了恒河从天上流到人间的壮观场面，艺术家巧妙地利用岩壁中央一道天然的裂缝，代表恒河从天而降。浮雕整体构思巧妙，气势宏大，个性鲜明。帕拉瓦王朝雕刻的人物造型纤细修长，体态优雅，追求一种动态的变化与力度，强调人情味、个性化和戏剧性效果。动物的雕刻也十分精彩，右下方两只大象浑厚庄严，其庞大的体积稳定了整个画面。距这岩壁右侧不远处有独石圆雕的狮子的一家，富有人情味和幽默感。

继帕拉瓦王朝之后的朱罗王朝艺术以铜像铸造最为突出，蜡模制作得非常精确，铸出的青铜像很少需要再加工。造像题材大多以印度教诸神居多。代表作品有《乌玛》《克利希那在卡利亚身上跳着舞》《湿婆与帕尔瓦蒂的婚礼》《舞王湿婆》等。

德干地区处于雅利安文化与达罗毗荼文化混杂的地带，南北方艺术相互交流融合，形成一种综合性的艺术风格。埃罗拉石窟的建筑雕刻是这种文化融合与艺术交流的最高代表。埃罗拉石窟在今马哈拉施特拉邦重镇奥朗伽巴德西北约25千米，相距不远是阿旃陀石窟。埃罗拉石窟自古就是佛教、印度教、耆那教三教朝拜的圣地。7—10世纪，在一座南北走向的新月形火成岩山麓陡坡上，陆续开凿了34座石窟，其中南端1—12窟为佛教石窟，中间13—29窟为印度教石窟，北侧30—34窟为耆那教石窟。埃罗拉石窟以其精美雕刻著称，与以壁画闻名的阿旃陀石窟并称为印度艺术的两大宝库。

北印度诸王朝奉雅利安吠陀文化为正统，同时也越来越多地吸收达罗毗荼文化的因素。北印度东部孟加拉和比哈尔的波罗王朝，是佛教在印度本土的最后庇护所。比哈尔的佛陀伽耶大菩提寺、那烂陀寺等寺院在这一时期得到扩建。那烂陀寺等地出土的雕刻，如宝冠佛、多面多臂观音、密教女神多罗菩萨等，也感染了印度教艺术繁华怪诞的巴洛克风格。

北印度中世纪印度教神庙群集中分布于奥里萨和卡朱拉侯两地。奥里萨著名的神庙有布巴内斯瓦尔的林伽罗阇神庙、布利的扎格纳特神庙、康那拉克的太阳神庙等。其中康那拉克的太阳神庙，是奥里萨建筑与雕刻艺术的顶点。卡朱拉侯神庙建筑的形制也是印度北方式神庙典型代表之一，高塔（悉卡罗）呈竹笋状，主塔周围环峙多层小塔，给人一种山脉相连、群峰怒涌的运动的幻觉。卡朱拉侯雕刻以神庙外壁高浮雕嵌板带上千姿百态的女性雕像和爱侣雕像著称。

3　文学与科学

戒日王对文学有浓厚的兴趣，大力赞助文学艺术事业。戒日王朝先后出现了一批著名的梵文作家。宫廷作家巴纳（Bana）撰写了《戒日王传》和《迦丹波利》，前者是记述戒日王朝早期事迹的历史小说，后者则是描写女郎迦丹波利的爱情与友谊的传奇故事。

薄婆菩提（Bhavabhūti）是8世纪上半叶的剧作家。他学问渊博，精通婆罗门教经典和戏剧理论。他留下了3部著名的剧本：十幕剧《茉莉和青春》描写了茉莉小姐和青春公子在朋友帮助下共同反抗国王和幸臣的阻挠、最终喜结良缘的爱情故事；七幕剧《大雄传》和七幕剧《罗摩传后篇》则对已成为经典的史诗故事进行了改编，《大雄传》囊括了《罗摩衍那》前6篇的主要内容，《罗摩传后篇》取材于《罗摩衍那》第7篇中罗摩休妻的故事。他的剧作语言优美，感情奔放，风格雄健，有很高的艺术成就，无论对当时还是后来的印度文化都产生了相当影响。

在哲学方面，在不同的教派争鸣过程中，印度的逻辑学得到了迅速发展，10世纪前后达到极盛。13世纪甘格霞（Ganges）著《真理如意珠》，创立新正理论派。他摒弃了旧正理论中一切玄学的内容，将正理论完全归入认识论与逻辑学的学科，专门探究推理规则与争论方法。他认为，量是关于某种事物以某种方式存在的正确知识。

在这一时期，占统治地位的商羯罗的不二论唯心体系开始受到挑战。罗摩奴迦（Rāmānuja）提出了有保留的一元论，认为除梵和个体灵魂外，还存在世界，世界不是虚幻的而是真实的，梵就是神毗湿奴，是有形的，世界和个体灵魂都是神创造的，为神的一部分，依存于神。在他的影响下，开始出现了有神论和神秘论的吠檀多流派。

7世纪以后，印度的数学取得了长足的进展。7世纪，梵藏（婆罗摩笈多，Brahmagupta）著有《梵明满手册》，对许多数学问题进行了深入的探讨。梵藏是古印度最早引进负数概念的人，他还提出负数的运算方法。9世纪，摩诃毗罗（Mahavira）所著《算法精义》也是一部关于数学的重要著作。12世纪的作明轨范师（Bhāskaracārya）是著名天文学家、数学家，曾任邬阇衍那天文观察台台长，写有多种天文和数学著作，主要有《究竟理顶上珠》《时间吉兆》等。他系统地发展十进制，解决二次方程式，用天文较精确地测算圆周率 π 值，是最早证明地圆说和地球悬于空间而有引物力量的天文数理学家。

三　德里苏丹与伊斯兰教在印度的传播

1　伊斯兰教传入印度

印度内部的分裂给外族入侵以可乘之机。在阿拉伯帝国大扩张时代，阿拉伯人就侵入过印度。712年，阿拉伯军队攻占信德，势力直抵木尔坦。由于曲女城与迦湿弥罗的印度国王的抵抗，加之后来阿拉伯人内部产生分裂，阿拉伯人的攻势有所减弱。但伊斯兰教已经通过阿拉伯人的扩展行动传入了印度北部。

与此同时，有大批阿拉伯商人进入印度北部。穆斯林在印度的商业贸易活动十分活跃，在印度海岸的各主要城市都建有穆斯林社区，与当地女子通婚。这些阿拉伯商人将伊斯兰教信仰传播到印度南北的海岸地区。

　　来自中亚突厥人的入侵和移民，加强了伊斯兰教的传播。962年，萨曼王朝的一名突厥奴隶将军阿勒普特勤（AlbTikin）带领突厥军攻占伽色尼城，自立为"埃米尔"，建立伽色尼王朝。其继任者是苏布克特勤（Subuktikin），他在位期间不断巩固其父打下来的基业，大力发展农业与工商业生产，使得伽色尼王朝国力日趋鼎盛。998年即位的伽色尼王国统治者马哈茂德（Mahmud），被称为"伊斯兰教之剑"。即位的第二年，马哈茂德便开始征伐萨曼，夺取锡斯坦，后与中亚喀喇汗王朝联合夹击，灭萨曼王朝，以乌浒河为界瓜分了萨曼王朝的领土，使伽色尼王朝的领土从阿富汗扩张到了伊朗高原。1014年，马哈茂德击败喀喇汗王朝，进而夺取花剌子模。1029年，马哈茂德攻陷赖伊，占领伊朗西部地区。

　　与此同时，马哈茂德也开始策划入侵印度。1001年，马哈茂德第一次远征印度白沙瓦。白沙瓦的统治者战败被俘，白沙瓦并入伽色尼王国。1001—1026年，马哈茂德先后入侵印度17次。1018年底，马哈茂德攻占马土腊，把那里许多富丽堂皇的庙宇抢掠一空并放火烧毁。1019年，他的军队洗劫了曲女城，夺得银币300万、奴隶5.5万、大象350头。1025年，他的军队洗劫了印度教月神庙所在的索姆那特城，在大庙周围地区屠杀5万多印度人，捣毁了巨大的神像，劫走无数的珍宝。这一次次入侵不仅对印度的生产力造成严重破坏，印度教势力也大受打击，更使印度文化备受摧残。

　　马哈茂德效法波斯的政治组织和行政结构，采用萨曼王朝的行政制度，奉行中央集权君主专制，君主集政治、军事、司法和宗教大权于一身，军队直接由国王统率，拥兵黩武。中央设大臣会议，各部大臣分管政务，起用有经验的波斯人担任行政要职。各省总督由出身于突厥奴隶的军事将领担任。他重视开垦荒田，兴修水利，奖励工商业，执政时为伽色尼王朝的鼎盛时期，首都伽色尼城成为当时最华丽的城市之一。

　　伽色尼王朝推行伊斯兰教逊尼派教义，统治者以伊斯兰教保护人自居。马哈茂德自称是伊斯兰教的"圣战者和保护者"，在铸造的钱币上称"赛义德"（即圣裔）。凡所征服之地，派出毛拉和教法官宣传逊尼派教义，以《古兰经》和圣训立法，聚礼日向阿拔斯王朝哈里发祈祷。在印度旁遮普地区推行伊斯兰化和阿拉伯化的政策，迫使印度教徒改信伊斯兰教，打击其他宗教势

力。在白沙瓦、拉合尔兴建壮丽的清真寺、宗教学校，使伊斯兰文化在北印度
得到广泛传播，奠定了北印度伊斯兰教化的基础。

马哈茂德连年征战，东征西讨，给印度文化造成了极大的破坏。但他本
人又是一位对文化和科学有浓厚兴趣的统治者。马哈茂德统治时期，邀集著
名学者到伽色尼宫廷从事学术研究，在历史学、天文学、数学、建筑、文学和
诗歌等领域作出了贡献。著名波斯诗人费尔多西曾将其史诗《列王纪》题献给
马哈茂德。博学家比鲁尼（Biruni）、诗人和宗教哲学家温苏里（Unsuri）等
皆在伽色尼王朝统治者庇护下取得重大学术成就。马哈茂德资助波斯文学和绘
画，还亲自参加学术讨论，以重金奖掖学术著述。他在都城伽色尼城创办第一
所伊斯兰大学，建立图书馆和天文台。伽色尼城成为当时中亚的伊斯兰文化和
学术中心。

比鲁尼是那个时代理论水平与实践能力俱佳的天才人物。他曾随马哈茂
德征服印度，在那里留居多年，并到各地考察旅行，掌握了梵语。从印度回
到伽兹尼后，在苏丹马苏迪的宫廷从事天文学研究和著述。他是一位勤奋、
多产、涉猎范围广博的科学家，一生写作了涵盖20多门学科的大约146部著作
（只有22部传世）。他的一部近1500页的百科全书《马苏迪之典》，是一部集
天文、地理和民族学的通科著作。《古代遗迹》记载了东方各国人民的历史、
地域、文化及宗教，着重讨论了古代各族的历法和纪元。《印度志》记述了印
度的自然地理、历史、古迹、宗教信仰、哲学、文学、天文学、法律、税制、
风俗习惯，尤其对佛教哲学的基本观点进行了系统阐述，并与希腊哲学及其他
宗教哲学进行了对比研究，指出佛教哲学对伊斯兰教苏非派思想的影响。他对
天文学有深入研究，测定了太阳远地点的运动，并且首次指出其与岁差变化存
在略微的差别。比鲁尼还设想地球是自转的。他在写给好友、同时代的著名学
者伊本·西拿的信中，甚至提出地球绕太阳运转的学说，并且认为行星的轨道
是椭圆形而非圆形的。他说，如果认为地球是在围绕太阳运转的话，那么就不
难解释其他星体的运动情况。他的《马苏迪天文学和占星学原理》，是对当时
天文学研究的总结，将天文学与地理学结合，提出了地球以地轴为中心自转的
理论，并推测到地球是绕太阳运转的，还对地球的经纬度做了精密的测量。
《占星学入门解答》是一部关于数学、几何、天文和占星的著作。他著有《药

学》以及矿物学、物理学方面的著作，还将欧几里得和托勒密的数学天文著作择要翻译介绍给印度。比鲁尼被后世誉为"百科式的学者""各种文化交流的使者"。

通过伽色尼王朝的强力推广，伊斯兰教在印度获得了广泛传播，许多印度人皈依伊斯兰教。部分印度人为了提高自己的社会地位而改宗，例如，低种姓的印度教徒希望通过信奉一种承认全体信徒平等的宗教，摆脱受歧视的境地。到1500年，印度的穆斯林人口达到2500万，约为整个印度次大陆人口的1/4。[①]

在这一时期，印度与伊斯兰教的相遇丰富了印度文化。[②]从7世纪中叶起，伊斯兰教建筑艺术逐渐传入印度，其特点是广泛使用圆屋顶、拱门、尖塔，没有人物和动物的雕饰，而以几何图形、花叶、书法铭刻作装饰。到德里苏丹时期，伊斯兰艺术和本地艺术风格结合，形成了一些新的风格。受穆斯林直接控制且时间较长的地方，其影响也大，如德里的建筑基本上是伊斯兰教风格的。而受穆斯林控制时间短或根本没有受其控制过的地区，其影响就小，如南印度地区，建筑风格主要是传统的。介于两者之间的地区如孟加拉，表现出的是一种混合的风格。

2　德里苏丹国

12世纪末，伽色尼王朝灭亡，代之而起的是信奉伊斯兰教的阿富汗突厥人建立的古尔王朝。古尔王朝苏丹穆罕默德（Muhammad of Ghor）继续向印度内地扩张，先后征服德里、曲女城、比哈尔、孟加拉等地，摧毁了伽色尼王朝的残余。1206年，穆罕默德遇刺身亡，其驻印度德里的总督库特布·丁·艾巴克（Qutb-ud-din Aibak）自立为苏丹，建立德里苏丹国。其后的320年间，德里苏丹国经历了彼此没有家族关系甚至没有种族关系的5个王朝、32个苏丹的统治。在德里苏丹国第三王朝图格鲁克王朝时，曾4次派大军远征南印度，领

---

① ［美］杰里·本特利、赫伯特·齐格勒著，魏凤莲、张颖、白玉广译：《新全球史——文明的传承与交流》（上卷），第444页。

② ［德］库尔克、罗特蒙特著，王立新、周红江译：《印度史》，第193页。

土扩大到科佛里河以南，行省增加到23个，使德里苏丹国家一度达到极盛时代。到1535年，德里苏丹国已经囊括了南亚次大陆的大部分地区。

德里苏丹国的统治者都是中亚来的伊斯兰教军事封建贵族，以突厥人和阿富汗人"四十大家族"（Chihalgani）为核心，占有大量的军事采邑土地"伊克塔"，并依靠中亚外族雇佣军为统治支柱。德里苏丹国的政治体制为政教合一的神权政体。苏丹既是国家元首，又是伊斯兰教最高教长，集君权和教权于一身，是国家的最高统治者。德里苏丹名义上奉阿拉伯哈里发为宗主，实际上完全独立。苏丹下设立维齐尔（首相），主管国家的岁入与支出，同时有监督中央各行政部门的权力。中央政府包括军事、宗教、司法等部门，各部设大臣主管。维齐尔与军事部总督、宗教和司法部大臣、机要秘书兼情报大臣成为苏丹国家的4根栋梁。还建立了行省制的地方统治体系，由穆斯林地方军事贵族掌权。地方行政分为省、舍克、巴尔加那、村社4级。省设总督，为省的最高军政长官。边远地区的土邦由印度王公统治，处于半独立状态。

根据伊斯兰教"一切土地皆属安拉"的教义，苏丹国在印度建立了封建的土地国有制。国有土地分为两部分，一部分是苏丹的领地，称为"哈斯"，由国家财政部门直接管理，耕种这些土地的农民向国家纳税，供宫廷和国家的支出；另一部分为苏丹赏赐给王公贵族和国家官员的封地，称为"伊克塔"。领有伊克塔，就有义务为苏丹服军役，并提供相应数量的士兵。伊克塔起初并不世袭，苏丹有权随时收回；随着受地者的职位的变动，地点也不断变动。到德里苏丹国后期，王权衰落，伊克塔逐渐成为世袭，并拒绝向苏丹服军役。此外，苏丹还把部分土地赐予清真寺、学校等，称为"瓦克夫"，免收赋税，收入充作经费。封赐给神职人员的土地称为"伊纳姆"，由受封者世袭。原印度王公也还保留大量土地。这些土地为他们的私产，但须向苏丹纳税。国家军队为常备军。士兵主要由各省和伊克塔提供，多为突厥人、波斯人、阿拉伯人。后来也有印度人当兵，但印度军人一般不得担任高级军官。14世纪，德里苏丹国拥有30万军队，是伊斯兰世界最强大的国家之一。

随着德里苏丹国农业、手工业及商品经济的发展，德里苏丹国兴建许多水利工程，普遍推广使用革新的波斯式水车及多种灌溉工具，农业生产有很大发展，许多原来不毛之地例如赫尔沙-菲罗兹达巴德地区迅速成为鱼米之乡。

农业中出现专门种植商品粮和棉花、蓝靛、甘蔗、香料、果蔬等经济作物的专业性产区。手工业和商品经济也有很大发展。对外贸易输出的货物有棉花、棉布、细棉布、丝绸、胡椒、蔗糖、皮革、蓝靛等；输入的货物有波斯和阿拉伯的军马，中国的丝绸、瓷器等。

在蒙古人征服巴格达之后，德里苏丹国成为伊斯兰世界的中心。[①]德里苏丹国兴建了不少清真寺。突厥贵族通过武力征服的方式来传播伊斯兰教。为了在印度民众中推行伊斯兰教，历代苏丹均对印度教封建主及各阶层广大居民采取敌对、歧视、迫害等高压统治政策，强征人头税及强迫改宗伊斯兰教。印度教徒不能担任高级官吏和高级军官，只能任最低级的官员，如村长；印度教徒要交纳人头税，土地税也要比穆斯林多交。一些时期，还会对印度教徒采取迫害手段，如禁止印度教徒举行宴会，禁止印度教徒理发，破坏印度教庙宇，打碎印度教的神像等。佛教受到的打击更为严重，寺庙大量被毁，佛教徒受到残酷迫害。

德里苏丹国统治期间，伊斯兰教在印度得到了广泛的传播。伊斯兰教的穆斯林都是兄弟的平等观念，吸引了印度低级种姓的群众。为了争取平等，许多低级种姓群众改宗伊斯兰教。一些高级种姓者为了少交税并取得政治上的权势和地位也改宗伊斯兰教。这样，印度的伊斯兰教徒迅速增加。在旁遮普、信德、克什米尔、孟加拉等地，伊斯兰教徒人数已大大超过了印度教徒。

德里苏丹国在全国各地建立清真寺、图书馆、学校，推行伊斯兰教育。每一所清真寺都附设一所"马克塔卜"（即小学），附近地区的男女儿童皆可以在此接受教育。教学的内容主要是《古兰经》，旁及简单的读、写、算。教学方法注重死记硬背。此外还设有学院，教授文法、修辞、因明学、神学、玄学、文学、法律及其他自然科学。波斯语和阿拉伯语是学校教学的主要语言。

印度的伊斯兰教也受到了印度教的许多影响。伊斯兰教本来是讲究信徒人人平等的，但在印度也受到印度教种姓制度的感染，由印度教改宗的穆斯林，许多都保留了他们原来的种姓地位。在印度的清真寺做礼拜时，各个种姓

---

① 　［英］弗朗西斯·鲁滨逊著，安维华、钱雪梅译：《剑桥插图伊斯兰世界史》，世界知识出版社2005年版，第51页。

的信徒都是分开礼拜，信徒中可以看到明显的等级差别。

四 印度文化在东南亚的推广

1 印度人在东南亚商业与殖民活动

印度商人很早就有从事远程贸易的传统，自古代以来就参加了国际贸易。[1]有学者指出：在公元前和公元后的最初几个世纪中，印度人最热烈的爱好就是贸易和经商。印度人追求远方的市场，控制了很多国外市场，与西亚、东亚都有广泛的贸易往来。东南亚是他们传统的商贸地区。他们从这些东方岛屿取得物资，同时也把这些岛屿作为与中国商贸交通的海上中转站。印度人在东南亚开拓移民，同时也展开文化传播，在东南亚各国展现出了一个影响深远的"印度化时代"。由于东南亚有着浓郁的印度文化烙印，因此一些历史学家习惯把它称为"大印度"——由印度移民和殖民创立，并于4—5世纪达到顶峰。[2]

印度的海外贸易以沿海地区为中心。在那里，由于各国的商人云集，逐渐在沿海地区形成了一些海港城市。海港城市里不但有印度人，而且有西亚人、东非人、欧洲人，还有中国人、菲律宾人等在那里活动。

印度东海岸的居民很早就活跃在孟加拉湾的海面上，开辟了与斯里兰卡以及更远的中南半岛、马来群岛之间的交通线。印度商人的船只从印度东海岸出发，横过孟加拉湾后，进入马六甲海峡。印度人在马来半岛上建立了一些据点，留下了一些殖民地，实现了马来半岛的印度化。

印度人由马来半岛出发，进入爪哇岛。他们征服了岛上的原住民，在那里建立了殖民地，同时也将印度文化一同带到了那里。早在公元前5世纪，印度商人就航行到印度尼西亚的各个岛屿，并到达亚洲东南部。在那里，他们用

---

① ［德］库尔克、罗特蒙特著，王立新、周红江译：《印度史》，第144页。

② ［美］菲利普·D. 柯丁著，鲍晨译：《世界历史上的跨文化贸易》，山东画报出版社2009年版，第97—99页。

珍珠、棉花、黑胡椒和印度的手工业产品换取香料和珍奇的地方土特产。①在公元后的最初的几个世纪，印度商人已经成为整个东南亚熟悉的形象。印度人向爪哇的殖民大约完成于5世纪前后。在今天新加坡的地理位置上，估计最迟在5世纪前后也已经出现了印度人的殖民城市。继而，印度人利用信风航行到印度支那地区，也把印度文化带到了这里。在中南半岛东部，印度文化首先被引入占婆，随后其影响波及柬埔寨，进而扩展到暹罗。②

与此同时，东南亚上层统治者逐渐熟悉了印度的政治文化传统。他们借鉴了印度的政治组织形式，接受了印度宗教。一些印度商人通过婚姻建立起对本地人的领导权。他们依据印度国家模式，采取君主制作为政治权威的主要形式。东南亚每个地区的王国拥有与印度相似的宫廷，宫廷里充满印度文化和气氛，宫廷仪式和行政管理也和印度一样。③东南亚国家的统治者使用梵语词"罗奢"（raja，国王）自称，并以印度教统治者的方式宣扬自己的神授权力，行政职务和官僚机构也仿照印度，梵语成为官方语言，接受印度宗教仪式。④最终印度教在各阶层中传播，并在东南亚社会确立了自己的位置。

占婆国在今越南南部地区，中国史籍称为"林邑""环王"和"占城"。占婆深受印度文化影响，使用南天竺文字，从印度传入婆罗门教和佛教（后来信仰伊斯兰教），崇拜湿婆和毗湿奴等神，采用种姓制度。占婆经由中国连接东南亚、西亚等地的海路要冲，从事中国与东南亚、印度、西亚的海上中转贸易。

拔陀罗拔摩一世（Bhadravarman Ⅰ，中文史料称为范胡达）是第一位在占婆石碑上有记载的国王。他声称自己的母亲是天竺的佛教五比丘之一阿若憍·陈如与龙公主苏摩（Soma）的后代。苏摩则是传说中真腊国王的祖先。

① ［美］杰里·本特利、赫伯特·齐格勒著，魏凤莲、张颖、白玉广译：《新全球史——文明的传承与交流》（上卷），第230页。
② ［日］宫崎市定：《亚洲史概说》，民主与建设出版社2017年版，第88—89页。
③ ［美］杰里·本特利、赫伯特·齐格勒著，魏凤莲、张颖、白玉广译：《新全球史——文明的传承与交流》（上卷），第446页。
④ ［美］杰里·本特利、赫伯特·齐格勒著，魏凤莲、张颖、白玉广译：《新全球史——文明的传承与交流》（上卷），第448页。

在美山圣地，拔陀罗拔摩一世为婆罗门教神祇湿婆神建立了一个神庙，这个神庙被国王命名为"Bhadresvara"，神庙的名字是国王名字"Bhadravarman"和湿婆神名字"Shiva"合二为一的简称。将国王的名字后面加上后缀"-esvara"，也就是将国王的名字与湿婆神的名字合二为一作为神庙或林伽的名字，这项制度一直延续到以后的数个世纪。此时期最著名的雕像是描绘有梵天从睡梦中的毗湿奴肚脐上的莲花诞生情景的林伽。

875年，占城的中心北移至因陀罗地区，占婆第六王朝首位君主因陀罗跋摩二世（Indravarman Ⅱ）在这里建立了新的王朝。为了夸耀自己的血统，因陀罗跋摩二世宣称自己是印度史诗《摩诃婆罗多》记载中在十王战争中战败的俱卢族武将阿奴文陀的子孙。

古代中国文献记载的与中国交往的一个东南亚国家，是扶南国。"扶南"（Funam）一度读作B'in-nam，是古代中国人对位于今柬埔寨境内、朱笃和金边之间的湄公河沿岸的一个王国的称呼。扶南不是它的真名（人们并不知道它的真名是什么），只不过是其统治者的称号。它就是近代古蔑语中的phnom（山），古代高棉语则为bnam，统治者的全称是kurung bnam，意即"山王"。扶南的首都曾是毗耶陀补罗，即"猎人城"，在今柬埔寨的波罗勉省的巴山和巴南村附近。它的港口是奥克·艾奥，位于暹罗湾畔湄公河三角洲沿海边缘地区，今越南南部西海岸迪石以北。奥埃奥是工商业的中心，在它的遗址中有和暹罗湾沿岸、马来亚、印度尼西亚、印度、波斯乃至还直接或间接地和地中海地区通航的迹象。扶南雄峙半岛，威震海疆，2—6世纪的400年中，始终是东南亚势力强大、物产富饶的国家。它不但在政治上、军事上、经济上执东南亚牛耳，而且在交通上处于中国与印度、东方与西方的海上交通要冲。

据说第一位扶南的统治者"山王"是一位印度来的婆罗门。他受神的托梦的激励前往扶南。在那里，他借助神箭征服了本地的纳迦（Naga）女王，并与其结婚，从而在1世纪晚期建立起第一个扶南王朝。大约东吴赤乌七年至十四年（244—251），孙权派宣化从事朱应、中郎康泰出使扶南，受到扶南王范寻的热情接待，他们还在扶南王宫廷里遇到了印度来的使臣。东晋升平元年（357），扶南遣使献金、银、珠、香、诸蔗等方物。其时扶南王名竺旃檀，或是天竺人，其后王名陈如，本是天竺婆罗门，由是改行天竺法。此时佛教和婆罗门教可能并行。这条信息似乎也暗示，扶南可能是印度人建立的王朝。

扶南南界3000余里的属国顿逊（其地在今缅甸的丹那沙林），是一海外贸易中心，"东界通交州，其西界接天竺、安息徼外诸国，往还交市"。"其市东西交会，日有万余人，珍物宝货，无所不有。"来自印度、安息以及中国的商人在这里交换奇香异宝。

大约在6世纪中期，因遭属国真腊反叛，扶南国遂告灭亡。真腊位于扶南的北面，占有从上丁以北的湄公河下游和中游，其原来的中心位于蒙河口正南的巴沙地区。所以它包括了现在柬埔寨北部和老挝王国的南部。而在它兼并扶南以后，其势力范围又延伸到柬埔寨南部地区。8世纪初，真腊国分裂为"陆真腊"和"水真腊"，或称"上真腊"和"下真腊"。有学者认为陆真腊相当于今日的老挝，水真腊相当于今日柬埔寨。在中国史籍中又称"上真腊"为"文单国"，据中国历史学家黄盛璋考证，文单国位于今老挝万象。[①]

在笈多王朝时期，印度和马来半岛以及毗邻各岛有了密切的接触。印度的商业和殖民把印度的宗教和文化带到了爪哇、苏门答腊、高棉和其他岛屿。那些地方原来是印度商人的居留地，而后来发展成为庞大的土邦和帝国。这些地方都很重视海外贸易，它们控制海上航线，互相争雄。

中国史籍关于中国与印度尼西亚交往的记载，最初见于《后汉书·顺帝本纪》，其中提到"叶调国"。一般认为，"叶调"是Yavadvipa的对音，Yavadvipa为梵文，是印度人给爪哇岛取的名称。此字最早见于印度史诗《罗摩衍那》，它由Yava和dvipa两字组成，dvipa意为国、岛或土地。由于爪哇和苏门答腊两岛仅一水相隔，古代常混称此二岛为Yavadvipa。

到3世纪上半叶，中国人间接地得知在苏门答腊的东南部沿岸某处有一个重要的商业中心，叫作"歌营"。它的重要性在于它与印度发生了贸易关系。在那个时代，通过东南亚的主要国际贸易路线是经过缅甸的顿逊横跨马来半岛的北端。

7世纪，在爪哇岛上兴起了诃陵（Kaling）王国，在苏门答腊岛上兴起了室利佛逝（Srivijaya）王国。诃陵的位置，中外学者一般认为在今中爪哇，地

---

① 黄盛璋：《文单国——老挝历史地理新探》，《历史研究》1962年第5期。

处唐朝与印度及西亚海上交通要冲之地，是来自南印度羯陵伽的印度人建立的国家。室利佛逝是7世纪后半期在印度尼西亚西端兴起的海上帝国，"其国古时与占婆柬埔寨，同为印度移民繁殖之地"[①]。它先后征服了苏门答腊的摩罗游，占据了邦加和马来半岛的克拉地峡。它控制着马六甲海峡和克拉地峡交通要道，成为东南亚的海上强国和中西交通必经之地。室利佛逝不仅与印尼群岛的其他国家建立了联系，也与中印两国建立了联系。[②]唐昭宗天祐元年（904），中国文献改称为"三佛齐"，此后一直沿用到14世纪末。

　　诃陵和室利佛逝在唐代南海交通中的地理位置十分重要。唐代佛教僧侣西行印度求法，有一些人走海路，其中大部分都途经诃陵或室利佛逝。有些僧侣在那里逗留很长时间，甚至终老不归。例如，唐代义净在国外游历和生活了24年，其间3次旅居室利佛逝，前后共达10年之久。义净所撰《南海寄归内法传》和《大唐西域求法高僧传》，都有对室利佛逝的记载，至今仍是了解当年这个海上帝国的珍贵文献。

　　斯里兰卡与印度南端之间仅隔约20英里宽的浅水宝克海峡，海峡中有几个孤立的小岛。斯里兰卡最早见于中国史籍的称呼，有"斯调""私诃条""僧强叠"，亦"Sihaladvipa"或"Singhaladvipa"，即"狮子"之"国""洲"的音译。古代阿拉伯航海家称其为"塞伦底伯"，意为"宝岛"，"锡兰"一称即由此演变而来。

　　斯里兰卡在历史上与印度关系密切，印度文化对其有着广泛而深刻的影响。斯里兰卡文化实际上是广义的印度文化的一部分。[③]来自南亚次大陆北部的雅利安移民约在公元前6世纪来到斯里兰卡岛，先在沿海地区落脚，然后沿河流向内地迁移，建立若干村落并种植水稻。移民中最强大的是僧伽罗人。一位讲梵语或雅利安语的部落首领维阇耶（Vijaya）带领一个庞大的移民集团，由印度西北部航海到斯里兰卡，建立了一个王国。维阇耶移民集团自称"僧伽

---

① ［印］K. A. 尼逻干达·沙斯吒利：《印度尼西亚古代史上的室利佛逝》（上），《南洋问题资料译丛》1957年第2期。

② ［法］弗朗索瓦·吉普鲁著，龚华燕、龙雪飞译：《亚洲的地中海——13—21世纪中国、日本、东南亚商埠与贸易圈》，新世纪出版社2014年版，第61页。

③ ［美］罗兹·墨菲著，黄磷译：《亚洲史》，第111页。

罗人"（Simhala，狮人），后来成为斯里兰卡的主要民族。他们带来了书写体系和吠陀时代晚期的北印度宗教，还有包括水稻灌溉和栽培知识以及其他技术，修建水库池塘，开创了僧伽罗水利文明。

公元前1世纪，南印度的泰米尔人移民斯里兰卡定居，他们保持着南印度的文化联系和宗教。来自南印度的移民持续了几个世纪，并与僧伽罗人有一定程度的通婚。僧伽罗人和泰米尔人是斯里兰卡的两大印度移民集团，在历史上的大部分时间都是和平共处，直到20世纪中期以后才出现严重的政治争端。

因为斯里兰卡居于海上交通要冲，是海上交通的中转站，其"奇珍异宝"中的货物，有许多非当地所产，而是转运贸易的商品。其中有许多是从印度乃至西方贩运到中国的，如"火浣布"等。古代中国人前往南亚次大陆，除了沿今安达曼海东岸航行的路线外，斯里兰卡是必经之地。斯里兰卡一直充当着中国通往印度的海上丝绸之路的中转站。一直到唐宋乃至元代，海上交通繁盛，斯里兰卡的地位更为重要。从泉州或广州前往今孟加拉湾沿岸、波斯湾沿岸以及东非各港口，都将此岛作为起点。

缅甸位于中国和印度之间，同时受到中印两大文化的深刻影响，也是自古以来中国通往印度乃至西方的陆海通道。在陆路，有"西南丝绸之路"即"中印缅道"，是中国西南地区对外交通途经缅甸到印度的商道。中国丝绸等物品先传入缅甸，然后再从缅甸传入印度、阿富汗乃至欧洲。在海路，缅甸的萨尔温江和伊洛瓦底江三角洲一带，古名苏伐那斯（Sobanas）港，是中国古代航行到印度的必经之地。1世纪后，印度移民大量涌入缅甸，印度文化对缅甸的影响显著增强。

从公元初年起，就称恒河以东地区为"外印度"（India extra），印度居民分布于恒河以东地区以至云南西境。缅甸不仅在人种上可划入印度范畴，在文化上也属于印度文化影响的范围。大约在300年，印度文字随印度人的海外拓殖自南印度传入缅甸。缅甸最古的碑铭，均为迦檀婆（Kadamba）字母，这种文字当时通用于孟买海岸的果阿附近。来自印度的宗教——印度教、大乘佛教、小乘佛教，适应了缅甸早期的需要，在孟人、骠人和若开人建立的国家里得到了较广泛的传播。

2　佛教在东南亚的传播

斯里兰卡是印度以外第一个接触佛教的地区。[①]据斯里兰卡的历史记载，阿育王曾经组织许多传教师到印度国内外各地弘传佛教。他指派儿子（亦有说是兄弟）摩哂陀长老（Arhat Mahinda）到锡兰传教。

摩哂陀早年出家，师事目犍连子帝须大长老学习三藏圣典，博学多闻、戒行精严。他在32岁、戒腊12年时，率领由伊提耶（Ittiya）、郁提耶（Uttiya）、桑波罗（Sambala）、跋陀萨罗（Bhaddasala）4位比丘，以及沙弥须摩那（Sumana）、优婆塞般茶迦（Panduka）一行7人组成的使团，于公元前247年渡海来到锡兰岛。锡兰国王提婆南毗耶·帝须（Devanampiyatissa）和一批大臣皈依了佛教，接着又剃度了国王的侄儿阿利吒（Arittha）等50多位青年，弘法工作进行得非常顺利。国王把御花园"大云林园"（Mahameghavanaya）布施给长老，修筑起"大寺"（Mahavihara，音译作摩诃毗诃罗）供养僧团。这座大寺日后就成为整个南传上座部佛教的发祥地和弘法中心。王后阿罗那和许多女众也都发心想受具足戒，加入僧团。但由于大僧不能为女众授戒，于是摩哂陀长老的妹妹僧伽密多罗长老尼（Sangha-mitta）从印度带领10位比丘尼来到锡兰，为阿罗那等500位女子传授戒法，建立比丘尼僧团。佛教迅速普及全岛各地，成为几乎是全民信仰的国教。

阿育王还将释迦佛成道处的一株菩提树幼苗移植于锡兰，这株菩提树幼苗就成了锡兰新近皈依佛教者的信仰标志。在500多年后，佛牙也从印度迎到了锡兰。至伐陀迦摩尼王 （Vattagamani）时代为止，摩哂陀长老所传来的佛教经典，仍然是师徒间口口相授，没有用文字记录下来。在此时期，有500位能背诵佛经的长老聚会一处，将全部经典记录成书，产生了《巴利文三藏经》。此后，佛教的巴利文变成了锡兰的文学语言，锡兰文的字母也是从印度文字演化而成。

中国与锡兰的联系也是从佛教开始的。据《梁书》记载，师子国国王听说东晋孝武帝崇奉佛教，便派遣沙门昙摩航海送来一尊1.4米高的玉佛像。东晋义熙六年（410），法显经印度到达师子国。法显在那里旅居两年，曾亲往

---

① ［美］罗兹·墨菲著，黄磷译：《亚洲史》，第111页。

岛上有名的无畏山寺、佛牙寺、支提（山），在摩诃毗诃罗亲历一位罗汉火化的情形，还求得《弥沙赛律》《长阿含》《杂阿含经》和杂藏等诸梵本回国。法显在他所著的《佛国记》中记录了师子国佛教的许多重要情况。另外还有一些师子国僧人到中国的记载。据《宋书》记载，刘宋元嘉五年（428），师子国国王刹利摩诃南（即摩诃那摩，Maha-naman）遣4名僧人、2名白衣送牙台像来宋。印度高僧求那跋摩（Gunavarman）曾在师子国弘教，后到婆阇，又由阇婆乘外国商人竺难提的海舶抵达广州，于元嘉八年（431）到宋都建业。入唐之初，斯里兰卡与中国来往更为频繁，多有僧徒从师子国来华的记载。金刚智和不空，即在唐代很有影响的"开元三大士"中的两位，都是经过师子国来到唐朝。

大乘佛教很早就传到印度尼西亚。室利佛逝和诃陵是唐朝僧人由海路前往天竺的中途落脚点，在唐朝海上对印度交往中起了中转站的作用。唐麟德年间，成都僧人会宁泛海前往天竺取经，经过诃陵时，遇诃陵高僧若那跋陀罗（智贤），共译《涅槃经》，译毕寄达交州。唐仪凤元年（676），交州都督遣使与会宁弟子运期一起携经入京。由于此经与内地流传的大乘佛教系统的《涅槃经》颇有不同，引起了当时佛教界的注意。三年（678），大慈恩寺沙门灵会于东宫启请施行。若那跋陀罗本人虽然未履唐土，但是由他翻译的经典却在唐朝流传，而且他本人也被列入了唐朝的"高僧传"中。除了会宁和尚外，《大唐西域求法高僧传》所载7世纪后半叶前往天竺取经的僧人中，还有并州常慜禅师、益州明远法师、荆州道琳法师、襄州襄阳僧人法朗等在诃陵国停留。

另一方面，印度的佛教高僧也很重视访问室利佛逝。7世纪末，那烂陀寺的高僧达尔玛帕拉（Dharmapala）可能到过爪哇和苏门答腊。金刚智和不空前往中国的途中在室利佛逝停留了5个月。

大约750—850年，统治爪哇岛的夏连特拉王朝统治者兴建了婆罗浮屠。"婆罗浮屠"这个名字的意思很可能来自梵语"Vihara Buddha Ur"，意思是"山顶的佛寺"。婆罗浮屠是作为一整座大佛塔建造的，从上往下看它就像佛教金刚乘中的一座曼荼罗，同时代表着佛教的大千世界和心灵深处。这座塔共9层，下面的6层是正方形，上面3层是圆形。顶层的中心是一座圆形佛塔，被72座钟形舍利塔团团包围。每座舍利塔装饰着许多孔，里面端坐着佛陀的雕像。婆罗浮屠有大约2670块浮雕，其中1460块叙事浮雕、1212块装饰浮雕，覆盖了建筑的立面和回廊。据推测，有可能印度的雕刻家和工匠也参加了婆罗浮屠的建设。在爪哇其他地方也修建了许多类似的庙宇，它们都综合了佛教和印度教的传统形象和观念。

扶南位于中国和印度两大文明之间，深受两种文化的影响。特别是佛教在印度兴起以后，扶南"为佛教东被之一大站"，是中南半岛诸国中最早成为佛教国家的。扶南成为中印佛教文化交流的一座桥梁。扶南晚期历史中最伟大的国王阇耶跋摩（Jayavarman）曾以海舶载货来广州贸易。那时广州有一位印度僧人那伽仙附乘他的海舶去扶南，具述中国佛法兴盛的情况。阇耶跋摩派遣那伽仙携带国书并赍金缕龙王坐像、白檀像、牙塔等，于南齐永明二年（484）重来中国送给南齐武帝。其来书中叙述他们国内信奉佛教，并以大自在天为守护神的情形。扶南的硕学沙门僧伽婆罗也附随商舶来到南齐，当时中国政府招待他住于正观寺内。婆罗博学多才，通数国语文，又从当时在中国的天竺沙门求那跋陀精研《方等》，后来成为梁代有名的译经大师。南梁天监二年（503），阇耶跋摩又遣沙门曼陀罗仙入华，向南梁朝送珊瑚佛像、天竺旃檀瑞像及婆罗树叶。

南梁大同元年（539），阇耶跋摩的后继者律陀罗跋摩（Rudravarman）的使者向梁送生犀，并言彼国有佛发。梁武帝令直使张汜等送扶南来使返国时，并遣沙门释宝云往迎请佛发，还请名德三藏法师携大乘诸经论等来梁。此时，西天竺优禅尼国的真谛（拘那罗陀）也在这个期间来到扶南弘法。扶南政府便敦请真谛三藏，并赍同经论梵本240策乘舶来梁，于南梁大同十二年（546）到达南海（今广东海岸），南梁太清二年（548）抵梁都。真谛是弘扬印度瑜伽行派的著名学僧，《解脱道论》是斯里兰卡上座部佛教的代表性论著，它们都是通过扶南传来中国的。梁朝还特设名为"扶南馆"的译经道场，以接待扶南来华的翻经沙门，可见当时的扶南佛教文化，受到中国朝廷的尊重。

9世纪，高棉王国从印度请来婆罗门帮助设计，在吴哥营造了宏大堂皇的都城和寺庙群。吴哥窟早期建筑带有印度教的成分。吴哥窟原始的名字是Vrah Vishnulok，意思为"毗湿奴的神殿"，中国佛学古籍称之为"桑香佛舍"。

到13世纪高棉人信仰大乘佛教以后，则增添了新的佛寺和雕塑，成为两种宗教并存的面貌。吴哥窟坐东朝西，平面呈长方形，有两重石砌墙。墙内的主体建筑在3层台阶之上，在最高一层的平台上，矗立象征着诸神之家和宇宙中心的5座尖顶宝塔，其中4个宝塔较小，排四隅，1个大宝塔巍然矗立正中，与印度金刚宝座式塔布局相似，但五塔的间距宽阔，宝塔与宝塔之间连接游廊，此外，须弥山金刚坛的每一层都有回廊环绕，乃是吴哥窟建筑的特色。那里的台阶陡峭，需要手脚并用地爬上去。这寓意着人们到达天堂需要经历许多艰辛。

暹罗早先信奉婆罗门教，后来上座部佛教传入，成为主要信仰。国王利用佛教进行王权神化，国王被尊为"再生的湿婆""佛陀的化身"。

佛教盛行于缅甸的骠国，其中小乘佛教影响最大。缅甸是一个佛教国家，存在僧、俗两个行政系统。有国师为佛教领袖，设立一个委员会进行辅助工作。委员会称"哲达马"，由国王任命的8位高僧组成。缅甸全国划为若干佛教教区，分别由僧侣管理。据《新唐书·骠国传》记载，骠国人"明天文，喜佛法。有百寺"，寺庙众多，装饰豪华，俨然一派佛教圣地的景象；又说"民七岁祝发止寺"，可见当时幼童入寺修行，已形成风气。佛教在骠国已深入人心，影响到了社会生活的各个方面。在中缅两国的文化交流中，佛教文化的交流占有重要的位置。印度高僧来中国弘法，中国僧人赴印度取经，有许多都取道缅甸，走"中印缅道"。11—13世纪，缅甸的蒲甘城就是一个佛教中心，为后世遗留了大量钟形佛塔、寺庙和宫殿，是亚洲现存最完美的中世纪砖砌建筑群之一。

3　伊斯兰教在东南亚的传播

早在伊斯兰教建立以前，阿拉伯商人就已经到东南亚地区进行贸易活动。他们把商业网点扩大到东南亚的大部分地方。中国唐代时，阿拉伯人刚刚崛起，已有许多阿拉伯商人到中国经商，并在中国建立定居点，最早把伊斯兰教带到中国。这些阿拉伯商人大部分是通过海路到达中国，他们途经东南亚诸岛，也在那里留下定居点和商站，因此也将伊斯兰教带到那里。

13世纪，伊斯兰教征服北部印度之后，这一新宗教被印度商人中的皈依者带到了东南亚各国。之后的几百年里，东南亚的缅甸、暹罗、柬埔寨和老挝仍然以信奉佛教为主，但马来半岛沿海地区以及印度尼西亚、菲律宾的南部都改宗信仰伊斯兰教了。

14世纪末，印度和阿拉伯穆斯林基本上控制了东南亚广大地区的贸易。他们使最接近印度的苏门答腊和马来亚及各岛沿海港口皈依伊斯兰教。马六甲海峡成为伊斯兰教向东推进的要冲。1345年和1346年，著名的摩洛哥旅行家伊本·拔图塔在到中国的往返途中，到达过一个叫须文达那的国家，发现当地的统治者和居民都信奉伊斯兰教。14世纪末，伊斯兰教逐渐传入苏门答腊岛南部、马来半岛和东爪哇的沿海地区，并进一步深入到各国腹地。

印度尼西亚的满者伯夷王朝在15世纪开始走向衰落，各地封建主利用伊斯兰教进行反抗。1478年，首都被东爪哇封建主攻陷，满者伯夷王朝分崩离析。爪哇、苏门答腊和马来半岛的伊斯兰教封建主纷纷独立，建立了许多小国，其中较重要的有东爪哇的淡目、西爪哇的万丹、中爪哇的马打兰和苏门答腊的亚齐等。这些小国互争雄长。淡目的统治者是麻喏巴歇国王的儿子，实际上是麻喏巴歇的附属国。后来淡目企图脱离麻喏巴歇，接受主张平等的伊斯兰教，放弃印度教的复杂等级制度，成为爪哇地区主要的伊斯兰教国家。16世纪前半叶，淡目国力强大，成为伊斯兰教的中心。这一时期，淡目巴塞地区的著名学者法塔希拉（Fatahillah），曾在1521年去麦加朝圣，回来后在传播伊斯兰教方面作出了重要贡献。

第十五章
唐宋文明

一　盛世大唐与斯文之宋

1　盛世大唐：中华传统文化的历史高峰

唐代是中国古代社会继汉代之后的又一个黄金时代，是中华文化发展历史上的巅峰。

盛唐文化的辉煌是一种世界性的辉煌。在当时的世界文化格局中，唐朝是疆域广大、威力远被的最强盛、最繁荣的帝国，中华文化是朝气蓬勃、气象万千的最发达、最先进的文化。繁盛的唐代文化，不仅以其博大精深而给当时的中国人以文化滋养，而且光被四表，广泛传播于周边地区，建立起在地理上以中国本土为中心、文化上以中华文化为轴心的东亚文化秩序和东亚文化圈，还远播于中亚、西亚，促进了那里的文化发展，进而与欧洲和非洲建立起直接的文化联系。盛唐文化不仅是中华文化发展到那个时代的最高成就，而且是世界文化在那个时代的最高成就。不了解唐代文化，不了解唐代文化在世界各地的传播和影响，就不能全面而深刻地了解当时世界文化的大势与世界文化史。

581年，杨坚推翻北周，建立隋朝。隋朝在继承北周统一中国北方的基础上，进而统一了全国，结束了数百年分裂割据的状况，开创了全国再次统一的新局面。但是，隋朝和历史上的秦朝一样，虽然完成了祖国统一的大业，而它本身却是一个短命的王朝，仅历二世而亡。不过，隋朝之对于唐朝，也与秦朝之于汉朝相似。正是隋朝的统一，以及隋代经济社会的初步发展和文化的初步繁荣，为唐代的盛世辉煌奠定了基础。

618年，唐代隋兴，从此开始了将近300年的唐朝统治时期。唐朝立国之后，继承了全国统一的局面，并进一步开疆拓土，扩大帝国的势力范围，加强行政机构的建设，完备法律和典章制度，巩固封建中央集权统治，同时采取一系列措施，鼓励和促进农业和手工业生产，推动了社会经济的繁荣。有唐一代，虽中经天宝末年安史之乱，但总体来说是中国古代社会最繁荣发达的时期，特别是在唐前期，社会稳定，经济富庶，国力强盛，精神闳阔，文化腾远，呈现出前所未有的文化盛世。

唐代的文化繁荣是一次普遍的、全面的文化繁荣。这是一个在各个领域都显示出蓬勃生机、蒸蒸日上的时代，是一个在各个方面都充满创造活力、满壁风动的时代，是一个超越前朝历代并在发展的总体水平上领先于世界的时代。这个时代的文化创造，表现出共同的博大、丰富、精深、雄健的气象。在这一时代的文化创造中，阳刚之美得到了发扬，健康向上的精神得到了体现，因此风格上有着宏伟壮丽的特点。①

隋唐时期是中国封建制度走向发展、繁荣的时期，因而在这一时期中国封建王朝的典章制度更趋完备。隋唐的政治制度集汉魏以来政治制度发展变化之大成，又在政治上、经济上实行了一系列的改革，从国家机构到典章制度均有所创新。唐朝立国后，采取了一系列巩固封建专制统治的政治措施，完备了职官制度和法律体系。在职官制度方面，唐朝沿袭了隋朝的三省（尚书、中书、门下）六部（吏、户、礼、兵、刑、工）制，三省分掌议政、决政和执行之权，六部分管各项行政事宜，另设有御史台掌管纠察弹劾事宜。至唐代，中国封建专制的政治体制已经十分完备，以后历代王朝基本沿袭唐制，没有大的变化，朝鲜、日本等国也模仿唐制建立中央政权机构。

与此相应，中国法律文明也在这时进入鼎盛时期。唐初政治家总结了此前兴亡盛衰的历史经验教训，经过多次修改增删，制定著名的唐律，后又对律文进行了逐条的注释疏解，修撰了《唐律疏议》，这是中国封建社会最成熟的法典，是中国现存最早、最完整的法典。唐律上集秦汉以来法律发展之大成，概括了古代国家的政治、经济、军事、司法、外交、文化及婚姻家庭、债权债务、礼仪风俗等社会关系，庞博而充实，全面而完备，几乎包含了当时社会生

---

① 孙昌武：《隋唐五代文化史》，东方出版中心2007年版，第57页。

活的全部内容。汉代引《春秋》经义断狱，到了魏晋时期逐渐把儒家的礼引入法律。经过隋朝到唐初，儒家的礼成为国家立法的重要思想原则。用法律强制推行儒家伦理学说，又以儒家伦理学说来保证法律的施行，是唐代法律的重要特征。法与礼的紧密结合，广泛加强了唐代法律对社会生活的影响。

　　唐朝在制度建设上的一项重要成就，是完备了科举考试制度。中国汉代便已有文官考试制度，至隋代始行科举之制，适当地对社会各阶层中的才智之士开放，但尚未形成一种完备的制度。唐继隋旧，进一步将其完备化。科举制的实施和完备化，较广泛地向社会各阶层打开了入仕的途径，使大批寒门庶族由科举考试而入仕途，参与政权，使封建政权具有一种开放性和流动性，扩大了政权的统治基础。科举制的创立和完备化，对于中国古代政治和文化有重大意义和深远影响。

　　唐代学术文化也有很大发展。自隋而唐，两朝都很重视搜集整理书籍工作，甚至不惜高价收购和组织人员抄录。唐太宗提倡儒学，考定"五经"，颁行天下；"是时四方儒士，多抱负典籍，云会京师"，"儒学之盛，古昔未之有也"。在史学方面，官修史学在唐代成为定制。中国古代"二十四史"，有《晋书》《梁书》《陈书》《北齐书》《周书》《隋书》《南史》《北史》八史是唐初撰修的。

　　隋唐时期的思想文化和文学艺术十分活跃，多元激荡，异彩纷呈，人才辈出，体现着那个时代的高昂进取之志、博大豪放之情。这"志"与"情"，也便是盛唐气象在精神世界里的辉映。

　　唐代的文学艺术更能反映出盛唐文化的辉煌。唐代的文学首推诗歌。有唐一代，诗的创作无论内容之广泛，艺术之精湛，数量之繁多，都是中国诗歌史上的最高峰。唐代是中国诗家辈出、诗情郁勃的黄金时代，是诗歌创作空前活跃的时代，因而闻一多称其为"诗的唐朝"。除唐诗外，唐代的古文和传奇也在文学史上有一定影响。书法艺术在唐代达到无可再现的高峰。唐代篆书圆劲，草书飞动，行书纵逸，楷书端整，涌现出一大批书法名家，特别是欧阳询、虞世南、颜真卿、柳公权楷书四大家，将唐楷推至登峰造极之境界。唐代的绘画艺术具有极尽春花怒放的璀璨盛况，造像雕塑艺术也各显其妙，如闻名于世的乐山大佛即为唐代所造，而敦煌莫高窟艺术则是唐代绘画、雕塑和书法艺术的综合宝库。唐代的音乐舞蹈艺术，则集时代之大成，气象壮阔，情绪热烈。总之，唐代的文学艺术繁盛发达、灿烂辉煌，在各个领域都显示出创造的生机，取得了巨大的成就。

唐代的文化繁荣是建立在社会经济繁荣基础上的，是与经济繁荣同步发展的。这一时期的各个经济部门，不论是农业、手工业方面，还是商业方面，发展水平都超越了以往的时代。唐代农业生产技术和工具有显著的改进和提高，河渠陂塘等水利工程的修建大为增多，促进了农业生产的发展，农业生产率比汉代有了明显增长。而农业生产的迅速发展为手工业奠定了可靠的物质基础，手工业生产也迅速发展起来。据统计，唐代的手工业生产部门和作坊有50多种，其数目和种类都远远超过了汉代。唐代的商业达到空前的繁荣，当时的京都长安和洛阳、淮南的扬州、四川的成都、岭南的广州，都是极其繁盛的商业大都市。

唐代的科学技术发展也达到了一个新的水平，是中国科技史上整理、总结和高度发展的重要时期，无论从深度或广度上来看，都反映了中国古代科学技术体系已达到成熟的阶段。在自然科学方面，突出成就主要表现在天文历法、算学、地学、炼丹等方面。其中多次重大的历法改革，大规模的天文观测和大地测量，《辑古算经》的问世及算筹改革，黄道游仪等天文仪器的创制，《元和郡县图志》等地学著作的出现及地图绘制的进步，炼丹术的发展和火药的发明，都是科技史上的重大贡献。在农业技术领域，农田水利技术和土地利用、农具、耕作栽培技术、园艺和茶树栽培技术、畜牧兽医和养鱼业以及农学著作等方面都有重大发展和创新。在手工业技术领域，冶金业、制瓷业、纺织业、造船和造纸业等方面技术都有巨大发展。

隋唐时期的科学技术，在许多方面领先于当时的世界先进水平，创造了世界科技史上的许多"第一"，对人类发明作出了伟大贡献，特别是作为活字印刷术先驱的雕版印刷术的发明，预示着人类文明新曙光的到来。

2　长安：国际化的文化大都市

中国自古就是礼仪之邦，在城市的营建上也有一套严格的建制。都城作为全国的政治和文化中心，特别注重规模建制，使其显示出皇权的至高无上和神圣不可侵犯。所以，都城往往气势雄伟，规模宏大。唐代诗人骆宾王留下名句："山河千里国，城阙九重门。不睹皇居壮，安知天子尊。"唐朝是当时世界上最强盛的帝国，盛唐文化是一种世界性的文化，而唐朝的帝都长安则是世界文化交流融汇的中心，是一座国际化的文化大都市。长安城的规划和建设充分体现了中国古代的都城建设规制和最高水平。

隋唐时期的长安城相当繁荣。它不仅是全国的政治中心，而且也是经济中心、文化中心和交通枢纽。唐代长安人口，据估计，鼎盛时期有170万人，若放宽估计，则近200万人。①唐代长安百业俱兴，商贾云集。长安城内的商业区，主要集中在东、西两市。东、西两市各有220行，"行"是同业店铺的总称，每行的店铺的数量很大。见于记载的，东市有笔行、铁行、肉行、凶肆（出售丧葬用品）、绸缎行以及赁驴人、弹琵琶名手、杂戏等。西市行业比东市要多，据宿白统计，有大衣行、鱼店、酒肆、秋辔行、卜者、卖药人、药行、油靛店、法烛店、蒸饼团子店、秤行、柜坊、食店张家楼、贩粥者、帛市、绢行、麸行、衣肆、凶肆、烧炭曝布商、收宝物的胡商、波斯邸等。②唐会昌三年（843）东市失火，一次焚毁曹门以西24行4000余家。据此推算，东市的店铺竟有三四万家之数。由此可知当时长安城商业繁荣的盛况。

长安城里还分布着很多手工业作坊，丝织业、制瓷业等手工业生产都很发达。在交通方面，"唐以长安为上都，各方路线俱自长安辐射"③。长安与各州之间都有通道，四通八达。长安起到了商品流通中心枢纽、内外销商品集散地、覆盖较大区域性市场及辐射全国乃至周边和更大范围内具有国际性意义的市场、沟通及导向商品经济的流通渠道、激活长安城商品经济等作用。据《新唐书·地理志》载，长安向各地辐射的陆路主要有14条，水路交通则可借环绕城周的水系与渠道，沟通包括现在四川、江苏、湖南、福建、广东和越南等在内的广大区域。④因此，处于政治中心位置的长安网联、沟通的是具有全国

①　严耕望：《唐代长安人口数量之估测》，中国唐代学会编：《第二届唐代文化研讨会论文集》，台湾学生书局1995年版。
②　张国刚主编：《隋唐五代史研究概要》，天津教育出版社1996年版，第661—663页。
③　白寿彝：《中国交通史》，上海书店1984年版，第116页。
④　史念海：《隋唐时期的交通与都会》，《唐史论丛》第6辑（1995年），第15页。

意义和对外贸易的大市场。

长安还是中国佛教僧才凝聚、经典翻译、宗派创立、佛法弘传和文化交流的主要中心，是中国佛教走向高度繁荣和全面发展的宗教圣地。隋唐时期，长安城里寺院林立，城郊各地塔刹相望，终南山里楼台点缀，皇室和大臣竞相献宅立寺或新建塔庙，商人和一般民众也争相供养，长安一带拥有全国最多的皇家寺院，也聚集了全国规模最大的寺院。还有许多佛寺建在长安城郊，特别是南郊，延伸到终南山一带。知名的如终南山的草堂寺、丰德寺、清源寺，京郊的兴教寺、章敬寺、香积寺、华严寺等。许多著名大寺都占地广阔、规模宏大，对中国佛教的传播和发展起了巨大的推动作用。

唐代长安是一个世界性的商业都会和文化交流中心。唐帝国的兴盛发达，帝都长安的雄伟壮观，中华文化的灿烂辉煌，以及经济发达和物产丰盈，都令世人钦慕景仰，吸引着世界各国人士。而唐朝和长安则以全面开放的态势，向世界敞开大门，广迎天下来客。长安的鸿胪寺接待来自各国的外交使节，他们多率领颇具规模的使团，造成"万国衣冠拜冕旒"的盛大景象。其中有的外国使节还长住长安，乐不思归。长安的国子学和太学还接纳了许多来自日本、朝鲜、琉球以及西域等地的留学生，他们在这里学习中国文化典籍，其中有些人还参加了唐朝科举考试。

而对外贸易的发展，吸引着南亚、西亚、欧洲的商旅来到长安，使长安成为一个国际贸易的场所，是东西方国际贸易的一个集会点。

此外，还有来自各国的旅行家、艺术家、佛教僧侣、祆教徒、摩尼教徒、景教徒和伊斯兰教徒等。据估计，当时住在长安的外国人占长安人口总数的2%左右。加上突厥后裔，其数当在5%左右。见诸诗文、笔记、小说所称者，有商胡、贾胡、胡奴、胡姬、胡稚、蕃客、蕃儿、昆仑奴等。这些来自世界各地的外国人，亲见盛唐文化的缤纷灿烂，置身于繁荣富庶、欣欣向荣的氛围之中，深深领略中华文化的博大厚重，由衷地钦羡不已。

3 斯文之宋：中国文化的成熟之境

唐代之后，历经五代十国的动荡和分裂，宋朝结束分裂割据的局面，成为中国历史上又一统一王朝，国家相对稳定，社会生产得以恢复和发展，社会经济关系出现了一些新的变化。从宋代开始，中国古代社会经济发展进入一个新的时期，从而为科学技术的高度发展和文化的普遍繁荣创造了必要的条件。

宋代延续300多年，虽然结束了五代的分裂与动乱，也是中国历史上的一个统一王朝，但其疆域远没有唐朝广大，其气势远没有唐朝宏阔，只是处于中国领土的一隅，有西夏和辽、金先后与其对峙。但是，从中华文化史的角度来看，宋代是中华文化发展的一个高度成熟的阶段。如果说秦汉时期的文化高峰还带有初创期的勃勃生机和粗犷风格，盛唐时期的文化盛世带有无与伦比的恢宏气度和雄壮风范，那么，宋代的文化则处处表现出精致和完备典雅的成熟之境。宋代文化成就辉煌和富庶是当时世界上任何其他地方的政权都难以匹敌的。①

在两宋时期，经济上较前代大为发达，社会生产力高度发展，无论是农业，还是手工业、商业，都取得了长足进步。宋代农业生产技术得到了新的发展，大片新土地被开垦，农产量大幅提高，奠定了宋代经济繁荣的基础，人口也迅速增长。在以农业为最重要的生产部门的时期，人口的增加是生产力进步的重要指标之一。到北宋末年，全国人口已达1亿人，约为汉、唐的两倍。

宋代手工业相当发达，无论是生产规模，还是技术水平，都大大超越了前代。据统计，仅东京官办作坊里的工匠，就达8万多人。北宋有当时世界上最大的冶铁业，每年能生产大约12.5万吨铁，一年能生产完全相同的铁箭头1600万支，以此支持宋朝庞大的军队。这比800年后英国工业革命早期的铁产量还多。宋代的煤产量居世界第一，开采技术非常先进。

宋代城市十分发达。唐代达10万户的城市有十几个，北宋增加到四五十个。宋代是中国历史上城市人口比例最高的一个时代，北宋城市人口占总人口的20.1%，南宋则高达22.4%。北宋都城东京汴梁和南宋都城临安，城市人口都超过百万，是当时世界上最大、最繁华的大都市。其商业更是发达。《清明上河图》呈现了汴梁的百业兴盛、市场喧嚣，《梦粱录》《武林旧事》记载了临安的作坊林立、买卖兴隆的景象。

---

① ［美］芮乐伟·韩森著，梁侃、邹劲风译：《开放的帝国——1600年前的中国历史》，江苏人民出版社2009年版，第245页。

与此同时，宋代的海外贸易也空前繁荣，与宋朝保持通商贸易的国家达到50多个。当时中国的商船坚实耐用，船体庞大，大的海商所用的船可以容纳500—600人。出海的商人掌握了全世界最先进的航海技术，其中最重要的是指南针应用于航海，从而使海外贸易得到了快速的发展。

宋太祖特别重视历史经验的总结。早在建隆二年（961）着手统一南北之前，赵匡胤已意识到加强中央集权的重要性与迫切性。他接受了赵普"惟稍夺其权，制其钱谷，收其精兵，天下自安矣"的建议，统一南北后，立刻着手实施三项中央集权措施：收地方上的政权、财权（钱谷）、兵权（精兵）归中央。以后继任的皇帝，都在此基础上进一步完善中央集权，如加强禁军制、以文臣知州、建立通判制和转运使制等，这些措施使地方权力削弱，巩固了中央对地方的控制，保证了国家在政治上的统一。

经济的繁荣，城市生活的发达，中外文化交流的扩大，为文化的发展创造了有利条件，促进了文化的繁荣和进步。宋代统治者主张"以文德致治"，在政策上向文治倾斜，文化上比较开放，教育显示出普及化、平民化趋向，也有利于文化的发展。纵观两宋的300多年，文化较之以前时代有了特别重要的发展，并且具有十分明显的阶段性特点，中国文化进入成熟之境。

所谓"成熟之境"，是指以往的发明和文化创造在这一时代趋于定型，制度、礼仪、风俗等趋于完备，各种文化形态更趋于严密化、精致化。所以，宋代是中国文化发展史上有特殊意义的一个重要阶段。就于今天的影响而论，人们现今所感知、所了解、所接受的中国文化，实质上是经过宋代定型之后的文化形态。秦汉一统，盛唐气象，可以视为遥远的过去，可以视为祖先的辉煌，但宋代文化离现在并不遥远。今天日常生活中的许多习俗，实际上大都是在宋代成为定制的。再如今天所理解的儒学，实际上并不是孔子时代的儒学，而是经过宋代理学家们剪裁、改制和体系化的新儒学。

英国科技史家李约瑟指出，宋代是中国科学史和技术史的"主要关键所在"。他还认为这种情况"不管在应用科学方面或在纯粹科学方面都是如此"。代表中国古代科学技术杰出成就的"四大发明"除造纸术出现于汉代，其他三项发明，即火药和火器制造技术、活字印刷技术和指南针以及航海罗盘的应用，都出现于宋代。而这"四大发明"，不仅对中国社会文化的传承和发展，而且对整个人类文明的进步，都产生了巨大的、间接或直接的影响。

农业生产方面，唐代的农具和水利事业以及农田基本建设事业的发展，为宋代农业生产的大发展奠定了基础。宋代农业生产和技术的发展，特别是在南方，达到了一个新的水平。与此同时，农学也有了很大进步。宋代农学家陈旉所著《农书》，是现存最早论述南方水稻区域的农业技术和经营的农书。它是隋唐以来长江下游地区农业生产技术经验的总结。

数学方面，在中国古代以筹算为主要计算工具的传统数学的发展过程中，宋代是一个登峰造极的新阶段，在许多方面都取得了极其辉煌的成就。这些成就远远地超过了同时代的欧洲，其中高次方程的数值解法要比西方早800年，多元高次方程组解法和一次同余式的解法要早500余年，高次有限差分法要早400余年。宋代的数学，不仅是中国数学史上而且是世界数学史上最光辉的一页。

天文学的发展也达到高峰。宋代的天象观测、星图绘制和天文仪器制作水平都有所提高，北宋中期，宰相苏颂创制了世界上第一台天文钟——水运仪象台，他撰写的《新仪象法要》一书，分别介绍了浑仪、浑象、水运仪象台的设计，这部书代表了当时天文学领域的新成就，也反映了宋代机械制造的水平。

宋代中国医药学进入了一个全面发展的新阶段，在医学教育、理论、临证各科的诊断治疗，以至本草、局方等方面都有不同程度的发展。宋代医学已相当发达，是当时世界上最发达和最完备的医学体系。宋朝很重视医药书籍的修订，宋代本草著作的代表唐慎微撰《经史证类备急本草》（《证类本草》）在李时珍《本草纲目》问世前，一直是本草学的范本。

此外，中国的建筑技术，采矿、冶金、制瓷、纺织技术，造船与航海技术，等等，都有相当大的进步，达到纯熟和高度发展的阶段。沈括的《梦溪笔谈》在科技史上享有崇高地位。李约瑟在《中国科学技术史》中指出，中国科学技术发展到宋代，已呈现巅峰状态，在许多方面实际已经超过了18世纪中叶工业革命前英国或欧洲的水平。

宋代中华文化的发展，不仅在科学和技术方面达到纯熟和高度发展的阶段，居于当时世界的领先水平，而且在学术思想、文学艺术等领域都是一个全面发展、普遍繁荣的时期。在学术思想方面，这一时期最突出的成就，是宋明理学的出现和兴盛。从此理学一直是儒学的主流，成为几代封建王朝的官方思想，并且传播于朝鲜、日本、越南等国家，对那里的学术思想和官方意识形态产生了重大的影响。

宋代文学高峰迭起，各领风骚。和唐诗如日中天、盛极难继一样，宋词也百花齐放、成就斐然。宋词与唐诗并列，为中国古代诗歌创作上的两大奇峰。宋代绘画艺术发展到很高水平。宋朝十分重视和提倡绘画艺术，官设画院，培养了不少画师。许多文人士子追求诗、书、画一体，将绘画作为宣泄自身情感与表现自我的一种艺术形式，从此绘画成为中国文人的一种副业。

4　西夏与辽、金：北方文化的冲击与融合

宋朝的有效统治区域主要是中原和江南一带，其统一远远没有达到秦汉和隋唐那样疆域广阔、天下一统的局面。当时在中国境内与北宋王朝同时并存的还有北方契丹族建立的辽国和西北党项族建立的西夏国。10世纪后半期至12世纪初，中国版图实际上是宋、辽、西夏三国鼎立。辽、西夏与宋朝之间常有征战，特别是辽国南下的军事攻势，成为宋朝的主要威胁。宋自立国之始便命运多蹇。在与周边少数民族的交往过程中，宋朝一直处于被动的不利地位。

西夏王国建都于兴庆府，是党项族的政权。以党项族为主体的西夏政权实际存在了347年，历时比同时期的宋、辽、金更为长久。西夏人创造了异常璀璨的文明。这种具有民族和地方特点的西夏文化，是党项族、汉族、藏族、回鹘族等多民族文化长期交融、彼此影响、相互吸收而形成的多来源、多层次的文化。西夏建国前夕，李元昊便让大臣野利仁荣等创造了记录党项族语言的民族文字——蕃文，即后世所谓的"西夏文"。这种文字借鉴汉字的笔画和构成原理，又有自己的特点。西夏文的创制对西夏文化的兴盛、佛教的传播、文学的繁荣、印刷术的进步有着直接的影响，对整个西夏文化的发展有划时代的贡献。作为中国20多种民族古文字之一，西夏文成为西夏文化的代表，为中国悠久的历史文化增添异彩。

西夏在注重弘扬党项族传统文化的同时，兼收并蓄，吸收其他民族文化的精华。西夏文化深受汉文化影响，西夏的统治者多喜爱汉文化，西夏的政治制度及职官制仿照汉族，在治国思想上也奉行儒学。自开国皇帝景宗元昊起，便

倡导儒学。第五朝皇帝仁宗把儒学推到了统治思想的地位，使之成为西夏文化的主流思想。

蕃学是西夏国的贵族学校，仿唐、宋科举取士的办法培养西夏官吏。西夏天授礼法延祚二年（1039），元昊改变过去官吏由世族世袭，或由幕府擢升的制度，建立蕃学，命大臣野利仁荣主持，运用创制不久的西夏文大量翻译《孟子》《孝经》《尔雅》《四言杂字》等儒家经典和启蒙课本，以教授党项、汉族的贵族子弟，并根据结业考试成绩，量才授官。不久后，元昊下令各州都设蕃学。自创建蕃学以后，培养出了许多精通蕃文的知识分子和官吏。根据御史中丞薛元礼提出的"尊行儒教，崇尚诗书"的建议，于蕃学之外又建国学（即汉学），置教授，设弟子额300。西夏人庆元年（1144），夏仁宗为进一步推广汉文化，下令各州、县设学校，在校人数达3000。次年，又创大汉太学，皇帝亲到太学释奠。仁宗还立科举，尊孔子为文宣帝，令各州、郡建庙祭祀。

教育和科举上的这些改变，使蕃学、汉学并立，进一步巩固了儒家思想在西夏的地位，也培养了一批对汉文化颇有造诣的文人学士。

辽王朝在很长的时期里统治中国北部地区，以今天的天津海河、河北霸州、山西雁门关一线为界，与北宋对峙。在穆斯林文献中常把中国北方称为契丹（Khita或Khata），而在俄语、希腊语和中古英语中则把整个中国称为契丹（分别读音为Kitay，Kitaia和Cathay）。后来哥伦布远航美洲，实际上是希望到达Cathay。哥伦布最后一次航海时，记述他在马戈（Mago）登陆，称"它毗邻Cathay"。1497年，约翰·卡伯托（John Cabot）发现美洲，其航行的目的地也是Cathay。由此可见契丹人和他们所建的辽国影响之大。

契丹族原无自己的文字，"唯刻木为信"。在与汉族长期的交往过程中，受汉族影响很大，渐渐使用汉字。辽太祖耶律阿保机、太子耶律倍、耶律德光等，都能识能写汉字。阿保机建国后，为发展本族文化，于契丹神册五年（920）正月，命耶律突吕不等创制契丹文字。契丹文字只限辽代贵族使用。辽朝的对外正式公文、朝廷诏令奏议、对中原和西夏的所有文件，都用汉文。佛经的解释、著述，士人的科场考试，契丹文学家的诗文集等，也都用汉文。汉文在当时是通用文字。

辽国推崇中原汉文化传统，辽太祖在建国之初即"诏建孔子庙"，次年即亲谒孔庙。辽圣宗、道宗时期，都曾诏令各州修缮孔庙，并颁行《五经》，尊孔子为"先圣先师"，将儒学提高到思想统治的地位。儒家经典在辽朝被定为太学、州学教材，"令博士、助教教之"。由于皇帝扶持，儒学在辽朝兴盛起来，研究传统儒学经典的学士很多。

契丹族原没有本民族的历史记载，建立辽朝后，在汉文化影响下，辽太祖设"监修国史"官，耶律鲁不古首任其职。至辽圣宗，开始重视修史，依照五代和宋的修史制度，编修朝政实录。自辽圣宗时起，辽朝还修撰了日历和起居注，成为辽朝国史的内容。此外，还有一些私人史著。

对于诗文创作，辽朝统治者更是积极提倡，身体力行。圣宗喜吟诗，曾作曲百余首；道宗多作诗赋，并由耶律良编为《清宁集》；道宗宣懿后、天祚帝文妃也都有诗歌流传。其余贵族文人也在帝王鼓励下作诗编集，如皇族耶律隆先有诗集《阆苑集》，外戚萧柳有《岁寒集》，耶律良有《庆会集》，等等。苏轼的作品也在辽地流传。时人王辟之《渑水燕谈录》记载辽燕京书肆刻苏轼诗集曰《大苏集》，苏辙使辽有诗云："谁将家集过燕都，每被行人问大苏。"所有这些，皆可想见辽文人心目中唐宋诗文的地位。

在辽代后期，原生活在黑龙江一带的女真人发展起来，建立金朝，向辽朝展开攻势，于1125年灭辽。金灭辽后，继续南侵，向宋朝发动进攻，并最终于1127年攻陷宋都城汴京，宋王朝的部分成员逃至江南，在杭州重建王朝，史称南宋。这时的中国，北有金，南有宋，再次出现了南北对峙局面。

女真人南下后很快接受了汉文化，甚至通用汉族的语言。金文化虽然保留和吸收了女真族的某些文化传统，但基本上是继承辽、宋的汉族文化。在此期间，女真族以开放的姿态，吸收和融合了汉族及其他各族文明的精华，促进了本民族的飞跃发展。同时，对异族文化博采兼纳，又使女真文化获得了丰富的滋养，成为具有较高水平的多元文化。女真文化与中原文化双向渗透的结果，形成以儒家思想居主导地位的多元一体的金文化。在世宗、章宗时期，儒家思想已成为金统治的思想基础，并渗透到社会生活的各个方面。儒学的精神原则成为衡量是非的标准，儒家的忠孝观念被奉为调整君臣上下和家庭、宗族关系的准则。在礼俗、丧葬、文体、游艺、岁时杂俗乃至心理素质等深层文化中，都不同程度地表现出"华夷同风"的文化积淀。

　　金文化并非同时并存的宋文化的附属，而是中华文化的有机组成部分。有金一代，中国古代的各种思想灿然皆备，百家争鸣，儒家思想、佛教、道教尤为盛行。儒家思想独占鳌头，成为金朝统治思想的核心和主体。金国崇奉的儒家思想，是继承北朝以来兴起的新儒学。这种新儒学不尚虚名，注重博实，敢于摒弃"贵华夏，贱夷狄"等观念，敢以北方王朝自重，以"正统"自居，完全适合金王朝力图树立"正统"形象的需要。金国统治者带头尊孔崇儒，使女真人皆以学习华夏文化为荣，以儒学为核心的汉文化逐渐为女真人普遍接受。

　　在中国几千年的历史上，中原的农耕文明与北方的游牧文明的冲突和融合，一直持续不断，成为中国文化史反复出现的主题。宋代自立国之始，就受外患困扰，长期与辽、西夏、金等游牧民族政权对峙。契丹、党项、女真及蒙古势力对宋人世界的长期包围与轮番撞击，产生了双重文化效应。一方面，在两宋文化系统中引发极为深重的忧患意识。北宋人因被动挨打而产生的忧患，南宋人因国破家亡而产生的忧患交织在一起，渗透于宋文化的各个层面，同时也迫使南宋完成了中华文化中心的南迁。

　　另一方面，游牧民族从汉文化中吸收丰富营养。在宋、辽、夏、金分治割据期间，各个民族及其政权之间，除了间断性的相互兼并征伐之外，和平相处的安宁也时复出现，并保持着较宽裕的和平发展时期。各民族之间在政治、经济、文化教育方面也发生着广泛的交流，并通过这种交流和自身的改造，不断地缩小彼此间的文化差距，增进民族文化的大融合，大大强化了中华民族大家庭的凝聚力和一体化进程。因此，这一时期，既被认为是中国历史上的第二次南北割据时期，又被认为是继盛唐以来的又一次经济文化的繁荣时期，其科技文化、学术与教育的成就甚至远远超过盛唐时代。

　　异族的冲击刺激了中华传统文化的调整、更新和发展，而外来文化则被整合到中华传统文化体系中，成为中华传统文化的组成部分。所以，民族文化的大融合，成为中华传统文化得以传承延绵和持续发展的重要形式。

二　"以文兴国"与科举制的形成

1　"守成以文"的基本国策

中国历代都非常重视教育事业。隋唐时期，"以文兴国"作为基本国策，教育事业得到更多的重视，对中国传统社会的教育体系进一步完善，建立了完整、系统的学校教育制度，成为中国古代教育的典型形态。

唐朝建立后，明确提出"守成以文"的文教政策。在"守成以文"的方针指导下，唐朝采取了许多"大阐文教"的措施，为发展社会文化教育，提高国民文化素质做出了很大的努力。其中包括推崇儒学，整理儒家经典，进一步提高儒家学者的社会地位。不同地方、阶层的知识分子不断被补充到各级机构、各个部门，使各级官府中有一定文化素质的官吏大大增加。

唐武德年间，天下初定，以周公为先圣，孔子为先师，于国子监各立庙一所。唐贞观二年（628）停祭周公，升孔子为先圣，以颜回配享。这是中国历史上国家教育机构专祭孔子之始，以后成为一项制度。

宋代是"优待文士"的朝代，重用文臣，鼓励世人读书仕进。宋朝建国之初，宋太祖立誓规"不杀士大夫"，明令"不欲以言罪人"。鉴于唐末五代藩镇割据、祸乱天下的教训，又迫于急需大量文治人才分理庶务，采用了一系列措施提高在职官员的文化素养，并通过逐步扩大科举录取名额的办法，广求俊义于科场，以补益吏员之不足。太祖、太宗以降，知识分子所受的礼遇和重用，地位的提高，为历代所不及。经太祖、太宗两朝近40年的努力，确立了宋代的文官统治制度。[①]

宋朝十分重视思想教化。宋初各地的孔庙，经唐末五代长期战乱的破坏，大多毁为废墟。960年，宋太祖诏令增葺开封文宣王庙祠宇，塑绘先圣、亚圣、十哲、七十二贤及先儒二十一人的像，又亲自撰写孔子、颜回真赞。京兆长安孔庙也开始重修。重建开封、长安及曲阜的文宣王庙，对于全国孔庙的修复工作和文教活动，具有政策导向和示范性的作用，为恢复儒学的正宗地位、进一步实施尊孔崇儒的文教政策，奠定了象征性的物质基础。

---

① 杨渭生等：《两宋文化史》，浙江大学出版社2008年版，第6—7页。

2　完备的学校教育体系

唐朝把教育作为其政治的基础，学校教育得到较快的发展。唐太宗大力振兴学校教育，调整教育行政机构，重建国子监。国子监是中央教育机构，早在西晋时期就已建立。北齐立国子寺，隋初亦然。唐太宗在贞观元年（627）五月重建国子监，以加强对学校的领导。以后国子监的名称有过几次变化，但它的性质始终未改变，一直是唐代最高的教育行政领导机关。

唐代官学分中央官学和地方官学两级。在中央设有国子学、太学、四门学、弘文馆、崇文馆、崇玄馆、律学、书学、算学、医学、天文历学、畜牧兽医学，此外还有以教皇族子孙及功臣子弟为职专的小学。在地方设有州学、县学、医学、玄学等。唐中叶以前，适应封建社会政治、经济发展的需要，从中央到地方设立了各级各类的官学，已形成较完整的学校教育体系。

除了各级各类学校外，还设有一个特殊的教育机构——弘文馆，专门收藏、校雠和研究儒家经典的经学。弘文馆的学科与国子学等相同。它既是一个国家高级图书馆，又是一个高级学馆，还是一个国家政治研究院。

由于唐太宗采取各种措施设馆兴学，推动了唐初学校数量迅速增加。最兴盛的时候，"诸馆及州县学六万三千七十人"。唐初教育的发达程度在当时世界上无可媲美，开创了中华民族古代学校教育史的新局面。

北宋初年社会稳定，促进了思想文化的繁荣。一方面是科举大兴，极力培养修社稷大业、以教化为心的新官僚人才；另一方面出现了全社会性的办学。北宋时期，先后进行了3次兴学运动，都涉及教育体制的改革。经过历次兴学，中央和地方官学体系基本建立就绪，官学教育体制逐步定型。当时学校制度，有官学和私学两类。官学分为中央学与地方学，即中央设国子学、太学，地方设州学、县学。私学的基本形式是私家学馆一类。书院教育在宋代得到较大的发展。同时，各种专科教育也受到重视，除了律学、算学、医学之外，还出现了武学、画学、书学等专科学校。此外，还有专门研究道教的道学。

3　私学与书院

隋末乱世，许多儒士转入乡间山林进行私家讲学。唐初曾对私学有所限制，但开元年间中期以后，则不作任何限制，转向鼓励私学发展，官学与私学教材相对一致，官私学学生学成后均可经过考试予以承认，使得私学成为一种重要的教育形式。

办私学的儒士，精于经学，通晓文史，有的在地方上被奉为名师大儒，自行在民间聚徒讲学。有些名流学者，涉猎经史，不知世务，创立了儒宫，开设学馆，从事著述和讲学活动。唐代不少名儒显宦幼时就是在这种学校接受启蒙教育。

在中国教育史上，唐代一项突出的贡献是书院的出现。作为教育机构的书院，起源于私人的著书讲学。起初是将个人读书治学之所称之为书院，后来逐步发展成聚书建屋、授徒讲学的书院。见于地方史志书、注明为唐代设置的书院的，有17处，如石鼓书院（衡阳）、丽正书院（绍兴、洛阳各一）、景星书院（九江）等。在唐代私人创建的书院中，已有较丰富的聚书授徒的讲学活动。宋初的著名书院大都是由唐末五代的私人读书讲学之地发展而成。

宋代的文人书院十分兴盛。书院的兴起，一方面满足了广大士子读书求学的愿望；另一方面，也缓解了朝廷尚文治而又教力不足的矛盾，为朝廷培养了大批文治人才。这些书院，在皇帝诏令兴学后，得到朝廷赐敕额和田亩、书籍，委派教官等待遇，逐渐成为半民半官的地方教育中心。

北宋时期影响比较大的书院是宋仁宗时期的苏州郡学和湖州州学，对宋代主流思想理学的形成，复兴儒学，产生了很大影响。

到北宋后期，由于朝廷几次大规模兴学，官办的州县学校渐起，书院则渐入沉寂。进入南宋以后，书院复又振兴，而达到鼎盛阶段。南宋孝宗以后，各地官员竞相创建书院，几乎遍及全国。有人统计宋代书院总数有203所，[①]大部分在江南文化发达地区，南宋为北宋的4倍左右。南宋书院不仅数量大幅度增加，书院的规模和设置也更为完善，办学条件多有改善，书院的内容和功能也有所扩大。在培养人才、广开言路、刊刻著作、保存典籍等方面，书院作用大大超过各州县学。并且，南宋书院形成了较完备的规章制度，涉及教学内容、教学方法、教学目的、培养学生的方向以及书院的日常行政管理条规等。

---

① 龚书铎总主编，王育济等著：《中国文化发展史·宋元卷》，山东教育出版社2013年版，第56页。

宋代书院创制了中国书院的基本模式，其中著名的当推号称"天下四大书院"的白鹿洞书院、岳麓书院、嵩阳书院、睢阳书院，都有过聚书数千卷、学徒逾千的盛况，尤其以白鹿洞书院、岳麓书院影响最大。四大书院在当时声名颇旺，皇帝均赐有匾额，以肯定其以仁义纲常育化人才的功绩。它们对发展宋代文化教育起了重要作用。此外，还有应天书院、茅山书院、丽泽书院、象山书院、紫阳书院、考亭书院等，都颇有影响。

书院的兴起，使讲学之风盛行，促进了学术的发展。宋代许多大儒，都自设书院，主持讲学，广收弟子，形成派别。

4　科举制的创建与完善

科举制正式形成并完备于隋唐时期，是中国古代社会最具独创性的通过分科考试选拔官吏的制度。

在科举制以前，中国古代选官，汉代实行察举制，由全国的地方官进行推荐。魏晋实行九品中正制，以中央官员监督地方的察举，根据品行评鉴品第来确定官品。察举制和九品中正制都是在一小部分名门贵族成员中选官，有很多局限和弊端。南北朝时期开始提出按才能而不是按门第选官的要求。隋朝建立后，隋文帝取消了九品中正制，废除了地方长官辟署佐官的制度，官吏的任用不再受门第的限制。

隋开皇七年（587），隋文帝设立了诸州岁贡三人的常贡，有秀才、明经等科。隋大业二年（606）设立进士科，这是科举制度的正式创立。秀才试方略，进士试时务策，明经试经术。这样，就形成了层次不同、要求各异、有一套完整体系的、国家按才学标准选拔文人担任官吏的分科考试制度。

唐代继续实行隋代创立的科举制，并使之更加完善。科举制度就是按照不同的科目来选举人才。考试的科目，分为常科与制科两类。常科每年举行，科目有秀才、明经、进士、明法、明书、明算六科。应试者以明经、进士二科最多，高宗以后，进士科尤为时人所重视。

唐代对科举考试内容、评价标准及多种形式的考试方法都有明确规定，并且十分完备。考试的内容、形式和录取的标准，各科不同。唐初每年科举录取的人数很少，但从高宗时起，科举入仕者在官员中的比重不断增加，从而奠定了中国古代社会后期高级官吏由科举出身者担任的格局。

科举制度自唐代以来，大体形成了以诗赋取士的传统。进士考诗赋，诸科明经只试帖经、墨义。墨义是对经书章句的简单书面问答。宋初沿袭唐制，科举也以诗赋取士为主。但与此同时，朝廷十分重视经学教育，并在科举制度的一系列改革调整措施中，逐步加强了经学的比重。仁宗庆历年间，科举改为试策、试论和试诗赋三场，不再考帖经、墨义，重点转向对经典的策论和大义。熙宁年间，科举考试内容进一步改革，罢试诗赋、帖经和墨义，专考策论和大义。考生须在《易》《诗》《书》《周礼》《礼记》中选治一经，兼治《论语》《孟子》。共考四场，全是经义，答卷要求通晓经义，有文采。科举以义理之学取士，引导学界重义理的倾向，也推进了政界的新儒学化，影响着整个宋代的政治决策。

宋初还开始对科举考试、取士的制度及形式，进行了一系列改革和调整，确定了宋代科举的基本程式。通过这些程式的改革，限制了势家子弟徇私舞弊、势家权臣把持科场的特权，使得科举考试的竞争在形式上获得平等，一大批寒俊庶士得以通过平等的考试，跻入仕途。

改善科举制度，扩大科举录取名额，抑制势家子弟，广开寒俊仕进之途，是宋初鼓励士人读书进取的重要措施。这极大地激发了社会各阶层读书入仕的热情。

科举制是中国古代最具独创性的考试制度。作为一种取士制度，科举制的推行，使政治权力具有一种开放性和流动性，大批中下层士人由科举考试进入仕途，参与政权，从而在现实秩序中突破了门阀世胄的垄断，扩大了封建皇权的社会基础。由隋唐始创的这种科举制是世界上最早、最完善、最严密的人才选拔制度。从那时起一直到20世纪初废科举止，这种制度延续了1300多年。在中国历史上的各种具体制度中，这是历时最久、变化最小却又是影响最大的一项。

三 学术文化的开新

1 统一经学

在汉代，汉武帝采纳董仲舒"独尊儒术"的建议后，作为儒家经典研究的经学发展起来，从此儒学成为中国学术文化的核心和主流，一脉相承。但学者们对经义的理解和解释却难以一致，特别是今古文之争后更是如此。所以在经学内部，也有争论和不同意见。这种争论从内部推动经学的发展。到魏晋时期，玄学兴起，经学日渐衰落。

而自唐开始，经学出现了新的局面。在太祖、太宗的提倡下，出现了儒学复兴的局面。贞观十三年（639），设崇贤馆，召集儒生研究经术。同时，大量征集有学识的儒生为学官，大力提拔精通儒术的官员，让他们居于高位以奖励儒生学者。

儒家经文是儒家全部政治、哲学、道德思想的集中体现。汉武帝"独尊儒术"，重点是推崇"五经"。魏晋南北朝玄学兴起后，大大削弱了"五经"作为儒家思想的核心作用。唐太宗认为儒学多门、章句繁杂、异说纷纭，给学校教育和科举考试带来了一系列的困难，同时也大大削弱了儒学的权威性。因此，重振儒术，必须对儒经加以整理和统一。

唐初国子博士、经学家陆德明广泛参考两汉以来的诸儒训诂音训著作，考辨同异，慎重去取，以音释为主，注儒家经典12种，另外兼取玄学，注《老子》和《庄子》，共花费了二三十年的时间，写成《经典释文》30卷。《经典释文》是关于儒家经典之源流、版本、音韵的重要著作，为经学统一作出重要贡献。《经典释文》正符合了唐初振兴儒学的需要，构成唐初对儒家经典统一文字、音注、义疏三环节中的中间环节。

唐太宗还以"文学多门，章句繁杂"，诏颜师古与国子祭酒孔颖达等诸儒，撰定《五经》疏义180卷，名曰《五经正义》。"正义"，就是正前人之"义疏"。对于前人关于儒经的种种繁杂的注疏，来一番彻底的清理，对《五经》的文字内容及思想观点作出了统一的标准解释。

《五经正义》撰定后，即于贞观九年（635）付国子监施行。这个"五经"定本颁行以后，"五经"有了标准本，诸经文字完全统一，克服了以往因文字不同而理释各异的弊病。后又于贞观十六年（642）和永徽四年（653）颁行天下，令士子诵读，不仅作为学校教育的官定教材，而且科举考试也以之为依据。

《五经正义》的撰定与颁布标志着儒家经典的统一和正统地位的确立。

撰定《五经正义》对于教育和选士有着重大的影响，由此，教育思想、教育内容又趋于统一，科举取士以儒经为准，有了准确、标准的统一要求。

2　宋代理学的大发展

宋代社会发展的变化，推动了学术思想的发展和变化，出现了儒学发展的新形式——理学。

理学又被称为"新儒学"，但近年来从海外学术界传来的"新儒学"与本章所讲的新儒学不是一回事。现今所说的"新儒学"往往还要加上"现代"的限制词，称"现代新儒学"。现代新儒学家们自认为是儒学发展的第三期，而推宋代理学为儒学发展的第二期。

早在唐代末年，学术界就出现了不拘训诂旧说而凭己意自由解经的思想潮流，影响一直持续到宋代初年。北宋初，学术界仍沿用唐代钦定的《五经正义》。庆历以后，风气渐变，疑经、改经、删经成学界时尚。宋代一些儒生、学者一方面"舍传求经"，直接面向儒家经典；另一方面疑经改经之风盛行，不再专注于经典文本和语句的字面，而是根据自己的思想观点去取舍儒经和解说经书，着重发挥经文"义理"。他们认为经典本身的作用只不过是"载道之具"，而其中所包含的成贤成圣、修齐治平的道理才是更根本的。将章句训诂改造成阐发义理，促使儒学从章句注疏之学向义理之学的转变。

这种自由解经的方法，充满了革新精神，影响了一代学风。这种思想潮流，在一定程度上打破了经学对儒家经典和注疏的权威地位，是对传统经学的某种否定和批判，同时也是当时学术界的一次思想解放。

义理之学的主要形式是理学。宋代理学体系的形成，标志着中国古代学术思想领域发生了一次新的变革，儒学进入了新的历史阶段，演化为哲学化、抽象化的新儒学，形成了一个内容包罗万象、形式严密完整的理论体系，是继先秦百家、两汉经学、魏晋玄学、隋唐佛学之后，于11—12世纪崛起在中国古代思想史上的又一座高峰。由于这一思潮将孔孟之道重铸成博大精深的学说，又使其贴近现实、易于实践，因而自宋起被历代立为正统思想，统领学术，规范人伦，指导社会，在当时和以后产生了广泛而深远的影响，被视为影响中华文明的正宗道统之学，持续700多年。

宋代学术思想非常活跃，各种学派纷纷设帐讲学，著书立说，各抒己见。其著述之丰，人才之盛，学派之多，远远超出先秦"百家争鸣"时期的诸子之学。仅就理学而论，宋代有四个主要学派，一般称为"濂、洛、关、闽"四派。"濂"指原居濂溪的周敦颐；"洛"指洛阳的程颢、程颐兄弟；"关"指陕西的张载；"闽"指南宋时讲学于福建的朱熹。

关于这四个学派之间的传承关系，后世学人黄百家在《宋元学案·濂溪学案》的按语中认为，自孔孟之后，汉氏儒家只有传经之学，"性道微言之绝，久矣。元公（周敦颐）崛起，二程嗣之，又复横渠（张载）诸大儒辈出，圣学大昌"。又说："若论阐发心性义理之精微，端数元公之破暗也。"就是说，宋儒的"心性义理"之学，是由周敦颐首先阐发，而后才由于二程、张载诸儒辈出，方出现"圣学大昌"的局面，之后则又有朱熹集其大成。这便是后来所称"濂、洛、关、闽"的理学流派。

张载的"关学"和二程的"洛学"在北宋皆为显学，各有传人，一时颇具声势。及至南宋，朱熹在继承发展二程"洛学"的基础上，又博采周敦颐"濂学"、张载"关学"等理学学派的部分思想，集北宋理学之大成，并吸取了佛、道的某些思想资料，从而建立了"闽学"学派和丰富而完整的"朱子学"思想体系。

朱熹是中国思想史上最有建树者之一，在经学、史学、文学、考释古籍以至自然科学等方面，均有成就，后人称朱熹为中国古代最大的学问家和思想家。

朱熹理学思想体系的核心是"天理论"，这是继承和发展了二程的理学思想，但他还吸取了周敦颐、张载等人的理学思想，使其最高哲学范畴的"理"或"天理"得到了充分的论证。朱熹认为"理"或"天理"是宇宙之本体、天地万物的根源。"理"是不依赖天地万物而独立存在的，它无始无终，永恒不灭，而又无所不在。在朱熹的思想体系中，"理"或"天理"不仅是宇宙之本体，还是社会道德规范的源泉，一切道德的准则和礼仪，都是"理"或"天理"的体现。他认为，作为道德规范与准则的"理"，是先于各种社会道德关系而存在的，"未有君臣，已先有君臣之理；未有父子，已先有父子之理"。朱熹对"天理"绝对性和实在性的论证，正是给"三纲""五常"的道德规范和准则寻求形而上的根源。朱熹的认识论，即"格物穷理"说，其出发点和最终目的，在于把握"天理"，"要在明善"，从而把"仁义礼智信"的"五常之德"赋予"天理"的哲学高度，以提高自身道德的自觉性。而且，主张"格物穷理"要讲究先后缓急之序，即明人伦、讲圣言、求世故，进行道德践履与体验。

朱熹总结了北宋以来理学的成就，为理学集大成者，其理学体系更为严密、丰富。朱熹思想学说不仅是理学的成熟形态，也是中国儒学发展的一个新阶段。

理学是对传统儒学进行变革而形成的一种新的儒学形态。[1]理学思想文化体系的确立，使儒学一改玄学、佛学时代长达数百年的萎靡不振的局面，为儒学在新的历史条件下的复兴开辟了一片新的天地。理学摆脱了以往儒学的那种质朴平淡的政论形态，使传统儒学直白浅近的道德训诫，被赋予了一种透彻了悟的哲理意蕴，一个将儒家的入世和释、道的静泊空寂的旨趣融合为一体的人生哲学合乎时代需要地创立出来。这样，宋代理学自身完成了由"知天而知人"，即从宇宙观到社会观到人生观的整体建构，儒学也完成了它在中国古代历史上一次最大的蜕变，从而对中华民族的思维结构、价值心态、精神观念等，都产生了至大至深至远的影响。[2]

朱熹理学思想在当时和后世，都产生了很大影响。宋理宗于宝庆三年（1227）下诏赠朱熹为太师，追封信国公，并认为朱熹注四书，"发挥圣贤蕴奥，有补治道"，提倡习读朱熹著作。从此，以朱熹为代表的理学就成为正统思想，在学术思想领域中确立了统治地位。

宋以后的元、明两代，虽各有杰出的思想家、学问家立世，其学术成就对中国思想史各有不可磨灭的贡献。但是，就学术界整体而言，其水平远未超过宋代儒学，也没有形成新的思想体系。在这个意义上，元、明学术是宋代儒学的延续。

---

[1]　龚书铎总主编，王育济等著：《中国文化发展史·宋元卷》，第178页。
[2]　龚书铎总主编，王育济等著：《中国文化发展史·宋元卷》，第131页。

3 修史事业的繁荣

唐朝十分重视修史事业，并确立了一套史馆修史制度。唐贞观三年（629），诏命房玄龄、魏征等修撰周、隋、梁、陈、齐五代史，设立了独立的常设修史机构，隶于中书省。这个机构除监修国史1人由宰相兼之，另有史馆修撰4人。为此，组织起一个阵容极强的修撰班子。由于实行宰相监修制，史馆可以通过宰相向各部门、各州县、各都督府征集史料，责成各部门各机构按时把重大历史事件"堪报史馆，修入国史"。这样，中国的史官制度至此已经完备，宰相监修国史的做法以后历朝亦成为定制。

至贞观十年（636），《梁书》56卷、《陈书》36卷、《北齐书》50卷、《周书》50卷、《隋书》55卷全部修成上奏，统称《五代史》。过了5年，太宗又下诏修《五代史志》，即为上述五史补修典志方面的内容。历时15年，到高宗时才完成。贞观十七年（643），又诏命房玄龄、许敬宗等诸史家修撰《晋书》。在短短的20余年时间里，完成如此巨大的修史工程，在历史上未见先例。

宋代史学，是唐代史学的继续发展。但在史官制度、史学著作、史著体裁、史学大家以及史学领域等方面，都超过了唐代。宋代各朝对于修史的重视，宋人对于撰史的热衷，为前代所不及。宋代史学在史著、史家、史体、史论、史料学等各个方面，确实达到成熟稳定的水平，所取得的种种成就对后世产生了极大影响。

宋代史官职能进一步完善，由相应的实体机构固定下来，通过一套分工明确、衔接有序的修史体系和制度，保证了官修当代史的条件。宋代续修的前代正史主要有3部：《旧五代史》《新唐书》和《新五代史》。其他还有北宋宰相范质据五代各朝实录简编的《建隆五代通录》56卷，北宋路振据五代吴、南唐等9个政权君臣事迹编的《九国志》12卷，北宋马令编的《南唐书》30卷，南宋陆游编的《南唐书》15卷等。宋代官修当代史，主要有4部国史：仁宋时所编《三朝国史》（太祖、太宗、真宗），神宗时所编《两朝国史》（仁宗、英宗），孝宗时所编《四朝国史》（神宗、哲宗、徽宗、钦宗），理宗时所编《中兴四朝国史》（高宗、孝宗、光宗、宁宗）。另有《宋会要稿》。

宋代所修通史，主要有北宋司马光主编的《资治通鉴》354卷（含《目录》和《考异》各30卷），南宋袁枢所作《通鉴纪事本末》42卷，南宋郑樵所著《通志》200卷，南宋末马端临编撰的《文献通考》384卷，等等。

《资治通鉴》是宋代史学最突出的成就。它系统编纂了自周威烈王二十三年（前403）至后周显德六年（959）1362年的史事，是中国编年史中时间跨度最长的一部巨著。此书在中国史学史上产生了空前的影响，特别是对于历史编纂学的发展，有着多方面的贡献。[①]

4　图书的收集整理与宫廷藏书

中国历代王朝都十分重视历史典籍和文献的收集、整理和保存。魏晋南北朝时期，图书用纸制作技术改善和逐步使用，逐渐代替木简策成为图书的主要形态，给图书的抄写和编纂带来了廉价和轻便之利，促进了公私藏书的发展。在南北朝时期，有任昉、王曾孺、张缅等收藏万卷的藏书家，而沈约、萧纶等人则家藏2万卷，萧统、萧劢有书3万卷，梁元帝萧译"聚书四十年，得书八万卷"。

北朝周武帝时，积累书籍已满1万卷，灭齐得新书5000卷。隋朝建立时，所收书籍1.5万余卷，"部帙之间，仍有殊缺"，"至于阴阳河洛之篇，医方图谱之说，弥复为少"。隋灭陈后，又得一批江南图书，分散的书籍得以集中在朝廷，共有3.7万余卷，含重复本达8万卷。隋朝两帝都曾组织大规模抄书，国家藏书至30万卷。

隋末动乱，典籍和文献遭到严重破坏。唐自太宗至玄宗，也两次组织人力抄书，并设立修书院。经过几次大规模的整理，到玄宗时期，于大明宫光顺门外、东都明福门外皆创集贤书院，两者各聚书四部，以甲乙丙丁为次，列经、史、子、集四库。开元十九年（731）冬，玄宗临幸集贤院之际，四库书总数为89000卷，其中经库13752卷，史库26820卷，子库21548卷，集库17960卷。这在当时是一个相当大的数字。

集贤书院同时又是当时中央最庞大的文人贤才荟萃之所，兼有国家图书馆和研究院的性质，并编修著译了《唐六典》《开元大衍历》《初学记》《大

---

① 叶坦、蒋松岩：《宋辽夏金元文化史》，第263页。

唐开元礼》等20多种著作，内容涉及经学、史学、目录学、典章制度、音乐、历法、类书、佛道、文选学、文集等门类。其中有不少是卷帙浩繁的典籍，编纂、校刊、抄写的工作量非常大，单靠学士与直学士若干人和修撰、校理官数人是难以胜任的，因此又配有"书直"及"写御书"100人。

宋建国初期，因袭唐制，设立三馆（昭文馆、史馆、集贤院），收藏图书1.2万余卷。平息蜀国、江南等地后，又得蜀书1.3万卷，江南书2万余卷。乾德四年（966）八月，诏求亡书，凡献书者，经学士院考试吏理，堪任职官者，多委官任职，或赐以科名，得献书1228卷。

宋代国家藏书事业出现前所未有的兴盛局面，并由此带动和影响了其他三大藏书系统（书院、寺观和私人藏书）的飞速发展。

5　图书的刊刻与流通

雕版印刷术发明以后，书籍的刊刻成为一项盛大的文化事业，对于文化的传承与发展具有重大的意义。印刷术的发明根本上改变了图书的流通方式和人们的阅读方式，使阅读不再是少数人的特权，而变成一种可以大众共享的文化形态。对于文明的发展史来说，这是一个具有重大意义的变化。

宋代是中国雕版印刷事业发展的鼎盛时期。雕版印刷与造纸技术的进步，使文献的记述和书籍的流通大大便利，扫除了文化发展的技术性障碍，为文化的传播与普及提供了关键性的手段，成为宋代文化大发展的重要条件。前人传抄之书至宋刻印定本，时人著作诗文得以付梓流行，尤其是卷帙浩繁之书的大规模刊印，使有宋一代出现划时代的文艺复兴高潮。[①]

唐代的雕版印刷技术已经达到了相当高的水平。经过五代，雕版印书得到了进一步的发展，在人力、物力和技术上创造了有利的条件。再加上书籍需求量大增，更加促进了宋代印刷业的空前繁荣。两宋所刻印的书籍从数量、字体、版印、用纸、规模、发行等方面都达到了历史上最高水平。

为了适应政治和文化的需要，许多政府机构、单位、书坊和个人都积极从事刻书事业。北宋真宗、仁宗时期，刻书开始兴盛起来，刻书最多的是仁宗

---

① 　叶坦、蒋松岩：《宋辽夏金元文化史》，第35页。

时期，许多大部头书籍，如《七史》和医药书，都是这一时期刻成的。南宋时期刻书更为繁荣。南宋时期官府、官员、民间书坊都从事雕版印刷，印本书籍广为流传。临安、福建和四川是印刷业的主要中心。临安国子监印制的监本质量较高，福建印制的书籍还运往高丽、日本等国。

宋代刻书分为官刻、私刻和坊刻三种类型。

官刻就是由中央官府和地方官府经营管理的出版印刷机构，主要刻印刑典、儒家经典、史书、正经，还校刻了不少医书。宋代中央政府刻书单位很多，有国子监、崇文院、秘书监、司天监和校正医书局等。其中国子监刻印的书最多、最有名，后世称为"监本"。宋太宗年间雕刻的佛教《大藏经》，是世界上最早雕印的卷帙浩大的佛经。北宋官刻书籍以中央为主，南宋则以地方为主，各路盐茶司、漕司、转运司、计台司、提刑司等都有刻书，各州学、县学和书院也都有刻书。

私刻是指私人资助刻印书籍，不以营利为目的，包括私宅、私塾、书坊、书棚、书肆等。如寺院、道观、祠堂等用集体出资或募捐得款雕刻之书，都称为民间刻本。宋代的私刻本极为普遍，主要集中于经史、诸子、文集，医书和科技方面的著作比较少。中国现存最早、最完整的法医学专著《洗冤集录》，是南宋宋慈自撰自刻本。他根据自己的办案经验和前人办案资料，于淳祐七年（1247）编成此书，并出资刻印。

坊刻是指民间书商刻书，后世称为"坊本"。书坊古称书肆，是卖书兼刻书的店铺，是一种具有商业性质的私人出版发行业。宋代书坊刻书特别盛行，几乎遍及全国，有记载的南宋刻书地点就有170多处，尤其是开封、杭州、衢州、建宁、漳州、长沙、成都、眉山等地，书坊林立。仅南宋临安有铺名可考的书铺就有20家。这些书铺刊刻的书籍五花八门，经史子集，无所不有，其雕版、印刷、校勘、装帧等，在全国居于最高水平。[①]

宋代印书的内容十分广泛，宋代以前的书籍陆续翻印，宋代作品也大量印刷。中国现存的最早的古代书籍，不少是宋代雕印流传至今的。

---

① 龚书铎总主编，王育济等著：《中国文化发展史·宋元卷》，第54页。

四　唐诗与宋词

1　光辉灿烂的唐诗

唐代是中国文学艺术史上一个光辉灿烂的时代。大唐以诗文而鸣，独步一时，令后人神往、敬仰、追寻和陶醉。正是绚丽多彩、气度非凡的万千诗篇营造了唐代文学的巅峰状态，如果没有唐诗，唐代文学乃至整个中国文学史都会黯然失色；甚至还可以说，如果没有唐诗，所谓的盛唐气象便会失去很多风采。唐朝是诗的唐朝。假若人们对中国文化史上的每一阶段只指认一种最有代表性的文化现象或文化创造，那么对于唐代，仍得说那是唐诗。

唐代诗歌在中国历代诗歌中最华美、最丰富，艺术水平也最高。它和唐代书法、绘画、音乐一起，配之以强大国力、空前的自信与开放，形成令后人无限向往的大唐风韵、盛唐之音。

唐代是诗歌创作空前活跃的时代，诗人辈出的时代，同时也是全民族诗情勃发的时代。从皇帝到平民，从达官贵人到贩夫走卒，无不写诗爱诗。唐代的君主大都喜爱或能作诗歌。受到特别重视的进士科考试，也以诗歌为重要内容。诗的优劣在录取进士过程中，起决定性作用。正因为这样，所以唐朝文人不仅人人会作诗，而且都竭力将诗作好。唐代文人以诗会友、酬赠唱和的情形十分普遍，这促进了唐代诗歌的繁荣。不仅如此，当时整个社会都弥漫着炽热的诗情氛围，成为一个全民"诗化"的时代。白居易《与元九书》说，在江南一些地区，连娼妓都会吟诵他的《秦中吟》《长恨歌》等诗作。社会各阶层人士，都充满着高涨的赋诗热情。在流传下来的唐诗中，其作者既有帝王名士，也有布衣平民、僧道隐士，还有少儿妇女。现存唐诗情况，据清人《全唐诗》及今人陈尚君《全唐诗补编》，计有姓名可考的作者3600余人，诗5.5万余首。在这名家辈出、名作如林的诗坛上，出现了李白、杜甫、白居易等影响远及世界的伟大诗人，产生了山水田园诗派、边塞诗派、新乐府诗派、韩孟诗派等风格不同的诗人流派。

中国的诗歌有非常悠久的历史。隋唐之前的魏晋南北朝时期，诗歌创作已达到很高的水平，出现了古典诗歌的真正繁荣。唐代诗人上承魏晋诗风，继承和改造了魏晋南北朝的诗歌传统，使中国诗歌创作达到高度成熟境界。唐代诗歌在前人诗歌的基础上，形成了丰富多样的体式，包括了古体诗（五言、七言、七言歌行）、近体诗（五言律诗、七言律诗、绝句、排律）、乐府诗（古体乐府、新乐府），以及新产生的词体。其中五言律诗、七言律诗是唐代新兴的诗体，具有格律严整、音韵协调、技巧精美等特点。新乐府诗经杜甫、白居易的大量写作，也形成了即事名篇、感讽时事的传统。这些都是前所未有的成就。唐代诗人还对诗歌的形式技巧和艺术风格进行了深入探讨。唐人的诗论对后世的诗论和诗歌创作都有很大的影响。

唐诗是中国古代文学的高峰。唐诗已经达到历史高潮，具有永久的魅力。在古代诗歌体裁这个范围内，后人已经很难超越了。

2　婉约与豪放的宋词

宋代文学的最高成就是宋词。宋词被视作一代文学的标志。就像人们说唐代文学首先而且要特别着重讲唐诗一样，讲宋代文学则首先要讲宋词。唐诗、宋词和元曲，往往并称，前人有"诗盛于唐，词盛于宋，曲盛于元"之说，都是中国文学史上的高峰。

词是从中唐以后流行起来的一种新诗体。词在唐、五代通称为"曲子词"，原是为乐曲配唱的，后来逐渐脱离乐曲而成为独立的文体，简称为"词"。每首词最初都有与其相配合的乐调，称为"词调"，每一词调都有一个或几个名称，称为"词牌"。每一词调在句数、字数和声韵方面都有特定的格律形式，称为"词谱"。因为多数词谱的句式长短不齐，所以词又称"长短句"。写词，要依谱填写，叫作"填词"。

中唐时期填词较多的诗人是白居易和刘禹锡。晚唐五代时期，文人填词的风气更为普遍。五代后蜀人赵崇作编有《花间集》，收集这一时期的词作500首，共18家。人称"花间鼻祖"的温庭筠是第一位大量填词并以词名家的文人。他的词很注意造辞精美、声律和谐，情思婉转细腻，确立了词体的独特风范。与温庭筠齐名的词人韦庄的词风清新疏朗，开创了以词体抒情的先例。五代时期最著名的词人是南唐后主李煜。他一生经历了南唐的衰危和灭亡，因而他后期的词作多念往伤今、深痛哀伤之情调。

词从晚唐五代发展到宋代，呈现出空前繁荣、多姿多彩的面貌，在中国文学史上占有特殊地位。"宋代的词，则把这种晚唐、五代草创时期的文体，发展为一种成熟的可歌可吟的文艺样式，有着以前任何一种文体所没有的广为群众所爱好的特点。"①由于词是合乐诗体，既可传诵于文士案头，又能流播于乐人歌喉，流传广远，风行于社会各阶层，拥有广泛的创作队伍。宋代词作，据《全宋词》辑录，共收词人1300余家，词作近2万首。孔凡礼《全宋词补辑》又增收词人100家，词作400多首。

宋词大体上可分为婉约和豪放两种风格流派。婉约派词作，内容主要写男女情爱，离情别绪，伤春悲秋，光景流连。其形式大都婉丽柔美，含蓄蕴藉，情景交融，声调和谐，风格典雅涪婉、曲尽情态。像柳永的"今宵酒醒何处？杨柳岸，晓风残月"、晏殊的"无可奈何花落去，似曾相识燕归来"、晏几道的"舞低杨柳楼心月，歌尽桃花扇底风"等名句，都是情景交融的抒情杰作。

豪放派词作是从苏轼开始的。他把词从娱宾遣兴里解放出来，发展成独立的抒情艺术。山川胜迹、农舍风光、优游放怀、报国壮志，在他手里都成为词的题材，使词从花间月下走向了广阔的社会生活。不过，两种风格既有区别的一面，也有互补的一面。上乘词作的风格，往往豪放而含蕴深婉，婉约而清新流畅、隐有豪气潜转。

宋代是词的繁荣兴盛的时代。文学史上，词以宋称，说明宋词代表一代文学的重要地位。

五　市井文化的兴盛

市井文化，是建立在都市商业经济繁荣基础之上的一种文化形态，具有野俗的活力与广阔的普及性的特点。市井文化与贵族口味、士人情调截然不同，但却是中华传统文化系统中的一个重要组成部分。

中国早在商周时期的城市就已经有了一定的规模，城市娱乐文化也随之出现。娱乐游戏向来是市井文化的特色，也是市井生活的主要内容之一。春

---

① 杨渭生等：《两宋文化史》，浙江大学出版社2008年版，第657页。

秋时期出现了蹴鞠、弄丸、飞鸢、郊游、棋类、雅歌、投壶等娱乐形式；秦汉三国"百戏"兴起，"歌舞俳优，连笑伎戏"；魏晋南北朝围棋与投壶大兴，有"手谈""坐稳"之说；隋唐五代的击球、角抵、武艺、击鞠（马球），以及"壮士裸袒相搏而角胜负"的角力、相扑，都反映了城市娱乐的兴盛。傀儡戏、参军戏是中唐以后市井间流行的歌舞小戏，堪称中国最早的戏剧。明确标明以"市人"为读者对象的"市人小说"也开始出现，如《枕中记》《莺莺传》等。

　　北宋年间，城市经济发展迅速。一些城市不仅繁荣程度超过盛唐，人口增长也很快，如宋都汴京，人口多时达26万户。其余如杭州、扬州、荆州、成都、广州等城市，均已具有相当规模。

　　城市的发展与商品生产的蓬勃发展和商业的繁荣密切相关。中国的商业起源很早，作为商品交换地点的市几乎是与城市一同出现。但在唐朝以前，市场都是由政府设立，并由政府管理。到北宋建国以后，坊市制度完全取消，城内不再划分方形之坊，城内市场也不再由官府设定，商业交易的时间、地点等完全由商人自由选择。原来为管理市而设立的众多市官也随之撤销。此外，城郭以外的草市、墟市也发展起来，有的成为固定的交易场所。在此基础上，北宋首创在县以下的商业繁荣之地设立镇市，使镇由过去的军事设防之地变为商贾交易之所。这些不仅是中国古代城市格局和国家行政体制的重大变革，也是中国古代商业的一次重大的革命性的变化。城市的经济功能大为加强，发展起众多的商业城市、手工业城市和海外贸易城市。城市也不仅是政治、行政中心，还成为地区性的经济中心，有些城市在经济上的影响遍及全国。长江、运河等河流和众多的陆路通道，则把各地的经济中心城市联结成为全国性的商业网络。

　　宋代市井文化十分发达。张择端的《清明上河图》描绘了清明时节北宋京城汴梁充满浓厚生活气息的市井风情。画中酒肆、肉铺、茶坊、庙宇鳞次栉比，街市行人、商贾、小贩摩肩接踵，轿子、骆驼、牛马车、人力车川流不息，完整记录了宋代别具特色的市井文化与社会风俗。汴京倚汴水而建。汴水南连淮河、长江，直通东南和西南。与河北、西北则有陆路往来。在汴京的市场上，有来自江淮的稻米，沿海各地的水产，辽、西夏的牛、羊，江、淮、闽、蜀的茶叶，各地的果品，南方的丝织品，两浙的漆器，各地的瓷器，磁州（今河北邯郸附近）的铁器，福建、成都、杭州的书籍，还有来自日本的扇子，高丽的墨料，大食的珍珠、香料等。城内有众多酒楼、食店、茶坊、妓馆，饮客常达千余人。除遍布城市的店铺外，还有定期的集市，相国寺集市每月开放数次，一次可容纳万人。

临安是南宋最大的城市，其规模超过了北宋的汴京，因而也是整个宋代最有代表性的商业城市。南宋的临安城，周围70里，府属各县还有15个镇市。宁宗初年，城内人口已达到11.2万户，即四五十万人。到南宋末年，临安府（包括所属各县）已发展到39万户，124万人。临安城内外总是船只云集，往来的客商不绝于道。临安城内的大街小巷，各类店铺"连门俱是"。同类店铺多聚集在一起，形成专门的市。街市上的买卖昼夜不绝。

宋代市井发展文化显著的表现是"瓦子"和"勾栏"的出现。瓦子又称"瓦市""瓦舍"，指易聚散、较为自由简陋的娱乐场所。瓦子的大小、范围不等，内设勾栏（棚）若干。勾栏即栏杆，意为用栏杆围成的演艺场地，可独设，也可设于瓦舍之中。瓦舍满足参与性的娱乐，勾栏则是专门的观赏。汴京东角楼一带是瓦舍勾栏最集中的地方。临安城则有瓦舍20多座，其中规模最大的瓦舍内，有勾栏13座。

演出的技艺，在北宋有小说、讲史、诸宫调、合生、武艺、杂技、傀儡戏、影戏、讲笑话、猜谜语、舞蹈、滑稽表演等20余种，到南宋则发展为50余种。因此不论风雨寒暑，到戏棚里观看的人天天比肩接踵。

在瓦舍里，说唱艺术、歌舞艺术都得到了长足的发展。特别是瓦舍里经常演出的鼓子词、缠达、唱赚和诸宫调。

六　以宋为中心的南海贸易体系

汉唐时期海上丝绸之路已经很畅通，从中国南方沿海可以航行东南亚地区、印度，以及到波斯湾和阿拉伯半岛。宋代，海上丝绸之路进一步发展，海上贸易大为繁荣。

唐代后期全国的经济中心和政治、文化中心逐渐南移。经济重心南移的过程至北宋后期已接近完成，至南宋则全面实现了。在这样的背景下，东南沿海地区成为出口商品主要供给地和进口商品的消费中心。造船技术和航海技术进步使海上贸易在商业运输成本、运输规模、贸易周期等方面与陆上贸易相比，具有显著的优势。在传统贸易中，香药、珠宝是中国最大宗的进口商品，特别在宋代进口商品规模巨大增长以后，香药成为最大宗的商品，而这些商品中大部分主要产地在东南亚和印度洋沿岸地区。这些因素决定对外贸易重心在宋代转移到海上。

因此，宋朝十分重视发展海上交通，推行"招诱奖进"的海外贸易政策，鼓励"商贾懋迁""以助国用"。早在建国之初，北宋即对海外诸国以"朝贡"或类似名义输入的货物实行免税，并给予丰厚的回赐和赠予。宋政和五年（1115）福建市舶司就曾专门派人到占城、罗斛两国，劝说当地政府和商人来华贸易。

在政府的鼓励下，宋代海上交通十分发达，往来各国商船络绎不绝，官方和民间的贸易繁荣兴旺。海外贸易的发展不仅促进了中国与各国经济和物质文化交流，而且增进了相互的了解。宋代外国使节的来访，往往搭乘中国商船；许多从事海外贸易的中国商人，还充当中国与许多国家建立官方关系的联系人。

宋代经济重心南移和鼓励海外贸易发展的政策促进海上贸易的繁荣，中国对外贸易重心由西北陆路完全转移到东南海路，亚洲海路贸易空前繁荣，促使南海贸易体系最终形成。日本学者滨下武志认为，这个贸易体系是以朝贡贸易体系为基础的亚洲经济圈，是15、16世纪以来，随着对中国朝贡贸易及互市贸易等官营贸易及民间贸易的发展形成的亚洲多边贸易网，是以中国和印度为两个轴心，以东南亚为媒介的亚洲区域市场。①滨下武志等学者强调，15世纪以后亚洲贸易体系及中国的中心地位是自宋代形成并一脉相承的。

美国社会学家阿布·鲁哈德（Janet Abu-Lughod）指出，13世纪及此前很长时期，阿拉伯海、印度洋和南中国海已形成三个有连锁关系的海上贸易圈：

---

① ［日］滨下武志：《近代中国的国际契机：朝贡贸易体系与近代亚洲经济圈》，中国社会科学出版社1999年版，第10、36页。

最西边是穆斯林区域，中间是印度化地区，最东边是中国的"天下"，即朝贡贸易区。这三个贸易圈在宋代已经成为一个整体的贸易体系，有学者称之为"南海贸易体系"。[①]

南海贸易体系在地理空间上北到中国和高丽、日本，西到印度洋沿岸地区和西亚。东南亚是这个贸易体系商品和人员流动的枢纽。滨下武志所说的以朝贡贸易为基础的亚洲地域经济，正是宋代南海贸易的基本范围并一以贯之的沿袭。

有学者概括南海贸易体系在宋代的形成有三个明确标志：一是形成了稳定的商品结构和互补性的市场关系，二是形成了稳定的贸易力量，三是形成了有稳定贸易关系的市场区域。有学者认为，10—13世纪由于宋朝重商政策和贸易发展的推动，海运贸易繁荣，北至东北亚、南到东南亚形成一个"贸易世界"，东北亚第一次被深入地整合到国际贸易网络中，东南亚进入"商业时代"，贸易和国家发展发生根本性转变。

在宋朝海外贸易的推动下，南海、印度洋沿岸地区、东北亚之间有了稳定而密切的贸易联系。这一区域的贸易形成了以中国瓷器和丝绸为主的手工业商品与以东南亚和印度洋沿岸生产的香药、珍宝为主的资源性商品相互交换的互补性贸易的市场关系。阿拉伯商人和中国商人成为这一区域并驾齐驱的最重要的贸易力量，东南亚、日本、高丽等地的商人也积极参与贸易，共同维持这一区域的贸易运行。可以说，这一区域贸易已经具备了独立运行的稳定的基本要素，已经形成一个明确的贸易体系。在这个贸易体系中，南海地区是最重要的中心，其中的中国是推动贸易发展最主要的力量，东南亚是联系这一区域贸易的枢纽。

---

① 黄纯艳：《论宋代南海贸易体系的形成》，《国家航海》2012年第3辑。

第十六章
东亚文化圈

一　东亚世界的文化秩序

1　以唐朝为中心的东亚文化秩序

唐帝国疆域广大，国力强盛，文化辉煌，在当时的世界上举足轻重。特别是在亚洲的历史舞台上，唐朝领衔主角，具有极大的感召力和巨大的国际威望，各国争相与唐朝通聘往来，发展友好关系。

当时的亚洲实际上以唐朝为中心。中国的周边国家都以"天可汗"来称谓中国皇帝，表示对唐朝的臣属关系。在中国东北、西北边外的各国，"可汗"是国家领袖的尊号，等于中原历来所称的皇帝或天子。而唐代自太宗时起，一方面为中国的皇帝，而同时又受中国以外的周边诸国共同拥戴为"天可汗"。这所谓"天可汗"，就是诸国向化的可汗。这种"天可汗"的观念，不是以武功造成的，是当时各国心悦诚服地表现出来的。

唐朝比汉朝更强大。这个巨大的帝国，实际上应当分成两个部分：一部分是本土，皇帝制度、文官制度治理着帝国本土的百姓；另一部分，尤其是西半部，即从今天的河西走廊直到阿富汗，加上西北边境，大部分居民都不是汉人的族裔。唐王朝在这些地方设立羁縻府州，当地的部落领袖接受唐代地方政府的提议，奉中国为正朔，将领地纳入唐帝国的版图，原来的首长仍旧治理当地百姓。东方的朝鲜半岛和日本群岛上的国家，也接受中国官职，却只是外藩，中国对他们以客礼相待。同样，南方诸国，即今天的中南半岛以外，也只是奉唐朝为宗主国。因此，唐朝设立的帝国体制，包含了至少三种不同形式的政权，构成了一个复合的帝国。至于草原上许多族群，强大的大唐帝国足以使他们屈服。不过，他们不奉唐朝皇帝为皇帝，而称其为"天可汗"。天可汗是众多可汗中最大的可汗，等同于联盟领袖。①

这样，在当时的东亚和中亚，就形成了一种以唐朝为中心的国际政治秩序和文化秩序。也有的学者称之为"东亚世界体系"。

这种建立在"天可汗"观念上的国际关系和国际秩序，从唐贞观四年（630）至天宝十四年（755）持续了125年。安史之乱以后，唐朝放弃了对中亚的经略和控制，使其脱离了中华文化的势力范围，被纳入伊斯兰教文化圈之中。而以后在东亚文化圈中，只包括中国本土和朝鲜、日本、越南等东亚国家。

由于这种原因，东亚的国家关系，在政治层面上，形成了以中国为中心的"册封关系体系"或"朝贡体系"。这种册封体系或朝贡体系，常与条约体系、殖民体系并称，是世界主要国际关系模式之一。

以中国中原王朝为中心的朝贡体系最早开始于汉代。在这时期的朝贡体系中，中原政权和其他诸国以"册封"关系为主。即各国需要主动承认中原政权的共主地位，并凭借中央政权的册封取得统治的合法性。中央政权对各地方政权往往直接封为"某某国王"，如"汉委奴国王""南越武王""疏勒国王"等。各受封国对中原政权按照不同的要求负有进贡和提供军队等义务。早期的朝贡册封关系比较简单，中国需要附属国的仰慕，认为自己是这个世界的中心，是文明之国，而附属国则是"夷"，是未开化的民族。但从宋代开始，朝贡体系的性质发生了很大的变化。一方面，朝贡关系仍然保持着原来的政府之间的关系；另一方面，随着政府对贸易的重视，朝贡逐渐变成了一种贸易手段。"正是在这个意义上，我们说，朝贡体制使得东亚首先成为一个独立的经济世界。"②

2　东亚文化圈的形成

东亚文化秩序和东亚文化圈是同构的，东亚文化秩序即是东亚文化圈内的"文化秩序"。

东亚文化圈又称"中华文化圈""汉文化圈"或"东亚文明区"，范围

---

① 许倬云：《许倬云说历史：中西文明的对照》，浙江人民出版社2013年版，第111页。

② 王正毅：《世界体系论与中国》，商务印书馆2000年版，第324页。

包括中国、越南、朝鲜和日本等东亚国家。在19世纪西方殖民主义势力进入东亚以前，日本、朝鲜和越南以中国为文化母国，大规模地吸收和融合中华文化，并在此基础上构建起符合本民族特性的文化体系。当时的东亚世界，在地理上以中国本土为中心，在文化上以中华文化为轴心，从而形成了区别于其他文化圈或文明区的东亚文化圈。

东亚文化圈的形成，首先与地理环境有关。东亚文化圈所表达的首先是特定区域的文化概念。中国位于欧亚大陆的东侧，北部大漠浩渺，西部高原壁立，东南则濒临浩瀚无际的太平洋。这样的地理环境犹如一道道天然屏障，把中国与其他文明区分割开来。当然，中国先民很早就致力于开辟与域外诸国诸民族的交通，特别是汉代以降，海陆两途交通都繁盛通达，中国与各国的经济和文化交流很活跃。但是，在当时的交通条件下，毕竟困难重重、道路艰险，对文化交流的广泛性和普遍性有所限制。不过，在太平洋的东亚海域，在中国、朝鲜半岛、日本列岛、琉球群岛之间构成了一个不甚完整的内海，有人将其称作"东方地中海"。自古以来，东亚人民沿着"日本海环流路"等自然航道，借助季风，往返于中国、朝鲜半岛、日本列岛之间，"东方地中海"成为以中国为内核，以朝鲜、日本、越南为外缘的中华文化圈的交通走廊。另外，朝鲜、越南与中国接壤，陆路交通方便，而日本与朝鲜仅有一海峡之隔，这也为东亚文化圈的形成提供了方便的地理条件。

东亚文化圈形成的另一条件是东亚各国都是传统的农耕文明区域。中国古代的生活方式、观念礼俗、政治制度乃至以儒家为代表的思想体系，都反映了当时的农业生产方式，而朝鲜、日本和越南，也是长期以农业生产方式为主的农耕民族，因而对于反映农业生产方式的中国文化比较容易接受和认同。

东亚文化圈奠基于汉朝，但作为东亚文化圈的总体形成，却是在7—9世纪的隋唐时期。在这一时期，中华文化显示出一种阶段性的集大成的灿烂风采和恢宏气度，具有极大的文化辐射力和感召力。另一方面，这一时期的朝鲜半岛和日本列岛先后形成了较为强大的封建中央集权国家，其社会文化系统具有向中华文化学习的需要以及吸收、兼容中华文化的有效机制。正是在这样的总体背景下，盛唐文化以前所未有的规模和力度在东亚各国传播，朝鲜、日本等国以前所未有的热情和规模学习、吸收和兼容中华文明，从而深刻影响和改变了东亚的文化面貌。

所以，东亚文化圈的形成不仅凝聚着中华民族的智慧，也是东亚各国人民的共同创造。在东亚文化圈中，中华文化是一种高势能文化或优势文化，必然会向低位文化的传播和流注。但是，中华文化与东亚国家的交往，绝不仅仅是高位文化向低位文化的自然流注，而且是东亚诸国对中华文化主动摄取的过程。东亚国家在大规模吸收中华文化的同时，都十分注意保持着主体的选择性，而不是全盘"华化"或"唐化"。在东亚文化圈内，每一国家和民族都有其自己的特点。它们利用中华文化作为模式和仿效、学习的样板，但也只能从其本身的民族传统和文化特性出发，加以吸收消化，然后再创造出适应其本身的文化。

文化圈内各国的文化交流不是单向的输出。虽然在很长的历史时期中，中华文化向东亚国家输出是主要的，但东亚国家在接受中华文化的同时，还将经过吸收、消化、再创造的文化因素逆输回中国，从而对中华文化在中国本土的发展产生一定的影响。这种情况在宋代以后逐渐显著起来。实际上，任何文化交流都是相互的。中华文化在泽被东亚的同时，也从东亚各国中吸取了许多有益的文化要素，丰富和促进了自身的发展。

东亚文化圈是一个多样统一、有机组合的文化世界，是地理上以中国本土为中心、文化上以中华文化为轴心的东亚文化结构秩序。这种文化秩序自唐代形成以后，直到19世纪中叶，一直延续了千余年，始终是东亚地区的基本文化秩序，决定着东亚各国文化发展的趋向和历史轨迹。19世纪西方殖民主义势力侵入东亚地区，是对中华传统文化的严重挑战和冲击，东亚各国都经历了历史性的嬗变和更新，作为与东亚文化圈同构的东亚文化秩序不复存在。"东亚文化秩序"和"东亚文化圈"都已成为一个历史的范畴。但是，千余年中作为东亚文化圈成员的文化影响，并没有也不可能随着东亚文化秩序的解体而湮灭。因为中华文化的一些基本要素已经成为朝鲜、日本和越南文化的组成部分。在中国和这些国家走向现代化的道路上，中华传统文化影响的痕迹依然随处可见。

3　东亚文化圈的基本特征

构成东亚文化圈的要素包括汉字、儒学、中国化佛教、中国式典章制度和中国科学技术。这5项要素已包含文化最重要的元素，如语言工具、精神文明、物质文明，所以能够长期存续。[1]正是这些文化要素或文化特征，决定了东亚文化圈与其他文化圈的根本性区别。中华文化诸要素在唐代以前陆续传入朝鲜、日本和越南，经过时间、环境的考验，至唐代，东亚文化圈总体形成。

（1）汉字

汉字是中华文化的载体和传播工具。汉字语言从古至今一直是中国通用的最主要的交际工具，是中华民族的文化心理认同的主要表征。在几千年的文化传承中，汉字语言形成了自己特殊的文化意味，深深地渗透着中华文化的基本精神。有人把东亚文化圈称为"汉字文化圈"，就是把汉字作为中华文化的代表。以下所论东亚文化圈的几大要素，其实都是以汉字文献作为媒介的。

东亚地区的朝鲜、日本和越南三国都曾长期沿用汉字汉文。公元前4世纪至公元前3世纪，汉字已经传入这些地区。初期可能主要是由到那里的中国移民使用汉字，但至迟在5世纪，东亚诸国的上层社会已能熟练地使用汉字。汉字传播到朝鲜、日本和越南后，各国都设立了汉字教育机构，而后汉字不仅是外交文书的通用文字，而且也成为各国国内唯一的通用文字。在这些国家中，懂汉文是有教养的象征。随着汉字的普及推广，在这些国家都发展起各自的汉文文学，其史籍也多是用汉字撰写。同时，学习和使用汉字，使这些国家获得了学习中华文化的便利条件，从而大量引进中国汉文典籍，包括历史、哲学、文学作品和佛教经籍等，并能在社会上广为流传，各国都涌现出不少精通汉文典籍的学者。

另一方面，在这些国家中，由于汉字的培育，慢慢地产生了自己民族、国家的文字。虽然后来在这些国家几经文字改革，使用汉字的频率和范围已经逐渐减少，但仍然可见汉字影响的深刻痕迹。实际上，日文、朝鲜文以及越南历史上的喃字，都是在汉字影响下形成的"汉字型文字"，是汉字的变异现象。这样，在汉字文化圈内，不仅有记录汉语的汉字，也有记录日本语、朝鲜语、越南语、苗语、壮语等非汉语的汉字或准汉字，形成了一文多语——同一文字范式记录多种语言的汉字系统文字。

---

[1]　葛继勇：《七至八世纪赴日唐人研究》，商务印书馆2015年版，第Ⅷ—Ⅸ页。

（2）儒学

儒学是古代中国精神文化的核心。儒学的精神底蕴体现了中国传统文化的内在规定性，集中表达了中国传统社会的文化主题，因而获得了中华传统文化的主体和代表的文化地位。早在3—5世纪，儒学便传到东亚国家，儒学在这些国家中曾是长期居于统治地位的意识形态，成为国家统治原理的指导方针及社会生活的行为准则，受到官方的推崇和支持。不仅如此，儒学在中国本土的发展演变，也会在东亚诸国引起反应。例如宋代理学发展起来后，便分别传到这些国家，引起广泛的研究，并产生了自己国家独立的儒学派别。此外，后世的阳明学、实学等，也很快传播过去，并产生不小的影响。实际上，这些国家哲学思想的发展，直到近代以前，始终没有脱离儒学的传统。

（3）中国化佛教

佛教传入中国后，经过中国的吸收、消化，改造成为适合于中国文化的佛教。中国化佛教主要有两个特征：一是汉译《大藏经》的成立与流传。除了陀罗尼外，中国流传的佛典均由汉文译成。佛教典籍从翻译开始就已经中国化，成为中国典籍的一部分。此外，中国僧人还用汉文撰写了大量的佛学著述，涉及佛经目录、佛教史实的编纂、佛经注疏等广泛的内容。在东亚文化圈内的各国，曾大量引进汉译佛典，僧侣们诵读和研究的不是印度的原始经典，而是由中国翻译、注释以后的佛典。二是大乘佛教主要是指在中国隋唐时期所建立的天台、华严、净土及禅宗等大乘佛教宗派。东亚各国流行的佛教，都是从中国传去的这些佛教宗派，或是它们在当地产生的支派。

中国化佛教在朝鲜、日本和越南传播得十分广泛，对当地的社会生活和文化产生重大影响。求法传经的佛教僧侣，成为东亚各国往来人员的主要成分之一。佛教的传播不仅包括中国的教派和汉译佛典，还包括宗教礼仪、造像、绘画和雕刻艺术、寺塔建筑技术等。

（4）中国式典章制度

东亚各国都以中国为蓝本创建本国的典章制度。日本在645年实行大化改新，即以"中华化"为最高理想。新政推行的班田制和租庸调制以及中央集权的政治制度，都是以唐制为蓝本。朝鲜亦以唐制为立国轨范，在中央职官制度、地方行政制度等方面仿唐而设。越南立国后，其典章制度亦仿效中国。朝鲜和越南都实行科举制度，作为朝廷选拔官吏的主要手段。在法律方面，中国的律、令、格、式法律体系到唐代已达完备，是国家统治体制在法律方面的主要依据。朝鲜、日本、越南三国的法律制度多仿照中国律令。

（5）中国科学技术

中国古代科学技术的发展，到汉代就已经取得很高水平的成就，并形成不同于西方科技的理念与传统。中国的天文学、历学、算学、医学以及阴阳五行说等陆续传播于东亚各国。这些传统科技因与政治关系密切，所以在各国都成为官方的主要学术之一。在19世纪以前，东亚各国的科技都是在中国影响下发展的，例如各国的医学都是汉方医学的分支，各国的天文学都是中国天文学的余脉。

当然，中华文化在东亚各国的传播和影响，并不仅仅是这几个层面。在长期的文化交流中，中国的文学、艺术、生活方式、风俗民情等许多方面，都在朝鲜、日本、越南三国广泛传播，并产生着持续而深远的影响。

二　朝鲜半岛文化与唐宋文明

1　朝鲜半岛与中华文化的联系

朝鲜半岛与中国是近邻，早在新石器时代就有交流。朝鲜半岛与大陆紧密相连，陆路交通方便，又与山东半岛隔海相望，水路也不遥远，交通一直很便利。商朝末年，商朝贵族箕子带领一个庞大的移民集团来到朝鲜半岛北部定居。他们是通过陆路，经辽东地区进入朝鲜半岛。汉初卫满带领另一个移民集团进入朝鲜，以及战国时期的燕国与朝鲜贸易，都是通过陆路；而齐国与朝鲜的贸易，则是通过海路进行。这时陆路和海路都很通畅。

汉武帝曾在朝鲜半岛北部设立郡县，将其纳入直接统治的范围。后来，汉朝退出半岛，在朝鲜半岛出现了高句丽、百济和新罗三个政权。它们都与中国的王朝有比较密切的官方和经贸往来。7世纪中后期，新罗联合唐朝，先后灭百济和高句丽，统一朝鲜半岛，开始了朝鲜历史上的新罗王朝时代。

新罗王朝时代，是朝鲜半岛社会经济和文化高度发展的时期。此时正值中国盛唐时期。新罗社会从上至下盛行慕华之风。对于新罗人来说，辉煌灿烂的盛唐文化具有经久不衰的魅力和强大的吸引力，并且以学习和获得盛唐文化为民族的幸事。历代统治者都以向中国学习为己任、为光荣，普通民众也同样表现出对中国文化的极大热情和向往。新罗通过密切的官方往来和贸易关系、向唐朝派遣留学生和求法请益僧以及各种民间交流渠道，大规模地学习、移植和吸收盛唐文化，全面引进中国典章、文教制度，促进了朝鲜半岛社会的发展和文化的繁荣。

9世纪末10世纪初，新罗王朝日渐衰落，战乱频繁，社会动荡，并出现了朝鲜历史上的后三国分立的局面。10世纪30年代，高丽太祖王建征服了新罗和后百济，重新统一了朝鲜半岛，开创了朝鲜历史上的高丽王朝时代。

高丽王朝自918年创立，至1392年被李氏朝鲜取而代之，共延续了4个半世纪。高丽王朝时代是朝鲜历史上社会经济和文化发展的一个重要时期。这一时期相当于中国的五代后期、经宋元而至明代初期。高丽王朝与中国的宋、元、明王朝以及一度存于中国北方的辽、金政权的关系比较复杂。但是，从高丽立国之始，学习和移植中华文化就成为基本的文化政策。在这400多年的时间里，中华文化向朝鲜半岛的传播，呈现出一种全方位的态势。中华民族在这一时期创造的优秀文明成果，几乎无保留地输出到朝鲜半岛，给高丽文化的发展注入丰富的营养和刺激动力，对高丽文化的繁荣和发展起到了相当大的影响和推动作用。

2 新罗商人与"东亚贸易圈"

自古以来，中国与朝鲜半岛就有比较密切的贸易往来。战国时期，齐国与朝鲜半岛开辟了海上贸易的交通航线，被称为"东方海上丝绸之路"。唐与新罗之间的贸易往来相当频繁，规模也大。按其贸易的性质来说，唐、新之间的贸易主要有两种形式：一种是在国家之间随同外交使节的来往进行的国家贸易；另一种是在民间的商人之间进行的私人贸易。

9世纪中后期以后，双方的民间贸易更快地发展起来，尤其是山东半岛与新罗的民间贸易相当发达。唐朝为接待新罗的贸易官员和商人，特地在今山东、江苏沿海各州、县，设有多处"勾当新罗所"，所内设有通事，专事翻译。有许多新罗商人到山东、江苏沿海各地从事商业活动。当时这些地区有大批新罗商人居住，设有"新罗坊"和"新罗院"。

中国先进的造船航海技术传到新罗，使新罗的造船航海技术达到很高的水平。新罗商人从事海上运输的很多。新罗商船不仅往来于中国与新罗，还航至日本，连通整个东亚海域三国，建立了中国、新罗、日本之间的贸易航线，开展三国之间的国际贸易。在唐代中日贸易中，新罗商人发挥了重要的中介作用。新罗商人从唐朝贩得大量商品，除满足新罗国内市场的需求之外，还常将唐货运至九州大宰府，在日本销售。新罗商人作为中间商，起到沟通中日贸易的桥梁作用。

有学者推测，新罗商人的渡日最早可以追溯到8世纪。自9世纪起，他们建立了往来于中国东部沿海地区与日本九州岛的固定航线，分别在中日两国设立贸易据点，从事两国贸易的中介经营。新罗商人在中国设置的贸易据点，主要是楚州以北，即现在的连云港及山东半岛沿海一带。他们在这里设立新罗坊，采购物品，组织货源，安排船只，并设置总管，负责新罗商人的组织和管理。为了便于贸易联系，他们还在新罗坊内设有专职翻译，直接为新罗商人与日本贸易进行业务交涉。日本朝廷为了满足国内市场对唐货的需求，对新罗商人的政策一再放宽，明令大宰府允许新罗商人进行贸易。另外，新罗商船还承担了中日之间的客运和货运，在中日经济和文化交流中发挥了积极作用。

9世纪初，新罗商人开始频繁渡日，揭开了唐日贸易的新篇章，形成了后来学者所称道的"东亚贸易圈"。往来频繁、技术先进的新罗船队和谙熟海路、善于驾船的新罗水手，活跃于东亚海上，构成东亚三国海上交通的重要载体。当时参与东亚贸易圈活动的有新罗商人、唐商人、日本商人和渤海商人。

3　政治文化与律令制度

在朝鲜三国时期，高句丽、百济和新罗在国家体制和经济政治制度方面学习和模仿中国，建立起带有中华政治文化色彩的律令典章制度。如高句丽小兽林王曾依据周礼，颁布律令，制定国家规范。百济和新罗实行的"南堂制度"更是与中国的政治文化有密切联系。南堂乃是领百官、行朝会、下政令的政厅，国君与大臣集于此，议决国家大事，此谓之"南堂制度"。南堂另称"都堂"，后来高丽时代的"都评议使司"即继承此制度，到了李氏朝鲜初期实施的"议政府"，以及决议军务机关的"备边司"等，皆为其延续。这种南堂制度与中国的明堂制度有密切的关系。中国的明堂乃祭祀古代的神与祖先、诸侯朝会及尊老敬贤等大典所行之处。因此，明堂所行之事与南堂是相同的。

百济的行政区域划分实行"五部五方制"，即将首都境内区分为"五部"，地方分为"五方"的行政单位加以管辖。这种"五分法"不只行于百济，高句丽实行"五部制"（即内部与黄部、北部与后部、东部与左部、南部与前部、西部与右部），新罗有"五原京"（即南原、西原、中原、东原、北原）。此五分法，皆承袭此以东方思想为基础的思考方式。国家首都内设置东、西、南、北门及中央设置普信阁者，亦是源于"五行思想"。空间上区分东西南北，时间上分春夏秋冬。不只如此，将事理的变化过程以元亨利贞说明，把人间的本性区分为仁义礼智信的思考方式等皆源自于此"五行思想"。①

新罗在统一三国之前，便采取了一系列措施，学习和模仿中国的政治制度。6世纪，新罗曾仿中国定年号，制丧服法，采用谥法，颁示律令。7世纪后，新罗改章服，行中国年号。8世纪中叶，新罗参考唐朝的制度，新设和充实从中央到地方的行政机构，并以新的名称代替原来的称呼。至景德王时，国家各种政治制度基本完备。中央行政机构仿唐朝尚书省，设执事省，为国家之最高行政机构，管理全国政务。首脑为中侍（后改为侍中），其下仿唐设六部：兵部（主管军事）、礼部（外交、礼仪、教育）、仓部（财政、租税）、位和府（官吏品位）、例作府（管建工事）、左右理方府（刑律）。此外，又仿唐之内侍省设内省（后改为殿中省），管理大宫、梁宫、沙染宫三宫事务，即管理王宫皇族事务；仿唐御史台设司正府，掌管弹劾官吏。在地方制度方面，新罗仿唐建立州郡制。当时唐有9州，新罗也仿唐设立9州，共9州117郡293县。景德王时将9州名称改为汉式名字，州、郡、县的官吏名称也与唐同，称都督、太尉、县令。此外，新罗在刑律和典章制度方面也广泛采用唐制。

在经济制度方面，新罗也采取了一系列的仿唐措施。首先，实行人口调查的户籍制度。新罗仿唐建立的户籍规定，4—5岁以下为小子、小女子；5、

---

① ［韩］柳承国：《韩国儒学史》，台湾商务印书馆1989年版，第33—34页。

6—9、10岁为追子、追女子；11—17岁为助子、助女子；18—59岁为丁男、丁女；60—69岁为除公、除母；70岁以上为老公、老母。其次，实行丁田制。新罗仿唐之均田制，"始终百姓丁田"。丁田制规定对丁男、丁女分给一定的耕地。再次，在国家税收方面，仿唐实行租庸调法。另外，新罗对文武百官实行食邑制和禄邑制。

由于采取这些仿唐的政治经济措施，新罗王朝有效地加强了封建中央集权制，从而促进了社会的经济发展和文化进步。

高丽建国后，结合本国的具体情况，在政治制度、经济制度、文教制度方面，吸收和移植中国制度和文化传统。特别是在政治制度方面从官制、兵制、刑法乃至地方行政，几乎都是模仿中国制度而建立的。高丽首都开京是按汉式规格建成的庄严城市，模仿了长安城的方形布局，以大型宫殿为中心。高丽朝廷机构的设置基本是仿效唐朝和宋朝的朝廷机构，其三大核心与唐朝的一模一样，设有尚书都省、传统的大部和一系列的地方行政机构。①

高丽朝的中央官制，初设三省（内议、广评、内奉）、六尚书（选官、兵官、民官、刑官、礼官、工官）、九寺。高丽成宗年间，参照唐宋制度，重新调整中央官制，确定了编制和名称。以后虽然多少有过变迁，但这个时期确定的中央官制，成为整个高丽王朝官制的基础。按照这个官制，中央机关的核心是三省，即内史门下省、尚书都省和三司省。内史门下省办理国家各项庶务，长官为内史令。尚书都省统率百官，长官为尚书令。尚书都省设六部，即吏部、兵部、户部、刑部、礼部、工部，分别承担有关事务。三司省是总管国家财政的机关，长官为判事。此外，还设有中枢院（掌宿卫军机）、御史台（掌纠察弹劾）、国子监（儒学教育），以及礼宾司、大理寺、典医寺、艺文馆等。

高丽初年，中央对地方的控制很薄弱，地方统治权主要委任给地方封建势力。983年，高丽朝廷仿唐宋之制，在12个主要地区建立了牧的行政机构，并派有地方官。995年，又把全国划分为10个道，下设府、郡、县，确立了中

---

① ［美］费正清、E. O. 赖肖尔、A. M. 克雷格著，黎鸣等译：《东亚文明：传统与变革》，天津人民出版社1992年版，第293—294页。

央集权的地方统治体系。1018年，高丽朝廷再次对地方行政机构进行了调整，新设京畿，将全国划分为五道两界，在重要地区设立四个都护府和八牧，并任命按察使为各道的长官。此外，道以下的府使、郡守、县令，也由中央以国王的名义委派。这种"五道两界"制度，几乎存续整个高丽王朝时期。

高丽在经济制度上也多模仿和移植唐制。在土地制度方面，高丽实行田柴科，大体是唐班田制的模仿。田柴科制，即将全国土地、人口进行登记，根据官吏对国家的忠诚态度，分给田地，也就是把土地收租权转让给官吏和军人。国家除给田外，还给予林地，故称"田柴科"。高丽田柴科始于景宗年间，至998年，穆宗颁布文武两班及军人田柴。这次给田标准，完全按照官阶赐田，简化给田等级为18等，成为以后高丽和李朝授田的一贯原则。高丽把一部分土地收租权转让给官吏、军人，但其余大量土地仍直接掌握在国家手里，从而使耕种这些土地的农民隶属于国家，向国家交纳租税。田柴科土地制度是高丽巩固封建中央集权的重要措施，是高丽中央集权政治制度的经济基础。

高丽的土地丈量制度是"田结制度"，即以"结"为基本单位丈量计算土地面积。在新罗时期就已经使用了田结制度，新罗后期，田结制度广泛实行，不仅是耕地，其他土地也用"结"来计算面积。到高丽时期，直接继承并进一步发展了新罗的田结制度。

4　以儒学为主导的学术文化

朝鲜三国时期，中国儒家思想和学术文化已经在朝鲜半岛有了一定的传播和影响。新罗统一三国之后，随着与唐朝的密切往来以及大批入唐留学人员归国，进一步加强了对儒家学术文化的引进和吸收，儒家思想在新罗社会中产生了越来越重要的影响。对于这种情况，当时中国的统治者也有所了解，并把向朝鲜半岛推广儒学作为两国政治往来和经济文化交流的一项重要内容。

高丽时代，儒学治国之理念，有相当广泛的影响。高丽太祖王建所作"训要"，其中多处体现了儒学的治国理念。在高丽历代君主中，成宗最重儒崇学。他认为，自古以来，君王治国都要用"五常"之义去教育臣民，以"六经"所载为制度规范。他要求"取则六经，依规三体，庶使一邦之俗，咸归五孝之门"，同时下令于全国"求访孝子顺孙，义夫节妇"。

　　高丽朝廷模仿唐宋制度，设立御前经筵，定期讲述儒家经典。唐宋以来，帝王为了讲论经史而特设御前讲席，宋代称讲席为"经筵"，又称"经帷"。高丽也采取御前经筵制度，定期讲经论道。一次经筵讲解儒经的一两个篇目，讲完后还要进行讨论。所以，一次经筵就相当于朝廷的一次高级儒学研讨会。

　　高丽实行以儒学为主要内容的教育制度和科举制度，儒学与仕途相结合，使儒学具有特殊的地位，从而吸引众多学子埋头攻读。当时朝野上下，直至卒伍童稚都在学习儒家经典。

　　高丽政府采取多种措施来推广儒学，提高孔子和儒学的地位。992年，建国子监，在其中特建文庙以祀孔。1091年，在国子监里挂起七十二贤人的画像，之后，还将孔子像由新罗时期的画像改为塑像，并仿中国尊孔子为"文宣王"，加谥"玄圣""至圣""大成"。高丽文宗亲临国子监，称孔子为"百王之师"。1267年，又将颜渊、曾子、子思、孟子的画像改为塑像，供奉于文庙。同时，民间也开始了祀孔活动。高丽仁宗十二年（1160）三月，命以《孝经》《论语》等儒家经籍分赐给闾巷儿童，以广教化。

　　由于朝廷的大力提倡和儒学教育的发达，儒学思想在高丽广泛传播，产生了深刻的社会影响，同时也促进了高丽学术文化的发展。高丽时代涌现出不少有名的儒学者。

　　高丽时代儒学发展的一个重要动向，是引进了中国的宋学即理学。高丽引进的理学主要是朱熹的学说，所以称为"朱子学"。高丽时代是朱子学在朝鲜半岛的初传，到李朝时期，朝鲜朱子学基本上发展成熟，形成了独具特色的朝鲜朱子学派。

　　李穑是高丽末期重要的朱子学思想家，为在高丽传播和普及朱子学做了大量的工作。李穑在任成均馆大司成期间，"学者尘集，相与观感，程朱性理之学始兴"。讲论和探求性理学的气氛充满了成均馆。在他的倡导下，高丽的学风发生了重大的变化，这是程朱性理学在朝鲜蓬勃发展的关键阶段。

　　著名朱子学家郑道传曾在李穑门下学习，他继承朱子理学思想，提倡三纲五常、性三品说，主张实现儒学政治观念的理想——王道政治，加强中央集权国家，实行劝农政策，以图国家富强。郑道传坚持排佛论的立场，以朱子学说对佛教进行了激烈尖锐的批判，主张以儒学统一文教。

高丽末年大力提倡朱子学的还有被称为"东方理学之祖"的郑梦周。李穑任成均馆大司成时，郑梦周兼任成均馆学官，在明伦堂讲程朱之学。第二年郑梦周任成均司艺、知制教，后为成均馆大司成。郑梦周曾"内建五部学堂，外设乡校，以兴儒术"，全力倡导"濂洛之道"和朱子学。他长期在成均馆讲学，言传身教，具有很大的影响力。后来朝鲜的朱子学家在追溯朱子学源流时，往往尊郑梦周为宗祖。

5　移植中国的教育和科举制度

中国儒家思想在朝鲜半岛的传播和影响，新罗时代突出表现在移植中国的教育制度，推广以儒家经典为主要内容的教育。682年，新罗仿唐建制，在中央"立国学，置卿一人"，并配备博士、助教各若干人和大舍2人，成为实际上的国立大学。国学面向贵族子弟，也吸收少量平民子弟。在国学中学习的教科内容主要是儒家经典，包括儒家经籍、史学、文学、医学、数学、律令学等。

747年，新罗把"国学"改称为"大学监"（惠恭王时复故），并扩充它的内容，"置国学诸业博士、助教"，讲授医学、天文学等科技方面的课程。不过，虽然国学的主要教育科目包括多方面的学问，但儒家经典的经学则是更重要的科目，其中尤以《论语》《孝经》为基本。如此的教育之制与理念，乃根源于儒教思想，在教育制度与人才起用上，彼此亦有相辅相成的作用。[①]

新罗朝廷十分重视传播儒家思想、推广儒学教育，甚至国王也时常到国学听讲。为倡导对儒学的尊重，新罗王子金守忠自唐归国时，曾携回文宣王、十哲、七十二弟子图，置于国学供奉。

高丽初年继承了新罗的国学，建立学校，作为培养六部官吏的教育机构。直到992年，才正式建立官学国子监。高丽的国子监是仿唐制设立的国家最高教育机构。唐国子监设有六学，高丽国子监也设六学，即国子学、太学、四门学、律学、书学、算学。睿宗时期，扩充国学，设置"七斋"：《周易》《尚书》《毛诗》《周礼》《戴礼》《春秋》、武学。其中一至六斋统称"儒

---

① 　［韩］柳承国：《韩国儒学史》，第68页。

学斋"，实际上是六项儒学专题讲座。

除国子监外，京城内还设有东西学堂和五部学堂，是接收那些不能入国子监的庶民教育机构。另外，高丽还在地方设置乡校，是相当于中等程度的地方教育机构。乡校一般都设有文庙和明伦堂，它又是向地方群众传播儒学的场所。从国子监到学堂和乡校，构成了高丽国家的教育体系。

加强儒学教育是推广儒学的一项根本性措施。高丽时代，上至国王贵族，下至闾巷儿童，所受正式教育，都以儒家经典为主。高丽王朝的官学，从办学宗旨、教育内容、课程设置、教材选定到师资的选拔和晋升，处处都体现了崇尚儒学的特征。历代高丽国王把儒学教育放在首位，并多次下诏强调儒学教育的重要性。

788年，新罗朝廷仿唐科举考试制度，制定了以儒学经典和汉学作为选择人才的主要考试科目的"读书三品出身法"，依学生结业成绩上、中、下三等录为各品官吏。"读书三品出身法"以法律形式固定了以学习儒学经典和汉学选拔人才的新制度，不仅提高了国学的地位，而且为大规模吸收和推广盛唐文化开辟了广阔的道路。

958年，高丽始行科举制。大抵采用唐制，其科举科目、策试内容、命题教材等，多"拟诸中华"，仿效唐朝，主要"以诗、赋、颂及时务策，取进士，兼取明经、医、卜等业"。科举考试科目主要包括进士科、明经科、杂科。进士科试以诗、赋、颂等，以文章选才；明经科试以儒学经典，按其理解程度取士；杂科则设有律令、医、卜等考试科目，选拔具有特殊技能的人才。1139年，礼部贡院还奏明按照北宋范仲淹对科举考试的主张，"先策论以观其大要，次诗赋以观其全才。以大要定其去留，以全才生其等级。斯择才之本，致理之基也"。又对科举法作了详细规定，设制述业、明经业、明法业、明算业、明书业、医业、呪噤业、地理业、何论业、三礼业、三傅业等考试科目，使试举科目更为全面、系统。不久又仿北宋之制，行弥封誊录之法。

1367年，成均馆大司成李穑与同僚知贡举李仁复一起上书，请求在丽朝实行元朝乡试、会试、殿试三阶段考试的"科举三层法"。据《高丽史》载，时隔两年之后的1369年才正式实施，而此时已是明太祖洪武二年了。

此后近千年之久，科举制度在朝鲜半岛相沿不废，直到20世纪初才告终结。

三　日本文化与唐宋文明

1　日本与中华文化的联系

中国与日本早有文化交流。秦代末年，方士徐福带领一个庞大的移民集团到日本定居，成为中日文化交流的开端，促进了日本列岛的文明开化。这个时期正是日本从绳纹文化（即新石器时代）向弥生文化转变的时期，而从绳纹文化向弥生文化的转变，是一次历史性的"突变"。学者认为，没有强大的外来文化的刺激，不可能发生这样的突变。也许，徐福的移民集团的到来，就是这个强大的外来文化的主要力量。

此后，日本与中国一直有往来。到隋唐时期，中日交通和中华文化在日本的传播，进入了一个前所未有的并且后世也难以望其项背的辉煌时代。在这个高潮中，既有日本多次派遣隋使、遣唐使的旷世壮举，又有鉴真东渡的英雄业绩。中华文化以全方位的态势，在这个高潮中大规模地、持续不断地东传日本，日本则以积极主动的文化渴望，全面地吸收和移植来自大陆的先进文化，为日本民族文化的发展和繁荣提供了持久不衰的动力。

唐代中日交流，最精彩的篇章是日本在200多年内连续十几次派遣唐使。遣唐使是中日文化交流史上最灿烂的一章，也是世界文化史的辉煌壮举。遣唐使的规模之大，次数之多，历时之久，冒险犯难、艰苦牺牲之巨，都为世所罕见。为了学习和移植先进的大唐文化，推动本民族文化的发展和繁荣，遣唐使以他们的满腔热情和血肉之躯，在茫茫大海上架起一座中华文化全面向日本传播的大桥，为促进日本文化的全面繁荣作出了突出的贡献。因此，当时日本人往往把遣唐使出行视为英雄所为、悲壮之旅。遣唐使的经历如一首万行史诗，反映了大和民族强烈的求知欲和不畏艰险的冒险精神。所以，在日本文化史上，遣唐使也是日本民族深刻的文化记忆。

作为日本朝廷大规模学习和移植盛唐文化的重要举措，在派出遣唐使的同时，还陆续派遣留学生和学问僧，赴唐进行较长时期的学习。据中日学者研究，有唐一代，日本来华的留学生和学问僧估计有二三百人。根据日本有关文献记载，名留史籍的学问僧有92人，留学生有27人。另外还有一些未在史籍中留下姓名的人。早期留学生出于汲取中国文化的决心和热情，一般在中国留学的时间都比较长，有的甚至长达二三十年。到了后期派出的留学生，留学期间就比较短了，一般是一两年，最长也很少超过5年。但是，这时的留学生和学问僧已不再像前代那样毫无计划，他们对于入唐后向哪个学者请教什么问题等，大体已经预先决定，所以尽管留学期间短而收获却较大。[①]在留学生中，最杰出的人物有高向玄理、吉备真备、大和长冈、阿倍仲麻吕、橘逸势、菅原道真等，其中以吉备真备和阿倍仲麻吕最为著名。在学问僧中，以空海大师影响最大。

平安时代后期兴起了"国风"文化，开始了对大规模输入的盛唐文明进行消化、吸收和清理的时期。此时日本人已不再对外来文化抱有以往那种积极摄取的热情。9世纪末10世纪初，日本完全断绝了与外部世界的官方交往，政府采取消极的半锁国的对外政策。一直到15世纪初的室町时代，大约500年间没有与中国政府开展正式的官方交往，与中国的文化交流只局限在民间水平上，成为日本文化史上的一个相对孤立的时期。

官方的支持和主动参与，是推动文化交流的重要条件。自五代至宋元明时期的中国与日本的文化交流，无论是在规模、力度和影响的广泛性上，都无法与唐代的中日文化交流相比。但是，日本作为东亚文化圈的成员，与作为这个文化圈核心的中华文化有着密不可分的联系。因此，在这一时期，中华文化仍通过各种渠道持续地传播到日本，并在宗教、思想、文学艺术、科学技术和日常生活领域中发生着影响。

2 从"唐风"到"国风"

唐代，日本朝野满怀激情大规模地引入中华文化。但从9世纪下半期开始，日本主动摄取中华文化的热情开始减退。这种变化以894年日本朝廷根据菅原道真的建议停派遣唐使为标志。停派遣唐使这一决定是由多种原因促成的。一方面，当时的唐朝在安史之乱以后，已显出衰微的征兆，文化没有往日那样繁盛，行旅也有诸多不便。另一方面，遣唐使除了担当输入先进文化使命之外，还具有从事国际贸易的性质。而此时由于民间贸易的日益频繁，分担了

---

① ［日］木宫泰彦著，胡锡年译：《日中文化交流史》，商务印书馆1980年版，第154—155页。

遣唐使所负的部分使命。同时，日本国内经济力量出现减退，无力负担派遣经费，也是停派遣唐使的一个原因。但是，无论如何，停派遣唐使标志着中日两国官方的正式往来的中断，同时也标志着日本朝廷以国家的权力和力量大规模地吸纳和移植中华文化的工作的中断。因而，这种变化意味着日本文化史的一个重要转变，即从"唐风"文化向"国风"文化的转变。在平安时代，外戚藤原氏掌握国政。藤原氏实际掌权的10世纪后半期到11世纪末，也是所谓"藤原"文化、"国风"文化的最盛期，其特点是贵族文化、宫廷文化的兴盛。这一时期的文化成了日本古代文化的象征。

从"唐风"文化向"国风"文化的转变，不是对中华文化的拒绝和排斥，也不是对前一时期大规模移植中华文化的否定，而是在这种大规模移植中华文化的基础上，进行消化、吸收和融合，使外来文化与本土文化融会贯通，从而把外来文化改造为日本的民族文化。因而，所谓"国风"文化，实质上是前一时期"唐风"文化的继续和深化。"国风"文化的形成和发展，也标志着日本文化走向成熟。日本文化就是从这时起，开始逐渐形成了自己的特点。

"国风"文化表现在多个领域。首先是假名文字的创造，这在日本文化史上具有重要的意义。

日本在还没有来得及创造出书写自己语言的文字时，就接受了中华文化，所以形成了"汉文学"兴盛的局面。但是，汉字毕竟是一种外来文字，并不能充分地表达日本语言的意蕴。于是，日本人便开始利用汉字来书写日本语言，借用汉字来注日本语的音。《万叶集》中每首和歌都采用这种汉字表音方法。其所借以表音的汉字，就被称为"万叶假名"。这里的"假"是"借"的意思，"名"是"字"的意思。"假名"就是"借字"，就是借用汉字以表达日本语言。这种"万叶假名"盛行一时，广为日本人采用。但是，"万叶假名"过于繁杂，运用许多不同的符号来表示同一声音，太不方便，于是就有了简化其笔画的需要，因而逐渐形成了一种独立于"万叶假名"而自成一套注读日本语言的注音符号。这样的注音符号有两种，即"片假名"和"平假名"。片假名是把汉字的偏旁加以简化，用简单笔画表示的表音文字，平假名则是将汉字草书加以简化的表音文字。前者大概是僧侣们在给经典加旁注和做笔记时，为方便而自然创造出来的，后者则是人们在日常使用草体字中自然产生的。假名文字是日本人民吸收中华文化的一种创造。因此，假名的创造也是表明日本民族创造文化能力的一个主要标志。①

日本应用汉字，不仅是借用汉字加以简化制成表音的假名，汉字作为表义符号的作用也被吸取。因为随着中华文化的大规模输入，日本大量采用中国语汇，这些语汇保留着汉字的原形。全部的中国古典古文语汇，尤其是唐人的语汇，宋禅僧的语汇，都通用于日本。另外，日本还自造了一些汉字，不过这种汉字数量不多，并且这些日本造的汉字也还是采用中国会意、形声、假借等传统的六书造法。

假名文字的创造为"国风"文学的发展提供了契机和有利条件。平安朝初期是汉诗、汉文的全盛时代，和歌居于次要的地位。到9世纪后半叶，在日本歌坛上出现了以"六歌仙"为代表的一批优秀歌人，迎来了和歌创作的繁荣时代。905年，根据醍醐天皇的敕令，选编了《古今和歌集》，共收集了继《万叶集》之后的和歌1500余首。它的完成，标志着和歌再次恢复了在诗歌创作中的主导地位。这些和歌大都表现了一种汉诗难以包容和表现的心情，并且以艳丽纤弱、幽雅缠绵的歌风为主。在散文方面出现了日记文学。平安朝时期的日记文学作家多出于女性，她们自由地驱使假名文字，从心灵深处唱出了阴郁哀婉之歌。物语文学的出现是这一时期最突出的成就。"物语"即是小说。平安时代共写出10多部小说，其中《源氏物语》代表了日本古典文学的高峰，在世界小说史上也是最早的长篇杰作。从10世纪中叶开始，一些女性作家加入和歌与物语文学创作的行列。创作和歌的和泉式部、写物语的紫式部、从事日记文学创作的藤原道冈母、开创随笔文学先河的清少纳言等，都是这一时代女性文学家的杰出代表。她们创造了日本中古文学的巅峰时代。

在美术方面，这一时期出现了不同于"唐风"绘画的"大和绘"。在大和绘中，平静的小山点缀着松树，盛开的樱花，紫红叶子的枫树等，这些景色代替了过去理想的风景画中的嵯峨山峰；日本贵族及平民的日常生活情景，

---

① ［日］坂本太郎著，汪向荣、武寅、韩铁英译：《日本史概说》，商务印书馆1992年版，第125页。

和日本的本国人民代替了中国传说故事中的人物，[①]给人以鲜明的日本式的美感。大和绘一般以水墨画和色彩柔和为特征，主题多为描绘四季岁时活动的所谓"四季绘"。在书法上也和以前的"唐风"书法不同，出现了以人称"三迹"的小野道风、藤原佐野、藤原行成为代表的"和样"书法。建筑方面也趋向日本化，出现了"寝殿造"式宅邸，在精心布置的花园中有一座为家主预备的正厅（寝殿），其四周于一定间隔处有一些亭台楼阁，以走廊及小桥与寝殿相连。这种建筑已不同于中国建筑的风格。

3　政治创新与律令制度

6世纪后半叶，苏我氏与物部氏两大氏族集团的矛盾斗争日益激化。587年，用明天皇去世，物部守屋欲立厌恶佛教的穴穗部皇子。苏我马子当即遣兵杀皇子，灭物部氏，拥立崇峻天皇。此后苏我马子的独裁权力大大加强，君臣矛盾又日益加深，苏我马子遂于592年冬弑杀崇峻天皇，另立自己的外甥女、崇峻天皇的异母妹妹为君，史称推古天皇。推古天皇继位的第二年，以用明天皇的第二子圣德太子担任皇太子摄政，开始了历史上有名的推古朝改革。

圣德太子是日本历史上一位非常重要的人物。他被委以摄政之权后，便着手进行了一系列引人注目的国政改革，大力推行新政。他制定"冠位十二阶"，建立了新的官僚制度，颁布《十七条宪法》，为日本走向中央集权的封建制度奠定了基础。《十七条宪法》可以看作是国家的基本法。《十七条宪法》规定了人与人之间不同的名分等级、社会地位和权利义务，必须遵守的封建政治法律制度和道德规范。它是日本历史上第一个较完整的关于建立中央集权的政治纲领，为后来的大化改新奠定了思想和理论基础。圣德太子的新政改革对日本社会和文化的发展产生了重大影响。

大化改新是日本历史上一次重大变革，是以唐朝的政治模式和律令制度为样板的政治和社会改革，它在日本历史上产生了深远的影响。

圣德太子的新政，奠定了日本从氏族国家向"律令国家"即中央集权制国家过渡的基础。但是，圣德太子提出的政治理想，并不是短期内所能达到

---

① 　［日］秋山光和著，常任侠、袁音译：《日本绘画史》，人民美术出版社1978年版，第46页。

的。当他以49岁的壮年逝世时，留下了许多未竟的事业。

圣德太子死后，苏我氏的独裁势力急遽增大，皇室的权威受到严重的威胁。至645年6月12日，中大兄皇子（后来的天智天皇）和中臣镰足、仓山田麻吕3人，经过周密策划，发动宫廷政变，诛灭了苏我氏父子，成功地消灭了代表旧势力的苏我氏一族。

在诛灭苏我氏的第二天，孝德天皇取代天极天皇即位，立中大兄皇子为太子，废除以往的大臣、大连制，设左大臣、右大臣、内臣等官职，并设国博士作为最高顾问。接着大会群臣，把新政的精神奉告天地神祇，发誓自此以后，君无二政，臣不叛君，重新确认了宣称天皇权威绝对性的《十七条宪法》所宣扬的理念。这一天开始模仿中国建立年号，名为大化元年（645），取"大变化"之意。后又派遣国司赴东国①等地，进行田亩调查和编制户籍，并建立钟匮制度②，表示严明纲纪的决心。把都城从飞鸟迁到难波，因为此处傍海，交通方便，便于吸收中华文化。646年，正月朔日贺正典礼结束时，孝德天皇颁布了"改新诏"，明确提出了推行政治改革的具体内容。这一事件又称"乙巳之变"。

大化改新的主要内容是废除大豪族垄断政权的体制，向中国的皇帝体制学习，成立古代中央集权国家。大化改新同明治维新并称日本历史上的两次重要变革。大化改新之后，日本在经济方面废除了部民制，建立起封建土地国有制。在政治方面，废除了贵族的世袭特权，建立以皇权为中心的中央集权国家。在军事上，实行征兵制，在京师设立了五卫府，在地方设军团，军队一律归中央统一指挥。可以说，通过大化改新，日本的社会面貌发生了深刻的变化。

天智天皇时，首次进行了制定律令的尝试，以从形式上巩固革新政治，朝着争取大化改新成果的道路迈进。这个律令以天皇都城的所在地近江为名，称为《近江令》，是日本最早的法典。继位的天武天皇更加致力于贯彻革新政治，颁布《飞鸟净御原律令》，采取改定冠位、废除部曲、整顿食封等一系列

---

① 东国指京都以东的镰仓、江户等地。

② 钟匮制度是指控诉无法得到公正的裁判时，可以将其缘由写成文件，放入朝廷所设的匮箱中；这个匮箱每天早上打开，将其中文件上奏天皇，天皇指示群臣加以断处。如认为断处仍属不当，还可敲响朝廷设置的钟进行申诉。

改革措施。701年颁发《大宝律令》，可以看作是改新在形式上的完成。《大宝律令》在日本历史上具有十分重大的意义，最后完成了大化改新的以开元盛世的唐朝为楷模建立天皇制国家的理想。

《大宝律令》是把大化改新的纲领、其后50多年实施新政的经验和中国历代编纂律令的经验、教训，融会在一起，经仔细推敲而制定的一部完整的国家基本法典。它是一部综合性的法律体系，兼具高度的文化性和伦理性。圣德太子的文化国家理念和大化改新的法治国家观念都凝聚其中，是古代国家政治、思想、文化的最高统一表现。①

718年，在《大宝律令》制定18年后，日本朝廷又颁布《养老律令》，对《大宝律令》进行修订和补充，使体现封建中央集权国家体制的律令更加完善。

4　日本的政治和经济制度

在大化改新期间，日本朝廷推行的改革措施和制定的律令，都以唐朝为样板，在改革的指导思想上，也是依据中国的儒家和法家思想及政治文化。

在大化改新中，日本仿效中国，建立了一套复杂的中央集权的国家机构。同时，为了更好地适应日本情况，对中国的模式也做了一些变化。中国的中央政府设置三省六部，日本的中央政府则由二官八省一台组成。神祇官掌祭祀，太政官相当于中国唐朝的尚书省，下设左辨、右辨及少纳言局。左辨辖中务（掌宫中事务、下诏、修史、天文历法等）、式部（掌官吏任免）、治部（掌贵族的继承、结婚、国家典礼、僧侣及对外事务）、民部（掌户籍、民政）四省；右辨辖兵部、刑部、大藏（掌财政）、宫内（掌宫田、官营工业等）四省。弹正台监察官纪。在地方行政组织方面参照唐朝的郡县制，在全国划分为国、郡、里三级行政机构，由中央派遣官员进行治理。"在律令制下的官吏不单是握有权力的统治者，而且还要担当以德行教化人民的责任。这完全是想在实际上推行儒教所追求的教化安民的圣贤政治。"②

日本还参照唐律建立了司法制度。在律令官制中，没有司法官与行政官

---

① ［日］坂本太郎著，汪向荣、武寅、韩铁英译：《日本史概说》，第73页。
② ［日］坂本太郎著，汪向荣、武寅、韩铁英译：《日本史概说》，第75页。

的区别，行政官署同时是法院。刑罚分笞、杖、徒、流、死五等，不同的官府判决轻重不同的刑罚。

唐朝政治文化对日本的影响，还表现在日本国名、年号和典章制度、宫廷礼仪的确立。日本原来没有国名。唐以前，中国一直称日本为"倭""倭国"。圣德太子时又加了"大"字，称"大倭"，后来演成"大和"。"倭"是中国给日本起的国名。小野妹子出使中国时，天皇的国书自称"日出处天子"，670年更号"日本"。"日本"国号首次记载于日本史册，是在720年编纂的《日本书纪》中，把"倭"和"大和"等古称均改为"日本"。以后的中国史书中也把"倭"改为"日本"，并注明改名"日本"的原因。

日本原无年号纪年的传统。645年，孝德天皇仿效中国，建立了日本历史上第一个年号"大化"，自此成为一种纪年习惯。

日本历代天皇十分推崇唐朝完备的典章制度。圣德太子就曾制定了宫廷用冠和参朝服。701年颁布的《大宝律令》规定制衣用冠都要仿效中国，确定了着装的服制。根据规定，无论男女，在仪典时悉用礼服，出入宫廷着朝服，无位者进宫穿制服。嵯峨天皇不仅将朝仪、官服和颁发给各位大臣的位章都改为中国式的，而且将宫殿各门的名字也都改用中国式的雅名，挂上匾额。①清和天皇时仿照唐开元礼制，新修奠式制，颁行全国。吉备真备归国时带回《唐礼》130卷，将唐朝的礼仪广泛传授，对日本的朝廷礼仪制度产生很大影响。

加强天皇权威和中央集权的一个重要措施，是仿照中国的式样，建立一个以广阔的皇宫和政府机关建筑为中心的首都。在大化改新之前，日本的首都并不固定，国都是随着天皇所在地而一代一都地变动。凡有天皇宫殿处，就是京城（"宫所"）。掌握政治实权的高官们，特别是以大和为中心的豪族，常常在自己的根据地周围生活，在执行政务时便到皇宫来。这样的体制，与其说存在都城，不如说作为天皇住所的皇宫是国家政治中心。在与唐朝的交往中，深切感受到唐朝巨大的都城可以有效地显示国威，自大化改新后，日本朝廷开始接受了中国固定统治中心的思想，于是仿唐长安样式着手建造自己最初的大都城。藤原京是仿造唐都长安和洛阳，在日本建造的第一个正规都城，以后日

---

① ［日］坂本太郎著，汪向荣、武寅、韩铁英译：《日本史概说》，第112页。

本又分别建都于平城京和平安京。

在大化改新中，日本还采用了中国的土地制度和税收制度。律令土地制度的宗旨是把全国土地作为公地，并仿唐制，实行班田收授法。在税制方面，日本采取唐朝的租庸调制，以作为国家的主要财源。由于实行新的经济政策，在一定程度上解放了社会生产力，促进了日本经济的进步和发展。

5　移植唐朝的教育制度

在大化改新时期，日本还移植了唐朝的教育制度，建立了以大学寮为主体、以学习儒家经典为主要内容的教育体制。

在《大宝律令》中的"学令"部分，对大学作出种种规定。按照规定的学制，于京都设大学（或称"大学寮"），以习医为主的典药寮，修习占道、天文道、历学的阴阳寮，还有学习文乐、武乐、杂乐的雅学寮。大学寮隶属式部省，寮中设"兴""助""允""属"等官职，掌管学校行政。与此并列的有"明经""音""书""算"四道教官。教授经书的教官有明经博士和助教，音博士、书博士和算博士分别教授字音、书法和算术。大学寮明经道的教科书都是儒家经典，而且必须使用规定的注释。依"学令"规定，教科书有"九经"，即《周易》《尚书》《周礼》《仪礼》《礼记》《毛诗》《春秋左氏传》《孝经》《论语》。"九经"之中，又以《孝经》和《论语》为必修，另可选修其他两三种或五种经典。大学寮是面向贵族子弟的教育机构，庶民子弟不得入学。

日本还曾尝试引进中国的科举制，建立"贡举制"。在大学毕业考试合格者称为举人，与由地方长官推荐的贡人一起参加任官考试。考试主要看笔答成绩。考试还分秀才、明经、进士等几种。日本的贡举在称呼、基本原则、实施程序等方面多有模仿唐朝之处。但是，由于日本官制的主流以荫位制为主，贡举是以贵族专权为前提的，所以贡举考试制度自中国引进后流于形式，以致自消自灭。

除中央的教育机构外，在地方也设有称为"国学"的学校。9世纪后，日本地方行政区划分为66国2岛。"国学"即是各国设置的教育机构。学生以地方官员子弟为主，有时也允许庶民子弟中有才华的人入学。国学的学科和大学基本相同，只是要求水平较大学偏低。

另外，在日本民间还有一些由著名学者开办的进行广义居学教育的私塾。其中最著名的是由学问僧空海于828年创立的综艺种智院。这是日本民间办学之始。

6 从宋学到"五山儒学"

日本的学校教育体系，实际上就是早期日本儒学的传播体系。在这几百年间，有数以万计的日本青年在各类学校中诵读《论语》《孝经》以及其他儒学经典。儒学是他们知识教养和衣食荣禄之源。当时的日本上层社会一般视中国儒学为统治阶级必备的一种文化修养。这就使儒学知识从宫廷传播到更多官宦之家，扩大了儒学文化在日本传播和影响的范围。

不过，这一时期还只是儒学在日本传播的早期阶段。当时日本接受和移植儒家文化，还带有明显照搬和模仿的痕迹，对其精神实质缺乏深入的理解。然而，尽管如此，儒学思想的大规模传播，对当时日本文化的各个领域都有一定影响。例如推古朝改革和大化改新，就是以儒学为改革的指导思想，并以中国的政治机构为蓝本建立官僚制度，确立了以儒学为基调的律令政治。

日本政府非常重视儒学思想的传播和推广。757年，天皇曾下达一道敕令：百行以孝为先，全国家家户户都要置备《孝经》一本，精读勤诵。另外，日本从701年开始在每年的2月和8月月初的丁日举行祭祀孔子的释奠典礼。吉备真备由唐回国时，携回弘文馆的孔子画像，并令百济的画师加以临摹，安置于大学寮，并效唐制整顿礼节，释奠规模更大，仪礼也较为正规。

到了宋代，理学传播到日本，极大地推动了日本学术文化的发展。日本将宋明理学称为"宋学"。南宋以后，禅林中研习宋学之风颇为盛行，禅僧大多兼习禅儒，使得宋学在这一时期非常兴盛。历代来华的日本僧侣在游历圣迹、学法参禅的同时，也沐中国禅林中的宋学之风，在学禅之余，兼学宋学，学习、了解和接受程朱的"义理之学"。渡日的中国僧侣中也有不少人深受宋学的浸染，掌握宋学要旨。他们东渡日本，在传禅之余也讲儒学。正是由于两国禅僧的往来交流，使宋学附着于禅宗的东传而传到日本。

中日禅僧和其他中国渡日学者的共同努力，使宋学很快在日本传播开，为日本思想界带来了新的因素和新的刺激，构成日本思想文化的新内容。在此之前，传入日本的儒学是汉唐时期注释的儒学经典，以明经训诂为主，早已呈衰颓之势。宋学的新风吹入，则使以道学为主的新儒学兴起并取旧儒学的地位而代之，成为日本思想文化史上一个具有重要意义的转折点。

随着禅宗的兴盛和发展，日本全面移植了中国的禅林制度，模仿中国，设置"五山十刹"。从13世纪50年代起到16世纪70年代止，"五山十刹"，不仅是禅宗佛教传播和活动的中心，而且由于许多禅僧兼修宋学，从而也成为日本学术活动及文学、艺术等的文化中心。这一时代大体上相当于室町时代的前期和中期。正是由于禅宗的兴盛，形成了日本文化史上的一个新的时代，即"五山文化"时代。

"五山文化"泛指这一时期以"五山十刹"僧侣为主体的一切汉文化活动，包括宋学的研修讲习、汉文学的创作、汉籍的校注和刻印等。五山僧侣们以研习宋学为一种美德和必需的修养。在他们看来，宋学、朱子学和禅学有着内在的相通之处。在五山僧侣中涌现出一批兼通宋学的著名学者，形成了日本儒学史上的一种特殊形态——"五山儒学"。

到五山文化的极盛时期，宋学的风气亦伴随着禅学而弥漫于丛林之间。在当时的"五山十刹"，僧人们"专探经史百氏之书，旁及杂说，吹黎继晷，莫不达明"，研读中国文献典籍，蔚成风气。14世纪中期，在禅林中出现了宋学讲筵，主要按照中国传来的新注讲授《四书》。宋学讲筵的出现，标志着日本宋学进入了研究时期。

宋学的早期传播与禅僧们有着密切的关系。到了后来，宋学的影响逐渐超出禅林的范围，传播到世俗社会。特别是室町时代后期，京都为战乱所困扰，五山禅僧们不得不纷纷下山他去，于是在地方上出现了新的宋学教学与研究中心，形成了新的研究宋学的学派，逐渐成为主流的学术思想文化，为江户时代儒学的鼎盛奠定了基础。

四　越南文化与中华文明

中国与越南是山水相连的邻邦。在地理位置上，越南北部地区东临北部湾，与广东隔海相望。陆上又同云南、广西相毗连。便利的海陆交通使这里和中原地区有着悠久的历史文化联系。从上古时代直至先秦，中原地区的文化已直接或间接地传到今越南地区，影响了那里的文化发展。在中越两国漫长的交往史上，中华文化广泛南传，对越南民族文化的发展起到了相当重要的影响。越南人在接受和移植中华文化的过程中，进行了持久的文化融合和创造，使其民族文化独放异彩，成为东亚文化圈中的重要组成部分。而在东亚文化圈诸国中，越南是浸染中华文化最深的国家。

1　越南"北属"时代

自秦汉以后直至隋唐，中原王朝在越南地区设郡置县，直接统治达千余年，即越南历史上的"北属"或"内属"时代。自此，中原文化广泛南传，对越南地区的文明开化、经济繁荣产生了极其重要的作用。

中国秦代把五岭以南直至今越南中部的地区统称为"南越"。战国时期，楚将吴起于公元前384年至公元前381年逾五岭伐百越，开始经略南方。公元前214年，秦始皇统一六国后不久，平定南越，设置南海、桂林、象郡，象郡包括今越南北部和中部。自此，越南北部和中部地区开始归入中国版图，由"域外"转化为"域内"。秦朝奉行向新征服地区移民的政策，向南粤地区陆续进行几次大规模移民，这些移民促进了当地经济文化的开发和发展。

秦末，南海郡尉赵佗于公元前201年自立为王，建立南越国。南越国的主体为秦岭南三郡，所以南越国的疆域基本上与秦设三郡的辖区相当。赵佗在南越积极开发，大力传播中原文化，对促进这一地区的社会经济文化发展起了很大的作用。赵佗的南越国传国五世，其间与中原汉王朝一直保持密切的臣属关系。

公元前112年，南越相吕嘉发动叛乱。次年，汉武帝派伏波将军路博德平定南越，设置南海、苍梧、郁林、合浦、交趾、九真、日南、珠崖、儋耳九郡，直属中央政府。九郡中的交趾、九真、日南三郡，在今越南的北部和中部，其行政格局和经济、文化发展为后来越南国家疆域的形成、王朝的建立和社会的发展做了准备。在汉代，交趾、九真、日南三郡，不仅与今两广地区和内地有着水陆交通线，经济、文化交流频繁，而且是汉朝同东南亚、西亚各国海上交通的出发地点之一。

自汉以降，交州地区一直是中西方海上文化交流的重要渠道之一，是中外海上贸易的集散地，也是汉文化同印度文化发生碰撞的前沿阵地。海外来华，必经交州，交州既是水路的终点，也是陆路的起点。早在汉武帝时期，中印海上交通即已开辟。尔后，东南亚、南亚和西亚以及远至罗马的使节、商人便络绎不绝地往来于交州，有的由此北上中原。交州地区的对外贸易曾经一度超过广州等地。

隋唐时期，交州仍在中原王朝的直接统治之下。隋朝把以往的州、郡、县地方三级制，改为郡、县二级制，精简了地方行政架构，在越地设置了6郡36县。唐武德四年（621），唐朝接管越地，次年在当地设"交州总管府"，其后又改总管府为"都督府"，总管改为都督。贞观二年（628），唐太宗对全国实行地区改制，把交州都督府划归岭南道。调露元年（679），唐高宗分交州之地为12州56县，并设置安南都护府，治所在交州。"安南"之名也由此而来。在离交州比较远的少数民族聚居地区，还设有几十个羁縻州。这些羁縻州，由安南都护府管辖。开元、天宝年间，唐朝在边境和毗邻少数民族地区设置节度使、经略使。天宝十年（751），唐朝置安南管内经略使，由安南都护兼任。乾元元年（758），升安南经略使为节度使。大历三年（768），再改为安南都护府。唐朝通过这些总管府、都护府、经略使、州县等地方机构，直接实行对安南地区的统治。另外，安南和全国各地一样，其总管、都护、节度使、刺史（太守）等地方高级文武官员都由中央政府直接任免。

中原王朝在当地设置官府，派遣官吏，推行中原政治体制、汉文书写制度和儒家学说思想；越南地区与中原的联系越来越密切，人员往来十分频繁，两地贸易也十分发达。

从秦到唐，陆续有中原的官吏、文人、兵士和其他移民南下，把中原先进的农耕技术和其他手工生产技术传播于当地居民，促进了当地经济开发。越南地区的经济社会文化发生了重大飞跃，原始的"刀耕火种"发展为精耕细作的"一岁再种"，从原来的"炎荒""徼外"发展到财货充盈，成为经济繁荣发达的地区之一。

中原的经济制度在越南地区得到推广。如唐代，安南和全国各地一样，实行租庸调制。唐建中元年（780），在全国正式废除唐初规定的租庸调制，实行两税法，按照各户资产多少征收钱物、粮食。安南直到唐末仍按照唐王朝规定缴纳两税。

汉唐时期中原与越南地区的交通也很通畅发达。汉代日南郡的著名港口卢容浦口，是南方主要的海外贸易窗口。经历代的长期开拓和经营，至唐代，中原地区与安南的交通已是水陆两便。两地贸易和经济交流十分频繁，大量中原物产源源不断地输入越南地区，丰富了当地人民的物质生活，促进了当地的经济繁荣和社会进步。

总之，随着中原生产技术的广泛南传、大批中原人士南下和交通畅达、贸易昌盛，越南地区社会生产力得到较快发展，经济生活呈现出繁荣的景象。汉唐时期交、广两州富饶相埒，几乎是同步发展，交州甚至一度凌驾广州之上。

自秦汉至唐，中原王朝对越南地区的直接统治，推行"车同轨""书同文""行同伦"的政策，使中华文化广泛南传，为当地人所接受，对当地的风俗文化的变化和文明开化起了很大的作用。汉文化成为越南地区早期文化的主流，并且奠定了越南独立建国后文化发展的基础。

秦汉以降，陆续有中原人士迁徙交趾，带动了那里民俗文化的变化。历代派往交趾的官吏也很注意用中国儒家伦理和汉民族风俗改造当地居民的生活风俗。如锡光、任延两位太守，曾建立学校，以礼仪教育人民，制定婚娶礼法及衣服式样，移风易俗。中国历代官吏和移民与当地居民杂居相处，广泛传播了汉字、汉语、汉学，使当地居民"稍知言语，渐见礼化"。汉字被越南人称为"儒字"和"咱们的字"，是越南使用的第一种文字，在社会上占主导地位，得到广泛应用。

孔子的儒家学说很早就传入越南地区。在漫长的历史过程中，越南人学习和接受儒家的思想学说，使之逐渐成了越南传统文化思想的渊源之一，是越南民族传统文化的组成部分，对越南历史的发展进程产生了巨大的影响。

2　越南"自主"时代

从唐末经五代至北宋初年，中原政局动荡不安，对周边地区鞭长莫及。越南地方势力乘机而起，自立国家。968年，丁部领统一越南，登位称帝，建国号为"大瞿越"，定都华闾。他建筑城池和宫室，制定朝仪，设置百官，初具立国规模。从此，越南结束了千余年的郡县时代或"北属"时代，开始成为中国的邻邦之一。

丁部领建丁朝不久，于970年"遣使入宋结好"。972年，又遣其子、南越王丁琏入宋朝贡，宋朝封丁部领为交趾郡王，封丁琏为检校太师、静海军节度使、安南护。此后宋朝与丁朝连年有使节往来，建立了越南对中国的朝贡和藩属关系。

但丁朝只传二世，便被十道将军黎恒取而代之，建立越南历史上的前黎朝。宋太宗于太平兴国五年（980）年底派兵讨伐黎恒，战败而还。战后，黎恒便派使臣入宋，请求允其遵行朝贡之礼。此后，黎朝连年遣使入贡，宋朝使臣也常有往来。宋朝还先后册封黎恒为交趾郡王和南平王。

前黎朝和丁朝一样，也是短命王朝。1010年，李公蕴夺取前黎朝政权，建立了李氏王朝。李朝历216年，是越南历史上一个十分重要的王朝。终李朝世，政治法律制度日趋完备，文教事业逐渐发达，经济水平也有了一定的提高，社会文化有了很大的发展。

李朝除1075年发兵侵犯宋土之外，与宋朝基本上维持着睦邻相处的关系。此一时期的宋朝主要面临的是辽和西夏的威胁，对李朝的边衅多采取克制、忍让的态度。宋淳熙元年（1174），宋孝宗将越南的李天祚（李英宗）由南平王晋封为安南国王。

1225年，陈朝代李朝而兴。陈朝凡175年，国内功业颇多建树，政治、律令皆重加整饬，教育科试则更加发展。[1]陈朝初与中国南宋保持密切的交通往来。13世纪50年代以后，元朝先后三次发动征讨安南的战争，都以蒙古军队败退告终。三次战争后，陈氏王朝仍自认为是元朝的藩属，称臣纳贡，但始终不肯"入朝"。忽必烈死后，继位的元成宗改变了对安南的征战政策，采取友好睦邻的态度。而陈朝也自居藩属，承认元朝是宗主国。

明代元兴后，即于明洪武元年（1368）十二月遣使颁诏于安南。洪武二年六月，陈朝国王遣使来朝。自此而至永乐初年，明朝同陈朝不断有使节往还，陈朝向明朝派遣使臣请封、朝贡、谢恩、告哀等，明朝则向陈朝遣使颁宣

---

① 　[越]陈重金著，戴可来译：《越南通史》，商务印书馆1992年版，第131页。

诏书、祭吊或册封安南国王，双方保持着密切的政治关系。

1400年，权臣黎季犛篡夺陈朝政权，自立为帝。永乐四年（1406），明成祖以此为由，派大军讨伐安南，并于翌年占据安南之地，然后分其地为17府，派遣官吏进行直接统治。在明朝统治期间，在当地大力推行中国政治制度、法律制度和文教制度，在兵制、户籍制度、赋税制度、官制以及交通、科举等方面一应按中原制度执行。

明朝在安南的统治遭到当地人的反抗。黎利领导的反明起义声势颇大，最后，明朝军队被迫于宣德四年（1429）撤回国内，安南建立起黎氏王朝。黎朝建立以后，"置百官，设学校，以经义、诗赋二科取士，彬彬有中华风焉"，向明"常贡不绝"，恢复并发展了两国之间的政治、经济关系。

18世纪末19世纪初，安南国内发生战乱，最后在1802年建立阮朝。阮朝建立后，立即按照惯例向清朝派出使臣，要求得到册封，"且请改国号为南越"。清朝不同意用"南越"而提出用"越南"作为国号，两国的封建宗藩关系得以继续，而"越南"这个名称沿用至今。

从10世纪到19世纪越南历史上的"自主"时代，一直都在中华文化的强大影响之下。越南独立后，与中原的关系仍然十分密切，其间或有边衅和战争，亦有册封与朝贡。双方的贸易活动频繁持久，文化交流广泛深入，中国的学术思想、文学艺术和科学技术，源源不断地传播于越南。另外，宋、元、明、清各朝交替之际，先后有大量中国人南下避乱。他们为保存宗邦故国的文化，往往挟典章文物而俱至，从而成为中华文化向越南传播的一个重要渠道。另一方面，越南历代王朝也积极主动地学习和吸收中华文化，移植和推广中国的政治制度、法律制度和文教制度，发展了一种无论在文化内涵或其表现形式上都既属于东亚文化圈，又具有越南特色的古代文化，推动了民族文化的发展和社会进步。

3 模仿自中国的政治制度

在"北属"时代，越南地区作为中国版图的一部分，中原的政治制度、法律制度、文教制度和经济制度等在那里得到直接推行，构成中原王朝统治其地的权力基础。越南立国后，历代王朝则继续模仿和移植中国的政治制度和法律制度，仿造中国政权的模式建构自己的政治体制和统治方式。

　　李朝于1089年定官制，分文武为九品。大臣则有太师、太傅、太尉和少师、少傅、少尉。在这些等级之下，文班有尚书、左右参知、左右谏议大夫、中书侍郎、部侍郎等，武班则有都统元帅、总管枢密使、枢密左右使、金吾上将、大将、都将、诸卫将军等。在各州郡，文官有知府、判府、知州，武官则有诸路镇寨官。①李朝从中央到地方建立起一套行政机构。行政区划包括有路、府、县，最基层是乡和甲等，山区分设州、寨。李朝还于1042年颁布了越南第一部系统编纂的成文法典《刑书》。

　　陈朝则进一步加强了中央集权制度，整顿官制，并增设了许多新的官职和机关，以适应行政机构的发展要求，其中文化教育的机关有国子监、太医院等，司法机关有审刑院、三司院等。当时的文武大臣有三公、三少、太尉、司马、司徒、司空，宰相有左右相国、首相、参知。在地方，陈朝建立了一套严密的行政机构系统。20卷的《国朝通制》明确规定了政权的组织和行政的各种规章制度。国家的法制也得到了加强，经过多次的修改和补充，陈朝于1229年制定了一部新的法典，也称《刑书》。

　　至后黎朝时，越南的中央集权制度已相当完备。后黎朝黎圣宗建都河内，依据中国的模式建立了完善的中央集权制。朝廷包括以尚书为首的六部，另设六科检查各部工作。还设置了六寺和一些专职机关，如御史台、翰林院、东阁院、国子监、司天监、国史馆等。在地方，黎圣宗把全国分为13道，道以下设府、县、州，并对各级行政机构进行改组，以加强朝廷的控制，限制地方的权力。1483年，黎圣宗制定《洪德法典》（《黎朝刑律》）。他还颁布"二十四条伦理"，敕谕人民时常讲读，谨守良好习俗。

　　阮朝也是按照中国模式建立自己的政治制度和权力结构。朝廷设有六部、翰林院和都察院，其职能和名称同清朝一样；将越南北部、中部和南部的31个省又分成许多下属行政区。阮朝依据黎朝《洪德法典》，参照《大清律》，制定了《皇朝律例》（《嘉隆法典》），于1815年颁行。

---

① ［越］陈重金著，戴可来译：《越南通史》，第72页。

4 越南社会的崇儒之风

越南历朝都推行崇儒政策，孔子儒家思想逐渐发展成为占统治地位的官方思想。历代王朝的君主和知识分子不但尊重中华文化，醉心儒学，而且还努力效仿。

11世纪初建立的李氏王朝，改变了以前儒、道、佛并立的局面，大大提高儒学的地位。1072年，李朝在首都升龙建文庙，塑孔子、周公及四配像，画七十二贤像，四时享祀，开始了儒学在越南的儒教化，并采取了一系列推广儒学的举措。1076年，李仁宗在京都设立国子监，为皇太子及文职官员传习儒学之地。1086年，仁宗又在朝廷设立翰林院。1087年，再造秘书阁。1126年，在京城举行《诗》《书》《礼》《易》《春秋》的庆贺仪式。

陈朝也加强了尊孔活动。1253年，陈朝建立国学院，除了奉祀孔子、周公、孟子以及七十二贤之外，还以历代越南著名儒者如朱安、张之超、杜子平等从祀文庙。

后黎朝时期是儒学在越南达到全盛的时期。在祀孔活动方面，规模越来越大，孔子被尊崇到了极高的地位。后黎朝开国之君便以太牢之礼祭祀孔子，以后历代皇帝无不年年祭孔。孔庙几经修葺、扩建，规模愈加扩大，殿堂愈加壮观。到18世纪中期，文庙改用王者之服衮冕服，开始以王者尊孔子。1794年，又重修文庙，规模宏大。除了在京城建孔庙外，地方也普遍建有文庙。

儒学在后黎朝300多年中，空前隆盛，被推崇到独尊的地位，儒家思想广为普及，在社会伦理风化、典章制度、生活方式等方方面面都产生了深远的影响。朝廷以儒学作为建国治民的指导，孔子思想成为建立社会、政治、经济制度的理论依据，儒家的学说被看作规范社会生活各个领域的金科玉律。实际上儒学已在后黎朝被推崇为国教。后黎朝还特别注重儒学在道德实践方面的作用，积极推广以儒家伦理观念和道德规范为主要内容的社会教化活动，使儒教思想渗透到民间社会。

至阮朝时，尊孔活动更是有增无减。建国之初，阮朝便命各地立文庙。后又在京师重修文庙。阮朝也很重视儒学的社会教化作用。儒家推崇的忠孝节义、贤良方正、和睦礼让等伦理纲常都在朝廷的"政要"中体现出来。

越南儒学由中国直接传入，而且越南曾于千余年间本是中国行政区域的一部分，因此越南儒学和中国儒学联系最为紧密。从思想体系、基本内容和表现形式等来看，越南儒学和中国儒学大体一致。在理论体系和思想学说上，越南儒学总体上效仿中国，没有大的创新，没有形成有别于中国儒学的独立的、系统完整的、自成体系的学说或学派。越南儒家所写的有关儒学著述，大多是对中国儒学经典的注解、阐释和发挥。而且，越南儒学的理论学术和思想观点，大量表现在各种史学、文学、宗教著作当中，纯粹的理论著作和专门的哲学著作较为少见。越南儒家最为注重的是治国安民的方略及其实际功效，不大注意理论思维的训练和对宇宙人生哲理的探究，因此哲学相对薄弱。

但是，另一方面，越南接受中国儒学，又经一定的改造和发挥，有所发展、有所发明，具有简约化、实用化和功利主义的倾向。所谓简约化，就是对儒家经典进行篇幅压缩和内容精简，取其精粹或主要部分，重新加以编排整理，刊刻印行，供人们阅读研习。越南典籍中，有许多"撮要""节要""史约"之类的著作，其中不少属于儒家经典或与儒家经典有关。由于越南往往把中华文化加以简化和实用化，所以在学术上形成了一种简化、明快的风格。越南儒学的实用化和功利主义特征很明显。越南人常常根据本国的国情和现实生活的需要，有选择地接受儒学，决定对儒学内容的取舍，或者对儒家经典作出新解释。

儒家学说在越南的推广，儒家典籍的流布，以及儒学教育的发展和科举考试制度的推行，使越南涌现出许多杰出的儒家和以儒学思想为其主导思想的作家、学者，其中著名的有阮秉谦、吴士连、黎贵惇等。

5　全面移植中国教育与科举制度

越南历代王朝不仅开展尊孔活动，提倡崇儒之风，而且全面移植中国教育制度和科举制度，广泛开展儒学教育。

1075年，李朝首次以科举取士，选拔文学之士入朝做官。这是越南历史上最早的一次科试。科试的内容都是儒家经典。士人欲以科举为晋身之阶，便应埋头儒家经典。儒学通过科举制度与仕途相结合，获得了更高的地位。1076年，李朝立国子监，延请文学之士任教，建立起以儒家学说为核心内容的正规教育，从而在社会上形成了一个按照儒家思想培养出来的儒士阶层。

陈朝开科取士始自1232年。1247年，开科始设状元、榜眼、探花三魁之选，又开儒、释、老三教科试。到了陈朝末年，科举之法已与中国大略相同。在陈朝，从太宗到睿宗的80年间，共开科7次，科举及第者将获得荣誉、地位和丰厚的物质利益，所以对文人士子产生了极大的吸引力。

陈朝还逐渐建立起从中央到地方、从官学到私学一整套的儒学教育制度，各级学校从教育目的、教学内容、学生的考核与使用、师资的选拔与任命，处处体现了崇尚儒学的特征。陈朝立国之初，便重修了中央最高学府国子监，历代皇帝还多亲临太学，命儒士讲解"四书五经"。另外，各地农村成立了许多私塾，招收民间子弟，从而将儒学逐渐由上层社会传播到民间，使孔子思想的影响更加深入广泛。国学、路学、府学、州学，一级一级都有贤良明经之学官负责儒学教育，并且分级"赐田"，在经济上给予保障。

1428年，后黎朝立国之初，在京城设国子监，置祭酒、直讲学士、教授，以使官员及平民俊秀子弟入学学习。各路县开办学校，延请教师讲授儒学，使儒学教育日趋兴隆。同时，朝廷还特别注意遴选和培养各级学校的学官，延聘名儒执教。为便于教师所授课业精益求精，黎圣宗于1647年首置五经博士，专治一经，以授诸生。

后黎朝还继续实行并健全以儒学为内容的科举考试，扩大科举制的影响。后黎朝的科举方法与中国基本相同。黎太祖令文武官员四品以下者，必须应明经科考试，文官考经史，武官考武经。在各路也开明经科试，以选拔人才。黎圣宗时科举制之盛达到越南历朝顶峰。黎圣宗在位38年间，开科12次，取士511名。科举制度不仅为朝廷选拔了大量掌握儒家思想的各级官吏，同时也在社会上大大提高了儒学的地位。

阮朝建国之初，便依前朝之制，在京都设国子监，教授各官和士子之子弟。开乡试选拔有学问的人出仕做官。1822年，阮朝始开会试、庭试，选拔进士；1829年，又命中格但不及分者可中副榜，并重新命名了秀才、举人的名称，以同中国通行的名称一致。原先每6年开科试一次，自此改为3年一次。阮朝的科举制度一直持续到20世纪，直到1919年，才最终停罢科举。这大概是科举制度在世界范围内最终废除之时，比中国清朝废科举还晚了十多年。

五　契丹人西去中亚建国

在欧亚大陆上，中亚是各种文化交汇之地。在漫长的历史中，一波又一波的草原游牧民族进入中亚，然后纷纷由此西进或南下，在亚洲大地上搅得风起云涌。亚洲发展起来的几大文化，包括波斯文化、阿拉伯文化、印度文化、中华文化，甚至远自欧洲的希腊文化，都在这里相互激荡，形成蔚为大观的文化图景。而由于地理的关系，与中亚的交涉往来，一直是中国历代王朝对外交往的重点。中原政局的变迁，也对中亚持续产生重大的影响。

契丹人建立的辽朝，在中国北部统治了200余年，疆域辽阔，盛极一时，称霸于亚洲东部，影响远及欧洲。辽朝末期，国内党争激烈，各种矛盾交织，社会危机加深，国势日趋衰败。居住在东北地区的女真族乘机起兵反辽，建立金朝。

在辽朝濒亡之际，一部分契丹人在晚辽皇族重臣耶律大石的率领下，经过万里行程，西迁中亚，重建辽朝，直到1218年为蒙古所灭，又历90余年。历史上称之为"西辽"，穆斯林和西方史籍称之为"哈剌契丹"（Qara Khitay），意为"黑契丹"。

西辽王朝一度幅员广大，国力强盛，在蒙古兴起前，称雄于中亚，左右形势近百年，推动了当地社会经济文化的发展。中外历史学家都把西辽作为辽朝的继续，如元代官修《辽史》把西辽始末附于《天祚皇帝本纪》。现代史学家也持同样见解，如蔡美彪等人编著的《中国通史》中说："西辽存在于中国西北约90余年。正像南迁的南宋是北宋的继续一样，西迁后的西辽也是辽朝的继续。"[1]西辽王朝在很大程度上是辽朝在新的地理条件下——中亚——的继续，这不仅在种族和王统继承方面，在典章制度和文化传统方面也是如此。[2]西辽帝国对于中华文化在中亚的传播及其发生广泛影响，起到了相当重要的作用，并在一定程度上成为中西交流之桥。可以说，西辽王朝时期是继汉唐经略西域之后，中华文化在中亚传播和影响的一个重要时期。

---

[1]　蔡美彪等：《中国通史》第6册，人民出版社1979年版，第91页。

[2]　魏良弢：《西辽史纲》，人民出版社1991年版，第1页。

　　西辽王朝的创立者耶律大石是辽朝皇族、辽太祖耶律阿保机的第八代孙。他一踏上仕途，就面临着严峻的形势。在这种动荡局势下，耶律大石的地位不断得到擢升，成为朝廷倚重的大臣。但辽朝败势已无可挽回，所以，在保大四年（1124）秋，天祚帝覆亡前夕，耶律大石与天祚帝决然分背，脱离辽廷，率二百骑西北行至可敦城，即位于鄂尔浑河上游的辽朝西北军事重镇镇州，决心另谋建立根据地，聚集力量，待机恢复。耶律大石自立为王，召集威武、崇德、会蕃、新、大林、紫河、驼七州的长官与十八部的首领和部众开会。大会以后，诸部都愿意出兵马，于是大石"遂得精兵万余，置官吏，立排甲，具器仗"，建立起一支新的军事力量，在漠北立住了脚，为以后的发展打下了基础。

　　耶律大石经过5年的休养生息，实力已经相当强大。但因为新兴的金朝正处在上升时期，他没有足够的力量攻金复辽。于是，耶律大石决定先向西发展，扩大领域，建立更为雄厚的物质基础，然后再来消灭金朝，光复旧物。1130年，耶律大石整旅西行。他们自鄂尔浑河畔出发，借道甘州回鹘，再往西行至叶密里，征服了当地突厥诸部落，户数达4万。1132年，耶律大石在叶密里称帝，根据当地习惯，号称"菊儿汗"（汉语音译为"葛儿汗"），意为"大汗"，或"汗中之汗"。群臣又上汉尊号"天祐皇帝"，建元"延庆"。

　　耶律大石在叶密里称帝建元后，继续更大规模地向外扩展。在其后的10年中，他利用有利的国际环境，东征西讨，先后归并了高昌回鹘王国、东部喀剌汗国、西部喀剌汗国和花剌子模国，以及康里部，建成一个疆域辽阔的帝国。其疆域东起土拉河，西包咸海，北越巴尔喀什湖，南尽阿姆河、兴都库什山、昆仑山，面积不下400万平方千米。在这样广阔的土地上，耶律大石和他的后继者们循辽朝旧制，建立起西辽王朝的国家组织和政治制度，实行有效的统治达90余年。

　　耶律大石西迁中亚时的契丹人，已不是当年生活在辽水之滨的游牧民族契丹人，也不是阿保机初建辽朝时的契丹人，而是经过200余年与汉族人共同生活，全面接受了中原汉文化的契丹人，是被中原汉文化所征服、并以中华文化继承者和光大者自谓的契丹人。所以，当他们西去建国时，已是中华文化的担当者，他们正是带着先进的中华文化的装备去遥远的地方建立自己新国家的。而在当时，西辽"被当地人视为另一个中国，以'桃花石'称之"①。

西辽为了把中亚建成"光复旧物"的根据地，把当时先进的汉文化推行到自己新建的国家。当时中亚正处于封建社会发展的前期，汉文化的推行适应了这种总的发展趋势，促进了当地社会经济文化的发展。从政治制度方面来说，西辽的立国纲纪、典章制度、官制等，都继承了辽朝制度，只是做了一些必要的变通和修改。从耶律大石起，西辽共历5位国君，他们和辽朝一样，采用汉文尊号、年号和庙号。西辽的官制沿袭辽朝制度，分北、南两部制。中亚在10世纪就进入伊斯兰教势力影响的范围，但西辽王朝始终没有接受伊斯兰教和采用伊斯兰法典，不同于其前其后统治这一地区的哈剌汗王朝和察合台汗国。这个顽强地保持着自己传统的王朝，在各个方面都强烈地表现出受汉文化影响的特点。②

西辽的统治者以儒家思想为指导，对人民"轻徭薄赋"，对属国属部"柔远怀来"，"羁縻""安抚"，缓和了社会矛盾，促进了社会的安定和经济的发展。例如在赋税方面，西辽仿效辽朝和中原汉族王朝的什一税法及户调制，把过去按照收获量征收的"土地税"改为"户赋"。西辽王朝对归顺的国家采取中国中原王朝传统的羁縻政策。西辽王朝让这些国家的王朝继续统治本土，享有相当的自主权，西辽王朝派出官员常驻或定期巡视属国，监督情况和收取贡赋。这种开明的羁縻政策，受到附庸国统治者的欢迎，对社会的安定、经济文化的发展起到了一定的推进作用。

西辽以汉语为官方文字和语言，公文通用汉文。中国历史学家陈垣根据西辽的君主皆有汉文年号，推断"其在西域曾行使汉文"。由于西辽王朝的提倡，汉语成为中亚通行的语言之一。有些波斯商人常年奔走往来于中亚，受到西辽文化的熏染，因此懂得汉语。据说当时汉语成为波斯人熟知的一种语言，有的波斯人不仅会说汉语，而且会用汉文书写。汉语的流行与政府的提倡、日常生活中的使用联系在一起，标志着汉文化已经和中亚各民族文化相融合。

西辽王朝还把中原先进的生产技术和文化艺术带到中亚，对当地经济和

① 许倬云：《历史大脉络》，广西师范大学出版社2009年版，第71页。
② 魏良弢：《西辽史纲》，人民出版社1991年版，第72页。

文化的发展产生明显的影响。例如在建筑方面，在西辽王朝直辖领地，建筑和造型艺术明显受到汉文化的影响。

西辽境内有相当数量的中原居民。这些移民不但有契丹人、回鹘人，还有汉族人。多民族的杂居共处，使西辽居民的日常生产和生活也多受中原汉文化的影响。1221年到达撒马尔罕的丘处机说，撒马尔罕城在蒙古军未占领前有10万余户，经过战争，只剩下1/4人口，大多是回鹘人，田园不由自主，要依附汉人和契丹人。官长各族人都有，汉人工匠杂处城中。撒马尔罕的手工业，特别是丝织业、造纸业、陶瓷业，大多仰仗汉人工匠，所以相当发达。当地盛行瑜石铜（黄铜）器，"满城铜器如金器"，间或也有瓷器，有和宋瓷相仿的，都是汉人工匠所造。其实不仅撒马尔罕，汉族手工业工匠在中亚各城中都占有重要地位，人数众多。在日常生活习俗方面，中原汉文化的影响也随处可见。

总之，西辽王朝从统治制度、运作方式，到语言文字、艺术以及生产技术和日常生活，都有中华文化的深刻影响，对中亚物质和精神文化的发展起到重要的推动作用。在西辽统治时期，中亚经济繁荣、文化发达、社会安定，出现了历史上少有的"太平盛世"，在中亚历史上产生了深远影响。西辽亡国后8年，耶律楚材随成吉思汗西征至西辽故地，作感怀诗："后辽兴大石，西域统龟兹。万里威声震，百年名教垂。"

不仅如此，即便是西辽亡国后，它带到中亚的中华文化也在很长时期内继续发生着影响。在西辽帝国崩溃之后，它的某些文化传统引人注目地出现于波斯南部的起儿漫国的宫廷里。这个国家在被蒙古征服差不多1个世纪之后，又被哈剌契丹王朝所控制。在这个时期，马可·波罗访问了"名为起儿漫的美好王国"，但他没有认识到这个国家的统治者们的亚洲内陆背景。[①]所以，有学者说，这个不太被关注的文明帝国哈剌契丹"在12世纪和13世纪暗淡无光的历史背景中是光芒四射的"[②]。

---

① ［美］魏特夫：《中国社会史——辽（907—1125年）》，王承礼主编：《辽金契丹女真史译文集》，吉林文史出版社1990年版，第42页。

② ［苏］威廉·巴托尔德著，罗致平译：《中亚突厥史十二讲》，中国社会科学出版社1984年版，第129页。

第十七章
四大文化圈的交流

————

一般说来，世界范围的文化交流是个别地区的交流活动扩展而成的。在某一比较广阔的地区内，某一国家或民族的文化，由于内部的和外部的原因，发展的水平比较高，因而对周围的一些国家和民族发挥了较大的影响，逐渐形成了特定的文化圈。文化圈的形成、发展与定型是在历史中完成的。文化圈也有明确的时间范围。庞大帝国的出现表征着文化圈的发展达到鼎盛，文化圈内各文化的同质性程度最高。在这个拜占庭、波斯、印度和中国等几大帝国相映生辉的时代，在欧亚大陆的文化发展、传播和交流的过程中，从西而东形成了四大文化圈，即基督教文化圈、伊斯兰教文化圈、印度文化圈和东亚文化圈。其中后三个文化圈都是在亚洲。这些文化圈在非常辽阔的地区内，在相当长的历史时期中，不仅对圈内的国家都产生了较大的影响，同时相互之间的交流互动亦从未间断。

一　波斯与中国

1　古代波斯与丝绸之路

中国与波斯有着悠久的文化联系。中国与波斯的早期文化接触主要依赖于丝绸之路。丝绸之路有一大段要经过波斯。波斯人在很长时间里垄断了丝绸之路上的国际丝绸贸易，将从中国运来的丝绸转手贩卖到欧洲，从中大获其利。也正是通过丝绸之路，波斯人接触到中华文明。另一方面，丝绸之路对当时波斯的国际关系和国内社会生活也产生了重要影响。

丝绸之路是横贯欧亚大陆的交通大道，是沿线各民族共同努力开辟的。在东方人致力于探索向西方的通道而开辟了丝绸之路的同时，遥远的西方也正在为向东方开拓发展而努力，他们开辟着走向东方的路。丝绸之路开辟和发展的过程，也是东西方相互寻找、相向而行的过程。

大流士一世进行了一系列的重要改革，对东西方交通作出重要贡献，为促进东西方文化交流创造了有利条件。他重新打通了东起中亚、印度河，西到波斯湾、红海、里海、爱琴海、东地中海乃至非洲的通道，而且将亚洲的道路，跨越博斯普鲁斯海峡，向西延伸到了欧洲。为便于军队的调遣和政令的传达，大流士一世以帝国的4个都城（波斯波利斯、苏撒、埃克巴坦那和巴比伦）为辐射中心，在原来道路的基础上，修筑了覆盖全帝国的驿道网。

其中最大最著名的干线是帝国西部的"王家大道"（The Royal Road）。这条大道从小亚细亚沿岸的以弗所经撒尔迪斯，通过美索不达米亚的中心地区，到达波斯帝国首都苏撒城，全长2400多千米。沿线还有通往各行省的支道。这条大道即是那个时代的"高速公路"，其沿线各段设立了驿站，现在已经有22个驿站被考古所确认。王家大道仅供波斯王室使用，借助每个驿站的好马和驭手，波斯王室所需要的一切物资通过这条大道第一时间送至首都，再将帝王的指令传播到波斯全国。依照王家大道的效率，一位向大流士一世进献快信的人只需9天即可到达首都，而同样的距离对于普通人而言需要3个月。希罗多德说，波斯道路完美，驿递组织严密，驿道被分成"帕拉栅格"（约5千米），每20千米设置一个驿站并有旅馆，每站都有备用的马匹和信差，可将国王的诏书一站接一站地急速传递下去，甚至夜间都传递不止，"跑得比仙鹤还要快"。[①]

在波斯帝国的东部，也修筑了一条大道作为帝国的主要交通干线。这条大道是沿着古老的美索不达米亚-米底之路修建的。这条大道从巴比伦起，经贝希斯敦悬崖旁，穿越扎格罗斯山，到另一都城埃克巴坦那，然后穿越伊朗高原北缘到巴克特里亚和印度的边境，最终到达帝国的东部边陲。这条驿道沿途也设有驿站商馆，并有旅舍供过往客商留宿，驿站专备快马，信差传送急件逢站换骑，日夜兼程。从苏撒至以弗所城2400千米，每20千米设一驿站，公文日夜相传7日就可到达。为了保证驿道的畅通和安全，沿途各地险关要隘、大河

---

① 王以铸译：《希罗多德历史：希腊波斯战争史》，商务印书馆1997年版，第188页。

流口与沙漠边缘，皆修筑防御工事，并派兵驻守。

此外，还有一条道路从伊苏湾到里海南岸的希诺普城，横跨小亚半岛，把爱琴海地区同南高加索、西亚北部连接起来。大流士一世还开通了埃及二十六王朝法老尼科未完成的连接尼罗河与红海的运河。

大流士一世修驿道主要为军政需要服务，使帝国境内各个最重要的经济、政治和文化中心连接紧密，有利于中央集权的加强和经济文化的发展，直接带动了各地的商贸活动。这些驿道四通八达，信使日夜飞奔，商旅络绎不绝。这样，在大流士一世统治时期，东至印度河、巴克特里亚，西至爱琴海岸、埃及，广泛的文化交流获得了前所未有的便利条件。如果从中国出西域，至中亚和印度北部，便会与波斯开辟的通往西方的大道接上头。而在实际上，大流士一世开辟的这些驿道成为丝绸之路的西段。

通过这些陆上的以及海上的交通，至少在古希腊时代，也就是中国的春秋战国时期，中国已经与欧洲有了间接的贸易联系。许多考古资料已经证明，早在公元前5世纪中国的丝绸已经越过阿尔泰山，来到了中亚。那么，也有可能沿着那时已经开辟的草原丝绸之路或通过古波斯的道路交通，由希腊人称之为斯基泰人的商队或其他国家的商旅将中国的丝绸运抵希腊，成为希腊人所喜爱的一种珍贵的衣料。

丝绸之路开辟之后，中国和波斯之间可能就有了民间交往，有明确记载的、两国之间的正式官方往来则始于张骞出使西域之时。当时中国称波斯为"安息"。他第一次出使西域时就已听说了大月氏以西的安息国。他再次出使西域时，曾遣副使到达安息国都番兜城（赫康托姆菲勒斯，Hekatompylos）。汉使返国时，安息也派使者随之来华。

汉与安息首次通使成功后，两国便展开贸易与文化交流，嗣后在公元前1世纪双方使臣、商贾即不断往来，从汉代遗留的有关西域各方面的其他记录和遗存看来，汉与安息的通商关系一定相当密切。中国的锦绣丝绸等特产日益增多地运送到西方，通过安息商人之手而远达近东和罗马，丝绸之路从此畅通。同时西方的产品如珠玑、琉璃、象牙、犀角、诸珍奇异物，以及葡萄、苜蓿种子等也源源输入中国。

中国与罗马之间的丝绸贸易，主要通过处于两国中间地带的大月氏、安息等国和游牧部落的中介来进行。特别是安息为当时西亚一大强国，从这种中介贸易中多获其利，往往对中国与罗马的直接交通从中作梗，"故遮阂不得自达"。东汉和帝永元九年（97），班超任西域都护、经略西域之时，派其属下椽中甘英出使大秦。当时甘英已经通过安息到达波斯湾头的条支。安息人没有向甘英提供更直接的经叙利亚的陆路，而是备陈渡海的艰难，又以传说渲染海上航行的恐怖，婉阻甘英渡海。于是甘英止步而还。这件本应在中西交流史上留下巨大影响的行动，竟以"望洋兴叹"而告夭折。

现在，几乎所有的研究者都认为安息实际上在中国与罗马之间起到了阻隔的作用，波斯人不愿意看到中国人与罗马人有任何直接的接触。波斯帝国扼丝绸之路要道，是汉朝与大秦（罗马）交易的中转点，将汉朝的丝与丝织品与大秦交易，从中可获取暴利。若汉朝直接开通了与大秦的商路会损害其垄断利益，所以阻止甘英西行。

萨珊王朝时期，中国与波斯的交通主要还是依靠陆路的丝绸之路。但两国之间的海上交通已开辟。海上丝绸之路汉代已达印度洋，形成东西海上交通大动脉，南北朝时期开辟了由广州直达阿拉伯海与波斯湾的远洋航路，中国帆船越过印度半岛，直接沟通了东西亚之间的海上联系。麻素提的《黄金牧地》说，中国和印度船只溯流而上去见希拉王。希拉国是3—7世纪的阿拉伯古国，其盛世在5—6世纪。幼发拉底河的支流阿蒂的河流经希拉城，中国帆船航达波斯湾头后，再溯流而上至希拉城，与当地居民进行交易。由此可间接得知，中国帆船一定也到过波斯。另一方面，波斯的航海事业可能也比较发达，或许有波斯船只驶往东方。

中国与波斯的交通往来，使两国的文化交流十分活跃。通过陆上丝绸之路和海上丝绸之路，波斯商人将他们丰富的物产输送到中国。从西域传播到中国的植物、动物和其他物产以及珍宝、药物等，有许多来自波斯。美国学者麦高文（William Montgomery McGovern）说："和中国及欧洲间的接触有密切关联的，是中国与波斯间的交通。波斯的影响，在农业方面特别明显。当公元前第2世纪时，中国因和中亚接触之故，遂得自伊兰区域输入苜蓿和葡萄树。此后数世纪中，许多其他的植物，也由波斯经中亚传入中国，使中国的家庭经济随之发生重大变化。中国的甲胄和战略的发展，所受伊兰的影响也重要。"[①]

2　中国的波斯移民

汉唐时期，有许多波斯商人来华经商，其中有一些人最后在中国定居。在中国的外国人，除了日本人、新罗人之外，往往不辨其国籍，概称为"胡"，商人曰"商胡"或"贾胡"，僧曰"胡僧"，还有胡人、胡雏、胡儿、胡兵、胡客等，也有的称"西国人"。更多的情况下，"胡人"这种称谓是指当时与唐朝交往频繁的入华西域人，包括粟特人、波斯人、大食人，乃至来自拜占庭的罗马人等。唐代的外国侨民群体数量十分庞大，活跃在外交、宗教、商业、科学、艺术等许多领域。在这些外侨中，有相当多波斯人，以至有"波斯胡""穷波斯"等称呼。760年，在扬州发生的一次变乱中，遇难的大食、波斯商人有数千人。广州城是外来穆斯林商人的主要聚居地之一。《印度中国见闻录》说，黄巢起义军攻陷广州，大食人、波斯人、拜火教徒、犹太教徒和基督教徒遇难者12万人[②]，还有一说达20万人。这个史料被广为引用，数字或有夸张，但仍反映出来华外国人数量之众。

大批来中国的波斯人，或担负官方使命，前来通好；或为商贾，从陆路和海路前来贸易；或是僧侣教徒，前来传播祆教、景教、摩尼教文化；或是波斯亡国之遗民；还有的只是慕东方文化而踏波蹈海或翻山越岭的旅行家。可以说，在唐代出现了一次中亚人涌向中国的高潮。

波斯灭国后，波斯王卑路斯（Firuz Perozes）避居波斯东境，在吐火罗的支持下建立了流亡政权。卑路斯派使者到唐朝求援，但唐朝这时注意力集中在葱岭以东的西域地区，无意在葱岭以西与阿拉伯人直接对抗，唐高宗婉言拒绝了出兵的要求。由于阿拉伯频年东侵，卑路斯在西域无法立足，于咸亨年间亲自来到中国，高宗封他为右武卫将军，最后客死于唐朝。其子泥涅斯（Narses）随父来唐，唐朝册立其为波斯王，客居长安。

萨珊王朝灭国，整个王朝迁移到唐朝避难，形成了一个比较大的移民集

---

① 　［美］麦高文著，章巽译：《中亚古国史》，中华书局2004年版，第4—5页。
② 　穆根来、汶江、黄倬汉译：《中国印度见闻录》，中华书局1983年版，第96页。

团。由于波斯移民的大量进入，波斯商人活跃在中西贸易的舞台上，分布在长安以及洛阳、扬州、广州等大都市，甚至深入民间社会，同时也把波斯文化广泛传播到中国，胡服、胡妆、胡戏、胡食成为时尚风行一时，影响了唐人社会生活的各个方面。因此，在汉唐的中西文化交流，波斯文化占据了相当大的比重，所谓"胡风"，有相当大的成分就是"波斯风"。传播到中国的波斯文化，不仅有大量的"波斯货"，还有波斯艺术风格，特别是衣、食两方面，也可以看出广泛的波斯文化的影响。

3 经波斯传入中国的"三夷教"

在唐代，流行在中亚、西亚一带的其他宗教，如祆教、摩尼教和景教三种宗教也先后传播到中国，并且在唐代社会得到一定的流传。这三种外来的宗教，在唐代被称为"三夷教"。

祆教就是波斯的琐罗亚士德教。唐代以前的中国典籍称琐罗亚士德教的主神为天神、火神、胡天神，隋末唐初创造出"祆"字来称呼这个传入中国的宗教。早在后赵时期，祆教就已经传入中国。北朝后期，祆教已得到了最高统治者的支持。唐朝初期对各种外来宗教都采取宽容的态度，因此祆教在中国也得到发展。

摩尼教在中国又称"明教""魔教""牟尼教"。在初创不久，就于3世纪末年沿着丝绸之路向东方传播。最晚在唐高宗时期，摩尼教已传入中国中原地区。武则天时，摩尼教教义得到最高统治者的赞许，得以在中国合法传播。

景教是指基督教的一个异端派别聂斯托利派。这一教派的名称是根据其创始人聂斯托利的名字命名的。景教在唐代又称"波斯教"或"波斯经教"，后来还有"弥施诃教"或"迷诗诃教"的称呼。在汉文中，"景"有光明和宏大的含义，所以聂斯托利派的信徒以之为教名。聂斯托利的思想被教廷斥为"异端"，他本人被开除出教，后在埃及西部的沙漠中流放而死。聂斯托利死后，其信徒开始了向东逃亡、迁徙的进程。他们通过陆路向中亚和远东传播，辗转到波斯，得到波斯皇帝的保护。景教在唐贞观年间传入中国，在西安等地建立活动场所即"大秦寺"。

总体上来说，"三夷教"在中国的传播，虽然曾流行一时，在中国文化史上留下了某些痕迹，但还属昙花一现，最后都淹没在历史的长河之中。

"三夷教"实际上都与波斯有关。祆教是波斯的古老的宗教，长期被波斯奉为国教；摩尼教也是在波斯产生的宗教，并且从创教不久就开始向外传播；景教是基督教的一个支派，但它长期以波斯为传教活动基地，前来传教的教徒也都是波斯人，所以中国早先将其称为"波斯经教"，将景教徒称为"波斯僧"。这种情况说明当时中国与波斯的交通往来、文化交流是十分活跃的。

宗教的传播实际上传播的不仅是一种信仰、一种教团组织和宗教仪式，更重要的是一个庞大的文化载体、一个内容丰富的文化群。"三夷教"的情况也是如此，作为波斯文化的载体，将波斯人的思想理念、科学技术、文学艺术等文化因素传播到中国来。

二　阿拉伯与中国

1　唐宋与大食的交往

中国人最早通过波斯人知道阿拉伯帝国这个国家。在阿拉伯帝国兴起之前，阿拉伯部落之一的塔伊部（Tayyi'）生活在与伊朗相邻的地区，波斯人称塔伊部为"Tachik"，并以此泛称阿拉伯人。中国依从波斯人的习惯，按波斯语的译音称其为"大食"或"大石"。

在阿拉伯帝国兴起之前，中国与阿拉伯民族已有所接触。张骞通使西域时，曾得知在安息以西有条支，便遣副使前往。东汉班超派甘英出使大秦，便是到条支后折返。据张星烺说，汉时的"条支"和唐时的"大食"皆是波斯称呼阿拉伯人的同一个词的译音。所以，可以认为，汉通西域，已与阿拉伯人有所接触和往来。另外，丝绸等中国产品沿丝绸之路，经安息西传，也早已输入阿拉伯人生活的地区。632年，阿拉伯人在建立帝国的过程中，攻陷了底格里斯河口附近的乌剌港（乌布剌），后来一些阿拉伯作家在记述这一事件时曾说，乌剌是一个"中国港口"。可见当时中国与西亚往来密切。

唐朝与阿拉伯帝国的直接交往开始于永徽二年（651），正是阿拉伯人灭萨珊王朝、杀死波斯王伊嗣俟三世这一年。据记载，这年大食使者初次来到长安。当时是阿拉伯第三位正统哈里发奥特曼在位。阿拉伯使臣的到来，标志着唐朝与西域关系史的重大转折的开始，随着萨珊王朝的灭亡和阿拉伯帝国的扩张，阿拉伯人逐渐取代波斯人，在中国古代东西交往的历史中占据重要的地位。

　　阿拉伯帝国于661年建立倭马亚王朝。因其尚白色，故唐代称之为"白衣大食"。唐朝与倭马亚王朝的关系颇为复杂。一方面，倭马亚王朝及其派驻伊朗东北部呼罗珊的总督不断遣使入唐，以交友好。另一方面，倭马亚王朝在完成呼罗珊的征服之后，即以呼罗珊为基地继续扩张，向东向北推进。受到阿拉伯人侵袭威胁的中亚各国，如康、安、曹、史、石等昭武九姓国和吐火罗、支汗那、骨咄、俱位等纷纷寻求唐朝的支援和保护。唐朝对中亚乃至波斯的危机虽鞭长莫及，但与大食亦时时出现紧张关系。8世纪初，大食企图东侵中国。713年前后，阿拉伯将军卡西姆（Muhan-mad ibn-al-Qāsim al-Thaqafi）和屈底波（Qutayba ibn-Muslim）分别在印度西部边境和中亚建立了阿拉伯人的统治。与此同时，吐蕃人也进入中亚，与大食争雄。于是，8世纪上半期，唐朝、吐蕃和大食在中亚屡次发生错综复杂的纠葛与冲突。唐玄宗开元、天宝年间，唐朝由东而西，吐蕃由南而北，大食由西而东，三方势力在西域交汇。

　　在阿拔斯王朝时代，中国与阿拉伯的文化交流达到最兴盛。751年，刚刚建国的阿拔斯王朝的呼罗珊总督阿卜·穆斯林（Abū Muslim）出兵中亚。唐朝的安西四镇节度使高仙芝应中亚诸国之请领兵帮助抵御大食的侵略。双方会战于怛逻斯。怛逻斯战役是当时世界上的两大帝国唐朝和阿拉伯阿拔斯王朝之间的一场大战，是一场在世界史上有着重要影响的重大战役。在这场大战中，一贯英勇善战的唐军统帅高仙芝因盟军背叛，腹背受敌以及指挥失误而打了败仗。慑于唐军所表现出的惊人战斗力，阿拉伯人并没有乘胜追击。而中国由于几年后爆发安史之乱，国力大损，也只能放弃在中亚与阿拉伯的争夺。

　　怛逻斯之战过后，唐朝无力染指帕米尔高原以西之地，许多自汉代以来就已载入中国史籍并为中国控制的古国均落入阿拉伯人手中。中华文明从此退出中亚，这一地区开始了整体伊斯兰化的过程。整个中亚的历史进程被彻底改变了。

　　怛逻斯之战并没有使唐朝和大食的关系交恶。唐天宝十一年（752）十二月，亦即怛逻斯战役的第二年，阿拔斯王朝第一次遣使中国。安史之乱时，阿拔斯王朝还应唐肃宗之邀，派兵援唐，平定安、史叛军。

宋代依唐代习惯，仍称阿拉伯为"大食"。阿拔斯王朝与宋朝相偕并存了300年。阿拔斯王朝前期，曾有百年的鼎盛时期，它与中国唐朝有着密切的官方交往和民间贸易关系。而在9世纪中叶以后，阿拔斯王朝出现政治上四分五裂的局面，东西各小国纷纷独立，各据一方，仅在表面上承认阿拔斯王朝的统治地位。宋代中国人对阿拔斯王朝后期的形势变化及阿拉伯帝国经济文化的发展，已有所了解。《宋史》《岭外代答》《诸蕃志》中都对大食有所记载："大食者，诸国之总名也。有国千余所，知名者特数国耳。"其中，白达国对其他各国有象征意义的宗主国身份，故史书中凡以"大食"为名者，在多数情况下指的是白达国。

968年，大食入贡，由此而拉开了大食与宋交往的序幕，大食入宋的贡使贸易很快兴盛起来。据统计，968—1168年的201年间，大食入贡宋朝共计52次，平均每4年就有1次。若只计算北宋一朝，968—1116年的149年间，大食入宋朝贡共有48次，平均每3年就有1次。这比唐代大食入贡的次数要多、频率更高。据《宋史》《岭外代答》《诸蕃志》等文献记载，当时由海路与宋朝通使贸易的阿拉伯国家，在西亚有白达（巴格达）、弼斯罗（巴士拉）、勾斯离（摩苏尔）、瓮蛮（阿曼）、勿拔（木尔巴特）、层檀（沙特阿拉伯西部）；在非洲有勿斯里（埃及）、层拨（桑给巴尔）、弼琶罗（索马里）等。

2　唐宋科学技术文化在阿拉伯的传播

关于怛逻斯之战的意义，从政治上来说，自此以后，阿拉伯在中亚取得了优势，而中国逐渐退出这一地区。不过，怛逻斯之战的更重要的意义是在文化方面，因为在这次战役中有大批唐兵被阿拉伯军所俘，其中有不少技术工匠。他们被带往阿拉伯地区，因而把中国的科学技术文化传播开来。可以说，正是怛逻斯战役促成了中国与阿拉伯之间的第一次技术转移。

例如造纸技术就是在这时由被俘的中国工匠传入阿拉伯世界并进而西传欧洲的。现在大都把唐天宝十年（751）作为中国造纸术西传的正式年份。在这一年的怛逻斯战役中，被俘的唐军兵士的造纸工匠把造纸法传入撒马尔罕，在那里建立了一座造纸工场，成为阿拉伯帝国造纸业的开山始祖。

撒马尔罕在唐时称为"康国"，700年被大食将军屈底波率兵占领，成为阿拉伯帝国的东方重镇。撒马尔罕有丰富的大麻和亚麻植物，加上灌渠中充足的水源，为造纸业提供了自然资源。撒马尔罕的造纸业一经建立，因为有技术熟练的中国工匠操作，所造纸张十分精良，成为远近闻名的商品。直到11世纪初，"撒马尔罕纸"仍在阿拉伯世界中保持很高的地位。

在撒马尔罕的造纸业发展起来后不久，在阿拉伯世界又涌现出几处造纸业基地。794年，在哈里发的首都巴格达建立了新的造纸厂。巴格达纸厂的主要技术力量都是由撒马尔罕纸厂所提供的，据说其中就有中国工匠。纸厂投产后，哈里发哈仑·拉希德的宰相贾法尔（Jàfar）便明令政府公文正式采用纸张，以代替耗资巨大的羊皮纸。

由于纸的需求急剧上升，9世纪西亚又陆续出现了两个新的造纸厂。一个是在阿拉伯半岛东南的蒂哈玛（Tihāmah）建立的纸厂，一个是不久后在大马士革建立的一座规模宏大的纸厂。在几百年间，大马士革是向欧洲供应纸张的主要产地，所以欧洲一般称纸为"大马士革纸"。叙利亚的班毕城（Bambyn）也以制纸著称，所以欧洲人也曾把纸称为"班毕纸"。

造纸业的发展、纸的推广和普遍应用，推动了阿拉伯科学和文化事业的进一步昌盛和繁荣。由于有纸张用于书写，各种抄本得以广为流传，在巴格达、大马士革和开罗都有专门销售抄本的书商。

在被阿拉伯军队俘虏的唐军士兵中，还有其他行业的技术工匠。他们被带往阿拉伯帝国的各个地方，因而也就把中国的先进生产技术传播开来。比如中国的丝织技术以及其他工艺技术也在这一时期传入中亚。在怛逻斯战役被俘的唐军中有一个叫杜环的士兵，辗转西亚各地，后至地中海地区，历10余年，最后搭乘一艘中国商船于762年返回中国。回国后，杜环著《经行记》一书，记他在阿拉伯流寓期间所见所闻，提到金银匠、画匠、织匠、络匠，都是当时流落西亚的中国工匠，特别是那些中国织匠、络匠，他们把中国的丝织技术带到西亚，使当地的织造锦缎等高级丝织品的手工业迅速发展起来。

阿拉伯人对中国的技术和工艺有多方面的接触。到9世纪时，许多中国器物已不仅为阿拉伯人所使用，制造的技艺也已西传。中国的炼丹术亦主要是在唐代传入阿拉伯，并经阿拉伯而传入欧洲。

宋朝与阿拉伯海上交通的繁荣、官方往来的频繁和经济贸易的发展，加强和促进了双边的文化交流。中国发明的指南针在这时传入阿拉伯，并已为阿拉伯海船所应用，对阿拉伯航海事业的发展起到很大作用。火药和火器技术也大约在同时传入阿拉伯。

3　唐宋与阿拉伯的交通与贸易

唐朝与阿拉伯间的贸易关系出现前所未有的盛况。特别是8世纪以后，中国和阿拉伯之间的贸易往来空前活跃，陆海两途往来商旅络绎不绝。在陆路，由于阿拉伯帝国雄踞西亚和中亚广大地区，所以在其境内，东西交通畅通无阻。阿拉伯帝国的驿递制度很完善，从首都到外地均有驿路四通八达。沿途驿馆等设施不仅保证了政令的迅速传布，而且为运输物资、商旅往来提供了便利。

阿拉伯古典地理学家伊本·胡尔达兹比赫在《道里邦国志》中记载，沟通中国与阿拉伯世界的干道是著名的呼罗珊大道。这条大道从巴格达向东北延伸，经哈马丹、赖伊、尼沙布尔、木鹿、布哈拉、撒马尔罕、锡尔河流域诸城镇而到达中国边境，与中国境内的交通路线相连接。精密的贸易网络把伊斯兰世界的所有地区都连成一体，并使其参与到更大的半球经济圈中。这条呼罗珊大道的路线，就是古代丝绸之路在葱岭以西最主要的一大段路线。

阿拉伯帝国历代统治者都重视发展手工业和商业贸易，以充国用与享受之资。从一开始，伊斯兰教社会便是从商业经营中获取其大部分财富的。到阿拔斯王朝时期，经济的繁荣，进一步刺激了帝国海外贸易的发展。在政府的鼓励下，阿拉伯商人梯山航海，无远弗至，东至中国，西至欧洲，极大地促进了东西方的经济文化交流。有学者指出：阿拉伯人"是那些遥远国度的商业开创者"，"他们在中国和东南亚的贸易中扮演了中间人的角色"。①

巴格达是当时西亚的一大商业中心，在巴格达的市场上，从各地转运来的货物之多，往往超过原产地的数量。当年阿拔斯王朝在巴格达建都，其用意之一就是开展对中国等东方国家的贸易。762年，第二代哈里发曼苏尔奠定

---

① ［英］约翰·霍布森著，孙建党译：《西方文明的东方起源》，山东画报出版社2009年版，第37页。

新都巴格达基础时说："我们有底格里斯河，使我们能与像中国那样遥远的国土联系，并给我们带来美索不达米亚和亚美尼亚的食品以及海洋所能供给的一切。我们还有幼发拉底河，可以给我们运来叙利亚、拉卡和邻近各国所贡献的一切东西。"①

通过上述呼罗珊大道和丝绸之路，大批阿拉伯商人，包括波斯商人，成群结队地来到中国从事贸易活动，进入甘陕一带，有的甚至深入四川，东下长江流域。8世纪以后，海路的重要性逐渐超过陆路。越来越多的阿拉伯和波斯商人取道马六甲海峡北上交州、广州。这些来华的波斯和阿拉伯商船大都从阿曼的苏哈尔②或波斯湾北岸的尸罗夫起航，沿着印度西海岸，绕过马来半岛，来到中国东南沿海。苏哈尔和尸罗夫都是古代海湾地区的商业重镇，长时间内是"通往中国的门户"。阿拉伯人的海上优势，一直保持到15世纪。

在中国与阿拉伯的航海贸易中，除了往返的阿拉伯和波斯商船外，还有相当一部分中国商船参与其间，往返于漫长的海上航路。当时的中国商船已出没于波斯湾。阿拉伯人盛赞中国海船既大又坚固，和仅用椰索穿栓固定、船板较薄的阿拉伯双桅船不同，这些海船以制作坚固、货位充裕、抗风力强、航行安全而著称。当时有许多阿拉伯和波斯商人乘中国船来华贸易，也有些阿拉伯水手在中国船上工作，还出现阿拉伯或波斯商人租赁或径向中国造船厂定造泛海巨舶的情况。

唐朝与大食间的交通，通常有海陆两途。唐贾耽著录中国入四夷路程，就详细地讲到了这两条路。宋朝与大食间的交通，同样有陆路和海路两条。后来，北宋为了遏制西夏势力的发展，禁止大食经过西夏境内。禁令的实行无疑对陆路丝绸之路贸易产生巨大影响，但这并不意味着陆路的完全断绝，因为大食与西夏、辽朝之间也有频繁的贸易，需借道陆路丝绸之路。大食与宋朝的贸易，越来越依赖于海路。而在大食入贡宋朝的活动中，大食贡使是以海路为主。

宋代中国与阿拉伯的贸易，既有官方贸易，又有民间贸易。官方贸易即

---

① ［英］李约瑟著，王铃协助：《中国科学技术史·第1卷·导论》，科学出版社、上海古籍出版社1990年，第224页。

② 苏哈尔（Suhār）还有一个波斯语的名字叫Mazūn，唐代根据这一名字译作"没巽"，宋代译作"勿巡"。

传统的朝贡贸易形式，由大食使节入宋时进行。大食使节每次入宋，都贡献多种方物。宋朝也向大食回赐各种物品，主要有金银、铜铁、丝织品、瓷器以及其他高级工艺品等，数量都很大。大食商人来东方和中国贸易，或合伙、或自备船舶和船货独资经营。到宋朝经商的大食商人多拥有雄厚的资产，动辄数以百万计，而且还把持着非洲的优质象牙与阿拉伯地区的香药与宝货。宋朝向海外购进的香料，首要的就是原产于阿拉伯地区的乳香。宋朝对乳香的大量需求，刺激着大食商人甘冒海上航行的危险，不远万里而来，从而导致双方之间的贸易呈现出一派欣欣向荣的景象。

在双边的贸易中，由中国输往阿拉伯各国的货品，以丝绸和瓷器为大宗，还有相当多的药物。从阿拉伯输入中国的货品有香料、药物等，品种繁多，物色齐全。白寿彝认为，唐时大食商品，以珍宝驰名于世。宋时则以犀象，尤其是香药，为人所重。①阿拉伯输入中国的货物大致可分为珍宝、犀象、香药三大类。其中珍宝以及特产之类大多数只能作为进贡物品出现，作为大宗的交易商品，有宋一代应以犀象、香药为最多。

三　十字军东征与亚洲文明

1　东西方文明冲撞

11世纪末至13世纪下半叶，罗马教廷发动西欧的君主、贵族、商人及广大基督徒，以收复圣地耶路撒冷为由，对西亚的穆斯林地区进行了长期的侵略战争。参加远征的西欧军士都以十字架为标志，每个出征者胸前均佩戴十字徽章，所以称为"十字军"。十字军东征先后进行了8次，持续了近200年。

欧洲的基督徒都把耶路撒冷作为圣城。欧洲人普遍充满了修来世的强烈意识，认为今世不幸，追求天堂至福。因此，隐修主义和禁欲主义普遍盛行，重视圣物崇拜和朝圣活动，形成了去耶路撒冷朝圣的风气。11世纪中叶，塞尔柱人在中亚崛起，他们重创拜占庭帝国，占领小亚细亚，又占领耶路撒冷，迫害赴耶路撒冷朝圣的基督徒，并预备进袭君士坦丁堡。收复圣地成了基督徒

---

① 白寿彝主编：《中国回回民族史》（上册），中华书局2003年版，第272页。

的一种宗教愿望。拜占庭皇帝科穆宁（Comnenus）呼吁西方给予援助。1095年，教皇乌尔班二世（Urban Ⅱ）在克莱蒙朗向法兰克贵族发出收复圣地的号召，他宣称：凡献身这项神圣事业的人，都将"清赎自身罪愆，永葆天国不朽的荣誉"。这一号召得到了广泛的响应，人们纷纷把东征看作是一条灵魂拯救的道路。

1096年，第一次十字军东征开始，法国、德国和意大利近3万士兵在君士坦丁堡聚集，而后向东南方挺进，进入叙利亚，攻克安条克古城，于1099年夏攻占耶路撒冷，将圣城抢劫血洗一空。其后，十字军在所占领的地区依照西欧的封建制度，相继建立了4个十字军教国：埃德萨伯国、安条克公国、特里波利斯伯国和耶路撒冷王国。在这些国家里，把土地分给骑士作为领地，把当地的穆斯林以及东正教的基督徒分给骑士作为农奴，使得原来在欧洲穷困的骑士成为一座城市的领主和富翁。教皇还把占领地分为4个大教区和10个主教区，建立了许多隐修院，把西方基督教扩展到东方。

为保卫这些在穆斯林包围之中的十字军国家，1119年，教皇在耶路撒冷建立了宗教性的军事组织，即以法国人为主的圣殿骑士团。后来成立了以意大利人为主的圣约翰骑士团。12世纪末，建立了以德国人为主的条顿骑士团。

1144年，穆斯林向十字军发动反攻，占领以得撒，不久在连续进攻下，十字军被迫放弃了大部分侵占的领土。1147年夏，法王路易七世（Louis Ⅶ le jeune）和德皇康德拉三世（Konrad Ⅲ）各率7万名封建主和骑士组成的队伍，开始了第二次十字军东征，1149年以失败告终。

1174年埃及苏丹萨拉丁（An-Nasir Salah ad-Din Yusuf ibn Ayyub）建立萨拉丁帝国，统一了埃及和叙利亚，成为当时最强大的穆斯林领袖。1187年萨拉丁率军攻陷耶路撒冷。于是，教皇克雷芒三世（Clemens Ⅲ）组织了第三次十字军东征。法王腓力·奥古斯都（Philippe Ⅱ Auguste）、英王狮心查理（Richard Ⅰ）和德皇腓特烈一世（Frederick Ⅰ）领导了这次远征。最后只有狮心王理查的队伍抵达耶路撒冷城下。在萨拉丁的顽强抵抗下，狮心王理查兵力耗尽，也无法攻陷耶路撒冷，只得与萨拉丁于1192年签订为期3年的停战和约。和约规定，耶路撒冷由萨拉丁占领，而萨拉丁同意西欧的朝圣香客和商人3年内自由进入耶路撒冷。第三次东征便告结束。

1202年，教皇英诺森三世（Innocent Ⅲ）发动了第四次十字军东征。1204年，十字军攻占了君士坦丁堡，将这座名城抢掠焚烧了一星期之久，精美的古代雕刻悉遭破坏，古老的君士坦丁堡图书馆被焚，所有珍贵文物、艺术品、文献图书损失殆尽。大量奇珍异宝作为战利品被带回欧洲。

13世纪，十字军狂热逐渐减弱，但仍组织了数次十字军。德皇腓特烈二世（Friedrich Ⅱ）领导了1229年的远征，通过与埃及苏丹协商，和平占领耶路撒冷，但十几年后再度失落。

与此同时，在13世纪上半叶，蒙古大军从东方崛起，先后发动了3次大规模的西征，横扫欧亚大陆。第四次十字军东征和成吉思汗的第一次西征大体同时，而第七次十字军东征则是在蒙古军队的第二次西征之后不久。欧洲教廷和各国君主们面对着新的威胁，已经无暇顾及十字军东征了。到13世纪末，十字军狂热完全消失。1291年，位于叙利亚沿海的最后一个基督教城市阿卡陷落，十字军教国从此消声匿迹。

2　十字军东征的历史影响

持续两个世纪的十字军东征，战乱不断，烽火连天，血流成河，给西亚人民造成了巨大的灾难。同时，加深了东西方民族之间的仇恨，使伊斯兰教和基督教之间长期互相敌视。伊斯兰国家的统治者改变了过去对基督教的宽容态度，穆斯林势力范围却较前更为扩张，严重地削弱了拜占庭帝国，使帝国从此一蹶不振。

但是，另一方面，十字军东征给欧洲人思想打开了远方未知的世界，并且唤起了一切人的旅行和冒险的热情。[①]十字军东征打破了拜占庭和阿拉伯人在东方贸易中的垄断地位，打破了他们筑起的东西方贸易的屏障，促进了东西方之间的经济贸易联系，使东方的财富大量流入西欧，刺激了西欧商业贸易的发展，威尼斯、热那亚、马赛、巴塞罗那等城市在地中海的商业优势从此得以确立。

---

① ［瑞士］雅各布·布克哈特著，何新译：《意大利文艺复兴时期的文化》，商务印书馆1979年版，第280页。

　　十字军东征冲破了中世纪对西方文化在时间和空间上的禁锢，使西方人得以发现东方世界，发现遥远的中国文化和印度文化，接触到了新的事物。①许多骑士、朝圣者、海员和商人接触各种东方奇观，他们回来时无疑都带回了新的品位和理念，②造成了东西方文化交流的新态势。欧洲人接触东方古老灿烂的文明，思想眼界大开，促进了其智力和文明的新觉醒。他们发现世界上除了基督教文明外，还有其他更高级的文明。在战争中，他们学会了异教徒的习惯，生活上起了很大的变化，如武士们脱去了笨重的盔甲，换上了轻飘飘的绸子或棉布大衣。他们还从东方带回许多新的食品，如西瓜、菠菜、甜桃及香料等进行培植。他们从东方传入了造纸、火药、印刷等技术，学会了许多农业种植技术和纺织工艺，学会了种植水稻、甘蔗和棉花，还利用阿拉伯的技术改革了纺织、制陶、冶铁、炼钢的工艺。

　　更重要的是，在十字军东征的过程中，欧洲人取得了阿拉伯人和拜占庭帝国的哲学、数学、天文、医学、建筑等成果，获得了失传数百年的希腊哲学家的作品。在这一时期，在西西里、巴塞罗那、托莱多和塞尔维亚出现了翻译阿拉伯文本的著名中心。这意味着希腊在数学、天文学、光学、占星学、炼金术、自然史、博物学、地理学、医学、哲学、神学和神秘主义等领域所取得成就，以及穆斯林对它们的各种诠释，进入了西方世界。③这都促使中世纪西方基督教神学的发展在这一时期达到鼎盛，为以后文艺复兴运动开辟了道路。

---

① 许倬云：《许倬云说历史：中西文明的对照》，浙江人民出版社2013年版，第135页。

② ［美］威廉·麦克尼尔著，盛舒蕾、宣栋彪、董子云译：《西方文明史手册》，浙江大学出版社2016年版，第268页。

③ ［英］弗朗西斯·鲁滨逊著，安维华、钱雪梅译：《剑桥插图伊斯兰世界史》，世界知识出版社2005年版，第15页。

第四编

共生、交融与典雅之境

第十八章
蒙古时代的亚洲文明

一 蒙古西征及其大帝国

1 蒙古国家的形成

9世纪以后，蒙古人在贝加尔湖东南、呼伦贝尔以西的广阔草原游牧、狩猎。12世纪末，氏族部落的首领逐渐成为世袭的贵族，即"那颜"。首领周围有数目不等的亲兵，被称为"那可儿"（原意是朋友）。首领的那可儿与首领共同生活，同患难，共安乐，是首领的"家人"。平时，那可儿在首领家中也从事种种家务，与首领的家奴、家仆区别不大，尤其在弱小首领的营地。但那可儿具有自由身份，可自主选择首领，他们中有的也是贵族子弟。只要不杀害、出卖原来追随的首领，那可儿另投明主并非不义。而且，在强大的首领身边，那可儿还可以获得首领赐予的土地和部众。

13世纪初，蒙古各部之间为争夺财产、部众以及水草丰盛之地的战争日趋残酷。有些部落结成"安答"（意为结义兄弟），相互援助。在战争中，那可儿随同那颜一起作战。战败的部落，或被消灭，或被胜者吞并，形成以"汗"为首领的更大的部落联盟。这种战争无休无止，以致天下扰攘，相互攻伐。蒙古各部族的能否实现统一，已成为民族生存与发展的迫切问题。

统一蒙古各部的成吉思汗，原名铁木真。父也速该，为孛儿只斤部，下属乞颜部首领，早亡，所属部众亦散。铁木真幼年生活艰辛，成人后，投靠也速该的安答克烈部首领王罕，逐渐收整乞颜旧部。1201年，他联合王罕击败势力庞大的古儿汗（普众之汗）扎木合。不久又与王罕反目，于1203年秋击败王罕。1204年，他彻底战胜最后一个对手乃蛮部太阳汗。1206年，蒙古各部在斡难河（今鄂嫩河）畔召开"库里尔台"大会，推铁木真为大汗，尊号"成吉思"（意思是海洋），统一的蒙古国家建立。

成吉思汗运用行政方式重新组织蒙古氏族部落，将早已存在的那可儿制度改变为政治性的封建制度，并且建立起国家政权的机构。

成吉思汗将蒙古各部的土地和子民分封给忠于自己的儿子和本族的近亲，同时使诸亲王、大汗氏族所有受封贵族及其家臣都成为效忠大汗的战士，从而将蒙古诸部形成一支统一的政治、军事力量。蒙古诸部的土地和百姓分封给诸王，诸王为大汗的藩臣。用十户、百户、千户、万户的组织重新组织蒙古诸部，将所有民众划分在这些组织中。管理这些封地的"百户""千户""万户"原来是氏族、克兰的首领，现在成为蒙古诸王的家臣，仍旧称为"那颜"，但这已经是一种可以世袭的政治地位。作为诸王的家臣，"百户"为"千户"的家臣，"千户"为"万户"的家臣，层层依附。隶属于十户、百户、千户中的部众，也依附于这些大大小小的那颜。

成吉思汗还从贵族青年中选出1万名有技能、身体健壮的最强悍者，组成自己的护卫军（怯薛）。这支精锐军队享受各种特权，也必须遵守严格的纪律。平时护卫大帐，协助成吉思汗处理日常公务，管理冠服、医巫、卜祝等；战时由成吉思汗直接指挥。

2　蒙古人的三次西征

成吉思汗统一蒙古各部落、建立大蒙古国后不久，他便把眼光转向更大的外部世界。13世纪上半叶，蒙古大军先后发动了三次大规模的西征，以战无不胜的铁蹄劲旅，横扫欧亚大陆，征服了亚洲大部分地区，极大地改变了亚洲文明的版图。

1218年，成吉思汗率领大军进行了第一次西征。他先派哲别消灭了西辽僭主屈出律，灭西辽帝国，继而又亲率大军分四路攻伐花剌子模，平定中亚各地。1221年攻占花剌子模首都玉龙杰赤城。不久，成吉思汗返回蒙古，派遣哲别和速不台继续西进，在攻掠阿哲儿拜占（今阿塞拜疆）、谷儿只（今格鲁吉亚）、设里汪（位于里海西北，高加索山附近）等地后，又越过太和岭（今高加索山），征伐阿速、钦察等部，钦察首领被迫逃往斡罗思。1223年，哲别、速不台大败钦察和俄罗斯联军于坷里吉河（今迦勒迦河），进兵俄罗斯南部。

还有一支蒙古军队越过克里米亚半岛，一直推进到第聂伯河。

成吉思汗的这次西征，灭亡了花剌子模（里海、锡尔河南），讨伐了钦察（里海西、黑海北）和斡罗思（伏尔加河西莫斯科、基辅一带），征服了康国（里海、咸海北），打开了东西方交通的大道，为日后世界性蒙古大帝国的建立奠定了基础。成吉思汗在这次西征中使用了中原汉族和西辽的先进军事技术，装备了弩炮、火箭和飞火枪等攻城武器，所向披靡，攻无不克。实际上，正是在成吉思汗西征的时候，使用中国发明的火药和火器，从而使火药和火器制造技术传到了西方。

与此同时，蒙古大军还南下进攻中原，1227年灭占据中国西北部的西夏国，1234年灭占据中国北部的金国。

成吉思汗死后，继任大汗的窝阔台决定继承成吉思汗的事业，继续西征。1235—1244年，拔都和速不台率领25万大军，进行了第二次西征，将征服欧洲的计划正式付诸实现。1237年，蒙古军队消灭莫尔瓦多后，分兵四路征讨斡罗思，连克莫斯科、基辅等城。1240年，拔都的军队击破斡罗思国都乞瓦城。第二年蒙古军分两路，分别出击勃列儿（波兰）和马扎儿（匈牙利）。1241年春夏之交，进攻波兰的蒙古军直入西里西亚地区，甚至乘筏渡过了奥得河，直掠德国边境。西里西亚侯亨利（Henry）在里格尼茨附近组织波西联军、日耳曼十字军和条顿骑士团3万人抵抗，但蒙古大军势不可挡，所向披靡，亨利兵败被杀。拜达儿率领的蒙古军转道马扎儿，与拔都会合。1241年春，蒙古军攻占了马扎儿的首都佩斯城；7月，又挺进到维也纳附近的新城（Neustadt），奥地利会同波希米亚军队拼死抵抗，击退了蒙古军队。这年底，拔都渡过多瑙河，攻克大城达兰。

1242年，传来大汗窝阔台去世的消息，拔都率军向东撤退，而合丹继续追击匈牙利国王别剌（Ⅳ. Béla），然后经巴尔干半岛进至亚得里亚海，取道塞尔维亚与拔都会师一道东还。在此期间，还有一支蒙古军向西亚进军。1243年，另一支蒙古军攻入叙利亚，同年小阿美尼亚国王海屯一世（Hayton Ⅰ）遣使到拜住帐下，请求归附。

蒙古军队的第二次西征以1242年东撤为标志结束。这次西征给欧洲各国以极大的震撼，惊恐地称蒙古军队为"上帝之鞭""黄祸"。用一位外国史学家的话说，由于我们的罪恶，我们不知道的部落来到了，没有人知道他们是什么人，他们是从哪里来的——也不知道他们的语言是什么，他们是什么种族，他们信仰的宗教是什么——只有上帝知道他们是什么人，知道他们是从哪里跑出来的。鞑靼人从第聂伯河折回，我们不知道他们是从哪里来的，也不知道他们再一次躲藏在哪里。由于我们的罪恶，上帝知道，他是从哪里把他们接来惩罚我们的。①

蒙哥于1251年即大汗位后，令其弟旭烈兀率兵西征。这次西征主要方向是西南亚，头等目标是消灭木刺夷国（Mulahida，在今里海南岸的伊朗北部）。1257年，蒙古军队荡平木刺夷之地，并挥师继续西进，次年攻陷报达（今巴格达），屠杀80万人，灭亡历时500多年的阿拔斯王朝。此后旭烈兀又率兵攻陷阿拉伯的圣地麦加，攻占大马士革，其前锋曾渡海收富浪（即今地中海东部的塞浦路斯岛）。本来他还要进一步攻打埃及，因得到蒙哥伐宋阵亡的消息，才率主力班师。

在近半个世纪中，蒙古帝国以蒙古大漠为中心，通过三次西征，以及对中国内陆地区包括金朝、西夏以及南宋王朝的征服，把欧亚大陆的大部地区纳入蒙古帝国的版图中，形成了从东到西的庞大的蒙古汗国。蒙古军队征服的土地和人民，比罗马人花费400年时间征服的还要多。成吉思汗和他的子孙一起，征服了13世纪人口最稠密的诸文明世界。无论从被征服的人口总数、被纳入依附体系的国家总数，还是从被占领的地域总幅员来衡量，成吉思汗的征服比历史上任何其他征服者的规模都要多出两倍以上。从太平洋到地中海沿岸，蒙古帝国的铁骑溅起每条江河和每个湖泊的水花。蒙古帝国全盛时期幅员在2840万到3108万平方千米之间。从西伯利亚冰雪覆盖的冻土地带延伸到印度的酷热平原，从越南的水稻田伸展到匈牙利的麦地，从朝鲜半岛伸展到巴尔干半岛。②

---

① 转引自葛桂录：《中英文学关系编年史》，上海三联书店2004年版，第1页。
② ［美］威泽弗德著，温海清、姚建根译：《成吉思汗与今日世界之形成》，重庆出版社2009年版，导言第6页。

3　蒙古的庞大帝国

经过三次西征，蒙古人在广袤的欧亚大陆上建立起一个庞大的帝国，从东亚的海边一直延伸到欧洲的内陆，跨越了东亚的中国、中亚和西亚的穆斯林以及欧洲的基督教的几大文化世界。

蒙古帝国是一个超级大帝国，地域之广几乎无法进行有效的统治。蒙古人采取分治的制度，把他们的帝国分为几个汗国，分别为元帝国、吐蕃宗教国、察合台汗国、窝阔台汗国、钦察汗国、伊儿汗国。其中，他们征服了今咸海以西里海以北的钦察、花剌子模和东起阿尔泰山西至阿姆河的西辽、畏兀儿，建立察合台汗国，大体上相当于西辽帝国的故地；在鄂毕河上游以西至巴尔喀什湖的乃蛮旧地，建立窝阔台汗国；在伏尔加河流域的梁赞、弗拉基米尔、莫斯科、基辅等公国，建立钦察汗国，统治俄罗斯的大片领土；两河流域的伊朗、阿富汗、叙利亚，建立伊儿汗国，主要统治波斯。1271年，蒙古大汗忽必烈把原属西夏、金、宋、大理和蒙古本土合并成一个帝国，国号"大元"。

诸汗国逐渐成为事实上各自的独立政权，但在名义上，这四大汗国以及元朝在名义上属于一个统一的蒙古帝国，元朝皇帝即是蒙古大汗，其他汗国对其保持臣属地位，接受元朝的册封。通常情况下，诸汗国汗位的承袭，必须取得元朝皇帝的认可。元朝的皇帝"合罕"是有居民的四大地域的帝王和成吉思汗后裔所有各家族的长者，是一切蒙古君主之主君。因此，在欧亚大陆上，"四海为家""无此疆彼界""适千里者如在户庭，之万里者如出邻家"。元至元二十二年（1285），元世祖诏修全国舆地图志，主持其事的秘书监臣奏称："如今日头出来处、日头没处都是咱们的"，宜将秘监所得"回回图子"与汉地、江南各省舆图"都总做一个图子"。许有壬《大元一统志序》说："我元四极之远，载籍之所未闻，振古之所未属者，莫不涣其群而混于一。"《元史·地理志·序》说：元之幅员"北逾阴山，西极流沙，东尽辽左，南越海表"，"东南所至不下汉、唐，而西北则过之，有难以里数限者矣"。

经过多次的征战，蒙古帝国将周围诸文明社会整合进一个全新的世界秩序之中。[①]在这片广袤的大陆上实现了前所未有的"和平"景象。所以，后来

---

① ［美］威泽弗德著，温海清、姚建根译：《成吉思汗与今日世界之形成》，第7页。

的西方学者把14世纪称为"蒙古强权下的和平世纪"。英国历史学家汤因比说："忽必烈的帝国从中国延伸到黑海，在他的统治下，这片广袤的疆域处于前所未有的太平时代。"[①]

但这是通过铁与血的征服而实现的"和平"，是建立在杀戮和废墟上的"和平"，是"大汗给予人民的和平"。

二　察合台汗国

察合台汗国是蒙古人在中亚建立的汗国。这个汗国大体上等于西辽帝国的故土。1220年，蒙古军队又攻伐花剌子模，进而平定整个中亚。从此中亚历史进入蒙古统治的时代。

察合台汗国是成吉思汗的次子察合台依其领地扩建而成。察合台汗国最盛时其疆域东至吐鲁番、罗布泊，西及阿母河，北到塔尔巴哈台山，南越兴都库什山，包括阿尔泰至河中地区。斡尔朵（宫帐）设在阿力麻里境内的忽牙思。巴鲁剌思、札剌亦儿和克烈亦惕三部，是该汗国中蒙古族的主体，其统治者是察合台后裔。

察合台汗国继承了西辽帝国的政治遗产和文化遗产。西辽王朝在中亚近百年的经略和统治，不仅留给蒙古征服者幅员广大的版图，而且契丹人从中原带来的先进的生产技术、科学知识和文化传统，中亚广阔富庶的田园、发达的农业和手工业，也成为察合台汗国立国的基础。

另一方面，蒙古军队西征中亚时，使用了中原汉人先进的火器和军事技术，同时也有许多中原的汉人和其他民族人士移居中亚，或者到中亚游历。他们的西行，把先进的中华文化传播到中亚，对当地经济社会发展和文化进步起到一定的推动作用和积极影响。他们中一些著名人物，还曾写下在中亚游历的记录。

在当时游历西亚的中原人士中，最著名的是耶律楚材。耶律楚材是一位

---

① ［英］阿诺德·汤因比著，刘北成、郭小凌译：《历史研究》（修订插图本），上海人民出版社2000年版，第251页。

汉化程度很深的契丹人，曾为金朝燕京尚书省官员。1218年，他应成吉思汗之召至蒙古，第二年随成吉思汗大军西征，参赞戎幕，深得成吉思汗的信任，在元朝初兴之时具有很大影响。耶律楚材随成吉思汗西征，到过中亚不少地方，并在撒马尔罕、巴尔克等处住过。1227年，他回到燕京后著有《西游录》一书，对自己的行程所及的漠北、中亚等地的自然地理、物产风俗都有所记载。此书是了解13世纪初叶中亚经济社会情况的重要文献。

在耶律楚材西行不久，长春真人丘处机应成吉思汗之召而赴西域。丘处机是当时道教全真派的掌教，在中原有很大影响。1219年，成吉思汗在西征途中遣侍臣刘仲禄到山东莱州延请丘处机。1220年8月，丘处机启程西行，历时1年有余，到达阿姆河成吉思汗的行营，受到成吉思汗的热情接待。他在行营为成吉思汗三次讲道，试图以道家思想影响成吉思汗。1223年丘处机启程东返。他的弟子李志常撰《长春真人西游记》，记述丘处机西游的言行和见闻。

四大汗国虽然都是成吉思汗的子孙们所统治，但彼此之间也时常发生征伐攻战。元朝建立之初，察合台汗国曾屡次出兵抗击忽必烈。直到元大德八年（1304），察合台大汗朵瓦遣使入元，与元朝握手言和。此后连年来朝，元朝廷每次都赐赠币帛、银、钞等。自此至元末，元朝与察合台汗国之间使节往来不断，关系颇为密切。1310年，窝阔台汗国并入察合台汗国。1330年，元政府颁布《经世大典》，其中附图将察合台汗国与钦察汗国、伊儿汗国并列。1321年后，察合台汗国分裂为东、西两部分，位于中国新疆的东察合台称为"蒙兀儿斯坦"，位于阿姆河与锡尔河之间广大地区的西察合台称为"马维兰纳儿"。

河中地区土地肥沃，适合发展农业和畜牧业经济。其农业和园林业尤为发达，不仅农作物种类繁多，而且产量也高。这里种植的水果有葡萄、无花果、石榴、苹果、桃、梨等10余种，撒马尔罕的西瓜著称于世。河中地区的水利灌溉设施也比较完善，仅利用撒马尔罕上游河水建成的法失儿迪咱水渠，就可以给2000个园林和大片农田提供水源。畜牧业有马、牛、骆驼和小牲畜的饲养。一般家庭可饲养25—500头牲畜。东部阿力麻里地区的畜牧业尤为发达。随着畜牧业的发展，牲畜贸易十分活跃。

中亚很早就有发达的城市工商业。察合台汗答儿麻失里在位时，提倡外国商人前来经商，从四面八方涌来的商人和旅行者云集中亚各城镇。为了方便商旅，在每个城镇、道路两旁及村落里都设有驿馆，仅布哈拉城内就有近千个，河中地区多达1万个。在察合台汗国内通行的"迪儿赫木"是用纯银制作的货币，与埃及和叙利亚的货币具有同等价值。布哈拉、撒马尔罕是两座繁华的工商业城市，城内有高大的建筑和宽敞的街道，以及学校和教堂，科学文化事业比较发达。

河中地区是察合台汗国的统治中心，迁居河中地区的部分蒙古贵族改信伊斯兰教，并积极主张突厥化。但一部分人则反对突厥化，主张保持原有的游牧生活方式和风俗习惯。这一部分人的主张遭到了察合台汗国的第六任可汗木八剌沙的反对。木八剌沙为了表示对伊斯兰教信仰的虔诚，不仅在河中地区举行加冕礼，还把居住在七河流域的札剌亦儿部和巴鲁剌思部迁到河中地区，使其很快突厥化。居住在汗国东部（今新疆天山南麓）的蒙古族人仍然保留着本民族原有的生活方式和风俗习惯。

三 元朝文明

蒙古人在中国北方崛起后，西进灭亡西夏王朝，南下中原，先后灭亡金朝和南宋，建立了统一中国的元朝。1271年，蒙古大汗忽必烈仿汉制，建国号"元"。1272年，忽必烈将金中都改名为大都（北京），决定以大都为国家首都。与中国历史上的汉、唐、宋和明、清等统一王朝相比，元朝的统治时间比较短。从1206年成吉思汗建蒙古帝国算起，至1368年元朝灭亡，共160多年；如果从1279年灭南宋、统一中国算起，则只有90年。

元朝的统一，结束了自唐末藩镇割据以来国内南北对峙的分裂和战乱局面，建立起统一的多民族国家，大大加强了各民族之间的文化交流和融合，促进了统一的多民族国家的巩固和发展，基本上奠定了中华民族的版图。

1 元朝建立及政治建制

自秦统一以来的历代封建王朝，以疆域之广而论，都不及元代。元朝北至阴山以北，南至南海诸岛，东北到今库页岛，西北达到新疆、中亚。元朝全国共分13个大行政区。以燕京为中心，河北、山东、山西为"腹里"，直辖于中书省。吐蕃（今西藏自治区）直辖于宣政院。其他地区划分为11个行省，即岭北、辽阳、河南、陕西、四川、甘肃、云南、江浙、江西、湖广。行省及其下设行政机构分为行省、路、府、州、县五级。行中书省为行省的最高政府机构。路、府、州、县均设达鲁花赤，掌管并督察辖区的行政事务。

蒙古统治者进入中原以后，越来越多地接受了汉族文化。忽必烈在番王时就热心学习汉文化，向刘秉忠、元好问、张德辉等文士请教儒学治国之道。他登基后，自命为中原正统帝系的继承者，将中原地区作为他的立国基础。他采用了汉人的建议，改国号为"元"，取《易经》"大哉乾元"之义。这些都意味着蒙古政权文化性质的某种转变。改国号为"大元"，不但表明忽必烈对汉文化的接受、对汉族正统观念的崇尚，同时也显露出他生机勃勃、超越汉唐的宏大气魄。[①]蒙古帝国从此由一个北方游牧民族建立的政权，变为中国正统王朝的一个朝代。

忽必烈采用许衡等儒士"必行汉法乃可长久"的建议，变易旧制，以适应中原地区传统的政治、经济和文化形态。1274年，忽必烈在中都燕京建宣圣庙，祭奠孔子，并加封孔子为大成至圣文宣王，以示继承汉王朝的法统。在忽必烈之后，又有仁宗、文宗等力倡学习儒学，倚重汉人文臣，实施汉法。仁宗通过对孔孟的崇奉，表明以儒家的纲常之道作为统治思想。他加封孔子为大成至圣文宣王，又以周敦颐、二程、朱熹等从祀。元皇庆二年（1313），下诏正式实行科举。翌年，各州县推举25岁以上的举人（参加考试的文士）经乡试后，第二年在礼部会试，然后御试。以后，科场每三年开试一次。蒙古人、色目人与汉人、南人分别考试出榜。科举实行后，在政治上一定程度上满足汉人要求广开仕途的愿望，也使汉文化在蒙古人和色目人中进一步传播。

元朝尊崇藏传佛教，元世祖拜藏传佛教高僧八思巴为帝师，以后元朝诸帝均援以为例。帝师除为皇帝宗亲做佛事外，还在宗教、文化事务方面对皇帝提供咨询。中央政府设宣政院，与枢密院同级（从一品），管理宗教事务及西

---

① 龚书铎总主编，王育济等著：《中国文化发展史·宋元卷》，山东教育出版社2013年版，第21页。

藏地区事务。西藏从此并入中国版图。

在中央政府，皇帝之下设三公：太师、太傅、太保，都为大臣最高荣誉的虚衔。中央政府实行一省制，只设中书省。中书省长官为辅佐皇帝的宰相。中书省的内设机构仍为六部，吏、户、礼为左三部，兵、刑、工为右三部，各部长官称尚书。枢密院为最高军事行政机关。枢密使由皇太子兼任，日常事务由知院掌管；副长官为枢密副使和同知院。全国各地配置镇戍军。首都、要塞、军事重地由蒙古军或探马赤军（西域各族及西夏人的部族军队）镇守。

元朝将各族人分为四等：第一等是蒙古人；第二等是色目人，即西夏人、维吾尔人、西域各族人等；第三等是北方汉人，包括契丹人、女真人、高丽人等；第四等是南方汉人以及西南地区的白族、僮族人等。元朝将所属人口分为民户、站户、军户、打捕户等，承担各种不同的差役，世代相袭，不得改变。另外，隶属于国家设置的银局、毛缎局、玛瑙玉局、染局、绣局、镔铁局等机构的手工艺人，称为匠户，也子孙相袭。

2 经济文化的繁荣

元代空前广阔的疆域格局，一方面，为文化的发展开拓了广袤的空间，为各国、各民族间经济的交流和发展、科学文化的传播、中外交往的扩大等都创造了极为有利的条件。另一方面，也影响和酿就了元代文化的基本格局：第一，在各个文化门类中，地理学、语言学、天文学最为发达；第二，民族之间的文化交流蔚为大观；第三，中外文化的交往空前频繁，中国文化对世界的影响力和对外来文化的吸纳力空前强大。[①]

由于长期的战争以及蒙古贵族强制实行的一些落后的生产方式，曾使北方的农业生产一度受到严重破坏。元世祖推行以"农桑为急务"的政策，采取了一系列措施恢复发展农业生产，使得农业水平有了提高。1261年成立劝农司，派劝农官到各地检查农业生产情况，作为评定地方官吏政绩的依据。1270年成立司农司，搜集古今农书，总结民间经验，编成《农桑辑要》，颁发全国，指导农业生产。1289年在江南成立司农司及营田司，掌管农桑事务。在一

---

① 龚书铎总主编，王育济等著：《中国文化发展史·宋元卷》，第22页。

些地方，政府又利用驻军或招募农民开垦荒废的官田，农田面积亦有所增加。元代还扩大水利建设，特别是云南、甘肃、宁夏等边远地区，被破坏的水利设施相继恢复。

王祯编著《农书》37卷，是中国古代一部对农业生产进行全面系统论述的伟大著作。《农书》约13万字，300多幅图画。分为《农桑通诀》《百谷谱》《农器图谱》三大部分。《农桑通诀》包括对农、林、牧、副、渔及水利等各个方面的综合性论述，提出"顺天之时、因地之宜、存乎其人"这一重要的农耕思想。《百谷谱》对各种农作物的品种、特性、栽培、种植、收获、贮藏和利用等知识加以介绍。《农器图谱》就田制、仓廪、舟车、灌溉、蚕桑、织纤、麻芒等20门类，详细介绍了257种农业机械，而且配绘图谱306幅并加以文字说明。

元代手工业也取得新成就。中国南方棉花种植技术有了质的飞跃，并带动了纺织业发展。棉纺织业在江南农村的家庭手工业中已占重要位置，棉纺织工具大有改进。制瓷技术及产品的釉色都达到很高水平，用釉下彩烧制的青花、釉里红瓷器在中国制瓷发展史上占有重要地位。

元朝在经济上奉行开放的政策，积极鼓励并参与同世界各国的贸易往来，使得中国成为世界上首屈一指的经济强国。元朝继承与发扬两宋开放沿海与沿江的政策，进一步扩大口岸开放，在口岸城市设立专门管理商业船运及贸易的行政机构。东南沿海的上海、澉浦、庆元、温州、福州、泉州、广州等都是对外贸易的通商口岸。如昆山的刘家港有"万国码头"之称，马玉麟《海舶行送赵克和任市舶提举》一诗极其生动地描绘了"蕃人泊舟"时码头上欢乐和繁忙的情景。当时的刺桐港（今福建泉州）是与埃及的亚历山大港并列的世界两大港口之一。阿拉伯、波斯与印度等地的香料、药材等物资大批舶至中国，以至"来华商贾不绝于途"；而中国著名的丝绸、瓷器亦大批漂洋过海，甚至远赴欧洲。

工商业的发展使一些原有的和新兴的重要城市呈现空前的繁荣。大都不仅是元朝的政治中心，还是闻名世界的商业大都市。从运河和陆路，都有大量商品进入这座大都市。来自亚洲、欧洲各国以及非洲海岸的商队和使者络绎不绝。此外，北方中原地区的涿州、真定、大同、汴梁、济南、太原、平阳和南方的扬州、镇江、建康、平江、杭州等城市经济都十分活跃。

元代的科学技术取得了很高的成就，其中天文学、数学甚至医学都居于当时世界的先进地位。元代科学文化的发展有两大特点：一是宋代科学文化发展的继续；二是因国家的大统一和中外交流的扩大，科学文化具有多元性和融会性。元代中西交通大开，中国文化得以广泛传播，对世界文明的发展作出了重大贡献。另一方面，元朝征调大批阿拉伯、波斯等地的科学、技术精英前来中国。这些精英掌握着当时世界上最先进的科学技术。忽必烈在尚未登基之前，就征召"回回为星学者"。他们翻译及带来诸如托勒密的《天文大集》、伊本·优努斯（Ibn al-Yunus）的《哈基姆星表》等天文学著作。1260年，元廷承金人旧制，设立司天台，1271年正式设立回回司天台，1312年设立回回司天监。札马剌丁等一批天文学家先后在这里工作，为中国天文历算的完善和发展作出了巨大的贡献。天文学家郭守敬设计、制造了简仪、仰仪和圭表等天文仪器，比丹麦人第谷（Tycho Brahe）的同样的仪器要早300年。

3　理学的新发展

儒家学说经两汉经学、魏晋玄学，至北宋发展为理学，由南宋朱熹集大成。元代理学，上承两宋、下启明初，为理学的进一步发展起了重要的传承作用，在中国儒学发展史上占有一定的地位。

宋元之际，元军南下攻宋，儒臣杨惟中、姚枢随军前往，受命在南宋地区"求儒道释医卜者"。1235年元军攻陷德安，南宋理学家赵复被俘。杨、姚加以保护，并礼送至燕京太极书院，请他传授程朱理学，"学子从者百余人"。赵复向姚枢献出二程、朱熹等人的著述8000余卷。

由于周敦颐、二程之后，儒家书籍内容广博，学习者难以融会贯通，赵复便推求伏羲、神农、尧、舜所以能继承天道建立准则的原因，孔子、颜回、孟子所以能立下永世长存的教诲的原因，周敦颐、二程、张载、朱熹所以能发扬、阐明、继承儒学的原因，撰写了《传道图》，将有关书目条列于后。这样，就进一步厘清了儒学发展传承的道统关系。又著有《伊洛发挥》一书，以揭示二程思想的主旨。朱熹的门徒，分散在四面八方，赵复根据有关记载和传闻得到的共53人的情况，撰写了《师友图》，以寄托自己敬仰他们却无法请教的意愿。他又根据伊尹、颜回的言行，撰写了《希贤录》，使学者知道有所向往和敬慕。

赵复自谓朱熹的私淑弟子，经他的传授，北方有了一批有影响的理学人物，如许衡、郝经、刘因、窦默等。再经由他们的递相传授，理学在社会上迅速传播开来。在赵复所传之人中，以许衡影响最大，后人称其为"朱子之后一人"，是儒家道统的接续者。另一重要理学人物是刘因。他不像许衡积极用世，而是高蹈不仕，潜心理学，与许衡同为元代北方两大儒，被世人称为"元之所借以立国者"。

朱熹的文脉也得以代代相传。他的弟子黄榦为传播朱子学作出了贡献。黄榦的弟子饶鲁，虽为朱熹嫡传，但并不株守朱学门户。饶鲁之后，最著名的是饶鲁的再传弟子吴澄。元代中期，随着许衡、刘因的相继去世，吴澄成为元代著名的理学大师，与许、刘并称为元代"三大学者"。

元代理学与宋代理学一脉相承。元代理学总体上继承了宋代理学最基本的思想原则，他们的天道观、心性论、知行观等，都是旨在论证封建伦理纲常的合理性，即合乎天理。元代理学家同样都十分看重"四书五经"，讲求儒家经义，探究义理之学，坚持儒家传统的道德修养方法。

元代理学家都重视儒家经典的研读。在他们看来，圣人未出之前，道在天地；圣人在世之时，道在圣人；圣人既没之后，道在《六经》。因此，要知"道"，就得学圣人之言。而最能正确地阐发圣人之道的，则莫过于程、朱。因而提出了"由传以求经，由经以求道"的主张。

与宋代理学比较，元代理学最重要的一个特点，是由原来的"朱陆之争"逐渐趋于"朱陆和会"。朱、陆之间的分歧，主要集中在陆学的"发明本心"与朱学的"格物穷理"的争论。朱熹在认识天理的方法步骤上，强调由外知以体验内知，即由外界的格物以达到致知的过程。这一过程又叫作"格物""下学"的笃实功夫。但"格物""下学"的笃实功夫，容易流于支离烦琐，或者流为训诂之学。而陆九渊的本心论强调直指本心的"简易"功夫，但虽为"简易"，却存在着谈空说妙、流于禅说的弊病。元代朱学和陆学人物，除极少数坚守自家藩篱、不杂异说者外，其他人看到了朱、陆的争论，"支离"或"简易"各走极端，以致各自的学统难以为继，故主张打破门户，以汇综朱、陆两家之长。正由于如此，所以元代便出现了朱陆日趋"和会"的情况，使其减少了空疏，具有了笃实。元代理学对于两宋理学，不仅是继承，而且有所发展，弥补了宋代理学的某些不足，为理学在明清时期的进一步发展奠定了思想基础和社会基础。

4　国子学与社学

蒙古统治者在统一中国的进程中，逐渐认识到利用汉族文人巩固其统治的重要作用。为了有效地辖制中国广袤疆域内的各个民族，尤其是辖制具有先进封建文化传统的汉族，同时为了学习汉族的治国之道和先进的科学文化、生产技术，以增强国力、巩固政权，元世祖采取了主张文治、尊孔重儒、兴学明教、重用儒士、推行汉化的政策。此后，元代各朝的最高统治者，对教育都相当关注和重视，其中元仁宗正式实行开科取士的制度，对元代教育的发展作出了重大的贡献。

元太宗初定中原，就曾有过兴建学校之议。元世祖即位后，国家统一，社会逐渐安定，兴办学校提上了议事日程。元中统二年（1261）八月，曾下诏对各地兴学设教提出了具体的要求。同年，在各路设提举学校及教授官。至元二十三年（1286），决定各地学田由官管交由本学管理，以防学田收益挪作他用。自元世祖以后，成宗、武宗、仁宗对兴办学校都很重视，下过多道诏书。

元代统治者重视兴办以宣扬儒家道义为宗旨的国子学、地方各级儒学和延伸到基层乡村的社学，还重视民间祭孔时随堂讲授的庙学，积极鼓励私人办学。对各地书院也采取支持的态度，并使之向官学化的方向演变。重视兴办弘扬本民族文化传统的蒙古字学、蒙古国子学，兴办培养翻译人才的回回国子学和专门人才的医学和阴阳学等。元廷不仅重视治术人才的培养，而且重视各类实用人才的培养，并通过各种形式的教育，进行封建伦理道德的教化，提高人民群众的文化素质。

元代的学校教育制度，大体承袭唐、宋的教育传统，借鉴辽、金的办学经验，在此基础上又结合实际创造出一些适合本民族特点的新的办学形式，在一定程度上发展和完善了各级各类学校的管理体制，推动了教育事业的发展。元朝在学校教育制度的建设方面较前朝有所进步，尤其是培养专门人才的专科教育和民间庙学、书院的发展，很有特色。后来的明、清两代，从总的方面来说，基本上不曾改变元代的办学模式。

元代的学校体制，可分为官学和民间办学两大类别。由政府管理的官学，又可分中央官学和地方官学。

中央官学即国子学，这是中央政府主要为贵族、官僚子弟所办的高等教育学府。元代仿唐、宋之制，设国子监，除在京师设置国子学外，还在京师建置了以本民族语言进行教学的蒙古国子学和以亦思替非文（波斯文）进行教学的回回国子学。元代国子学即指汉学（即儒学）而言，以示与蒙古国子学、回回国子学相区别。

元太宗六年（1234）灭金国不久，曾在金朝的中都燕京（今北京）改枢密院为宣圣庙，设国子学，以冯志常为国子总教，命侍臣子弟18人入学。这是建置学校之始。至元六年（1269），正式创立国子学，设总教国子之官。在国子学里，生员不分种族，凡蒙古、色目、汉人皆可入学。其资格仅限宿卫大臣子孙、卫士世家子弟及七品以上朝官的子弟。凡平民俊秀者，经三品以上朝官的保举，可充当陪堂生。

至元二十四年（1287），正式设置国子监，以许衡的弟子耶律有尚为祭酒，直接管辖国子学。他们总结了过去国子学办学的经验，重订国子学的规程，对国子学的管理、课程、教授和考试等，均做了相应规定。凡读书必先《孝经》《小学》《论语》《孟子》《大学》《中庸》，次及《诗》《书》《礼记》《周礼》《春秋》《易》。

蒙古国子学是元代中央政府为蒙古族子弟和色目、汉人官员子弟设置的蒙古语高等学府，隶属于蒙古国子监，其目的在于保存和发展本民族的语言文字，保存和发展本民族的性格特征和文化传统。蒙古国子学创立于至元八年（1271），除教学蒙古文字、研读用蒙古文字译写的《通鉴节要》等教材外，还要教学礼仪，成绩优秀的子弟可兼学算术。

元代统治者对地方官学也很重视，建立了一套较完整的教育体系。元代地方行政分路、府、州、县四级，各级政府均设置儒学，路有路学，府有府学，州、县有州、县学。"四书五经"同为各级地方儒学的必修教材。

社学是设置在最基层的乡村、带有普及教育性质的地方学校，是各路、州、府、县所设地方儒学的延伸，是地方官学的一种。社学实行边耕边读，农忙务农，农闲入学就读。学习对象不受限制，各乡社员子弟均可入学就读，其广泛性为其他办学形式所不及。

除由政府直接管辖的官学外，元代民间的办学形式还有庙学、私学和书院，政府对它们采取了保护、扶持、鼓励和倡导的政策，使之有所发展，其中书院的建立尤为普遍，对普及文化教育、传播儒学思想，起到了重要的作用。书院制度形成于宋代。元代承袭宋代的传统，对书院采取利用和控制的方针，积极地加以提倡、扶持并给予奖励，使之朝官学化的方向演变，从而使元代的书院较之宋代又有了进一步的发展。

元代书院的突出特点是官学化。政府对书院的师资任用、组织管理、经费供给等加以控制。书院的山长，和官学的学正、学录、教谕一样，须经礼部、行省或宣慰司任命或在朝廷备案。书院的经费由政府划拨的官田和私人捐助的田产供给，但由官府掌管。但元朝政府对书院教学活动没有多加干涉，不论是官办书院还是私立书院，学术氛围浓厚，可以自由讲学，宣扬自己的学术观点。

对元代书院的兴建和发展有重大影响的是一批儒家学者，他们有的参与了书院政策的制定，有的主持著名的书院，有的是书院的主讲。元代书院以儒家经典，尤其是程朱理学作为教学的基本内容。元代书院的许多山长、主讲，或是著名的理学家，或以宣传程朱理学为己任，他们讲授的内容毫无例外都是儒家经典的"四书五经"和朱熹等理学家的注解。有的还自己著书立说，作进一步的发挥。元代书院因有理学家的讲学而得以兴盛，书院的兴盛又推动了程朱理学的普及和发展。

5　散曲与杂剧

元代文学呈现出异常活跃而繁荣的面貌。元代以前的文学，从《诗经》、先秦散文，到唐诗、宋词以及唐宋八大家散文，尽管作品不可计数，但不出诗歌、散文两种形式，小说还只是雏形。至元代，诗文作家、作品依然不少，刘因、赵孟頫、虞（集）杨（载）范（梈）揭（傒斯）"四大家"和杨维桢、萨都剌、王冕等人均有一定成就，但只不过是文坛的星点之光。元代文学与以往时代的文学最显著的不同，是一直居于正统地位的诗歌、散文相对衰微，俗文学特别是戏曲文学兴盛起来。

在元代，戏曲、小说成为新兴的文学样式，走在中国文学发展的前沿。这是与宋元市井文化的繁荣密切相关的。戏曲与小说，无论在题材、内容或美学形式方面，都表现出世俗生活的众生相及其美学情趣，为中国文学增添了新的东西，体现了中国文学的原创活力。而传统的文学样式如诗、词、文，仍与知识阶层有密切关系，也不同程度地受到来自通俗文学的冲击和影响，呈现新的特点。元代文学的这些特征对后世文学的发展产生持续的影响。

元代文学，以"元曲"与"唐诗""宋词"并称。我们通常称的"元曲"，包括戏曲（杂剧）和散曲两个方面，这两方面是既有联系又有区别的两种文学形式。元杂剧的主要部分曲词，是合乐歌唱的，性质跟散曲一样，但杂剧的体制和所表现的生活内容要比散曲复杂丰富得多。杂剧的文体，实际上是一种诗剧，是继唐代声诗和宋人歌词之后新兴的音乐文学。[①]

散曲的出现和初步流行始于金末，盛行于元，是一种新兴的诗体，是一种新的格律诗形式。[②]散曲在元代取得了超出传统诗词的艺术成就，成为极富特色的一代诗歌。

在以前的文艺类型中，散曲和词的关系最密切，体制也最接近，都属于有固定格律的长短句形式。据王国维统计，元曲曲牌出于唐宋词牌的有75种之多。所以，有人把散曲叫作"词余"。散曲和词一样，都来自民间，都是合乐歌唱的长短句。但是，词发展到南宋晚期，在文人手里日趋典雅化。到了元代，词基本上脱离了音乐，成为单纯的书面文学创作。民间的"俗谣俚曲"因跟人民生活紧密结合而得到发展。

散曲是中国多民族文化融合的产物，也是文学形式推陈出新的结果。宋元鼎革之际，异族的音乐大量流入，汉族地区原有的音乐与这种外来音乐相结合，产生新变，同时产生了与之相适应的新的歌词，这就是所谓"北曲"。在北曲酝酿成熟的过程中，金代的说唱艺术诸宫调对于音乐的整理定型和文字表

---

① 龚书铎总主编，王育济等著：《中国文化发展史·宋元卷》，第231页。
② 龚书铎总主编，王育济等著：《中国文化发展史·宋元卷》，第231页。

达的提高起了重要的作用。其后，这种曲子一面用于杂剧，成为剧中的唱词，一面作为独立的抒情乐歌，也就是"散曲"，并由于文人的参与而进一步发展成为重要的文学样式。现存最早的可以正式称为"散曲"的文人作品，出于金末名诗人元好问之手。到了元代，众多的文人加入进来，形成了散曲的繁盛。

散曲在元代是韵文的新兴样式，是韵文在新形式上的进一步发展。[①]散曲的语言风格，与词有明显的不同。词也有写得通俗的，但其总体的倾向是精雅；散曲也有写得精雅的，但其总体的倾向是通俗。散曲的语言特点，一是大量运用俗语和口语，包括"哎哟""咳呀"之类的语气词；二是散曲的句法大都比较完整，不大省略虚词语助之类，句与句的衔接也比较连贯，一般在精练含蓄方面不太讲究；三是散曲常常通过一个短小的情节，写出人物正在活动着的情绪，这种写法带有一种戏剧性的效果，比诗词更显得生动。语言风格的这些特点，形成散曲活泼灵动、浅俗坦露、使得欣赏者毫无间隔感的总体风貌。

元代散曲的兴起和发展，是元代俗文学兴盛的标志之一。它最初的作者大都为民间艺人，后来出现了文人专业作家。虽然也有朝廷大臣、世袭贵族写散曲的，但元代散曲的主要作者，却是抑郁不得志的穷儒寒士、地方小吏，还有一些优伶、歌妓、江湖隐逸之士。元代文人既受过传统诗词的教养，又熟悉民间生活和民间艺术，因此他们使这种人民群众喜闻乐见的俗文学在形式上更臻完善，题材、内容也得到拓展和丰富。据《金元散曲》辑录，元代散曲作家200余人，作品4300多首。现存元散曲大多是歌唱山林隐逸和描写男女风情的作品，此外还有一些咏史、写景、咏物之作。这些作品主要表现了元代文人的精神风貌和审美情趣。散曲作为一种新鲜的诗体，很快呈现出鲜明、独特的艺术魅力，呈现出富于时代特征的风貌神韵，奠定了它在中国文学中与诗、词比肩而立的地位。

除散曲外，戏曲也是元代最高的文学成就。元杂剧是一种成熟的戏剧，[②]它是在融合宋、金以来的音乐、舞蹈、说唱等各种艺术形式而形成的戏曲艺术，并在唐、宋以来的词曲和讲唱文学的基础上产生的韵文和散文相结合的、

---

① 龚书铎总主编，王育济等著：《中国文化发展史·宋元卷》，第241页。
② 龚书铎总主编，王育济等著：《中国文化发展史·宋元卷》，第231页。

结构完整的文学剧本。由于元杂剧是以北方流行的曲调演唱的，因此也称北曲或北杂剧。元杂剧的繁盛，标志着中国戏剧艺术的成熟，中国成为世界上的"戏剧大国"之一。

成宗元贞、大德年间是杂剧创作和演出的鼎盛时期，人才辈出，硕果累累，呈现出空前繁荣的局面。元代杂剧作家约有200人，姓名可考的元代作家的作品500种，元代无名氏的作品50种，元明之际的无名氏作品187种，总计737种。保存至今的作品共162种，其中明代臧晋叔的《元曲选》收入100种，今人隋树森汇集近几十年发现的元杂剧刻本和抄本的《元曲选外编》收入62种。由于明代中叶以后，杂剧的演唱逐渐失传，剧本也大量散佚，元代杂剧的实际作家和作品数当超过以上数字。

所谓"元曲四大家"的关（汉卿）、郑（光祖）、白（朴）、马（致远），除郑光祖年代较晚，其余3人均生活在元代前期。而王实甫以其不朽名作《西厢记》，与他们同时高居于元代最杰出的剧作家的行列。此外，其他一些作家也创作了若干优秀的作品。在一段不长的时间里，中国戏剧迅速崛起并闪射出耀眼的光芒。

中国古代乃至近现代包括京剧和各种地方戏在内的传统戏剧都称为"戏曲"，这是因为"曲"的演唱在其中有特别重要的地位。从性质来说，中国戏曲实是一种带舞蹈成分的歌剧。中国戏剧的起源，可以追溯到很早。从原始歌舞开始，到后代宫廷、民间的许多娱乐表演都与此有关。但只有到了元杂剧，才成为具有完备的文学剧本、严格的表演形式、完整而丰富的内容的成熟的戏剧。

关汉卿是杂剧创作年代最早的作家之一。他的作品数量和类型最多，总体上的思想和艺术成就也最为杰出。关汉卿一生创作杂剧作品60多种，现存16种，以《窦娥冤》最为著名。他的作品题材多样广阔，有公案剧、爱情剧、历史剧、文人逸事剧等，极大地开拓了中国戏曲多方面的表现功能。关汉卿杂剧的题材、内容涉及多种多样的社会生活层面和人物，并深刻地揭示了社会的黑暗面，集中反映了社会中受压迫的弱者的生活遭遇和生活理想，热情赞美他们的美好品格，在反映社会对弱者的压迫以及命运对个人的压迫的同时，始终表现出顽强的斗争精神和对于美好人生的执着追求。

王实甫的代表作《西厢记》，可以说是元杂剧中影响最大的作品。王实甫大约与关汉卿同时或稍后，在当时有很高的声望。王实甫的剧作，见于载录的有13种。《西厢记》的剧情直接取材于金代董解元的《西厢记诸宫调》，以很高的艺术水平来展现张生与崔莺莺这一对青年男女的爱情故事。作品直接切入生活本身，描绘青年男女对自由的爱情的渴望、情与欲的不可遏制和正当合理，以及青年人的生活愿望与出于势利考虑的家长意志之间的冲突。这个美丽的爱情故事格外动人，历代传颂不衰。

四　伊儿汗国文明

1　伊儿汗国的建立

成吉思汗西征时，蒙古军队已经占领了里海的南岸和西岸，并且迫使小亚细亚的罗姆地方臣服，奉献贡赋。1253—1260年，蒙古人发动第三次西征，由成吉思汗幼子拖雷的第六子、忽必烈的弟弟旭烈兀统率。1253年，旭烈兀率大军远征波斯，两年内攻陷100多座城池。1258年，蒙古军队攻占巴格达，推翻了阿拉伯帝国阿拔斯王朝；1260年，蒙古军队又攻下大马士革，并在征服的领土上建立了伊儿汗国。

伊儿汗国的版图以伊朗为中心，包括今天的土耳其、伊拉克、阿塞拜疆、亚美尼亚和格鲁吉亚等地，建都于今伊朗北部的大不里士。

伊儿汗国在名义上保持对元朝蒙古大汗的臣属地位。伊儿汗的称号是元世祖忽必烈所封，突厥语"Ilkhān"是部族首领，意思是蒙古大汗的附庸。旭烈兀被尊称为大伊儿汗，是这个波斯蒙古王朝的奠基者。旭烈兀死后，其子阿八哈（Abaqa）于1265年即位。因未奉元朝册封，阿八哈设小座在汗位下，受朝臣祝贺。据拉施特（Rashīd al-Dīn Fadl Allāh）《史集》记载，阿八哈说："忽必烈合罕是长房，怎能不经他的诏赐就登临汗位呢？"因此，"尽管他是王冠和王位的拥有者，但在忽必烈合罕笔下的急使送来以他的名义颁发的玺书前，他端坐在椅子上治理国家"。直到5年后，1270年11月，忽必烈的册命到达大不里士，阿八哈才举行登基大典，接受元朝送来的冠服，正式称汗。

自阿八哈开始，历代伊儿汗都必须受元朝大汗的册命。元朝大汗还曾向伊儿汗颁发过刻有汉字篆书"辅国安民之宝"和"真命皇帝和顺万夷之宝"的印章。历代伊儿汗"和中国诸大汗关系特别密切，并且对之尊敬"①。一些伊儿汗廷有殊勋的权贵，也往往由大汗赐予官爵。伊儿汗娶妃，也以请大汗赐婚为殊荣。第四任伊儿汗阿鲁浑（Arghun）之妃卜鲁罕去世，遗命非其族人不得袭其位为阿鲁浑妃。因此阿鲁浑派遣使者前往大汗廷，请求大汗赐婚。于是忽必烈选阔阔真公主由使者护送至伊儿汗国。

旭烈兀被册封为伊儿汗后，把伊拉克、呼罗珊一带（今阿姆河以南，兴都库什山脉以北地区）至阿姆河口的土地赐给了其长子阿八哈汗；高加索地区赐给了第三个儿子玉疏木式；将迪牙儿剌必阿（叙利亚边界处）直到幼发拉底河边的土地，交给异密图答温管理；把鲁木地区交给木因丁·彼尔瓦捏，帖必力思交给篾力撒都剌丁，起儿漫交给图儿坚哈敦（王后），法儿思交给异密汪吉阳管理。任命马合谋·志费尼为撒希卜·底万（宰相兼财政大臣），使其全权决定、主宰、安排和掌握国事。

伊儿汗国建国之初，以元朝的经济政治制度为效法的典范，在许多方面模仿元朝，其汗廷的组织与制度，几乎完全与元朝相同。譬如选汗的忽里台制度、汗的即位仪式、冬夏两都的巡狩制度、陵墓的禁地设置、后妃的守宫继位、宗王出镇与分封制度、四怯薛制度、达鲁花赤制度、驿传牌符制度等。直到合赞汗转奉伊斯兰教以后，一些制度才开始有所变化。

1283年，忽必烈派遣孛罗出使伊儿汗国。孛罗是元朝重臣，深得忽必烈的信任。孛罗出使伊儿汗国后，被当时的伊儿汗阿鲁浑留用宫中，从此孛罗便在伊儿汗朝任职，直到1313年去世。乞合都汗（Gaykhātū）执政时，为解决财政困难，准备模仿元朝发行纸钞，征询孛罗的意见。孛罗向乞合都汗介绍了元朝纸钞的形制和具体办法，认为可行。于是乞合都汗下令在全国推行纸钞，完全仿元朝至元宝钞，上面也有汉字"钞"字，四周纹饰都照式刻印。虽然此次发行纸钞最后失败了，但却使波斯人和阿拉伯人具体接触到了纸钞和中国的雕版印刷术。在波斯语中，chǎo（钞）这个汉语借词一直保留到今天。世界上最早的纸币制度也由此西传。

---

① ［法］雷纳·格鲁塞著，龚钺译：《蒙古帝国史》，商务印书馆1989年版，第304页。

2 合赞汗时期的文化繁荣

合赞汗（Ghazan Khan Mahmud）时期是伊儿汗国的黄金时期。在合赞汗时期，不仅复兴了传统的波斯文化，还汲取了中国与欧洲的文化，并使西亚特有的文化发展到了顶峰。[①]合赞汗通晓多种语言，对天文、医学和许多工艺都颇有知识，尤精通历史，被誉为贤君。合赞汗与元朝保持密切的关系，使用元朝颁发的汉文国玺，任命拉施特为宰相，在政治、宗教、经济等方面实行重大改革。他制定新的土地、赋税、驿站、货币等制度，限制蒙古贵族、将校和官吏对人民的横征暴敛，使农业、工商业得到发展，财政收入增加。合赞汗时期统一了度量衡，规定在度量单位上实行严格的制度，使得各地的度量单位统一，各州各村的市场上没有不同的重量单位。他下令全汗国的金银钱币和货物的重量单位、谷物度量单位和长度单位，都须与帖必力思的度量衡单位相一致。孛罗受到合赞汗充分的信任，执掌汗廷的万人亲卫军。孛罗与拉施特过从甚密，深受后者的信赖和尊重，很可能对这次改革产生过重要影响。

合赞汗改革的一项重要措施是发展农业生产。他鼓励农民开垦荒地，第一年免税，第二年根据河渠远近与垦殖难易，分别免税1/3、1/2或2/3；允许拨出一部分税额，购买耕牛、种子和农具分给无力耕种者。合赞汗主张开凿灌溉渠，其中一条被命名为"合赞汗渠"，利用幼发拉底河的河水，灌溉了无水荒漠的怯儿别刺，使其变成为富庶的农业区。为使荒芜的大片农田得以恢复，合赞汗下令：凡能修整和耕种已荒芜的农田者，将获得地产权，并能世袭相传，具有转让权；在税额上实行优惠。合赞汗还鼓励蒙古人从事手工业生产。在他统治时期，各城市和各州都出现了蒙古工匠，可以制作弓箭、箭筒、马刀等军用武器。合赞汗的改革，使波斯和阿拉伯地区的农业和工商业很快得到恢复和发展。

蒙古人信奉藏传佛教，但初期的伊儿汗国在宗教上采取开明的政策，一视同仁管理治下的众多宗教。合赞汗为了赢得所占地区穆斯林的支持，放弃佛教信仰，改宗伊斯兰教，并更名穆罕默德·合赞，称"苏丹"，同时确定什叶派伊斯兰教为国教，下令宫廷大臣、贵族、军队和汗国境内的蒙古人全部改

---

① ［日］宫崎市定著，谢振译：《亚洲史概说》，民主与建设出版社2017年版，第200页。

宗伊斯兰教，要按照伊斯兰教教义处理一切事务。据史载，约有15万帐蒙古人改宗伊斯兰教。合赞汗还用行动向穆斯林展示自己坚定的信仰。他下令所有的官方印章上必须刻上伊斯兰教证词，在御旨和信函的开头均写上誓词，在汗国的钱币上铸上四大哈里发和他的名字。1297年，合赞汗和他的属下参加公共集会，穿戴着波斯头巾出场，而不是蒙古人的宽边帽。他派人前往各处拆毁基督教堂、犹太会堂、拜火神庙和佛教寺庙，要求佛教僧侣必须改宗伊斯兰教，迫害其他宗教人士。

合赞汗以伊斯兰教法取代蒙古简单的习惯法，在首都设立伊斯兰教高等法院，由教法学家担任法官，并向各省和大城市派驻法官。他奖励发展伊斯兰学术文化，在宫廷重用和庇护穆斯林学者。由国库拨款在首都大不里士和各地修建清真寺及附属经文学校，并在首都创建研究实用科学的学校和一座天文台，培养了大批学者和官员。

合赞汗使伊儿汗王朝成为第一个信奉伊斯兰教的蒙古人王朝，加速了蒙古政权与伊斯兰文化的融合。这对中西亚蒙古人的伊斯兰化产生重要影响。后来察合台汗国也参照合赞汗的做法，实现了伊斯兰化。

3　伊儿汗国的科技文化

在伊儿汗国的统治下，西亚经济文化很发达。伊儿汗国的首都大不里士成为这一时期西亚主要的商业中心，具有浓厚的国际化都市色彩。各国的商人、教士、学者、使节云集于此，其中包括许多中国人。拉施特对这座国际都市有过这样的描绘：在伊斯兰君主的恩施之下，这里聚集着各种宗教、各种派别的哲学家、天文学家、学者和历史学家，他们来自中国、印度和其他突厥国家，还有阿拉伯人和法兰克人。

1259年，旭烈兀委派波斯天文学家纳速剌丁·杜西（Nāsir al-din al-iūsī）筹建天文台，从事天文表的编制。杜西是一位博学的学者，一生写作了关于天文、数学（几何与三角学）、物理、哲学、伦理学及逻辑学等学科的100多部著作，甚至还整理过伊本·西拿的《医典》。伊儿汗国征集东西方的科学家，集中了中国、阿拉伯、波斯和希伯来的天文历算学者，在大不里士附近的马拉格城西山冈上创办了一座天文台。在13世纪下半叶，马拉格是西亚和地中海伊斯兰世界，包括波斯的伊儿汗国、突厥的罗姆国和埃及的马木鲁克王朝，唯一具有周全的设备、雄厚的实力、系统的研究的科学中心。马拉格在杜西的精心培育和指导下，建立了规模宏大的天文台，装备有精良的仪器，拥有一个藏书40万卷的图书馆。马拉格不但是当时著名的天文观测站，而且是世界上第一流的科学研究中心。它在伊斯兰文化史上占有重要地位。

1272年，在杜西和他的同事们的通力合作下，完成了《伊儿汗天文表》。这部用波斯文写作的天文表共分4卷：第一卷分纂中国、希腊、阿拉伯、波斯历法；第二卷为行星运行；第三卷为天文历；第四卷为占星术。《伊儿汗天文表》是马拉格天文学家的主要成果，在世界天文学史上起到里程碑的作用。在《伊儿汗天文表》中，中国天文历法和希腊、波斯、阿拉伯历法并列，占有重要地位。所以其中也凝结着许多中国天文学家的心血。旭烈兀西征时从中国带去一位叫"傅蛮子"（Fuomun-ji）的天文学家，杜西就是从他那里了解中国的天文历法、请教推步之术的。这位"傅蛮子"显然是中国南方的汉人。据考，"傅蛮子"可能是元人王士点、商企翁的《秘书监志》卷九至卷十记载的傅岩卿。傅岩卿是个道士，人称"先生"，至元二十五年（1288）从侍郎升著作郎，至元三十一年（1294）升任秘书少监。①

随孛罗出使伊儿汗国的爱薛也直接参加了马拉格天文台的研究工作。爱薛是西班牙人，大约在1246年以后经叙利亚来到中国，在宫中担任要职。忽必烈任命爱薛掌管西域星历、星药二司，后来专设广惠司（京师医药院），仍由爱薛主持。爱薛通晓西域诸部语言，曾先后三次出使伊儿汗国。爱薛在出使伊儿汗国时，曾在马拉格参与杜西主持的国际科学协作。在马拉格天文台工作的许多科学家中，有一位叫麦海丁·马格里布（Muhyī al-din al-Maghribì）的天文学家，此人又叫阿布·舍克尔·马格里布（Abī-shukr al-Maghribī），是作为旭烈兀的上宾应聘到马拉格天文台工作的。据有人考证，这位马格里布就是爱薛。②由于他精通阿拉伯天文学和数学，又熟悉中国的天文学和数学，所以

① 沈福伟：《元代爱薛事迹新论》，中外关系史学会编：《中外关系论丛》第2辑，世界知识出版社1987年版，第94—95页。

② 沈福伟：《元代爱薛事迹新论》，中外关系史学会编：《中外关系论丛》第2辑，第92—93页。

在马拉格的研究工作者中，他起到了特殊的重要作用。爱薛在马拉格留下14种用阿拉伯文撰写的科学著作，包括数学、历法、占星术、观象仪等方面。其中最重要的专著是《中国和维吾尔的历法》，这是一份对于中国和中亚维吾尔历法的具有代表性的总结，也是第一部对中国历法做了系统介绍的阿拉伯文著作。这部著作阐述了中国历法的基本理论和演算方法，提供了汉族和维吾尔族历法的翔实资料。这部著作与《伊儿汗天文表》的研究工作也有密切的配合关系，为《伊儿汗天文表》提供了有关中国方面的详尽资料。《伊儿汗天文表》的最后完成，得益于中国方面详尽无遗地向马拉格提供正确的中国历数资料。而《伊尔汗天文表》曾向西方传播，并对西方天文学产生了积极的影响。

著名的天文学家和数学家阿尔·卡西（Al-Kashī）曾主持撒马尔罕的天文台，1437年编成著名的《兀鲁伯星表》4卷，其中第一卷论述了中国历法纪年置闰的原理。这部星表曾风行亚洲和欧洲各地，流传很广。

4　伊儿汗国的历史学

伊儿汗时期的学术文化也有一定发展。出现了百科全书编者穆罕默德·伊本·易卜拉欣·安萨里·底迈什基（Muḥammad ibn Ibrāhīm al-Anṣārī al-Dimashqī）和艾哈迈德·伊本·阿卜杜拉·瓦哈布·努维里（Aḥmad ibn 'Abd al-wahhāb al-Nuwairī）的著作。有阿布尔-菲达·埃优比（Abū'I-Fidā al-Aiyubī）1321年所编的《地名辞典》，以及波斯地理学家哈姆·达拉·穆斯塔菲·盖兹维尼（Ḥamdallah al-Mustaufī al-Qazwīnī）的著作。

在这一时期波斯和阿拉伯的历史学文献中，最值得提起、也最重要的是波斯史学家志费尼的《世界征服者史》和拉施特的《史集》。

志费尼（Alá'u-Din'Aṭâ-Malik-i-Juwayni）出身于波斯贵族家庭，他的祖辈相继任"撒希伯底万"（Ṣāḥib-dīvàn，财政大臣），因此，"撒希伯底万"差不多成了他家族的代号。他的父亲巴哈丁（Baha-ad-Din Muhammad B. Muhammad al-Juvaini）在蒙古统治时期，实际也担任了呼罗珊、褐梭答而的"撒希伯底万"。志费尼本人在20岁以前已开始为蒙古王朝服务，不久成为蒙古人派驻阿姆河以西诸省长官阿儿浑（Arghun）的秘书。阿儿浑几次入朝哈剌和林，几乎都有志费尼同行。正是在他们的第三次和林之行中，志费尼应友人之请，开始撰写《世界征服者史》。后来，在旭烈兀西征时，志费尼侍帐左右，随军西行，深得旭烈兀的信任。在旭烈兀大军攻占巴格达后，志费尼被任命为巴格达的地方长官，在此任上达20年之久。志费尼生活的时代距他撰述的史实十分接近，很多材料是他在旅途中所采集到的，其中包括当时社会上流行的传说。他所记述的史实大部分是亲见亲闻，因此是最原始、最有价值的史料。

《世界征服者史》这部著作所述的年代，起自成吉思汗，止于旭烈兀西征时平阿杀辛人的阿剌模忒（Alamùt）诸城堡。全书分为三部分：第一部分包括蒙古前三汗，成吉思汗、窝阔台汗和贵由汗时期的历史；第二部分实际是中亚和波斯史，其中包括花剌子模的兴亡、哈剌契丹诸汗，以及那些地方的蒙古统治者；第三部分从拖雷开始，以较大的篇幅谈到蒙哥登基及其统治初期的史实。志费尼随阿儿浑的第三次和林之行即是去朝贺蒙哥即位，而且他们在和林滞留了1年半的时间，因此他对蒙哥的记载要比《元史》详尽得多。

志费尼的《世界征服者史》是一部具有重要史料价值的史学名著。例如成吉思汗的西征过程，志费尼是第一个予以完整、详尽报道的史家。再例如他关于哈剌契丹的记载，常为研究中亚史和西辽史的专家所引述。在这部著作中，也包含一些涉及中国的记载。他不仅到过和林，而且到过中国的南部地区，当时还是南宋王朝统治的地域。

另外，这一时期的伊儿汗国还有一部《瓦萨甫史》。《瓦萨甫史》是波斯历史学家瓦萨甫（Shihab al-Din'Abd Allah Sharaf Shirazi）所著《地域之分割与岁月之推移》一书的简称。瓦萨甫是泄剌失人，担任过伊儿汗国税务官，得到宰相拉施特的赏识和庇护。他编撰此书，意在续志费尼的《世界征服者史》，故始于1257年旭烈兀灭木剌夷后进兵报达之役，体裁亦模仿志费尼之书。1312年，因拉施特之荐，在新都孙丹尼牙谒见完者都汗，呈献其书并献颂辞，由此获得"御前赞颂人"（wassaf-I Hadrat）的赐号。

《瓦萨甫史》初为4卷。第一卷述蒙哥之死，元世祖、元成宗两朝暨旭烈兀、阿八哈、帖古迭儿三代伊儿汗时代史事；第二卷述伊儿汗阿鲁浑时代暨法儿思、罗耳阿塔毕史；第三卷述伊儿汗国汗王海合都至合赞汗时代暨起儿漫、德里算端史；第四卷述元成宗之死，武宗、仁宗暨伊儿汗合赞后期和完者都汗时代史事，并于卷末采志费尼书简略补叙成吉思汗至蒙哥前四汗史。1328年，又续编成第五卷，述伊儿汗完者都后期、不赛因汗时代（迄于1328年）暨窝阔台、术赤和察合台后裔史事。《瓦萨甫史》是以伊儿汗国为主体的大蒙古国全史，面面俱到，其所载元朝与海合都等西北诸王的关系尤为可贵。

拉施特是伊儿汗国最重要的史学家。拉施特30岁时开始为第二代伊儿汗阿八哈效劳，这时已信奉伊斯兰教。阿八哈汗在位时，拉拖特担任御医，声望颇高。但到1295年合赞汗即位后，他的多方面的才能才被赏识，1298年他被合赞汗选任为宰相。他曾协助合赞汗在改革赋税制度、兴修水利、恢复发展城乡经济等方面实行了一系列措施，从而加强了伊儿汗国的中央集权，缓和了社会矛盾和经济危机。他还热衷于科学和文化事业。他是一个很有气度的文艺保护者，尤为难得的是他对于共事的作家们不怀嫉妒之心，在流传至今的他的回忆录中，充满对于该时代的一切学者的热诚赞美。①

1300年，合赞汗下诏让拉施特编纂一部详细的蒙古史，把以成吉思汗家族为首的蒙古贵族的历史传诸后世。在拉施特编完这部蒙古史之前，合赞汗于1304年5月驾崩，继位的完者都汗仍很关心此书的编纂情况。1307年，这部蒙古史编成，完者都汗披览后，定名《合赞汗御修史》。接着，完者都汗又命拉施特编写以世界各民族史，尤其是信仰伊斯兰教的各民族史为内容的另一部史书，并编写以世界各地区地理情况为内容的第三部书。这三部书的全书定名《史集》，于1310—1311年全部编成。

拉施特的《史集》是一部内容丰富、卷帙浩繁的历史巨著，是中世纪史籍中最重要的古文献之一，从某种意义上来说，它不仅在伊朗是独一无二的，在全世界的书籍史中也是独一无二的。《史集》包括3大部分，每一部分又包含若干分册。这3部已经在1307年以前编撰完成，在1310年对全书进行了增补，增加了《阿拉伯、犹太、蒙古、拂郎、中华五民族世系谱》。

《史集》包含有研究中世纪各国、各民族的历史，尤其是研究蒙古史、中国北方少数民族史的大量有价值的材料。除参考了当时波斯、阿拉伯文有关著作如《突厥语词典》《世界征服者史》外，还参阅了伊儿汗宫廷所藏《金册》等档案。由于拉施特修史时广泛地采用了原始资料、各民族的口头传说，

---

① ［法］雷纳·格鲁塞著，龚钺译：《蒙古帝国史》，第306页。

并对熟悉本民族历史者的口述进行较客观的记述，对各民族的历史"从各民族所有典籍中摘取精华，聘请各民族学者参加纂修"①，因此，史料价值极高，被誉为"历史百科全书""中世纪最重要的文献之一"，是研究中世纪蒙古、突厥及中亚、中国各民族历史、民族关系史、地区史、伊斯兰教史的重要文献。

《史集》的第一部分蒙古史，具有极高的史料价值。它对13世纪以前中国北方各游牧部落及其重要人物的记载，对成吉思汗及其先世的记载，对窝阔台、忽必烈等各大汗的记载，对四大汗国历史的记载，包含不少汉籍上没有的重要资料或不同记载。《史集》还包含不少有关蒙古等古代北方游牧部落的狩猎、游牧、衣食住行、家庭日常生活、风俗习惯、婚姻、财产继承习惯、图腾、宗教、口头文学、语言、医学等的宝贵资料。

在伊儿汗国时期，还出现了一位伟大的诗人哈菲兹（Hafez）。哈菲兹以抒情诗闻名，留下近500首抒情诗。哈菲兹的诗和宗教思想被认为深受苏非主义影响，但他又极为反对宗教教条，极为追求精神的自由。他的诗歌里最多的主题是爱情和美酒，也有对美好风光的赞美，以及对黑暗、腐败、虚伪的上层宗教和世俗统治者的抨击。哈菲兹的诗想象丰富，寓意深刻，感情热烈奔放，语言豪迈壮阔而又优美典雅。他采用波斯的"卡扎尔"诗体创作，每首诗由7—15个联句组成，每联尾音押韵，每一二两个联句构成一个诗的意境，诗体十分自由。哈菲兹在波斯文学史上被誉为"抒情诗的大师"，他与菲尔多西、鲁米、萨迪被称为"古典诗坛的四大支柱"。

五　帖木儿国文明

1　帖木儿帝国的崛起

14世纪初叶，察合台汗国分裂为东、西两部。东察合台占有中国新疆一带，明朝称为"别失八里"；西察合台占据阿姆河和锡尔河间的地带。东、

---

① ［波斯］拉施特主编，余大钧、周建奇译：《史集》第1卷第1分册，商务印书馆1983年版，第100页。

西察合台两部互相争战不息，各部宗王争夺汗位的斗争也颇为激烈。1370年，西察合台的蒙古贵族帖木儿（Tamer）夺得统治地位，宣布自己是成吉思汗的继承人，成为西察合台的苏丹，以撒马尔罕为都，建立起盛极一时的帖木儿帝国，明朝称为"撒马尔罕国"。

帖木儿属于西察合台境内突厥化的蒙古贵族巴鲁剌思家部落，巴鲁剌思蒙古是成吉思汗家族的近亲。帖木儿是一位雄心勃勃的有为君主，想仿效成吉思汗建立庞大的军事帝国。在其建国初期，帖木儿合并东、西察合台汗国，灭西方的伊儿汗国，而后进一步吞并北边的钦察汗国，占据印度西北部。帖木儿在中亚迅速崛起，称雄一时，成为除明帝国外元朝政治遗产的最大继承者。帖木儿帝国的疆域西起幼发拉底河，东至锡尔河和印度德里，北抵高加索，南临波斯湾，是当时世界上最强大的国家之一，被西方史学界赞为"成吉思汗后蒙古又一伟大征服者"的帝国。

以成吉思汗继承者自居的帖木儿在取得对小亚细亚、金帐汗国、德里苏丹国的胜利后，自觉羽毛丰满，力量强大，便开始考虑东征。他声称，要"亲来见大汗（明皇帝），使之称臣纳贡于帖木儿"。1402年，帖木儿率兵打败土耳其东归撒马尔罕，以为西方既定，就打算对明朝用兵。经过一番准备之后，帖木儿于1404年冬集结数十万军队向东进发，不料帖木儿病死途中，这次进军也就中止了。帖木儿死后，由其孙哈里（Khalil Sultan）继承汗位。

帖木儿在世时，曾派第四子沙哈鲁（Shāhrūkh Bahadur）据呼罗珊，常驻哈烈。帖木儿死后，沙哈鲁拥兵自立，与哈里争夺汗位。1409年，沙哈鲁废黜哈里，把都城迁往哈烈。他当政40余年间，除了统一领土和平息各地叛乱外，把主要精力投入国内建设，以恢复其父征战时带来的破坏。他采取措施发展农业、手工业和商业，修建灌溉工程，开辟新商道，遍设驿站，重建和新建主要城市，使得当时的波斯和阿富汗经济繁荣。

帖木儿帝国的政治体制为半中央集权体制，设中央、地方两级政府。帖木儿帝国吸收了波斯政治制度的长处，设有比较完善的官僚体制。中央政府在苏丹主持下设大臣会议。地方各省设长官3人，分管军事、民事及税收与无主产业。军队由40个中亚突厥大军事地主与部落构成。土地制度实行封建采邑制，将所征服的土地分给家族成员、军事将领、埃米尔及各地统治者，对人民征收赋税。

帝国重视城市建设，曾一度毁于战火的城市得到重建和扩建，以移民充实，并在边关要道建设新的集镇，将撒马尔罕和赫拉特扩建成最繁华的政治、经济、宗教和学术文化中心。帝国重视国内外的商业贸易发展，曾为印度、波斯东部开辟了陆上的新商道，站驿相望，道路无阻，远地商旅，咸得其济。在首都撒马尔罕和大不里士，东西方各国商旅汇聚，商肆栉比，百货杂陈，民物富庶。

帖木儿汗国奉行伊斯兰教逊尼派教义和教法，统治者以伊斯兰教的保护者自居。各地设有教法官，主持司法和宗教事务。在首都赫拉特设有教法监督官，称"穆赫塔希布"，监督穆斯林执行教规。伊斯兰教教职人员在社会上享有很高地位，在宫廷中延聘著名宗教学者担任国师、大臣、参议，辅佐苏丹施政。帖木儿社会分为两个等级，把赛义德（即圣裔）、谢赫（即长老）、乌莱玛（即学者）等宗教领袖人物列为第一等级，并赐予土地和其他宗教权益，在各地兴建了大量清真寺和宗教大学，尤以赫拉特贾米大清真寺、侯赛因·拜卡拉经学院、郭瓦夏古学府、撒马尔罕和布哈拉的伊斯兰大学最为著名。在帝国的保护和支持下，以布哈拉为中心的苏非派纳格什班迪耶教团在中亚得到广泛的传播和发展，其学说对帝国的社会政治、文化和生活有相当大的影响。对什叶派也采取宽容政策，保护和修葺了什叶派的清真寺和圣地。

2 沙哈鲁治下的文化复兴

帖木儿帝国在经济发展的基础上，吸收不同民族的优秀文化成果，交融汇合，展现了具有突厥特色的文化新貌，进一步发展了突厥-伊朗文化。在沙哈鲁和兀鲁伯统治时期，采取提倡、保护和赞助学术文化的政策，东西方的学者、诗人、工匠云集于撒马尔罕和赫拉特等城市，从事科学研究和著书立说，在文学、诗歌、绘画、建筑、史学、天文学、语言学等方面都有建树。沙哈鲁、兀鲁伯本人也是著名的学者和科学家，被后世学者赞誉为"伊斯兰科学和艺术的伟大保护者"。

帖木儿在长期的征战中，每征服一处，便"选拔最良善、最有才干及有巧艺之工匠"送到自己的统治中心中亚，让他们建设自己的首都撒马尔罕为首的各大城市。撒马尔罕来自各处技工匠师数目超过15万。所以"此都中凡百行业，皆无缺乏专门技工之感"。首都之外，繁盛之村落中，也有"帖木儿从所征服之各地移来人民，充实其间"。他一心想要把自己的故乡建设成最辉煌、最文明、最富庶的世界中心。经过帖木儿数十年的努力，在他去世时，中亚尤其是河中地区，可说是当时世界上最富庶繁荣的地区。

西班牙的使臣克拉维约（Ruy González de Clavijo）、明朝的使臣陈诚来拜见帖木儿的时候，见到中亚各地到处都是繁荣的城镇，俺都淮、巴里黑、塞蓝、塔什干、布哈拉、苏丹尼叶、尼沙布尔、安胡叶、替而美兹等城市，都是城池"雄伟""繁盛""人口稠密""商货云集"，中西亚"诸番商旅聚汇城中"。撒马尔罕作为帝国的首都，更是一个豪华大都市，人口众多，富丽堂皇，到处都是雄伟建筑。

沙哈鲁早年在宫廷受到良好的宗教和文化教育，通晓察合台语和阿拉伯语，喜爱文学艺术，善于骑射。他继承汗位后，努力振兴伊斯兰学术，扶持文学艺术，宫廷招揽诗人、学者，从事创作著述，兴建清真寺、宗教学校、图书馆、陵墓，使伊斯兰文化和突厥文化结合而得到发展。首都赫拉特成为当时著名的伊斯兰学术文化中心之一。沙哈鲁时代也被史家称为"光荣时代"。后世津津乐道的"帖木儿的文艺复兴""波斯文学艺术的黄金时代"，便是在沙哈鲁统治时期。

在赫拉特，沙哈鲁建立了一所巨大壮丽的图书馆，延揽大量学者、诗人、艺术家、音乐家、建筑师在此进行研究，而他提供一切衣食保障，并不惜重金鼓励创作。同时，赫拉特的学校也建设得"左右房室尤伟丽"，其中"多贮游学生徒及通诸色经义者，若中国之太学焉"。因为图书馆和学校受到沙哈鲁的赞助，大量文化人便置身其中。《帖木儿武功记》的作者尼咱木丁沙、《胜利之书》的作者歇里甫受丁、《两幸福之会合》的作者阿不都·剌匝克、《沙哈鲁遣使中国记》的作者哈菲里·阿不鲁这些大史学家，喀莫尔、诺西尔、萨卡基这些大诗人，比赫扎德这样的大画家都在赫拉特生活，接受着沙哈鲁的资助和保护。

沙哈鲁的妻子高哈尔·莎德智谋才艺过人，是他的得力助手。她捐巨资建有以其命名的撒马尔罕贾米清真寺而著称。

在沙哈鲁时代，中亚的史学达到一个高峰，沙哈鲁曾请哈菲里·阿不鲁召集大量史学家编纂一部通史和一部地理志。

3 "学者君王"兀鲁伯

沙哈鲁在成为帖木儿帝国统治者时，派长子兀鲁伯（Mirzo Ulug`bek）为撒马尔罕的监治官，后来更是直接委任他为河中地区的总督。兀鲁伯几乎完全自主地行使统治权。他治理撒马尔罕30多年，经济繁荣，各国商贾云集，国库充盈。兀鲁伯的原名是马哈麻·塔拉海，"兀鲁伯"是对他的尊称，意思是"大王公"。后世把他比喻为"亚里士多德的学生亚历山大一世"，有"学者君王"之誉。

兀鲁伯从小在宫廷受到良好的宗教和文化教育，通晓突厥语、波斯语和阿拉伯语，信奉伊斯兰教逊尼派，谙熟该教经典和教义。他博学多识，酷爱诗歌，尤精于天文历算。他记忆力非凡，对于各种学术都极感兴趣，各种书籍过目不忘，尤其是对天文学和数学更是有着极大的兴趣。在担任河中总督后，兀鲁伯将河中地区变成了学术的乐园，学术文化昌盛，宫廷学者荟萃。为从事天文学研究，兀鲁伯邀请了一批著名的天文学者到自己的宫廷。其中有忽希奇、人称"当代柏拉图"的鲁米、詹姆希德和木伊丁。这4位可算是当时伊斯兰世界最负盛名、成就最高的天文学者。

兀鲁伯在撒马尔罕的科希克山脚建造了一座规模宏大的天文台。这座天文台是一个三层圆形建筑物，安装了一具半径达40米的巨型限象仪和诸多辅助仪器，并绘有九天星象、分秒度数、气候分野、海洋山岳图表。通过这个天文台，兀鲁伯进行了长达30年的天象观测。1444年，兀鲁伯在诸位科学家的协助下，亲自完成了科学名著《新古烈干历数表》，后世称之为《兀鲁伯天文表》。其中记载了不同时代与不同地区、计时、行星运移、恒星位置四部分，其中包括太阳、行星运行表和1018颗恒星的位置表，是"东方遗留给西方最正确和最完备的天文历表"。这部天文表，直到16世纪仍为世界所通用。

他还大力赞助伊斯兰文化教育，在撒马尔罕和各地建立多所伊斯兰经学院，除开设宗教学科和语言课外，还开设天文、数学、文学和历史等课程，培养了大批穆斯林学者。撒马尔罕遂成为当时中亚著名的伊斯兰学术文化中心。

兀鲁伯也对文学、史学和音乐倾注了大量的心血。当时众多的著名诗人聚集在他身边，其中有被誉为"诗歌之王"的卡迈·巴达克西、突厥诗人色伽寺、鲁特飞以及乌兹别克文学的奠基人纳瓦依。在波斯语文学的影响下，形成了"突厥文化"，察合台语发展起来，并用突厥语创作诗歌和文学作品。在史学上，哈菲兹·拉卜鲁编定的《历史精华》记述了沙哈鲁与中国明王朝通使的详细经过。阿卜杜·拉扎克撰定的《沙哈鲁史》记述了帝国许多重大历史事件，具有重要的史料价值。

在兀鲁伯时代，音乐艺术的蓬勃发展，产生了不少杰出的乐师、演奏家和作曲家。当时著名的舞蹈家有萨阿德·巴德尔，著名的乐师有和卓·阿勃杜修·马尔沃里季、库尔穆哈姆马德·乌季、舍伊赫·诺伊和胡赛因·乌季，著名的作曲家则有米绍季、古洛姆和米尔戈齐。这些艺术家的作品、理论直到今日，都对中亚音乐、舞蹈有着巨大的影响。

4 帖木儿时代的艺术

帖木儿时代的建筑艺术，是将波斯、阿拉伯同突厥建筑风格融为一体，呈现出突厥民族特色。所建造的贾米清真寺、古尔·埃米尔陵墓及宫殿、宗教大学、天文台，巍峨华美，装饰绝丽，雕镂精妙，色调明快。古尔·埃米尔陵墓建造于1404—1405年，是帖木儿大帝及其后代的陵墓，造在一座清真寺的圣龛后面，在圣龛中辟出墓门。墓室是十字形的，外廊作八角形。正面正中作高大的凹廊，抹角斜角上作上、下两层凹廊。八角形的外墙体上有一段高约8米的鼓座。鼓座底部支撑着内层穹顶，高20多米，鼓座上端托举起外层穹顶，高35米以上。外层穹顶近似葱头形，外表最大直径略大于鼓座，由两层薄薄的钟乳体同鼓座显著分开，显得十分饱满。穹顶表面由密密的圆形棱线组成，更加充分地表现了穹顶的饱满和鼓足的弹力，也大大增加了琉璃面砖耀眼的光泽。鼓座大约8—9米高。它将穹顶高高举起在一个八边形基座上。整个陵墓就像一座庄严宏伟的纪念碑，通体灿烂的琉璃砖贴面又赋予它华丽的外衣和热烈的性格。

细密画是波斯艺术的重要门类，是一种精细刻画的小型绘画。主要作书籍的插图和封面、扉页徽章、盒子、镜框等物件上和宝石、象牙首饰上的装饰图案。画于羊皮纸、纸或书籍封面的象牙板或木板上。题材多为人物肖像、图案或风景，也有风俗故事。多采用矿物质颜料，甚至以珍珠、蓝宝石磨粉作颜料。波斯细密画追求平面空间的视觉享受，运用阿拉伯几何和植物纹饰，并结合中国的传统山水画技法，极具装饰性，也营造出一种"精神启示的氛围"。在空间表现上，细密画不囿于焦点透视，突出平面的超自然构图，艺术家的想象力充分得以施展。

13世纪蒙古人占领巴格达后，在巴格达、大不里士等地区出现了一批波斯风格与中国画风相混合的细密画作品。帖木儿王朝时期，波斯细密画又以赫拉特、撒马尔罕为中心进一步得以发展。这些地区的作品都体现了巴格达传统和中国画风的进一步融合。比塞特曾经是帖木儿帝国苏丹密尔查的宫廷画师，1510年后为波斯萨法维王朝伊斯梅尔国王服务。他的作品形象生动，色彩鲜明，创立了一种独特的艺术风格。他把中国和拜占庭艺术的某些因素巧妙地同化于本民族艺术土壤中，把波斯细密画提高到了一个新的水平。比塞特所领导的工作室还培养了大批优秀的艺术家。阿迦·米拉克和苏丹·穆罕默德都是比塞特的学生。米拉克以善于描绘宫廷生活闻名。他笔下的人物与比塞特相比，体态较为修长，风采更加优雅，但有些过分雕琢之感，缺乏比塞特所绘人物的淳朴性格。苏丹·穆罕默德的作品中人物外貌更为高贵，风姿优雅潇洒，具有东方式的画面效果。

第十九章
莫卧儿印度文明

一 莫卧儿帝国的兴起

1 诞生于乱世中的王朝

16世纪初，德里苏丹发生内乱，印度出现四分五裂的政治局面。1525年，帖木儿的后裔巴布尔（Zahir-din Muhammad Babur）以喀布尔为基地，乘印度分裂，率兵南下入侵印度。

巴布尔是突厥人，自称是帖木儿的六世孙，母系出自成吉思汗。他自称莫卧儿人①是为了炫耀自己的世系。巴布尔曾在中亚锡尔河上游费尔干纳称王，后被乌兹别克人逐出。经过多次辗转和征战之后，巴布尔于1504年10月占领了喀布尔。1507年，他采用"帕德沙"的称号，同时取得对帖木儿汗国诸王公的领导权。他将喀布尔作为重新组织攻城略地的根据地，这里成为他事业的转折点。巴布尔巩固了在喀布尔的统治后，把目标转向南方和东方。

1525年12月初，巴布尔率领一支装备精良的军队向印度进发，于1526年4月12日到达德里北部的帕尼帕特，发动著名的帕尼帕特战役。德里苏丹国王易卜拉欣·洛迪（Ibrahim Lodi）率领大军迎击巴布尔。巴布尔以少胜多，利用大炮打败德里的10万大军，德里苏丹国军队阵亡四五万人，成群的战象和其他辎重被缴获，易卜拉欣战死。巴布尔随即向德里进军。他在德里的大清真寺的礼拜仪式上，宣布自己为"印度斯坦皇帝"，以德里作为新首都，结束了德里苏丹国在印度320年的统治，建立莫卧儿帝国。

巴布尔开始转战整个印度次大陆。1527年，巴布尔在阿格拉以西击溃印

---

① Moghuls，该词是蒙古人Mongols一词的谐音。

度的诸侯联军。1529年，他在巴特那打败比哈尔的阿富汗人首领，统一印度北部，巩固了莫卧儿帝国的基础。巴布尔在一生的征战中，占领了东起哥桥拉河、西至阿姆河、南起瓜廖尔、北至喜马拉雅山脉的大片领土。

莫卧儿帝国在印度持续了300年的统治，是印度历史上版图最广大的一个帝国，在印度历史上占有极其重要的地位。莫卧儿帝国与奥斯曼帝国、伊朗的萨菲帝国一起，成为当时的伊斯兰教三大帝国。

巴布尔死后，继位的胡马雍（Humayun）率领由突厥人、蒙古人、波斯人、阿富汗人和印度人组成的混合军队，企图征服全印度。但分散在各地的阿富汗贵族纷纷起兵反叛。1539年6月，阿富汗王公舍尔汗（Sher Shah）在布克萨尔附近击败胡马雍，莫卧儿军几乎全军覆灭。

舍尔汗击败胡马雍，占领德里后，于1539年12月自立为王，称"舍尔沙"，以他的名义宣读"胡特巴"①，建立苏尔王朝。舍尔汗把领土扩展到孟加拉、比哈尔和马拉佤邦，而且在政治、社会和经济上多有建树。他实行开明政治，对印度教采取宽容政策，建立了有效的君主集权制。他改革税制，计田优劣征税，发行银卢比，兴修道路，设立驿站。他修建的连接首都阿拉格与孟加拉、拉齐普坦等地的"大干道"当代仍是印度的主要干道之一。

1545年5月，舍尔沙在进攻卡兰贾尔堡时死于意外的火药爆炸。胡马雍乘势反攻，于1555年占领旁遮普、德里、阿格拉，恢复了莫卧儿王朝。在流亡伊朗期间，他进一步受到伊朗文化的影响，由逊尼派信徒改奉什叶派，并带回了对莫卧儿帝国有深远影响的伊朗文化。

2　阿克巴改革

1556年，胡马雍重登帝位6个月后逝世。他的儿子阿克巴（Abu'l-Fath Jalal-ud-din Muhammad Akbar）继位。阿克巴即位时，年仅13岁，由胡马雍的挚友巴伊拉姆汗摄政。这时的莫卧儿政权尚未巩固，除了德里、阿格拉和桑巴尔等地区外，北印度的大部分地区还在阿富汗首领和苏尔王朝的贵族手里，加

---

① 胡特巴是穆斯林星期五午祷时诵读的经文，一般是以哈里发的名义祈祷，但在独立的国家则是用苏丹的名字代替哈里发。

上连年的征战和饥荒，阿克巴面临相当严峻的形势。

　　1560年，年满18岁的阿克巴开始亲政。统治初期，他四出征讨，对不同地区采取不同政策。对表示愿意归顺的地区，他仍让原来的头领管理，并对其子孙委以重任。1567年，阿克巴用4个月攻下梅瓦尔，屠杀了3万人，并将其作为王国象征的大铜鼓和母神座上的大烛台拆下，当作战利品。阿克巴用武力和怀柔的手段，用15年统一了北印度，到1576年，形成了统一的北印大帝国，其疆域北起中亚南境（包括阿富汗和克什米尔），南达文迪亚山脉，东抵阿萨姆，西至700年来不曾属于印度的信地。

　　为了巩固帝国的统治，阿克巴在政治上实行了一系列改革，使其统治时期成为莫卧儿帝国的强盛时期。

　　政治上，阿克巴采取许多措施加强中央集权，消除地方割据。阿克巴将君主的权力推向至高无上的地位，实行封建专制主义统治。他规定皇帝（帕德沙）对伊斯兰教法律有争议的问题拥有最后裁决权。皇帝是法律的制定者，又是最高法官、军队最高统帅。皇帝的主要职责有三：一是保卫国家（贾汉巴尼），二是拓展疆域（贾汉吉里），三是为百姓谋幸福。

　　在中央，名义上宰相（瓦济尔）是最高官职，但实际上只有在阿克巴统治初期摄政巴伊拉姆汗才拥有过宰相的权力。除宰相外，阿克巴设置了4个主要大臣：迪万，掌管税务和财政，并监督从省督到帕特瓦里各级地方官吏的行动；米尔·巴赫斯，统帅军队，负责制订作战方案；汗-伊-萨曼，掌管宫室、国库、账务等；萨德尔-乌斯-萨杜尔，掌管宗教、慈善事务。这4个大臣被形容为"帝国的四根支柱"。此外，中央政府还设有：首席卡济，掌管司法；穆赫塔西卜（监察官），管理全国度量衡和市场物价，并监督伊斯兰教教规和道德规范的执行；达罗格-伊-达克·乔基，管理驿邮和传递情报，由达罗格（巡官）协助；米尔·阿尔兹，负责向皇帝呈递请愿书；火炮长、审计长、森林总管等。

　　在地方，阿克巴将全国分为15个省（苏巴），省督为最高行政长官，并设有财务、军事、司法等官协助省督。省督一般由皇帝委派王室成员担任，其职责由中央规定。地方官一律归中央统管。省以下设县，县下设乡，乡以下是村庄。

与政府机构相适应，阿克巴设计了一套分封制度，称为"曼萨卜达里制"。莫卧儿的官员分33级，凡为帝国提供军役服务的政府官员都有一个级别，即曼萨卜，而得到这个级别的官员称曼萨卜达尔，级别的高低以指挥多少骑兵区分，从最低"十夫长"到最高"万夫长"，七千以上的官阶仅限于王室成员。官阶实行终身制，每个官阶有固定的薪水，各级曼萨卜达尔被分配相应的扎吉尔封地，以地税代替薪水。曼萨卜达尔的任命、升迁与解职没有形成制度，完全取决于皇帝的意志。

宗教上，阿克巴采取许多政策来协调外来统治者和本地统治者、印度教和伊斯兰教的关系。阿克巴信仰伊斯兰教，而印度长期流行的是印度教。为了协调印度教和伊斯兰教教徒的关系，阿克巴宣布各教派平等，厚待印度封建主，任命他们为高官，娶信奉印度教的拉杰普特王公的女儿为妻。在阿克巴即位之初，军官几乎全是伊斯兰教徒。到16世纪末，地方官吏的任命采取印度教徒和伊斯兰教徒相间杂的方式。阿克巴还在宫廷中采纳印度教惯例。阿克巴实行宗教宽容政策，对所有宗教平等看待，常常同不同教派的教徒讨论各种教义，并综合各种宗教教义，创立一个没有上帝、没有先知、没有教条的"神圣宗教"，自任教长，企图以此统一各宗教，消除矛盾。

社会改革上，宽容的宗教政策使阿克巴政权得到大多数印度教徒的支持，并促进了印度各种文化的融合。阿克巴实行了一些社会改革，革除印度教社会陋习，禁止军队将俘虏当奴隶使用，禁止买卖奴隶，允许寡妇改嫁、废除"萨提"（寡妇殉葬）制度，禁止阉割儿童、犯人等，禁止童婚，禁止近亲婚配，禁止神灵裁判等。

经济上，阿克巴命令官员重新丈量土地，将帝国分为182个税区，严格分别等级征税；废除将战俘卖为奴隶的习俗；下令取消人头税、香客税（对朝圣的印度教徒征服的税）、田赋附加税，遇到天灾人祸，则一律免交田赋；统一全国度量衡，有力地促进工商业发展。

阿克巴的改革，加强了中央集权，防止了地方的割据，改善了国家的财政状况，缓和了国内的阶级矛盾、民族矛盾和宗教矛盾，政治局面比较稳定。在他的统治时期，莫卧儿帝国在版图及财富上都扩张到原来的3倍。

3　莫卧儿的辉煌时代

阿克巴为莫卧儿帝国的繁荣发展打下坚实的基础。他死后，帝国并没有因此而衰落，其后代统治印度的50多年是莫卧儿帝国的辉煌时代。

阿克巴去世后，莫卧儿帝国先后由贾汉吉尔（Nur-ud-din Mohammad Jahangir）和沙贾汗（Shahbuddin Mohammed Shah Jahan）统治。沙贾汗时期是莫卧儿帝国最兴盛时期。沙贾汗不断向德干高原用兵，吞并了艾哈迈德纳加尔，迫使高康达称臣纳贡，强迫比贾普尔承认莫卧儿的宗主权，把帝国的版图扩大到科佛里河附近。

沙贾汗统治时代，经济繁荣，国库充盈。农业基础很稳固，除了传统作物，如水稻、小麦和棉花之外，还有烟草、玉米和其他新型作物作为补充。工业和商业也很发达。纺织业是印度第二大劳动密集型产业。手艺人和工匠生产布匹和其他产品，他们在家或皇帝、贵族开办的作坊里生产。阿克巴和贾汉吉尔取消许多针对国内贸易的税收，鼓励商业发展。在沙贾汗统治时期，由公路和河流组成的交通网络把原料和产品运送到帝国各地。印度产品销售于国内外。印度成为世界较大的商业中心之一。这一时期，英国东印度公司和荷兰东印度公司的商人在印度各地建立了贸易站。

沙贾汗统治时期，伊斯兰文化得到发展。他投入巨资修建宫殿、陵墓、清真寺，使王朝的建筑艺术达到较高的水平。这也是所有莫卧儿皇帝统治中最挥霍浪费的时期。沙贾汗的孔雀宝座的制作历时7年，精美异常，是历史上最豪华的座椅。表面装饰着价值千万卢比的钻石和红绿宝石，顶部是一个神态端庄的金质孔雀雕像，孔雀尾部上翘，装饰着蔚蓝色的宝石，间或点缀着其他颜色的宝石，孔雀的胸部则镶嵌了一颗巨大的红宝石和一颗重达55克拉的梨形珍珠。[①]

封建王公、达官贵人也争相效尤沙贾汗的奢靡之风，追求奢侈、享乐的生活。17世纪以后，随着商品经济的发展，印度统治阶级的生活越来越奢侈、腐化。

沙贾汗延续宗教宽容政策，对穆斯林和印度人一视同仁，让他们在政府

---

① ［美］杰里·本特利、赫伯特·齐格勒著，魏凤莲、张颖、白玉广译：《新全球史——文明的传承与交流》（下卷），北京大学出版社2007年版，第795页。

中任职。他遵奉逊尼派教义，推行伊斯兰教法，健全各级法律制度，支持苏非派纳克什班迪耶教团，聘请其长老为宗教助理，赐封其道堂和清真寺以瓦克夫土地。但后来沙贾汗改变宗教宽容政策，对印度教徒歧视、迫害，尤其反对天主教，不允许兴建教堂。

奥朗则布（Aurangzeb）一登上王位，就凭借强大的军事实力，不断对邻国发动战争。在他统治时期，莫卧儿帝国的疆域最大，印度大部分领土都处在莫卧儿帝国的统治之下。莫卧儿帝国北面以喜马拉雅山脉为界，西部据有阿富汗的喀布尔一带，东部达到阿萨姆的边境。莫卧儿帝国的版图包括北印度及克什米尔、东俾路支和阿富汗领土的一部分。到18世纪初，印度除次大陆的极南端外都并入了莫卧儿帝国的版图。

奥朗则布是一位非常虔诚的伊斯兰教徒。他将自己视为穆斯林君主的典范，他认为遵守教规就是他的准则，企图按照《古兰经》的信条把印度变成逊尼派伊斯兰教帝国。他遵奉伊斯兰教逊尼派教义，推行伊斯兰教法，主持编纂《奥朗则布法特瓦汇编》，广建清真寺和宗教学校，赞助伊斯兰学术文化。曾下令禁止穆斯林采用印度教的习俗，不准在钱币上铸造"清真言"，宣布恢复使用伊斯兰教历。

奥朗则布放弃了宗教宽容政策，恢复对非穆斯林征收人头税，迫害印度教徒，将印度教徒逐出政府，并大举拆毁印度教庙宇与神像。这些政策导致帝国境内的非穆斯林与政府的矛盾异常尖锐，并导致一系列的人民起义和教派运动。18世纪初，奥朗则布去世，留下了一个四分五裂的帝国。

二　莫卧儿时代的文学与艺术

1　虔诚派文学

莫卧儿王朝的建立者巴布尔很有文学修养。他能用波斯语和突厥语写出很好的文章。他用突厥语撰写的自传《巴布尔回忆录》，有较高的史料价值和一定的文学价值，后被译成波斯语。

莫卧儿王朝的第二代王胡马雍、第三代王阿克巴、第四代王贾汗吉尔，都是艺术的倡导者和鉴赏家。阿克巴的宫廷成为各类知识分子的聚集地，试图实现突厥、波斯和印度文化的结合。阿克巴是一个伟大的艺术赞助人，搜集了很多藏书。他给予所有的信仰平等和自由，建立了莫卧儿帝国多元文化的基础，使帝国的文化和艺术在其统治时期达到顶峰，建筑、文学、音乐、绘画都有很大的发展。

阿克巴大力支持发展波斯文化，在他的主导下，波斯语作为宫廷、政府和法律正式用语，成为国家的雅语。波斯语同原来德里-阿格拉地方语言结合，形成了印度语和乌尔都语。在阿克巴的推崇下，波斯文学得到了较大的发展。穆斯林学者谢赫·穆巴拉克（Shaikh Mubarak）及其两个儿子诗人费济（Fiji）和史学家阿布勒·法兹勒（Abul-Fazl），都是阿克巴宫廷的要臣，受到阿克巴的信任和支持。阿克巴还鼓励把印度教经典翻译成波斯语。

除了波斯文学之外，印地语文学也有很大的发展，其中最杰出的代表是图尔西达斯（Tulsidas）。他成年后出家修行，曾周游各地，从事宗教活动。他的作品《罗摩功行录》是以梵语史诗《罗摩衍那》为基础，用印地语加工、改写而成。正是通过他的诗篇，罗摩的故事才广为流传。

虔诚文学是印度15—17世纪的文学倾向。这种文学现象起源于印度教虔诚派运动的宗教思想。虔诚思潮反映在文学上使印度各地方语言中先后出现了虔诚文学，其中以印地语文学的成就最显著。15—17世纪中叶，被称为印地语文学的虔诚时期。这一时期产生许多重要诗人。格比尔达斯（Kabirdas）是印度教改革的虔诚运动中出现的宗教改革家，也是早期著名诗人，他认为神明存在于万物之中，不承认偶像，讽刺宗教狂热的种种表现。他用通俗的比喻说明没有人生来就比别人高贵，反对种姓制度。他主张通过理智或理性求得与神明的结合和统一。他觉得浮生短暂，人世无常，终有一死，劝人修身养性。文学史上称他为"修士诗人"。他的诗由追随者记录下来，大多是四行一首的格言诗，分成"见证者""短歌""对句和四行短诗"三大部分。格比尔达斯的诗通俗易懂，明白如画，比喻贴切，运用民间的口语生动自然，有一种朴素和自然的美，因而在民间流传较广。

加耶西（Gaiesi）是印地语民间诗人，他的思想属于印度的伊斯兰教苏非派，主张平等、泛爱和敬爱神明。他对各种宗教不怀偏见，其追随者既有伊斯兰教徒，也有印度教徒。他的作品据说有20种左右，现仅发现3部诗作。他的长篇叙事诗《伯德马沃德》，写儿女情长和英雄气概，女主角是神明，男主角是灵魂，灵魂和神明的结合历尽艰辛并要克服世俗的羁绊，表现了作者的宗教倾向。

虔诚派歌颂黑天的诗人中，苏尔达斯（Surdas）最为突出。苏尔达斯是一名双目失明的说唱者，阿克巴曾希望他充当宫廷诗人，但他拒绝了。《苏尔诗海》是他的诗歌总集，收录诗约5000首，颂扬了大神的威力，叙述黑天的身世，描写少年时代的黑天是一个调皮的儿童，这样人格化的神一直为印度人民所喜爱。他的作品被当成宗教赞美诗。但他歌颂的不是神性而是人性，表现的是人的感情。

另一个歌颂黑天的重要诗人是米拉巴伊（Mirabai）。她的诗有200多首，歌颂黑天和罗摩的神圣，歌颂他们拯救妇女的仁慈，表达她渴望摆脱痛苦的心情。她大部分的诗作都是对爱情的向往和追求，并把黑天写成理想情人，感情真挚深沉。

2　莫卧儿的建筑艺术

莫卧儿王朝建造了庞大的城郭、伊斯兰教寺院和陵墓，装饰这些建筑物的图案、细密画和工艺美术品，成为莫卧儿艺术的宝贵遗产。

阿克巴是宏伟建筑的真正创始者。阿克巴时期最重要的工程包括阿格拉城堡、拉合尔城堡、阿拉哈巴德城堡和新都城法特普尔·西克里城堡。阿克巴确立了波斯式伊斯兰建筑与印度传统建筑巧妙融合后产生的新形式。当时以红砂石为主要建筑材料，配以大理石嵌饰，常常是拱形的大门之上耸起圆顶，回廊中有列柱，平顶上建小亭，设计巧妙而壮观。莫卧儿建筑有两大部分，其一是城堡、宫殿和寺庙，其二是陵墓。在阿克巴时代，1564—1572年营建的胡马雍陵是开创式的杰作。1605年，阿克巴去世，葬于锡坎德拉。阿克巴的陵墓相互匀称，是典型的莫卧儿风格，其主体平顶，最高处为5层、离地约30米，采用白色大理石，下面4层则是红砂石，露天平台当中安放阿克巴的大理石假棺；陵墓的南门在红砂石壁面上装饰了复杂、雅致而绚丽的图案，墓门顶的四角还矗立着白色大理石尖塔。

沙贾汗在德里大兴土木，在城堡、宫殿和寺庙方面取得辉煌成就，建造了红色石堡、皇宫、花园、清真寺等。1628年即位之初，他着手扩建都城阿格拉城堡；10年后又兴建新都城德里，之后还扩建拉合尔城堡。阿格拉城堡原是一座坚固而巨大的军事堡垒，红砂石的城墙高达20米，绵亘2.5千米。沙贾汗拆除了许多红砂石建筑物，新建以白色大理石为主要建材的宫殿和寺庙，如枢密殿和珍珠清真寺等。枢密殿有两座大理石宫室，平台上的宝座、殿内的花格窗透雕和殿外的嵌花式列柱，以及后宫墙壁上的金银镶嵌图案，富丽堂皇。新都德里，也以红砂石建造城墙，城内则是大理石宫殿群。勤政殿位于城的中央，大理石列柱、连弧形的拱门、鎏金图案和点缀在安放皇座的高台上的宝石，壮丽而灿烂，枢密殿、镜宫和八角塔等各有特色，雕饰精巧得光彩夺目。

沙贾汗为其皇后所建造的泰姬陵，每天动用2万名劳力，用了20年才建成。陵园由两名波斯建筑师设计，融合了波斯和印度建筑观念及印度工艺。周围是大花园，玫瑰花常年盛开，整座陵墓用纯白大理石建造，内部还有玛瑙、碧玉和琉璃等镶嵌成各种花卉图案。白色圆顶和高耸的尖塔在蓝天下映照在大道当中的水池里，分外明丽壮伟。沙贾汗将泰姬陵看作一则用石头讲述的寓言。它象征着审判之日降临时，安拉端坐在云端的宝座上复活死者、裁决众人的情景。花园象征着天堂中的天园，4条穿陵而过的水道象征着流淌在天堂的4条河流，白色大理石建造的圆顶陵墓象征着安拉的宝座，位居四角的宣礼塔则象征着安拉宝座的4条椅腿。泰姬陵内，工匠细心镌刻下的《古兰经》隽语随处可见。《古兰经》中有一章讲述了安拉在审判之日，会惩罚邪恶，奖赏信众，将虔信者送入天园。这一章被完整地刻在通向陵墓的主道上，成为其标志性的象征。①

3　莫卧儿的绘画

莫卧儿时期的艺术发展，还突出表现在绘画艺术方面。胡马雍邀请波斯的宫廷画家来到印度进行绘画创作。许多来自波斯的建筑师和画家，供职于莫卧儿宫廷，带来了波斯的文化艺术。伊朗绘画后期画风的透视法、远近法、阴

---

① ［美］杰里·本特利、赫伯特·齐格勒著，魏凤莲、张颖、白玉广译：《新全球史——文明的传承与交流》（下卷），第795页。

影法等表现方法都被吸收应用，以描绘宫廷生活、花鸟、肖像、战争等深受喜爱的题材。

同时，胡马雍鼓励印度教的文学和艺术，杰出的宫廷画家大多是印度教徒，印度本土的绘画传统逐渐渗透到宫廷绘画中。画家们从伊朗和印度艺术的折中法中吸收西洋画法并使之印度化，运用浓淡晕染的方法表现创作对象的实在感和生命感，画风变化明显。波斯细密画的鲜明色彩和精致的勾线恰与印度艺术家的丰富想象力相得益彰，从而产生了著名的莫卧儿样式的东方细密画艺术。莫卧儿绘画是印度教文化和伊斯兰文化结合的产物。画家们在精细的羊皮纸上运用水彩技法作画，线条挺拔有力，色彩鲜丽明艳。在形式上虽然还留有波斯细密画的痕迹，但画中建筑的立体效果得到加强，注重将实景描写安排在前面，背景重视运用浓淡烘托表现真实感和苍茫沉郁的情调，人物和动物的刻画则追求逼真传神。其画幅形式除大量的手抄本插图外，大幅独立构图的绘画亦受到重视。

阿克巴时期正式成立皇家画院，画院有100多名画家，其中印度教画家已超过了伊斯兰教画家，双方合作很有成效。皇家画院创作的主要是细密画，或称"微型画"。这种画用不透明颜料画在纸上，色彩鲜艳，往往以色勾边，多数用深红色。在阿克巴时期，形成了一种特殊的集体创作方式：由两人以至数人结合为一组，按皇室确定的主题，分工完成一幅作品。其中第一个人负责"塔莱"，即画素描或轮廓；第二个人负责"阿姆尔"，即画细部；第三个人负责"契拉那玛"，即画像；还有人专工"南伽美兹"，即绘上色彩。一幅画的创作就像经历一轮流水作业。各人发挥所长，完成时间大为缩短。

贾汉吉尔是一位有名的艺术赞助人，特别是对绘画大力资助。他聘用了大量的画家。贾汉吉尔曾自豪地说，他对各位著名画家的才能了如指掌，某幅画是谁所绘，不论画家是已故的还是仍在世的，他都能马上指出来；如果同一幅画出自数人之手笔，他也能一一分辨。他建立了私人藏画室，收藏画家的杰出成果，对国外佳作也不惜高价收购，并鼓励画院的画师以这些名作为范本。

贾汉吉尔促使莫卧儿绘画由阿克巴时代的自然主义描写转向了以冷静观察为基础的现实主义风格，形成了优美与纤细相结合的画风。在贾汉吉尔统治时期，莫卧儿细密画达到鼎盛期。此时绘画注重表现宫廷仪式、日常生活和风土人情，肖像画和花鸟画也受到欢迎，其画技法更为完善成熟，线条简洁洗练，设色细腻工致。

莫卧儿细密画最初主要为书籍抄本绘制插图，后来开始给皇室和贵族们画肖像，还绘画宫廷礼仪、饮宴、狩猎、游戏，以至私室秘事，此外有花鸟画和寓意画，还有反映平民生活的风俗画。

印度西北部的拉吉普特地区的居民坚持信奉印度教，他们生活在各个独立的封建小邦里，后来虽然陆续被莫卧儿王朝征服，文化上也受到伊斯兰教影响，但其细密画在内容和风格上仍保持着自己的特点，主要以印度教神话、各小邦的宫廷生活和当地平民生活为素材，还较多地继承了印度壁画的流畅、鲜明以及常常带象征性或神秘性的传统。

拉吉普特艺术分为两大派。平原区称为"拉贾斯坦派"（Rajasthanis），其画面质朴有力，追求鲜艳的色彩。从这一派的作品中可以了解当时当地的生活习俗。山地区称为"帕哈里派"（Pahari Painting），作品多取材于印度教传说中的克利希拿神话故事。画面上神祇变成了人间的英雄，他所钟爱的牧女拉达体现了美丽与理想。帕哈里派绘画在坎格拉邦得到统治者的大力支持和庇护，并在旁遮普山区建立起一所绘画学校，培养绘画人才。

4 莫卧儿的乐舞艺术

音乐在这个时期也得到了发展。波斯和阿拉伯文化对印度音乐的影响尤其强烈。14世纪起，由于波斯和阿拉伯世俗音乐的冲击，印度古典音乐逐渐摆脱了宗教仪式的束缚。但是，古代印度音乐的传统仍然保留。著名史诗《摩诃婆罗多》和《罗摩衍那》是绘画和音乐的不朽源泉。王朝的创建者巴布尔就是一位音乐家。阿克巴在宫廷里拥有卓越的乐师，并经常举行包括音乐、舞蹈和戏剧表演在内的喜庆活动。其中最杰出的声乐家、乐器家坦森被后人称为"印度音乐之父"。

在拉吉普特地区，民间音乐更为发达。史诗和表达爱情的诗集，给民间音乐家带来取之不竭的灵感。音乐在拉吉普特人生活中非常重要。人们喜爱歌唱和器乐，流行爱情歌曲和英雄叙事歌曲。

印度的舞蹈自古就富有民族和地方特色，并且与宗教有非常密切的关系。在17—18世纪的古典舞派中，最有代表性的是产生于南印度泰米尔纳德邦一带的婆罗多舞。起初是由寺庙里的侍女们宗教节日时在神像前或祭神的人们中表演。18世纪，经宫廷专业舞蹈大师的加工提炼，逐渐形成表情、曲调、节奏和动作都充满特点的高技巧舞蹈。在印度西南部喀拉拉邦，17世纪初形成了有戏剧性的卡塔卡利舞。在印度东北角的曼尼普尔地区则流行拉依·哈诺贝舞、觉韧姆舞和拉斯·里拉舞等。其中拉斯·里拉舞是18世纪初出现的，得到当地国王的赏识和扶持，专门表现大神毗湿奴的化身黑天和牧女罗陀的爱情和欢乐，以雅致、柔软的动作为特征，舞姿十分动人。

印度古代戏剧用梵语和俗语写成，一般在宫廷演出。12世纪后，古典梵语戏剧逐渐失去了在戏剧领域的统治地位，代之而起的是印度各地新兴的方言戏剧。

三 莫卧儿时代的宗教

莫卧儿帝国后期，印度社会中有4种主要宗教：伊斯兰教、印度教、锡克教（Sikhism）和基督教。印度教徒人数最多，大约占总人口的75%，主要分布在印度半岛的南部、中部、北部的恒河和朱木拿河流域。伊斯兰教徒占总人口的22%强，主要分布在西北部，包括现在的阿富汗南部、巴基斯坦和旁遮普的部分地区以及现在的孟加拉地区。锡克教徒主要分布在西北部的旁遮普地区。印度的基督教徒原属东派教会，后多改宗天主教，主要分布在印度半岛的西部、南部。

1 伊斯兰教的传播与改革

莫卧儿王朝统治者信奉伊斯兰教，它对印度长达3个世纪的统治，加快了当地居民的伊斯兰化。在莫卧儿王朝的强硬要求下，许多印度教封建主为了维护既得利益，被迫改宗。而广大土著居民和低级种姓的人民，尤其是首陀罗和不可接触者，因不堪忍受印度教贵族种姓的歧视和迫害，也纷纷改奉伊斯兰教。印度的社会生活、风俗习惯日趋伊斯兰化。

在莫卧儿时期，印度上层统治者信仰的是逊尼派，但在群众中流传的却是后来兴起的苏非派。苏非派到印度后，形成的普遍教义是敬爱真主、非暴力、鄙视物质世俗生活、禁欲苦修等。他们不重视正统伊斯兰教的形式主义仪式，如每天的祈祷、斋戒、麦加朝圣等，而强调内心修炼，以达神人一体。苏非派首领称为"谢赫"，世袭或由弟子担任。亲信弟子跟随谢赫组成僧团，居住在清真寺内。他们往往宣传不分贫富贵贱，穆斯林一律平等，所以得到下层群众的信赖。

印度的伊斯兰教也受到了印度教的种姓制度和苦行制度的影响，在穆斯林中形成新的种姓，即穆斯林种姓，其中高级种姓有塞伊德、谢赫、莫卧儿等，低级种姓为众多职业集团，如织工、酿酒工、运水工等。

17世纪，面对西方文化的挑战，以及伊斯兰教在长期发展中出现的种种不适应时代变化的新情况，印度出现伊斯兰教改革的呼声。受到当时伊斯兰教改革思潮的影响，印度伊斯兰教的改革表现为复古主义和现代主义两种倾向。

复古主义的代表人物是谢赫·瓦利乌拉（Shah Wali-ullah）。瓦利乌拉认为，穆斯林思想和行动上的混乱在于信仰的不统一。他主张回到伊斯兰的原始教义，尊《古兰经》和《圣训》为唯一的信仰基础，剔除印度穆斯林中的神秘主义因素。瓦利乌拉将《古兰经》译成波斯文，从此扩大《古兰经》的影响。瓦利乌拉极力主张强化穆斯林的道德规范，为此，他认为必须严肃伊斯兰教教法。针对印度伊斯兰教教法上的不统一，他认为应以《圣训》作为最高准则，融合不同的教法传统，求同存异。

瓦利乌拉的思想与在阿拉伯地区的瓦哈比派结合，形成一股强大的复兴伊斯兰教原旨教义的思潮，并最终爆发了旨在复兴正统信仰的"圣战者运动"。领导者是赛义德·艾哈迈德·巴列维（Saeed Ahmed Pahlavi）。1822年，他赴麦加朝觐前，根据《古兰经》编著了《正道》一书，为"圣战者运动"奠定了理论基础。瓦利乌拉的两个孙子也参加了"圣战者运动"的领导工作，其中沙赫·伊斯玛义（Shah Isma'il）以瓦利乌拉的《一神论者之瑰宝》为基础，编写了《信仰之坚持》一书，成为"圣战者运动"的经典之作。这两部著作继承了瓦利乌拉的思想，继续坚持伊斯兰教的正统信仰和教义。

赛义德·艾哈迈德·巴列维从麦加朝觐归来后，在印度东北部建立了"为信仰而战斗的兄弟会"，团结大批穆斯林。"圣战者运动"以村庄为基地，在非穆斯林统治区广泛建立组织，委任清真寺的教长宣传伊斯兰的正统教义。在穆斯林居住区实施严格的伊斯兰教教法，设立宗教法庭审判违背《古兰经》和《圣训》的思想和行为。在"圣战"的旗帜下，赛义德·艾哈迈德·巴列维组织了强大的军队，向锡克教徒发起猛烈进攻，夺得了锡克教徒的大片土地。1830年，他宣布成立穆斯林的神权国家，实施伊斯兰教的原旨教义。1831年，他兵败巴拉科特，被锡克教徒杀死，"圣战者运动"失败。

印度伊斯兰教现代主义思潮的代表人物是赛义德·艾哈迈德汗（Syed Ahmad Khan）。他深受西方科学文化的影响，创办杂志、学校等用于宣传宗教和社会改革的主张，培养在印度复兴伊斯兰教的人才，力图把伊斯兰教教义和西方的科学文化结合起来，使伊斯兰教适应时代的变化。他认为，穆斯林应当努力学习西方的文化科学知识，改造伊斯兰教中不适应新形势的古老传统，同时要坚持伊斯兰教的最基本原则。他主张从教育入手，改革传统伊斯兰教教育。1864年，他在印度发起成立科学学会，向印度穆斯林知识界介绍西方科学，并翻译、介绍西方科学著作。同年，他在加齐普尔创建一所现代学校，改革伊斯兰教的传统教育模式，仿照英国大学的模式创建印度的伊斯兰高等教育。在宗教哲学思想上，艾哈迈德汗运用唯理主义对《古兰经》和伊斯兰教教义进行了新的解释，力图调和宗教与科学、理性与信仰，使理性为宗教信仰服务。对推动印度伊斯兰教复兴运动的兴起产生了重大的影响。

与艾哈迈德汗同时期的艾米尔·阿里（Sayyid 'Amir Ali）也是主张伊斯兰现代主义的代表人物。1876年，阿里从英国留学归国，创建了"全印伊斯兰教协会"，这是印度第一个穆斯林政治组织，一度在全国有50多个分支机构。阿里提倡在遵循伊斯兰教基本信仰的前提下，根据不断变化的时代条件，对伊斯兰教的精神加以进化论和理性主义的解释，反对因循守旧、墨守成规，并对蓄奴制、一夫多妻制、苏非神秘主义等展开批判。在法学思想上，他主张以灵活变通的观点解释伊斯兰教法的四大法源，使伊斯兰教教法实体适应英国司法制度和审判程序，为流行于印度的伊斯兰教教法的发展作出贡献。

2　阿克巴宗教宽容政策

伊斯兰教是莫卧儿帝国的国教，占统治地位。按伊斯兰教的传统，每占领一个地方，对异教徒有三种处理办法：一是令其改宗伊斯兰教；二是保持原来信仰，但要向当局纳税；三是如不改宗伊斯兰教，又不纳税，就要被镇压。

　　阿克巴是正统的伊斯兰教徒，但在宗教问题上却不抱成见。当时国内有印度教虔诚派、伊斯兰教马赫迪派、锡克教等。这些教派常互相争斗，纠纷不断。阿克巴力图推行伊斯兰教统治，但他采取了兼容并蓄的政策，希望协调印度教和伊斯兰教的关系。倡导印度各宗教一律平等，各奉其事，消除相互间的对立。阿克巴取消了印度教徒的香客税和人丁税，鼓励印度教的学术活动，允许自由修筑印度教寺院，可自由举行印度教的庙会，印度教徒不负担任何特别的赋税，允许原强迫改宗伊斯兰教的人可恢复原来的信仰。印度教徒可在政府和军队中担任要职。

　　1575年，阿克巴在首都法特普尔·西克里建了一座礼拜堂，挑选各宗教的学者举行宗教学术自由辩论。起初，他召集伊斯兰教的学者在里面研究宗教，后来又召集印度教、琐罗亚士德教的著名学者参与讨论。据说，这种辩论使阿克巴明白了一切宗教里都有光，而光总或多或少带有阴影。阿克巴甚至邀请基督教传教士来礼拜堂参加学术活动。他曾向葡萄牙神父问及基督教信仰问题，还致信基督教果阿教区主教，要求派学识渊博之士来莫卧儿帝国。他调和各宗教间的矛盾，促进印度各种宗教文化的融合。阿克巴于1579年颁布所谓"不谬敕令"，由他本人依据伊斯兰教经训裁决一切信仰问题。

　　为了调节各宗教特别是印度教和伊斯兰教之间的矛盾，1582年，阿克巴创立一种叫"丁-伊-伊拉黑"的宗教（意为"神圣宗教"）。主要教义是：一神论，阿克巴为最高僧侣；不食肉，对一切人行"善"；崇拜太阳等。它糅合了伊斯兰教、印度教、基督教和拜火教一些内容。然而这不是一种群众性宗教，教徒是精心挑选的，据说包括阿克巴在内仅18名。

　　阿克巴遭到伊斯兰教正统派的非难，认为他是想取悦印度教徒，是叛教者。阿克巴死后，他的政策即被废止，逐步实行压制、排挤、打击非穆斯林的政策。

3　锡克教的产生与扩展

　　锡克教是15世纪产生于印度的一神教，主要流行于印度旁遮普邦，在南亚的巴基斯坦、东南亚的马来西亚也有少量信徒。

"锡克"一词，来源于梵文Sikha，意思是"学生""弟子""信徒"。锡克教徒被称为锡克人，长发、梳子、钢箍、匕首和短裤是锡克教徒的五大信仰标识。

锡克教萌芽于莫卧儿王朝时期印度教和伊斯兰教的交流中，由于印度教虔诚派运动的开展，后来发展成为一个独立的宗教。创始人那纳克（Guru Nanak）是印度教虔诚派运动的成员，后来吸收伊斯兰教苏非派的成分，提出新教义。他坚持一神论，视真主为唯一的信仰对象，反对印度教的多神崇拜、偶像崇拜、种姓制度、苦行及消极遁世，革除印度教的繁杂教仪，主张在神面前人人平等。锡克教是试图把印度教和伊斯兰教融为一体的新宗教。那纳克所写的宗教赞歌主要收集在锡克教经典《阿底·格兰特》（*Adi Granth*），收录的是一些歌颂神明、劝人为善的作品。

锡克教奉行祖师崇拜制，视祖师为神的使者，其信徒自称是祖师的门徒。锡克教徒非常尊重本教首领和上师，尊称为"古鲁"，意为"上师"或"师尊"。从第一代上师那纳克算起，到戈宾德·辛格（Gobind Singh）为止，共有10位上师。戈宾德·辛哈被暗杀后，虽然还有其他人继任领导，但不再称为"上师"。

锡克教提倡平等、友爱，强调实干，主张宗教宽容，不同宗教间和睦相处，特别反对印度教和伊斯兰教相互残杀，奉行非暴力主义。但锡克教的第五代上师曾卷入莫卧儿王朝内部争夺皇位的斗争，受到贾汉吉尔的处罚，惨遭杀害。锡克教由此放弃了宗教宽容思想和非暴力主义，将与伊斯兰教作战纳入信条，尊与伊斯兰教作战而死的领袖为殉教者。自第六代上师哈戈宾德（Hargobind）开始，锡克教发展成了半武装的宗教组织，注重武装组织和训练，经常与政府军和其他宗教教徒发生冲突。

第九代上师得格·巴哈都尔（Tegh Bahadur）继承了先辈的好战传统，与莫卧儿王朝为敌。在发动了一次对莫卧儿王朝的战争失败后，得格·巴哈都尔被俘，于1675年被处死。这更激起了锡克教徒对莫卧儿人的仇恨心理。锡克人从此更为好战，不断与莫卧儿人、印度教徒、英国人发生战争。

第十代上师戈宾德·辛格为适应这种恶劣的环境，对锡克教进行了重大改革，废除了上师制度，加强内部的集权，建立了"卡尔沙"，即神权政体。组建一支强大的锡克军，并率领这支军队同莫卧儿军队展开长期斗争。戈宾德·辛格改变了锡克教的活动形式，制定了一套新名称、新服饰、新礼仪。男教徒的名字加"辛格"，意为"狮子"，女教徒名字加"考儿"，意为"公主"。入教典礼称"帕胡尔"，意为"剑的洗礼"，用双锋剑搅匀水以洒身。以"上师万岁"为该教口号，教徒必须祀奉祖师那纳克，严守教规。严禁教徒吸烟饮酒、寡妇殉夫、杀婴、偶像崇拜。只许将精力全部贯注到刀剑武功上，准备随时战斗，杀戮敌人。

1699年，戈宾德·辛格在旁遮普的阿南德普尔·萨哈布召开了8000人大会，会上宣布成立卡尔萨党，以便用武力对付各种灾难，保卫锡克教。戈宾德·辛格还制定了锡克教徒必须遵守的5条"卡尔萨戒律"：终生蓄长须发（kesh）、戴发梳（kangh）、戴钢手镯（kara）、佩短剑（kirpan）和穿短衣裤（kacch），又称为"5k"标志。蓄长发、长须表示睿智、博学和大胆、勇猛，是锡克教成年男教徒最重要的标志；戴发梳是为了保持头发的整洁，也可以促进心灵修炼；戴钢手镯象征锡克教兄弟永远团结；佩短剑表示追求自由和平等的坚强信念；穿短衣裤是为了区别于印度教徒穿着的长衫。

戈宾德·辛哈去世前指定宗教经典《阿底·格兰特》为第十一任上师。按照教条，凡承认锡克教义、十位上师和锡克教的著名经典《阿底·格兰特》者，皆可成为锡克教徒。在锡克教看来，《阿底·格兰特》是富有"神格"和"人格"的宗教经典，亦是教徒信仰和膜拜的中心。该经典用180年完成，内容分为31段，包含5894首诗，共1430页。内容分为《真言颂》和《诗中之诗》两个重要部分，包含锡克教的基本教义及协助解脱的方法。锡克教反对偶像崇拜和烦琐的祭祀仪式。寺庙里不供奉任何神，只供奉圣典。

戈宾德·辛格之后，锡克教势力向旁遮普扩展。后来锡克教分成12个支派，称"密尔斯"，由强有力的酋长领导，建立起神权政治的联盟封建制度。

第二十章
奥斯曼土耳其文明

一 横跨欧亚的大帝国

1 奥斯曼帝国的兴起

13世纪中叶，西亚崛起一个强大的奥斯曼土耳其国家。奥斯曼土耳其人是突厥人的一支，原住在中亚呼罗珊一带。在早先几个世纪中，突厥部落一批批地迁徙到中东富饶地区，其中包括了一支塞尔柱人。这些新移民于1055年攻占穆斯林首都巴格达，建立了辉煌而短暂的塞尔柱帝国。其边界东起印度，西至地中海海岸，中间穿过波斯的广阔地区。13世纪，小亚细亚大部分地区已成为塞尔柱帝国的一部分。塞尔柱帝国后来分裂成许多独立的公国或苏丹国。

13世纪后，受蒙古西征的压力，一支大约400户的突厥人部落西迁至小亚细亚。当时控制小亚细亚大部的是土耳其人的罗姆苏丹国，罗姆苏丹慷慨地将小亚细亚西北部同拜占庭帝国接壤的索古德地区封给这支部落的首领，作为藩属以拱卫罗姆苏丹国。这位首领就是奥斯曼（Osman I）的父亲。1290年，32岁的奥斯曼继承首领之位。当时的罗姆苏丹国在蒙古人的一再打击下分崩离析。1299年，奥斯曼宣布独立，自称"埃米尔"，1300年又自称"苏丹"，建立奥斯曼土耳其人国家。他所开创的苏丹王朝维持了6个世纪。

罗姆苏丹国灭亡之后，奥斯曼承认统治波斯的伊儿汗国为宗主国，曾代表小亚细亚各公国向其纳贡。但奥斯曼宣布独立后就开始对外扩张，主要目标是已经摇摇欲坠的拜占庭帝国。奥斯曼先后占领了拜占庭数个城市，在占领小亚细亚西北部的美朗诺尔城之后，将该城改名为卡加希萨尔，并迁都于此，作为进一步前进的据点。

奥斯曼本人信仰虔诚，恪守宗教功修，生活俭朴，具有强烈的"圣战"

精神。他执政时，宣布逊尼派教义为正统信仰，遵奉哈乃斐学派教法，国内宗教问题由教法学家协商决定。这些政策奠定了奥斯曼帝国的思想文化基础。

奥斯曼去世后，他的儿子奥尔汗（Orhan，又名Orhan Gazi或Orkahn）即位，继续执行奥斯曼的扩张政策，吞并了原属罗姆苏丹国的大部分地区，攻占拜占庭帝国在小亚细亚最后的据点布尔萨，并在此定都。通向欧洲的马尔马拉海峡展现在奥斯曼帝国眼前。

奥尔汗在兄弟阿拉丁·帕夏（Alaeddin）协助下，建立了一支正规军，包括步兵和骑兵；还从被占领地区的基督徒中选出1000名男孩，编成近卫军。奥尔汗致力于完善帝国内部的民用和军事管理机构，建造清真寺、学校和许多公共建筑。奥尔汗初步确立了奥斯曼帝国的一些基本制度。奥斯曼帝国的制度深受阿拉伯帝国阿拔斯王朝和塞尔柱帝国的影响，以伊斯兰教为立国的基础，《古兰经》是一切权力和法律的最终根据。奥尔汗开始使用苏丹的称号，既是国家元首，也是最高宗教领袖。奥尔汗任命其兄弟阿拉丁为维齐（宰相），下设大法官、财政官、掌玺大臣、近卫军团长、海军司令等，这些官员为国务会议（迪万）的成员。并着手建立完善的税收制度和由土耳其人组成的常备军。完善宗教与教育的统一，建立国家经学院。

奥尔汗在统治后期开始向巴尔干地区扩张。1349年，占领阿得里亚堡附近的重镇色雷斯，使奥斯曼帝国获得了在欧洲的立足点，铺平了通向欧洲的道路。

穆拉德一世（Sultan Murad I）即位后，继续向巴尔干扩张，取得决定性进展。1369年侵占色雷斯东部，1371年在马里查河畔打败塞尔维亚、保加利亚、瓦拉几亚和匈牙利联军，进占马其顿，迫使保加利亚、拜占庭等国称臣纳贡。1377年起向安纳托利亚中部扩张。1385年再次西征，夺取索非亚，占领保加利亚中部。次年取尼什，迫使塞尔维亚称臣。随后向东占领安哥拉（今安卡拉），进抵托卡特。穆拉德一世在位29年，全力推行领土扩张政策，征服了东南欧和西亚的许多国家，为奥斯曼土耳其帝国的崛起奠定了基础。

巴耶塞特一世（Bayezid I）是穆拉德一世之子。1389年，他随父参加科索沃战役，在其父遇刺身亡后，继续统帅军队作战，歼灭了塞尔维亚、保加利亚等国联军，俘杀其统帅拉扎尔公爵，征服了塞尔维亚、保加利亚。1395年，巴耶塞特率军入侵匈牙利，1396年与十字军会战于尼科堡，并大获全胜。

正当巴耶塞特准备继续西侵欧洲时，东方强大的帖木儿大军入侵小亚细亚，巴耶塞特率大军东征，双方于1402年在安卡拉展开决战。巴耶塞特兵败被俘，后死于狱中。

巴耶塞特一世被俘后，他的4个儿子为争夺王位进行了持续10年的内战。直到穆罕默德一世（Mehmet I）结束分裂局面，收复丧失的领土。在亚洲，他收复了帖木儿帝国征战时丧失的全部领土，迫使突厥诸家族承认奥斯曼人在安纳托利亚中部和西部的统治地位；在欧洲，他派遣舰队驱逐了爱琴海岛屿上的威尼斯人，下令在多瑙河以北构筑要塞，以进攻匈牙利。

通过几代人的征战，奥斯曼帝国迅速崛起为有影响力的大国，为进一步的大发展奠定了基础。

2　奥斯曼帝国的鼎盛时代

穆罕默德二世（Muhammad II）是奥斯曼帝国第七任苏丹。穆罕默德二世从小就受到了很好的教育和熏陶，阅读了大量历史书籍，对亚历山大大帝和罗马著名统帅的传记尤感兴趣。他重视军事学研究，对战争中的战略战术、武器的运用以及地形的选择等尤为钻研。

穆罕默德二世以"征服者"著称，是历史上最尚武好战的苏丹。他21岁继位，于1453年5月29日，统帅奥斯曼军攻破君士坦丁堡，宣告拜占庭帝国的终结，标志着欧洲中世纪的结束。

穆罕默德二世把君士坦丁堡这个有着优越的地理位置和丰厚文化遗产的都市改名为伊斯坦布尔，定为奥斯曼帝国的首都。奥斯曼帝国进入极盛时期。穆罕默德二世成为一位统治"两洲（欧洲和亚洲）两海（黑海和地中海）之地"的皇帝。[1]这个新帝国继承了东方和西方的国土，也继承了东方和西方的思想，这种联合的遗产，大概是奥斯曼土耳其历史上内容最丰富的事实。[2]

---

[1]　［美］杰里·本特利、赫伯特·齐格勒著，魏凤莲、张颖、白玉广译：《新全球史——文明的传承与交流》（下卷），北京大学出版社2007年版，第798页。

[2]　［美］菲利浦·希提著，马坚译：《阿拉伯通史》（下卷），新世界出版社2008年版，第647页。

穆罕默德二世在宗教方面采取了宽容的政策。在攻占君士坦丁堡后，他释放了许多分配给他的基督教战俘奴隶，并对居住在城内的希腊基督教徒采取退还房舍、豁免赋税、免服兵役等措施，鼓励他们继续定居。对帝国境内的被统治民族给予一定的自治权，准许他们在不触犯帝国政府利益的前提下，按照自己民族的方式和法律生活，可以开办民族学校，用本民族语言进行教学。容许基督教徒保持其宗教团体的独立性，允许他们在批准保留的教堂内进行宗教活动，许多基督教堂被保留了下来。他承认犹太教各个教团的合法存在，给予他们与其他教会同等的权利。君士坦丁堡东正教会得以存活了下来，君士坦丁堡牧首的职位得以保留。穆罕默德二世还命令牧首把一些基督教的文献翻译成土耳其语。穆罕默德在宗教方面的宽容缓解了被征服民族的对立情绪，也减轻了对外扩张的阻力。

穆罕默德二世重视发展文化教育事业。他开办了以培训行政管理人员为宗旨的宫内学堂，各民族学员可以平等地接受语言、文学、法律、军事、宗教、财政、行政管理等全面教育，读书10—12年后被量才分配到政府各部门任职。他在伊斯坦布尔大规模兴建宫殿、清真寺的同时，也注意学校、图书馆的创建，仅在法蒂赫清真寺两旁即各建有4所高等经文学校，聘请伊斯兰世界的著名学者讲学。他本人爱好广泛，在战争间歇时，曾在王宫内从事园艺劳动，亦常同文人学士在一起吟诗作画。他保存着当时世界各国的一些绘画作品，其中包括中国明代的国画。他从威尼斯请来了文艺复兴时期最重要的艺术家之一詹蒂利·贝利尼（Gentile Bellini），为君士坦丁堡的基督教场所制作壁画。穆罕默德二世使用罗马皇帝的称号，以增加他在帝国欧洲部分领土上的统治的合法性。

这些政策和措施使得奥斯曼帝国形势稳定，经济和文化得到发展，民族得以融合，并对后世产生深远的影响。所以，许多历史学家认为穆罕默德二世才是奥斯曼帝国真正的创建者。他也为后来的苏里曼大帝建立地跨欧、亚、非三大洲的大帝国奠定了坚实的基础。

在灭亡拜占庭之后，穆罕默德二世向巴尔干半岛扩张，征服塞尔维亚、波斯尼亚、阿尔巴尼亚、黑塞哥维那和摩里亚（伯罗奔尼撒半岛）。在威尼斯–土耳其战争中，夺取爱琴海大部分岛屿，并一度攻抵威尼斯近郊。向东，他先后征服小亚细亚的詹达尔奥卢公国、特拉布松帝国、卡拉曼公国及黑海北岸的克里木汗国，把东部疆界扩至幼发拉底河。庞大的奥斯曼帝国建立了。

塞里姆一世（Yavuz Sultan Selim）统治时期，奥斯曼帝国发动对萨菲王朝的战争，占领了萨菲王朝的首都大不里士以及南高加索的阿塞拜疆、格鲁吉亚的一部分和库尔德斯坦。

奥斯曼帝国与萨菲帝国的冲突是16世纪初西亚的重大事件。萨菲王朝在伊朗崛起后，即开始对外扩张。它在西部和西北的扩张，直接威胁到奥斯曼帝国的利益。同时，萨菲教团在安纳托利亚东部等地的传教活动，吸引了大批对奥斯曼帝国不满的游牧部落。在两国的边境地区、安纳托利亚、外高加索和阿塞拜疆地区，拥有大量倾向萨菲什叶派的土克曼人，萨菲帝国一直与这些什叶派追随者保持密切的联系，并煽动这些地区的什叶派追随者杀戮逊尼派教徒，甚至发动反对奥斯曼帝国的叛乱，直接投奔波斯。

1514年3月，苏丹塞利姆亲率12万大军，配备火炮300门，从伊斯坦布尔出发，远征波斯。大军经过耶尼谢希尔和阿克谢希尔，先向尼西亚，然后向开塞利进军，从那里进至希瓦士。8月下旬，在经历了1000多英里的长途行军之后，奥斯曼军队到达阿塞拜疆西北部、雷扎耶湖东面的查尔迪兰。萨菲帝国沙赫伊斯玛仪一世（Isma'il I）亲率6万人的部落骑兵迎敌。双方展开交战，史称"查尔迪兰之战"。波斯军队伤亡惨重，四处逃散。沙赫伊斯玛仪一世负伤，被迫撤退。此后，奥斯曼军队直捣萨菲首都大不里士。伊斯玛仪一世的妻室家眷及大量金银珠宝落入土耳其人手中。8天后，塞利姆撤出大不里士，回到阿马西亚。归途中又夺取了纳希切万、埃里温、伽尔斯、埃尔祖鲁姆诸城。1515年，伊斯玛仪一世遣使奥斯曼宫廷，向塞利姆求和，遭到拒绝。

塞利姆还于1516年打败埃及苏丹，占领叙利亚和巴勒斯坦。1517年占领开罗，灭亡埃及，当时属于埃及的麦加、麦地那相继落入土耳其人手中。奥斯曼帝国不仅控制了地中海东岸和红海一带的通商要道，而且得到麦加城克尔伯古庙的钥匙。土耳其苏丹自称是"两个圣城（麦加和麦地那）的仆人"，从此被承认为哈里发，成为伊斯兰教诸国的宗教领袖。在伊斯兰教领地中，奥斯曼帝国因此有着举足轻重的位置。

苏莱曼一世（Suleiman the Magnificent）时期，奥斯曼帝国达到鼎盛时期。苏莱曼一世是奥斯曼帝国第10位苏丹，也是在位时间最长的苏丹。在他的统治下，奥斯曼帝国在政治、经济、军事和文化等诸多方面都进入极盛时期。由于苏莱曼一世的文治武功，被西方普遍誉为"大帝"，在伊斯兰发展史上与阿巴斯大帝、阿克巴大帝齐名。

苏莱曼一世早年受过良好的教育，7岁时被送往伊斯坦布尔托普卡珀宫的皇家学校学习科学、历史、文学、神学和兵法。他自幼接受传统的伊斯兰教教育，信奉逊尼派教义，遵行哈乃斐学派教法。苏莱曼一世年轻时仰慕马其顿的亚历山大大帝，并受其影响，立志建立一个囊括东西方的帝国，这成为他日后频繁征战亚洲、非洲和欧洲的思想动力。

苏莱曼一世为了扩张疆土，曾13次亲自率军征战沙场。在对中欧和地中海地区基督教国家的征战中，于1521年攻占贝尔格莱德，次年从圣约翰骑士团手中夺取小亚细亚沿岸的罗得岛，1526年8月在莫哈奇战役中击溃匈牙利和捷克联军，占领匈牙利大部。1529年，苏莱曼一世率军穿过多瑙河河谷，再次占领布达，并在当年秋天兵临维也纳城下。维也纳之围是奥斯曼帝国最为雄心勃勃的远征，标志着它对西方的军事威胁达到了顶点。不过，由于1.6万名维也纳守军的奋战，苏莱曼一世不得不撤退。苏莱曼一世在欧洲的扩张使奥斯曼土耳其人成为欧洲政治舞台上保持各国势力均衡的强大仲裁者。法国国王法兰西斯一世为反对哈布斯堡家族曾两次派特使向奥斯曼帝国求助。1535年，奥斯曼同法国缔结盟约，反对查理五世，使哈布斯堡王朝陷于东西两面受敌的不利地位。

欧洲边境巩固后，苏莱曼一世把目光转移到受到萨菲王朝威胁的帝国东方。1534年以后，苏莱曼一世连续发动3次对波斯的战争。1554年，奥斯曼帝国与萨菲帝国签订协议，奥斯曼帝国将大不里士交还波斯，但获得了巴格达、幼发拉底河与底格里斯河流域下游、入海口以及波斯湾的部分地区。摩洛哥以东的北非大片领土成为奥斯曼帝国的属地，的黎波里塔尼亚、突尼斯和阿尔及利亚的柏柏尔人国家成为帝国的自治行省。

苏莱曼一世在奥斯曼帝国国内被誉为"卡努尼"（立法者）。他亲自开创了社会、教育、税收和刑律等方面的立法改革。帝国的最高法律是沙里亚法，或称伊斯兰教法，是伊斯兰教的至高无上的法规，苏丹无权更改。不过奥斯曼帝国还有另一套法律被称为"卡农"，即宗教法规，是以苏丹的意志而制定的，包括刑法、土地所有权法和税法等。苏莱曼一世搜集了他之前的9位苏丹的全部判决，去除同类案例重复的判决，在自相矛盾的判决中选取自认为是正确者，颁布了一部新法典。这部权威法典奠定了在他逝世后帝国数个世纪的法律制度基础。此外，苏莱曼一世还颁布新的刑法和治安法，规定一系列针对特定犯罪行为的罚款措施，同时减少了死刑和断肢刑的判决。

苏莱曼一世在位期间，奥斯曼帝国的舰队称霸地中海、红海和波斯湾。16世纪，奥斯曼帝国成为地跨亚、非、欧三洲的大帝国，是当时世界最强国之一。其版图包括昔日拜占庭和阿拉伯帝国的绝大部分地区。

3　郁金香时代

奥斯曼帝国控制东地中海和通往东方的商路，设卡征税，打破了意大利商人对东方贸易的垄断。西欧诸国被迫积极寻找通往东方的新航路，从而开始了大航海时代。西欧国家绕过奥斯曼帝国的贸易垄断，建立通往亚洲的新航路。大航海时代以后，从新大陆大量涌入的白银导致奥斯曼货币的贬值，对奥斯曼社会的各阶层有严重的负面影响。塞利姆二世时期的大维齐尔索科鲁·穆罕默德·帕夏开始进行苏伊士及伏尔加航道的开发，以挽救经济，但这些计划在后来都被取消。

从17世纪开始，奥斯曼帝国从鼎盛时期走向衰落。1683年进攻维也纳失败可视为开始衰落的标志。土耳其在欧洲的扩张就此停止。1699年，奥斯曼与教皇主导的反奥斯曼联盟签订《卡尔洛维茨条约》，失去了在欧洲的一半领土。

1703年，艾哈迈德三世（Ahmad Ⅲ）在其兄穆斯塔法二世被废黜后即位，为奥斯曼帝国第23任苏丹。他开创了改革的郁金香时代。在他执政期间，帝国开始走向衰落，国内政局不稳。

1711年，艾哈迈德三世的军队包围了彼得大帝亲自统帅的俄军，这是奥斯曼帝国对俄作战的历史上最大的胜利。两国签署条约，俄国向奥斯曼帝国割让亚速，摧毁所有俄国沿两国边境建立的要塞，保证今后不介入波兰和哥萨克的内政。但1716年后，奥斯曼帝国屡败于奥地利，先后失去蒂米什瓦拉和贝尔格莱德。1718年，被迫签订《波扎雷瓦兹条约》，将匈牙利和塞尔维亚部分地区割让给奥地利。在亚洲则多次遭到波斯什叶派军队的攻击。

　　1718年后，艾哈迈德将国事交由首相达马特·易卜拉欣·帕夏治理。达马特首次在政府和军内开展了西方化的尝试，自法国引进印刷、消防、造船等先进技术，并按照法军模式改组帝国军队。同时亦将法国生活方式引入宫廷。为了引导国家向欧洲学习，艾哈迈德率先追求法兰克方式与风格，开始养花与玩鸟，并请法国名画师为自己画像。

　　因艾哈迈德酷爱郁金香，并在后宫专设郁金香花园，故其统治时期被称为"郁金香时代"。郁金香被赋予神圣的宗教意味，不仅种遍了帝国的每一个角落，还被广泛应用于瓷砖、织物、陶器等装饰图案上。

　　郁金香时代也标志着奥斯曼知识分子觉醒的开始，这种觉醒一方面体现在古典的奥斯曼传统文学的领域内，另一方面也体现在风格、内容上开创的新领域。苏丹、大维齐等人竞相提倡和资助奥斯曼的诗词创作。达马特组织了一批学者，将昔日阿拉伯和波斯的伟大著作翻译成奥斯曼土耳其语，把这些著作作为奥斯曼学者的学习典范。

　　这一时期既翻译了一些比较传统的作品，也翻译了少量西方的历史、哲学和天文学著作。翻译工作由那些最早接触欧洲的奥斯曼人完成，他们或者在战场上见识过欧洲人的新的威力，或者被派往欧洲的首都当过大使或谈判代表。

　　那些派驻欧洲的大使把对欧洲的印象写成报告，传回国内，使读到这些报告的人大受影响。例如，伊尔米塞基兹·切勒比·穆罕默德被派到巴黎去当大使，他参观了各种城堡、工厂和体现法国文明的工程成果，并把一些在奥斯曼帝国可能实行的东西写成报告向国内汇报。他给大维齐的报告中还涉及他在街上、商店、医院、动物园和公园的所见所闻，尤其关注法国的军校和训练场地，以及法国社会与奥斯曼区别最明显的那些方面和处事的方式，诸如妇女的身份地位，更重要的是法国当时已广泛使用印刷机的情况。易卜拉欣派出的其他大使的报告虽然不像他的这么精彩，但仍然有较大的原创性和启迪性。这些报告对大维齐和他的随从产生了影响。切勒比·穆罕默德的儿子穆罕默德·赛义德在法国首都的活动远比他的父亲广泛得多。他结交众多朋友，出没于剧院、娱乐场所和晚会，成为奥斯曼土耳其人中第一个精通法语的人。他回到伊斯坦布尔时带回了法国的书籍、服装和流行的家具，影响和刺激了人们对西方生活方式的热情。

穆罕默德父子还带回了印刷机。1727年，艾哈迈德三世废除了在奥斯曼帝国境内不准印书的禁令。人们印刷出版了希伯来文、希腊文、亚美尼亚文和拉丁文作品。1728年1月31日开始出版《凡库鲁辞典》，到1745年易卜拉欣·米特费里卡去世共出版了16部（共20卷）著作。这些著作中有6部是严格意义上的科学著作，其余是历史、地理类著作。易卜拉欣曾强调，出版印刷业能够促进穆斯林文化的复兴，它不仅可以让人们读到想读的著作，而且使书籍变得很便宜，所以它将使奥斯曼重新取得先前有过的领导全世界的学术地位。

1730年，近卫军发动政变，艾哈迈德被废黜。1774年6月，土耳其与俄国经过数年失利的战争后，签订了《库楚克-凯纳尔吉条约》。根据条约，俄国占领了克里米亚的部分地区，还获得在土耳其水域自由航行的权利。俄国在伊斯坦布尔的外侨区建立一个东正教会，奥斯曼必须承诺保护基督教堂，承认俄国有权代表教会讲话。

到18世纪末，土耳其帝国已无可挽回地衰落下去。1798年，拿破仑入侵奥斯曼帝国的属国埃及。法国军队最后在英国人的干预下撤离埃及，苏丹虽然恢复了在埃及的主权，但也只是名义上的君主，实权掌握在马木留克人手里。1805年，埃及总督穆罕默德·阿里建立了新王朝，它实际上已脱离了帝国苏丹的控制。奥斯曼帝国的其他部分也逐渐被欧洲强国分割出去。1870年阿尔及利亚成为法国的一部分，1881年突尼斯成了法国的属国，摩洛哥和利比亚也于19世纪、20世纪初沦为法国和意大利的殖民地。

二　奥斯曼帝国的制度与信仰

1　奥斯曼帝国的社会制度

奥斯曼帝国是一个庞大的军事封建国家。在伊斯兰教的基础上，奥斯曼人建成了政教合一的哈里发苏丹制。哈里发苏丹集宗教、世俗大权于一身，被视作安拉的代表，拥有至高无上的权力。他的政府和宫廷，叫作"崇高的阙下"，一切臣民都被认为是他的奴隶。

在国家政府机构上，中央设宰相（称为大维齐尔）1人，辅佐苏丹管理行政和军事。下设司法和财政大臣（维齐尔）各2人，枢密大臣1人。宗教司法系统是从基层的卡迪（法官），经卡斯凯尔（军队法官）到伊斯兰教长。伊斯兰教长是苏丹在宗教方面的代表，也是穆斯林学者阶层的首脑，是解释法典的最高权威。伊斯兰教经典被当作国家的根本法典。卡迪负责民事、刑事、商业、信贷纠纷，也监督地方上税收的分配和征课、物价、公共工程。

在地方政府机构上，全国分为31个省、250个县，分别设省长和县长统治。在农村，设立谢赫（村长）以监管农民。在叙利亚和黎巴嫩的农村，建立连环保的制度，一人有"罪"，株连全村。

奥斯曼政府还建立了一套镇压人民的强大的国家机器。帝国军队的核心是近卫步兵，执行强制收税和军事镇压的任务。特务机构的人员遍布阿拉伯各国。奥斯曼帝国还在阿拉伯各国中推行同化政策和愚民政策，在国家机关、法庭和学校，强制使用土耳其语。

苏莱曼一世认为农业是国家根本，农民才是真正的财富创造者，唯此才是保证帝国实力的经济基础，因此要保护农民的利益，保障农民能够安心进行农业生产活动。奥斯曼帝国的永佃制称为Cift-hane，原意是"牛轭加一户家庭"。这种制度由三个要素构成：可养活农户一家还能满足缴纳租税、两头牛以及一个劳动力充足的家庭。土地所有权归国家，但是"永久地"租给农民，后代可以继承，这样农民就会稳定下来从事生产和为国家服徭役，保障了国家税收，政府也可以有效管理农民；农民长期固定地使用王地，土地制度也会稳定下来。鉴于此，苏丹要求凡是可以用于农业的土地尽最大可能地出租给农民，而且保护佃农的耕地不被侵犯。

苏莱曼一世时期帝国的土地类型，分为4类：一是国有土地（miri），这类土地属于帝国，不允许出卖、抵押和赠予，而且土地的继承权受到限制；二是个人所有土地（mink）；三是义产土地，这类土地通常由一名托管人管理；四是未利用地（mevat），这类土地或是森林、沼泽、荒漠，或是被抛弃很久无人开垦而被荒废。

奥斯曼帝国特别注重对封建采邑的管理，将大采邑的分封权收归中央。苏莱曼一世重申地方政府只有权授封小采邑（timar）土地，大采邑批准权收归中央甚至是苏丹本人。以采邑形式分封给封建主的土地，称为"西巴哈"，领有领地的封建主必须为苏丹提供兵役。

2　新苏非主义盛行

伊斯兰教是奥斯曼帝国的国教。帝国的统治者信奉逊尼派伊斯兰教，并且同什叶派进行斗争。奥斯曼帝国当局实行宗教宽容政策，允许其他宗教的存在。穆罕默德二世占领君士坦丁堡不久，张贴著名的宗教信仰自由的告示，允许正统派基督徒有宗教信仰自由，并且替他们组织了一个特殊的宗教区，让他们有自己的教长、自己的法律和法庭，其他的苏丹也给亚美尼亚的正统派基督徒、天主教徒和犹太人组织同样的宗教区。这样，这些宗教区的教长和其他首领就负责管理教区中的各种事项。宗教区有种种权利，使被征服者不至于丧失自己的民族文化。

基督教和犹太教等其他的团体可以享有信仰自由和文化自由，但在帝国仍受到歧视。信奉伊斯兰教的农民只要缴纳什一税，而非伊斯兰教徒除缴纳收成的2.5%—50%作为土地税外，还要缴纳人头税，并且规定非伊斯兰教信徒不能携带武器，不能参加军队，也无权得到穆斯林军队战士的一切待遇。

奥斯曼帝国后期，统治者极力推崇苏非教派。在苏丹的扶持下，苏非主义和偶像崇拜非常盛行，伊斯兰教的纯洁信仰受到冲击。

由于苏非主义的流行，在奥斯曼帝国晚期，伊斯兰教逐渐丧失了吸引广大穆斯林的精神力量，失去了昔日的朝气和活力。人们热衷于所谓安拉与人之间的媒介的神秘作用。这些媒介包括圣徒、圣墓、圣树，甚至还有念珠、符咒等物品。朝拜圣徒、圣墓成风，连圣地麦加也出现了一些多神教或偶像崇拜的礼仪和习俗。在伊斯兰教国家的日常生活中，出现了严重的道德败坏现象，吸烟、饮酒、淫秽等违背穆斯林生活准则的行为普遍存在。在帝国势力鞭长莫及的地方，偶像崇拜现象盛行。

苏非主义教义尤其是泛神论和偶像崇拜的思想随着时间的推移对伊斯兰教的纯正信仰的冲击越来越大，不断遭到正统派的批判。伊斯兰教的现状引起了一部分宗教学者的忧虑，在苏非主义内部形成了新苏非主义。这部分学者的主要兴趣在于研究圣训和教法，崇尚9世纪以前纯正的伊斯兰教信仰，对于当时正宗信仰的衰落和社会道德的沦丧极为关注，主张重振社会道德，复兴正宗信仰。这一思想倾向最早产生于印度和北非的宗教学者中，其后通过学术交流影响到圣地麦加和麦地那的学者，在整个伊斯兰社会产生了复兴伊斯兰教真正精神的强烈要求。这些学者为此在圣训学研究中更加倾向于9世纪以前早期圣训，在注释上坚持独立思考，不拘泥于传统之见。对早期圣训学的研究使学者们确信，社会上广泛流行的带有泛神论倾向的苏非崇拜和民间习尚背离了伊斯兰教的原旨教义，应予取缔。这些来自苏非内部的复兴论者，几乎全部属于那些比较接近逊尼派教义的苏非教团。其中最重要的两支是从阿拉伯半岛外部传入的，一支是从印度传入阿拉伯半岛的纳格西班迪教团，一支是从伊朗西部和土耳其东部传入的哈勒瓦提教团。

新苏非主义强调遵循伊斯兰教教法、严守《古兰经》和圣训，以此为行教、布道的根本依据，纯洁信仰。他们认为信仰的根本目的不是通过虔修与绝对存在的安拉合一，而是与先知的精神和人格相遇。反对已有广泛影响的带有泛神论倾向的伊本·阿拉比的学说，提倡以"现象一元论"代替"本体一元论"。他们提出的口号是"真主是向导，一切皆来自真主"，重新树立真主安拉在伊斯兰教信仰中唯一真神的至尊地位。反对遁世、安贫、禁欲等消极的人生观，提倡以现实主义态度面向人世，关心并积极参与，干预现实生活。坚持以伊斯兰教法为基础重振社会道德，根除社会腐败现象，以"圣战"的方式净化信仰，抵御欧洲殖民者的入侵。简化宗教仪式，纯洁内部组织。他们批判圣徒崇拜、圣墓崇拜，简化宗教礼仪。这种从苏非派内部产生的改变伊斯兰教现状的思想对以后的苏非派发展产生了重要影响。

三 奥斯曼帝国的文化

1 伊斯兰教信仰主导的城市建设

奥斯曼帝国时期，城市建设受到伊斯兰教文明的影响。伊斯兰城市规模都很大，彼此相距甚远。城里低矮的房屋紧紧排列。伊斯兰教教义禁止高层建筑，认为这是可憎的傲慢的表现，所以在城市中没有大街，只有小巷。清真寺都建在城市的中心，形成城市以清真寺为中心的格局。其周围是商业街道、仓库和商店。商业分布以洁净为原则，以清真寺为中心，作同心圆式布局。香水和香料商因比较干净，离清真寺最近，其次是织绸匠、金银匠等。城市边缘地区留给皮革匠、铁匠、马掌匠、陶工和出租驴子的脚夫。最后，乡下人在城门口出售蔬菜、粮食、黄油、肉类等农副产品。

苏莱曼一世因在帝国境内大兴土木而闻名于世。苏莱曼一世在帝都伊斯坦布尔建设了一系列工程，包括桥梁、清真寺、宫殿以及各种慈善和公益设施，以期它能成为伊斯兰文明的中心。其中最伟大的建筑是由苏丹的首席建筑师科查·米马尔·希南（Mimar Sinan）设计建成的，这些建筑标志着奥斯曼帝国的建筑艺术达到顶峰。他领导了一个庞大的政府部门，训练出一些著名的建筑师，被视为奥斯曼建筑古典时期最伟大的建筑师。在50年间，希南在全国负责设计了超过300座建筑，包括两座代表性建筑：伊斯坦布尔的苏莱曼清真寺和故都埃地尔内的塞利米耶清真寺。苏莱曼一世还下令重建耶路撒冷的萨赫莱清真寺和耶路撒冷城墙（即今耶路撒冷古城城墙），修缮麦加的克尔白，并在大马士革建造了一座建筑群。

清真寺的建造，是伊斯兰教文化的重要组成部分。在伊斯坦布尔，圣索菲亚教堂改为清真寺，由于伊斯兰教禁止给任何动物画像，因此用石灰涂盖了绘在教堂拱顶上体现拜占庭帝国艺术特点的涂金彩色画。帝国还兴办许多伊斯兰教学校，讲授《古兰经》。据一位建筑师说，在他担任建筑总监时，就修建了75座大清真寺、49座小清真寺、49所学校、7所《古兰经》研究院。帝国用1/3土地税的收入来推进伊斯兰教的学习和研究。

奥斯曼土耳其人的建筑技术是在被征服的巴尔干半岛和西亚各国的地方传统基础上，相互兼容，形成新的建筑风格。其中最著名的清真寺是1557年在伊斯坦布尔建造的苏莱曼清真寺、1574年在埃地尔内建造的沙里姆清真寺。清真寺全是用石块砌起来的，它通常由1个正殿、4个塔式柱子组成，根据伊斯兰教教义，清真寺内外的装饰没有动物图案，而主要是植物和几何形图案壁画。除此之外，在反映清真寺的辉煌效果方面，阿拉伯建筑师们还大量使用了金、银、象牙等镶嵌工艺。到了后期，清真寺打破不能绘画动物的戒令，开始出现人物、兽类的纤细画。

2　奥斯曼帝国的教育

在奥斯曼帝国时期，阿拉伯文化得到弘扬光大。学校除了研究宗教外，还开设文法、逻辑、哲学、修辞、几何、天文、法律等课程。伊斯坦布尔因此成为文化和学术中心，各地的人们涌向首都，学习伊斯兰教和文化科学。

教育是苏丹关心的另一个重要领域。苏莱曼时代，由宗教基金资助的清真寺附属学校为男性穆斯林学生提供充分自由的教育环境，优于同时期的基督教国家。在苏莱曼时代的伊斯坦布尔，小学的数量增加到14所，教学生阅读、写作和伊斯兰教教义。小学毕业后，如果学生们想接受更进一步的教育，可以进入8所伊斯兰学校中的1所深造，学习语法、形而上学、哲学、天文学和占星学。

更高级的伊斯兰学校相当于大学级别，那里的毕业生可以成为伊玛目或教师。教学中心往往是围绕清真寺庭院的众多建筑之一，清真寺周围其他服务大众的建筑设施包括图书馆、食堂、喷泉、厨房和医院。

3 奥斯曼宫廷文学

奥斯曼帝国的统治者中有许多人都是文学艺术的爱好者和赞助者。和其他伊斯兰帝国相同，奥斯曼帝国宫廷也聚集了一批文学艺术家，形成了奥斯曼宫廷文学。奥斯曼宫廷文学深受波斯文学的影响，部分的奥斯曼宫廷文学直接用阿拉伯语或波斯语创作，以体现创作者的文学修养以及社会地位。在大部分历史时期，奥斯曼宫廷文学是严格效仿波斯文学的清规戒律的。

奥斯曼文学以诗歌为主。通常一位作家的诗歌合集被称为"迪万"（Divan），因此在土耳其语中，奥斯曼宫廷文学被称为"迪万文学"（Divan Edebiyatı）。而如果一位作家写了一本长诗合集的话，这部作品会被称为"玛斯纳维"（Mesnevi）。诗歌的一行被称为"一个密斯拉"（mısra）或者"一个迪则"（dize），两行则为"一联"（beyit），短篇的"四行诗"（dörtlük）高度盛行。四行的小诗被称为"柔巴依"（Ruba'i），诗歌的韵格（aruz）完全采取波斯文学的式样，因为大部分突厥语词没有办法押这种波斯韵格的韵，所以在奥斯曼诗歌当中，诗人很少使用突厥字词。此外，波斯诗歌中最常见的一种诗歌类型"加扎勒"（gazel）在奥斯曼诗歌文学中也同样重要。

苏莱曼一世也是一位颇有造诣的诗人。他用波斯语和土耳其语写作，笔名是穆黑比，意为爱人。苏莱曼一世的一些诗句已经成为土耳其语谚语，比如著名的"每个人的归宿都一样，但故事的版本多种多样"。

苏莱曼一世时期是奥斯曼帝国文学的黄金时代。在这一时代，奥斯曼诗歌文学诞生了两位名扬后世的天才人物富祖里（Fuzuli）和巴基（Baki）。富祖里早期是波斯萨菲王朝的宫廷诗人。1534年奥斯曼占领巴格达后，他便开始给苏莱曼写颂诗。他的著名作品有长诗《莱伊拉和马季农》、劝善诗《心灵之友》、小说《怨诉之书》等。他的诗歌内容深刻，富有宗教哲理，旋律优美，抒情浓郁，技巧纯熟，高雅流畅。他还著有诗集2卷，一为阿塞拜疆突厥语，一为波斯语。他的抒情诗篇，描写神秘的爱情；另一些诗则哀叹今世短促，人生无常。他的遗著有16卷，对土耳其文学及其他伊斯兰国家文学的发展影响很大。

巴基被后世称作"诗人之王"（Sultanüş-suarâ）。相比于富祖里，巴基与苏莱曼一世有良好的私交，他最有名的作品之一便是为苏莱曼一世去世所写的悼词。他对政治有浓厚的兴趣，做过宗教法官，一直身居高位。他作品的主题包括歌颂爱情、歌颂生命的乐趣与自然，这些诗歌描摹了当时社会经济繁荣、上层阶级生活悠闲的风俗面貌。

在苏莱曼一世之后的艾哈迈德三世时期，宫廷文学也很繁荣。众多的著作既颂扬苏丹及围绕着他身边的那些人的慷慨和优美，也颂扬美酒和爱情。这些题材的世俗性质促使人们进一步接受了各种世俗的兴趣和娱乐，为此后接受新方法和新思想作了准备。诗人们力图摆脱波斯人的风格，尝试各种新的形式，增加土耳其语的词汇，这使他们的作品比以前更具有可读性，使更广泛的人感受到了这些作品。

第二十一章
明清文明

一 中华传统文化的高峰与大总结

中华传统文化，自商周初定形制以降，经历了几千年的发展，中间有秦汉大一统的黄金时代、盛唐文化的世界性辉煌气象以及宋元时代的博大与成熟，到明代，则进入定型的时代。

明朝是当时世界上最辽阔、最强盛的大帝国之一。明开国后，洪武至天顺的近百年间，经济在经历了一段恢复与发展时期之后，出现繁荣的局面，社会也较为安定。

明初农业、手工业得到较快恢复和发展。农业上，明政府大力推行屯田政策，奖励垦田和大规模屯田。耕作技术的提高、水利灌溉的发展以及从单一经营变为多种经营，使粮食增产、户口增益，促使明中期以后农业生产水平迅速提高。手工业、商业上，至明中叶以后，民营手工业日益兴旺，涌现出诸多手工业、商业中心的市镇，在江南一些经济较为发达的地区形成了市镇网络，并呈现很高的专业化特色。南京、北京、苏州、松江、镇江、淮安、常州等是当时重要的工商业城市。

明代的中国，各方面的发展都已到达极致。[①]明代经济的空前繁荣，使中国在世界舞台上保持着东方大国的地位和气势。东起鸭绿江畔丹东虎山口，西迄嘉峪关的明代万里长城，雄关坚壁，烽墩迭起，至今被视为中华文化的象征。郑和率世界最庞大的舰队七下西洋，以高超的科技水平和航海技术，被载入世界航海史册。至今犹存的宏伟壮丽、金碧辉煌的北京故宫建筑群和庄严奇

---

① 许倬云：《历史大脉络》，广西师范大学出版社2009年版，第97页。

瑰的天坛、明陵等，显示了当时世界建筑的最高成就。

明代的科学技术有了很大发展。在医学方面，医家辈出，著作宏富。明永乐年间编纂的《普济方》168卷，是重要的医学和药物学的总结性著作。明代李时珍穷毕生之力，编《本草纲目》52卷，载药物1892种、附方11096条，被誉为"东方医学巨典"，是对16世纪以前中国药物学的全面总结，提出了与近代进化论观点基本吻合的、当时世界上最先进的药物和动植物分类法。在农业和手工业生产技术方面，明后期宋应星编著《天工开物》，对当时农业和手工业技术有详细记载和说明，号称"中国17世纪工艺百科全书"。明末徐光启著《农政全书》，是古代农业科学集大成著作。还有包含着地理学、地质地貌学和矿物学丰富知识的《徐霞客游记》。此外，农学如《救荒本草》、治河如《河防一览》、建筑如《园冶》、军事如《武备志》等，都记录或综合、总结了此前的研究成果，体现着古代科学的集大成，而且多有创造和发展。

在文化方面，明太祖亲自筹划，设立文华堂，招揽人才；明成祖召集3000人编纂《永乐大典》；同时大力提倡程朱理学。太祖规定"四书五经"为国子监必修的功课，并明令县学及私塾都要以"孔子所定经书诲诸生，毋以仪、秦纵横坏其心术"。成祖命人编"四书五经"，修《性理大全》。在提倡理学的同时，实行八股取士制度，明太祖和开国文臣规定了八股文的程式，内容上严格要求只从"四书五经"中吸取，而且只能依朱注解释，即"其文略仿宋经义，然代古人语气为之"。形式上限制在八股体制以内，对字数多寡也有严格规定。

通过这些措施，明代的文化发展呈现出一种博大而完备的气象，成为中华传统文化定型的时代。至清前期，文化都按照明代确定的路径进一步发展。

清朝是由满族建立的政权。但在入主中原前满族已经有了一个很长的接受汉文化的过程，大体上完成了满族"汉化"的改造，同时为入主中原做了比较充分的准备。因此，有清一代，中华传统文化得到持续的传承，并且发展到高峰。

入关后，清朝采取了一系列巩固统一的政策，在边疆地区有效地加强了统治，并且多次成功挫败边疆叛乱，抵御外族入侵，使中国成为一个疆域辽阔、民族众多、强大统一的封建国家。统一多民族国家和疆土的扩大，为文化的发展提供了坚实的基础。到了康乾时代，出现了前所未有的"盛世"，中华传统文化的发展达到了最后的高峰。

历经明末战乱之后，经过顺治、康熙两朝几十年的恢复，清代前期的经济达到了中国传统社会经济发展的高峰。清代前期，政府采取鼓励垦荒、减轻赋役等经济措施，农业、手工业和商业的发展以及社会财富的积累都大大超过前代。清代的人口也迅速增加。清初的总人口1亿多，18世纪中叶达到2亿，19世纪中叶则达到4亿。在文化的各个领域，学术思想、教育体制、文学艺术等，在继承前代发展的基础上，清代取得了辉煌成果，创造了前所未有的成就。

清代的文化高峰，突出表现在当时对古代文化的系统化总结。这是自觉总结前代文化历史的时代。实际上，当时的文化人对古典文化的高度成熟已有一定的感受和体认。例如清代学者纪昀在主持乡试和会试时，将回溯经学史、史学史、文学史，评判各派学术宗旨与研究方法，讨论各类体裁的得失，作为策问内容，亦显示了总结古典文化的意向。

这种大总结的趋势还表现在文学和学术领域。清代编纂了几部总集性质的大著作：《全唐诗》最先编成，共900卷，共得诗4.8万余首，2200余人；《全唐文》，1000卷，收录唐五代十国时期的文章18484篇，3042人；后又编《唐文拾遗》72卷，《续拾遗》16卷，以补《全唐文》之不足；与之相媲美的还有《全上古三代秦汉三国六朝文》，共3497家，747卷；而更能体现大规模总结气势的，则是《四库全书》等大百科全书的编辑和整理工作，形成明清时期盛大的图书事业。

二　从理学到实学：学术文化的变迁

1　程朱理学的独尊地位

自宋元以来，学术文化占统治地位的是程朱理学。明初进一步强调了理学的地位。程朱理学被推崇为官方哲学，不仅理学成为思想界的独尊、钦定的正统，而且诸儒也成为王佐之才。

明太祖继承了传统的统治经验，大力提倡儒学，极力尊崇孔子，规定诸生必须学习儒家经典，反对、禁止诸生学习《战国策》及阴阳家的著述。永乐年间，在皇帝的御临下，以程朱思想为标准，汇辑经传、集注，由胡广等人编纂《五经大全》《四书大全》《性理大全》，共计260卷。明成祖亲自作序，并命礼部刊赐天下。这三部书的出现，标志着程朱理学思想统治及独尊地位的确立。

明初诸儒，虽然"师承有自，矩矱秩然"，但"皆朱学门人之支流余裔"。明初理学的主要代表人物是薛瑄和吴与弼，他们的思想代表了明代前期理学的演变与分化。薛瑄学宗程朱，开山西"河东之学"，门徒遍及山西、河南、河北、关陇一带，蔚为北方朱学大宗。他的河东学派以"气中有理"，理气无"缝隙"为思想宗旨，主张"道器不离""性气相即"的观点。在心性修养方法上，提出"气中求性"思想。薛瑄以"复性为宗"，强调躬行践履，日用人伦，清代学者视其为朱学传宗，称他是"明初理学之冠""开明代道学之基"。与薛瑄几乎同时代的吴与弼在南方创"崇仁之学"，与北方的"河东之学"遥相呼应。与薛瑄不同，吴与弼"兼采朱陆之长"，磨砺自家身心，"寻向上工夫"，强调"静中体验""静中思绎"的"静观"。吴与弼发展了朱熹的心体说，期在"得圣人之心精"，他的思想开明代心学一派的先河。薛瑄的"河东之学"及吴与弼的"崇仁之学"旨趣不同，前途亦不同。吴与弼的"崇仁之学"成为心学的"启明"与"发端"，而薛瑄的"河东之学"到后来则黯然无闻。

明初儒学"笃践履，谨绳墨"的学风，只是忠实地信守程朱学说，笃行实践，在学术思想上并没有多少创新和贡献。他们发表的言论乃至于著述，也是蹈袭前人的陈说，附以自己的体会。这种学风在思想史上直接产生了两个后果：一个是满足于习熟先儒之成说，未尝反身理会，推见至隐，所谓"此亦一述朱，彼亦一述朱"耳。另一个是一时学风可见人知向道，求为正人君子者多，而英挺不欲自卑之士大夫，即不必尽及诸儒之门，亦皆思以名节自见。故阉宦贵戚，混浊于朝，趋附者固自有人；论劾蒙祸，濒死而不悔者，在当时实极盛，即被祸至死，时论以为荣，不似后来清代士大夫以帝王之是非为是非，帝以为罪人，无人敢道其非罪。故清议二字，独存于明代。①

---

① 孟森：《明清史讲义》（上册），中华书局1981年版，第176页。

2　阳明心学

程朱理学独尊的局面持续了100余年，直至正德以后，学术思想界才有了新的声音。陈献章及其弟子湛若水，王守仁及其弟子王畿、钱德弘等人，不满于学术思想的僵化状况，打破理学一统天下局面，开拓了学术思想新局面。

陈献章以"随处体认天理"为宗，在儒学范围内提出了新的观点。他继承和发展了陆九渊的心学，修正和补充程朱理学。他的学说经弟子湛若水的大力提倡，到处讲学，开办书院，产生了广泛的影响，成为当时有名的"江门学派"。

王守仁心学异军突起，以"致良知"的学说，对程朱理学提出挑战，为蹈常袭故的思想学术领域带来了清新的空气，具有开一代学术风气之先的积极作用，在冲破传统观念的束缚和促进人们思想解放方面产生了深远的影响。

王守仁，因筑室阳明洞，人称"阳明先生"，生活在政治、经济空前动荡的时代，他认为，政治、经济的动荡是由于道德沦丧，而道德沦丧是由于学术不明，学术不明是由朱学的流弊造成。于是，他以"正人心，息邪说而后天下可得而治"为己任，从攻讦朱学入手，企图另辟蹊径，为当时的社会探寻一条新路。在这种目的的引导下，王守仁潜心探索心学理论，最后完成了心学思想体系的建构。

王守仁的学说集宋明理学史上心学一派之大成，达到了心学的高峰。他的心学的中心思想，是所谓"发明本心良知"。它注重人的主体精神的价值，以人的存在和精神质量为参照来确立世界万物的意义，这实质上是对人的尊严和价值的确认，有着重要的理论意义和实践意义。

阳明心学的基本观点是"心即理"，"心外无理，心外无物"。也就是说，心是万物、天地的本原，宇宙间的一切事物都是心的体现。这个"心"，就是他所谓的"天理""良知"。他认为，心是知的本体，心自然而然会知，见到父母知道孝，见到兄弟知道悌，看见孺子落井知道恻隐，这就是"良知"。"良知"人人先天具有，所谓"致良知"，就是反观自身而得；所谓格物致知，就是"致吾心之天理于事事物物"。"致良知"就是认识良知，也就是认识自己。王守仁把"致良知"看作"圣门正法眼藏"和"千古圣学之秘"，除此之外，都是邪说、异端。

王守仁反对朱熹"先知后行"的观点，主张"知行合一"。他认为，"行"是意念的发动，是由心产生的，"知"也是由心产生的，因此，"知"和"行"是一个东西。行之明觉精察处，便是知；知之真切笃实处，便是行。按照"知行合一"的体用关系来认识日常事情，那么人的一切行为，如多闻多见、前言往行、好古敏求、博学慎思、温故知新等都是知行合一的。

阳明心学至明代后期风行于世，压倒了曾笼罩一切思想文化领域的程朱理学。阳明学派兴起后，程朱理学日益衰敝。至嘉靖、隆庆后，笃信程朱理学、不受王阳明心学影响的人已经不多。

3　明清之际的启蒙思潮

晚明思想文化领域出现了多元化趋势。在总称为经世致用实学思潮的形成过程中，既有阳明心学的兴盛、李贽等早期启蒙思想的流传，还有东林学派的崇尚传统价值和道德节操，以及明末蓬勃兴起的科学思潮。[①]

万历以后，阳明心学的后继者抄袭师说，不务实学，越来越流于空疏，对于当时的内忧外患毫无解决方法，于是经世致用之"实学"，经过东林书院等的大力提倡应运而生。他们反对阳明心学，重新拥护程朱理学，重视经世致用的实学，提倡气节，以挽救时弊为己任。

实学以回归经学（原始儒学）为旗帜，与心学的空疏相对立，而以经世致用为宗旨。实学认为心学空谈心性，背离了经学经世致用的本意。实学虽然并不排斥"修己"即修身，但要求把儒家学问从专注于个人的心性涵养拓展到一切涉及国计民生的"实用之学"。原来一向为儒林轻视的有关天文、地理、人治之学则被视为"儒者之能事"而为士人所看重，最著名的知识分子黄宗羲、顾炎武、王夫之等人都热衷并娴熟于科学技艺。

与"经世致用"实学的发展和推动密切相关的，是科学思潮的涌起。从16世纪中期到17世纪40年代，中国的自然科学大致分两途发展。一是因时代的召唤而纯粹从中国本土产生的、以探求科学真知为鹄的的自然科学家和科学著

---

① 沈定平：《明清之际中西文化交流史——明季：趋同与辨异》（上册），商务印书馆2012年版，第2页。

作，如李时珍的《本草纲目》和朱载堉的科学思想皆产生于16世纪末西方传教士来华之前；徐弘祖的《徐霞客游记》和宋应星的《天工开物》，虽产生于西方传教士来华之后，但几乎没有受到西方传来的自然科学的影响。二是早年受到中国本土风气影响而产生科学兴趣，又因西学传入而在科学的道路上更加激扬蹈厉，试图会通中西的一批自然科学家，如徐光启、李之藻、李天经、王征等。[①]

明末科学家对中国古代科技成就进行了历史性的总结。自16世纪中叶至17世纪这100多年，是中国科学技术史上一个群星灿烂的时期。各种科学成果异彩纷呈，总结了中国古代所有的科学技术并达到了空前的高峰。

明末的科学思潮坚持经世致用方向，批判空疏学风和迷信观念，抨击脱离实际的科举制度。不论徐光启还是宋应星的著作都抱着富国强兵、改造社会的目的，表现出突破思想禁锢、向往大自然的愉悦和勇于探索的科学精神，强调和重视数学在自然科学中的作用，提倡观察、试验方法和验证手段，突出科学的实证精神。

更重要的是，明末的科学思潮引进了实证科学的基本精神和科学方法。科学主义思潮兴起之时，经传教士传入西方科学技术文化，可以说是风云际会。徐光启等人适逢西方自然科学的公理演绎方法的传入，遂在中国本土近代科学方法萌芽的基础上，全面扬弃笼罩于中古神秘主义迷雾中的传统经验论的思维方式，而开出以"缘数以寻理"为基本导向、以科学实证与公理演绎并重为特征的新思路。[②]或者确如有些学者所说，在这一时期，中国科技已然是繁花似锦，西来的科技知识，更是锦上添花，因而在中国的科学园地里，"群星灿烂，成果辉煌"。

总之，阳明心学对程朱理学的冲击，实学和科学主义思潮的兴起，使中国传统文化出现了改变与变革的倾向，虽然还没有形成巨大的变革浪潮，但思想的禁锢已经松动，中国社会文化领域出现了"多元化"和宽容精神。比如，在魏忠贤专权的时期，仍然有东林党的存在与之抗衡，在稍晚之后又有复社的出现。再比如，晚明各种思想学说竞相出现、相互争鸣，却没有出现由国家主

---

① 萧萐父：《明清启蒙学术流变》，辽宁教育出版社1995年版，第218页。

② 萧萐父：《明清启蒙学术流变》，第219页。

导的"文字狱"。人们把晚明这一时期称为"中国的文艺复兴",不仅因为这一时期在许多文化领域所取得的巨大成就,更因为这一时期孕育文化大发展的环境和氛围。

宽松的文化环境造就思想的解放,而思想解放的标志之一就是对外开放,特别是在思想上的对外开放,即以开阔的胸襟面对外来文化的开放心态。晚明徐光启和李之藻等中国先进知识分子对外来文化所持的开放态度则代表着时代精神的主流。事实上,与西方进行文化交流恰恰反映出中国传统文化的一种内在要求,或者说,是中国传统文化谋求自我更新、自我发展这一趋势的反映。所以西方传教士所带来的新的科学思想和知识无不受到中国先进知识分子的欢迎。[①]

明清之际实学思潮的兴起,宣告宋明理学在学术思想领域中长期统治的终结,在当时乃至后世的学术思想文化领域都具有启蒙意义。实学成为中国学术思想发展的一个重要阶段。继实学之后,清代众多社会启蒙思想家发扬儒学经世致用的传统,对封建君主专制和宋明理学的空疏危害,给予了更为深刻、更为理性的揭露、批判,使早期启蒙思想发展到新的阶段。以颜元、李塨为代表的颜李学派,力斥宋明理学是杀人之学、亡国之学,提倡"实文、实行、实体、实用"的"实学"。戴震提出理学是"以理杀人"的观点,达到了对理学批判的高峰。龚自珍从今文经学的思想出发,讥切时政,批判专制,探求社会改革之方案,关心国计民生之发展,复兴和发扬了清初的社会批判精神和经世致用学风。

晚明兴起的经世思潮在清初仍是最有影响的学术思潮。清初著名思想家大都参加过抗清复明的武装斗争,时代的巨变和坎坷的经历,在深度和广度上对他们的思想观点产生相当大的影响。清初思想博大精深,黄宗羲、王夫之、顾炎武等学术大师们总结了前代思想,开启清代学术门径,形成古代思想史上的又一次百家争鸣的灿烂时代。清初学术界气象博大,以顾炎武、黄宗羲、傅山、王夫之、方以智为代表。顾炎武代表了复归经学以"通经致用"的治学思路;黄宗羲代表了注重史学以推明大道的治学思路;傅山代表了以研究先秦诸

---

① 张铠:《庞迪我与中国》,大象出版社2009年版,第385页。

子学说来对抗儒家"道统"的治学思路；王夫之代表了扬弃程朱陆王以总结宋明道学的思路；方以智则代表了重视新兴"质测之学"以格物穷理的思路。几乎当时每一位学者都能在不同的领域中作出成就。①

4　乾嘉学派

乾嘉学术是清代学术文化发展的主流。乾嘉学术，精于考据，它成了中国传统学术从注重伦理道德向重视知识转变、从包罗万象的道统向分门别类的具体科学转变的一大枢机。②

乾嘉学术是在清初顾炎武开创的朴学基础上发展起来的。顾炎武等人反对宋学的空谈而提倡经世致用，讲求实学，扛起了"舍经学无理学"的大旗来复兴古文经学，他提倡"引古筹今"，开创了清代朴学的传统。继顾炎武之后，康熙时期又有阎若璩著《尚书古文疏证》《四书释地》、胡渭著《易图明辨》《禹贡锥指》、毛奇龄著《四书改错》、顾祖禹著《读史方舆纪要》、姚际恒著《古今伪书考》，以及王锡阐、梅文鼎等关于天文历算之作。他们都专力于考据，并分别在训诂经书、考释历史地理、考辨文献和天文历算方面作出成绩，成为乾嘉学派的先驱。③

乾嘉学派逐渐放弃顾炎武等的治学精神，走上为考据而考据的道路。梁启超曾将清代前期的学术称为"启蒙时期"，其学术代表为顾炎武、阎若璩、胡渭等人，称为"启蒙派"；将乾嘉时期的学术称为"全盛时期"，其学术代表为惠栋、戴震等人，称之为"正统派"。对于启蒙派和正统派的不同之处，他作了这样的总结：启蒙派对于宋学，一部分猛烈攻击，而仍因袭其一部分；正统派则自固壁垒，将宋学置之不议不论之列。启蒙派抱通经致用之观念，故喜言成败得失经世之务；正统派则为考证而考证，为经学而治经学。④

乾嘉考据重怀疑、重证据和实事求是的治学原则，在方法论方面达到了中国古代学术思想史的高峰。朴学学风是对于宋明以来"束书不观、游谈无

---

① 萧萐父：《明清启蒙学术流变》，第290页。
② 萧萐父：《明清启蒙学术流变》，第652页。
③ 梁启超：《中国近三百年学术史》，商务印书馆2011年版，第27页。
④ 梁启超：《清代学术概论》，上海古籍出版社2005年版，第3—4页。

根"空疏学风在实际行动上的否定。乾嘉时代涌现出了一批一流的以考据见长的大学者，如惠栋、戴震、段玉裁、程瑶田、王念孙、王引之、孙诒让、孙星衍、王鸣盛、钱大昕、焦循、阮元等，在学界如群星璀璨、交相辉映。他们以系统娴熟的考据学为标志，形成了中国古代继宋明理学之后的又一个主要学术流派，清代汉学遂显扬于世。

以考据为特长的乾嘉学派，在吸收前人已有成果的基础上，通过训诂笺释、版本鉴定、文字校勘、辨伪辑佚等方法和手段，对两千多年来流传下来的文化典籍，进行了大规模的、认真系统的整理和总结，为保存、研读、理解、使用古代文化遗产作出了可贵的贡献和成绩，涌现更多的学者和著述。在经学、小学、历史、地理、金石、考古，以及工具书、丛书、类书的研究和编纂方面，留下可资借鉴的宝贵成果。

乾嘉学派创立了系统精密的治经方法，对儒家经典义理的研究贡献颇大。他们考证的方法，特别是他们的治经实践，对于中国传统文化的发展，亦有卓越建树。如，经书的笺释，史料的搜补鉴别，典籍的辨伪、辑佚、校勘，文字的训诂、音韵，以及方志、类书、丛书之编纂、整理、刊刻，皆取得了显著的成就。

三　官学与书院：教育文化的繁荣

1　明清的学校教育体制

明太祖十分重视发展学校教育，先后下诏兴办国子监、府学、州学、县学、社学等各级学校。明代的官学主要有两种，即中央一级的国子监及地方一级的府学、州学和县学。此外，还有明廷一再提倡兴办的带有半官方性质的社学。明代教育系统以中央官学、地方官学和社学为主体，形成了较为完整的学制体系。

明代有南、北两京国子监。永乐迁都后，以北京国子监为京师国子监，将原设立于南京的国子监改称南京国子监。正统年间增修后的京师国子监的规制与南京国子监相似，规模很宏伟。国子监是中央官学，其教育内容有着严格的规定，以儒家经典等文化知识为主，此外还要进行习射等军事训练，以及明代所独创的从政实践，即监生的历事制度。由国子监毕业的生员，即可获得出身资格，进入仕途。在明初，教育较为发达，各种制度也颇为完备，教官的选授、考核较为严格，待遇也较优厚，升迁机会较多。

明代地方所属的官学，以府学、州学、县学为主，是地方官学的主体。明代地方设立的官学还包括三氏学、阴阳学和医学等学校。明政府沿袭元制，下诏设立孔、颜、孟三氏教授司（简称"三氏学"），令三氏子孙入学习礼。社学是明朝倡导的由地方建立的小学，是府、州、县学的预备学校。

明代的学校体系完整，从儿童教育到成人教育，从地方到中央都设有学校，形成了一个庞大的教育网。学校除了教育生员、为朝廷培养官僚外，还有另一重要任务是执行社会教化，这是社会教育的一个重要组成部分。

明代学校教育的内容以儒家学说为主，但不同时期对儒家经典的解释有所不同。洪武时采用古注疏及各家的注解，永乐时表彰程朱理学，程、朱等宋儒对儒家经典的解释成为学校教育的法定内容。这些规定，奠定了明代学校教育内容的基本格局。但是，自正德以后，阳明心学逐渐兴盛，在很大的程度上渗入各级学校教育内容之中。万历初年，张居正整顿学校教育，以实学教育生员，对学校教育内容产生了很大的影响。

成化以后，科举制度日益受到重视，只有进士出身的人，才有希望仕至大僚。于是，天下读书人莫不皓首穷经，孜孜于科举之业。明代的科举考试，以"四书五经"为出题范围，尤其重视"四书"，以程朱理学为答卷标准。成化、弘治以后，文章已形成定格，即"八股文"。这样，科举制度逐步完全支配了学校教育。

清代教育制度最初承袭明代教育制度，建立以国学和府、州、县学为基干的学校体系，以教化和育才为两大宗旨，而以教化为基础，以育才为目标。清代官学分中央和地方两大体系。中央官学为国子监，是贡生和监生肄业之处，称国学或太学。国子监的课程设置以"四书五经"和《性理》《通鉴》等书为必修，其他八经、二十一史及其他著作可由学生自选。此外，还有若干隶属于国子监而在监外另辟学舍的学校，相当于国子监的附属学校。地方官学按府、州、县及相当于州县的厅设立。相当于府州县学的还有商学、卫学、土苗学等。地方官学分学区由中央直接管理。每一学区设一提督学政的官员。地方官学按职责是为国子监输送贡生、为科举乡试提供考生。

清代对学校的管理体现了高度的中央集权。明代的国子监设祭酒为长官，隶属礼部，既是教育行政官员又是国子监校长。清代在国子监上设立管理监事大臣一人，由皇帝特命，从满汉大学士、尚书、侍郎内特简。各学区的学政官系中央派遣官，属京官系列，不列于外官系列，因此在地方上颇受地方大吏总督、巡抚礼遇。

清代的官学教育构成教育主体，蒙学与社学也纳入官学教育体系。蒙学和社学都属于官学的学前教育，其共同特点是以进入官学为最高培养目标。蒙学是以识字为起点，社学是以读书为起点；蒙学是完全的民间教育，社学是半官方教育，民办官管。

2　书院的潮起潮落

明初百余年，学校、科举较为发达，书院制度相对冷寂。太祖为了表示偃武修文，重视教化，于是沿袭宋、元之旧，于洪武元年（1368）下令在曲阜设立洙泗、尼山二书院，表示尊孔重教。此后，全国各地也陆续建立了一批书院。洪武十八年（1385）江苏丹阳县令顾信在县学旁修建了濂溪书院，以宋代名儒周敦颐的裔孙周寿山为山长，主持祭祀活动。

在宋元时期即闻名于世的书院，因元末战乱而遭毁弃，在明初相当长的一段时间内仍未恢复。如宋代著名的白鹿洞书院，在元至正十一年（1351）毁于战火。直至明成化元年（1465），督学宪臣李龄募捐增建房舍，并将在学诸生朱晖、梁贵及郡人俊秀向学的子弟召集来充当学生，聘请名儒胡居仁为山长，恢复了教学活动。又如宋代修建的另一著名书院岳麓书院，也在元末战争中毁坏。宣德七年（1432），富户周辛甫父子倡议修复了讲堂等处。成化五年（1469），长沙知府钱公澍再次修建，也仅仅修复了礼殿、岳麓山碑等建筑。这两次修复，都没有招收生徒，恢复讲学。直到孝宗弘治年间，又经长沙府通判陈纲、府同知杨茂元的先后修建，才具备了招收生徒、讲学授业的条件，于是聘请善化县学训导叶性主持书院事宜，恢复了书院的教学活动。吉安的白鹭洲书院也是宋代创建的著名书院，自元至正二年（1342）毁于水灾之后，直到嘉靖五年（1526）才逐步恢复。

　　明成化以后，各地陆续兴建了一些书院，至嘉靖朝，书院的发展达到高潮。在江苏省，从成化至嘉靖年间共创建了30所书院，其中成化年间创办了2所，弘治年间创办了3所，正德年间创办了7所，嘉靖年间创办了18所。在广东，洪武年间创办了2所书院，永乐年间创办了3所，宣德年间创办了1所，正统、天顺、成化、弘治年间各创办了3所，正德年间创办了8所，嘉靖年间创办了78所。

　　名儒王守仁从明弘治十八年（1505）开始讲学活动，所到之处，广招门徒，宣扬自己的学说。正德三年（1508），王守仁被贬到贵州龙场驿，当地人建龙冈书院，他于此讲学。第二年，又于贵阳书院讲学。正德十一年（1516），王守仁以右佥都御史的身份巡抚南安、赣州等地，在江西修建濂溪书院讲学，四方学者闻名而来，致使讲堂都容纳不下。嘉靖三年（1524），王守仁在浙江建立稽山书院，亲临讲学，湖广、广东、南直隶及赣州、安福、泰和等地的学者不远千里前来听讲。王守仁的讲学活动，直接推动了书院的发展。王守仁死后，他的门徒纷纷建立书院，以奉祀守仁，传播心学。他们的分布范围包括江西、福建、浙江、湖广、广东、山东、江苏等地。

　　与王守仁同时的著名学者湛若水，是弘治十八年（1505）进士，选为翰林院庶吉士，擢为编修，累官至南京吏、礼、兵三部尚书。自40岁至逝世前的55年中，他无日不讲学，无日不授徒。因他一生周历列郡，所以他创建的书院甚多，仅在广东即创建了8所书院。

　　王守仁、湛若水等人的讲学活动，直接推动了书院的发展，在嘉靖朝达到极盛。这时期的书院所传授的学问，已很少程朱理学的内容，陆王心学是书院传授的主要内容。书院以学术交流为主，是研究、商榷学问的地方。书院推崇某一位大师，往往设有专门建筑奉祀，所以祭祀活动也是书院的一项重要内容。

　　明中叶以前，书院是进行学术传播、教诲生徒的地方，与朝政没有直接的关系。万历、天启年间，由于朝政腐朽，党争激烈，一些抱道忤时的士大夫，退居林下，以讲学、评论时政为志，同朝政抗争。因而，书院与政治关系甚为密切，已不仅限于讲论学问了，往往十分关心时事和朝政。无锡的东林书院成为这些士大夫荟萃之地，他们借讲学之名，批评时政，裁量人物，对当时朝政产生较大影响。书院发展因此受到朝廷的限制。明代几次限制、禁毁书院，虽然未能将全国各地的书院禁毁，但在不同程度上阻碍了书院的发展。

清朝实行了重儒尊道的文教政策，逐步恢复各地的官学体系。但是，对于重要的文教设施书院却并未提倡恢复。清朝统治者担心书院的活动会使复明反满思想滋漫，顺治九年（1652）便以圣谕的名义禁止建立书院，还要求对各地官学生员严加管束，不许出现类似书院中的那些现象。因此，同年又颁布条教，刻于石碑，立于各地官员的明伦堂前。

但清廷的禁令并没有被严格执行。顺治九年，湖南巡抚彭禹峰聘攸县生员刘自炡主持岳麓书院。顺治十四年（1657）湖南巡抚袁廓宇请求恢复历史悠久的衡阳石鼓书院，得到朝廷的批准。石鼓书院复开后，攸县、常宁县的书院也相继复办。湖南其他地方同时恢复书院的还有澧州直隶州的延光书院、永州直隶州的濂溪书院等。有一些地方的书院不以书院为名，而以先贤祠为名，如周敦颐祠、张载祠、二程祠、邵雍祠、朱熹祠等。之后，各地的书院也悄然兴起。

与前代不同，清代的书院直接接受各级官府的管理，规定由督抚主管省会书院，而学臣处于附属地位，各府、州、县书院则完全由地方官管理。这就形成了与府、州、县官学并行的由地方官管理的另一教育体系。书院的山长，多选用有学识的士人充任，一些从官场退休的有学识的官员往往受聘。清代许多著名学者主持书院，或到书院讲学。

清代的书院虽具有很浓的官学化趋势，但不是完全的官学化，书院的山长虽由官方聘任，但不是官员，在聘期间拥有一定的办学自主权。因而，书院的办学风格同官学相比，能够比较灵敏地反映不同时期的学术风尚，从而形成自己的办学风格。

康熙中叶以后，理学再次被提高到正统地位，一切非理学的学说被视为异端，科举考试以理学家的阐发为正宗，书院的办学风格也深受影响。特别是雍正末年官方确立了扶植书院并将书院置于地方官的管理之下的原则以后，理学和制艺渐成为书院教学的主流。这种类型的书院已同官学教育没有重大区别，都以参加科考为主要教学目标。

四　小说与传奇：文学的辉煌

1　小说创作的成熟与繁荣

明代文学呈现辉煌的局面，无论诗词、散文等正统文学，还是小说、戏曲等通俗文学，都取得了令人瞩目的成就，表现出可喜的艺术开拓。

明代文学最突出的成就是小说的成熟。从文学发展的历史看，中国古典小说经过唐、宋、元三代的酝酿、准备、发展，在艺术方法以及情节、人物塑造、结构和语言诸方面都积累了相当丰富的艺术经验，为明代小说的繁荣打下坚实的基础。同时，小说、戏曲以其自身的创作成就，显示了它们不容忽视的社会作用和文学价值。明代小说达到了很高的成就。在这一时期，小说数量大，作者多，名作多，思想内容广，艺术成就高，样式齐全。就题材来说，有历史演义、英雄传奇、神魔、世情、公案等；就体裁而言，有长篇小说、短篇小说，短篇小说又包括拟话本、小说与笔记，各体皆备，作品丰富，并且出现了《三国演义》《水浒传》《西游记》等经典名著。小说可看作明代文学的代表。

小说在明代空前繁荣的原因，首先是工商业发展，城市繁荣，壮大了市民阶层，形成了表现自己思想要求和生活的广大读者群；传统的宋元话本在新的社会条件下得到继承发展，提供了通俗文学样式；新兴的市民读者要求和社会新的因素的发展，使说书人和文人得以创作加工，提供了"作家"。印刷技术提高，也使小说从口耳相传变为案头阅读成为可能。

中国古典长篇小说的唯一形式是章回小说，其特点是分回标目，段落整齐，首尾完备，以说话人讲述的口气进行，重于叙事。早在宋元的讲史话本就已具有章回小说的雏形。元末明初，出现了一批文人作家根据讲史话本加工改写的长篇小说，如《三国演义》《水浒传》等。这些小说各分为若干卷，每卷又分为若干则，每则各有题目。这些小说的出现，标志着章回小说体系的形成。到明代中叶，长篇小说的回目正式创立。而到明末清初，长篇小说回目采用工整的偶句，逐渐成为固定的形式，章回小说已完全成熟。

明代小说，以被誉为中国文学古典"四大名著"中的《三国演义》《水浒传》《西游记》为杰出代表。其他如《金瓶梅》也是这一时期的经典性名著。

明代中短篇小说也有很大发展。传奇在唐代兴起，唐朝作家创造出以纪传体为主而辅以赋体某些特征、具有完整故事情节的新型小说形式，经过宋、元延续至明。明初传奇小说，在当时和对后世产生过影响的当数瞿佑的《剪灯新话》和李祯的《剪灯余话》。明传奇小说上承唐宋传奇的余波，下开《聊斋志异》滥觞，在中国文言小说史上占一席之地，为后来的拟话本和戏曲提供了大量素材。

明中叶以后工商业的发展、市民阶层的壮大，使通俗小说得到了发展的机会。越来越多作家认识到小说的容量大、反映面广，理论家们给其很高的评价，如李贽就曾把《西厢记》与秦汉文、六朝诗并论，袁宏道也称《水浒传》为逸曲。刻书业的进步和发展，为小说的传布创造了有利的条件，小说的商品化倾向，刺激了小说的创作。万历时期小说创作达到全盛时期，尤其是长篇小说，仅流传下来的便达几十部之多。

从万历开始，拟话本创作之风日盛，形成了短篇小说的繁荣局面。所谓"拟话本"，是指文人由对话本的编辑、加工，进而模拟话本写作，出现了供案头阅读的文人写作的话本。拟话本的体裁与话本相似，都是首尾有词，中间以诗词为点缀，故事性强，情节生动完整，描写人物的心理细致入微，个性突出，比较注意细节的刻画等。但它又与话本不同。鲁迅在《中国小说史略》中认为拟话本是"近讲史而非口谈""似小说而无捏合"，"故形式仅存，而精彩遂逊"。

最早的话本集是嘉靖年间洪楩辑印的《清平山堂话本》，分《雨窗》《长灯》等6集，每集各分上下卷，每卷五篇，共收话本60篇，故全书总名为《六十家小说》，包括宋元话本和明代拟话本。天启年间冯梦龙编辑的《喻世明言》（初题《古今小说》）、《警世通言》《醒世恒言》三部短篇小说集，简称"三言"，每集收话本40篇，包括宋元话本和明代拟话本。"三言"对后世影响较大，此后拟话本的专集大量出现。明末凌濛初在"三言"的影响下，创作了《初刻拍案惊奇》《二刻拍案惊奇》两个拟话本集，简称"二拍"。"三言二拍"代表了明代拟话本的成就，是由话本向后代文人小说过渡的形态。清代小说取得了辉煌的成就，达到中国古代文学小说发展的高峰。清代文学的主要特征是现实主义小说取得了空前的成就，特别是出现了《儒林外史》《红楼梦》这样具有世界影响的巨著。

清初才子佳人小说有张匀的《玉娇梨》《平山冷燕》和署名"教中人"的《好逑传》。《好逑传》是一部中篇小说，叙述御史铁英之子铁中玉与兵部侍郎水居一之女水冰心的爱情故事，在明清之际诸多才子佳人小说中属于上乘。

蒲松龄的《聊斋志异》是短篇文言小说的代表作。《聊斋志异》包括近500篇文言短篇小说，故事来源广泛，既有作者的亲身见闻，也有借鉴过去的题材加以创造的，但大多数作品是采自民间传说。它继承了魏晋志怪小说、唐宋传奇的传统，并加以发展创造。作者表面上是写狐鬼花妖，实际上是写人；借鬼神世界反映社会现实，从而发泄自己的悲愤。

清初至清中叶涌现了一大批长篇小说，最著名的是《儒林外史》和《红楼梦》。吴敬梓所作《儒林外史》反映了广阔的社会环境，具有丰富的思想内容。他抨击以八股文取士的科举制度，揭露封建官僚的贪婪残酷，也剖析了封建道德的虚伪和封建婚姻制度的罪恶，讽刺假托无意功名富贵、自以为清高的假名士。吴敬梓在继承前人讽刺文学传统的基础上，使《儒林外史》达到中国古典文学讽刺艺术的高峰。

曹雪芹百科全书式的长篇小说《红楼梦》是辉煌的纪念碑式的作品，标志着中国古代长篇小说发展的高峰。《红楼梦》以爱情故事为中心线索，在贾府这一世代富贵之家从繁盛到衰败的过程中，写出以贾宝玉和一群红楼女子为中心的许多人物的悲剧命运。它以一个家族家庭为中心，展开了一幅广阔的社会生活图景，社会的各个阶级和阶层，上至皇妃王公，下至贩夫走卒，都得到生动描画。它对贵族家庭的饮食起居各方面的生活细节进行了真切细致的描写，塑造了一批栩栩如生的艺术人物。小说在结构、情节、语言、艺术手法等方面，达到了中国小说前所未有的高度。

2　传奇与杂剧

元代戏剧发展达到高潮，到明代又有所发展。明代戏剧有两种形式：传奇戏曲和杂剧。

明初传奇剧多为应制之作，宣扬忠孝经义。至成化、隆庆，明代剧作突破了前期的束缚，增添了现实的内容，传奇创作异常兴盛。这时的传奇创作出现了两种不同的倾向：一种是始自丘濬《五伦全备记》和邵灿《五伦香囊记》

的所谓"骈俪派"，明确宣称创作在于发明经义，为了教忠教孝，文辞上追求四六骈体和辞藻典故。另一种是继承和发扬南戏的传统，突破了"忠孝"束缚，直接将现实生活中的题材搬上舞台。其代表性作品是3部重要的传奇，即李开先的《宝剑记》、王世贞的《鸣凤记》和梁辰鱼的《浣纱记》。万历时期，传奇作品盛极一时。

汤显祖是明代最伟大的剧作家，其代表作《牡丹亭》（又名《还魂记》）与《邯郸记》《南柯记》《紫钗记》合称为"玉茗堂四梦"。《牡丹亭》表现青年男女为了爱情和自由，冲破封建礼教和伦理束缚，要求个性解放的思想倾向，表达了作者对于真挚的爱情可以超越生死、时间界限的美好希望。《牡丹亭》问世后，引起许多人的共鸣，演出时使有情人"无不嘘唏欲绝，恍然自失"。

清初戏剧发展与繁荣，以李玉和苏州派的崛起为标志。李玉是苏州派的领袖，也是明清传奇作家中写作及存留剧本最多的。他所写的剧本相传达60种之多，见于各种曲目书中著录的有42种。李玉的剧作能够"脱落皮毛，掀翻窠臼"，具有创新精神；题材多样化，具有浓厚的悲剧色彩；当行本色，精于剧艺，舞台性强，便于演出。

明末清初的戏剧家李渔，其家里有以姬妾为主要演员的家庭剧团，到南北各地达官贵人府邸演出自编自导的戏曲。他的剧本有《笠翁十种曲》，多为滑稽剧和风情剧。李渔在继承前人戏曲理论的基础上，结合自己的创作实践，写出了戏曲理论专著《闲情偶寄》，分为《词曲部》和《演习部》。《词曲部》从结构、词采、音律、宾白、科诨、格局6方面论戏曲文学；《演习部》从选剧、变调、授曲、教白、脱套5方面论戏曲表演。

清代戏剧在前期创作上一度出现繁荣。洪昇《长生殿》和孔尚任《桃花扇》代表了这一时期戏剧的最高成就。洪昇是康熙时期著名的剧作家，经过10余年的努力，三易其稿，于康熙二十七年（1688）写成《长生殿》，引起轰动。《长生殿》以安史之乱为背景描写了唐明皇和杨贵妃的爱情故事，共50出，思想内容十分丰富。《长生殿》不仅包含着深刻的意蕴，而且具有高超的艺术造诣。《长生殿》的曲词清丽流畅，富有诗意美、韵律美。全剧使用的几百支曲牌各具色彩，变化无穷，既为歌场熟悉，又符合人物性格和情境氛围。

孔尚任的《桃花扇》是抒情性的历史剧，40出，另外还有试一出《先声》，闰二十出《闲话》，相当于上下本的序幕。续四十出《余韵》是全剧的终结场。此剧取材于当时人们记忆犹新的明末发生在南京之事。它以复社文人侯方域和秦淮名妓李香君的爱情为线索，以南明兴亡为中心事件，将朝政得失、文人聚散交织成一部雄伟悲壮的史诗，展现了明末动荡不已、纷繁复杂的社会生活画面。

五 盛大的图书事业

1 《永乐大典》

明代文化的繁荣与定型，与这一时期图书事业的发展有很大关系。明代图书事业之盛，以编纂大型类书《永乐大典》为代表。

类书是文献资料的汇编，它辑录各门类或某一门类的资料，按照一定的方法编排，是便于寻检、征引的一种工具书。类书类似于百科全书。中国第一部类书是魏文帝时王象、刘邵等人奉敕编纂的《皇览》。唐代的类书有虞世南的《北堂书钞》、欧阳询的《艺文类聚》和徐坚的《初学记》。宋代是中国类书史上的黄金时期，当时大型类书有李昉等人编纂的《太平御览》1000卷，《太平广记》500卷，王钦若、杨亿等编的《册府元龟》1000卷。

明代官修《永乐大典》是中国历史上最大的类书之一。明洪武二十一年（1388），就有人倡议修纂类书，商议"编辑经史百家之言为《类要》"，但未修成。明成祖即位后，欲借修纂类书以炫耀文治，登基不久便命翰林侍读学士解缙等人负责编纂类书，集天下古今典籍于一书之中。在编书过程召集147人，首次成书于明永乐二年（1404），初名《文献集成》。明成祖过目后认为"所纂尚多未备"，不甚满意。翌年再命太子少傅姚广孝和解缙、礼部尚书郑赐监修，刘季篪等人重修，动用2169人编写。组织设监修、总裁、副总裁、都总裁等职，负责各方面工作。当时有人就以"天下文艺之英，济济乎咸集于京师"来形容《永乐大典》编纂的盛况。永乐五年（1407）书成，明成祖定其名曰《永乐大典》，亲自制序，称赞其"上自古初，迄于当世，旁搜博采，汇聚群书，著为奥典"。

《永乐大典》共22937卷，目录60卷，分装成11095册，达3.7亿字，广收上自先秦、下至明初的经史子集百家之言以及天文地理、阴阳医卜、僧道技艺等8000余种典籍。数量是前代《艺文类聚》《太平御览》《册府元龟》等书的五六倍。《永乐大典》保存了14世纪以前中国历史地理、文学艺术、哲学宗教和其他百科文献，比法国狄德罗（Dini Diderot）编纂的百科全书和英国的《大英百科全书》要早300多年，堪称世界文化遗产的珍品。

《永乐大典》在永乐年间纂修完成后，只抄录了一部，叫作"永乐正本"；到嘉靖朝，怕大典有损，又重录了一部，称为"嘉靖副本"。因为两部大典都深藏在皇宫中，没有刊印，流传稀少。至今，《永乐大典》早已散佚殆尽，现经多方搜集，散藏于世界各地的800余卷，不过总数的3%。

2 刻书业和图书市场的发达

明代刻书业和图书市场十分发达。明代图书的出版分为官刻、家刻与坊刻三种。其中坊刻是书坊主自行投资的、以盈利为目的的出版活动。隆庆、万历以后，随着商品经济的发展，在一些商业比较繁荣的江南城镇，出现了大大小小的书坊。其中仅南京一地就有150余家书坊。商业出版因此空前繁荣，图书开始大规模地进入商品流通领域。

从嘉靖年间开始，很多书坊开始刊行白话小说，如《西游记》就是在嘉靖时成书并刊行的，《水浒传》和《三国演义》虽然成书于元末明初，但其广泛刊行也是始于嘉靖年间。到万历年间，白话小说的出版达至鼎盛并持续至明末。这一时期，各大书坊依然争相刊刻《三国演义》《水浒传》《西游记》。《三国演义》刊刻后，一大批历史演义小说创作并刊行，每个朝代都有对应的历史演义小说出版，而且有的还有好几种版本。《西游记》畅销后，神魔小说的创作和刊刻也掀起了一个高潮。一些书坊还组织编纂和刊刻了三大名著的续本，如《西游补》《续编三国志后传》《后水浒传》等。晚明反映普通市民阶层生存状态和价值观念的世情小说的刊刻更是异常繁荣，其中长篇以《金瓶梅》为代表，短篇小说集则以"三言二拍"为代表。为了与大众流行出版物相区别，文人雅士积极设计刊刻将诗、书、画、印等艺术形式结合起来的书籍。

刻书业的发达与图书市场的发展密切相关。大都市书肆都比较集中，形成了作为图书交易中心的书市。明人胡应麟在《少室山房笔丛·经籍会通》中对当时国内四大书籍交易中心作了详尽记述："今海内书，凡聚之地有四，燕市也、金陵也、闾阖也、临安也。""凡燕中书肆，多在大明门之右及礼部门之外及拱宸门之西，每会试举子则书肆列于场前，每花朝后三日则移于灯市，每朔望并下浣五日则徙于城隍庙中。灯市极东、城隍庙极西，皆日中贸易所也，灯市岁三日、城隍庙月三日，至期百货萃焉，书其一也。""凡金陵书肆，多在三山街及太学前，凡姑苏书肆多在阊门内外及吴县前，书多精整，然率其地梓也。"

3　《古今图书集成》与《四库全书》

《古今图书集成》《四库全书》等大百科全书的编辑和整理，集中体现了清代对中华传统文化的系统化总结。

《古今图书集成》是中国现存最大、搜集最博的大型类书，清康熙年间陈梦雷奉敕纂修。自康熙四十年（1701）十月起，陈梦雷根据"协一堂"藏书和家藏图书共1.5万余卷，开始分类编辑。经过"目营手检，无间晨夕"的辛勤劳动，到康熙四十四年（1705）五月，终于编成大型类书《古今图书集成》。全书共1万卷，目录40卷，分历缘、方舆、明伦、博物、理学、经济6编；每编分若干典，共32典；每典又分若干部，共6109部。该书内容繁富，区分详晰。所辑内容，往往整篇、整节抄录，不加删改，并详列出处。此书在编排体例上颇为严谨，分类序列，层次分明，所辑资料无不逐项排比，系统性强，充分体现了类书"以类聚事"的特点。全书约1.6亿字，分订5020册，装520函。其内容庞博，被后人称为"康熙百科全书"。

《四库全书》是历史上最大的一部官修丛书，是明清文化发展的一件盛事。清乾隆三十七年（1772），乾隆皇帝下诏征求天下藏书。同年十一月，安徽学政朱筠借征书之机提议，校勘《永乐大典》，并将其中亡佚及不常见的古书，抽出缮写，各自为书。此提议深得乾隆皇帝嘉许，这直接促成了《四库全书》开馆纂修。"四库全书馆"以永瑢、纪昀等总裁编纂，以全国各地采集、进献、内府原藏、《永乐大典》、敕撰等方式汇集天下之书，历10年成书。

《四库全书》可以称为中华传统文化最丰富、最完备的集成之作。《四库全书》共收书3503种，79337卷，3460多种，36000多册，分为经、史、子、集四部，故名《四库全书》。其中"经部"分为易、书、诗、礼、春秋、孝经、五经总义、四书、乐、小学10类；"史部"分为正史、编年、纪事本末、别史、杂史、诏令奏议、传记、史钞、载记、时令、地理、职官、政书、目录、史评15类；"子部"分为儒家、兵家、法家、农家、医家、天文算法、术数、艺术、谱录、杂家、类书、小说家、释家、道家14类；"集部"分为楚辞、别集、总集、诗文评、词曲5类；总共44类。

《四库全书》动用了庞大的编书队伍，从四库全书馆正式成立，到第一部书成，历任馆职者共360人，另外，担当誊写、装订等工作的有3826人。鸿才硕学荟萃一堂，艺林瀚海，盛况空前。虽然由数千人抄写，但字体风格端庄规范，笔笔不苟，如出一人。

《四库全书》书成之后，乾隆皇帝下旨抄录7份，分贮于北京紫禁城文渊阁、圆明园文源阁、盛京皇宫文溯阁、热河行宫文津阁、扬州大观堂文汇阁、镇江金山寺文宗阁和杭州圣因寺文澜阁。

第二十二章
东西方文明共生与交融

一 东西方文化大交流

1 丝绸之路的大畅通

由于打破民族的疆域、拆除文化的藩篱以及贸易道路的通畅，亚洲文明进入一个东西方文化大交流的时代。亚洲各地各民族在旅行、贸易、交流和互动方面比以往任何一个时期都更为频繁和密切。蒙古以及其他游牧民族所建立的庞大帝国为这一跨文化交流互动提供了政治基础。当他们征服并平息了广大地区时，游牧民族为过往的商人、外交人员、传教士以及其他旅行者提供了安全的通道。[①]

从汉代张骞通西域开始，就建立起贯穿欧亚大陆的交通大通道——丝绸之路。这条丝绸之路承担起东西方物质和文化交流的重要使命。但是，这条大路并非时时畅通，在汉代就曾"三通三绝"。唐代安史之乱以后，中国通西域的道路已不大通畅，到了宋代，特别是南宋时，因辽、金、西夏的阻隔，中西陆路交通中断多年。元代对外交通的一个突出成就，就是陆路交通得到恢复和发展，丝绸之路实现空前的大畅通。当然，道路之所以这样自由畅通是以残酷征战为代价的，是蒙古征服的客观后果。中国、突厥斯坦、波斯、俄罗斯在一个大帝国之中，在蒙古王公们的统治之下，按严格的扎撒进行管理，这些王公们关心商旅的安全，宽容各种信仰，重新开通了世界陆上与海上的大道。历史上第一次，中国、伊朗与欧洲互相之间开始了真正的接触。这是震惊世界的成

---

① ［美］杰里·本特利、赫伯特·齐格勒著，魏凤莲、张颖、白玉广译：《新全球史——文明的传承与交流》，北京大学出版社2007年版，第598页。

吉思汗征服所产生的意想不到的结果。[①]

1221年，长春真人丘处机奉成吉思汗之命西行，由燕京北上，经过蒙古高原，越过金山（阿尔泰山），经天山北路至阿里麻里城（今新疆霍城东），沿着亦列河（伊犁河）谷，向西越过吹没辇（楚河），到达塔剌思（今哈萨克斯坦江布尔），经察赤（今乌兹别克斯坦首府塔什干），渡过霍阐没辇（今锡尔河），到达邪米思干（撒马尔罕）及其南面的天险铁门关，渡过乌浒河（今阿姆河）到达大雪山（兴都库什山）。这是走丝绸之路北道的东段。

为了保护商旅和有利传递信件，成吉思汗在西征时就开辟了官道，窝阔台开始建立"站赤"即驿站制度，忽必烈则把站赤制度推行到元廷势力所及的一切地方。蒙古帝国的驿站十分发达，无论是设置、管理还是功能、建制，都达到了前所未有的发展水平。据记载，元朝腹地和各行省的驿站共有1400处。站赤中有驿令、提领等官。站赤中的各级官吏皆归通政院及中书兵部统一管理。站户有逃亡的，要及时签补，并加以抚恤和赈济。为了保证站赤的正常运行，对随路官员及站赤人等的过往进行严格的规定，站赤官员要对过往行人进行严格盘查，要根据是否带有文字牌面来决定是否给予马匹。

站赤的发达标志着蒙古帝国国内交通的发达。依靠站赤制度，"梯航毕达，海宇会同"，超过以前任何一代。在四通八达的驿道上，各国使节来往不绝，贩运队商相望于途，呈现空前活跃的局面。马可·波罗以及柏朗嘉宾、鲁布鲁克等人都是通过这条道路从遥远的欧洲进入中国的。驿站不仅是商人、僧侣、使节等各色人往返的歇息之地，而且也是输送东西方文化的传递站，是文化的辐射地和集散地。

2　东西方文化大交汇的时代

蒙古西征造成了欧亚大陆上广泛的人员交流和民族交融。在蒙古大军的三次西征中，一方面，有大批蒙古士兵驻扎在征服占领的广阔领土上，同时也有成千上万的蒙古族人和汉族人从中国迁至中亚、波斯、阿拉伯地区乃至欧洲；另一方面，也有大批的西方人迁徙到东方。

---

① 　［法］雷纳·格鲁塞著，蓝琪译：《草原帝国》，商务印书馆1998年版，第398页。

　　蒙古帝国的出现极大地推动了东方的全球化。这一帝国将东方和西方连接成一个密切相连的贸易空间。①畅通的道路带来了空前的人员往来的便利。蒙古征服者在中国和西亚所造成的这种特别关系，不仅将陌生人从遥远的西方输送到中国及其边境，而且也将中国人从中央王国传输到遥远的地方。在马可·波罗、柏朗嘉宾和鲁布鲁克等人的记载中，都提到在大都、和林以及中国的其他地方见过来自欧洲不同国家的人，有的是在大汗的宫廷里服务的工匠。教皇的使节，从印度来的佛教僧人，巴黎、意大利和中国的技工，拜占庭和亚美尼亚的商人，阿拉伯官员，波斯和印度的天文学家及数学家都汇集在蒙古宫廷里。英国作家韦尔斯说，我们在历史上听得太多的是关于蒙古人的战役和屠杀，而听得不够的是他们对学问的好奇和渴望。也许不是作为一个有创造力的民族，但作为知识和方法的传播者，他们对世界历史的影响是很大的。②

　　在这一时期，蒙古的都城哈剌和林和元朝大都先后成为国际交流的政治中心和文化中心。1229年窝阔台继大汗位后，选定位于今蒙古乌兰巴托附近的哈剌和林作为都城，修茸一新，使之成为一座热闹非凡的国际都市。在哈剌和林城中，不但有畏兀儿人、回回人、波斯人，而且有匈牙利人、弗来曼人、俄罗斯人，甚至还有英国人和法国人。布雷斯劳、波兰、奥地利有人奔赴东方，威尼斯人、热那亚人和犹太人也前来进行贸易。忽必烈入主中原后，建元朝大都（原辽朝南京、金朝中都，今北京）。元大都是中国古代最后一座按照预先的整体规划平地兴起的都城，是13—14世纪世界上最宏伟壮丽的城市之一，其严整的规划布局，建筑的技术、艺术水平都是当时世界上罕见的。由于忽必烈同时是各蒙古汗国的大汗，所以大都成为远至多瑙河和幼发拉底河的世界之都，成为一个国际性的大都市。在大都聚集了来自亚欧各地的贵胄、官吏、卫士、传教士、天文学家、阴阳家、建筑师、医生、工程技术人员以及乐师、美工和舞蹈家等。

　　除哈剌和林和大都外，当时还有一座国际化的大都市，即上都。上都位

---

① ［英］约翰·霍布森著，孙建党译：《西方文明的东方起源》，山东画报出版社2009年版，第41页。

② ［英］赫·乔·韦尔斯著，吴文藻等译：《世界史纲》，人民出版社1982年版，第763页。

于今内蒙古锡林郭勒盟正蓝旗境内，是元朝仅次于大都的第二个政治、军事、经济和文化中心，由忽必烈于1256年修建，初名开平府，1264年改名元上都。每年4—7月元朝皇帝率群臣到这里避暑并处理政务，元朝的很多重大事件都在这里发生。元朝各方人士汇聚上都，使它成为当时"蒙古草原上最繁荣的城市"。由于上都的政治地位，贵族、官僚、商人云集于此，许多来华的外国人也聚于此。元朝有人写诗称赞上都之盛："明德城南万骑过，御天门下百官多"，"西关轮舆多似雨，东关帐房乱如云"。

空前的人员大流动造成了空前的文化大交流。在这100多年的时间里，在欧亚大陆上出现了前所未有的"流动"浪潮，有各类人员的流动、物质商品的流动、技术发明的流动、思想观念的流动、文化的流动。蒙古人的征战和统治为这一切的流动创造了广泛的条件和基础，他们本身就是文化交流的载体，他们也在创造一切可以使更广泛文化交流得以实现的载体。蒙古人没有取得科技突破，没有建立新的宗教，也鲜有著作或剧作问世，且没有给世界带来新的农作物或农业方法。他们自己的工匠不能织布、冶炼、制陶，甚至不会烘烤面包。他们不会制瓷做陶，不会绘画，也不会盖房子。然而，当他们的军队征服一个又一个的文明之后，他们收集每一个文明的所有技术，并将它们传递于各文明之间。蒙古人不仅在货物方面，而且也在思想与知识方面，有意识地为世界打开一个全新的经贸开放之门。蒙古人给中国带去了德国矿工，并将中国医生带到波斯。交流范围所及，大小不一。他们将地毯的使用推广到其所到之处，并将柠檬与胡萝卜从波斯移植到中国；同样，中国的面条、纸牌和茶叶也传播到西方。他们从巴黎带回一位工匠，在干旱的蒙古大草原上打井，征募英国贵族在他们的军队里做翻译，并将中国按指印为凭的经验带到了波斯。他们资助在中国建造基督教堂，在波斯建造佛教寺庙和佛塔，在俄罗斯建造穆斯林学校。蒙古人横扫全球，既为征服者，也充当了人类文明的载体。[1]

---

① [美]威泽弗德著，温海清、姚建根译：《成吉思汗与今日世界之形成》，第11页。

二　文艺复兴与亚洲文明

1　蒙古西征改变了欧洲人的世界观

前文已经多次提到亚洲文明对于欧洲文化，特别是对于在欧洲文化史上有重要地位的文艺复兴的影响。文艺复兴是一次人类从未经历过的最伟大的、进步的变革，这种变革不是在个别领域、个别层面上，而是全方位的、涉及文化各个层面、渗透社会生活各个领域的变革。正是经过这次历史性变革，西方的历史以及整个世界史走出了中世纪，进入了以理性和科学为旗帜的近代文明。

文艺复兴时期在思想文化领域表现出一个明显的特点：先进思想家们在从事新的文化的研究和创作中，广泛地利用古代希腊罗马的思想资料。在中世纪，这些古代的文化成果遭到严重摧残，古希腊罗马古典文化在欧洲已经荡然无存。直到欧洲人发动了数次十字军东征，在亚洲大地发现了比他们先进、繁荣和辉煌的东方文明，同时也发现了经由阿拉伯人保存和阐释的古希腊罗马文化。柏拉图和亚里士多德的著作都由阿拉伯人的"百年翻译运动"得以保存，得以翻译、研究和传播。12—13世纪以后，古代典籍陆续从阿拉伯国家重新传入欧洲。在反对中世纪神学世界观的斗争中，先进思想家们对非基督教的古代世俗文化产生了兴趣，怀着极大的热情搜集、整理古代文化典籍，发掘古代文化遗产，研究古代语言、历史、文艺、科学和哲学，仿照古典作品进行创作。古典文化的研究蔚然成风。这也是"文艺复兴"一词的最初含义。所以，影响西方文化历史的文艺复兴运动，正是在亚洲文明的激励、启发下发生的。这是东西方文化交流史上最壮丽的一章。

不仅如此，此后不久发生的蒙古人的西征，也给欧洲人巨大的文化刺激。在元帝国时代，形成了一个全球文化的新趋势，这一全球性文化经过几个世纪的发展，已经成为现代世界文化发展的基础。当时，全面开放的态势、大规模的人员和物资交流、地理空间的开拓，使欧洲人在思想观念上发生深刻的变化。许倬云指出：蒙古远征西方，它扩张的地区很远，影响其他地区远比中国深远。直到后来，俄国和印度莫卧儿王朝的建立皆是受蒙古西征的影响所致。如果跳出中国的圈子来看这个问题，便能发现它的波澜更壮阔，而对解释世界一些地方的现象也更有趣。①蒙古帝国靠的不仅是技术，在很大程度上它是基于新观念和新方法，以此来组织安排公共生活，这些观念在欧洲激发出新思维和新实践。蒙古帝国的一般原则——纸币、国家高于教会、宗教信仰自由、外交豁免权和国际法等，都是具有重要意义的新观念。②这些新观念不同程度地被接受、发生影响，直接地改变了欧洲人的许多观念，成为引发文艺复兴运动的思想基础。所以，我们相信："在西方文艺复兴的背后，屹立着东方。"③

欧洲人的各个方面——战争、商业、衣着、饮食、科技、文学、艺术——都由于蒙古人的影响，而在文艺复兴时期发生了改变。除新的战争方式、新机器和新食物外，在日常生活最世俗的方面也得到改变。例如，欧洲人改穿蒙古织物，穿短裤和短上衣，而不是束腰外衣和长袍；用草原式的琴弓演奏他们的乐器，而不用手指弹拨；使用新风格进行绘画；欧洲人甚至捡拾蒙古人的惊叹词"呼累"（hurray），当成一种虚张声势和互相鼓励的热情喊叫。④蒙古人给欧洲人带来华丽的货物和奢侈的珍品。意大利作家但丁、薄伽丘和英国作家乔叟用"鞑靼绸""鞑靼布""鞑靼缎"等词汇，作为世界上最精美衣料的术语。⑤

2　文艺复兴与四大发明

在蒙古人通过三次西征建立起跨欧亚大陆的超级大帝国的时代，中国的四大发明陆续传播到欧洲，成为从外部刺激西方文化系统发生蜕变和更新的重要文化要素。四大发明对西方乃至整个世界的历史进程起到了革命性的作用，推动和促进了整个人类文明的结构性改变。

---

①　许倬云：《中国文化与世界文化》，广西师范大学出版社2006年版，第16页。

②　［美］威泽弗德著，温海清、姚建根译：《成吉思汗与今日世界之形成》，重庆出版社2009年版，第288页。

③　［英］约翰·霍布森著，孙建党译：《西方文明的东方起源》，山东画报出版社2009年版，第120页。

④　［美］威泽弗德著，温海清、姚建根译：《成吉思汗与今日世界之形成》，第13、286页。

⑤　［美］威泽弗德著，温海清、姚建根译：《成吉思汗与今日世界之形成》，第286页。

这是一个中西文化大流动、大交流的时代，也即欧洲发生文艺复兴运动的前夜。正是在这样一个文化接触的汇合点上，四大发明发挥的作用和影响远远超出了其本身的技术性范围，成为刺激文艺复兴运动并为其推波助澜的外来力量。这是一种不可低估、不可替代、更不可否定的来自东方的文化力量。

有许多文化史研究者指出四大发明对于文艺复兴的这种推动作用，认为如果没有中国的这些伟大发明，就没有欧洲的文艺复兴。

在文艺复兴时期的古典文化复兴过程中，造纸术和印刷术的传入恰如其时，提供了强有力的武器和推动力量，刺激并推动了欧洲自由讨论风气的形成和文化知识的广泛普及。印刷术的发明根本上改变了图书的流通方式和人们的阅读方式，使阅读不再是少数人的特权，而变成了一种可以大众共享的文化形态。对于文明的发展史来说，这是一个具有重大意义的变化。这一时期，显然是传播知识、发展贸易和强调用白话而不是用古文进行新文学创作的时期。在那种复杂的情况下，在传播公开的、可接受的、地方的经验和知识方面，印刷术是一种主要的媒介。印刷术具有人文主义和公开性，在商业上颇有活力，能够开阔人们的眼界、帮助人们认识世界和改造世界，因而得到了广泛应用。①

由于书籍带来的文化知识的广泛传播，欧洲人进入了新的境界，学术中心由修道院转到各地的大学，而在大学中聚集了各种新的思想，进行着科学的研究与探索，孕育了崭新的近代文明。英国作家韦尔斯说，对人类社会各种事物的自由探讨和坦白陈述的精神，即思想自由和良心自由的精神，在这一时期逐渐形成，并发扬光大。这种精神在书籍印成以前虽已开始萌生，"但把它们从朦胧状态中解放出来的却是印刷术"。②

造纸术和印刷术加速了欧洲近代文明的到来，而火药和火器的传入，则为打破旧有的统治秩序提供了强有力的物质力量，改变了欧洲的政治格局，宣告了欧洲中世纪的结束。法国启蒙思想家孔多塞指出，火药和火器的发明，改变了作战方式，使战争这种"艺术"发生了一场革命。孔多塞还说："铁盔铁

---

① ［英］德博诺编，蒋太培译，李融校：《发明的故事》（上册），生活·读书·新知三联书店1986年版，第133页。

② ［英］赫·乔·韦尔斯著，吴文藻等译：《世界史纲》，人民出版社1982年版，第816页。

甲，几乎是无懈可击的骑术，使用长矛、长枪或刀剑——这种贵族对平民所具有的优势终于全都消失了；而摧毁对人类的自由的和对他们的真正平等的最后这道障碍的，却是由于最初一眼看去似乎是在威胁着要消灭整个人类的这样一种发明。"①

对于火药和火器西传的历史意义，恩格斯作了更为精湛的概括："在14世纪初，火药从阿拉伯人那里传入西欧，它使整个作战方法发生了变革。……火器一开始就是城市和以城市为依靠的新兴君主政体反对封建贵族的武器。以前一直攻不破的贵族城堡的石墙抵不住市民的大炮；市民的枪弹射穿了骑士的盔甲，贵族的统治跟身披铠甲的贵族骑兵队同归于尽了。"②"但是火药和火器的采用绝不是一种暴力行为，而是一种工业的，也就是经济的进步。不管工业是以生产什么东西或破坏什么东西为目的，工业总是工业。火器的采用不仅对作战方法本身，而且对统治和奴役的政治关系起了变革的作用。"③恩格斯在这里指出的火药和火器的意义，不仅是在军事装备上的改进和作战方式的改变，而且深入社会文化的层次，着重指出了它对于经济进步的意义，推动了社会生产力的发展，同时也成为引起社会变革的一个契机。军事的变化、经济的发展以及社会政治关系的变革，都是在这一时代的欧洲具有重大历史意义的事变。从中国传去的火药和火器对摧毁欧洲封建制度起到了重要作用，从而给欧洲历史和文明的发展进程以极大的推动。

至于指南针，它的直接影响在于开辟了欧洲大航海的时代，而"美洲和环绕非洲的航路的发现，给新兴的资产阶级开辟了新的活动场所。东印度和中国的市场，美洲的殖民化，对殖民地的贸易，交换资料和一般商品的增加，给予了商业、航海业和工业空前未有的刺激，因而也就促进了崩溃着的封建社会内部所产生的革命因素的迅速发展"④。

总而言之，作为西方文化发展史上具有划时代意义的文艺复兴运动，从

① ［法］孔多塞著，何兆武译：《人类精神进步史表纲要》，生活·读书·新知三联书店1998年版，第97—98页。
② 《马克思恩格斯选集》第3卷，人民出版社1972年版，第207页。
③ 《马克思恩格斯选集》第3卷，第207页。
④ 《马克思恩格斯全集》第4卷，人民出版社1958年版，第467页。

一开始就受到四大发明以及与此相关的其他中国文化因素的刺激和推动，并以此为物质前提。四大发明的传入，激励和开发了西方文化系统内部的活跃因素，从而使西方文化的历史大变革成为可能。恩格斯曾经指出："大量的发明以及东方发明的输入，它们不仅使希腊文学的输入和传播、海上探险以及资产阶级宗教改革真正成为可能，并且使它们的活动范围大大扩展，进展大为迅速。"①

中国的四大发明不仅为文艺复兴提供了物质基础，而且成为促进资本主义产生和现代人类精神解放、科学文化昌明的最强大的力量。正如马克思所说："火药、指南针、印刷术——这是预告资产阶级社会到来的三大发明。火药把骑士阶层炸得粉碎，指南针打开世界市场并建立殖民地，而印刷术变成新教的工具。总的来说，变成科学复兴的手段，变成对精神发展创造必要前提的最强大的杠杆。"②

因此，四大发明的伟大历史意义和文化意义受到人们普遍的承认和高度评价。早在17世纪初，英国哲学家弗兰西斯·培根（Fransic Bacon）就曾充分肯定印刷术、火药和指南针等发明的重大意义，虽然他和当时的人们一样，还不知道这些伟大的技术成果来源于中国。他说："我们还该注意到发现的力量、效能和后果。这几点是再明显不过地表现在古人所不知、较近才发现、而起源却还暧昧不彰的三种发明上，那就是印刷、火药和磁石。这三种发明已经在世界范围内把事物的全部面貌和情况都改变了：第一种是在学术方面，第二种是在战事方面，第三种是在航海方面；并由此又引起难以数计的变化来；竟至任何帝国、任何教派、任何星辰对人类事务的力量和影响都仿佛无过于这些机械性的发现了。"③

培根还写道，在发现新大陆，发现印刷术、火药、罗盘以后，继续在旧知识和旧发现基础上前进是可耻的；世界已经发生变化，生活的许多领域中已完成了巨大的变革：印刷术已变成科学，火药已变成军事艺术，人借助于罗盘

① 《马克思恩格斯全集》第20卷，人民出版社1971年版，第530页。
② 《马克思恩格斯全集》第47卷，人民出版社1974年版，第427页。
③ ［英］培根著，许宝骙译：《新工具》，商务印书馆1984年版，第103页。

可以横渡海洋。虽然这些发现是偶然的，它们却在人类发展史上起了重大的作用。如果说偶然的发现在人类发展中起了如此巨大的作用，那么不难推测：如果在发现的基础上建立起科学，社会的进步将会多么巨大。要为系统的发现指明道路，必须建立新科学。新发现形成新知识，而新知识乃是人类用来驾驭自然的工具。

在培根以后的几百年中，整个世界都发生了巨大的变化。四大发明不仅被公认为是中华民族对人类文明作出的重大贡献，它们的文化价值和历史影响也越来越充分地显示出来。

三　郑和下西洋：链接亚洲大海路的远航

1　郑和七下西洋

宋、元两代，中国与东南亚和南亚各个国家的官方交往和民间交流都比以前有所发展，海上丝绸之路进一步开辟和延伸，商船往来不断，贸易活跃繁荣。而至明初，中国与东南亚和南亚的交往和文化交流，出现了一次前所未有的高潮。而这个高潮的出现，则肇始于号称"明初盛事"的郑和下西洋。

按今天的航区概念来说，以马六甲海峡西口为界，其西的广大北印度洋水域为"西洋"，其东的东南亚和东亚水域为"东洋"。[1]

郑和下西洋不是简单、孤立的事件，而是永乐时期文治武功和对外交流的有机组成部分。明初洪武至永乐年间，海内升平日久，国运昌隆，明朝是当时亚洲乃至世界强国。明朝皇帝更倾心于追溯历代盛世中帝王的治绩，向往在海外树立威望，享有盛名。因此，明朝对海外诸国采取了以和平外交手段广为联络，建立以中国为主导的和平相处局势的方针。这种方针也就是所谓与海外诸国"共享太平之福"，要建立一种国际和平环境，既在各国之间消除欺寡凌弱的现象，又使中国免受外患的威胁，并发展中国与亚非各国在政治、经济、文化诸方面的友好关系。成祖即位之初，即派遣使臣诏谕南海诸国入贡。成祖有意于经营四夷，欲效秦皇、汉武，遣使四出，"宣德化而柔远人"，以和平

---

① 孙光圻：《中国古代航海史》，海洋出版社1989年版，第498页。

方式竭力构建明朝视野中的世界新秩序。永乐皇帝派遣郑和数下西洋，就是为了贯彻、实现这一外交方针。

因此，郑和下西洋的旷世壮举，正是明朝初期为大力发展与海外诸国的外交关系，包括文化交流和贸易关系的一项重大举措，是古代中国致力于走向世界、建立以"天朝礼治秩序"为基本框架的国际关系格局的一次重要努力。当然，这样的重大举措和努力也并非偶然出现，它是中国向海外开放历史长过程的延续，特别是中国与东南亚、南亚广大地区交通往来历史过程的延续。而宋、元以来造船和航海技术的发展以及宋、元两代发展的中国与东南亚、南亚各国的海上交通，为郑和下西洋提供了历史的和技术的前提；明初国内生产的繁荣、经济的发展，为郑和大规模的航海活动提供了雄厚的物质基础。

郑和下西洋的船队是一支规模庞大的船队。郑和的船队每次远航，随行者总在2.7万—2.8万人之间。郑和船队完全是按照海上航行和军事组织进行组编，在当时世界上堪称一支实力雄厚的海上机动编队。

郑和下西洋，先后7次，历时近30年。前三次郑和船队的活动范围不出东南亚和南亚，主要为解决中国在东南亚和南亚所面临的一系列问题，树立起中国在东南亚和南亚各国中的威信，"重振已坠之国威"，进行广泛的外交活动。后期四次的主要任务，是向南亚以西继续航行，到达波斯湾以远地方，通过开辟新的航路，让从来不通中国的海外远国，重译而来，"宾服"中国。在后期航海中，郑和船队经过南洋群岛，横渡印度洋，取道波斯湾，穿越红海，沿东非之滨南下，最远到达赤道以南的非洲东部沿岸诸国及马达加斯加岛一带，分航甚至远达西非沿岸。

郑和七次下西洋，所航行的路线略有不同。在航海沿途，船队设立了4大交通中心站和航海贸易基地。这4大交通中心站分别是占城、苏门答腊、锡兰山别罗里和古里。占城和苏门答腊属于中南半岛、马来半岛范围，为郑和船队发展南海及南洋海上交通，与东南亚各国进行航海贸易的要冲之地。别罗里和古里属印度半岛及其附近范围，为郑和船队发展印度洋和阿拉伯海上交通，与南亚、西亚和东非各国进行航海贸易的要冲之地。主船队利用这4大交通中心站，遵循惯常的主航线，与亚非各国开展贸易活动。此外，还分成若干分船队。从这4大基地出发，形成几条主要的分船队航线：

（1）以占城新州港为据点，分别向东南的渤泥与西南的中南半岛和马来半岛诸地进发。

（2）以苏门答腊为据点，一支北航榜葛剌，一支西航锡兰山，前往印度半岛西南海岸各国及其邻国。

（3）以古里为据点，一支北航波斯湾直达忽鲁谟斯，或绕阿拉伯半岛经祖法儿、阿丹，深入红海到天方国；一支则北航经波斯湾、亚丁湾，过曼德海峡，沿索马里的北海岸到东北方再经过须多大屿（索科特拉岛）、葛儿得风（瓜达富伊角）和哈甫泥（哈丰角），到达非洲东岸各国；一支则经小葛兰径航东非沿岸的木骨都束、卜剌哇、竹步、麻林、慢八撒等地。

（4）以锡兰山别罗里为据点，西南经溜山国直航东非沿岸木骨都束国。①

郑和船队以上述4大交通中心站为海运的枢纽，在广大的海域内建立起纵横交错的海上交通网络。从永乐三年（1405）首次下西洋，至宣德八年（1433）结束最后一次航程，郑和"总率巨腙百艘"，"浮历数万里，往复几三十年"，到达亚非30多个国家和地区，在世界航海史上谱写了光辉的一页，创造了巨大的功绩。

郑和在历次出航中，都认真贯彻明王朝的和平外交方针，致力于发展与各国的友好关系，使明朝的国际威望大大提高，与海外诸国的官方关系更为密切，取得了重大的外交成就。由于郑和下西洋的影响，明永乐、宣德年间与东南亚、南亚等地区的交通往来出现空前繁荣的盛况。许多国家纷纷向中国派遣使节，以通友好。

2　郑和建立的海外贸易据点

郑和下西洋对发展中国与海外诸国的贸易关系、促进物质文化交流有重大贡献。为了方便贸易活动，郑和船队还在沿途设立了3个贸易据点。

在马来半岛一带，船队的贸易据点设在满剌加。满剌加的西北端通印度洋的安达曼海，东南端连接南中国海，是连接沟通太平洋与印度洋的国际水

---

① 郑一钧：《郑和下西洋对15世纪初期世界文明发展的贡献》，王天有、徐凯、万明编：《郑和远航与世界文明——纪念郑和下西洋600周年论文集》，北京大学出版社2005年版，第32—33页。

道。满剌加在当时是东南亚各国的一个商业中心区，也是东西洋水陆交通的枢纽，为郑和船队往东南亚以西远航必经之地。郑和下西洋都要途经满剌加，并在此设立基地。中国宝船西行赐命"互市"及东回时，均以满剌加为停装货物及分聚之所。

在阿拉伯半岛一带，船队以忽鲁谟斯为其航海贸易的据点。忽鲁谟斯，即霍尔木兹，在今伊朗东南米纳布（Minab）附近，临霍尔木兹海峡，废址在霍尔木兹岛北岸，扼波斯湾出口处，此地位处亚、欧、非三洲之中，为中世纪著名的国际贸易中心，又是海上交通的孔道。自印度洋进入波斯湾以至巴格达诸大城，此为必经之地。忽鲁谟斯是在有关郑和航海的史书文献中出现频率最高的地名之一，也是郑和下西洋的主要目的地之一。郑和第四次下西洋时，抵达忽鲁谟斯，在此建立了贸易据点，从那里派遣分舰队赴红海和东非。郑和第五、第七次下西洋时也到了忽鲁谟斯。以忽鲁谟斯为据点，便于购买和交换西亚诸国的名贵的宝石、琥珀、手工艺品等，同时可与来自欧洲大陆的"旱番胡商"进行贸易。

位于满剌加、忽鲁谟斯中间的古里国，是郑和船队开展对外贸易的第三个重要据点。古里国是位于南亚次大陆西南部的一个古代王国，曾为马拉巴尔地区的一部分，其境在今印度西南部喀拉拉邦的科泽科德（Kozhikode）一带，为古代印度洋海上的交通要冲。郑和首次下西洋便到达古里。郑和船队还把古里国作为淡水和食物补给地和西进基地。以此为据点，郑和船队既可以与南亚诸国频繁进行贸易活动，又可以对船队在东西方的贸易起到中间站的作用。

在漫长辽阔的海上丝绸之路上，有了满剌加、忽鲁谟斯、古里这3个航海贸易据点，郑和又在占城等地设立规划贸易的大本营，以充分发挥船队从事海外贸易的潜力。这些地方因此出现了繁荣的景象。

郑和船队在发展与亚非各国的贸易方面取得巨大成就。郑和下西洋打通了中国和东南亚以及西洋各国的海上贸易通道，不仅把中国和东南亚各国的政治交往推向高峰，也促进了当地经济的开发和社会的发展。郑和下西洋刺激了东南亚对中国市场的商品生产。通过南洋贸易而贩运到中国的主要产品胡椒和苏木，在15世纪首次成为大众消费品；在政府的仓库里，胡椒和苏木堆积如山、积压过剩，政府只好用其来支付成百上千官员和士兵的薪水。郑和下西洋也可能导致了印度胡椒树传到苏门答腊北部，从而导致了随后为中国市场而生产的东南亚胡椒产量的急剧增加。此外，它也可能导致了1400年前后马鲁古香料出口的增长。①

郑和下西洋，建立了当时世界上最为活跃的贸易圈之一——亚洲贸易圈。15世纪初年，朝贡体系的建立，推动了朝贡贸易空前发展，通过郑和下西洋，亚洲贸易网络形成，在这一网络基础之上，亚洲区域贸易的整合得以实现，东西方的连接由此完成。国家权力通过朝贡体系介入区域合作的整个历史进程，为各国间官方贸易奠定了有力的基础，这一亚洲历史上区域贸易合作的开端深刻地影响了后世。郑和下西洋结束以后，在海道大开的背景下，民间私人海上贸易蓬勃兴起，东西方贸易进入了一个崭新发展阶段。②

3　郑和下西洋与欧洲人的大航海

15世纪是人类走向海洋的时代，是人类的大航海时代。15—16世纪世界大航海的意义堪称巨大。在这100年略多一点的时间里，中国人与欧洲人先后从欧亚大陆的两端，进行了空前的向海洋的大进军，这一场大进军不仅显示了人类征服海洋的勇气、智慧和技能，更重要的是标志着人类从此进入了一个根本性的历史转折时期：世界各大洲居民相对封闭隔绝的状态，从此渐被彼此密切交往、人类渐成一体的状态所代替，与此相适应，人类的文明发达程度急剧提高，生产力低下的古代和中世纪成为过去，高度发展的新时代向人们迎面走来。③

郑和的远洋航行发生在15世纪初，拉开了整个大航海活动的序幕。在世界变革的序幕尚未揭开之前，在地球的东方，在海涛万顷的中国海面直到非洲东岸的海域，呈现出一幅中国人海上称雄的图景。郑和的航行比哥伦布发现美洲大陆早87年，比达·伽马早92年，比麦哲伦早114年。

从1405年开始，在28年间，郑和率领200多艘船航行在世界海域上，航线

---

① ［澳大利亚］安东尼·瑞德著，吴小安、孙来臣译：《东南亚的贸易时代：1450—1680年》（第2卷），商务印书馆2010年版，第13页。

② 万明：《郑和下西洋与亚洲国际贸易网的建构》，《吉林大学社会科学学报》2004年第6期。

③ 南炳文：《关于15到16世纪世界性大航海的几点浅见》，王天有、徐凯、万明编：《郑和远航与世界文明——纪念郑和下西洋600周年论文集》，第41页。

从西太平洋穿越印度洋，直达西亚和非洲东岸，途经30多个国家和地区。郑和下西洋，其船舶技术之先进，航程之长，影响之巨，船只吨位之大，航海人员之众，组织配备之严密，航海技术之先进，在当时的世界上，都是罕有可与之匹敌的。甚至在航海时间、船队规模以及航海技术诸方面，均是哥伦布等人的航海活动所望尘莫及的。郑和率领的这支船队，是15世纪规模最大的远洋船队。在其后几十年的15世纪末和16世纪初几支最著名的西方远洋船队，也无一能与之相比拟。如1492年横渡大西洋到达美洲的哥伦布船队，只有90名水手，3艘轻帆船，其中最大的旗舰"圣玛丽亚号"不过250吨，仅为郑和宝船的1/10。1497年绕过好望角航达印度的达·伽马船队，有160人，4艘小帆船，主力旗舰120吨，全长不到25米。1519年进行环球航行的麦哲伦船队，有265人，5艘小帆船，其中两艘130吨，两艘90吨，1艘60吨，船队的总吨位也不过郑和一艘宝船的1/5。可见郑和在世界航海史上占据着领先地位。据估计，1420年中国明朝拥有的全部船舶，应不少于3800艘，超过当时欧洲船只的总和。就连今天的西方学者都得承认，对于当时的世界各国来说，郑和所率领的舰队，从规模到实力，都是无可比拟的。著名的世界史史学家斯塔夫里阿诺斯指出，人们往往想当然地认为，只有西方人才能做出那些改变人类生活道路、开创世界历史新纪元的富有历史意义的发现。这种观点是完全没有道理的。若考虑到中东的穆斯林和东亚的中国人所具有的伟大的航海传统的话，这种观点尤其没有道理。他特别提到了郑和下西洋的伟大成就——当这支庞大的中国探险队跨洋过海到达非洲东海岸时，葡萄牙人还刚刚贴着非洲西海岸摸索航路。

从郑和庞大的远洋舰队可以看出，当时中国在航海上，无论是造船技术还是航海技术，都远居世界的领先水平。中国人在历史上是最伟大的航海者，因为在近2000年的时间里，他们拥有远比世界其他地区先进的船只和航海技术。当西方最终赶上他们的时候，也仅仅是以一种或另外的方式改良了他们的发明。历史上大部分时期，在能想象到的每个方面，欧洲人使用的船只与中国相比都相形见绌（甚至晚1800年）。①

---

① ［英］约翰·霍布森著，孙建党译：《西方文明的东方起源》，山东画报出版社2009年版，第53页。

但是，在15世纪，欧洲的航海事业也取得了巨大的进展：航海活动扩大，地图科学的发展，古典时代的知识重新被认识。而在15世纪后期，葡萄牙、西班牙等国统治者对航海活动的支持，更促进了航海活动的开展。到了15世纪末，欧洲的大航海时代开始了。欧洲人的大航海活动取得的成就也是巨大的。不过，这些成就之所以能取得，实是基于人类航海能力的空前提高，以至达到了具备航行于全球所有海洋的能力，而这一能力的提高，乃是全世界各国人民长期共同努力的结果。同时，在欧洲人进行这些海洋探险时，还得到过非欧洲人的帮助，所以从这一角度来说，15—16世纪世界性大航海活动中通过欧洲人之手而取得的成就，应归功于整个人类。[①]

对于欧洲的大航海事业，梁启超认为郑和"与彼并时而兴"，是"全世界历史上所号称航海伟人"，他的航海比哥伦布等人都要早数十年。但"郑君之烈，随郑君之没以俱逝"。郑和远航与西方人开辟新航路的结局，有着截然不同的后果。郑和下西洋的航海活动虽然声势浩大，但郑和死后不久，中国船队便绝迹于印度洋和阿拉伯海，中国的航海事业突然中断了。从此，中国人传统的海外贸易市场逐渐被欧洲人所占据，并最终退出了正在酝酿形成中的世界性市场。相反，哥伦布和达·伽马开辟新航路后，在西欧激起了远洋航海的热潮，从而揭开了资本原始积累的序幕。

---

① 南炳文：《关于15到16世纪世界性大航海的几点浅见》，王天有、徐凯、万明编：《郑和远航与世界文明——纪念郑和下西洋600周年论文集》，第42页。

第二十三章
大航海与亚洲文明

一 新航路的开辟与欧洲人的东进

1 寻访东方：开辟新航路的意志灵魂

欧洲一直与亚洲各地方有着贸易往来。15世纪中叶前，东西方贸易商路主要有三条：一条是陆路，由中亚沿里海和黑海到达小亚细亚，然后与陆上丝绸之路相接。另外两条是海路（或海陆并用），一条是先从海道抵红海，然后再由陆路至埃及的亚历山大港；另一条是由海道入波斯湾，然后经两河流域到地中海东岸叙利亚一带。这两条海路都接续海上丝绸之路。当时，地中海特别是西地中海的贸易主要由意大利商人把持，而地中海东岸一带的贸易则由阿拉伯商人所垄断。

无论是陆上丝绸之路，还是海上丝绸之路，都是东西方交通的大通道，往来的商队相望于道。特别是自从《马可·波罗游记》在欧洲传播以后，中国和东方的财富，是"远方契丹的诱惑"，使欧洲的贵族、商人和冒险家们醉心向往。

但是，到了14世纪后期以后，中西之间传统的贸易路线受到了严重阻碍。14世纪中叶，帖木儿在中亚建立的帝国，隔绝了中西交通。继而是1453年奥斯曼帝国攻陷君士坦丁堡，吞并了东罗马帝国的大部分领土，控制了红海、波斯湾和黑海通往地中海的交通线，向过境各国商人勒索大量捐税，垄断了欧洲同东方的贸易，再加上海盗劫掠活动，使运抵欧洲的商品数量大减而价格暴涨，一般商品价格上涨8—10倍。

此外，欧洲和东方在陆路的商贸往来，长期受制于埃及卡拉米商人和阿拉伯骆驼商队。陆上运输的迟缓、运费的昂贵和缺少安全的保证，已越来越不能适应欧洲市场的需要。

　　然而，虽然传统的交通贸易路线受到阻隔，但是寻访东方对欧洲人而言仍然是挡不住的诱惑。欧洲上层社会把东方奢侈品看成生活必需品。欧洲人所知道的关于契丹——他们那时对中国的称呼——和印度群岛的事，使他们记忆深刻；他们已经取得的成就，刺激了他们的野心。他们仍然希望为他们的信仰赢取信徒，并为自己取得对远东的有利贸易的主要部分。如果他们不再能安全地走旧的陆路，他们一定要找出到印度群岛和到契丹的新的水路。[①]西欧各国贵族、商人迫切地希望找到一条摆脱阿拉伯人、绕过地中海东部的新航道。葡萄牙商人认为，一旦找到不经地中海的新航道，东方货物所缴纳的通行税就只需过去的1/80。

　　从15世纪中叶开始，西欧诸国掀起了开辟全球性海上新航路的探险热潮。正如有的英国学者所说："探寻契丹确是冒险界这首长诗的主旨；是数百年航行业的意志灵魂。"所以，"15世纪时整个欧洲的商人和船员们都在推测去东方的新路"。[②]

2　通往东方新航路的发现

　　在这个时代的海上探险活动中，葡萄牙人充当了先锋。葡萄牙位于欧洲的西南角，在14世纪和15世纪上半叶，葡萄牙的船队已经沿着非洲曲折的海岸走了相当远。15世纪初，葡萄牙人已达非洲西北海岸。1415年，出于对北非摩尔人作战和商业的需要，葡萄牙人占领了非洲西北的重要海港休达（位于直布罗陀海峡南岸）。从此，葡萄牙几乎每年都从圣芬生湾沿非洲海岸向南探航，休达则成了葡萄牙寻找航道和最早进行侵略的据点。

　　1428年，葡萄牙佩德罗亲王在访问威尼斯之后带回一本《马可·波罗游记》和一张世界地图，给了其弟亨利很大推动。亨利建立了人类历史上第一所国立航海学校。他的麾下聚集了不同民族、不同种族的专家、学者。他们制成

---

①　［美］海斯、穆恩、韦兰著，中央民族学院研究室译：《世界史》（中册），生活·读书·新知三联书店1975年版，第622页。

②　［英］赫·乔·韦尔斯著，吴文藻等译：《世界史纲》，人民出版社1982年版，第839页。

了排水量在100吨左右、便于逆风迂回行驶的坚固帆船，掌握了使用指南针、天文仪器和海图的技术，拥有完整的航海资料和一批富有经验的航海家，还能绘制出世界的概略地图。亨利自己从未直接参加远航探险，也未写过航海方面的著作，但他是最早有计划地进行海上探险的组织者，并把毕生精力和全部财产用于这一事业，由此他得到了"航海家"的称号。

亨利相信，非洲是可以绕过的大陆，在某个地方必定存在着一条尚未被发现的通向印度的海上通道。于是，葡萄牙人沿着非洲西海岸，一路向南。1418年，亨利派出一支探险队，沿着西非海岸航行，到达马德拉群岛的波尔土-散土岛，1419年占领了马德拉群岛，1432年占领阿速尔群岛，1434年葡萄牙船只驶过博哈多尔角，很快到达今西撒哈拉的一个小小的海湾，他们认为这个海湾就是欧洲人长期来要找的"金河"，把这个不毛的沙漠之区取名为"里奥德欧罗"（葡语意为"金河"）。此后，葡萄牙人还先后到达了佛得角和几内亚，占领了"象牙海岸""胡椒海岸""奴隶海岸""黄金海岸"，并在加纳建立军事据点。

1487年，葡萄牙航海家巴托罗缪·迪亚士（Bartholmeu Dias）进行了更远的向南航行。当他的船队靠近非洲大陆南端时，强大的风暴把船只吹离海岸，滔天巨浪几乎把他们吞没。十几天后，迪亚士掉转船头，先向东，再向北航行，终于在南非的莫塞尔湾靠岸，看到了太阳从他们的右边升起。这时候，他们已经进入了印度洋，绕道非洲南端通往印度的航道实际上已经打通。回航途中，通过非洲南端的尖角时，狂风猛烈，天气恶劣，他把它叫作"暴风角"。当他回来汇报他的发现时，葡萄牙国王说，应该把它叫作"好望角"，因为现在他们有了到达印度的良好希望了。

1497年，葡萄牙政府组建和装备了一支舰队，探索由葡萄牙起绕过非洲前往印度的海上航道。葡萄牙贵族瓦斯科·达·伽马（Vasco da Gama）率领一支由4只帆船组成的舰队，从里斯本出发，沿迪亚士走过的航道航行。11月，达·伽马一行绕过好望角，进入印度洋。次年3月，到达非洲东岸莫桑比克。船队继续北航至肯尼亚的马林迪。在那里找到了一位叫艾哈迈德·伊本·马德内德的阿拉伯领航员，沿着阿拉伯和中国海员早就熟悉的航线，通过印度洋到达印度。1498年5月28日，达·伽马率领的葡萄牙舰队在印度卡利卡特城附近的一个停泊场抛下了锚。欧洲人梦寐以求的印度找到了！通往东方的新航道找到了！

1502年2月，达·伽马再次奉命前往印度，并建立葡萄牙在印度洋上的霸权地位。达·伽马于1503年回国，但他在印度海域留下了5艘船只，从而使亚洲海面上出现了第一支欧洲的常驻海军力量。

从此以后，葡萄牙的船只就经常取道好望角驶向东方，回去的时候满载着香料、丝绸和珠宝等贵重货物。[①]他们还占据了锡兰、苏门答腊、爪哇和香料群岛。1517年他们到了中国广州，1542年他们进入日本。

葡萄牙人发现通往印度航路的重大意义，不仅在于改变了人们的地理概念，开始认识前所未知的世界，而且在于改变了东西方的关系。新航路的开辟，使世界贸易和文化传播的中心从地中海转到了更加辽阔的大西洋和其他海洋的沿岸。而对于葡萄牙人来说，他们可以说是在一眨眼的工夫，便从阿拉伯人手中夺去了印度洋的"海上霸权"。[②]

3 从马可·波罗到哥伦布

当葡萄牙人向东寻找一条绕过非洲到印度去的新的全程水路时，西班牙人则开始了向西的航行。当时的欧洲人已经普遍接受了地球是圆的观念，并且相信海洋是绕过欧洲和非洲向印度和中国延伸。那么，渡过大西洋向西直驶，也许可以更容易、更迅速地到达东方，正是这种想法鼓励着西班牙人哥伦布创造了世界探险史上最精彩的一章。哥伦布没有到达东方，却发现了美洲新大陆。

哥伦布远航的计划，和这个时代的探险主旨一样，就是要去东方。哥伦布在出发前曾仔细读过《马可·波罗游记》。据说为了寻找通往东方最短的航线，他曾于1474年请教过佛罗伦萨著名的天文学家和地理学家保罗·托斯堪尼里（Paolo de Pozzo Toscanelli）。15世纪中叶，在佛罗伦萨曾召开过一次宗教大会，来自不同教派的宗教界人士济济一堂，谈论着世界各地的消息。托斯堪

---

① ［美］海斯、穆恩、韦兰著，中央民族学院研究室译：《世界史》（中册），第626页。

② ［英］汤因比著，曹未风等译：《历史研究》（下册），上海人民出版社1986年版，第202页。

尼里可能同刚刚从东方回来的意大利旅行家康蒂见过面。他得到一幅地图，上面有一条神秘的北方航路，传说沿着这条航路可以直抵大汗的国土，即马可·波罗所说的契丹与蛮子国、汗八里和行在城。他在这次会议上介绍了这幅地图，并给葡萄牙国王的一位顾问寄去了一张海图和一封信。在信中他认为从里斯本一直向西航行，就能到达繁荣富庶的行在城。葡萄牙国王没有把这近乎"谵妄"的书信和海图当回事。当哥伦布向托斯堪尼里请教时，他把这封信的抄件寄给了哥伦布。托斯堪尼里为马可·波罗的亲身游历所吸引，他在这封信中，满怀激情地描述了亚洲，尤其是中国的财富的商业潜力。[1]托斯堪尼里在信中还指出，横渡大洋到达"香料之国"确实存在着一条最短的道路，比葡萄牙人沿非洲两岸航行所要寻找的道路近得多。他坚信从里斯本向西到达日本所应航穿的海域并不十分辽阔，距离也不十分遥远。当时哥伦布把自己的计划告诉了托斯堪尼里。托斯堪尼里在给哥伦布的第二封信中说："我认为你的从东向西的航行计划是符合我的地图要点的，而且是地球仪上清晰可见的伟大而崇高的计划。我高兴地看到，人们已经很好地了解我了。"[2]

15世纪，没有人知道如何划分地球表面的陆地和水域。据托斯堪尼里的估算，从里斯本向西航行，南欧和中国之间的水域宽度不超过1.2万千米（折合现今的里程），而面向欧洲的日本海岸离中国东海岸约2000千米，因此从里斯本到达日本似乎只需航行不到1万千米。哥伦布根据15世纪一些流传较广的天文和地理书籍，对此作了一些"修正"，认为前往东亚最合适的航线是经过加那利群岛，似乎从加那利群岛出发向西航行4500—5000千米就可以到达日本。按照18世纪法国一位著名地理学家的看法，哥伦布是以一个极大的错误导致了一次极其伟大的发现。

1492年8月3日，哥伦布在西班牙国王的支持下，率领3艘船和88名船员出发了。他还随身携带了一封西班牙国王给契丹大汗的信。10月12日，哥伦布经过漫漫的航行，终于登上了美洲巴哈马群岛中的一个岛屿。但是，他绝没有想

---

① 方豪：《中西交通史》（下卷），上海人民出版社2008年版，第462—463页。
② ［苏］约·彼·马吉多维奇著，屈瑞、云海译：《世界探险史》，世界知识出版社1988年版，第142—143页。

到这里离印度和中国还十分遥远。他相信自己发现了亚洲海岸边东印度群岛中的一个岛。他把当地的土人称为"印第安人"（即"印度人"，Indians）。他们从此一直被称为印第安人。

哥伦布回到西班牙后，向国王汇报他找到了印度群岛。此后他又3次回到美洲，携带了商人和传教士、冒险家和殖民者，并一直在寻找日本、中国、香料群岛和印度。他探测了加勒比海、委内瑞拉和中美洲沿岸，但哥伦布死的时候还不知道他已发现一块新大陆。他至死还相信自己环绕世界航行到了亚洲。[①]

4　麦哲伦环球航行

16世纪初，人们终于认识到从欧洲向西航行到东方的大洋上，横亘着新大陆这个屏障。为了在这个屏障上找到一个缺口，航海家们进行着不懈的努力。已经在西印度群岛站稳脚跟的西班牙，希望把这里作为前往东方的立足点。此外，根据1494年的《托德西利亚斯条约》，西班牙和葡萄牙对新世界的主权以佛得角群岛以西约1200海里处的南北向直线为分界线，这条线还应延伸到地球的另一边。但当时没有人知道，在已发现的新大陆与亚洲之间还有什么，地球那一边的分界线将如何划出。为了弄清这些问题，还必须进行新的探索。

西班牙国王多次派出探险队，试图绕过新大陆去东方，但新大陆如巨墙一般挡住了前进的道路。

1519—1521年，费尔南多·麦哲伦（Fernando de Magallanes）的船队进行了人类历史上第一次环球航行。

当时，欧洲许多冒险家正在探索美洲和亚洲之间的航线。1513年，西班牙人巴尔波亚越过巴拿马地峡发现"南海"（即太平洋）。1514年，葡萄牙人列什波亚宣称在南纬40度找到通往"南海"的"海峡"。

1505年，葡萄牙人麦哲伦参加了亚尔美德的远征队，先后在印度、马六甲、印度尼西亚等地进行殖民活动，具有丰富的航海经验。他曾4次绕过好望角，会准确使用航海仪器，论对东方海洋的了解和对航海知识的掌握，在整个

---

① ［英］赫·乔·韦尔斯著，吴文藻等译：《世界史纲》，第843页。

葡萄牙除了达·伽马之外，无人可比。他从摩鹿加群岛（今马鲁古群岛）以东是一片汪洋大海而推测出，继续往东走将是哥伦布所到过的地区，在美洲和亚洲之间必然有航道可通。

1515年和1516年，麦哲伦拟定了一个从欧洲西行绕过南美，再向西渡过"南海"驶往摩鹿加群岛的计划。他确信在大西洋和新发现的南方的海洋之间有一条海峡，他能够找到并通过它实现环球航行。麦哲伦把这个计划提交给葡萄牙国王，然而，被拒绝了。1517年，麦哲伦到了西班牙，把这一计划呈交西班牙国王，获得了支持。

与他一同投奔西班牙的，还有他的朋友、学者鲁伊·法莱罗。此人虽未上过船，但他是天文学和制图学方面的权威。他发明了自己的经度计算法，制作了可能是当时最好的海图和航海仪器，为麦哲伦后来的事业提供了巨大帮助。

1519年9月20日，麦哲伦率领一支由5艘旧船和265名船员组成的船队，从西班牙塞维利亚城的圣卢卡尔港出发。船队越过大西洋，沿巴西海岸南下。10月21日，船队在南纬52°找到一个海峡。这时只剩下3艘船的麦哲伦船队，用了28天通过了这个海峡，进入浩瀚无边的"南海"。后来人们把这个海峡叫作"麦哲伦海峡"。麦哲伦船队在"南海"上航行了3个多月，一路上风平浪静，麦哲伦便把"南海"改名为"太平洋"。1520年3月6日，船队到达马里亚纳群岛。这是欧洲人从未到过也从未提及过的一个群岛。3月16日，船队抵达菲律宾的萨马岛（三描岛）。在这里，当年麦哲伦在马六甲买的一个奴隶、这次随他远航的仆人，听到了自己的母语。麦哲伦意识到，他已到达了12年前他随同达·伽马的船队绕过非洲到达的马来语地区。他终于找到了向西航行通向东方的航路，而这是哥伦布、维斯普奇和其他许多探险家所未能找到的。他实际上已经完成了环球航行。4月27日，麦哲伦在同马克坦岛的土著发生冲突时被杀。麦哲伦死后，船员们分乘剩下的两条船，于11月8日抵达印度尼西亚东北部的马鲁古群岛，即摩鹿加群岛，也即欧洲人梦寐以求的"香料群岛"。在这里又留下了一条必须修理的帆船，只有"维多利亚号"横渡印度洋，绕过好望角，于1522年9月6日回到西班牙的圣卢卡尔港。

5　大航海事业的亚洲贡献

以寻访东方为最初动机的海上探险活动，导致了美洲新大陆的发现和新航路的开辟。这对世界历史的发展进程具有特别重大的影响。马克思和恩格斯在《共产党宣言》中指出："美洲的发现、绕过非洲的航行，给新兴的资产阶级开辟了新的活动场所。东印度和中国的市场、美洲的殖民化、对殖民地的贸易、交换手段和一般的商品的增加，使商业、航海业和工业空前高涨，因而使正在崩溃的封建社会内部的革命因素迅速发展。"[①]

发现新大陆和开辟新航路，是世界历史上最重大的事件之一。有学者指出，地理大发现同时意味着全球经济、政治及文化的中心已从伊斯兰世界移向基督教世界。[②]英国地理学家麦金德（Halford John Mackinder）更明确指出：地理大发现"主要的政治效果是把欧洲与亚洲的关系颠倒过来，因为在中世纪时，欧洲被关在南面不可逾越的沙漠、西边无边莫测的大洋，和北面、东面冰封或森林覆盖的荒原之间，而东面和东南面又经常受到骑马和骑骆驼民族的优势机动性的威胁。欧洲现在出现在世界上，它能到达的海域和沿海陆地增加了30倍以上，它的势力包围着至今一直在威胁它本身生存的欧亚陆上强国"。[③]

由地理大发现而引起的商人资本发展的大革命，从根本上改变了原先世界的贸易格局。它不仅开辟了大西洋航路，而且突破了历来相对独立而又平行发展的四个航海地区的界限，将波罗的海、北海、地中海、印度洋和西太平洋等贸易区串联起来，形成了统一的世界市场，即全球贸易体系。新航道开辟后，世界贸易中心开始由地中海转移到大西洋。意大利的商业地位逐渐让位于西班牙、葡萄牙、英国、法国、尼德兰等国。西班牙的塞维利亚、葡萄牙的里斯本、尼德兰的安特卫普等商业中心成为16世纪新的世界贸易中心。17世纪初，荷兰的阿姆斯特丹和英国的伦敦繁荣起来。为了确立商人集团在世界贸易中的垄断地位，西欧各国先后建立了许多垄断的商业公司。这些垄断的商业公

---

① 《马克思恩格斯选集》第1卷，人民出版社1972年版，第252页。

② 杨允中：《近代世界文明演进中的反差与澳门特殊地位的形成》，《澳门研究》第18期（2003年9月），第41页。

③ ［英］哈·麦金德著，林尔蔚、陈江译：《历史的地理枢纽》，商务印书馆1985年版，第58页。

司，在资本主义发展的初期阶段，成为西欧资本原始积累的重要来源。海外贸易是资本主义原始积累的主要形式之一，是现代资本主义得以发展的最初的物质基础。正是在大规模的海外贸易中，欧洲各国为资本主义的发展积累了大量的货币财富。

不仅如此，这种大规模的国际贸易，还把整个世界连成了一片，开始了最初的全球化进程。马克思、恩格斯指出："由于开拓了世界市场，使一切国家的生产和消费都成为世界性的了。……过去那种地方的和民族的自给自足和闭关自守状态，被各民族的各方面的互相往来和各方面的互相依赖所代替了。物质的生产是如此，精神的生产也是如此。各民族的精神产品成了公共的财产。民族的片面性和局限性日益成为不可能，于是由许多种民族的和地方的文学形成了一种世界的文学。"[①]这段论述说明，一方面，由于在这个时期形成了一个"世界市场"，打破各个地区和各个民族之间的封闭状态，"生产和消费都成了世界性的了"。另一方面，在精神的生产上也出现了世界性的"文学"或文化。这些论述实际上说明了全球化进程在物质生产和消费领域以及在精神文化和文明领域的全球性交流和融合。

随着世界贸易的扩大，西欧各国商人的活动不再以欧洲为限，它们的殖民地和贸易港口遍及亚、非、拉美各洲，欧、亚、美、非各洲渐渐地联结在一起，使世界各国、各地区逐渐依赖于整个世界，统一的世界市场开始形成。一些新的商品加入了世界范围内的流通。如美洲的糖、可可、烟草、棉花、马铃薯、花生等由西班牙商人贩运到欧洲和亚洲市场；中国的丝绸、茶叶、瓷器等远销欧美；印度的布匹和东方各国的丁香、桂圆、胡椒、檀香等在欧洲市场随地可见。

从此，世界连成了一片，人类文明超越了地域的限制，开始了世界文化的时代。然而，正是在这一伟大事件的过程中，亚洲特别是中国，以它丰饶的物产、灿烂的文化，以及神秘的魅力，成为刺激、激励和推动欧洲人寻访、冒险、开辟新航路、发现新大陆的感召性的动力。

不仅如此，远在欧洲人出现于印度洋之前许多世纪，中国人、印度人、

---

① 《马克思恩格斯选集》第1卷，第254—255页。

阿拉伯人和马来人，在开拓印度洋和太平洋上的航路和航海技术方面已经取得了很大成就。这条航路把从中国东海、南海到中南半岛太平洋西部地区、印度次大陆、波斯湾、阿拉伯半岛，直到非洲东岸联系起来。在葡萄牙人发现好望角之前的几个世纪，不同的东方人已经到过那里。15世纪中叶，著名的阿拉伯航海家伊本·马吉德向西航行到好望角，然后沿着非洲西海岸，经过直布罗陀海峡进入了地中海，而且海岸线在船员手册中被详细地勾画出来。约1420年，一艘印度船经过好望角，并且继续航行了大约2000英里进入大西洋。而中国的郑和船队在15世纪初到了东非海岸。还有证据表明，爪哇人也到过好望角。所以，在达·伽马开始远航之前，印度以及亚洲其他地区已经在亚非主导的全球经济中扮演重要的角色长达数世纪之久。①

所以，"环球航路"的发现，应该说是西欧人在亚洲人多少世纪以来征服海洋的基础上，所作出的新的伟大贡献。②

二　欧洲人在南亚、东南亚的早期殖民活动

1　殖民主义者对印度的渗透

伴随着新航道的开辟和美洲的发现，首先是葡、西之间，继而是英、西之间，英、荷之间，英、法之间展开了掠夺殖民地的竞争，在对殖民地的抢劫、征服过程中，殖民主义者把大量的黄金、白银和各种财物源源不断地运回西欧，转化成资本，推动了西欧和整个世界资本主义生产关系的迅速产生和发展，这是资本主义生产时代的曙光。

欧洲人发动大航海运动，直接的动力就是寻找东方、寻找"印度"。这时候他们所说的"印度"，并不是指南亚次大陆这一块，而是包含着南亚和东亚的广大地域，包括印度和中国在内。

1498年5月20日，达·伽马绕道好望角，抵达印度西南海岸的重要通商港

---

① ［英］约翰·霍布森著，孙建党译：《西方文明的东方起源》，山东画报出版社2009年版，第125页。

② 王宏均：《11到19世纪中叶的中国与世界》，《中国历史博物馆馆刊》第18—19期。

口卡里库特。达·伽马一登岸，便竖起一块标柱，作为葡萄牙王室已经领有这块土地的标志。1502年，达·伽马率领一支舰队再次出征印度，炮轰卡里库特，将该城洗劫一空。殖民者在印度马拉巴海岸建立要塞，迫使印度一些小王公屈服。1506年和1508年，葡萄牙先后占领了亚丁湾入口处的索科特拉岛和波斯湾入口处的忽鲁谟斯岛，以及印度北岸的第乌港，从而截断了土耳其人进入印度洋的通道，堵塞了旧商路。土耳其人和阿拉伯人为了制止葡萄牙人的扩张，和印度王公结成同盟，以武力对付葡萄牙殖民者。1509年，葡军在第乌港外击溃阿、土、印的联合舰队，进而占领了印度西海岸和东海岸的一部分，垄断了对东方的贸易。

1510年，葡萄牙在印度占领果阿，把它作为东方殖民地的首府，派总督统治，将它变成他们的主要亚洲基地。他们的舰队从果阿出发能够巡逻整个海岸，从而基本上控制了印度洋贸易。它依靠贸易利润繁荣起来，被人称之为"金果阿"。

达·伽马开辟的欧洲和亚洲之间的新航线，奠定了葡萄牙在印度权力的基础。但葡萄牙人并没有深入印度内地，仅在第乌、达曼、萨尔塞特、孟买等沿海地区建立了一些殖民地，其中位于印度西海岸的果阿是葡萄牙人最主要的基地。

16世纪后期起，荷兰殖民者侵入东方，于1602年成立东印度公司，经营东方贸易，与葡萄牙人、西班牙人发生冲突。荷兰在印度各地与葡萄牙人进行激烈的竞争，占据了葡萄牙在印度西南海岸的殖民点奎隆、柯钦等。

英国殖民者大致与荷兰人同时入侵印度。1600年12月，英国成立东印度公司，女王伊丽莎白颁发特许状，授予它东方贸易特权，并且拥有军事武装，可以对外宣战媾和，缔结条约。1607年，一艘英国船只驶入印度西海岸的苏拉特，这是英国殖民势力侵略印度的开始。1613年，东印度公司从印度政府那里取得在苏拉特建立商馆的权利。英国殖民者结交印度王公，共同排挤葡萄牙。1616年，英国人和卡里库特封建主一起驱逐葡萄牙人。不久，英国在班达、马德拉斯、孟买和加尔各答等许多地方建立商站，作为进一步侵略印度的基地。东印度公司利用武力干涉印度大小封建主的内争，逐步扩大在印度的殖民势力。

法国殖民者于17世纪初插足印度。1664年，法国成立东印度公司。1673年法国在印度东海岸的本地治里建立第一个殖民据点，后来又占据开里开尔、亚昌、昌德纳果尔等。法国先是与荷兰，后是与英国为了争夺殖民地，在印度不断进行武装冲突。

在西方殖民侵略势力面前，莫卧儿帝国迅速解体。由于宫廷政变和内战，四分五裂的莫卧儿帝国在伊朗和阿富汗的入侵下实际上已经崩溃。英国殖民者抓紧时机征服印度，使印度完全沦为英国的殖民地。

2　葡萄牙人占领满剌加

满剌加原是一个海盗出没和渔民居住的小渔村。约1400年，被满者伯夷和暹罗藩属北大年驱逐的旧港王子拜里迷苏剌率追随者到这里定居，满剌加作为港口开始发展，当时满剌加服属于暹罗。到15世纪下半期，满剌加在盘陀诃罗冬霹雳的统治下达到了全盛。1456年，满剌加在海战中打败暹罗，使盛产黄金的彭亨成为属国；侵略马来亚北部并征服了苏门答腊海峡一侧的重要贸易地区。

满剌加位于马六甲海峡，是两个贸易世界——印度洋国家和远东国家——的方位标，因为它位于印度洋和远东海上通道的交汇点上，[1]具有发展成为东西方贸易港的优越地理条件。在明朝的扶持和保护下，满剌加迅速兴起，吸引了来自东西方各国的商人，一跃成为东南亚最重要的国际贸易中心和一等强国。正是在这一时期，满剌加成为世界商人云集的城市、当时世界上各种商品的交易中心。贸易物品本身具有文明的重要内涵，交易由从世界各地航来的海船停靠在满剌加海港一带实现，这一重要的东西方贸易中心连接了亚洲、非洲和欧洲。通过贸易活动，不同文明间的对话和交流同时进行着。[2]

1511年7月，葡萄牙驻印度总督亚伯奎（Afonso de Albuquerque）率领一支由15艘战船和1600名士兵组成的舰队到满剌加，要求在满剌加城内拨出地皮给他建造炮台。他的要求没有得到满剌加苏丹的答复。于是亚伯奎发起了进攻。8月，葡萄牙人经过激烈的战斗攻陷了满剌加。

葡萄牙人占领满剌加是东南亚国际关系中的一件大事，对东南亚的历史

①　［葡］雅依梅·科尔特桑著，王华峰等译：《葡萄牙的发现》，中国对外翻译出版公司1997年版，第1178—1179页。

②　万明：《明代中外关系史论稿》，中国社会科学出版社2011年版，第345页。

及与中国关系的发展都产生了深远的影响，为葡萄牙人打开了进入中国势力范围与水域的大门。葡萄牙人控制了满剌加这一交通要津后，往远东的航道也畅通了。从此，满剌加成为葡萄牙人以及后来其他欧洲国家殖民者和传教士进入东方的桥头堡。葡萄牙人接着在科伦坡、爪哇、加里曼丹、苏门答腊、苏拉威西和摩鹿加等地建立商站，从而攫占了多年来梦寐以求的"香料之国"。1543年，葡萄牙的殖民势力扩张到日本海岸。1548年，在日本九州建立了第一个欧洲商站。到16世纪时，从直布罗陀到马六甲海峡，葡萄牙建立了近代世界第一个殖民帝国。

正是从葡萄牙人占领满剌加开始，西方势力的冲击与随之而来的西方学术思想的传播，对中国历史造成了深远影响。"我国自明季以还，海航大通，欧美文明，骤然东来，国际问题因之丛生，所有活动，几无不与世界各国发生关系者。"[1]

3　西班牙人占领马尼拉

葡萄牙人的海上扩张活动激起了欧洲各国的效仿。16世纪末17世纪初，继葡萄牙人东来之后，又有西班牙、荷兰、英国侵入东南亚海上诸国。1571年，西班牙占领菲律宾群岛，1595年荷兰人抵达爪哇，1598年在爪哇建立殖民政府。至此，南洋群岛的国家已被葡萄牙、西班牙、荷兰殖民势力所瓜分。葡萄牙在西，以印度半岛沿岸各地、苏门答腊岛和中南半岛为主；西班牙在东，以菲律宾群岛为主；荷兰在南，以爪哇岛为主。

1565年，西班牙人黎牙实比（Lopez de Legaspi）带领远征队到达菲律宾。1570年，西班牙人再度来到马尼拉，建立了一个贸易港。当时马尼拉在摩洛人的统治下，摩洛人也从事海上贸易，控制了东南亚海岛地区的许多贸易港口。西班牙指挥官请求摩洛王索利曼给他一块大不过牛皮的地。《明史》对此事亦有记载："时佛朗机强与吕宋互市，久之见其国弱可取，乃奉厚贿遗王，乞地如牛皮大，建屋以居。王不虞其诈，而许之。其人乃裂牛皮，联属至数千丈，围吕宋地，乞如约。王大骇，然业已许诺，无可奈何，遂听之。"

---

[1]　郑鹤声：《近世中西史日对照表》，中华书局1981年版，《自序》第4页。

不久后，西班牙人暗杀了索利曼，将其余的摩洛人赶出马尼拉，在这里建立了殖民地。西班牙人在菲律宾建立殖民地后不久，就发展起从中国到马尼拉再到南美洲的"大帆船贸易"，成为横跨太平洋的一条贸易大通道。

西班牙在菲律宾的殖民统治，保留了原有的封建制度，西班牙的封建庄园制度也移到了菲律宾。庄园大部分属于王室，其余为西班牙军政官员和天主教修道会所拥有。西班牙殖民者热衷于在菲律宾群岛传播基督教，强迫上层菲律宾人皈依基督教，并希望其他人也效仿。他们在人口较多的地区开办学校，讲授基督教的基本教义，以及基本的书写方法。①修道会是西班牙殖民统治的重要支柱。它掌握了政治、经济、财政、贸易、司法、行政和文教大权，故有"修道会帝国"之称。

西班牙殖民者在菲律宾长期实行贸易垄断政策，严禁自由贸易。在西班牙人到达之前，已有约300个华人在马尼拉从事丝织品、瓷器的买卖。西班牙在菲律宾建立殖民统治之后，立即与侨居当地的中国商人发生贸易往来，并着手寻找与中国建立直接贸易的门路。长期居住的华人从事务农、打鱼、搬运、缝纫等生计，被西班牙人称为"Sangley"（有学者认为是闽南语"生意"的谐音）。没有他们，马尼拉城无法运转。

1571年，西班牙人曾营救过一艘在民都洛（Mindoro）外海沉没的中国帆船上的水手，并把他们送到安全地点。1572年，一些得救的中国人驾驶一艘满载货物的船来到马尼拉，他们带来了生丝、瓷器等中国商品。1573年，他们再度来临。驶来的第一艘中国货船被派出横渡太平洋前往墨西哥的阿卡普尔科。②1574年有6艘、1575年有12艘中国商船到达马尼拉。就此打下了墨西哥大帆船贸易的坚实基础。

马尼拉的西班牙殖民当局积极鼓励中国商船到马尼拉贸易。当时正值明政府在福建海澄月港部分开禁后不久，私人海外贸易船在这种影响下，纷纷涌向马尼拉。月港是对菲律宾贸易的主要港口，另外也有部分船只从广州驶往马

---

① ［美］杰里·本特利、赫伯特·齐格勒著，魏凤莲、张颖、白玉广译：《新全球史——文明的传承与交流》（下卷），北京大学出版社2007年版，第652—653页。

② ［英］崔瑞德、［美］牟复礼编，杨品泉等译：《剑桥中国明代史·1368—1644》（下卷），中国社会科学出版社2006年版，第330页。

尼拉。每年12月至次年1月，当西北季风起时，中国的船队便满载丝货和其他贵重物品，从月港或广州出发，约经过15到20天，便可抵达马尼拉。中国船队所载船货一经完税和转卖出手后，立即被转装到待航的马尼拉大帆船上。

据记载，西班牙人最初于1570年到达马尼拉时，有4艘华人商船来航，有华商40人携眷来侨居。第二年有3艘华舶来马尼拉港和5艘至近邻诸岛贸易，马尼拉华人人数增至150人。此后来自中国的商船与日俱增。据日本学者估计，在16世纪80年代，年均20艘；90年代增至年均30余艘；至17世纪初年，达到年均四五十艘之多。

大量的中国商品汇聚菲律宾，使马尼拉发展成为西太平洋中的一个重要的物资聚集地，每年都有葡萄牙、荷兰、英国的商人把印度、印度尼西亚甚至波斯的商品拿到这里与中国商品交换；还有许多日本商人到马尼拉采购中国丝绸等货物。由此，马尼拉发展成为一个繁荣的国际贸易大港，有"东方威尼斯""东方明珠"之誉。

史家评论说，马尼拉是中国与美洲之间海上丝绸之路的中转站，"马尼拉大帆船"严格来说是运输中国货的大帆船。从中国到马尼拉再到墨西哥，在太平洋海域建构了一个全球的贸易网络，形成了早期太平洋海域的固定交通航线。这个时代太平洋的全球经济、全球贸易，实际上是以中国的商品为中心的，中国实际上参与并主导了这个全球化过程。

4　荷兰人占领印度尼西亚

从16世纪初开始，葡萄牙、西班牙、荷兰和英国等西方殖民者相继入侵印度尼西亚。

葡萄牙是最早在印度尼西亚进行殖民掠夺的国家。1511年，葡萄牙攻陷满剌加，并以满剌加为基地，向东南亚各国扩展其势力。当年12月，葡萄牙派兵出征摩鹿加群岛。这次出征占领了安汶岛，次年在这里设立了贸易公司，控制和垄断香料贸易。1513年，葡萄牙殖民者第二次远征摩鹿加群岛，由于德那第和蒂多雷两岛的苏丹互相对立，都想争取葡萄牙人的支持，葡萄牙殖民者乘机获得大批丁香，并获准在岛上建立商馆。1522年，葡萄牙又获准在德那第修建炮台。

与此同时，西班牙也侵入印度尼西亚。1521年11月，麦哲伦率领的环球船队在菲律宾遭到挫折后，转而进入摩鹿加群岛的蒂多雷岛，随后西班牙殖民者在这里建立商站。后来西班牙得到葡萄牙人的偿金，于1529年退出蒂多雷。葡萄牙在印度尼西亚的优势一直保持到16世纪末。

1595年，荷兰人霍特曼（Cornelis de Houtman）率领殖民军冲破葡萄牙海军的封锁，第一次远航黄金海岸（今加纳）、好望角和印度。1598年，范尼克（van Neck）率领第二批殖民军继续东航，到达爪哇、摩鹿加群岛一带，建立了摩里、布特里、科曼廷和柯门达等殖民据点。1598—1601年，荷兰先后组织了14次远航队到印度尼西亚，每次都获得巨额利润。

1602年，荷兰成立东印度公司，它不仅从荷兰政府那里取得从好望角到麦哲伦海峡之间地区的贸易垄断权，而且有权代表国会对外宣战，有权建城堡、招募军队，有权发行货币，有权占领土地，有权任命官员，甚至可以私设法庭等，成了殖民统治的权力机构。荷兰东印度公司一成立，就开始在亚洲进行贸易和殖民经略活动。

1609年，荷兰把葡萄牙人和西班牙人的势力全部扫出摩鹿加。1609年，荷兰东印度公司在印度尼西亚设置总督。1610年，第一任总督彼得·波士率领11艘船只到达印度尼西亚，在芝里翁河河口建立商馆，在安汶设立总督府。1619年，荷兰殖民者占领了雅加达，将其改名为巴达维亚，并以该地为殖民总督驻地和荷兰东印度公司的总部。鼎盛时期，荷兰东印度公司广阔的商业和贸易垄断权，向西远至波斯、印度和锡兰（今斯里兰卡），向东延伸到马鲁古香料群岛，向北抵达中国和日本。荷兰人更在意的是对香料生产的控制。到17世纪晚期，荷兰东印度公司控制了印度尼西亚的全部港口以及印度尼西亚群岛大部分重要香料产地。香料贸易的利润不仅使东印度公司异常富有，而且也使荷兰成为17世纪欧洲最繁荣的国家。①

---

① ［美］杰里·本特利、赫伯特·齐格勒著，魏凤莲、张颖、白玉广译：《新全球史——文明的传承与交流》（下卷），第653页。

5　欧洲殖民者在东南亚其他国家的活动

葡萄牙殖民者于1600年侵入缅甸，在沙廉建立殖民据点。葡萄牙殖民者迫害佛教徒，焚毁佛寺，抢劫文物，将寺院的青铜大钟铸为大炮，强迫缅甸人改宗天主教。这些侵略行径，激起缅甸人民的无比愤怒。1613年，国王阿那毕隆（Anaukpetlun）率领缅甸军民包围沙廉，击溃葡军，处死葡萄牙殖民头子勃利多（Philip de Brito）。阿那毕隆拔除了葡萄牙殖民者的侵略据点后，统一了缅甸大部分地区。

1627年，荷兰和英国殖民势力侵入缅甸，两国的东印度公司在缅甸设立分公司，控制缅甸的对外贸易。

1511年，葡萄牙殖民主义者侵占满剌加不久，就向泰国的阿瑜陀耶王国扩张。1516年，葡萄牙殖民者用威迫利诱手段迫使阿瑜陀耶王国签订了一项条约，同意葡萄牙人在阿瑜陀耶城、丹那沙林、北大年、洛坤等地经商和传教，葡萄牙则向阿瑜陀耶王国供应枪支弹药。

此后，西班牙人、荷兰人、英国人、法国人等成批进入泰国经商、传教、充当雇佣军和强盗。最初，荷兰殖民者支持泰国人反抗葡萄牙。至17世纪初，荷兰殖民者取代了葡萄牙人在泰国的地位。1612年，英国在北大年和大城设立商馆。1618年，荷、英为争夺在阿瑜陀耶王国的殖民利益发生冲突，英国人处境不利，关闭了商馆。

1644年，荷兰殖民者向阿瑜陀耶国王提出垄断阿瑜陀耶王国对外贸易的要求，被拒绝后，就出动舰队封锁湄公河口，以武力强迫泰国签订第一个不平等条约。

从新航路发现以来，西方人在亚洲经历的头1个半世纪，总的来说是一个仅仅取得有限成功的时期。这时的欧洲人，仅仅是为了商业上的利益，有利可图的商业目标是他们一贯追求的。他们并没有想要挑战亚洲的大帝国或其他主权国家，也没有想到要占领或统治这些地方。然而，到了18世纪后半叶以后，工业革命使欧洲国家拥有了强大的力量，他们在亚洲疯狂扩张，形成了庞大的殖民帝国。

三 大航海时代的中国

1 葡萄牙人与澳门

新航路开辟之后，最先抵达中国的欧洲人是葡萄牙人。葡萄牙人沿非洲海岸绕好望角而抵达印度，开辟了欧洲与亚洲之间的新交通线。葡萄牙人利用此新航路，开展与东方的贸易。香料和东方各种物产，大宗流入欧洲。葡萄牙首都里斯本一时成为欧洲重要商港之一。葡萄牙人利用其坚甲利兵，摧败印度洋上阿拉伯人的商业势力，独霸东方海上。

1511年，葡萄牙出兵占领满剌加，开始了殖民统治。而葡萄牙人在攻占满剌加这个远东门户的同时，也打开了通往中国南海、进入中国的大门。[①]

葡萄牙人攻占满剌加时，有5艘中国商船停泊港中。葡领印度总督亚伯奎，留中国商船多住数日，并与中国船长交往，以了解有关中国的情况，预备日后与中国通商。亚伯奎将在满剌加所见中国商人之种种情形写成报告，并拟就一份葡萄牙与中国通商的计划书，一并呈给葡萄牙国王。葡王乃决意派遣使者，前来中国要求通商。

从1513年葡萄牙人最初到中国沿海，到1553年的这40年间，葡萄牙人在广东、浙江、福建等地进行贸易，大都是在官府巡船顾及不到的沿海偏僻港汉或岛屿上，与中国贩海私商暗中进行，属于中国政府明令禁止的走私贸易。随着海禁的逐渐松弛，越来越多中国私商驾船出海贸易，来华通商的外国人也逐渐增多。其中，葡萄牙人因为路途遥远，而且必须等待季风到来时才能离开中国，所以，他们曾经先后被允许在沿海附近的上川岛、浪白澳和濠镜澳（即澳门）等处搭寮越冬栖息，或与中国商民交易。明嘉靖三十二年（1553），葡萄牙人诡称商船遭遇风暴，借口晾晒货物，得到准许入居澳门。嘉靖三十六年（1557）以后，葡萄牙人在澳门私自扩展土地，建筑炮台，设立官署。这样，就形成了一个中国对外开放的窗口。明至清前期，澳门的特殊历史作用由此应运而生，成为中国与欧洲之间的一个交点。

葡萄牙殖民者在澳门立足以后，即把澳门当成同印度和日本贸易的中转

---

① 黄庆华：《中葡关系史》（上册），黄山书社2006年版，第68页。

站，并由此建立起庞大的东方贸易网络。从明末到清嘉庆年间，澳门是东南亚的一个重要的国际贸易中心，是葡萄牙人从事亚洲至欧洲、非洲以及至拉丁美洲的贸易中转站和通往世界各地的海运中心。

当时在澳门开辟了几条国际贸易航线，主要有：（1）广州—澳门—果阿—里斯本航线。这是澳门开辟的多条国家贸易航线中最重要的一条。（2）广州—澳门—日本长崎航线。（3）广州—澳门—马尼拉—阿卡普尔科航线。这是维持马尼拉大帆船贸易的主要航线之一。（4）广州—澳门—东南亚航线，目的地有满剌加、望加锡、越南的东京等。

这些航线都是跨越万顷波涛的远程贸易航线。通过这些航线，澳门成为当时全球海洋贸易体系的一个重要枢纽。以澳门—果阿—里斯本航线为例，每年从事贸易的大帆船队"载有200到600和800吨货物的船只"，由里斯本启航，满载着"毛织品、红布、水晶、玻璃制品、英国时钟、佛兰德工业品、葡国酒"，前来东方，沿途在各个港口进行贸易交换活动。到达印度果阿后，再驶向满剌加，"大部分货物在那里交换香料、檀香木、暹罗的皮制品，随后由马六甲航向澳门"。由于当时的欧洲尚拿不出与中国相匹敌的货物，所以葡萄牙人自欧洲经印度和东南亚，沿途交换各地的土特产品，是按照中国的需求购置，以换取中国的丝绸等商品。到达澳门以后，葡萄牙商人到广州购买中国货物，在澳门装船。主要货物有生丝、各种颜色的细丝、绸缎、金、黄铜、麝香、水银、朱砂、糖、茯苓、黄铜手镯、金项链、樟脑、陶瓷、涂金床、墨砚盒、手工制被单、帷帐等。每年冬季，葡萄牙大帆船从澳门起航，乘东北季风驶向果阿，途经满剌加、暹罗西海岸、缅甸、锡兰等地。到达果阿后，由两条航线返回里斯本：一是向西航行，经印度的官留屿（今马尔代夫群岛的马累岛）、木骨都束（Mogadishu，今索马里的摩加迪沙），穿越莫桑比克海峡，绕过好望角，沿非洲海岸到达里斯本；二是沿着阿拉伯半岛，西航至东非海岸的葛得儿风（今索马里瓜得富伊角）、哈甫儿雨（一称哈甫尼，今索马里哈丰角），南下经不剌哇（今索马里布腊瓦）、麻林（今肯尼亚东海岸马迪林）、慢八萨（今肯尼亚蒙巴萨），然后与第一条航线汇合，绕过好望角，或到葡萄牙。这条穿越亚、非、欧三大洲的远洋航线全程11890海里。

通过这几条航线及其相互延伸，以澳门为中心向海外辐射，形成了国际贸易大循环。在这几大航线的运行中，中国经澳门运出了大量丝绸，海外经澳门运入中国大量白银，因而是一条名符其实的"丝银之路"。

葡萄牙人以澳门为据点的国际贸易，实际上是以中国内地为依托的，中国的商品（主要是丝绸）是澳门国际贸易的支点，可以说澳门是作为中国商品输出世界的辐射地兴起和发展起来的。明万历六年（1578），明朝规定在广州定期举行贸易集市，于是葡萄牙人可一年两次到广州进行直接交易。由于贸易关系，吸引了大量中国商民和工匠来到澳门，可谓"趋之若鹜"。万历年间，澳门还出现了由官方指定专营进出口货物的"三十六行"，它们主要是外商提供出口商品，并购入进口货物，既是卖主，又是买主，直接参与交换，起到海外贸易的中介作用。

清乾隆二十五年（1760），清朝下令外国商人必须到澳门居留，澳门成为欧洲各国来华外商的居留地。在此以后，由于清朝政府的政策，澳门成为欧洲各国在华贸易机构设置地。乾隆二十六年（1761），首先是法国和荷兰的公司在澳门设立了办事处，接着是丹麦和瑞典，然后是英国。这样，就打破了葡萄牙人独占澳门特殊权益的局面，澳门成为欧洲各国进入中国的门户。

2 接踵而来的各国东印度公司

西班牙人抵达菲律宾之初，便急欲打开与中国的商贸联系。因为菲律宾土地贫瘠，人口稀少，不能满足西班牙殖民者的基本生活需要。他们希望利用中国商船运载的生活用品，维持他们在菲律宾的殖民统治。早在1521年麦哲伦远航到菲律宾时，就已听说每年有6—8艘中国商船来到吕宋岛；西班牙殖民者刚到菲律宾时，也听说每年都有中国商船来到菲律宾，以生丝和金属制品换回黄金和珍珠。

但是，西班牙与中国的早期通商，主要是通过中国私商将货物贩运到马尼拉这种间接方式进行的。所以，西班牙的对华贸易，主要是依靠"中国—马尼拉—墨西哥"的"大帆船"贸易，再从墨西哥转运回西班牙，从而形成了横跨太平洋和大西洋两大洋的海上贸易线路。后来不再经过墨西哥，直接开展了"中国—马尼拉—西班牙"的"大三角"贸易。

荷兰人于17世纪初期来到东方。荷兰航海能力发达，海外贸易发展很快，被称为"四海车夫""世界承运商"，其商业窗口是阿姆斯特丹，17世纪阿姆斯特丹是世界的中心。旅居阿姆斯特丹的法国哲学家笛卡尔说在那里可以找到所有的东西。还有人把它描述成为"世界珍品之都、宇宙交流之城"。荷兰的市民是现代商品经济制度的创造者，他们将银行、证券交易所、信用，以及有限责任公司有机地统一成一个相互贯通的金融和商业体系，这种先进的运作模式帮助荷兰把贸易触角伸得比葡萄牙和西班牙更长，由此带来了爆炸式的财富增长。1602年3月20日，荷兰将各种私营贸易公司合并为一家国营公司——"荷兰东印度公司"，结束了远洋航行的无组织状态。到17世纪中叶，荷兰的全球商业霸权已经牢固地建立起来。此时，荷兰东印度公司已经拥有1.5万个分支机构，贸易额占到全世界总贸易额的一半。17世纪中期，悬挂着荷兰三色旗的1.6万多艘商船游弋在世界的五大洋之上，大量的财富使得国家武装力量大为增强，荷兰成为一个让葡萄牙和西班牙都畏惧的海上强国。

当时欧洲各国对中国商品的需求量迅速增长，其中尤以生丝为最重要。1603年2月25日，荷兰东印度公司船长希姆斯柯克（Jacob van Heemskerck）在柔佛港外劫掠了"圣·凯瑟琳娜号"（Santa Catharina）葡萄牙船，其装载的船货中有中国生丝1200大捆，在荷兰值225万多荷盾。8月，这些船货在阿姆斯特丹公开售卖，很快被抢购一空。此后，阿姆斯特丹成为最重要的丝市之一。同年7月底，麻韦郎（Wijbrand van Waerwijck）率领船队在澳门岛附近劫掠了一艘开往日本的葡萄牙船，在其船货中有生丝2800大捆，在阿姆斯特丹售卖得140万荷盾。

这两次劫掠所获得的高额利润大大刺激了荷兰东印度公司的胃口，他们迫切想打开同中国的贸易，以取得赢利高昂的生丝等中国商品。荷兰东印度公司在无法取得同中国直接贸易的情况下，只好设法同邻近中国的国家建立关系，在一些中国商船经常到达的地方，如北大年、万丹、锦石和马鲁古等地同华商进行贸易。北大年是荷兰人获得丝绸和瓷器等货物的主要地方之一。1624年，荷兰殖民者占据了台湾。他们以台湾为基地，获得生丝、瓷器、糖等中国货物，并加强了与日本的贸易联系，荷兰殖民者占据台湾38年之久，直至1662年郑成功收复台湾。荷兰人占据台湾期间，以台湾作为贸易据点，荷兰与中国的贸易绝大部分都是由台湾中转。

英国是后起的海上国家。1600年英国成立东印度公司，取得对东方贸易的垄断权，即欲与中国通商。它在万丹和亚齐设立了商馆，使万丹成为中英贸易的一个中转站。每年至少有3—6艘载重300吨的中国帆船到万丹和荷兰人、英国人进行贸易。此后英国东印度公司每年派1—3艘船到亚洲，在南洋与中国商人进行贸易。他们不仅把中国商品运往欧洲，甚至在东方也用中国商品做交易。1635年，葡萄牙印度总督授予英国东印度公司在葡萄牙远东殖民地贸易的权利，同年租用英国船"伦敦号"到中国运货。这只商船抵达澳门后，船上的英国人不顾葡萄牙人的阻挠，径直上岸与中国人交易。从此英国商船开始了与中国的直接贸易。1671年，英国人在厦门设立商馆。1684年，英国2艘商船到达厦门，从厦门买了白丝、绸缎等物载回。同年，在广州设立临时商馆。1689年，英国有2艘商船到达厦门，除了购买生丝、绸缎外，还购买了大量白糖。同年还有1艘英国商船正式进入广州黄埔港。此后，英国商船来华日益增多，1636—1704年的60多年间，英国商船到厦门的36船次，到广东的9船次，到舟山的5船次，到宁波和福州的各1船次。1715年，英国东印度公司在广州正式设立商馆，以后每年都有商船来华，最多的年份达到10艘。

葡萄牙、西班牙和荷兰海上霸权日渐衰落，英国则迅速扩展，很快在东方贸易中居于主要的地位。1760年前后，英国东印度公司跃居各国对华贸易的首位。以1751年为例，这一年进入黄埔港的英国商船是9艘，而荷兰只有4艘，法国2艘，丹麦和瑞典各1艘。在17世纪初英国东印度公司成立以后的70年间，英国对东方的出口增加了近12倍。它在中国海上对外贸易中的比重，在18世纪中期已占50%以上，到19世纪初期则进一步达到80%左右。英国东印度公司从中国出口贸易中，获得了巨额利润。1775—1814年的40年间，英国东印度公司共获利2713.5万英镑。

其他西方国家，如法国、丹麦、瑞典等国，也有商船开来中国，不过它们的贸易不占重要地位。

3　全球贸易体系与中国

欧洲人发现了通往东方的新航路，各国东印度公司纷至沓来，使得中国的对外贸易有一定程度的发展。东洋有日本、朝鲜；南洋有吕宋群岛、苏禄群岛、西里伯群岛、马六甲群岛、新加坡、婆罗洲、爪哇、苏门答腊、马来亚、暹罗、琉球、越南、柬埔寨、缅甸等；欧洲有葡萄牙、西班牙、荷兰、英国、法国、丹麦、瑞典、普鲁士、意大利、俄国等国；美洲有美国、秘鲁、墨西哥等国；印度洋有印度等国，几乎所有亚洲、欧洲、美洲的主要国家都来广东与中国发生了直接贸易的关系。特别是美国与中国发生直接贸易关系是从清乾隆四十九年（1784）"中国皇后号"首航广州开始的。除了往返于日本、东南亚的商船外，欧美各国来中国贸易的商船数量也不断增加。根据有关资料统计，从康熙二十四年（1685）至乾隆二十二年（1757）的72年中，到中国贸易的欧、美各国商船有312艘，而且船的吨位也不小。例如康熙三十八至六十一年（1699—1722）到广州的英国货船，最小者为140吨，最大者达到480吨，一般者也达到300吨，多数为410吨。

在这一时期，海外贸易的规模和贸易总值远远超越前代，达到了新的高度。明万历二十二年（1594）是全国海外贸易税饷收入最高的年份，共2.9万余两，按当时的税率为一两征税二分推算，这一年海外贸易商品总值约100万两。而清乾隆十年（1745）四港贸易总值达到36571777两，比明代的最高年份增加35.5倍。以粤海关一处的贸易而言，雍正七年（1729）的贸易值为11105800两，比明代的最高年份增长10.1倍。

1757年实行一口通商后，广州成了全国唯一的通商口岸。外国商船进港贸易逐年增加。据统计，清乾隆二十三年（1758）至道光十八年（1838）到粤海关贸易的商船共5107艘，平均每年63.8艘，其中以英国的商船最多。通过广州出口的中国船舶也有一定的发展，仅新加坡一地，每年就有90余艘中国船往来贸易。

按照清朝政府的规定，外国商人不得与中国商人发生任何直接的买卖关系，外商到中国贸易，必须通过行商开展商务活动。"行商"又称"洋商"，是当时专门从事对外贸易的"洋行"或"洋货行"商人，一般都世代经营，具有同外国人打交道的经验。这些商人向政府领取专营对外贸易的特许执照，被授权承销外商带来的进口货物、代外商收购中国出口土货并代外商向海关报税，同时也充当向外商传达政府政令、管束外商在口岸的活动和行为、办理政府与外商间的各种交涉的角色。康熙五十九年（1720），广东行商成立"公行"，即后来所谓的"十三行"，进一步方便了清政府对外贸和外商的治理。

十三行是当时世界上最大的贸易集散地之一。广州十三行是一个庞大的对外贸易商业机构。对应十三行，由行商租赁给外国商人办公居住的会馆被称为"十三夷馆"，整个建筑位于广州城外西南方的珠江岸边，其中又分为英、美、法、荷等馆。

在这样的大规模国际贸易中，中国精美的丝绸、瓷器以及各类工艺品不断涌入欧洲。所以，在这一时期的世界贸易体系，是以欧洲和中国为主要两极的贸易，而且是由欧洲各国主导的远东贸易为主要内容的。即使不存在以中国为中心的全球经济，那也肯定存在一种中国在其中扮演了重要角色的全球经济。①我们看到，从葡萄牙、西班牙开始，各国纷纷建立东印度公司，每年都有大批的商船从欧洲远渡重洋，到中国采购商品，并由此延伸到经过澳门到日本长崎、经过马尼拉到墨西哥的商船航线以及东南亚、印度洋的航线。一时间，全世界都卷入这个贸易体系中。数十艘、数百艘，也许数千艘航船开始在日本海、南中国海、印度尼西亚群岛和印度洋的各个港口之间穿梭航行。②

在16—18世纪的全球贸易体系中，中国商品处于支配的地位，这首先是因为这个时代的中国在全球经济中的领先地位和巨大的生产能力。当时的中国是全世界最强的经济大国。中国拥有超过1亿的人口、具有巨大生产能力的农业、广泛而复杂的国内贸易网络，以及在每一个品种和每一个方面都要优于已知的欧亚大陆的其他地方。③直到19世纪中叶鸦片战争前不久，中国经济不仅在绝对规模上，而且在增长幅度上，都雄居世界各大经济地区之首。

由于中国社会生产力水平高于同一时代的欧洲，所以中国的商品在世界市场上表现出强劲的竞争力。由于社会生产力发达，劳动生产率高，商品的价格就相对低廉。物美价廉是中国商品的强大优势。中国商品的低廉价格在国际市场上显得十分突出，无论是在菲律宾，还是在美洲和欧洲的市场上，与欧洲

① ［英］约翰·霍布森著，孙建党译：《西方文明的东方起源》，第47页。
② ［英］崔瑞德、［美］牟复礼编，杨品泉等译：《剑桥中国明代史·1368—1644》（下卷），第354页。
③ ［英］崔瑞德、［美］牟复礼编，杨品泉等译：《剑桥中国明代史·1368—1644》（下卷），第367页。

和其他地区的商品相比，中国商品具有明显的价格优势。欧洲的商人对中国商品趋之若鹜，无非是因为中国的商品品种多、质量好、价格低廉。这些优势都是当时欧洲各国所不具备的。

海外贸易的繁荣，带动国内经济的迅速发展，国际市场上对于中国丝绸、棉布的需求，刺激了国内市镇的手工业生产，刺激了江南市镇丝织业和棉纺业的发展。在这样大规模的国际贸易中，中国成为当时的"世界工厂"，源源不断地为"世界市场"、为遥远的欧洲各国生产着他们翘首以待的精美的物质产品。

从16世纪初开始、一直持续了3个多世纪的远东贸易，为西欧各国积累了大量的财富，为完成资本原始积累、开始现代工业化进程奠定了雄厚的物质基础。而作为贸易的另一端，主要是中国，之所以能够支撑着这样持久和大量的贸易，首先在于强大的社会生产力。中国为这个时期的全球贸易贡献了巨大的物质财富。瓷器、丝绸和茶叶这三大中国物产，以及其他珍贵的中国工艺品，是这一时期全球贸易体系中的突出内容。瓷器、丝绸和茶叶在这一时期欧洲生活方式和艺术风格的变化中扮演了重要的角色。所以，这种贸易具有明显的文化后果。商业活动给工业、给航海，并且由于一种连锁关系，也给所有的科学以及所有的艺术，都装上了新翅膀。①物质领域的交换和交流，进一步发展成为艺术、思想和文化的交流，中华民族创造的精神文化产品也走进了欧洲大陆，成为"公共的财产"，成为"世界的文化"。

4　传教士与西学东渐

与欧洲殖民主义者和各国东印度公司大规模东进的步伐相一致，紧接着的是天主教传教士陆续东来，在中国开展传播天主教和西方文化的活动，从而形成了西学东渐的第一次大的高潮。

明清之际来华的传教士，是以耶稣会为主体的有组织的、大规模的传教活动。从利玛窦进入中国开始，经过了将近200年的时间，从欧洲来了近千名

---

①　［法］孔多塞著，何兆武等译：《人类精神进步史表纲要》，生活·读书·新知三联书店1998年版，第107页。

各个修会的传教士，付出了极为艰苦的努力。他们深入中国内陆地区，传播天主教的教义和思想，建立教会，发展教徒，并且在一定程度上得到了中国知识分子的理解与合作，得到了最高统治者的默许和支持，因而他们的传教事业得到了相当大的发展。因而总体上来说发展还算顺利。

传教士们不远万里，来到中国开展传教事业，首先是出于他们传播宗教信仰的坚定信念和文化理想。为了实现这一目标，他们采取了"学术传教"的路线，以传播学术文化作为他们进行宗教传播的途径和方法。这种方法使他们的传教活动取得了很大成功，或者说至少这种方法对于他们开展传教活动很有助益。这些传教士作为当时欧洲知识分子的代表，大都具有很高的文化学术修养，也是在一些专门领域的专家。他们把自己的学识和专长用于传教事业，把宣传介绍西方的科学文化作为吸引人们增加对天主教及其教义思想兴趣的方法，所以在开展传教事业的同时，他们还将这一时期发展起来的西方近代文化大规模地、全方位地介绍到中国，成为那个时代西方文化东传的载体。他们译著了许多西方近代科学知识的著作，例如利玛窦、熊三拔、金尼阁、邓玉函、汤若望、南怀仁、白晋等人都译著了许多较为重要的科学著作。他们还在中国朝廷的支持下，与士大夫合作，进行科学文化活动。这一次的西学东渐，给中国文化的发展带来新的刺激因素，丰富了中国文化的内容。

关于耶稣会士传来的西学的内容，顺治时期，天主教中国信徒韩霖、张赓等人的《圣教信证》记载："论明季以来，入中国诸修士，所著天教之书，不下百部，外讲格物穷理、性命历法等学，亦有数十部，久行于世……然此等学问，西士皆目为余学耳，惟所传天学教法，则为吃紧之要学。"①南怀仁在其《欧洲天文学》中记述了北京的耶稣会士在与数学和力学等有关的各种应用科学的实践活动中的成就。南怀仁指出，在各个领域应用欧洲科学所取得成就，是整个传教团在中国赖以生存的基础。实际上，传教士们把西方的天文、历法、数学、物理、地理、音乐、美术、建筑、机械制造、火炮技术等相继传入中国，在不同领域产生了不同的影响，掀起了中西文化交流的高潮。总之，

---

① 《天主教东传文献三编》（第1册），台湾学生书局1972年版，第280—281页。

西方在17世纪初年及其以前取得的成果，基本都在明末传入了中国。[①]

总之，这时西来耶稣会士对于欧洲之学术文化已经将当时所有尽量地介绍到中国，如天文学、数学、地理学、物理学、气象学、生物学、生理学、医药学、语文学、哲学、艺术，应有尽有，使中国学术界在固有的知识之外增加了新的内容，使欧洲数理天算的科学变成了中国人的学识；而且在新的西洋科学方法的影响下，暗自剥夺了中国种种迷信思想之基础。中国人欢迎其破除旧迷信、反对其树立新迷信，吸收科学而反对其宗教，这么一来中国人便能在原有的科学技术基础上跃进一步，而与耶稣会士所带来站在欧洲学识之高峰上的科学文化两极相逢。[②]

明清之际传教士大量向中国介绍西方科学技术和文化知识，使中西两大文化首次发生了实质性的接触，对当时的中国文化发展产生了刺激和激励作用，在中国文化的历史进程中留下了深刻的印记。李约瑟指出，尽管耶稣会士们在科学上有一些错误，但是他们对科学的贡献，无论何时都是两种文明最高水平文化关系的例证，在这之前，这种关系是不存在的。耶稣会士开启了中国与世界间的自然科学沟通的大门，而中国的自然科学成就将要以它为基点，其成就超过了印度佛教的先行者们在唐朝的成功。李约瑟还指出：由于历史的巧合，近代科学在欧洲崛起于耶稣会传教团在中国的活动大体同时，因而近代科学几乎马上与中国传统科学接触。[③]

四　欧洲崛起的亚洲因素

15世纪以后，随着生产力的发展，近代资本主义生产关系在封建社会内部萌芽和发展起来。16世纪开始的大航海和殖民主义活动，为欧洲的资本主义发展积累了巨量的财富基础。到了18世纪中叶，首先在英国开始了产业革命，手工制作转向机器生产，蒸汽机的动力形式代替了人力和畜力，从而极大地提

---

① 童鹰：《世界近代科学技术发展史》（上册），上海人民出版社1990年版，第217页。
② 朱谦之：《中国哲学对欧洲的影响》，上海人民出版社2006年版，第118—119页。
③ 潘吉星主编：《李约瑟文集》，辽宁科技出版社1986年版，第196页。

高了劳动生产率，开辟了人类征服自然的广阔可能性，使整个社会生产方式乃至社会生活面貌都发生了重大变化。继英国之后，法国、美国等国也先后经历并完成了工业革命。工业革命的巨大成就使西方国家社会生产发展到一个新的水平，最早经历工业革命的英国成为"世界工厂"。

社会革命和工业革命使西方国家迅速走出中世纪，开始了世界性的工业化和现代化进程。

工业文明不仅创造了新的生产技术和新的社会生产力，改变了社会生产方式，而且极大地改变了社会生活面貌，创造了一种崭新的文明形态。

近代资本主义发展的历史，是西方近代工业文明向世界各地广泛传播、独步天下的历史，也是世界文化格局发生实质性变化的历史，即由各民族独立发展的多元文化变为世界性的一元文化，由东方文化领先的格局变为西方文化领先的格局。

18世纪的工业革命改变了欧洲大陆的文明格局，对于人类文明产生了巨大影响。这场改变世界历史的"革命"并不是突然发生的，而是经过了长期的酝酿，是人类文明发展水到渠成的结果。法国历史学家布罗代尔指出："工业革命前曾有一个准备阶段。蓄力牵引、燃木取火以及由水力和风力推动的简易机器，加上大批人力劳动，所有这些因素于十五至十七世纪期间促使欧洲有一定程度的发展，动力、功率和实际智慧也在慢慢提高。正是在原有发展的基础上，从一七三〇至一七四〇年间出现了一股进展越加猛烈的势头。可见，工业革命发生前，已有了一种往往不可捉摸的或不被察觉到的革命动向。"①

现代学者注意到，在工业革命之前的漫长的准备时期，与亚洲的贸易即物质文化的交流，以及思想文化和艺术的交流，对西方的崛起起到了非常大的促进作用。正是马可·波罗制造的"中国神话"，极大地激发了欧洲人对于寻访东方财富的兴趣，激发了哥伦布的美洲发现以及大航海时代的来临。而达·伽马之所以能够成功航行到印度，是因为他有一个穆斯林领航员的引导。

---

① ［法］费尔南·布罗代尔著，顾良、施康强译：《十五至十八世纪的物质文明、经济和资本主义·第一卷：日常生活的机构：可能和不可能》，生活·读书·新知三联书店1992年版，第438页。

所有使达·伽马的航行能够进行的航船以及航海技术和技巧，实际上都是由中国或者是伊斯兰中东国家发明的。这些技术经由伊斯兰世界而向全球传播，然后被欧洲人所吸收。[①]而持续几百年与东方的贸易，特别是中国的茶叶、瓷器和丝绸"三大贸易"，为欧洲积累了巨量的财富。中国的造纸术、火药和火器制作技术、印刷术和指南针等传播到西方，实现了一次东方技术向西方的转移，并引起了强烈的连锁反应。中国的思想和艺术，以及欧洲人对于遥远东方的"乌托邦想象"，给欧洲人极大的刺激，促进了欧洲思想文化的变革。这一切为欧洲的工业革命和社会变革提供了来自外部的文化刺激和激励。

各文明之间的互动有时候是长距离、长时段的，通过许多间接的环节实现的。16—18世纪中国文化对于欧洲文明发展的影响，是这种文明"互动"的一个重要的例子；而19世纪西方先进文化传播到中国，引起中国社会的大变动，则是这种文明"互动"的另一个突出的例子。

英国学者约翰·霍布森指出："英国的工业化只是更早的中国先进发明向外传播的最后阶段。"[②]他认为，"东方（公元500年至1800年之间比西方更先进）在促进近代西方文明的崛起方面发挥了至关重要的作用"。他指出："东方通过两个主要步骤促进了西方的崛起：传播／吸收和掠夺。首先，东方在公元500年后缔造了一种全球经济和全球联系网，这些更为先进的东方'资源组合'（resource portfolios）（如东方的思想、制度和技术），通过我称之为东方全球化的途径传播到西方，然后被其吸收。其次，1492年后的西方帝国主义导致欧洲人攫取了东方各种经济资源，从而使西方崛起成为可能。简言之，西方并非在没有东方帮助的情况下自主地开拓自身的发展，因为如果没有东方的贡献，西方的崛起无法想象。"[③]

但这并不意味着西方是东方资源的被动接受者，因为欧洲人在塑造其自身命运的过程中起着积极的作用。总之，两种相互联系的观点——一方面是东方的作用和对先进的东方"资源组合"通过东方全球化的吸收，另一方面是欧

---

① ［英］约翰·霍布森著，孙建党译：《西方文明的东方起源》，山东画报出版社2009年版，第19—20页。

② ［英］约翰·霍布森著，孙建党译：《西方文明的东方起源》，前言与致谢第2页。

③ ［英］约翰·霍布森著，孙建党译：《西方文明的东方起源》，第3页。

洲的动力／身份以及对东方资源的攫取，这两者的融合就构成了东方化西方的兴起这一不为人知的历史发现。①

　　霍布森分析了他所说的东方的"资源组合"在欧洲历史上所发生的影响。他指出，东方的资源组合在欧洲每个重要的转折点都发挥了重要的影响，导致600年后欧洲中世纪农业革命能够发生的大多数技术，似乎都来自东方。在1000年后，促使西方商业、生产、金融、军事和航海革命以及文艺复兴和科技革命的主要技术、思想和制度，首先在东方形成和发展，然后才被欧洲所吸收。在1700年后，刺激英国农业和工业革命的主要技术和科技思想都是从中国传播过去的。②霍布森还指出，英国是一个擅长模仿的"后发国家"。当然，英国的工业化并非仅以中国为基础，但英国的工业化明显建立在"外生性"变革的过程之上，这种变化可以追溯到比西方早700至2300年中国的许多创造性发明上。③

①　［英］约翰·霍布森著，孙建党译：《西方文明的东方起源》，第5页。

②　［英］约翰·霍布森著，孙建党译：《西方文明的东方起源》，第20页。

③　［英］约翰·霍布森著，孙建党译：《西方文明的东方起源》，第194页。

结束语

————

一

我们居住的亚洲，地域辽阔，民族众多，历史源远流长，文化缤纷灿烂。对于在这样广大的地域上，数千年发展起来的各民族的文化与文明，无论怎样的浓彩重笔，也是说不尽的。所以，本书只能述其大概，简略勾画其发展的历史线索，描绘出大致的文化景观，故谓"史纲"。

然而，就是这样的"述其大概"，也使我们在回顾和勾画的过程中，激动不已。因为我们看到的，是色彩斑斓的精彩画卷，是前辈先贤的筚路蓝缕，是万古长河的奔腾不息。

亚洲文明是人类历史上最古老、最悠久的文明。亚洲是人类文明的起源地，是文明曙光最初升起的地方。在久远的蒙昧时代，亚洲大地上就活跃着人类祖先的身影。他们以石器的研磨敲打，奏响了文明的最初乐章；以星星点点的篝火，照亮了文明的发展道路；以开榛辟莽播种耕耘，开启了文明的万里征程。在各地原始文化的基础上，发展起最早的原生文明，从此，亚洲文明，乃至于整个人类文明，就如滔滔江河，奔腾不息，蔚为大观。

亚洲地域广袤的大地，环境多样，居住着许多不同的部族和民族。草原上骏马驰骋，海洋中踏万顷波涛，平原上有湖光山色、田园风光，他们分别创造出适应自己环境的、属于自己民族的语言、礼俗、艺术风格的文化传统，也有属于自己民族的宗教信仰、哲学思想和看待世界的眼光。正是这种文化的多元性、多样性，形成了亚洲文明极为壮观的历史画面。亚洲文明是多元共生的，是各个民族共同创造的。每个民族都为亚洲文明的发展作出了自己的贡献。

亚洲各民族在各自的土地上创造了属于自己的文明和文化，同时也将这些文明的成就与其他民族共享。亚洲文明史，既是亚洲各民族文化的发展史，也是各个民族之间的文化交流史、文化共享和互动的历史。交流是文化的本质特征。早在石器时代，亚洲大陆的先民之间就开始了交流和互动。在原生文明时代，遥远的美索不达米亚文明与印度文明、中华文明已经开辟了交通路线。印度的印章出现在苏美尔人的遗址中，西亚发明的马车在中原大地上驰骋，赫梯人发明的冶铁技术也辗转传到了中国。到了后来，亚洲各地相互之间的文化交流就更广泛、更丰富了。横贯亚洲大陆的丝绸之路，成为亚洲各民族交通交流的主要载体。在这条大路上，奔走着各国的使节、僧侣、商队、探险家和旅行家，流动着物产、商品、宗教和思想。历代行人不避艰难险阻，越关山、渡重洋，与各国各族人民建立起政治、经济、文化联系，搭起友谊的桥梁。各民族的文化不仅是本民族的伟大创造，而且还包含着对外来文化的吸收和融合，包含着对其他民族先进文化的学习与借鉴。正是在与各种外来文化的交流、激荡、交融中，形成了亚洲文化的生生不息和博大精深、灿烂辉煌。各民族的文化也不仅是本民族所享有的文化成果，它还以不同的方式传播到其他地区，给其他民族的文化发展以一定的补充、丰富、激励或刺激。交通和交流使各个民族的文化成果成为亚洲文明的共同财富，也成为推动文化大发展的刺激力量，描绘出各民族文化相遇与交流、融合与激荡的色彩斑斓、波澜壮阔的历史画卷。

亚洲文明内部的互动、交流和融合，使得亚洲文明在整体上形成了自己的特征，以区别欧洲文明、非洲文明和美洲文明。亚洲文明不仅是一个区域性的名称，也是具有自己文化属性和特征的文明形态。其中最重要的特征，就是具有广泛的共生性和包容性，具有强大的吸收融合能力。如前所述，亚洲文明在起源上是多元的，文化形态上也是多样的。这些多元的、多样的文化，相互之间也有冲突，但更多的情况是相互吸收和融合。阿拉伯伊斯兰文明的崛起，伴随着强大的军事征服和动荡，但同时把西亚广大地域都凝聚到伊斯兰文明的旗帜下，并且也将伊斯兰文明向南亚和东亚传播。而蓬勃发展的伊斯兰文明又凝聚了、吸收了这广大地域、多种民族的文化成就。伊斯兰文明不仅是阿拉伯人的文化创造，也是西亚多个民族共同的文化成就。再比如蒙古人的大征服，从东到西，所向披靡，几乎横跨整个亚洲大陆。但这种大征服，很快就一再重复"征服者被征服"的戏剧，不仅是把蒙古人的游牧文明传播到各地，同时也使得游牧民族广泛地接受了各地方的农耕文明，并且很快融合到当地的文明之中。比如蒙古人建立的伊儿汗帝国，几代之后就改宗伊斯兰教，而在东亚的元帝国，更是接受了汉族的中华文明。他们促进了广大的亚洲大陆上的文化大交流、大融合，他们本身也被融合到在亚洲占主导地位的农耕文明之中。实际上，几千年亚洲文明的历史，主要的冲突还是在游牧民族文化与农耕民族文化之间的冲突。游牧文化一再地给农耕文化以冲击和刺激，同时又广泛地接受和吸收农耕文化。而这种文化的大融合，正是体现了亚洲文明强大的融合能力和同化能力。

所以，多元文明的共生、对话、交流和融合，是亚洲文明得以蓬勃发展、生生不息的主要动力。共生中有差异，对话中有冲突，但更多的情况是和谐共生，平等对话，进行着广泛的交流和融合。亚洲的三大文化板块、三大文化圈，数千年的发展中，几乎没有发生激烈的碰撞和冲突，但又有着密切的人员往来和国家和平交往，有着畅达的交通和广泛的物质文化、艺术文化和思想文化的交流，实现文明成果的共享，促进各民族文化的繁荣发展。

文化的交通与交流，不仅限于亚洲文明的各个民族。从亚洲文明诞生之日起，就与欧洲文明处在交往与互动之中。欧洲文明的源头希腊文明，是在美索不达米亚文明的基础上孕育出来的，并且一直处在与亚洲文明的互动之中。希腊哲学家们都把东方作为知识的源头，他们说的"东方"，就是指美索不达米亚和埃及文明。对他们来说，到东方游历，与东方交往，是很重要的知识资本。当希腊文化发展到一定高度，亚历山大大帝的东征把希腊文化带到了亚洲大陆。所谓"希腊化"，就是用希腊文化"化"亚洲。这个希腊化涵盖了西亚波斯，一直到中亚和印度。但是，在希腊"化"东方的同时，东方文化也在"化"希腊，希腊人在东征中也深受东方亚洲文明的影响。所以，东方与西方，亚洲与欧洲，一直是你中有我，我中有你，处在文明的共享与共生之中。

直到18世纪工业革命之前，亚洲文明居于世界文化总体格局的领先地位，远远比欧洲文明先进，是欧洲文明的榜样和源泉。而且，亚洲文明的先进性不仅是某个领域、某个方面居于世界之先，而是整体性地领先于世界。当欧洲还处在中世纪"黑暗时代"，中国已经创造了世界性的文化大都市长安，阿拉伯人拥有了世界性大都市巴格达，辉煌的中华文明与伊斯兰文明相映生辉。最明显的事例是，欧洲人发动了十字军东征，发现了比他们更先进、更辉煌的文明成就，发现了被阿拉伯人保存和阐释的古希腊罗马古典文化，成为发动文艺复兴运动的重要原因。而蒙古人的西征，把中国的四大发明传到了欧洲，给文艺复兴提供了重要的物质和技术条件。之后的大航海浪潮，直接就是因为东方财富的诱惑。寻找东方成为大航海的意志灵魂。与欧洲的广泛文化交流，也使亚洲文明具有了世界眼光、世界意识、世界观念和世界性的文化价值。亚洲文明不是局限于亚洲大陆的地域性文化，不是游离于世界文化发展大势之外，而是世界文化总体格局的有机组成部分、重要组成部分。

二

近代以来，世界文化的格局和态势为之一变，由主要是西方向东方学习，变为主要是东方向西方学习。西方的工业文明发展起来，成为这个时代的先进文明。

当欧洲各主要国家的工业革命如火如荼，资本主义生产关系迅速发展的时候，亚洲几乎所有的国家都还处于农业文明阶段，处在封建的社会阶段，社会经济长期停滞不前。以中国为例，直到19世纪中期以前，中国人对世界上发生的这些惊天动地的大变化几乎毫无所知。与西方国家生机勃勃的扩张发展形成鲜明对照的是，中国这个东方最古老的帝国仍然还在停留在传统的农业生产文明时代。古老的中国正从它的盛世顶峰跌落，无可奈何地步入苍老之境，在许多方面表现出衰败的垂暮气象。到乾隆后期，即18世纪中叶以后，封建统治者实行思想专制，钳制异端，扼杀了文化发展的内在生机和源头活水；闭关锁国，自我封闭，失去了昔日博采众长的大国风范和气度；经济停滞，政治腐败，以及日益深化的阶级矛盾和社会危机，都使中国传统社会和传统文化失去往日的强盛和光荣，失去自我更新的代谢能力和活力机制，严重地窒息了社会运动的力量。因此，在19世纪的世界政治经济格局中，中国正在经历一个由盛而衰的过程。当时，西方国家凯歌高奏，进入了资本主义上升发展的全盛时期，不仅是古老的中国，其他亚洲国家，包括印度的莫卧儿王朝、奥斯曼土耳其帝国，都进入封建主义的末世，从停滞走向衰落。亚洲各国除了经济发展速度相对落后以外，政治制度、文化教育、观念思维、科技进步、经济管理乃至军队编制和装备等许多方面也相对落后。

正是在这样鲜明对照的背景下，亚洲和欧洲开始了直接的接触和交锋。但是，这种文化接触一开始就具有明显的时代移位。一方是古老的、正在衰落着的传统的农业文化，另一方是新生的、充满创造性活力的近代工业文化。在这样的世界文化格局中，亚洲显然比那些欧洲先进国家落后了整整一个历史阶段。

这样，凭借着工业革命的先进成果，凭借着坚船利炮，欧洲殖民主义者大举侵入亚洲。他们最初以通商为名，继之以武力占领和签订不平等条约，大片大片地侵吞亚洲各国的领土和搜刮各国的财富。到20世纪初期，亚洲有2/3地区沦为殖民地，还有许多地方成为半殖民地和殖民主义的附属国。

西方殖民者携带工业文明的先进成果，到亚洲殖民、掠夺和扩张，给亚洲各国的传统文化造成巨大的冲击。亚洲各民族文化面临巨大的挑战。回应西方文明的挑战，抗击西方殖民主义的侵略，实现民族的独立发展，同时学习西方国家的现代化经验，实现国家的工业化、现代化，实现传统文化的更新与复兴，成为亚洲文明发展的主题。

为了应对西方文明的挑战，亚洲国家纷纷变法改革，比如奥斯曼帝国的坦齐马特改革，波斯卡扎尔王朝的新政改革，日本的明治维新，中国的洋务运动，等等。这些改革各有不同的目标和诉求，道路和策略也各有不同，但目的都是应对西方文明的挑战，实现民主国家的富强和文化复兴。更重要的是，到了20世纪，一些完全沦为欧洲殖民地的国家（如印度和东南亚国家等），一些处在半殖民地状态的国家（如波斯、中国等），在这一时期纷纷实现了民族国家的独立，走上了自主发展的现代化道路。这些国家的现代化道路具有各自鲜明的民族和国家的特色，尤其是在20世纪后期出现的东亚现代化模式，具有广泛的世界影响。

在这一历史进程中，在西方工业文明的强大冲击下，亚洲各个民族文化，包括中华文化、伊斯兰文化和印度文化这样有悠久传统的巨大文化体，并没有消亡，而是重整文化资源，积极地应对挑战，经过极为艰苦的奋斗，实现了民族文化的伟大复兴。

近代以来，应对西方文明的冲击和挑战，实现亚洲各民族文化的伟大复兴，是亚洲文明史上最为精彩的篇章。

三

现在，各国学者都在关心着在现代科学技术革命和全球化条件下世界文化的走向问题，都在讨论未来的世界文化的可能性。"西方中心论"已经被打破，不少西方学者开始把目光转向东方，试图从亚洲古代文明中吸取适用于当代和未来的文化价值，甚至认为自近代世界体系产生后一直占据支配地位的西方中心地位行将终结，代之而起的则是东方文明的兴盛。他们寄希望于东方文化，期待从东方的复兴中看到人类未来的前景。美国未来学家奈斯比特在《亚洲大趋势》中说："今天，我们不得不面对这样一个现实：东方的崛起。不仅东方人，甚至一些西方人都明显地观察到，这个世界正朝东方化的方向发展。在全世界范围内，西方依然重要，但绝无力量控制、垄断全世界。全球的发展中心已经从西方转移到了东方。"①

无论如何，经过近代以来激烈的文化冲突和历史性的蜕变，亚洲文明正日益焕发着新的生机，展现出新的生命力和发展前景。那么，在未来的世界文化舞台上，亚洲文明必将占有重要的位置，发挥重要的作用。当然，这种重要性，在性质上和功能上，都与古代亚洲文明在当时世界上的重要性不同。新的世界文化的格局、态势和走向，都要为其中的任何一种民族文化（包括亚洲各民族文化）重新定位，要求各民族文化在融入世界文化大趋势的前提下发挥各自的特殊性，展现其丰富性。

这部回溯历史的著作展现了亚洲文明蓬勃发展的巨幅画卷，展现了先辈创造的伟大的历史光荣。这是亚洲各民族的生命智慧和文化生生不息的历史表征。先辈的光荣和智慧，给我们激励、营养和进行文化创造不尽的源头活水。我们从历史走来，但昔日的风采不能代替今天的辉煌。我们以过去的历史为光荣，更要做出无愧于光荣历史的伟大业绩。

---

① ［美］约翰·奈斯比特著，蔚文译：《亚洲大趋势》，外文出版社1996年版，第245—246页。

主要参考文献

白至德编著：《远古时代》，中国友谊出版公司2010年版。

白永瑞：《思想东亚：朝鲜半岛视角的历史与实践》，生活·读书·新知三联
　　书店2011年版。

岑家梧遗著：《中国原始社会史稿》，民族出版社1984年版。

陈建宪：《神祇与英雄：中国古代神话的母题》，生活·读书·新知三联书店
　　1994年版。

陈尚胜：《中韩交流三千年》，中华书局1997年版。

陈序经：《匈奴史稿》，中国人民大学出版社2007年版。

樊树志：《国史概要》（第2版），复旦大学出版社2000年版。

樊树志：《国史十六讲》，中华书局2006年版。

樊树志：《晚明大变局》，中华书局2015年版。

范文澜、蔡美彪等：《中国通史》（1—10册），人民出版社1994年版。

方汉文：《比较文明史——新石器时代至公元5世纪》，东方出版中心2009年版。

方豪：《中西交通史》，上海人民出版社2008年版。

龚书铎总主编：《中国文化发展史》（8卷），山东教育出版社2013年版。

哈全安：《伊朗史》，天津人民出版社2016年版。

哈全安：《中东史：610—2000》，天津人民出版社2010年版。

韩昇：《东亚世界形成史论》，复旦大学出版社2009年版。

贺圣达：《东南亚文化发展史》，云南人民出版社1996年版。

侯家驹：《中国经济史》（上、下），新星出版社2010年版。

纪宗安：《9世纪前的中亚北部与中西交通》，中华书局2008年版。

季羡林：《中印文化交流史》，新华出版社1993年版。

蒋廷黻：《中国近代史》，武汉出版社2012年版。

李济：《中国文明的开始》，江苏教育出版社2005年版。

梁启超：《佛学研究十八篇》，群言出版社2013年版。

刘国楠、王树英：《印度各邦历史文化》，中国社会科学出版社1982年版。

刘莉、陈星灿：《中国考古学——旧石器时代晚期到早期青铜时代》，生活·读书·新知三联书店2017年版。

马长寿：《突厥人和突厥汗国》，广西师范大学出版社2006年版。

纳忠等：《传承与交融：阿拉伯文化》，浙江人民出版社1993年版。

彭树智主编：《阿拉伯国家史》，高等教育出版社2002年版。

钱穆：《国史大纲》，商务印书馆1994年版。

钱穆：《秦汉史》，生活·读书·新知三联书店2004年版。

钱穆：《中国文化史导论》，商务印书馆1994年版。

沈福伟：《中西文化交流史》（第2版），上海人民出版社2006年版。

石源华、胡礼忠主编：《东亚汉文化圈与中国关系》，中国社会科学出版社2005年版。

苏秉琦：《中国文明起源新探》，辽宁人民出版社2009年版。

苏秉琦主编，张忠培、严文明撰：《中国远古时代》，上海人民出版社2010年版。

王天有、徐凯、万明编：《郑和远航与世界文明——纪念郑和下西洋600周年论文集》，北京大学出版社2005年版。

王晓秋：《近代中日文化交流史》，中华书局1992年版。

王治来、丁笃本：《中亚国际关系史》，湖南出版社1997年版。

魏良弢：《西辽史纲》，人民出版社1991年版。

吴小如主编：《中国文化史纲要》，北京大学出版社2001年版。

夏继果、［美］杰里·H.本特利主编：《全球史读本》，北京大学出版社2010年版。

夏鼐：《中国文明的起源》，文物出版社1985年版。

徐旭生：《中国古史的传说时代》，文物出版社1985年版。

许倬云：《万古江河——中国历史文化的转折与开展》，上海文艺出版社2006年版。

许倬云：《西周史》（增订本），生活·读书·新知三联书店1994年版。

许倬云：《历史大脉络》，广西师范大学出版社2009年版。

薛宗正：《突厥史》，中国社会科学出版社1992年版。

杨怀中主编：《郑和与文明对话》，宁夏人民出版社2006年版。

杨渭生等：《两宋文化史》，浙江大学出版社2008年版。

游修龄主编：《中国农业通史》（原始社会卷），中国农业出版社2008年版。

于殿利：《古代美索不达米亚文明》，北京师范大学出版社2018年版。

余太山主编：《西域通史》，中州古籍出版社1996年版。

余太山主编：《西域文化史》，中国友谊出版公司1995年版。

张波、樊志民主编：《中国农业通史》（战国秦汉卷），中国农业出版社2007
　　年版。

张荣芳、黄淼章：《南越国史》，广东人民出版社1995年版。

张荫麟：《中国史纲》，中华书局2014年版。

周景濂：《中葡外交史》，商务印书馆1991年版。

周启迪、沃淑萍：《古代印度波斯文明》，北京师范大学出版社2018年版。

［澳大利亚］安东尼·瑞德著，吴小安、孙来臣、李塔娜译：《东南亚的贸易
　　时代：1450—1680年》（全2册），商务印书馆2010年版。

［波斯］拉斯特主编，余大钧、周建奇译：《史集》，商务印书馆1983年版。

［德］库尔克、罗特蒙特著，王立新、周红江译：《印度史》，中国青年出版
　　社2008年版。

［德］瓦尔特·伯克特著，唐卉译：《希腊文化的东方语境——巴比伦·孟斐
　　斯·波斯波利斯》，社会科学文献出版社2015年版。

［德］德罗伊森著，陈早译：《希腊化史：亚历山大大帝》，华东师范大学出版社
　　2017年版。

［俄］维克多·V.瑞布里克著，师学良等译：《世界古代文明史》，上海人
　　民出版社2010年版。

［法］阿里·玛扎海里著，耿昇译：《丝绸之路——中国—波斯文化交流
　　史》，中华书局1993年版。

［法］布罗代尔著，肖昶等译：《文明史纲》，广西师范大学出版社2003年版。

［法］弗朗索瓦·吉普鲁著，龚华燕、龙雪飞译：《亚洲的地中海：13—21世

纪中国、日本、东南亚商埠与贸易圈》，新世纪出版社2014年版。

［法］勒内·格鲁塞著，蓝琪译：《草原帝国》，商务印书馆1998年版。

［法］雷纳·格鲁塞著，龚钺译：《蒙古帝国史》，商务印书馆1989年版。

［法］鲁保罗著，耿昇译：《西域的历史与文明》，新疆人民出版社2006年版。

［韩］金贞培著，高岱译：《韩国民族的文化和起源》，上海文艺出版社1993
年版。

［韩］柳承国著，传济功译：《韩国儒学史》，台湾商务印书馆1989年版。

［加］布鲁斯·G. 崔格尔著，徐坚译：《理解早期文明：比较研究》，北京
大学出版社2014年版。

［美］A. T. 奥姆斯特德著，李铁匠、顾国梅译：《波斯帝国史》，上海三联
书店2017年版。

［美］C. 沃伦·霍利斯特、盖伊·迈克林·罗杰斯著，杨扬译：《西方文明之
根：古代近东、古代希腊、古代罗马文明》，上海锦绣文章出版社2013年
版。

［美］丹尼尔著，李铁匠译：《伊朗史》，东方出版中心2016年版。

［美］芭芭拉·A. 萨默维尔著，李红燕译：《古代美索不达米亚诸帝国》，
商务印书馆2015年版。

［美］德布拉·斯凯尔顿、帕梅拉·戴尔著，郭子林译：《亚历山大帝国》，
商务印书馆2015年版。

［美］狄宇宙著，贺严、高书文译：《古代中国与其强邻：东亚历史上游牧力
量的兴起》，中国社会科学出版社2010年版。

［美］菲利浦·希提著，马坚译：《阿拉伯通史》，新世界出版社2008年版 。

［美］菲利普·D. 柯丁著，鲍晨译：《世界历史上的跨文化贸易》，山东画
报出版社2009年版。

［美］菲利普·费尔南德兹-阿迈斯托著，钱乘旦审读：《世界：一部历史》
（第2版），北京大学出版社2010年版。

［美］菲利普·李·拉尔夫等著，赵丰等译：《世界文明史》，商务印书馆
1998年版。

［美］费正清、E. O. 赖肖尔、A. M. 克雷格著，黎鸣等译：《东亚文明：传统

与变革》，天津人民出版社1992年版。

［美］戈尔德施密特、戴维森著，哈全安、刘志华译：《中东史》，东方出版中心2015年版。

［美］杰里·本特利、赫伯特·齐格勒著，魏凤莲、张颖、白玉广译：《新全球史——文明的传承与交流》（上、下），北京大学出版社2007年版。

［美］克拉克著，于闽梅、曾祥波译：《东方启蒙：东西方思想的遭遇》，上海人民出版社2011年版。

［美］罗宾·多克著，王宇洁、李晓瞳译：《伊斯兰世界帝国》，商务印书馆2015年版。

［美］罗兹·墨菲著，黄磷译：《亚洲史》，海南出版社、三环出版社2004年版。

［美］麦高文著，章巽译：《中亚古国史》，中华书局2004年版。

［美］米夏埃尔·比尔冈著，李铁匠译：《古代波斯诸帝国》，商务印书馆2015年版。

［美］斯蒂芬·伯特曼著，秋叶译：《古代美索不达米亚社会生活》，商务印书馆2016年版。

［美］斯图亚特·戈登著，冯奕达译：《极简亚洲千年史》，湖南文艺出版社2017年版。

［美］威尔·杜兰著，幼狮文化公司译：《世界文明史·卷一·东方的遗产》，东方出版社1999年版。

［美］威廉·麦克尼尔著，施诚、赵婧译：《世界史》，中信出版社2013年版。

［美］威廉·麦克尼尔著，孙岳等译：《西方的兴起：人类共同体史》（上下册），中信出版社2015年版。

［美］威廉·麦克尼尔著，盛舒蕾、宣栋彪、董子云译：《西方文明史手册》，浙江大学出版社2016年版。

［美］威泽弗德著，温海清、姚建根译：《成吉思汗与今日世界之形成》，重庆出版社2009年版。

［美］张光直：《商代文明》，北京工艺美术出版社1999年版。

［日］坂本太郎著，汪向荣、武寅、韩铁英译：《日本史概说》，商务印书馆1992年版。

［日］村上专精著，杨曾文译：《日本佛教史纲》，商务印书馆1981年版。

［日］宫崎市定著，谢辰译：《亚洲史概说》，民主与建设出版社2017年版。

［日］家永三郎著，刘绩生译：《日本文化史》，商务印书馆1992年版。

［日］木宫泰彦著，胡锡年译：《日中文化交流史》，商务印书馆1980年版。

［日］秋山光和著，常任侠、袁音译：《日本绘画史》，人民美术出版社1978
　　年版。

［日］依田熹家著，卞立强、李天工译：《简明日本通史》，北京大学出版社
　　1989年版。

［苏］威廉·巴托尔德著，罗致平译：《中亚突厥史十二讲》，中国社会科学
　　出版社1984年版。

［乌兹别克斯坦］瑞德维拉扎著，高原译：《张骞探险之地》，漓江出版社
　　2017年版。

［英］D. G. E. 霍尔著，中山大学东南亚历史研究所译：《东南亚史》（上、
　　下册），商务印书馆1982年版。

［英］G. F. 赫德逊著，王遵仲、李申、张毅译：《欧洲与中国》，中华书局
　　1995年版。

［英］阿诺德·汤因比著，刘北成、郭小凌译：《历史研究》（修订插图
　　本），上海人民出版社2000年版。

［英］阿诺德·汤因比著，徐波等译：《人类与大地母亲——一部叙事体世界
　　历史》，上海人民出版社2001年版。

［英］彼得·弗兰科潘著，邵旭东、孙芳译：《丝绸之路：一部全新的世界
　　史》，浙江大学出版社2016年版。

［英］伯纳德·路易斯著，郑之书译：《中东：自基督教兴起至二十世纪
　　末》，中国友谊出版公司2004年版。

［英］崔瑞德、［美］费正清主编：《剑桥中国秦汉史：公元前221—公元220
　　年》，中国社会科学出版社1992年版。

［英］崔瑞德编，中国社会科学院历史研究所西方汉学研究课题组译：《剑桥
　　中国隋唐史：589—906年》，中国社会科学出版社1990年版。

［英］弗朗西斯·鲁滨逊著，安维华、钱雪梅译：《剑桥插图伊斯兰世界

史》，世界知识出版社2005年版。

［英］赫·乔·韦尔斯著，吴文藻等译：《世界史纲》，人民出版社1982年版。

［英］凯伦·阿姆斯特朗著，孙艳燕、白彦兵译：《轴心时代》，海南出版社
　　2010年版。

［英］罗杰·克劳利，陆大鹏译：《征服者：葡萄牙帝国的崛起》，社会科学
　　文献出版社2016年版。

［英］帕特里克·贝尔福著，栾力夫译：《奥斯曼帝国六百年——土耳其帝国
　　的兴衰》，中信出版集团2018年版。

［英］汤姆·霍兰著，于润生译：《波斯战火：第一个世界帝国及其西征》，
　　新星出版社2009年版。

［英］约翰·霍布森著，孙建党译：《西方文明的东方起源》，山东画报出版
　　社2009年版。

［英］约翰·朱利叶斯·诺威奇著，殷亚平等译：《地中海史》，东方出版中
　　心2011年版。

［越］陈重金著，戴可来译：《越南通史》，商务印书馆1992年版。

［越］陶维英著，刘统文、子钺译：《越南古代史》，商务印书馆1976年版。